suhrkamp taschenbuch
wissenschaft 1461

Die Entwicklung der Zivilisationstheorie von Norbert Elias ist bisher mehr in die Breite der Anwendung und Umsetzung auf kulturgeschichtliche Fallbeispiele gegangen, weniger in die Tiefe einer empirischen Fundierung ihres Zentrums, nämlich des Konzepts der Psychogenese. Eine angemessene empirische Fundierung der Zivilisationstheorie liegt allerdings – so Georg W. Oesterdiekhoff – bereit: im Psychogenesekonzept der genetischen Epistemologie Jean Piagets und der davon ausgehenden Cross-Cultural Psychology. Im Psychogenesekonzept Jean Piagets sieht Oesterdiekhoff nicht nur den Schlüssel zum inneren Verständnis des zivilisationstheoretischen Psychogenesekonzepts, sondern auch den wissenschaftlichen Erben der Rationalisierungs- und Zivilisierungskonzeptionen der klassischen Soziologie.

Georg W. Oesterdiekhoff
Zivilisation und Strukturgenese

Norbert Elias und Jean Piaget
im Vergleich

Suhrkamp

Die Deutsche Bibliothek – CIP-Einheitsaufnahme
Ein Titeldatensatz für diese Publikation
ist bei Der Deutschen Bibliothek erhältlich

suhrkamp taschenbuch wissenschaft 1461
Erste Auflage 2000
© Suhrkamp Verlag Frankfurt am Main 2000
Suhrkamp Taschenbuch Verlag
Druck: Nomos Verlagsgesellschaft, Baden-Baden
Printed in Germany
Umschlag nach Entwürfen von
Willy Fleckhaus und Rolf Staudt

1 2 3 4 5 6 – 05 04 03 02 01 00

Inhalt

Vorwort

Die Entwicklung und Rezeption der Zivilisationstheorie von Norbert Elias ist seit nunmehr sechzig Jahren nur in die Breite der bloßen Anwendung und Umsetzung auf kulturgeschichtliche Fallbeispiele gegangen, aber nicht in die Tiefe einer empirischen Fundierung ihres Zentrums, des Psychogenesekonzepts, und auch nicht in die theoretische Höhe qua Gewinnung stärkerer begrifflicher und systematischer Kohärenz. Auf der Basis einer Rekonstruktion der Architektonik der Zivilisationstheorie wird gezeigt werden, daß sich aus der Argumentationsstruktur der Zivilisationstheorie ein dringender Bedarf nach einer empirischen Fundierung des Psychogenesekonzepts ergibt, da Elias, in gefährlicher Nähe zu Tautologien, in problematischer Weise historische Verhaltensweisen als Indizien für psychische Strukturen nutzt, welche jene gleichzeitig erklären sollen.

Elias, Goudsblom und Wilterdink haben 1981 zumindest im Grundsatz klar erkannt, daß das Psychogenesekonzept der empirischen Stützung von seiten der Entwicklungspsychologie, namentlich der Jean Piagets, bedarf, um der Zivilisationstheorie den hypothetischen Charakter zu nehmen und sie auf eine solidere Grundlage zu stellen. Die hier vorliegende Arbeit wird erstmalig diese Forderung aufnehmen und systematisch umsetzen. Die Theorie Piagets verfügt über das erforderliche empirische Instrumentarium und kann dazu beitragen, den von Elias behaupteten Zusammenhang von Figurationen, Psychogenese und konkreten Verhaltensweisen zu fundieren. Es dürfte die meisten Freunde und Gegner der Zivilisationstheorie gleichermaßen überraschen, welche Parallelen die beiden Psychogenese-Paradigmata bis ins Detail und in ihren Voraussetzungen aufweisen.

Der Schwerpunkt des Vergleichs der beiden Paradigmata liegt auf der Zivilisationstheorie. Die Theorie Piagets wird überwiegend als Prüfinstrument der Zivilisationstheorie genutzt. Welche Bedeutung die Theorie Piagets für die Rekonstruktion von Theorien sozialer Modernisierung und langfristigen sozialen Wandels hat, habe ich schon an anderen Orten dargelegt und zur Kenntnis gebracht. Meine bisherigen Arbeiten zu Piaget sind gleichwohl aus der Beschäftigung mit den Klassikern der Soziologie hervorgegangen, insbesondere aus ihrer Kernfrage, dem Erklärungsproblem der Entstehung moderner Industriegesellschaften. Die hohe Bedeutung, die die Klassiker von Comte und Spencer über Weber und Simmel zu Parsons und Elias in diesem Zusammenhang der Rationalisierung und Zivilisierung von Denkweisen und Mentalitäten zumaßen, führt in logischer Konsequenz bei der Bearbeitung der Fragestellung zu Jean Piaget, wie schon Habermas, Parsons, Lidz/Lidz und Ziégler erkannt haben. In meinen bisherigen Piaget-Arbeiten habe ich deutlich gezeigt, daß eine Rekonstruktion von Theorien langfristigen sozialen Wandels und sozialer Modernisierung jedoch nur möglich ist unter Heranziehung der Ergebnisse der transkulturellen Piaget-Psychologie, nicht der genetischen Epistemologie im engeren Sinne. Vor über 15 Jahren waren es vor allem Elias' Zivilisationstheorie und Webers Rationalisierungs- und Entzauberungsthese, die mich zu einer Beschäftigung mit Jean Piaget veranlaßten. In einer piagetianischen Rekonstruktion der Klassiker sah ich dann aber im Zuge fortschreitender Überlegungen keinen Sinn im Verhältnis zu der bedeutenderen Aufgabe einer piagetianischen Rekonstruktion der Kultur- und Sozialgeschichte. Nachdem diese Aufgabe in zwei Monographien geleistet ist, kehre ich nunmehr zu dem genannten Ausgangspunkt zurück. Denn die Auseinandersetzung zwischen Duerr und Elias hat zumindest gezeigt, daß eine Fundierung des Psychogenesekonzepts notwendig ist, wenn verhindert werden soll, daß die Zivilisationstheorie sich auch weiterhin als ungelöstes Problem durch Generationen ratloser Studenten und Interpreten schleppt. Insgesamt dient die vorliegende Schrift der empirischen Fundierung und Verwissenschaftlichung nicht nur der Zivilisationstheorie, sondern der genannten Grundfrage der klassischen Soziologie generell.

Zwar wurde die Theorie Piagets bisher noch nicht systematisch zur Rekonstruktion der Zivilisationstheorie herangezogen, aber man hat schon andere Soziologien unter Anleitung der Theorie Piagets neu interpretiert. Insbesondere Habermas hat in seiner *Theorie des kommunikativen Handelns* versucht, mit Bezug auf Piaget die Theorien von Durkheim, Weber, Parsons und Mead neu zu interpretieren und zu rekonstruieren. So reiht sich der noch ausstehende Vergleich von Elias und Piaget in die schon bestehende Gruppe der Vergleichsanalysen ein, wobei festzustellen ist, daß Elias stärker als wohl alle anderen Klassiker auf Piaget (beide haben ein Psychogenesekonzept) bezogen werden kann. Bisher wurde Piaget überwiegend mit Philosophen verglichen, mit G. W. F. Hegel, A. N. Whitehead und mit E. Cassirer.

Die vorliegende Arbeit ist am 18. November 1998 von der Fakultät für Geistes- und Sozialwissenschaften der Universität Karlsruhe als schriftliche Habilitationsleistung anerkannt worden.

Georg W. Oesterdiekhoff

Einleitung

Auf dem Soziologentag in Bremen 1980 galt Norbert Elias als letzter lebender Klassiker der deutschen Soziologie. Erst durch eine Taschenbuchausgabe 1976 wurde sein Hauptwerk *Über den Prozeß der Zivilisation – Soziogenetische und psychogenetische Untersuchungen* fast 40 Jahre nach Ersterscheinung in weiten Kreisen bekannt. Dieses Hauptwerk thematisiert langfristige soziale Entwicklung, soziale Modernisierung und soziale Evolution. Es zeigt am Beispiel der europäischen Entwicklung, jedoch mit universalhistorischem und globalem Anspruch (und entsprechenden Verweisen und Bezügen), wie die neuzeitlichen und modernen Gesellschaften sich aus einfachen und mittelalterlichen Gesellschaften entwickelt haben. Elias beschreibt soziale Entwicklung sowohl unter institutionellen (Soziogenese) als auch unter psychologischen Gesichtspunkten (Psychogenese). Er verknüpft die Beschreibung der Veränderung von Institutionen mit der Beschreibung der Veränderung von Mentalitäten, Denk- und Verhaltensweisen. Diese Veränderungen interpretiert er als einen Prozeß der Zivilisierung, der fortschreitenden Differenzierung und Integration sowohl psychischer Funktionen als auch sozialer Figurationen.

Mit seinem Hauptwerk steht Elias in fast jeder Hinsicht ganz in der Tradition der klassischen Soziologie, was immer wieder, auch heute noch, übersehen oder falsch eingeschätzt wird. Von Saint-Simon und Condorcet über Comte und Spencer zu Marx, Weber, Simmel, Durkheim und Elias ist eine Linie der immer genaueren Darstellung und prägnanteren Erklärung langfristiger sozialer Entwicklung und Modernisierung feststellbar. Elias greift das Thema auf, das alle Klassiker der Soziologie vorrangig beschäftigt hat und Grundmotiv – auch Gründermotiv – der Soziologie *ab origine* gewesen ist. Wie bei allen Klassikern der Soziologie beruht auch die Arbeitsweise von Elias – überwiegend im Unterschied zur Gegenwartssoziologie – auf der massiven und systematischen Durchdringung und Verwertung historischen, ethnologischen und psychologischen Materials, welches zu einer geschlossenen soziologischen Theorie verschweißt wird. Wie bei allen Klassikern der Soziologie werden auch bei Elias die mentalen Veränderungen der Populationen in neuzeitlichen und modernen gesellschaftlichen Transformationen als Produkt von Rationalisierung und Intellektualisierung verstanden.

Vor allem diese Psychogenese kognitiver Funktionen beschreibt Elias jedoch genauer und fundamentaler als die anderen Klassiker, indem er das Freudsche Strukturmodell heranzieht, es lerntheoretisch anreichert und kulturgeschichtlich modifiziert und appliziert, um die neuzeitliche Rationalisierung und Intellektualisierung zu erklären. Im Unterschied zu den anderen Klassikern hat sich Elias um ein wissenschaftlich abgesichertes Psychogenesekonzept bemüht, um auf dieser Grundlage Rationalisierungs- und Zivilisierungsprozesse, das heißt die mentalen Transformationen neuzeitlicher und moderner Populationen, exakter darstellen und erklären zu können. Unter Bezug auf das historisch dynamisierte Strukturmodell versucht Elias, die Beschreibung der Psychogenese der neuzeitlichen Populationen von den engführenden und ungenaueren Darlegungen seiner Vorgänger zu befreien, indem er einerseits Psychogenese in unterschiedlichsten Verhaltensbereichen beschreibt und sie andererseits unter dem umfassenden Titel der Zivilisierung führt.

Mit dem Tod von Elias ist nicht nur der letzte Klassiker gestorben, sondern auch die klassischen Ziele, Programme, Arbeitsweisen und Methoden gehören weitgehend nicht mehr zu den Zielen, Themen und Arbeitsweisen der Gegenwartssoziologie. Das große Thema der klassischen Soziologie ist bestenfalls ein Randthema der Gegenwartssoziologie (Elias hat diese Klage in ähnlichen Tönen schon 1968 erhoben; sie ist immer noch berechtigt). Dies hat zu einer eigentümlichen »Schizophrenie« der Gegenwartssoziologie geführt. Einerseits will sie sich nicht mehr systematisch und massiv mit der Frage nach den Ursachen der Entstehung moderner Industriegesellschaften beschäftigen, sei es, weil Soziologen das Problem für gelöst halten, oder sei es, weil sie das Problem für unlösbar halten. Andererseits ist die hohe Bedeutung und Anerkennung der Klassiker – eigentlich paradox – vor allem darin begründet, daß sie sich exakt diesem Problem, das man heute aussart und ausklammert, gewidmet haben. Die Klassiker werden für Leistungen und Themenstellungen bewundert, die man sich selbst nicht mehr zutraut, für obsolet, grundsätzlich nicht behandelbar oder im Gegenteil für weitgehend geklärt hält. Für den Bedeutungsschwund der klassischen

Thematik gibt es sicherlich viele Gründe. Einer der Gründe ist trotz aller Vorzüge das Psychogenesekonzept von Elias.

Zwar hat das Psychogenesekonzept von Elias festere Grundlagen als das seiner Vorgänger, aber die Heranziehung der Lerntheorie und vor allem des Freudschen Strukturmodells ist ambivalent zu bewerten. Die Tiefenpsychologie eignet sich nur bedingt, methodische Zweifel von Skeptikern zu zerstreuen. Das psychoanalytische Strukturmodell kennt keinen engen Zusammenhang von Theorie und Empirie mit den strengen Möglichkeiten, das Strukturmodell anhand von Indikatoren zu operationalisieren und empirisch zu überprüfen. So ist in die Zivilisationstheorie ein erheblicher Unsicherheitsfaktor eingebaut. Die Zivilisationstheorie steht und fällt jedoch mit dem Psychogenesekonzept, auf dessen Fundamenten sie ruht. Das Originelle und über die Vorgänger Hinausweisende der Zivilisationstheorie ist nicht das Soziogenesekonzept, sondern das Psychogenesekonzept, die Historische Psychologie.

Die Zivilisationstheorie ist gewissermaßen das Reife- und Endprodukt der klassischen Soziologie, Kulminationspunkt der Bemühungen seit den Tagen von Comte und Spencer. Seit 1939 ist keine soziologische Theorie mehr entwickelt, bekannt und prominent geworden, die in der beschriebenen »klassischen« Bauweise konstruiert wurde. In der vorliegenden Arbeit wird gezeigt werden, daß der Baustopp nicht zuletzt aus dem Unvermögen herrührt, das Psychogenesekonzept zu prüfen, zu verbessern oder zu ersetzen. Weder Elias noch seine Schüler und Gegner haben in den letzten Jahrzehnten Veritables geleistet, um das 1939 erstmalig publizierte Psychogenesekonzept in seinen Grundlagen zu prüfen, zu entwickeln und zu transformieren. Hierin liegt einer der Gründe für den Untergang der »klassischen« Arbeitsweisen, Themen und Problemstellungen.

Auch die neueren theoretischen und historischen Arbeiten, die im Kontext der Zivilisationstheorie formuliert wurden, haben nicht versucht, in grundlegender Weise das Psychogenesekonzept zu prüfen und mit psychoanalytischen, entwicklungspsychologischen und lerntheoretischen Ansätzen neu zu fundieren oder zu entwickeln. Weder von seiten der Entwicklungspsychologie und der Psychoanalyse noch von seiten der Soziologie wurden Anstrengungen in diese Richtung unternommen. Die Entwicklung der Zivilisationstheorie ist nur in die Breite der

Anwendung und Umsetzung auf historische und zeitgenössische Fallbeispiele gegangen, aber nicht in die Tiefe der Reflexion der Annahmen, Voraussetzungen und tragenden Teile, auf denen ihr theoretisches Gerüst ruht, und überhaupt nicht in die Höhe einer fundamentalen Weiterentwicklung der Theorie. Sowohl in den einschlägigen Monographien und Sammelbänden als auch auf Kongressen finden sich nur historische Fallanwendungen, jedoch keine Prüfverfahren und Grundlagenentwicklungen.

Nennenswerte Kritik an der Zivilisationstheorie ist eigentlich nur von Duerr (1988, 1990, 1993) laut geworden, der das Psychogenesekonzept vollkommen bestreitet. Duerr bezweifelt, daß eine psychogenetische Zivilisierung der Verhaltensweisen im Verlaufe der letzten Jahrhunderte stattgefunden hat. Seine Argumentation fußt jedoch auf einer schmalen Gegen-Theorie, welche nicht geeignet ist, die Zivilisationstheorie im Kern zu widerlegen (vgl. weiter unten Kapitel 4.2.4). Seine Bände, in denen rein deskriptiv Verhaltensbeispiele gesammelt und aufgereiht sind, zeigen nur, daß unzivilisiertes Verhalten in der Moderne häufig vorkommt. Solche Beispiele sind nicht geeignet, das Psychogenesekonzept im Kern zu widerlegen.

Auch Duerr sind die erheblichen Mängel in der Architektonik der Zivilisationstheorie entgangen. Ich werde aufzeigen, daß die Zivilisationstheorie aus einem Dreiebenenmodell besteht. Sie bringt *Umweltbedingungen* bzw. soziale Kontexte (Figurationen, Soziogenese), *Verhaltensweisen* und *psychische Strukturen* in einen scheinbar engen, nicht voneinander zu trennenden Zusammenhang. Die Umweltbedingungen (Figurationen, Soziogenese) sozialisieren die Psychogenese einerseits und stehen mit ihr andererseits in Wechselwirkung. Unter Psychogenese versteht Elias sowohl die psychische Struktur, welche durch das Strukturmodell beschrieben wird, als auch die einzelnen Verhaltensweisen in unterschiedlichen Bereichen (von der Nahrungsaufnahme über Gewaltanwendung bis zum logischen Denken). So wie Elias die untrennbare Verzahnung von Sozio- und Psychogenese einerseits behauptet, so unterstellt er die unauflösbare Verquickung von psychischer Struktur und Verhaltensweisen andererseits.

Die Unterstellung des gelungenen Nachweises beider Verzahnungen ist jedoch ein sachlogischer und argumentativer Irrtum und ein Kategorienfehler. In dieser Arbeit wird im einzelnen aufgezeigt werden, daß Elias in problematischer Weise *historische Verhaltensweisen als Indikatoren für psychische Strukturen nutzt, welche jene Verhaltensweisen gleichzeitig erklären sollen.* Unterstellt man die historische Richtigkeit der Eliasschen Beschreibung der Soziogenese und der Verhaltensweisen, dann ließe sich gleichwohl *prima facie* der Einwand geltend machen, daß man sowohl die Transformationen der Soziogenese als auch die der Verhaltensweisen erklären könnte, ohne sich auf das Psychogenesekonzept beziehen zu müssen (vgl. Kapitel 4.2.2). Das Psychogenesekonzept erscheint in diesem Lichte *zunächst* als eine überflüssige Hypothese und bedürfte zum Erweis seiner Geltung eines zusätzlichen Beweisverfahrens.

Am Beispiel erläutert: nach Elias sind Menschen in staatslosen Gesellschaften (Soziogenese) in psychostruktureller Hinsicht (Psychogenese) gewalttätiger (Verhalten) als in staatlichen Gesellschaften. Ihre starke Gewalttätigkeit beweist jedoch nicht *per se* das Vorliegen einer primitiven, aggressiven Psyche, wie Elias glaubte und unterstellte. Denn das bloße Fehlen eines staatlichen Gewaltmonopols genügt zunächst vollkommen zur Erklärung der intensiveren Gewalttätigkeit. Im Umkehrschluß: wenn das staatliche Gewaltmonopol (Soziogenese) die Gewalt der Bürger (Verhalten) eindämmt oder neutralisiert, dann ist damit eine friedlichere psychische Struktur der Bürger (Psychogenese) *nicht* bewiesen, wie Elias irrtümlich geglaubt hat. Sowohl die Soziogenese als auch die Modifikation der Verhaltensweisen könnte man *prima facie* gleichermaßen apsychologisch oder nutzentheoretisch erklären. Die von Elias beschriebenen Verhaltensänderungen sind keine Indikatoren der psychogenetischen Zivilisierung, wie er geglaubt und suggeriert hat. Denn es könnte schließlich sein, daß die Bürger nur deshalb auf Gewalt verzichten, weil der Staat sie entwaffnet, beaufsichtigt, kontrolliert und bestraft. Dann ist der Gewaltverzicht keine Folge psychischer Friedfertigkeit, sondern ergibt sich aus dem Zusammenspiel von universalem zweckrationalen Handeln und institutionellen Bedingungen. Der Gewaltverzicht (faktisches Verhalten) operationalisiert demnach *nicht* Friedfertigkeit (Psychogenese) (vgl. Kapitel 4.2.2 und 5.2). Diese Verwischung der Ebenen wird in meiner Arbeit anhand sämtlicher von Elias analysierter Verhaltensbereiche im einzelnen demonstriert werden.

Demnach stehen in dem Dreiebenenmodell der Zivilisationstheorie nur zwei Ebenen in einem Kausalzusammenhang. Die Verzahnungen dieser beiden Ebenen mit der Psychogenese sind nicht evident, sondern müßten in einem gesonderten Verfahren bewiesen werden. Das psychoanalytische Strukturmodell, welches Elias heranzieht, hat jedoch nicht das wissenschaftliche Niveau erreicht, auf dem eine Operationalisierung seiner theoretischen Aussagen möglich wäre. Auch die von Elias geleistete Umrüstung des freudianischen Modells ändert nichts an dieser Empirieschwäche. Das Psychogenesekonzept ist also weder durch eigene Mittel (durch theorieimmanenten Konnex von Aussagen und empirischen Indikatoren) noch durch die beiden anderen Ebenen (Soziogenese, Verhaltensweisen) empirisch abgesichert.

Daraus ist die Schlußfolgerung abzuleiten, daß das tragende Teil und das Herzstück der vielleicht bedeutendsten und inteessantesten soziologischen Theorie langfristigen sozialen Wandels frei schwebt. So wie Duerr *glaubt*, daß seine Beispielsammlung unzivilisierten Verhaltens in der Moderne die Zivilisationstheorie widerlegt, so hat auch Elias nur einen starken *Glauben* an die Zivilisation und an die (seine) Zivilisationstheorie, wenn er meint, aus Beschreibungen unzivilisierten Verhaltens im Mittelalter ließe sich eine Theorie psychogenetischer Entwicklung und psychostruktureller Zivilisierung logisch zwingend deduzieren.

Adorno sagte einmal von der Philosophie Husserls, sie sei wie ein großes Kreditsystem vor dem Börsenkrach, in dem ein Begriff (wie ein Wechsel) immer nur auf den nächsten verweise und nur durch den Verweis lebe, ohne selbst gedeckt und begründet zu sein. Das Ziel dieser Arbeit besteht darin, die Zivilisationstheorie von Elias, dem nun ebenfalls dieser Vorwurf droht, von solchen Zweifeln zu befreien.

Hat man das Problem in dieser begrifflichen Schärfe erkannt und sich in aller Deutlichkeit vor Augen geführt, dann ist zumindest in grundsätzlicher Hinsicht der Weg zu einer Lösung durchaus zu finden und begehbar. Das Konzept psychogenetischer Entwicklung muß auf eine neue Grundlage gestellt werden: Der Nachweis psychischer Strukturen darf keine Sache beliebiger Interpretationen und Interpolationen sein, sondern muß nach wissenschaftstheoretisch festgeschriebenen Regeln erfolgen, das heißt durch einen innerhalb des Psychogenesekonzepts selbst zu findenden und eindeutigen Zusammenhang von theoretischen Aussagen und empirischen Indikatoren.

Eine Theorie psychogenetischer Entwicklung und Zivilisierung, die diesen methodischen Anforderungen genügt, findet man nicht in der Tiefenpsychologie, sondern in der Entwicklungspsychologie kognitiver Strukturen. Der kognitionszentrierte entwicklungspsychologische Ansatz, die genetische Epistemologie von Jean Piaget, basiert auf der empirischen Überprüfbarkeit seiner theoretischen Aussagen. Psychisch-kognitive Entwicklungsniveaus können anhand einer Unzahl von empirischen Indikatoren genau gemessen werden. Verfügt das Psychogenesekonzept von Elias nicht über die Fähigkeit zu messen, ob ein Mehr oder Weniger an Gewalt, Höflichkeit, »Langsicht« oder Egozentriertheit Resultat eines Mehr oder Weniger an psychogenetischer Strukturentwicklung sei, so kennt hingegen die Stadientheorie Jean Piagets methodische Verfahren, spezifische Reaktionsmuster spezifischen Entwicklungsniveaus genau zuzuordnen.

Elias und seine Schüler und Kritiker haben zwar nicht die Konfusion der drei Ebenen erkannt, wohl aber die Notwendigkeit einer entwicklungspsychologischen Konsolidierung des zivilisationstheoretischen Psychogenesekonzepts. Obwohl Elias und einigen anderen Autoren zumindest im Ansatz bewußt war, in welche Richtung eine Weiterentwicklung und Stabilisierung des Psychogenesekonzepts hätte marschieren müssen, haben sie nie den Versuch gemacht, auch nicht unter Last der kritischen Einwände, den Rubikon zu überschreiten.

Goudsblom (1984, S. 87) hatte in wenigen Sätzen darauf hingewiesen, daß bei der Erforschung von Zivilisationsprozessen die Spur geradewegs zur Entwicklungspsychologie und zu Jean Piaget führe. Als auf dem Kongreß »Zivilisationstheorien und Zivilisationsprozesse« in Amsterdam 1981 heftige Kritik an der Theorie von Elias laut wurde, der zufolge es keinen Gradmesser der Zivilisierung gebe, und die Theorie daher als ethnozentrisch bezeichnet wurde, erwiderte Elias, wie zumeist, wenn er seine Theorie abzustützen und zu verteidigen suchte, die Basis der Theorie psychogenetischer Zivilisierung sei die Kinderpsychologie.

»Weniger zivilisiert ist dann ›more to the childhood level‹, weiter fortgeschrittene Zivilisierung bedeutet Zunahme des psychologischen Abstandes zwischen Erwachsenen und Kindern. Das Problem hierbei ist, daß sich dieser Abstand nicht leicht bestimmen läßt; unter anderem deshalb, weil das Verhalten von Kindern selbst auch Veränderungen unterliegt, die einhergehen mit den Veränderungen der Gesellschaften, in denen sie heranwachsen.
Wenn alles sich ändert, dann ändert sich auch die Richtung des Zivilisationsprozesses. Wenn es, wie Goudsblom in einer Debatte während des Kongresses bemerkte, nicht möglich ist, ›den‹ Zivilisationsprozeß anhand eines Entwicklungsmodells inhaltlich zu bestimmen, dann ist es auch nicht möglich, von einer Richtung des Zivilisationsprozesses zu sprechen und Gradationen (›mehr‹ oder ›weniger‹ Zivilisierung, ›höhere‹ oder ›niedrigere‹ Zivilisationsstufen) zu unterscheiden. Entfällt damit die Grundlage für die Zivilisationstheorie?« (Wilterdink 1984, S. 298)

Mit dieser Kritik ist deutlich ausgesprochen, daß das psychoanalytische Strukturmodell, mithin das Eliassche Psychogenesekonzept, nicht ausreicht, um Entwicklungsniveaus zu messen. Damit ist schon impliziert, daß Elias in seinem Hauptwerk psychische Strukturniveaus gar nicht gemessen und nachgewiesen hat, sondern sie in die Darstellung von Verhaltensweisen interpoliert, interpretiert und ihre Existenz letztlich nur behauptet hat. Wenn Elias jedoch Entwicklungsniveaus nicht wirklich messen kann, dann, so muß man Wilterdinks Äußerung interpretieren, hilft auch der Verweis auf den Zusammenhang von Onto- und Phylogenese nicht. Wenn das Psychogenesekonzept von Elias nicht die Kompetenz hat, Entwicklungsniveaus zu messen, dann kann es auch nicht veritabel den Entwicklungsunterschied von Kindern und Erwachsenen operationalisieren. Daher kann es kein Konzept universaler kindlicher Mentalität und psychischer Entwicklung fundieren, welches in der Darstellung des ontogenetischen Modells die Störeinflüsse unterschiedlicher sozialer Milieus ausfiltert. Wenn Kinder in jeder Hinsicht möglicherweise nur ein Produkt wechselnder sozialer Milieus sind, wenn es kein Konzept kulturunabhängiger, universaler Kindlichkeit und ontogenetischer Entwicklung gibt, dann können die Zivilisationstheorie und die Theorie psychogenetischer Entwicklung auch nicht fundiert, operationalisiert und verifiziert werden.
Weder vor 1981 noch danach wurde im Kontext der Elias-Diskussion jemals die Problematik so genau erkannt und auch der

richtige Lösungsweg zumindest beim Namen genannt. Erst mit der hier vorliegenden Arbeit wird die Forderung Goudsbloms endlich eingelöst, die Entwicklungspsychologie und die Arbeiten von Jean Piaget als Prüf-, Stütz- und Entwicklungsverfahren der Zivilisationstheorie heranzuziehen.

Die Entwicklungspsychologie im allgemeinen und die Theorie Piagets im besonderen können Entwicklungsunterschiede messen, sie können universale, kulturunabhängige psychisch-kognitive Entwicklungsmerkmale herausarbeiten und damit trennscharfe Stufen ontogenetischer Entwicklung operationalisieren. Im Gegensatz zur tiefenpsychologischen Entwicklungspsychologie erfüllt die kognitive Entwicklungspsychologie die methodischen, empirischen und theoretischen Anforderungen, die methodische Skeptiker und Wissenschaftstheoretiker zu stellen geneigt sind. Die Stadientheorie kann das beweisen, was Elias letztlich nur behaupten konnte: Psychische Entwicklung ist ein ontogenetischer Prozeß zunehmender Differenzierung und Integration, ein Prozeß, der von Egozentriertheit und instinktiven Reaktionen ausgeht, um sich immer mehr in Richtung Dezentrierung, Differenzierung, Komplexierung, Rationalisierung und Abstrahierung zu bewegen. Rationales Denken und psychische Selbststeuerung sind nicht transzendental-apriori gegeben, sondern unterliegen einer ontogenetischen Entwicklung.

Hinsichtlich der inhaltlichen Beschreibung psychisch-kognitiver Entwicklung liegen die beiden Paradigmata gar nicht weit auseinander, sondern sind weitgehend deckungsgleich. So wird in Kapitel 4.1 gezeigt werden, daß die Theorie Piagets in wesentlichen Hinsichten das Freud-Eliassche Strukturmodell empirisch bestätigen kann. Damit ist sichergestellt, daß ein kulturunabhängiges ontogenetisches Entwicklungsmodell tatsächlich empirischen Bestand hat. Psychogenese ist demnach autonom und immanent entwicklungspsychologisch meßbar. Nur auf diesem Wege besteht die Möglichkeit, die Konfusion der drei Ebenen zu vermeiden, die darin besteht, daß Elias Psychogenese mit Instrumenten geprüft hat, die dafür untauglich waren. Es ist demnach nicht mehr sinnvoll, etwas böse, aber prägnant formuliert, Geschichten über Tischsitten und Hochzeitsbräuche zu erzählen, um psychogenetische Zivilisierung nachzuweisen.

Eine piagetianische Überprüfung der Zivilisationstheorie setzt voraus, daß die Theorie Piagets in verschiedenen Kulturen, insbesondere auch in agrarischen, analphabetischen und vormodernen Kulturen getestet und geprüft wurde. Nun ist die Theorie Piagets neben der Psychometrie die am häufigsten im Kulturvergleich getestete psychologische Theorie überhaupt. Die Forscher sind zu dem eindeutigen Resultat gelangt, daß die Entwicklung des formal-logischen Stadiums von Alphabetisierung und kultureller Modernisierung abhängt (vgl. Kapitel 2.3). Es ist vorrangig dieses Forschungsresultat, das zu einer grundlegenden empirischen Konsolidierung der Zivilisationstheorie beitragen kann. Die Behauptung der Zivilisationstheorie, Menschen staatsloser, vorindustrieller Gesellschaften hätten ein geringeres Maß an »Langsicht«, an »Weite des Gedankenraumes« usw. entwickelt, kann erst durch die empirischen Ergebnisse der transkulturellen Piaget-Psychologie auf eine tragfähige Grundlage gestellt werden. Sie vermag die Defizite der Zivilisationstheorie in mehrfacher Hinsicht zu kompensieren, insbesondere kann sie Quelleninterpretationen durch Auswertungen empirischer Befragungen und durch Tests von beobachtbaren Reaktionsmustern ersetzen und nachträglich absichern.

Mit den Ergebnissen der transkulturellen Psychologie ist man nicht nur dazu in der Lage, das zivilisationstheoretische Psychogenesekonzept zu überprüfen, sondern kann auch das Soziogenesekonzept von Elias einer kritischen Analyse unterziehen. Elias erklärt den psychischen Zivilisationsgrad aus dem sozialisierenden Einfluß des sozialen Kontexts, aus der Komplexität der Figurationen. Nehmen die sozialen Verflechtungen eine Dichte an, wie sie durch die Entstehung von Nationalstaat und Gewaltmonopol gekennzeichnet ist, dann erst entstehen die psychisch-kognitiven Zivilisations- und Rationalitätsniveaus, die sich in den Populationen der europäischen Neuzeit massiv ausgebildet haben. Die transkulturelle Psychologie konnte nun auf der Grundlage einer Vielzahl von Untersuchungen aus unterschiedlichsten Kulturen Klassen von Sozialisationsbedingungen kognitiver Entwicklungen typologisieren. Diese Ergebnisse differenzieren und spezifizieren den eher groben Zusammenhang von Staatlichkeit und Zivilisationsstandard, den Elias herstellt, widerlegen ihn aber nicht unbedingt.

Bei allen inhaltlichen Gemeinsamkeiten zwischen tiefenpsychologischer und kognitionszentrierter Entwicklungspsychologie gibt es doch auch inhaltliche Unterschiede, nicht nur methodische. Das psychoanalytische Strukturmodell behandelt im Unterschied zur Stadientheorie Piagets nicht nur kognitive, sondern auch emotionale und charakterologische Dimensionen. Die Zivilisationstheorie thematisiert entsprechend Verhaltensbereiche, die außerhalb der Erklärungsreichweite der Stadientheorie liegen. Das Strukturmodell hat eine größere inhaltliche Bandbreite. Um auch diese Verhaltensbereiche prüfen zu können, werden in der vorliegenden Arbeit empirische Ergebnisse der Lern- und Sozialisationstheorie, der Sozialgeschichte und der Ethnographie genutzt, die sich mit den Quelleninterpretationen von Elias konfrontieren lassen.

Das vorliegende Werk ist wie folgt aufgebaut: In den Kapiteln 1 und 2 werden die beiden Paradigmata vorgestellt, analysiert und diskutiert. Kapitel 3 stellt die mikrosoziologischen Prüfinstrumente der makrosoziologischen Ansätze vor, insbesondere um das Dreiebenenmodell auf eine stabilere Grundlage stellen zu können. Neben der genetischen Epistemologie sind in besonderer Weise auch die Lern- und Verhaltenstheorien notwendige Prüfinstrumente.

In Kapitel 4.1 werden die Psychogenesekonzepte der beiden Paradigmata verglichen. In Kapitel 4.2 erfolgt eine umfassende Diskussion der Probleme der Anwendung der beiden Psychogenesekonzepte auf die Kulturgeschichte. Die Begründungsschwäche des Eliasschen Ontogenesekonzepts und die argumentative Konfusion des Dreiebenenmodells werden im einzelnen herausgearbeitet. Ferner werden das Soziogenese- und das Sozialisationskonzept der Zivilisationstheorie unter Heranziehung der Theorie Piagets, der Lerntheorie und der Sozialgeschichte sowie der Kulturanthropologie geprüft und stabilisiert werden.

In Kapitel 5 werden alle wesentlichen Verhaltensbereiche, die Elias zivilisationstheoretisch analysiert und dargestellt hat, einer kritischen Prüfung unterzogen. Für jeden Verhaltensbereich wird die Argumentationsstruktur von Elias gesondert rekonstruiert. Es wird sich zeigen, daß sich in jedem besonderen Verhaltensbereich die Eliassche Konfusion der drei Ebenen wiederfindet. Elias springt bei der Analyse der Verhaltensbereiche immer wieder zwischen den drei Ebenen hin und her, ohne sie systematisch und auf der Grundlage nachgewiesener Psychogenese miteinander verbinden zu können. Ich werde im einzelnen erörtern, daß Elias keinen wirklichen Nachweis für die Psychogenese von

Persönlichkeit, Selbstkontrolle, Affektregulierung, Rationalität, »Langsicht«, »Weite des Gedankenraumes«, wissenschaftlicher Weltsicht, Zeiterfahrung, Aggression, kommunikativem Handeln und Geschlechterbeziehungen hat. Die Rahmung der Eliasschen Theorie gelingt bei den in Kapitel 5.1 untersuchten kognitiven Inhaltsbereichen unter Heranziehung der Theorie Piagets, bei den in Kapitel 5.2 analysierten sozialen und emotionalen Veraltensbereichen unter Heranziehung empirischer lerntheoretischer, sozialgeschichtlicher und ethnographischer Forschungsergebnisse.

Insgesamt komme ich zu folgendem Ergebnis: Die Brüche in der Architektonik der Argumentation von Elias' Zivilisationstheorie sind infolge der Konfusion der drei Ebenen tiefgreifend. Die Theorie Piagets ist dem Eliasschen Psychogenesekonzept vor allem in den kognitiven Inhaltsbereichen ganz eindeutig überlegen und kann es aufgrund seiner empirischen Kompetenz abstützen. Wäre die transkulturelle Psychologie hinsichtlich der Frage der Entwicklung formal-logischen Denkens in vormodernen Kulturen zu anderen Ergebnissen gekommen, hätte man dies eindeutig als Falsifikation der Zivilisationstheorie werten müssen. Elias hat jedoch in gewisser Hinsicht empirische Ergebnisse korrekt vorweggenommen, die er tatsächlich nur vermuten konnte. Auch in den anderen Verhaltensbereichen hat Elias Zusammenhänge konstruiert, die die Sozialisationstheorie und Kulturanthropologie teilweise erst Jahrzehnte später empirisch bestätigen konnten.

Im großen ganzen sind die Aussagen der Zivilisationstheorie empirisch zu bestätigen. Man muß konzedieren, daß Elias nur wenige Jahre an dem zweibändigen Werk *Über den Prozeß der Zivilisation* gearbeitet hat. Er hat Pionierarbeit geleistet, indem er ungeheure Stoffmassen zu einem zusammenhängenden Ganzen komponiert hat. Leider hat er dabei den Fehler gemacht, ausgerechnet in das Herzstück der Theorie, in das Psychogenesekonzept, zu wenig konzeptionelle Arbeit und Kraft zu investieren. Trotzdem möchte ich dem Urteil seines Kollegen Foulkes, es wäre besser gewesen, wenn er, der Psychoanalytiker Foulkes, statt Elias das Psychogenesekonzept entwickelt hätte, nicht zustimmen. Foulkes wäre nach meiner Kenntnis im Jahre 1939 genausowenig auf den Gedanken gekommen, auf die damalige Entwicklungspsychologie zurückzugreifen, obwohl diese auch schon zu jener Zeit die empirische und theoretische Kompetenz gehabt hätte, der Zivilisationstheorie eine stabile Basis zu verschaffen.

Insgesamt dient diese Arbeit der Weiterentwicklung der Fragestellungen der Zivilisationstheorie, ihrer theoretischen Entwicklung und ihrer empirischen Absicherung. Meine Arbeit verstehe ich als einen Beitrag zur Restauration der klassischen Soziologie, nicht zum Zwecke der Museumspflege, sondern um durch die empirische Konsolidierung und konzeptionelle Entwicklung dieser besonders interessanten Fragestellung und dieses besonders grundlegenden Theorieansatzes zu zeigen, daß die Themen der klassischen Soziologie noch lange nicht ausgeschöpft und zu Ende gedacht sind.

1. Die Zivilisationstheorie von Norbert Elias

1.1 Evolution und Zivilisation

Die Zivilisationstheorie (im Folgenden mit ZT abgekürzt) von Norbert Elias beansprucht die Erklärung der Weltgeschichte, der Geschichte der menschlichen Gesellschaften, sowohl der Entwicklung der abendländischen Gesellschaften als auch (mehr implizit) der außereuropäischen Gesellschaften. Es handelt sich um eine Theorie mit »Totalerklärungsanspruch« sowohl in makrosoziologischer Perspektive, das heißt hinsichtlich der geographischen und historischen Dimensionen (jede Gesellschaft ist zivilisationstheoretisch erklärbar), als auch in mikrosoziologischer Perspektive, das heißt hinsichtlich des Handelns, Denkens und Fühlens der Menschen (jedes Handeln ist zivilisationstheoretisch diagnostizierbar).

Die ZT ist eine allgemeine Theorie der sozialen Evolution und der sozialen Entwicklung der Menschheit. Die ZT ist eine Theorie, die sozialen Fortschritt, soziale Modernisierung und langfristigen sozialen Wandel erklärt. Die ZT erklärt im Rahmen einer allgemeinen Theorie der sozialen Evolution insbesondere auch den Aufstieg des neuzeitlichen und modernen Europa, sie erklärt das zunächst niedrigere Niveau und die Kolonialisierung der außereuropäischen Welt, deren allmähliche Emanzipation und die Entstehung der Weltgesellschaft. Die ZT erklärt die Entstehung von Institutionen, staatlichen Funktionen und sozialen Klassen. Die ZT erklärt Wirtschaftswachstum, Wissenschaftsentwicklung und religiöse Transformationen – nämlich als Teile und Funktionen der Zivilisation (Elias 1993, S. 21, 160; PDZ 1, 2; Elias 1984 b, S. 59).[1] Die ZT erklärt die Entwicklung von Emotionen, Denkweisen, Denkstrukturen, Handlungsfähigkeiten und Persönlichkeitsstrukturen. Sie erklärt, unter welchen Bedingungen Menschen Taschentücher, Seife, Löffel und Schlafanzüge nutzen. Alles, was Menschen tun und denken, können sie mehr oder

---

1 PDZ (Band 1 oder 2) ist im Folgenden die Abkürzung von: Elias, Norbert, Über den Prozeß der Zivilisation, 2 Bände, Frankfurt am Main: Suhrkamp 1977.

weniger zivilisiert tun und denken; menschliches Handeln kann zwischen den hypothetischen Polen: zivilisiert–unzivilisiert verlaufen und entsprechend gemessen werden (PDZ 1, S. 1). Die Pole sind hypothetisch, da die Skala zwar ein Mehr oder Weniger mißt, das Kontinuum jedoch in beide Richtungen prinzipiell unendlich verläuft. Damit beansprucht die ZT nicht nur makro-, sondern auch mikrosoziologische Universalkompetenz. → S. 28

Der ZT wird somit zumindest implizit eine universale soziologische Erklärungskompetenz zugeschrieben: es gibt keinen sozialen Sachverhalt, der nicht zumindest auch oder sogar vorrangig zivilisationstheoretisch erklärt werden könnte. Jede Gesellschaft und jedes Handeln der Menschen unterliegt der Allzuständigkeit der ZT. Es ist wichtig, unter erkenntnistheoretischen Gesichtspunkten zu erläutern, daß aus der unterstellten Allzuständigkeit der ZT nicht zu folgern ist, daß jeder anderen und konkurrierenden soziologischen Theorie die Fähigkeit abgesprochen werden kann, Beiträge zur Erklärung der gleichen sozialen Phänomene zu liefern. Die ZT akzeptiert Beiträge von Historikern und Soziologen, die im Detail subtiler sein mögen, sofern sie sich dem allgemeinen Rahmen der ZT fügen und von ihr einverleibt werden können. Andererseits beharrt Elias auf dem Standpunkt, daß seine ZT auf einem höheren »Syntheseniveau« als alle konkurrierenden Ansätze anzusiedeln sei. Er behauptet eine Überlegenheit seiner ZT gegenüber den Ansätzen von Marx, Weber, Parsons und allen anderen individualistischen und systemtheoretischen Ansätzen (Voss 1990, S. 139, 173, 177, 187). Elias schreibt seiner ZT die intellektuelle Führerschaft in der Soziologie und sogar in den Menschenwissenschaften zu. Daraus wäre zu folgern: Können Erkenntnisse konkurrierender Ansätze einverleibt werden, sind sie richtig; widersprechen sie der ZT, sind sie wohl Irrtümer. Auch in diesem Sinne wäre die Allzuständigkeit der ZT zu interpretieren. Daraus folgt: Die ZT behauptet nicht, sie könne alle sozialen Phänomene alleine und vollständig *sub specie aeternitate* erklären, sondern: alle sozialen Phänomene können und müssen (vorrangig/auch) zivilisationstheoretisch erklärt werden, und es gibt derzeit keinen besseren Erklärungsansatz. Die ZT liefert einen allgemeinen Rahmen zur Erklärung menschlicher Entwicklung, der aber zukünftig verbessert werden mag (Elias 1984 b, S. 59).

Elias versteht sich als Koordinator der Menschenwissenschaften, als Begründer einer einheitlichen interdisziplinären Theorie, die die geschichtliche Entwicklung der Menschheit »ganzheitlich« erklärt. Seine ZT ist die Zentraltheorie der sozialen Evolution und stellt einen Bezugsrahmen dar, in dem die Erkenntnisse verschiedener Geistes- und Sozialwissenschaften unter dem Gesichtspunkt der Zivilisation synthetisiert werden. Allgemeinster Bezugspunkt ist die »große« Evolution des organischen Lebens. Die dort zu findenden Gesetzmäßigkeiten der Differenzierung und Integration, die sich beim Aufbau jeder Zelle finden lassen, verlängern sich bruchlos in das soziale Leben (Elias 1983, S. 248 ff.). Allgemeinster Bezugspunkt der sozialen Evolution ist die Menschheitsgeschichte, die anthropologisch, aber im Sinne der ZT, erforscht wird. Die Geschichte und Struktur der verschiedenen einzelnen historischen Gesellschaften sind nur als Elemente zu verstehen, die Teile der allgemeinen sozialen Evolution sind. Die Gesetzmäßigkeiten jeder singulären historischen Gesellschaft lassen sich demnach aus der allgemeinen sozialen Evolution ableiten. Jede singuläre Gesellschaft ist demnach in das evolutionäre Schema einzuordnen, zu klassifizieren und nur aus diesem zu erklären. Nur vor dem Hintergrund der ZT als Theorie der allgemeinen sozialen Evolution ist eine singuläre historische Gesellschaft erklärbar. Singuläre historische Gesellschaften sind Etappen und Querschnitte der allgemeinen sozialen Evolution, welche kontinuierlich und gesetzmäßig verläuft.

Die allgemeine soziale Evolution stellt die erste Ebene der ZT dar, aus deren Gesetzmäßigkeiten die Sachverhalte der zweiten Ebene: spezifische Gesellschaften, abgeleitet werden können. Die dritte Ebene der sozialen Evolution betrifft die psychisch-kognitive Entwicklung der Menschen. Je nach Entwicklungsstand der zweiten Ebene, der Sozialstruktur spezifischer Gesellschaften, werden die psychischen Strukturen der Menschen geformt. Elias behauptet demzufolge einen innigen Formzusammenhang von sozialer Evolution, historisch-gesellschaftlicher und psychisch-kognitiver Entwicklung. Jeder individuelle psychische Zivilisationsprozeß wird als Teil und Produkt des historischen Entwicklungsprozesses einer spezifischen Gesellschaft verstanden, welche wiederum nur als Teil der allgemeinen sozialen Evolution erklärbar wird.

Auf der Ebene eins: *allgemeine soziale Evolution* arbeiten Anthropologen, auf der Ebene zwei: *Gesellschaften* forschen Soziologen und Historiker, und auf der Ebene drei: *Individuen* arbeiten Psychoanalytiker, Entwicklungs- und Sozialpsychologen (Elias 1956; Wilterdink 1984, S. 282; Goudsblom 1984, S. 86 f.; Goudsblom 1984 b, S. 143). Die Eliassche ZT ist der breite Mantel, unter dem sich die genannten Menschenwissenschaften versammeln sollen, um im Bezugsrahmen der ZT ihre Ergebnisse interpretieren zu können.

Elias ordnet, was allerdings nur unter dem Gesichtspunkt der Vereinfachung der Darstellung plausibel ist, die ersten beiden Ebenen der Soziogenese und die dritte Ebene der Psychogenese zu. Gegenstand der Soziogenese sind Beziehungen von Menschen, die Elias Figurationen oder Verflechtungszusammenhänge nennt. Dazu gehören Freundschaften, Interaktionen aller Art, ökonomische Tauschbeziehungen und staatliche Gebilde. Gegenstand der Psychogenese sind sämtliche Strukturen des Verhaltens, Handelns, Denkens und Fühlens von Menschen. Elias behauptet, daß die psychischen Strukturen durch die gesellschaftlichen Institutionen, sozialen Strukturen und Beziehungszusammenhänge geformt werden. Es bestehen Zusammenhänge, Interdependenzen, Wahlverwandschaften und funktionale Äquivalenzen und Passungen zwischen psychischen und sozialen, zwischen subjektiven und objektiven Phänomenen.

Sowohl die sozio- als auch die psychogenetischen Strukturen sind Teile des allgemeinen Zivilisationsprozesses. Die Institutionen und die Menschen, die sozialen Strukturen und die Persönlichkeiten, die Beziehungszusammenhänge und die Psychen unterliegen dem Prozeß der Zivilisation, von dem sie Teile und Momente sind. Sowohl historisch vorfindliche Beziehungsstrukturen und Institutionen als auch historisch vorfindliche Mentalitäten, Persönlichkeits- und Denkstrukturen lassen sich zivilisationstheoretisch diagnostizieren, erklären und klassifizieren. Sie sind Produkte des allgemeinen Zivilisationsprozesses der Menschheit, der allgemeinen sozialen Evolution.

Wie begründet Elias nun seine Version einer Theorie der sozialen Evolution programmatisch und methodologisch? Elias' ZT versucht, zwischen der Scylla des Statismus, der Zustandssoziologie (er denkt insbesondere an Parsons), welche alles geschichtlich Gewordene ignoriert und in Ungewordenes, Ewiges verbiegt, und der Charybdis des Kulturrelativismus, der in der Geschichte nur einen beständigen Wechsel, nur das Singuläre, das Unvergleichbare, das Unwiederholbare und die Rhapsodie der einzelnen Gesellschaften sieht, zu steuern (PDZ 1, S. LXXVII).

»Die soziogenetische und psychogenetische Untersuchung geht darauf aus, die Ordnung der geschichtlichen Veränderungen, ihre Mechanik und ihre konkreten Mechanismen aufzudecken...« (PDZ 1, S. LXXVII).

»Vor allem das Wesen geschichtlicher Prozesse, die ›Entwicklungsmechanik der Geschichte‹, wenn man es einmal so nennen darf, ist mir klarer geworden, und ihr Zusammenhang mit seelischen Prozessen« (PDZ 1, S. LXXXI).

»Wie ging eigentlich diese Veränderung, diese ›Zivilisation‹« im Abendlande vor sich? Worin bestand sie? Und welches waren ihre Antriebe, ihre Ursachen oder Motoren? Das sind die Hauptfragen, zu deren Lösung diese Arbeit beizutragen sucht« (PDZ 1, S. LXXII).

Elias hat offensichtlich ein Verständnis der gesellschaftlich-historischen Entwicklung, dem zufolge sich die Geschichte nicht in eine Mannigfaltigkeit disparater Phänomene verliert, sondern vielmehr einer gesetzmäßigen Ordnung unterliegt, deren Mechanik sogar nicht einmal nur statistisch nachweisbaren Faktoren unterliegt, sondern identifizierbaren Kausalfaktoren, Ursachen und Motoren. Elias behauptet mithin die Möglichkeit einer »kausalmechanischen Theorie« geschichtlicher Abläufe. Demzufolge kann die soziale Evolution, jedenfalls hinsichtlich ihrer essentiellen Strukturen – natürlich nicht hinsichtlich der Determination/Beeinflussung jedes singulären historischen Ereignisses –, nur unilinear und in einer einzigen Struktur ablaufen. Noch 1982 schreibt Elias: »Letzten Endes gibt es nur einen einzigen Evolutionsprozeß. Ihn sollte man in allen Staaten der Welt lehren« (zitiert bei Schmied 1988, S. 213).

Elias kennt selbstverständlich den Unterschied zwischen Struktur und Geschichte, weiß, daß historische Ereignisse nicht determiniert sind, kennt die Rolle von Randbedingungen, Zufällen, Regressionen, Stillständen und berücksichtigt historische Wandlungen, die die von ihm diagnostizierte Evolution der Strukturen gar nicht berühren (PDZ 1, S. VIII; vgl. auch Habermas 1976; Popper 1974). Aber auch in einer nur statistisch beschreibbaren Welt der »Wolken« laufen »Uhren« (Popper), denn in dem Chaos der geschichtlichen Phänomene setzen sich evolutionäre Strukturen durch:

»Man kann – beim ersten Zugriff – zwei Hauptrichtungen gesellschaftlicher Strukturwandlungen unterscheiden: Strukturwandlungen in der Richtung einer zunehmenden Differenzierung und Integrierung und Strukturwandlungen in der Richtung einer abnehmenden Differenzierung und Integrierung« (PDZ i, S. VIII).

Es gibt ein nach beiden Seiten unendliches Kontinuum von Integration und Differenzierung, dieses Kontinuum beschreibt die Grundstruktur der sozialen Evolution und Zivilisation. Dieses Kontinuum der Differenzierung und Integration von Funktionen findet sich schon in Richtung des »linken«, nur hypothetischen Pols in der Zellbiologie, und in der Richtung des »rechten«, nur hypothetischen Pols setzt es sich im wissenschaftlichen Denken fort. Tatsächlich finden sich jedoch nach der Auffassung von Elias keine irreduziblen Anfänge und Endzustände dieses Kontinuums, damit auch kein Uranfang und kein Endpunkt der Zivilisation und Evolution, sondern nur Querschnitte eines gleichwohl gerichteten, unilinearen und sequentiellen Kontinuums, welches seine genannten Eigenschaften nicht durch das Fehlen fixer Pole verliert.

Das genannte Kontinuum betrifft gleichermaßen sozio- und psychogenetische Aspekte der Zivilisation/Evolution.[2] Für die Soziogenese: Sämtliche historisch-empirisch vorfindlichen sozialen Institutionen, Sozialstrukturen und Staatsgebilde lassen sich unter dem Gesichtspunkt analysieren, welches Niveau von Differenzierung und Integration in ihnen verkörpert ist. Die Messung dieses Niveaus gestattet eine nichtrelativistische Identifizierung und Einordnung sozialer Institutionen in das evolutionäre Schema. Das evolutionäre Niveau sozialer Institutionen läßt sich demnach mit dem Meßinstrument Differenzierung/Integra-

---

2 Für die Soziogenese: In einfachen Gesellschaften sind die sozialen Institutionen weniger differenziert und integriert als in Industriegesellschaften, man findet in jenen jedoch keine »Urzustände« und wird über die gegenwärtigen Industriegesellschaften in die Zukunft hinausgehend auch keine »Endzustände« prognostizieren können. Für die Psychogenese: Entsprechend gibt es kein unendlich unzivilisiertes Verhalten und kein unendlich zivilisiertes Verhalten. Jemand, der jeden Widerspruch als unbedingten Anlaß zum Mord nimmt, kann durch eine Person überboten werden, die jeden ihm Widersprechenden nach dem Mord verspeist usw. Umgekehrt kann jedes noch so distinguiert zivilisierte Verhalten qualitativ überboten und verfeinert werden.

tion bestimmen. Für die Psychogenese: Sämtliche historisch-empirisch vorfindlichen Verhaltensweisen, Denkweisen, Affektstrukturen und Persönlichkeitsstrukturen lassen sich unter dem Gesichtspunkt Differenzierung/Integration messen (PDZ 2, S. 312 f.). Die ZT behauptet die Möglichkeit der Messung und Identifikation des Entwicklungsniveaus subjektiv-psychologischer Phänomene, sogar nachträglich vorgenommen an verstorbenen Menschen längst vergangener Kulturepochen (»operationalisiert« anhand von in Dokumenten überlieferten Verhaltensweisen), und die Einordnung dieser Messung in eine allgemeine Evolutionstheorie psychogenetischer Phänomene. Schließlich analysiert die ZT die Korrelationen psychogenetischer und soziogenetischer Strukturen im Lichte der sozialen Evolution. Diesem Forschungsziel entspricht die Forschungsmethode: »Dieser Band enthält also eine Darstellung von soziologischen Forschungsschritten und Forschungsergebnissen, deren bestbekanntes Gegenstück in den physikalischen Naturwissenschaften die Experimente und deren Resultate sind« (PDZ 1, S. IX).

In der Menschheitsgeschichte läßt sich demnach eine sequentiell fortschreitende, unilineare und zunehmende Differenzierung und Integration sozialer und psychischer Strukturen feststellen. Es ist dieses Phänomen, das es Elias gestattet, zwischen Evolution und Zufall, Struktur und Ereignis, Ordnung und Chaos zu unterscheiden. Es ist dieses Phänomen, das es ermöglicht, eine systematische kausale Evolutionstheorie und eine Theorie der sukzessiven Zivilisierung der Menschheit zu formulieren.

Wie deutet Elias seine ZT nun im Kontext der vorhergehenden Evolutions- und Entwicklungstheorien? Um es vorwegzunehmen: mehrdeutig und widersprüchlich – so wie die meisten Stellungnahmen der meisten Soziologen zu diesem Thema ausfallen. Einerseits meint er, sich von den Evolutionstheorien des 19. Jahrhunderts abgrenzen zu müssen, da sie einen »automatischen Fortschritt« angenommen hätten (PDZ 1, S. XII). Andererseits wirft er 1968 der Gegenwartssoziologie vor, sie sei von dem Gedanken der Evolution abgerückt, da sie nicht mehr an den Fortschritt glaube, obwohl der doch eine Tatsache sei. Gerade weil das 20. Jahrhundert faktisch noch fortschrittlicher als das 19. Jahrhundert sei, sei der Fortschritt zwar eine Tatsache, aber in den kurzsichtigen Augen der Zeitgenossen kein Ideal mehr (obwohl, so muß man Elias ergänzen, auch die Tatsachenprädikation oft abgestritten wird) – und also kein untersuchenswerter Forschungsgegenstand mehr (PDZ 1, S. XXX ff., XXV). Gerade weil Elias sich in diesem Punkt realistischer als seine Zeitgenossen wähnt, sei seine Arbeit auch 1968 – 31 Jahre nach Fertigstellung seines Hauptwerkes – immer noch einsame Pionierarbeit. Das oben genannte Eliassche Abgrenzungsmotiv scheint daher kaum zu halten sein: die ZT ist bei allen Modifikationen auch nach Auffassung von Elias eine Fortschrittstheorie.

Dann behauptet Elias, Comte, Spencer, Marx und Hobhouse seien in erster Linie politisch-ideologisch orientiert und erst in zweiter Linie tatsachenorientiert gewesen, zudem stünde ihm mehr Tatsachenmaterial zur Verfügung, als jenen Vorvätern erreichbar gewesen wäre (PDZ 1, S. XXIV). Diese Argumentation mag schon eher, wenn auch nur teilweise, zutreffen, jedoch muß die Frage, ob sich aus ihr eine wirkliche Trennlinie zwischen dem Evolutionismus des 19. und des 20. Jahrhunderts bauen läßt, wohl verneint werden, da sie nur Quantitatives berührt.

Was sagen die Elias-Rezipienten und Kommentatoren zum genannten Problem? Mehrdeutiges und Widersprüchliches ist die Regel. So behaupten Baumgart und Eichener, Elias stelle dar, die soziale Entwicklung verlaufe gerichtet, strukturiert und nach einer Ordnung, die sich durch zunehmende Integration auszeichne, aber sie verlaufe nicht unilinear (Baumgart/Eichener 1991, S. 77). Zwei Seiten weiter werden die klassischen Evolutionstheorien als unilineare Theorien identifiziert, von denen sich Elias abgrenze. Auf keinen Fall gehe Elias von einem durch »zunehmende Integration« gekennzeichneten unilinearen Prozeß aus. »Dies wäre jedoch eine Interpretation, die in schärfstem Kontrast zu Elias' empirischem Ansatz steht« (Baumgart/Eichener 1991, S. 79). Hier handelt es sich offensichtlich um eine widersprüchliche und mehrdeutige Argumentation. Das Phänomen konfuser Argumentation ist in diesem Diskussionskontext keine Seltenheit.

Einen stärkeren Unterschied zwischen Elias und seinen Vorvätern kann man wohl – neben dem teilweise höheren Niveau der Eliasschen Argumentation und der Dichte der von ihm herangezogenen Sachverhalte – darin finden, daß im 19. Jahrhundert der Evolutionsprozeß quasiteleologisch, quasihegelianisch dargestellt wurde. In diesem Kontext wurde die Zivilisation von Hegel, Comte, Marx und auch von Spencer teilweise religiös und metaphysisch verklärt und wie das Nahen eines Gottesreiches verstanden (Löwith 1973; Kiss 1980). Bei Elias findet man hingegen eine streng kausalmechanische Betrachtung ungeplanter, aber gerichteter Prozesse und eine ambivalente Wertung der Zivilisation, aber kein Religionssubstitut. Gleichwohl stellt sich die Frage, wie groß die qualitative Kluft zwischen den beiden genannten Evolutionskonzepten tatsächlich ist. Verschiedene Autoren haben mit Recht darauf verwiesen, daß Elias ganz in der Tradition des Evolutionismus des 19. Jahrhunderts stehe (v. Dülmen 1996; Schmied 1988, S. 212). Und Elias hat schließlich selbst die Gegenwartssoziologie mit dem Hinweis verdammt, sie hätte den Evolutionsgedanken des 19. Jahrhunderts verlassen und verraten. Elias sieht sich als den Bewahrer der Tradition der Soziologie schlechthin. Der einzige Soziologe, den Elias jemals wirklich hat gelten lassen, der einzige, den er wohlwollend diskutiert und einschätzt, und der einzige, auf den er sich massiv als Vorbild bezieht, ist Auguste Comte (Elias 1993).

In den Sozialwissenschaften wird die Annahme einer sozialen Evolution immer wieder unter Verweis auf angeblich dürftige und angeblich längst widerlegte Konzepte des 19. Jahrhunderts bestritten. Immer wieder behaupten Autoren, die Konzeption des Kulturrelativismus der Sozialstrukturen und die Konzeption des Universalismus des Geistes hätten jede Form des Evolutionismus längst widerlegt. Diese Widerlegungen haben hingegen wissenschaftsgeschichtlich nie stattgefunden und sind nur in der Phantasie von Autoren zu finden. Der bereichsspezifische und partikulare Paradigmenwechsel vom Evolutionismus zum Kulturrelativismus fand aufgrund ideologisch-politischer Umstände statt, nicht aufgrund von Falsifikationen. Es gibt nicht ein einziges Werk, das die Unmöglichkeit einer Theorie sozialer Evolution dargelegt hätte (trotz Popper 1974). Hingegen sind fast alle bedeutenden Soziologen Evolutionstheoretiker: Comte, Spencer, Marx, Hobhouse, Elias, Parsons (1975), Luhmann (1985) und Habermas (1976, 1981). Trotz mehr oder weniger gegenteiligem Selbstverständnis finden sich auch bei Durkheim (1977), Weber (1988), Simmel (1890), Gehlen (1975) und Mead (1973) eindeutige evolutionistische Motive.

Es ist ein Irrtum, zu glauben, eine Theorie der sozialen Evolution sei aus wissenschaftstheoretischen Gründen nicht konzipierbar. Vielmehr ist es eine rein empirische und keine apriorische und wissenschaftstheoretische Frage, ob eine Theorie der sozialen Evolution begründungsfähig ist, ob sie ein Minimalprogramm fahren muß oder ein Maximalprogramm ausbauen kann. Die damit im Zusammenhang stehenden Fragen sind großteils noch ganz offen. Es ist offen, wie man die Zusammenhänge von Evolution, langfristiger sozialer Entwicklung, Modernisierung und sozialem Wandel beurteilen kann und muß. Die bedeutendste deutsche soziologische Evolutionstheorie, die sich auf raumzeitliche historische Sachverhalte bezieht, ist meines Erachtens nach wie vor der Ansatz von Elias. Seit 1939 ist in Deutschland keine wirklich fundamentale soziologische Evolutionstheorie mehr entwickelt und prominent geworden, die massiv und fundiert auf historischem Tatsachenmaterial fußt. Raumzeitliches Material strukturierende Evolutionstheorien finden sich heute kaum mehr in der Soziologie, sondern haben sich in die Kulturanthropologie verlagert (Service 1977; Hallpike 1990). Die soziologischen Evolutionstheorien tendieren heute eher dazu, sich auf formale raumzeitlose Modelle und Begriffskonstruktionen zurückzuziehen (Luhmann 1985; Habermas 1976). Dieser Zustand ist einer der wichtigsten Ursachen der Orientierungslosigkeit der zeitgenössischen Soziologie, zumindest im Bereich der »großen« Theorien. Weder der Verzicht auf anspruchsvolle Evolutionstheorien noch der Rückzug auf scholastische Modelle, sondern die Prüfung und Verbesserung raumzeitlicher Ansätze allein können der Makrosoziologie die Geltung verschaffen, in den Geisteswissenschaften wieder eine integrierende Rolle einnehmen zu können.

1.2 Zivilisation des Okzidents

1.2.1 Soziogenese okzidentaler Gesellschaftssysteme

Elias beschreibt die okzidentale Soziogenese von Institutionen gleichermaßen als Soziologe und als Historiker. In diesem Punkt der ausgewogenen und kompetenten Zusammenführung historischen Fachwissens und soziologischer Theorie trifft er sich mit der Arbeitsweise von Marx, Weber und Durkheim. Hierin unterscheidet er sich zum Beispiel von Luhmann und Habermas, deren soziologische Begriffsapparate zumeist nur beliebig und assoziativ historische Fakten bemühen und keineswegs auf ihnen fußen (Ausnahme: Habermas' *Strukturwandel der Öffentlichkeit*). Die soziogenetischen, historischen Teile von PDZ und *Die höfische Gesellschaft* brauchen den Vergleich mit den entsprechenden Arbeiten von Fachhistorikern wie Otto Brunner, Karl Bosl, Perry Anderson, Heinrich Fichtenau, Otto Hintze, François L. Ganshof, Marc Bloch, Jacques LeGoff, Georges Duby und vielen anderen nicht zu scheuen. Zwar wird fachhistorische Kritik im einzelnen geübt (v. Dülmen 1996), es wäre jedoch irrig anzunehmen, die Eliasschen soziogenetischen Ausführungen zum Feudalismus, zum Monopolmechanismus und zur Entstehung des Absolutismus seien widerlegt und im gro-ßen ganzen überboten. Elias kann die Arbeiten der Fachhistoriker nicht ersetzen, diese sind in vielem genauer, und doch stellen die Argumentationen von Elias eine Bereicherung dar. Und so haben die Historiker auch gerade in Deutschland seine Arbeiten mit Interesse und Zustimmung aufgenommen. Dies zeigt schon den Unterschied zwischen dem tatsachengeladenen evolutionstheoretischen Ansatz von Elias und anderen evolutionstheoretischen Soziologien, die meist auf einer sehr dünnen Tatsachendecke gebaut werden und daher weder das Interesse der Historiker finden können noch die ersten Wellen kritischer Prüfung überstehen.

Elias beginnt seine Darstellung des okzidentalen Zivilisationsprozesses mit der Zeit nach dem Untergang des Römischen Reiches und nach Beendigung der Völkerwanderung. Die europäische Gesellschaft ist auf das Niveau der Naturalwirtschaft zurückgefallen. Geld, Märkte, Arbeitsteilung und Gewerbe spielen keine große Rolle. Die Gesellschaft besteht in erster Linie aus selbstversorgenden Bauern und Kriegern. Die Besiedlungsdichte ist niedrig, und die Menschen wirtschaften nur für ihre eigenen Familien (PDZ 2, S. 37 ff.). Staatliche Zusammenhänge bestehen nicht.

Elias beginnt mit der Beschreibung eines gesellschaftlichen Entwicklungsstadiums, das weltweit von Historikern und Kulturanthropologen gefunden und beschrieben worden ist. Es ist das Stadium eines Pflanzervolkes, das nicht mehr nur vom Wilderbeuten und Sammeln lebt, aber auch nicht in hochkulturellen Staatsgesellschaften organisiert ist (Harris 1989; Oesterdiekhoff

1993 a; Breuer 1990; Sigrist 1979; Hallpike 1990). Dieser gesellschaftliche Zustand des frühen Mittelalters, der durch die Kriterien niedrige Besiedlungsdichte, Selbstversorgung durch Wanderfeldbau, Zweifelderwirtschaft und Viehzucht, Stammesordnung, keine Arbeitsteilung, fehlende Märkte, fehlendes Geld und fehlende staatliche Funktionen definiert ist, erscheint als geeignete Ausgangsbasis für die Darlegung eines Evolutionsprozesses, der über vermeintliche europäische Sonderwege hinausgehend verallgemeinert werden kann. Dieser frühmittelalterliche gesellschaftliche Zustand ist wenig durch europäische Besonderheiten definiert, sondern durch Strukturen, die sich weltweit finden lassen (Oesterdiekhoff 1993 a).

Elias sieht in der zunehmenden Bevölkerungsdichte im beginnenden Hochmittelalter den wichtigsten Motor des Zivilisationsprozesses (PDZ 2, S. 40). Dies war übrigens auch die Auffassung von Durkheim (1977) (vgl. Oesterdiekhoff 1993 a; Boserup 1965). Die zunehmende Bevölkerungsdichte löst die Menschen allmählich aus den Zusammenhängen von Familie und Stamm, erhöht die Konkurrenz um Böden und Herrschaften und schafft schließlich arbeitsteilige Prozesse. Der knapper werdende Boden macht den Krieg um Land zum Normalzustand. Gefolgsherren scharen Krieger um sich, um in einem staatsfreien Raum Land und Herrschaft zu erobern. Je mehr Krieger der Gefolgsherr, Seigneur oder Baron hat, um so mehr Land kann er erobern. Je stärker seine wirtschaftliche Macht ist, um so mehr Krieger kann er verpflichten. Wirtschaftliche und militärische Macht bedingen sich gegenseitig (PDZ 2, S. 55, 87). Elias versteht die Entstehung des Feudalsystems als ein in diesem Sinne evolutionär bedingtes Phänomen, als Durchgangsstufe zwischen akephaler und staatlich strukturierter Gesellschaft (PDZ 2, S. 38; vgl. Bloch 1983; Weber 1980; Breuer 1990). Da die Besiedlungsdichte niedrig ist, die Menschen isoliert leben können, gibt es keine Verflechtungszusammenhänge im Sinne staatlicher Organe. Da andererseits der Boden nicht mehr im Überfluß vorhanden ist, nehmen Konkurrenz, Kriege, Eroberungen, Knechtschaft, Versklavung und Herrschaft zu. Die Feudalherren bekriegen sich wie 500 Jahre später Nationen.

»Krieg, Raub, Überfall und Plünderung war für die natural wirtschaftenden Krieger eine reguläre Form des Erwerbs« (PDZ 2, S. 93). »Beinahe überall bleibt der Burgherr ein brutaler und räuberischer Haudegen, er zieht in den Krieg, schlägt sich im Turnier, verbringt die Friedenszeit mit der Jagd, ruiniert sich durch Verschwendungen, erpreßt die Nachbarn und plündert die Ländereien der Kirche« (PDZ 2, S. 94).

Elias beschreibt am Beispiel Frankreichs den Konkurrenzmechanismus der Feudalherren. Die siegreichen Feudalherren schlukken die Herrschaftsgebiete der unterlegenen und vergrößern so ihr militärisch-ökonomisches Machtpotential. Im siebten Jahrhundert gibt es in Frankreich noch Tausende von autonomen Herrschaftsgebieten. Im Laufe der folgenden Jahrhunderte werden jedoch die meisten Herrschaften verschluckt, so daß immer weniger, aber immer größere und mächtigere Feudalherren den Konkurrenzmechanismus überleben. Je weniger Feudalherren übrigbleiben, um so wichtiger wird die politische Funktion des Königshauses (PDZ 2; vgl. Brunner 1984; Bloch 1983). Je mehr es dem Königtum gelingt, die Macht der Feudalherren einzuschränken, um so mehr Berechtigung ist gegeben, ihm staatliche Funktionen zuzusprechen. Zunächst ist der König wenig mehr als ein Herr unter Herren, gegen den Krieg zu führen verfassungsrechtlich legitimiert sein kann (vgl. Brunner 1984; Kern 1954).

Erst dem absolutistischen Königtum der Neuzeit gelingt mit der Unterwerfung der letzten großen Feudalherren die Identifikation von Staat und Königtum sowie die Schaffung eines Staates und einer Nation im eigentlichen Sinne. Der absolute König ist der einzige Sieger des tausend Jahre währenden Kampfes der Feudalherren, der einzige Überlebende des Konkurrenz- und Monopolmechanismus. Dieser Sieg gelingt ihm durch die militärische Unterwerfung der Konkurrenten. Indem er diese entwaffnet, errichtet er ein Gewaltmonopol. Fortan hat vor allem nur das Königshaus, das heißt die staatliche Gewalt, das Recht der Nutzung militärischer Mittel. Staat und Gesellschaft werden getrennt, indem jener diese zwangsweise befriedet und entwaffnet. Die Kontrolle der Feudalherren gelingt dem absoluten Herrscher, indem er sie in Versailles versammelt, bewirtet, beaufsichtigt und wirtschaftlich abhängig macht. Der Hof ist die Überwachungsanstalt der entwaffneten Feudalherren. Das Gewaltmonopol dient der Befriedung, das Steuermonopol dient der Verpflegung und Alimentierung des Adels (PDZ 2, S. 260 ff., 271, 276, 281 ff.).

Die Alimentierung des Adels, die Versorgung des Hofes und die nationale Staatsorganisation binden fast das gesamte Steueraufkommen (vgl. Weber 1980). Das Königtum und der Hof werden zum Steuerungsmechanismus ökonomischer Umverteilung. Luxus- und Kriegsindustrien entwickeln sich stark, Gewerbe und Industrie schaffen ein mächtiges Finanz- und Industriebürgertum. Während die ökonomische Potenz des Adels schwindet, wächst die des dritten Standes. Das Steuer- und Gewaltmonopol untergräbt die Macht des Adels nicht nur in militärischer, sondern zunehmend auch in wirtschaftlicher Hinsicht. Und es ist gerade das königliche Gewaltmonopol, welches das wirtschaftliche Aufblühen erst ermöglicht. Denn das nationale Gewaltmonopol schafft erst den sicheren Rahmen und den befriedeten Raum, in dem die Anhäufung von Reichtum, die Errichtung von Fabriken, die Durchführung von Langfristinvestitionen und die Stabilisierung arbeitsteiliger Märkte möglich macht. Rechtssicherheit und militärischer Schutz sind die Voraussetzungen für industrielles Wirtschaftswachstum. In staatslosen Gesellschaften führt hingegen kurzfristig erlangter Reichtum schnell zu Raub und Krieg, was Langfristinvestitionen und Kapitalismus unmöglich macht (PDZ 2, S. 225; Wittfogel 1958; Olson 1985).

Entmachtete der König den Adel mit der Hilfe des Bürgertums, so bewirkte dessen wirtschaftliche und soziale Stärke eine weitere und enorme Machtumverteilung, wodurch die Beseitigung von Adel und Königtum gleichermaßen möglich wird. Waren in der Antike und in der Feudalzeit Adel und Bauern wegen der Muße des Adels kaum in gemeinsame Verflechtungszusammenhänge eingebunden, so zwingt der Kapitalismus die Schichten und Klassen immer mehr in kollektive Abhängigkeiten. Nun sind alle Klassen in gemeinsame Figurationen und Netzwerke eingespannt. Es müssen sich nicht nur die Unterschichten den Oberschichten anpassen, sondern auch umgekehrt nehmen diese Charakteristika jener an.

Elias sieht das Gewaltmonopol, gewährleistet auch durch Polizei, als ein Netzwerk, das die einzelnen Bürger einspannt und kontrolliert. Die Verflechtungszusammenhänge, in die Menschen eingebunden sind, werden enger. Elias beschreibt die Entstehung des Nationalstaates ähnlich wie Foucault (1984) die Entstehung der Disziplinargesellschaft, wie Durkheim (1977) die Entstehung der organischen Solidarität, wie Simmel (1890) die Kreuzung sozialer Kreise und wie Weber (1980) die Entstehung des »ehernen Gehäuses«. Kapitalismus, Märkte und arbeitsteilige

Prozesse holen die Menschen aus isolierten, naturalwirtschaftlichen Zusammenhängen und spannen sie in ein Netz komplexer und differenzierter Funktions- und Verflechtungszusammenhänge (PDZ 2, S. 316 f., 72, 395). Geld, Marktwirtschaft und Arbeitsteilung schaffen eine immer dichtere und immer umfassendere Verflechtungsordnung, eine immer größere Abhängigkeit der Menschen voneinander.

Elias beschreibt somit die soziogenetische Entwicklung von Figurationen als einen kontinuierlichen Prozeß. Zunächst leben die Menschen isoliert in kleinen sozialen und überwiegend naturalwirtschaftlichen Zusammenhängen, ohne in komplexe und vielfältige Interdependenzen eingebunden zu sein. Vor allem unter der Bedingung des Bevölkerungswachstums verdichten und vervielfachen sich die Verflechtungszusammenhänge ungeplant, aber gerichtet und gesetzmäßig. Die bloße Verdichtung und Differenzierung der Verflechtungszusammenhänge bewirkt im Laufe der Jahrhunderte im Bereich der Wirtschaft die Entstehung und Entwicklung gesellschaftlicher Arbeitsteilung, von Märkten, Geld und später Industriesystemen, und im Bereich der Politik die Entstehung und Entwicklung von staatlichen Funktionen und Nationen. Staat und Industrie sind mithin letztlich das Resultat der Vervielfachung und Differenzierung funktionaler Abhängigkeiten zwischen Menschen.

»Es ist diese Verflechtungsordnung, die den Gang des geschichtlichen Wandels bestimmt; sie ist es, die dem Prozeß der Zivilisation zugrunde liegt ... Das Verhalten von immer mehr Menschen muß aufeinander abgestimmt, das Gewebe der Aktionen immer genauer und straffer durchorganisiert sein, damit die einzelne Handlung darin ihre gesellschaftliche Funktion erfüllt« (PDZ 2, S. 314, 317).

1.2.2 Psychogenese des Okzidents

Elias beschreibt Figurationen nicht nur institutionell, sondern auch psychologisch. Figurationen sind Sozialisationsinstrumente, sie formen und prägen Menschen und Persönlichkeitsstrukturen, sie produzieren und konstituieren psychisch-kognitive Strukturen. Unterschiedlichen Figurationen entsprechen unterschiedliche psychogenetische Strukturen. Lose und einfache Verflechtungszusammenhänge des Mittelalters sozialisieren andere

Persönlichkeitsstrukturen als höfische und industriegesellschaftliche Figurationen.

Wie beschreibt Elias Psychogenesen des Mittelalters? Es bestehen laut Elias kaum Abhängigkeiten und Interdependenzen zwischen Menschen außerhalb der Familie. Die Menschen sind in wenige Verflechtungszusammenhänge eingebunden, und die Handlungsketten sind kurz. Menschen müssen bei ihren Handlungen kaum lange und verzweigte Handlungsketten, differenzierte und vielfältige arbeitsteilige Prozesse sowie Handlungsfolgen und Interaktionspartner berücksichtigen. Da die Menschen kaum in verzweigte Figurationen und Kontrollzusammenhänge eingebunden sind, können sich laut Elias ihre subjektiv-psychologischen Strukturen sanktionsfreier, spontaner und natürlicher entwickeln. Ihre Selbstkontrolle ist niedriger, Triebe und Emotionen können ungehinderter ausgelebt werden. Diese größere Triebhaftigkeit, Spontaneität und Emotionalität des Handelns und die niedrigere kognitive Regulation und Affektkontrolle betrifft nahezu alle Bereiche des Lebens (PDZ 2, S. 263 ff., 322).

In der Naturalwirtschaft ist Selbstkontrolle weder nötig und möglich noch nützlich. Die mangelnde Selbstkontrolle und fehlende Disziplinierung bewirken einen Mangel kritischen, rationalen und reflektierten Denkens. Die Fähigkeit, langfristig zu planen und zu gestalten, ist kaum entwickelt. Es fällt den Menschen schwer, Belohnungen aufzuschieben, Gefühle und Wünsche nicht sofort in Handlungen umzusetzen und sich selbst zurückzunehmen. Männer neigen zur Gewalttat und zur brutalen Behandlung von Frauen. Gewissen, Schuld-, Scham- und Peinlichkeitsgefühle sind wenig entwickelt. Der Persönlichkeitsaufbau ist schlicht und undifferenziert. Lebensäußerungen sind unbefangen und egozentrisch. Körperliche Verrichtungen beim Essen, im Bereich der Hygiene, der Notdurft und in anderen Bereichen sind im konkreten Wortsinne unzivilisiert (PDZ 2, S. 94, 96, 105).

Könige und Leibeigene essen mit den Fingern und mit anderen gemeinsam aus einem Topf, sie waschen sich wenig und wechseln nicht ihre Kleidung. Sie unterdrücken auch in Anwesenheit Fremder nicht die Wirkungen von Verdauungsvorgängen, sie lieben die Gewalttat und erfreuen sich an rohen und brutalen Taten und Ereignissen.

»Er (der Zivilisierte) würde, je nach seiner Lage und seinen Neigungen, bald mehr von dem wilderen, ungebundeneren und abenteuerreicheren Leben der Oberschichten in dieser Gesellschaft angezogen werden, bald sich abgestoßen fühlen von den ›barbarischen‹ Gebräuchen, von der Unsauberkeit und Roheit, denen er in dieser Gesellschaft begegnet« (PDZ 1, S. LXXI).

Elias verortet die ersten von ihm festgestellten Zivilisationsvorgänge in den Königshöfen des 11. und 12. Jahrhunderts. Die neuen Sitten und Standards werden unter dem Titel Courtoisie gefaßt. An den Höfen treffen einfaches Volk, niederer und höherer Adel, Frauen und Männer unterschiedlicher Schichten aufeinander. Die Niedriggestellten werden von den Hochrangigen zunehmend gezwungen, Selbstkontrolle auszuüben, um von ihnen nicht belästigt zu werden. Die Niedriggestellten müssen Demut zeigen, dürfen ihre Affekte nicht ausleben und müssen Triebäußerungen in Richtung der Hochrangigen zurückhalten. Die Hochrangigen wollen zunehmend die Niedrigrangigen nicht daran beteiligen, mit ihnen aus einem Topf zu essen, sie wollen ihre lauten Geräusche und Winde nicht hören, sie wollen sie nicht nackt sehen und ihre Gerüche ertragen, und sie wollen von ihnen nicht mit schmutzigen Händen berührt werden (PDZ 1, S. 205). Elias beschreibt Zivilisation und Selbstkontrolle demnach zunächst als ein Phänomen, das insbesondere den niederen Adel an den Höfen betrifft. Pauschal gesagt: der höhere Adel verlangt vom niederen Adel zivilisiertes Verhalten, ohne sich selbst zunächst diese Standards zuzumuten (PDZ 1, S. 186 ff.). Männer können nicht mehr nach dem Einheitsmuster Frauen erobern; Elias erklärt die Minne und die Kultur der (unerfüllten) Liebe aus dem Verhältnis des niedrigrangigen Mannes zur höherstehenden Frau. Romantik entsteht aus dem Triebstau; Elias' Erklärung ist ähnlich der von M. Mead (1965).

Zivilisation ist demnach zunächst ein Instrument der Unterwerfung einer Schicht unter eine andere. Jedoch ist der Hof ein Ort, an dem es letztlich nur einen Herrscher gibt, der Respekt von allen anderen verlangt. Somit werden alle Höflinge in den Zivilisationsprozeß gezwungen, sie sind Dienende und Herrschende zugleich. Der Hof ist Kristallisationspunkt von gegenüber dem früheren Leben verdichteten Verflechtungszusammenhängen, in denen die Menschen in vermehrtem Maße sich gegenseitig Zwänge auferlegen. Auch der hohe Adel wird zunehmend domestiziert. Andererseits ist an den Höfen des MA.s der Zusammenhang von Hierarchie und Zivilisation, sozialer Lage und Situationsabhängigkeit kontrollierten Verhaltens im Verhältnis zur späteren Zeit noch sehr deutlich. Gegenüber dem Höhergestellten verhält man sich höflich und kontrolliert, und im Verkehr mit Niedrigrangigen läßt man die Zügel locker. Könige empfangen Besucher im Bett oder auf dem Topf, Frauen baden nackt vor dem Kammerdiener. Sie meinen es dabei gut mit ihnen, schamfreies Verhalten kann auch Zeichen des Wohlwollens sein (PDZ 1, S. 188 f., 186 f., 330).

Diese erste von Elias untersuchte Stufe zivilisierten Verhaltens nennt er Courtoisie. Courtoisie ist insbesondere höfliches, kontrolliertes Sprechen und Benehmen, wird aber auch durch die genannten Charakteristika definiert. Courtoisie ist noch schicht- und situationsabhängig. Der Fremdzwang wird kaum zum Selbstzwang, der kontrollierte Habitus wird nicht internalisiert, die Triebe bleiben wild und warten nur auf die passende Situation, um ausgelebt zu werden. Die Psyche wird kaum zivilisiert, nur das äußere Verhalten wird geformt, um (unzivilisierte) Ziele besser erreichen zu können (PDZ 1, S. 66 ff.; Breuer 1988; vgl. Bumke 1986).

Der Courtoisie der ritterlich-höfischen Gesellschaft folgt die Civilité der absolutistisch-höfischen Gesellschaft als eine Steigerungsform der Zivilisation. Die Entwicklung der Civilité fällt in die Periode der Staats- und Nationwerdung der großen europäischen Länder. Die Herren müssen sich langsam von Kriegern zu Diplomaten und Staatsmännern wandeln. Die großen Höfe verlangen daher eine weitere Steigerung angepaßten, konventionellen, höflichen und vornehmen Verhaltens. Gutes, distinguiertes Sprechen, perfekte Selbstdarstellung und kommunikative Kompetenzen entscheiden über die Karriere des Höflings. Die Sitten und das Gebaren verfeinern sich in zuvor ungesehene Verästelungen. Der Gebrauch von Messer und Gabel, viel später des Taschentuchs und der Seife entwickeln sich an den Höfen des Absolutismus. Die Höflinge entwickeln Selbstkontrolle und Zurückhaltung von Trieben und Affekten, um den perfektionierten Standards genügen zu können. In dieser Periode nun wird zivilisiertes Verhalten zu einem Symbol des Privilegierten, zu einem Mittel, um sich von den Niederen abgrenzen zu können. Der ehrgeizige Höfling entwickelt immer raffiniertere Versionen des guten Geschmacks und der distinguierten Sprechweise, um seine Konkurrenten übertrumpfen zu können. Was gestern noch als Gipfel der Civilité galt, gilt heute schon als vulgär und primitiv. Der gute Geschmack des Establishments weiß allein, was richtig und was vulgär ist. Ein neuer Standard breitet sich aus, wird dadurch allgemein und zugleich entwertet, um dann verfeinert oder ersetzt zu werden.

Civilité bedeutet nicht nur Änderung der Tonart, sondern auch Zunahme der Empfindlichkeit, Intensivierung der Menschenbeobachtung, Entstehung bewußter psychologischer Methoden, stärkeres Verständnis für andere und mehr Reflexivität. Wer am Hofe erfolgreich sein will, muß das Instrument der Intrige beherrschen, schon, um sich wiederum davor schützen zu können. Jedes Wort, jede Geste und jede Handlung müssen jetzt nicht nur im Hinblick auf das direkte Gegenüber in einer einmaligen Situation abgeschätzt werden, sondern auch im Hinblick auf die Netzwerke und die zukünftigen Situationen, in die das Gegenüber eingebunden ist oder möglicherweise eingebunden sein wird. Affekte, unmittelbare Gefühle und einfältiger Sinn haben keine Überlebenschancen, sondern nur die Berechnung langfristiger Effekte von Worten und Taten. Durchsetzung von Interessen mit dem Degen verliert an Wert, das gut gesetzte Wort dient nun der Selbstbehauptung und der Ausgrenzung von Konkurrenten (PDZ 2, S. 365, 370, 373 f.; Elias 1968).

Elias sieht in Erasmus von Rotterdam den großen Theoretiker und Pädagogen der Civilité. Erasmus legt in seinen Schriften fest, wie Menschen sich richtig verhalten sollen, welche Manieren sie pflegen oder ablegen sollen. Diese Schriften wurden im 16. Jahrhundert von den Gebildeten gelesen wie die Schriften Darwins oder Hegels im 19. Jahrhundert. Wenn ein so bedeutender und großer Autor Manierenbücher schreibt, die an vorderster Stelle und überall studiert und diskutiert werden, dann zeigt dies laut Elias, daß in der höfischen Kultur der Renaissance Manierenfragen grundlegendstes gesellschaftspolitisches Ereignis gewesen sind. Die Selbstdomestikation der europäischen Elite wurde zu einer Schlüsselfrage der Gesellschaftsentwicklung. Daß Kant und Herder in ihrer Zeit sich nicht mit diesen Themen in dieser Form beschäftigen mußten, beweist, daß nunmehr die Volkserziehungsprobleme der Renaissance längst gelöst waren und zum unreflektierten Selbstverständnis und Besitzstand gehörten. Diese Standards mußten in der Renaissance jedoch erst erarbeitet, diskutiert, gelehrt und konditioniert werden – nicht für Kinder, sondern für Erwachsene.

Denn in der Tat behandeln die Manierenbücher des Erasmus genau die Probleme und Themen, die in der modernen Gesellschaft Erzieher mit Kindern abarbeiten. Auf der Erwachsenenebene in der modernen Gesellschaft stellen sich die Probleme des Erasmus nicht mehr. Sie sind nicht diskussionswürdig, weil sie selbstverständlich gelöst sind. Im 16. Jahrhundert mußten hingegen Erwachsenen erstmalig Dinge beigebracht werden, die ihren Vorfahren des MA.s, ganz unbekannt waren, die man aber seit dem 19. Jahrhundert nur noch Kindern lehrt: Wie verhält man sich am Tisch, wann wäscht man sich die Hände, wohin spuckt man, wie grüßt man, und was sagt man vornehmen Leuten (PDZ 1, S. 107, 115, 71 ff., 93 ff.).

Die sittlichen Standards der Schriften von Erasmus sind somit strenger als die des MA.s, und sie sind andererseits deutlich niedriger als die der späteren Zeit, insbesondere niedriger als die des 19. Jahrhunderts. So beschreibt Erasmus in einem Schulbuch eine Szene mit einer Prostituierten, oder er warnt davor, auf dem Stuhl herumzurutschen, da eventuelle Winde andere Leute stören könnten. Solche Sachverhalte wären einige Generationen später nicht mehr darstellbar, und ihre bloße Erwähnung wäre verpönt. Dies zeigt laut Elias, daß die Unbefangenheit und Offenheit, die Strenge der Standards und der Sitten des Erasmus zwischen dem Niveau des MA.s und dem Niveau der entwickelten Neuzeit stehen. Erasmus' Standards sind strenger und kontrollierter als die des MA.s und laxer, unbefangener und weniger reguliert als die der späteren Zeit. Die Menschen der Renaissance und der Civilité stehen auf der Schwelle zwischen Courtoisie und Civilisation. Der Prozeß der Zivilisation geht über sie hinweg (PDZ 1, S. 107).

Die Civilité entwickelt sich etwa ab 1530. Im 16. Jahrhundert stehen Courtoisie und Civilité nebeneinander, und im 17. Jahrhundert kommt der Begriff Courtoisie ganz aus der Mode (PDZ 1, S. 66, 89, 94, 137). Civilité ist der Verhaltenskodex des höfischen Adels, dem jedoch auch die nachrückenden Schichten nacheifern wollen und der Jahrhunderte später, bei aller Abgrenzung nach unten, ihnen von der Kirche und der Schule gelehrt werden soll. Zwar nutzt der Adel die Civilité gerade deshalb, um andere Schichten ausgrenzen zu können, die Diffusion privilegierter Manieren in die unteren Schichten und ihre Nationalverbindlichkeit ist jedoch nur eine Frage von Generationen.

Im 18. Jahrhundert sind die Civilité-Schriften auf dem Niveau des Erasmus Lektüre für die städtischen bürgerlichen Schichten Frankreichs. Die Kirche lehrt in den Elementarschulen Civilité wie Lesen und Schreiben, weil die Familien noch nicht das Niveau der Civilité erreicht haben. Noch gegen Ende des 18. Jahrhunderts diffundieren Civilité-Normen des Hofes in bürgerliche Kreise. Demzufolge hatte das französische Bürgertum des 18. Jahrhunderts zum großen Teil noch nicht auf mittelalterliche Verhaltensweisen verzichtet (PDZ 1, S. 124, 136). Der Kulturbruch MA./Neuzeit fand in der Elite Generationen eher statt als im Bürgertum. Diese Analyse von Elias wird von der Mentalitäten-Geschichte und verwandten Positionen nur bestärkt und gestützt (Delumeau 1985; Muchembled 1990, 1996; v. Dülmen 1996).

Andererseits sieht Elias schon im 18. Jahrhundert die langsame Ersetzung der Civilité durch die nächsthöhere Phase: Civilisation, welche von der bürgerlichen Klasse getragen wird. Elias sieht im Hinblick auf das Bürgertum die vollständige Durchsetzung und damit das Vergessen des Prozeßcharakters und der Nichtselbstverständlichkeit der Standards sowohl der Civilité als auch der Civilisation in der Mitte des 19. Jahrhunderts (PDZ 1, S. 125, 139). Diese zeitliche Parallele erscheint widersprüchlich, entstammen doch die Civilité dem Hof und die Civilisation dem Bürgertum und versteht Elias sie dennoch als evolutionäre Sequenzen. Elias' Ausführungen werden jedoch plausibel, wenn man bedenkt, daß die Civilité sich primär auf Fragen der Etikette und die Civilisation sich primär auf Bildung und Moral beziehen, das heißt auf durchaus trennbare Bereiche. Addiert man hinzu, daß die Civilisation ein Produkt des Bildungsbürgertums seit der Mitte des 18. Jahrhunderts ist, dann wird verständlich, daß insbesondere das gewerbliche Bürgertum tatsächlich gleichzeitig von der Civilité und der Civilisation kolonialisiert werden konnte.

Elias' Darstellung der Civilisation findet sich in *Über den Prozeß der Zivilisation* nicht zusammenhängend, sondern ist über das ganze Werk verstreut, jedoch in der Sache im großen ganzen klar und bestimmt. Die erste Konfrontation von Civilité und Civilisation sieht Elias in Frankreich und Deutschland in der

Polemik zwischen dem gebildeten Bürgertum und dem Hofadel. Elias beschreibt mit Blick auf Deutschland den niedrigen Bildungsstand des Hofadels zu Beginn des 18. Jahrhunderts und die Isolation von Leibniz.

Das Bildungsbürgertum in Deutschland (Schiller, Kant) und Frankreich (Rousseau) entwickeln Moral und Bildung als Kontrastprogramm gegen den Formalismus, die Oberflächlichkeit und das Unechte der höfischen Civilité (PDZ 1, S. 17 ff., 31). Das Bürgertum setzt Sittenstrenge und Prüderie gegen die Frivilität und die lockere Sexualmoral des Hofes, Tugend und Ehrlichkeit gegen Verlogenheit, Arbeit und Leistung gegen Muße, Natürlichkeit gegen Etikette und Bildung gegen hohle Umgangsformen (PDZ 1, S. 255, 244; PDZ 2, S. 429). Elias versteht die bürgerliche Civilisation im Sinne seiner Evolutionstheorie ganz eindeutig als ein höheres Stadium menschlicher Entwicklung. Die ideellen und moralischen Standards der bürgerlichen Welt sind zivilisierter, da die Lebensbedingungen – die Verflechtungszusammenhänge – der bürgerlichen Welt den Menschen ein höheres Maß zivilisierten Verhaltens abverlangen als die höfische Welt. Markt, Arbeitsteilung und industrielle Leistung verlangen ein Mehr an Zivilisation als die Zwänge der höfischen Etikette (PDZ 1, S. 206 f.).

Letztlich will Elias zeigen, daß die moderne Welt des 20. Jahrhunderts psychologisch-moralisch zivilisierter ist als die Welt der davorliegenden Jahrhunderte. Andererseits kann er nicht umhin, bestimmte Lockerungen in der Etikette und im Sexualleben festzustellen. Es lassen sich im *Prozeß der Zivilisation* zwei Ad-hoc-Theorien von Elias nachweisen, die diese Phänomene erklären wollen. 1) Im 20. Jahrhundert lassen sich zum Beispiel im Bereich der Etikette tatsächlich rückläufige Entwicklungen feststellen (PDZ 2, S. 416). 2) Lockerungen nach 1918 in bestimmten Bereichen (Baden, Tanzen, Sprechen) sind eine »Lockerung im Rahmen des einmal erreichten Standes«, das heißt keine wirklichen Regressionen, sondern Ausdruck dafür, daß die Menschen jetzt so zivilisiert sind, daß sie Lockerungen manifester Verhaltensweisen deshalb zulassen können, weil die inneren Selbstzwänge noch stärker geworden sind (PDZ 1, S. 190). Cas Wouters (1977) hat letzteren Gedanken zu einer Theorie der Informalisierung ausgebaut, die erklären soll, daß der Rückgang von Zwängen im manifesten Verhalten die Folge einer Zunahme innerer Zwänge, mithin zivilisierten Verhaltens, ist. Duerr (1988, 1990, 1993) hingegen behauptet für das 20. Jahrhundert in vielen Verhaltensbereichen das Vorhandensein einer echten, das heißt psychologischen Dezivilisierung. Beide sich zunächst widersprechenden Ansätze können durchaus richtig sein, wenn man sie auf unterschiedliche Teilbereiche bezieht (vgl. spätere Kapitel), und sie können beide wesentliche Teilentwicklungen zivilisierten Verhaltens beschreiben.

Elias erklärt das höhere zivilisatorische Niveau des Bürgertums und der modernen Welt gegenüber der höfischen Welt und damit auch gegenüber der archaischen und ritterlichen Welt *soziogenetisch*: die kapitalistischen Verflechtungszusammenhänge sind engmaschiger und erfordern deshalb ein höheres Maß zivilisierten Verhaltens. Andererseits erklärt Elias *uno actu* den Aufstieg der modernen Welt und den Sieg des Bürgertums über die vorkapitalistische höfische und archaische Welt *psychogenetisch*: Die kulturellen und ökonomischen Leistungen des Bürgertums sind eine Folge seines höheren zivilisatorischen Standards, seiner psychologischen Überlegenheit und seiner intensiveren Selbstkontrolle. Das zivilisatorische Niveau des Bürgertums ist somit Ursache und Wirkung moderner kapitalistischer Verflechtungszusammenhänge zugleich. Diese Auffassung resultiert letztlich aus dem Zusammenspiel von Sozio- und Psychogenese, welches erst die Figurationssoziologie konstituiert.

Neben der primären Verbürgerlichung der Bevölkerung ist jedoch gerade infolge der Verdichtung der Verflechtungszusammenhänge auch festzustellen, daß sowohl proletarische als auch adlige Strukturen die Nationalpsyche konstituieren. Elias erklärt die Unterschiede zwischen den europäischen Nationalmentalitäten vorrangig aus den national unterschiedlichen Verhältnissen von Hof und Bürgertum. Je stärker die Höfe waren, um so stärker die höfische Prägung der Nationalmentalität bis ins 20. Jahrhundert. Elias wie auch andere Autoren erklären die höfliche, erotische und genußorientierte Mentalität der Franzosen und Österreicher aus den Ausstrahlungseffekten der Höfe. Selbst der englische und französische Arbeiter verhält sich wie ein Mitglied der gentry oder wie ein Höfling, und dies zeigt sich auch im Sprachgebaren. Elias erklärt die gröbere deutsche und die mittelschichtorientierte amerikanische Mentalität vor allem aus dem Fehlen oder Zuspätkommen höfischer Modelleure und Vorbilder

(PDZ 1, S. 44, 62, 149; PDZ 2, S. 343, 349; Elias 1992; zum Thema Nationalmentalitäten vgl. Peabody 1985).

Nach Auffassung von Elias ist die Zivilisation das Markenzeichen und die Leitformel des Okzidents im 19. und 20. Jahrhundert. Zivilisation ist noch 1939 das Programm des Abendlandes, das eine gemeinsame europäisch-amerikanische Identität stiftet, in Abgrenzung zu früheren gesellschaftlichen Phasen Europas und zu außereuropäischen, dort insbesondere einfachen, vorhochkulturellen Gesellschaften (vgl. auch Frazer 1977; Weber 1988, 1983).

»Dieser Begriff (Zivilisation) bringt das Selbstbewußtsein des Abendlandes zum Ausdruck. Man könnte auch sagen: das Nationalbewußtsein. Er faßt alles zusammen, was die abendländische Gesellschaft der letzten zwei oder drei Jahrhunderte vor früheren oder vor ›primitiveren‹ zeitgenössischen Gesellschaften voraus zu haben glaubt. Durch ihn sucht die abendländische Gesellschaft zu charakterisieren, was ihre Eigenart ausmacht, und worauf sie stolz ist: den Stand ihrer Technik, die Art ihrer Manieren, die Entwicklung ihrer wissenschaftlichen Erkenntnis oder ihrer Weltanschauung und vieles andere mehr« (PDZ 1, S. 1 f.).

Elias behauptet, diesen Zivilisationsprozeß erstmalig zusammenhängend psycho- und soziogenetisch erklärt zu haben. Seine ZT erklärt die Ursachen der psychischen Überlegenheit – aber auch manche ihrer Nöte – der okzidentalen Menschheit über ihre Vorfahren und ihre außereuropäischen Zeitgenossen. Von der später zu erläuternden Teilausnahme Chinas abgesehen, behauptet Elias, daß nirgendwo sonst die soziogenetische Entwicklung (Arbeitsteilung, Gewaltmonopol) und entsprechend die psychogenetische Entwicklung derart fortgeschritten seien. Wie die Bürger die anderen Klassen aufgrund ihrer höheren Zivilisation besiegt hätten, wie die verbürgerlichten industriellen Länder gegenüber den vormodernen, traditionalen Gesellschaftsordnungen zivilisatorisch fortgeschritten seien, so stelle sich seit dem 18. und 19. Jahrhundert das Verhältnis des Okzidents zu den anderen Erdteilen dar. Die Kolonialisierung der außereuropäischen Welt sei nicht die Folge bloß zufällig vorhandener, wirksamerer technischer Mittel, sondern letztlich Folge der psychischen Strukturen der Okzidentalen, nämlich Resultat des zivilisierten Verhaltens.

»Die Gewöhnung an eine Langsicht, die strengere Regelung des Verhaltens und der Affekte ... bilden ... für die kolonisierenden Europäer wich-

46

tige Instrumente ihrer Überlegenheit über andere ... Diese Zivilisation ist das unterscheidende und Überlegenheit gebende Kennzeichen der Okzidentalen« (PDZ 2, S. 346 f.).

So verhalten sich die Kolonien zum Okzident wie die Unterschicht zur Oberschicht. Indem der Okzident die Kolonien zivilisiert, okzidentale Standards sich global ausdehnen, verändern sich jedoch die Verhaltensweisen der Nichteuropäer immer mehr in Richtung zivilisierter Standards. Interkontinentale Verflechtungszusammenhänge verringern die Kontraste immer mehr, und schon 1939 stellt Elias fest, daß den sich verfestigenden internationalen institutionellen Abhängigkeiten sich global identische Verhaltensweisen und universale Zivilisationsstandards hinzugesellen. Auf der globalen Ebene wiederholt sich der Prozeß, der sich einige Generationen zuvor im innereuropäischen und nationalen Raum zwischen konkurrierenden Schichten abgespielt hat (PDZ 2, S. 341, 345). So wird die Zivilisation zum globalen Gemeingut.

»Dies, die beginnende Umformung orientalischer und afrikanischer Menschen in der Richtung des abendländischen Verhaltensstandards, repräsentiert das bisher letzte Vorfluten der Zivilisationsbewegung, das wir sehen können« (PDZ 2, S. 348).[3]

1.3 Der innere Kern der Zivilisationstheorie

Die ZT erklärt die Weltgeschichte, den Aufstieg des neuzeitlichen und modernen Westens und schließlich der zivilisierten Weltgesellschaft. Sie erklärt die Strukturen der vormodernen europäischen und außereuropäischen Gesellschaften. Das Erklärungsmodell der ZT besteht aus einer Wechselwirkungskausalität von institutionellen (soziogenetischen) und psychologischen Faktoren. Die Institutionen und Figurationen sind die Anreizbedingungen psychisch-kognitiver Entwicklung der Bevölkerungen, welche ihrerseits wieder konstitutiv ist für die Struktur und Funktionsweise der jeweiligen Figurationen, sprich Gesell-

---

3 Duerr (1990: 12 f.) sieht in dieser Auffassung von Elias aus dem Jahr 1939 eine Rechtfertigung des Kolonialismus, was absurd ist. Erklärungshypothesen sind keine Rechtfertigungen; eine »Rechtfertigung« des Kolonialismus findet sich in den Schriften von Elias nicht.

schaftssysteme. Auch wenn Psycho- und Soziogenese, Subjektives und Objektives, Psyche und Institution figurationssoziologisch untrennbar sind, so liegt der Schwerpunkt des Interesses sicherlich auf der Psychogenese. Denn die Entstehung feudaler, staatlicher und kapitalistischer Institutionen haben auch andere Soziologen und Historiker ähnlich gut oder besser erklärt. Institutionen sind in der ZT wichtig als Anreizbedingungen und sozialisatorischer Hintergrund psychischer Entwicklung, das heißt als Erklärungshintergrund psychischer Entwicklung der Bevölkerungen, um hegelianische und idealistische Auffassungen von einer historischen Selbstbewegung des Geistes zu vermeiden. Die ZT erklärt Institutionen aber auch als Resultat psychischer Entwicklung, ganz im Sinne der figurationssoziologischen Wechselwirkungskausalität. Im Zentrum der ZT steht demnach die Psychogenese als Kern des Zivilisationsprozesses. Sieht man nun aus methodischen Gründen der Vereinfachung der Darstellung von der Soziogenese ab, dann erklärt die ZT die Entstehung der modernen Welt und die Entwicklung der Weltgeschichte psychologisch. Besser formuliert: soziogenetisch-institutionell bedingte psychische Entwicklungen bewirken ihrerseits institutionelle Transformationen. Die ZT behauptet, daß sich in der Weltgeschichte eine (soziogenetisch bedingte) sukzessive Differenzierung und Integration psychischer Funktionen nachweisen lasse und diese psychogenetische Entwicklung in kausaler Verbindung mit der Entstehung neuzeitlicher und moderner Gesellschaften stehe. Kurz gesagt: Undifferenzierte psychische Funktionen korrelieren mit vormodernen Gesellschaftssystemen, und differenziertere psychische Funktionen sind gleichzeitig Ursachen und Wirkungen moderner Gesellschaftssysteme. Die ZT stellt diesen Differenzierungsprozeß psychischer Funktionen im einzelnen dar. Zivilisation und Zivilisierung der Menschen ist ein psychogenetischer Prozeß, der kognitive, emotionale und habituelle Strukturen der Bevölkerungen vollständig transformiert. Industrialisierung, Modernisierung und Staatsbildung sind das Resultat dieser Zivilisierung der Bevölkerungen. Zivilisation psychischer Funktionen ist eine Bewegung von naturnahen, triebhaften, egozentrischen, kindlichen, undifferenzierten und primitiven Zuständen zu differenzierteren, rationaleren und intellektuelleren psychischen Zuständen. Diese zunehmende kognitive Differenzierung und emotionale Selbstkontrolle ist die

Ursache von Nationwerdung, Modernisierung und Industrialisierung. Dies ist der Kern und das Zentrum der ZT, das Wesen und der Schlüssel zum Verständnis des PDZ. Die ZT ist eine Intellektualisierungs- und Rationalisierungtheorie sozialer Evolution.

1.4 Ursprünge, Traditionen, Rezeptionen und Bedeutungen der Zivilisationstheorie

Die soziologische Rezeption von PDZ hat sich in der Nachkriegszeit einseitig entwickelt (vgl. Gleichmann 1984; Korte 1977, 1988; Gleichmann 1977; Rehberg 1996; Schröter 1997). Es finden sich keine Formen substantieller Weiterentwicklung der ZT und mit der Ausnahme der Arbeiten Duerrs keine kritischen Prüfungsprojekte. Die ZT wurde auf andere historische, soziale und regionale Phänomene appliziert, ohne die Absicht, sie kritisch prüfen, diskutieren oder fortentwickeln zu wollen (Schröter 1990; Waldhoff 1995). Im Vordergrund der Rezeption, sowohl hinsichtlich der Anzahl als auch hinsichtlich der Plazierung der Rezeptionsarbeiten, finden sich hingegen Schriften, die die Traditionen, Entstehungshintergründe und die Rezeptionsgeschichte von PDZ darstellen. Mindestens vier bedeutende Sammelbände zur ZT behandeln vor allem letztere Gesichtspunkte. Überspitzt gesagt, behandelt die Rezeption der ZT die Geschichte der Rezeption, aber nicht die ZT. Dies ist merkwürdig, einseitig und stellt selbst ein Forschungsproblem dar. Die Frage, warum die Soziologie der letzten Generation es vorgezogen hat, vorrangig die Entstehungs- und Rezeptionsgeschichte der ZT zu behandeln, statt die ZT selbst umfassend und kritisch zu diskutieren und zu erörtern, soll weiter unten beantwortet werden.

Der wissenschaftliche Apparat von PDZ fällt dadurch auf, daß Elias seine Vorgänger und die Traditionen, aus denen er schöpft, nicht benennt. Weber wird nur einmal zustimmend erwähnt, Comte, Spencer, Tönnies, Simmel, Durkheim, Mannheim und andere werden trotz beachtlicher Nähe nicht erwähnt (Breuer 1996, S. 304). Obwohl Elias wesentliche Anleihen bei Watson, Freud, Reich und Huizinga vornimmt, erwähnt er sie zwar, diskutiert sie aber nicht (König 1993, S. 205, 210). Die erst 40 Jahre nach der Erstveröffentlichung von PDZ massiv einsetzende Rezeption wird neben der durch die Nationalsozialisten bedingten Beendigung der Hochschullaufbahn und Emigration von Elias nicht zuletzt damit erklärt, daß dem Lesepublikum die Bedeutung des Werkes auch deshalb nicht bewußt gewesen sei, da der Traditionszusammenhang in PDZ von Elias mehr oder weniger absichtlich abgeschnitten worden sei, indem er Literaturhinweise weggelassen und Diskussionen vermieden habe. Elias habe sich bewußt in eine Außenseiterposition gebracht, die er zwar genossen habe, die aber auch bewirkte, daß PDZ ihn erst im Alter von 80 Jahren berühmt machte. Letzterer Punkt ist also ein zweischneidiges Schwert: Elias war an Vergleichen mit anderen Soziologen nicht interessiert, da er sein Werk als einzigartig ansah (Rehberg 1996 a, S. 11; Rehberg 1996 b, S. 20, 26), aber gerade diese ›Staralüren‹ verursachten seinen jahrzehntelangen Dornröschenschlaf in der britischen Provinz. Ein Motiv für die fehlenden Verweise im PDZ war offenbar, daß er das Werk ganz als eigene Leistung darstellen wollte, ohne sich auf Vorgänger und Vorlieferanten von Ideen und Konzepten beziehen zu müssen. So behauptete Elias später, 1936 nur Freud gekannt und von den soziologischen Klassikern eine nur oberflächliche Kenntnis gehabt zu haben (Kilminster 1996, S. 356). Als die deutsche und niederländische soziologische Rezeption jedoch die Beziehungen zwischen den Klassikern der Soziologie und PDZ herausgestellt hatte, sagte Elias: »Ich war mir dessen bewußt, daß ich ganz und gar in der Generationskette stand, also auch in der der Soziologen« (Voss 1990, S. 172). Die Wahrheit wird wahrscheinlich in der Mitte liegen: Elias kannte als Heidelberger und Frankfurter Soziologe natürlich die Klassiker, andererseits ist es aus weiter unten zu erläuternden Gründen wahrscheinlich, daß ihm beim Schreiben von PDZ diese Bezüge nicht mehr besonders bewußt waren. Jedoch erscheint es mir als plausibel, daß Elias durch Weglassen von Verweisen sein Werk origineller darstellen wollte. Die soziologische Rezeption liegt ganz richtig in der Auffassung, daß dieses Vorgehen von Elias einer der wesentlichen Gründe ist, weshalb sich die Aufnahme des Werkes so enorm verzögert hat (Goudsblom 1984 b). Es gibt noch andere Gründe für die vermeintliche oder tatsächliche Außenseiterposition und verzögerte Rezeption von Elias, die weiter unten erörtert werden.

Um die Verwurzelung der ZT in soziologischen Traditionen herauszuarbeiten, bieten sich folgende Vorgehensweisen an:

a) Erörterung der manifesten Spuren und Erwähnungen anderer Autoren und Traditionen in den Werken von Elias, b) die Diskussionen der Rezipienten zum Traditionszusammenhang der ZT und c) eine umfassende Darstellung dieses Traditionszusammenhangs, über Elias und seine Rezipienten hinausgehend. Mir erscheint letzteres Vorgehen als der sinnvollste Weg, da einmal die Spuren der Traditionen im PDZ kaum erwähnt werden und die Rezipienten die Beziehungen zwischen Elias und Comte, Weber, Freud usw. überwiegend nur assoziativ und bruchstückhaft dargelegt haben. Es liegen keine Monographien vor, die systematische Vergleiche zwischen Elias und Freud, Elias und Weber usw. angestellt hätten (Blomert 1989). In der folgenden sehr kurzgefaßten und fast stichwortartigen Darlegung des Traditionszusammenhangs der ZT werden jedoch die Darstellungsmethoden a) und b) eingebaut und kenntlich gemacht.

Es stellt sich zuvor die Frage, weshalb die Rezipienten sich vor allem auf das Problem des Traditionszusammenhangs der ZT konzentriert haben und, darüber hinausgehend, welchen Sinn dieses Vorgehen für die Interpretation der ZT hat. Es geht dabei auch darum, einen Schlüssel zum Verständnis der ZT zu bekommen, ihren Erklärungswert und ihr Gewicht in der Traditionslinie und in der modernen Soziologie besser einschätzen zu können.

Die ZT liegt zunächst eindeutig in der Traditionslinie subjektiver Theorien sozialer Entwicklung, die mit den Namen Hegel, Comte und Weber verbunden ist. Diese Traditionslinie wurde bekämpft von der materialistischen Richtung, zu der man den Historischen Materialismus, die bürgerliche Ökonomie, heute auch die Institutionenökonomie und weitere Rational Choice-Ansätze rechnen muß (Marx 1973; Mandel 1972; North/Thomas 1973; Olson 1985). Diese Richtungen der materialistischen Tradition lehnen eine Erklärung sozialer Entwicklung aus subjektiv-psychologischen Faktoren ab. Sie erklären soziale Entwicklung aus rein materiellen und institutionellen Transformationen, denen sich die Menschen letztlich nur (rational) anpassen. Veränderungen der Produktivkräfte, technische Veränderungen, Veränderungen der Eigentumsverhältnisse und der Regierungsformen, Aufnahme internationaler Handelsbeziehungen und ähnliche Größen werden als alleinige Faktoren sozialer Entwicklung angesehen. Erklärt die subjektive Tradition soziale Entwicklung aus psychischen Veränderungen der Menschen, so erklärt die objektive Tradition soziale Entwicklung aus Veränderungen der objektiven Lebensbedingungen (Oesterdiekhoff 1993 b; 1997).

Dieser Streit zwischen der subjektiven und der objektiven Erklärung langfristiger sozialer Entwicklung dauert seit 150 Jahren an und ist bis heute ebenso ungelöst wie die Frage, welche Faktoren und Determinanten der sozialen Entwicklung zugrunde liegen. Obwohl diese Frage im Zentrum der Arbeit aller Klassiker der Soziologie gestanden hat, ist sie bis heute unbeantwortet. Die moderne Soziologie ist im großen ganzen über dieses Zentralthema der klassischen Soziologie hinweggegangen und beschäftigt sich eher nicht mehr mit ihm. Der Beitrag von Elias ist der letzte bekannte und große Erklärungsversuch im Rahmen der deutschen Soziologie.

So ist klar, daß Elias einen Beitrag zur Grundfrage und zur Gründerfrage der Soziologie liefern und sie lösen wollte. In den zwanziger und dreißiger und noch einmal in den sechsiger und siebziger Jahren tobte in der Soziologie der Streit zwischen der objektiven und der subjektiven Tradition, zwischen der marxistischen Theorie und der bürgerlich-kulturwissenschaftlichen Soziologie, zwischen Marx und Weber – vergleichbar der Auseinandersetzung Marxens mit Hegel und Feuerbach im 19. Jahrhundert. Ist der Motor der Geschichte das Kapital oder der menschliche Geist, so könnte man die Grundfrage der älteren Soziologie vereinfacht formulieren. In den zwanziger Jahren waren Kontrahenten zum Beispiel die Nachfolger von Weber und die von Marx. Elias selbst beobachtete damals aus nächster Nähe den Streit von Alfred Weber, der die Unabhängigkeit des Denkens und der Kultur betonte, und Karl Mannheim, der die radikale Seinsgebundenheit des Denkens behauptete (Korte 1988, S. 62, 104 f.; Voss 1990, S. 139 f.).

So simpel die Polarisierung der Lager zunächst scheinen mag, so schwierig gestaltet sich die Aufteilung und die Fixierung der Grenzlinien beim näheren Hinsehen. Im von ihm unbemerktem Widerspruch zu seiner materialistischen Wissenssoziologie forderte Mannheim die Überwindung des Basis-Überbau-Modells, der Denken-Sein-Dichotomie durch eine Historische Psychologie (Schneider 1988, S. 171) – eine Forderung, die sein Schüler Elias im PDZ umsetzte und realisierte. Historische Psychologie und radikale Seinsgebundenheit des Denkens im Mannheimschen Sinne sind jedoch kontradiktorisch. Zu welchem Lager soll man Mannheim nun rechnen? Ein ähnliches Beispiel: in der marxistischen Diskussion ist bis heute die Diskussion um das Verhältnis von Basis und Überbau ungelöst geblieben (Habermas 1976; Harten 1977 b). Der Marxismus kann nur dann als materialistisch qualifiziert werden, wenn eine Determination des Überbaus durch die Basis, des Bewußtseins durch das Sein, der sozialökonomischen Entwicklung durch Produktivkräfte und Institutionen behauptet wird (Marx 1973). Nur unter dieser Bedingung ist eine eindeutige Zuordnung des Historischen Materialismus zu einem konsequenten Materialismus und zur objektiven Theoriegruppe möglich. Die Marxisten sprechen gleichzeitig von einer Dialektik von Sein und Bewußtsein, der zufolge objektive gesellschaftliche Bedingungen innovative geistige Potentiale und Motivlagen erzeugen, die ihrerseits soziale und ökonomische Prozesse involvieren (Habermas 1976). Diese Auffassung ist jedoch unvereinbar mit einem konsequenten Materialismus und mit der Abbildtheorie der Erkenntnis und des Bewußtseins. Eine dialektische Erkenntnistheorie und Gesellschaftstheorie können a priori nicht materialistisch und abbildtheoretisch konzipiert werden. Ein dialektischer Materialismus ist eine *contradictio in adiecto*. Eine dialektische Erkenntnistheorie findet man gewiß nicht bei Lenin, sondern konsequenter bei Leontjew (Busse 1988), Luria (1986) und vor allem bei den Nichtmarxisten Cassirer (1966) und Piaget (1975, 1986 d). Die Marxisten haben meines Wissens eine wirklich dialektische Gesellschaftstheorie nie entwickelt, jedenfalls unmöglich veritabel fundieren können, sondern sowohl in der Erkenntnis- als auch in der Gesellschaftstheorie einen heftigen Appetenz-Aversions-Konflikt entwickelt: Kommen Sie einem konsequenten Verständnis der Dialektik zu nahe, wird der Materialismus beschworen. Wird der Materialismus zu aufdringlich, tautologisch und unverständlich, wird die Dialektik betont. Eine konsequent dialektische Gesellschaftstheorie findet sich jedoch in der Figurationssoziologie von Elias entwickelt, nämlich in der Wechselwirkung von Sozio- und Psychogenese exemplarisch formuliert. Elias' Evolutionstheorie ist ein Spezialfall und wohl die wissenschaftshistorisch erste gelungene methodische Umsetzung des Paradigmas: Dialektik von Sein und Bewußtsein in Geschichte und Gesellschaft, gleichviel wie man die konkrete historische Füllung der Theorie im einzel-

nen bewerten mag. Wie ein konsequenter Dialektiker wendet
sich Elias sowohl gegen einen ökonomischen und institutionellen
Materialismus als auch gegen eine freischwebende, Hegelsche
Selbstbewegung des Geistes und beschreibt eine historisch-insti-
tutionell fundierte Sozialisationstheorie der Kollektivpsyche
und des menschlichen Geistes, dessen Entwicklungsformen ihrerseits soziale Prozesse involvieren: genau das meint doch historische Dialektik von Sein und Bewußtsein. Wie ein konsequenter
Dialektiker wendet sich Elias gegen einen Hegel ohne Institutionen, das heißt gegen einen reinen Idealismus, und gegen einen
Marx ohne Denken, das heißt gegen einen reinen Materialismus.

Den genannten Appetenz-Aversions-Konflikt findet man
schon bei Marx ausgeprägt. Derselbe Autor, der die materialisti-
sche Geschichtsauffassung begründet, schreibt: »Die Bildung der
fünf Sinne ist eine Arbeit der ganzen bisherigen Weltgeschichte«
(dann sind Wahrnehmungsformen historisch variabel, daher ge-
schichtswirksam und ein Faktor sozialer Evolution; dann können die Sinne nicht nur abbilden, sondern konstituieren die Erkenntnis der Welt), und: »Aber gerade die Veränderung der
Natur durch den Menschen, nicht die Natur als solche allein, ist
die wesentlichste und nächste Grundlage des menschlichen Denkens, und im Verhältnis, wie der Mensch die Natur verändern
lernte, in dem Verhältnis wuchs seine Intelligenz« (zitiert bei
Brockmeier 1988, S. 390 f) (dann sind evolutionär variante und
sequentielle Formen des menschlichen Intellekts Ursache und
Wirkung der sozialen Evolution zugleich, was den Historischen
Materialismus, die Basis-Überbau-Kausalität und die strikt ökonomische Geschichtsauffassung durch die – echte – Dialektik,
zum Beispiel durch die ZT, widerlegt). Man ersetze in dem Zitat
von Marx »Natur« durch »Gesellschaft«, dann hält man ganz
eindeutig die oben beschriebene Grundauffassung Elias' und das
methodologische Programm der ZT in Händen. Ohne Zweifel
finden sich bei Marx genügend Anhaltspunkte, die in der hier
interessierenden Frage eine Identifizierung seiner Auffassung
mit der von Elias, sogar mit der von Hegel und Weber (Marx hat
übrigens eher als Weber auf die Rolle der protestantischen Ethik
bei der Entstehung des Kapitalismus hingewiesen) und mit einer
Rationalisierungs-, Intellektualisierungs- und Zivilisationstheorie der sozialen Evolution sicherstellen. Marx gewichtete jedoch
aufgrund des genannten Konfliktes und politisch-ideologischer

Gründe subjektive Zivilisationsfaktoren anders und niedriger. Subjektive Faktoren bekamen nicht den Stellenwert, der ihnen aufgrund einer wirklichen und konsequenten dialektischen Erkenntnis- und Gesellschaftstheorie hätte eingeräumt werden müssen. Die Rolle subjektiver Faktoren wird bei Marx und den Marxisten nicht konsequent durchdacht, was zu einer Veränderung der Architektonik des Historischen Materialismus geführt hätte. Diese Inkonsequenz ist letztlich auch eine Folge der politisch-philosophischen Polarisierung. So haben alle Klassiker des Marxismus die historische Transformation von primitiven, konkreten zu rationalen Denkformen behauptet (vgl. die Angaben bei Luria 1986). Der vielleicht bedeutendste Unterschied zwischen bürgerlichen Modernisierungstheorien und der marxistischen Gesellschaftstheorie besteht darin, daß die Modernisierungstheorien die genannte Behauptung der Marxisten nicht wie diese beiläufig erwähnen, sondern in schärferer Wahrnehmung ihrer Bedeutung sie genauer erörtern und theorietechnisch zentral plazieren (Inkeles 1983; Lerner 1971; Hagen 1958; Weber 1988; Elias 1993).

Trotz verzweifelter Bemühungen und vor allem trotz häufiger Beteuerungen und Beschwörungen ist es den Marxisten bis auf eine einzige Ausnahme (nämlich Luria 1986), die aber von Moskau unterdrückt wurde, nie gelungen, eine tragfähige Theorie des Subjekts, eine Theorie der Geschichte der menschlichen Persönlichkeit und der Erkenntnis- und Wahrnehmungsformen zu entwickeln (Fehlversuche: Sohn-Rethel, Sève, Rubinstein, Marcuse, Habermas), die die dialektische Leerstelle im Historischen Materialismus hätte füllen können. So verflachte der dialektische Anspruch auch bei den reflektierteren Autoren immer aufs neue zur Abbildtheorie, zum Geschichtsmaterialismus und zum Ökonomismus – oder zur mehrdeutigen Scholastik.[4]

4 Wie dünn die Trennlinien zwischen den Lagern sein können, wie der Drang, die genannten Probleme zu lösen, anwachsen kann, läßt sich daran ermessen, daß gerade die russische Psychologie die besten Leistungen in der Erforschung der historisch-sozialen Veränderungen des menschlichen Denkens und der menschlichen Persönlichkeit, das heißt eine Modernisierungstheorie der Transformation des historischen Subjekts, gebracht hat (Luria 1986). Man kann am Beispiel der russischen Psychologie (Leontjew, Luria, Vygotski, Galperin) schön die Berechtigung obiger Thesen von der Dünnhäutigkeit der Grenzen und von

Die bürgerliche Soziologie von Comte bis Weber und Elias entwickelte hingegen in immer gekonnteren Versionen eine Theorie der Geschichtlichkeit der menschlichen Persönlichkeit. In diesen Kontext der Auseinandersetzung zwischen Marx und Weber um die Rolle des Subjekts in der Geschichte und – innerhalb des bürgerlichen Lagers – um die korrekte Theorie des Subjekts, um die bestmögliche Beschreibung der Subjektstrukturen, ist die wissenschaftsgeschichtliche Rolle der ZT zu verorten. Elias hat von sich selbst behauptet, die Probleme von Comte, Marx und Weber, nämlich das Verhältnis von Denken und Geschichte, Psyche und Gesellschaft gelöst zu haben. Elias behauptete, daß PDZ aufgrund höheren Reflexionsniveaus des Autors Materialismus und Idealismus gleichermaßen überwunden hätte (Voss 1990, S. 60 ff.). Er wollte Marx (Historischer Materialismus) und Weber (Rationalisierungsthese) gleichermaßen überwinden und überbieten sowie der Soziologie eine zentrale, geschlossene, menschenwissenschaftliche Evolutionstheorie liefern, die »man in der ganzen Welt lehren solle«. Worin liegt nun jenseits des nur methodisch korrekten Rahmens (Dialektik von Sozio- und Psychogenese) die Leistung von Elias, welche ihn die Klassiker überbieten läßt? Weiter oben wurde ausgeführt, daß der soziogenetische Teil des PDZ nicht die Grundlage der Qualifizierung der ZT sein kann, da er schon von anderen in teilweise ähnlicher Form (vgl. Gewaltmonopol und Staatstheorie bei Weber 1980) erarbeitet wurde. Die originäre Leistung und der Kern der ZT ist die Psychogenese, sie geht über Weber und Marx hinaus. Elias muß seine große Leistung vor allem in seinem Psychogenese-Konzept gesehen haben. Welche Traditionen und Vorgänger gibt es für diese Konzeption? Oder hat Elias sie allein entwickelt?

dem Appetenz-Aversions-Konflikt der Marxisten nachweisen: Aus der Konsequenz dialektischer Prämissen wurde von dieser Gruppe eine dialektische Theorie der Erkenntnis und eine Gesellschaftstheorie der Historizität des Denkens entwickelt, die wohl besser ist, als alles, was im bürgerlichen Lager zum genannten Thema erarbeitet wurde, die die kühnsten Träume von Elias und Weber in Sachen empirisch-theoretischer Fundierung von Rationalisierung und Zivilisierung übersteigt. Doch sahen die Vertreter des Dialektischen Materialismus in Moskau rechtzeitig die Gefahr und verboten über 40 Jahre lang die Publikation der Forschungsergebnisse (vgl. Cole 1988; Tulviste 1979).

Auch für das Psychogenese-Konzept wird sich zeigen, daß Elias auf einen breiten Strom europäischer geistes- und sozialwissenschaftlicher Forschung zurückgreifen kann. Eine lange und große Tradition hat auch im Bereich der Psychogenese vorgedacht und vorgearbeitet, wenngleich Elias auch diese Tradition überwiegend verschweigt und ignoriert. Dies schmälert nicht seine originelle Leistung, sondern ordnet sie nur in den wissenschaftshistorischen Kontext ein. Die nun folgende Verwurzelung und Einordnung des Psychogenese-Konzepts in lange und breite Traditionen soll auch zeigen, daß von einer wissenschaftlichen Außenseiterposition sowohl von Elias und PDZ im allgemeinen als auch von Konzepten der Psychogenese und Zivilisation im besonderen keine Rede sein kann. Tatsächlich hat Elias nur das konsequenter gedacht und formuliert, was andere schon beschrieben und behauptet haben. Man muß eher die Autoren als Außenseiter bezeichnen, die eine ZT und ein Psychogenesekonzept ablehnen, nicht kennen oder falsch einschätzen. Im folgenden werden in äußerster Kürze die wesentlichen Vordenker des Psychogenese-Konzepts aufgeführt. Diejenigen Autoren, die Elias kannte und teilweise sogar erwähnte, werden dabei etwas herausgehoben.

Tatsächlich war der Grundgedanke der ZT schon Leitidee der deutschen und französischen Aufklärung. Das zentrale Konzept der aufklärerischen Vordenker und Gründerväter der Sozialwissenschaften war identisch mit dem der ZT. Condorcet identifizierte 1793 wie Elias die individuelle psychologische Entwicklung mit dem Fortschritt der Gesellschaft und erklärte letzteren aus einer Wechselwirkung von Onto- und Phylogenese, aus der psychologischen Entwicklung der Bevölkerungen (Jaeger 1986). Der vielleicht erste Sozialwissenschaftler, der naturwissenschaftliches Denken auf Soziales anwendete, Saint-Simon, ging gleichfalls von einer »Homologie« von Onto- und Phylogenese aus. Gesellschaftsstadien entwickeln sich von einem Kindheits- bis zu einem Altersstadium, und erst das industrielle Zeitalter ist »erwachsen«. Der Motor der Geschichte ist die Psyche, die drei Stadien durchläuft: Vorherrschaft der Gefühle, des Verstandes und des Handelns. Der Begründer der Soziologie, Auguste Comte, baute diese Konzeption Saint-Simons aus: Im »Kindesalter« der Menschheit herrschen Gefühle und Leidenschaften vor, diese sind mit einer ganz bestimmten primitiven Sozialstruktur verknüpft. Die Emanzipation von vorwissenschaftlichen Denkgewohnheiten ist die Ursache des sozialen Fortschritts und des Umbaus der Sozialstrukturen. Fortschritt und Industrialisierung sind das Resultat der Evolution rationalen und wissenschaftlichen Denkens (Elias 1993; Kiss 1980, S. 228 ff.).

Comte war Elias' großes Vorbild. Aber noch eher finden sich bei Herbert Spencer alle wesentlichen Grundgedanken von Elias. Spencers Entwicklungstheorie verbindet sozio- und psychogenetische Aspekte. Der Organisationsgrad der Kooperation ist zentrales Kriterium seiner Evolutionstheorie der Sozialstrukturen; diese werden in Verbindung mit »passenden« geistigen Stufen gebracht. Erst die Entstehung des starken Staates beseitigt den Krieg und besorgt die Zwangsdisziplinierung der Menschheit. Der Staat erzieht die Menschen sowohl zur Kooperation als auch zum rationalen Denken. Der Staat formt die archaische Struktur der Menschen um und beseitigt ihre Kindlichkeit, Spontaneität, Emotionalität, Undiszipliniertheit und Naivität (Kiss 1980, S. 269 ff.). Das ist Elias' ZT in *nuce*; Spencer hat wesentliche Grundgedanken von PDZ vorgedacht.

Lessing, Kant, Fichte, Hegel, Pestalozzi, Forster, Herbart und viele andere bedeutende Autoren waren Verfechter der genannten Homologie (sozio- und biogenetisches Grundgesetz, teilweise auch als Rekapitulationsthese vertreten), des Gedankens der psychologischen Entwicklung der Menschheit, welche von einem kindlichen Stadium ausgehend schließlich das industrielle Stadium erreicht, indem sie reif und rational wird (Jaeger 1986, S. 173 ff.).

Die bedeutendsten Gelehrten nicht nur des 19., sondern großteils auch zumeist der ersten Hälfte des 20. Jahrhunderts haben exakt diese Auffassung vertreten: Huxley, Galton, Haeckel, Vaihinger, Frazer, Tylor, Hobhouse, Freud, Piaget, Popper usw. Die Homologiethese wurde implizit von den Begründern der klassischen britischen Anthropologie vertreten, von Tylor und Frazer. Auch die beiden bedeutendsten Psychologen des 20. Jahrhunderts, Piaget (1975, Bd. 8-10) und Freud (1975, S. 158), waren sehr dezidierte Vertreter. Fast alle bedeutenden Psychoanalytiker (Freud, Jung, Neumann) und Entwicklungspsychologen (Hall, Werner, Stern, Baldwin, Blondel, Piaget, Wallon, Zeihinger, Klix, Leontjew, Vygotski, Luria) haben genau diese Konzeption vertreten.

Über 150 Jahre lang war dieses Konzept Leitidee der Geistes-
und Sozialwissenschaften, es findet sich in der Archäologie,
Philologie, Kunstgeschichte, Geschichte, Religionswissenschaft,
Anthropologie, Philosophiegeschichte, Psychologie und Soziologie. Die bedeutendsten Historiker haben die Homologiethese
als Erklärung für die von ihnen untersuchten Phänomene genutzt. Schaut man in ein beliebiges, insbesondere älteres Lehrbuch über Religions- oder Rechtsgeschichte, dann werden die
behandelten Phänomene oft entwicklungspsychologisch erklärt
(vgl. Oesterdiekhoff 1992, 1997). Auch bedeutende Historiker
der Gegenwart greifen bei der Erklärung von historischen Phänomenen auf das genannte Konzept zurück: Gurjewitsch, Borst
und Brunner-Traut. Bei älteren Historikern stellt es eine Grund-
orientierung dar: Friedell, Burckhardt, Spengler, Huizinga,
Febvre und Lamprecht. Der meistgelesene Historiker Deutschlands um 1900, Karl Lamprecht, vertritt eine Auffassung, die der
von Elias nahezu identisch ist: Geschichte, Soziologie und Entwicklungspsychologie sind untrennbar; kein Fortschritt der Kulturwissenschaften ohne exakte Entwicklungspsychologie (dieser
Punkt wird von Lamprecht noch deutlicher als von Elias betont);
historisch-sozialen Entwicklungsstufen entsprechen psychologische Stufen; die moderne Kultur beruht auf einer einmaligen
Entwicklung logisch-rationalen Denkvermögens (Lamprecht
1974, S. 31; 1971, S. 9, 64; vgl. Nitschke 1986, S. 34; Siegler-
schmidt/Wirtz 1988, S. 104 ff.). Lamprecht formulierte im Jahre
1912 als Historiker, was Comte, Spencer, Elias und Piaget gleichermaßen geschrieben haben könnten:

»Soviel aber läßt sich doch jetzt schon sagen, daß es in der Tat gelingen
wird, eine für alle Kinder der Welt geltende Reihenfolge von psychogenetischen Entwicklungsstufen aufzustellen, und daß sich in die höheren
dieser Stufen der Charakter der uns bekannten frühesten phylogeneti-
schen, und das heißt kulturellen Entwicklungsstufen bis zu dem Grade
wird einreihen lassen, daß dadurch das völkerkundliche Material in einen
Verlauf relativer Entwicklungsstufen gespalten werden wird. Die Forschungen auf diesem Gebiete stehen noch in den Anfängen, aber schon
darf man sagen, daß sie Großes versprechen, und schließlich führen sie
nicht nur zur genaueren Erkenntnis jener Kulturstufen, für die heute
noch direktes Forschungsmaterial vorliegt, sondern noch über sie hinaus
in viel niedrigere Formen menschlicher Psychogenese.« (Lamprecht
1971, S. 137). (Lamprecht benutzt sogar wie Elias den Ausdruck »Psychogenese). »Das geschichtliche Leben, soweit es nicht eminent individu-

ell angeregt ist, verläuft in der Entwicklung der sozialpsychologischen Faktoren der Sprache, der Wirtschaft und der Kunst, der Sitte, der Moral und des Rechts; und bestimmte Entwicklungsstufen dieser Faktoren charakterisieren die Entwicklung des regulären nationalen Lebens« (Lamprecht 1974, S. 144).

Zumeist wird jedoch in den Geistes- und Sozialwissenschaften das Modernisierungskonzept der historischen Transformation vom konkreten zum abstrakten Denken, von der undifferenzierten zur differenzierten Psyche und Persönlichkeit, vom emotionalen zum rationalen Leben auch ohne Bezug auf das Homologiekonzept vertreten. Fällt dieser Bezug als Klassifikationskriterium weg, dann erweitert sich die Anzahl der Autoren, die das Psychogenesekonzept verfochten haben, zumeist ohne Elias zu kennen, ins schier Uferlose: Das Psychogenesekonzept wurde in mehr oder minder pointierter Form von der Mehrzahl der Geistes- und Sozialwissenschaftler vertreten. Es ist dann schon einfacher, die Gruppen zu benennen, die es nicht vertreten (haben): Kulturrelativisten, einige marxistische Ökonomen und bürgerliche Ökonomen und Soziologen, die sich am Rationalmodell orientieren (wenn alle Menschen rational handeln und nur rational handeln können, dann gibt es keinen Raum für psychogenetische Differenzierungen).

Hingegen haben alle Klassiker und fast alle bedeutenden Vertreter der Soziologie das oben charakterisierte Psychogenesekonzept vertreten: Weber (1988, 1973), Durkheim (1977), Simmel (1890), Mead (1973), Gehlen (1975), Popper (1980), Topitsch (1979), ferner Pareto, Tönnies, Hobhouse, Sombart, und bei Habermas (1976) findet sich sogar das Homologiekonzept. Mit Abstrichen könnte man auch Adorno, Horkheimer und Parsons dazurechnen. Die Kerninhalte des Psychogenesekonzepts bilden die Grundlage der sozialpsychologischen Modernisierungsforschung (Inkeles 1983; Lerner 1971; Hagen 1958) und der sogenannten kulturhistorischen Schule (Luria 1986) – ohne Bezug auf und Kenntnis von PDZ. Die Kerninhalte des Psychogenesekonzepts sind absolut identisch mit der Auffassung der deutschen und französischen Mentalitätenhistoriker, deren Arbeiten Elias 1939 überwiegend nicht bekannt waren (*vice versa*). Er kannte Huizinga (1975), aber überwiegend nicht die Arbeiten der Annales-Gruppe. Die gegenwärtige wie die ältere Mentalitäten-Geschichte vertreten das oben definierte Psychogenesekonzept, zumeist ohne Elias zu kennen (Febvre, Bloch, LeGoff, Mandrou, Duby, Delumeau, Muchembled, Ginzburg, Dinzelbacher, Gurjewitsch). Die bis heute theoretisch prägnantesten Fassungen des Psychogenesekonzepts finden sich jedoch vor allem bei Cassirer (1925), Lévy-Bruhl (1959), Piaget (1975), Werner (1933) und Luria (1986).

Die soziologische Rezeption der ZT der letzten Generation hat insbesondere auf Comte, Freud, Mannheim, Simmel und Weber als geistige Väter der ZT hingewiesen. Insbesondere Freud und Weber wurden als ihre entscheidenden Weichensteller und Ideenlieferanten herausgestellt (Rehberg 1996; Blomert 1990, S. 16; Goudsblom 1984 b; Breuer 1996). Die Bezugnahme auf Weber scheint zu überraschen, da Weber sowohl hinsichtlich des Evolutionsgedankens als auch hinsichtlich der Psychologie einen deutlichen Appetenz-Aversions-Konflikt entwickelt hatte – die Grundlage von Mehrdeutigkeiten und Ungereimtheiten bei Weber, die seine Interpreten teilweise bemerkt, teilweise aber auch reproduziert haben (vgl. Winckelmann 1980; Tenbruck 1975, 1985; Hahn 1988; Breuer 1989, 1996). Schaut man indes unterhalb der Ebene methodologischer Interpretationen und Schlußfolgerungen genauer hin, wachsen die Parallelen zu Identifikationen: Wie Durkheim und Weber sieht Elias die Faktoren der Modernisierung in der Arbeitsteilung und der Rationalisierung von Denken und Handeln. Weber in seiner Religionssoziologie und Elias in seiner ZT erklären sowohl die Struktur traditionaler Gesellschaften als auch die Ursachen der Modernisierung aus einer Wechselbeziehung von Persönlichkeit und Institution, Psyche und Gesellschaft (Blomert 1990; Goudsblom 1984 b). Beide Autoren wollen mit ihren Ansätzen ein Gegenprogramm zum Historischen Materialismus entwickeln. Weber und Elias erklären sowohl die Struktur der mittelalterlichen als auch die der neuzeitlichen Persönlichkeit weitgehend identisch. Nach Weber (und Sombart) leben die Menschen des MA.s ›das natürliche Weltkind‹ ein unbefangenes Dasein nach Trieb und Gefühl. Sie praktizieren keine »methodisch rationale Lebensführung«, haben keine »ethisch geschlossene Persönlichkeit« und entwickeln kaum rationales Denken. Weber beschreibt auch die neuzeitlichen protestantischen Menschen so wie Elias die zivilisierten Menschen der Neuzeit. Eine Selbstkontrolle (!) und Selbstreflexion zu entwickeln, um »die Unbefangenheit des triebhaften Lebensgenusses«, aus der die sittlichen Mängel hervorgehen, mittels methodischer Lebensführung zu unterbinden war das Ziel der protestantischen Selbstdomestikation. Diese methodische Vernichtung von Trieb und Gefühl durch wache Reflexion und ethische Handlung verpönte all das, was im katholischen MA. leichtfertige Lebensfreude darstellte: »Wirtshausbesuch, Tanzboden, Kartenspiel, Erotik und Gewalt« (Weber 1981, S. 133 ff., 184, 324, 347 ff.). Weber erklärte den Aufstieg des Kapitalismus und der modernen Zivilisation mit fast denselben psychologischen Kategorien wie Elias (Oesterdiekhoff 1993 b, 1995). Und 1919 war sein Rationalisierungs- und Intellektualisierungsbegriff als Grundlage der Entwicklung der Zivilisation auch nicht mehr religionssoziologisch gebunden, womit eine weitere Trennlinie zu Elias entfällt (Weber 1973). Ohne Zweifel ist es das Anliegen von Elias gewesen, mit Hilfe der ZT die Rationalisierungsthese Webers aus ihrer religionssoziologischen Verkleidung zu befreien, sie insgesamt grundlegender (auch evolutionstheoretisch) zu formulieren und ihr einen stabileren psychologischen Unterbau zu verschaffen. Elias begreift daher religiöse Entzauberung und gesellschaftliche Rationalisierung nur als Teilphänomene der Zivilisierung (PDZ 2, S. 402; Breuer 1996).

Während die Verbindungen von Elias und Weber bekannt sind und diskutiert wurden, sind die Parallelen zwischen Durkheim und Elias sicherlich unbekannt. Obwohl Durkheim (1977) auf der metatheoretisch-methodologischen Ebene (»Soziales ist nur durch Soziales zu erklären«) die Psychologie mindestens ebenso stark wie Weber ablehnt (im unbemerkten Widerspruch zur inhaltlichen Ausgestaltung ihrer Theorien), findet man in Durkheims Werk gleichfalls die ZT von Elias vorformuliert. Elias hat in den dreißiger Jahren Durkheims Werk wahrscheinlich nicht gekannt. Dieses ist aber stark von Comte und Spencer beeinflußt, was die Parallelen großteils erklären mag. Die implizite, aber nicht programmatische Existenz der ZT in Durkheims Werk ist annähernd ähnlich zu interpretieren wie die implizite Existenz der ZT im Werk von Marx. Durkheim kannte die mentalitätsgeschichtlichen Phänomene, reflektierte aber nicht so intensiv auf sie, wie Elias dies tat, und setzte daher die Schwerpunkte anders. Wie Elias erklärte Durkheim die von ihm konstatierte Zunahme rationalen Denkens und emotionaler Selbstkontrolle aus den gestiegenen Anforderungen arbeitsteiliger, moderner

Gesellschaften. Wie Elias sieht Durkheim die Psyche von Menschen einfacher Gesellschaften in erheblichem Maße von Trieben und Leidenschaften beherrscht. Durkheim spricht traditionalen Menschen die »höhere psychische Persönlichkeit« und ein reflektiertes Selbstbewußtsein ab. Die Strukturen der modernen Gesellschaft fördern hingegen die Entwicklung der rationalen Intelligenz, der Empfindsamkeit, des kritischen Denkens und der differenzierten Persönlichkeit (Durkheim 1977, S. 313 f., 239, 282, 207, 128, 170). Durkheim ist ersichtlich heimlicher Zivilisationstheoretiker und Verfechter des Psychogenesekonzepts.

Offenbar ist das Homologiekonzept und vor allem das Rationalisierungs- und Zivilisationskonzept ein Schlüsselkonzept der Geistes- und Sozialwissenschaften *ab ovo*. Es ist das Gründer- und Grundmotiv der Soziologie von Comte über Weber und Elias bis zu Habermas. Die verschiedenen Soziologien, Schulen und Autoren unterscheiden sich vor allem dadurch, daß sie unterschiedliche Versionen der genannten Konzepte vorgelegt haben. Im Zentrum der Bemühungen der großen Soziologen stand die Frage nach der Erklärung sozialer Entwicklung, sozialen Wandels und sozialer Modernisierung. Das zentrale Erklärungskonzept war in diesem Zusammenhang offensichtlich das Rationalisierungs- und Zivilisationskonzept. Stellt man Elias' ZT in diesen Traditionszusammenhang, dann ergibt sich seine vollgültige Zugehörigkeit, und es verbietet sich eine Qualifizierung von Elias als Außenseiter.

Die wirklich großen Beiträge zur sozialen Entwicklung und Modernisierung stammen von Marx, Weber, Durkheim und Elias, andere zumeist weniger grundlegende Beiträge haben Parsons, Tönnies, Jones, North, Thomas, Boserup, Lerner, Inkeles, Hagen u. a. beigesteuert. Vergleicht man die Beiträge, dann lassen sich sehr viele Gründe geltend machen, den Beitrag von Elias vielleicht als den fundiertesten, interessantesten und kreativsten zu bezeichnen. Er kann nicht die anderen Beiträge ersetzen, aber wahrscheinlich hat kein Soziologe vor ihm das Rationalisierungs- und Zivilisationsmotiv so grundlegend psychologisch erforscht und konsequent durchdacht, die dabei auftretenden einzelnen Fragen so gut durchgearbeitet, historisches Material so geschickt eingebunden und dem Ganzen eine so interessante geschlossene Form als Evolutionstheorie verliehen. Wenn das Gründer- und Grundmotiv der Soziologie *ab ovo*, wie gezeigt, das Rationalisierungs- und Psychogenesekonzept gewesen ist, dann ergibt sich die Vorrangstellung von Elias schon dadurch, daß er dieses Erklärungsfundament der Soziologie offensichtlich konsequenter durchgearbeitet hat als seine Vorgänger. Diese Prämierung gilt letztlich auch im Vergleich mit Webers Religionssoziologie, die zwar in der Sammlung und Aufbereitung historischen Materials den Vergleich mit der ZT nicht zu scheuen braucht. Das Rationalisierungs- und Entzauberungskonzept Webers ist jedoch theoretisch schwächer und mehrdeutiger ausgearbeitet als das Zivilisationskonzept von Elias. Dessen mehr implizite Feststellung, sein Zivilisationskonzept sei fundierter und umfassender als das Webersche Rationalisierungskonzept, wird man trotz mancher plausiblen Einwände kaum bestreiten können. Man kann sogar mit Elias behaupten, daß das Zivilisationskonzept der Schlüssel zum Verständnis des Rationalisierungskonzeptes ist und seine Tieferlegung (theoretische Reduktion im Sinne von Albert) darstellt. Es ist immer wieder konstatiert worden, daß die Schwachstelle von Webers Rationalisierungskonzept vor allem in seiner unzulänglichen psychologischen Fundierung liegt (Blomert 1990, S. 22; Breuer 1989; Habermas 1981; Schluchter 1979; Oesterdiekhoff 1995). Elias hat hingegen eine komplexe psychologische Theorie entwickelt.

In einem gewissen Sinne kann man sagen, daß Elias wie kein Soziologe vor ihm dem Grundproblem der Soziologie im allgemeinen und den Problemen von Comte, Durkheim, Marx und Weber im besonderen auf die Spur gekommen ist. In einem gewissen Sinne ist PDZ der Schlüssel zum Verständnis der »großen« Soziologien und ihrer Geschichte, ihrer Motive und ihrer Forschungsbemühungen. PDZ ist der Schlüssel zum Verständnis der Absichten und Bemühungen nahezu aller großen Soziologen, die Elias nur klarer erkannt und benannt hat. Elias hat dieses Grundproblem der Soziologie wie keiner vor ihm auf den Begriff gebracht, indem er die Geschichte der Institutionen mit der Geschichte und Struktur der Psychogenese, der Mentalitäten in Zusammenhang gesetzt hat. Indem er eine fundiertere Theorie der Mentalitäten entwickelt hat, überbietet er die Leistungen der Soziologen und ersetzt ihre vageren psychologischen Konzepte. Indem er die Struktur der Mentalitäten psychogenetisch-tiefenpsychologisch darstellt und ihre Geschichte und Transformationen institutionell-sozialisationstheoretisch erklärt, überbietet er die Leistungen der Historiker. Denn keinem Mentalitäten-Historiker ist es vor und nach Elias gelungen, eine Theorie zu liefern, die Struktur, Geschichte und Wandel von Mentalitäten *erklärt* (v. Dülmen 1996, S. 266).

Das Selbstbild von Elias hat der hier formulierten Einschätzung entsprochen. In einem Interview rechnete Elias sich zu den vier bekanntesten Soziologen, und er schätzte seine Leistungen qualitativ höher ein als die der großen Klassiker (Bartels 1995, S. 11, 113 ff.), ein Urteil, was sicherlich »nur« hinsichtlich des PDZ und der Fundierung des Zivilisations- und Rationalisierungskonzepts zu bestätigen ist. Auf dem Soziologenkongreß in Bremen 1980 galt er als der letzte lebende Klassiker und als *grand old man* der Soziologie.

Was ist das Faszinierende der ZT und des Psychogenesekonzepts? Elias' Ansatz verbindet abstrakte Theorie mit historischer Empirie und liefert ein anschauliches Bild vom »wirklichen« Leben »wirklicher« Menschen. Er erklärt und bestätigt das oft intuitiv richtige dramaturgische Vorgehen der Regisseure von Hollywood-Historienfilmen und von Autoren von historischen Romanen. Diese haben in ihren Produktionen Menschen vormoderner Gesellschaften immer schon ähnlich charakterisiert, wie Mentalitäten-Historiker und Elias sie auch dargestellt haben. Von Schumpeters »Unternehmer« haben Fritz Redlich und andere (fälschlich) behauptet, daß erst durch Schumpeter der »wirkliche Mensch« Eingang in die ökonomische Theorie gefunden hätte. Schumpeters Unternehmer ersetze in der Ökonomie das Schreibtischmonster, das vergilbte Konzept (Lampe) des rationalen Akteurs. Tatsächlich hat nach verbreiteter und richtiger Meinung der »wirkliche Mensch« der Alltagsgeschichte bis heute keinen Platz in der Ökonomie gefunden (Oesterdiekhoff 1993 b).

Es war gerade der Versuch von Weber und Elias, Zugang zur psychischen Struktur und zur Lebensführung des »wirklichen Menschen« der Alltagsgeschichte zu finden. Mehr noch: einer der Gründe der Entstehung und Ausdifferenzierung der Soziologie aus der Moralphilosophie und Ökonomie war der Versuch, mittels des Rationalisierungs- und Zivilisationskonzepts Zugang zum »wirklichen Menschen« zu bekommen, um auf dieser Folie der »kulturellen Basispersönlichkeit« die Analyse der Sozialstukturen und ihrer Geschichte zu betreiben. Nun wird vielleicht verständlich, weshalb die Soziologie seit ihrer Entstehung sich um das Thema Zivilisation und Psychogenese bemüht hat und aus welchen Gründen in die Soziologie *ab ovo* eine meist unbestimmte und unreflektierte, aber dennoch manifeste Zusammenarbeit mit der Psychologie eingebaut gewesen war. Soziologie war fast immer: psychologische Soziologie (Oesterdiekhoff 1997), um dem »wirklichen Menschen« der Geschichte auf die Spur zu kommen – von Comte über Weber und Parsons zu Elias. Wahrscheinlich hat kein Soziologe den »wirklichen Menschen« der Geschichte so genau dargestellt, seine Aktivitäten, seinen Alltag und seine Leidenschaften so genau und detailfreudig beschrieben wie Elias. Wohl kein Soziologe hat Struktur und Wandel der Lebensführung und der Mentalitäten von Menschen über einen Zeitraum von über 1000 Jahren sowohl so detailliert beschrieben als auch diese Beschreibung so konsequent und kohärent theoretisch eingebunden wie Elias. Auch in diesem Punkt ist PDZ sogar den Religionssoziologien Webers und Groethuysens überlegen, obwohl die beiden Autoren gerade unter diesem Gesichtspunkt mehr Bestand haben als die Soziologien Durkheims, Parsons, Marxens. Auch die Nachkriegssoziologie kann in dieser Frage nicht mit PDZ konkurrieren.

Eine Vielzahl von Wandel- und Entwicklungstheorien erreicht gar nicht erst die Ebene der Beschreibung »wirklicher Menschen«, sei es durch die Eingrenzung der Analyse auf die Makroebene oder durch die Identifikation der Mikroebene mit Konstrukten wie zum Beispiel dem *Rational Man*. Es ist vor allem dieses Kriterium der Herstellung einer gekonnten Relation von soziologischer Theorie und historisch-psychologischer Empirie, welches dazu berechtigt, PDZ und Elias prioritär zu qualifizieren.

Claessens (1996, S. 144 ff.) erklärt die verspätete Rezeption von PDZ gerade aus ihrer Qualität, das »wirkliche« historische Leben der Menschen faktenreich darzustellen und die historischen Tatsachen nicht, wie in der Nachkriegssoziologie sonst üblich, zu ignorieren oder wegzudiskutieren, sondern sie auch noch in aller Breite auszuführen. In der ersten Nachkriegszeit war die Soziologie nach Claessens bestimmt durch die Frankfurter Schule, die Popperianer, die Systemtheoretiker und Einzelgänger. Die meisten Autoren dieser Gruppen paßten laut Claessens nicht zu Elias, insbesondere durch ihre Neigung zum Manierismus, zur gelehrten Vieldeutigkeit und scholastischen, hysterischen Weltflüchtigkeit. Man muß Claessens unterstützend ergänzen, indem man auf den Unterschied zwischen der klassischen und der Nachkriegssoziologie verweist. Die Klassiker der Soziologie zeichnen sich dadurch aus, daß sie eine ausgewogene Mischung von soziologisch-psychologischer Theorie einerseits und historischem und kulturanthropologischem Material andererseits vorweisen. Auch in dieser Hinsicht reiht sich Elias zwanglos in die Gruppe der Klassiker ein. Marx, Weber, Durkheim und Elias könnte man gleichermaßen als Historiker, Kulturanthropologen und Soziologen bezeichnen. Der von Claessens diagnostizierte verbreitete Manierismus und Scholastizismus innerhalb der »großen« Soziologie der Nachkriegszeit (der gleiche Trend und Epochenwechsel ist in der französischen Soziologie festzustellen) ist meines Erachtens durch die Vertreibung von Geschichte, Ethnologie und Psychologie aus der Soziologie zustande gekommen (ebenso wie ihr partieller Verlust an Bodenhaftung).

Diese historisch-ethnologische Tatsachenentsubstantialisierung der »großen« Soziologie (weniger der Bindestrich-Soziologien) wurde streckenweise ersetzt durch manieristische Begriffssoziologien verschiedener Spielarten und durch eine häufig konzeptionsschwache empiristische Soziologie, welche an die programmatischen Leistungen der Klassiker nicht heranreichten. Wenn PDZ den Lesern der Taschenbuchausgabe ab 1976 als ein Werk aus einer fremden Welt vorkam (Blomert 1990, S. 17), dann zeigt dies, wie sehr schon damals die Nachkriegssoziologie vom Niveau der Klassiker entfernt war. Denn tatsächlich gehört PDZ zur Soziologie, die Nachkriegsbegriffssoziologien eigentlich meist eher zur Philosophie, zur Literaturwissenschaft oder zur Mikroökonomie. Daraus ergab sich nicht nur ein Bedeutungsverlust der Soziologie für die angrenzenden Disziplinen (vgl. die von Warnfried Dettling ausgelöste oberflächliche Diskussion in *Die Zeit*), sondern schlimmer noch, daß mit wachsender Begeisterung die interessanten klassischen Fragen der Soziologie (zum Beispiel Evolution, Modernisierung, Mentalitäten) heute nicht mehr in der Soziologie, sondern in den angrenzenden Disziplinen erforscht und diskutiert werden. Noch in den siebziger Jahren war hingegen die Hoffnung der Nachbardisziplinen (Geschichte, Pädagogik usw.) groß, die Soziologie könnte ihnen ein systematisches Konzept gesellschaftlicher Entwicklung anbieten und eine integrierende Rolle in den Sozial- und Geisteswissenschaften übernehmen.

Indem die Soziologie die Nachbardisziplinen ausgrenzte, sich auf Gegenwarts-, Begriffs- und Bindestrich-Soziologien konzentrierte, verlor sie zunehmend die systematische Perspektive auf die Erforschung langfristiger gesellschaftlicher Entwicklung. Diese kann man sinnvoll nur nach Art der Klassiker mit Nutzung historischen und kulturanthropologischen Materials untersuchen. Wird auf die Heranziehung und Prüfung von kulturgeschichtlichen Tatbeständen verzichtet und diese ersetzt durch die Produktion einer rein soziologischen Theorie der Entwicklung, dann lauern die Gefahren einer reinen Begriffssoziologie, einer faktenarmen und raumzeitlosen Theorie und letztlich die Gefahr der Produktion von Tautologien.

Gründe für den Epochenwechsel der Nachkriegssoziologie gibt es viele, im Vordergrund steht jedoch nicht zuletzt das ungelöste und beiseitegeschobene Problem der Rationalisierung und Zivilisation. Wie oben ausführlich dargestellt wurde, war bei den Klassikern das Psychogenese-, Zivilisations- und Rationalisierungskonzept die psychologische Erklärung und die theoretische Klammer, die in der Regel das historische und kulturanthropologische Material ordnete, klassifizierte, strukturierte und zusammenhielt. Es waren nicht zuletzt die Zweifel an dem Psychogenesekonzept, die auch zum Verzicht auf die Interdisziplinarität und auf die Kardinalthemen der Klassiker führten. Mit dem Niedergang des Interesses an der theoretischen Klammer verschwand auch das Interesse am historischen und ethnologischen Material und an der komparativen und historischen Perspektive.

Aus welchen Gründen verlor die Nachkriegszeit zunehmend das Interesse an dem Psychogenesekonzept, damit an den Leistungen der Klassiker, an den materialreichen Nachbardisziplinen und an einer Theorie sozialer Evolution? Schaut man genauer hin, entdeckt man, daß die Schwachstelle des Klassiker-Gevierts: Soziologie, Psychologie, Ethnologie und Geschichte vor allem die Psychologie war. Die Psychologie und damit das Psychogenesekonzept der Klassiker war meist von ihnen selbst entwickelt worden und wurde oft nicht einmal als Psychologie erkannt – wie gezeigt. Hahn (1988) spricht von Weber als einem historischen Psychologen wider Willen. Sicherlich ist die Sonderrolle von Elias vor allem ein Resultat seines aus

Behaviorismus und Psychoanalyse konstruierten Psychogenesekonzepts, das fundierter ist als das seiner Vorgänger. Andererseits konnte es sich trotzdem nicht in der Soziologie so durchsetzen, wie Elias es sich gewünscht hätte. Es wird in dieser Arbeit zu
zeigen sein, daß es nicht zuletzt Mängel im Psychogenesekonzept von Elias sind, die sowohl dem nur begrenzten Erfolg von
PDZ zugrunde liegen als auch damit dem Niedergang der klassischen Soziologie.

Offensichtlich hat es die Nachkriegssoziologie nicht verstanden, sich um eine empirische Prüfung und Verbesserung des Psychogenesekonzepts zu bemühen, um die Leistungen der Klassiker und die Tradition der »großen« Soziologie zu erhalten. Es
wird in dieser Arbeit zu zeigen sein, daß es Möglichkeiten der
empirischen Prüfung gegeben hat und immer noch gibt, um das
Psychogenesekonzept zu fundieren und die klassischen Traditionen zu optimieren. Die Soziologie hat es bis heute nicht verstanden und sich nicht darum bemüht, die Erkenntnisse der
Fachpsychologie aufzugreifen, um das Psychogenese- und Rationalisierungskonzept zu prüfen und zu fundieren. Weder in der
Elias- noch in der Weber-Forschung hat man versucht, das Psy-
chogenese- und Rationalisierungskonzept fachpsychologisch zu
prüfen (Blomert 1989, 1990; Breuer 1989).

Statt eine empirische Prüfung und Klärung des Psychogenesekonzepts anzustrengen mit der Möglichkeit der Stiftung eines
Konsenses und der Produktion allgemeinverbindlicher Standards, ließ man die Ausführungen Webers und Elias' auf sich
beruhen. Es blieb somit die Angelegenheit von einzelnen Autoren, Gruppen und Schulen, diesen Ausführungen zu folgen, sie
zu bestreiten oder individuell zu interpretieren. Die Interpreta-
tionsleistungen beschränkten sich aber überwiegend auf Kom-
mentare und betraten nicht die zuverlässige Ebene experimen-
teller fachpsychologischer Prüfung. Das Psychogenesekonzept
wurde damit in einem eigentümlichen Schwebezustand gehalten.
Diese nebulöse Unbestimmtheit des Konzepts war letztlich Ausdruck eines Appetenz-Aversions-Konflikts: es gibt in der industriellen Zivilisation und in der Soziologie das starke Motiv einer
psychogenetischen Erklärung von Modernisierungsprozessen,
gleichzeitig aber gibt es ein anderes starkes Motiv, frühere Zeitalter und traditionale Gesellschaften nicht zu diskriminieren. Zwar
ist, genau betrachtet, die Auffassung, die psychogenetische Er-

klärung traditionaler Gesellschaften sei mit ihrer Diskriminierung verbunden, Ausdruck einer verkürzten Perspektive (Elias
würde richtig sagen: Resultat eines Mangels an Distanzierung),
aber gleichwohl ist diese Auffassung weit verbreitet.

Die fehlende Prüfung des Psychogenesekonzepts, damit der
unbefriedigende Zustand der »großen« Soziologie und die Fra-
gezeichen hinter den Leistungen der Klassiker sind demnach in
entscheidender Hinsicht Folge eines politisch-moralischen
Scheinkonflikts. Aber nicht nur, denn das abnehmende Interesse
an dem Konzept ist auch eine Folge der zunehmenden Selbstverständlichkeit der Moderne und des Vergessens traditionaler sozialer und kognitiver Strukturen (PDZ 1, S. XXX ff.). Psychogenese ist bei den Klassikern der Soziologie auch deshalb ein
Thema, weil die Spuren kognitiver Traditionalität für sie noch
überall manifest sind, während der moderne Soziologe von ihnen
weit weniger berührt ist. Der Konflikt: Rationalisierung, Zivilisierung und Aufklärung versus Aberglaube, Magie und altherge-
brachte Einstellungen und Praktiken war zur Zeit von Comte
und Spencer, aber auch zur Zeit von Weber und Hobhouse noch
im Alltag und im sozialen Kontext der Klassiker greifbar. Vor 150
oder auch vor 80 Jahren waren in der europäischen Bevölkerung
traditionale, magische und irrationale Praktiken und Vorstellungen noch wesentlich stärker verbreitet als heute (Frazer 1977;
Oesterdiekhoff 1992). Fortschritts- und Modernisierungsfeind-
lichkeit aufgrund traditionaler Praktiken, Vorstellungen und Gebräuche waren überall manifest und im Alltag greifbar (Lerner
1971; Inkeles 1983). Das Psychogenesekonzept als Ausgangspunkt einer Modernisierungssoziologie ergab sich gleichsam aus
den Erfahrungen des Alltags der Klassiker, während ein moderner Soziologe diesen anschaulichen Zugang viel schwerer entwickeln muß. Den bürgerlichen Aufklärern des 18. Jahrhunderts
stand das Rationalisierungsmotiv in diesem Sinne klar vor Augen
(Groethuysen 1978) und so auch den Soziologen des 19. Jahrhunderts.

Vor diesem Hintergrund wird Elias' Argumentation (1939/
1968) teilweise verständlich, daß seine ZT nicht soziologischen
Traditionen, sondern der intensiveren Reflexion auf die modernen Lebensbedingungen entstamme, während in der Regel die
Soziologie nur noch die Zivilisation, aber nicht mehr die Zivilisierung kenne (PDZ 1, S. XXX ff.). Elias erklärt den Verzicht der

Soziologie des 20. Jahrhunderts auf eine psychogenetische Theorie der Evolution durch ihr Vergessen des Prozesses der Zivilisierung.

Die Soziologie des 20. Jahrhunderts hat in der Frage der Psychogenese und der Zivilisierung eine unschlüssige Haltung. In der Auffassung vieler Autoren, in den Konjunkturen von Zivilisationsthemen und in Interpretationen von Büchern findet man diese Ambivalenz. Das Interesse an der Stabilisierung dieser Jein-Haltung ist der Grund dafür, daß deutlichere, prägnantere und empirisch fundierte Psychogenesepositionen (Werner, Lévy-Bruhl, Luria, Piaget) sich in der Soziologie nicht durchgesetzt haben, während gerade mehrdeutige Positionen, wie die Mentalitäten-Geschichte, die Rationalisierungsthese Webers und mäßig fundierte Positionen wie die von Elias (der Vergleich betrifft nur das Psychogenesekonzept, nicht die ZT, die bei Elias am meisten durchdacht ist), eine größere Zustimmung fanden. Letztere Positionen sind dadurch charakterisiert, daß sie den genannten Appetenz-Aversions-Konflikt nicht unbedingt durchbrechen und nicht therapieren, sondern bestehen lassen (»Krankheitsgewinn« durch Nichtvermeidung des Widerspruchs). Der Konsument der Rationalisierungsthese Webers hat durch ihre unbestimmte Fassung die Möglichkeit, sein Bedürfnis nach psychogenetischer Erklärung der Zivilisation und vielleicht auch nach Bestätigung seiner eurozentrischen Ideologien mit dem Bedürfnis nach Nichtdiskriminierung traditionaler Gesellschaften in Einklang zu bringen. Und PDZ hat ein so breites Dach, daß sich darunter sowohl Anhänger von W. Reich, M. Mead, Th. W. Adorno und M. Horkheimer als auch Anhänger von J. G. Frazer, sowohl Zivilisationsgegner und Sozialromantiker als auch Modernisierungsfreunde und Fortschrittsfanatiker aufhalten können. Wenige lehnen PDZ als eurozentrisch und diskriminierend ab, und viele sehen in PDZ eine definitive Fortschrittstheorie, aber die gleichwohl vorhandene Unbestimmtheit – fehlende empirische Operationalisierung des Psychogenesekonzepts – erlaubt es wohl der Mehrzahl der Leser, ihre ambivalenten, mehrdeutigen, unreflektierten und widersprüchlichen Haltungen projizieren zu können und gespiegelt zu sehen. Dieses Bedürfnis nach Permanenz von Mehrdeutigkeit und Unbestimmtheit verhinderte eine Weiterentwicklung des Psychogenesekonzepts und blockierte seine fachpsychologische Prüfung und Fundierung. Die wissenschaftlichen Möglichkeiten einer Prüfung und Fundierung liegen teilweise seit drei Generationen vor (Luria, Werner, Piaget), wurden aber nicht genutzt. Der Niedergang der klassischen Soziologie wurde der Prüfung des Psychogenesekonzepts vorgezogen, da unausgegorene politisch-ideologische Interessen und Motivlagen die Fähigkeit zur »Distanzierung« (Elias) und zur »Dezentrierung« (Piaget) – und damit zur Vertiefung wissenschaftlicher Problemstellungen – eindämmten.

Dieser Sachverhalt erklärt auch großteils, daß die Elias-Schüler kein Interesse an einer Prüfung und theoretischen Entwicklung von PDZ entwickelt haben, daß, abgesehen von den Arbeiten Duerrs, keine nennenswerte Kritik an der ZT laut wurde und Elias nach 1939 seine ZT in den folgenden 51 Jahren in keiner Weise revidiert, kritisiert oder fortentwickelt hat. Abgesehen von der Kritik Duerrs ist die ZT noch nie massiv angegriffen, hinterfragt oder versuchsweise widerlegt worden. Dies erstaunt, da sie doch schon aufgrund der Vielzahl historischer Informationen und aufgrund der Vielzahl theoretischer Annahmen ein sehr breites Angriffsfeld bietet. Weder in der Geschichtswissenschaft, Psychologie und Soziologie noch in der Literaturwissenschaft und Kulturanthropologie fanden Prüfungen der ZT statt (v. Dülmen 1996, S. 264; Brandt 1996, S. 184). Wenn die Forderung nach einer Überprüfung der ZT laut wurde, dann meinte man zumeist, eine Überprüfung der Quellen (Manierenbücher usw.) sei hier der Königsweg. Dies ist in mehrfacher Hinsicht eine verkürzte Perspektive. Die Probleme der ZT liegen nicht so sehr auf der Beschreibungsebene, sondern auf der theoretischen Ebene. Immer wieder wird unterstellt, daß eine Widerlegung der ZT auf der Ebene der Quellen erfolgen müsse, was bedeutet, daß man annimmt, die theoretischen Schlußfolgerungen von Elias seien konsequent, wenn seine Quellen und seine Beschreibungsebene korrekt seien. Daraus folgt, daß man glaubt, eine Widerlegung der ZT könne nur über den Weg der Kritik der Quellen und der Materialbasis führen. Tatsächlich jedoch liegt in PDZ ein von Elias und seinen Kritikern unbemerkter Hiatus zwischen der Beschreibungs- und der Theorieebene vor, und das entscheidende Problem von PDZ sind nicht die Quellen, sondern die theoretischen Schlußfolgerungen. Das theoretische System der ZT wurde jedoch noch nie ernsthaft angegriffen, geprüft oder verbessert – ein erstaunliches Phänomen der Soziologiegeschichte.

Selbst Duerr glaubte, die ZT mit einer Anhäufung von Material widerlegen zu können und zu müssen. Duerr glaubte, der bloße Materialnachweis unzivilisierten Verhaltens in der Moderne bzw. der bloße Materialnachweis scheinbar oder tatsächlich zivilisierten Verhaltens im MA. könne die ZT widerlegen. Damit beging er denselben Fehler wie Elias, nur mit umgekehrter Intention, nämlich Verhalten und Psyche in einen direkten Zusammenhang zu setzen, ohne zu reflektieren, daß das von ihm vorgelegte Material gar nicht als empirisches Prüfkriterium der Psychogenese fungieren kann. Duerr diskutierte deswegen nicht die Theorie von Elias und entwickelte keine eigene substantielle Gegentheorie, weil er glaubte, das Problem der ZT schon auf der bloßen Quellen- und Materialebene lösen und beseitigen zu können.

»Die Arbeit der Überprüfung der Materialbasis der Elias'schen ZT auf der Grundlage der heutigen Quellenkenntnis hätte dabei zweifellos ihre Verdienste haben können, zumal sie bisher in dieser Weise von niemandem unternommen worden ist« (Blomert 1989, S. 1).

Selbst die Gegner der Zivilisationstheorie haben sich demnach nicht an eine Überprüfung der Theorie gewagt, Vertreter aus den Fraktionen Habermas, Luhmann oder der empirischen Sozialforschung erwähnen sie in der Regel gar nicht. Die Elias-Schüler und Elias selbst haben nach 1939 nicht einen ernsthaften Versuch unternommen, die theoretischen Annahmen der ZT zu prüfen, umfassend zu diskutieren, mit gegnerischen Theorien und Erklärungsansätzen kritisch zu vergleichen, zu widerlegen oder auch nur substantiell zu verbessern. Eingangs dieses Kapitels wurde erwähnt, daß die Elias-Schüler die ZT nur auf weitere soziale Phänomene anwenden oder ihre Entstehungs- und Rezeptionsgeschichte thematisieren. Die bloße Anwendung der ZT und ihre fehlende Prüfung ist offensichtlich ein Resultat der Überzeugung der Elias-Schüler, das System der ZT sei a priori solide, fundiert, und eine Prüfung sei nicht notwendig. Die meiste Tinte haben die Elias-Schüler auf die Entstehungs-, Wirkungs- und Rezeptionsgeschichte der ZT verbraucht (Korte 1977; 1988; Gleichmann 1977; 1984; Rehberg 1996; Schröter 1997). Sicherlich ist dieses Vorgehen bis zu einem gewissen Grade sinnvoll und notwendig, jedoch ist der einseitig betriebene Aufwand letztlich nicht problemadäquat und steht in keinem sinnvollen Verhältnis zu den

Lücken, die durch dieses Vorgehen offenblieben. Es kann nicht einleuchten, daß die Diskussion der Verbindungen zum Beispiel zwischen Weber und Elias sinnvoller sein kann als die kritische Prüfung der Architektonik der ZT selbst, so daß man auf letztere verzichten könnte, um nur das erste Geschäft zu betreiben. Genau so wurde jedoch verfahren. Offensichtlich besteht in der Soziologie im allgemeinen und in der Elias-Schule im besonderen eine gewisse Scheu vor der Prüfung und kritischen Diskussion der Argumentationsarchitektonik der ZT. Vom Versuch einer substantiellen Weiterentwicklung der ZT kann nicht die Rede sein. Weder Elias noch seine Schüler haben sich ernsthaft und diskussionsoffen mit der Kritik Duerrs auseinandergesetzt (Rehberg 1996 a, S. 13), so schwach diese auch immer sein mag. Auf keinen Fall ist es gerechtfertigt, Duerrs Kritik überhaupt nicht ernst oder nicht zur Kenntnis zu nehmen. Sie enthält durchaus erwähnenswerte Kritikpunkte, die nicht einfach unter den Tisch gekehrt werden dürfen. Man hätte diese Kritik doch zumindest als Chance der Überprüfung der Instrumente der ZT nutzen können. Statt dessen fand eine Pauschalverurteilung der Position Duerrs statt und eine bloße Wiederholung der gängigen Argumentationen der ZT (so zum Beispiel Schröter 1997, S. 71 ff.; vgl. Diskussionen in *Psychologie heute* und in der Beilage von *Die Zeit* 1991).

Eine substantielle Weiterentwicklung der ZT hätte zum Beispiel darin bestehen können, das Psychogenesekonzept zu fundieren. Elias hätte schon in den dreißiger Jahren und später die Möglichkeit gehabt, das Psychogenesekonzept entwicklungspsychologisch (Werner 1933; Piaget 1975) zu fundieren. Es wäre seit den dreißiger Jahren möglich gewesen, die Erkenntnisse der transkulturellen kognitiven und psychoanalytischen Psychologie zu nutzen (Dasen/Berry 1974; Beuchelt 1974). Es wäre möglich gewesen, die transkulturelle Sozialisations- und Erziehungsstilforschung heranzuziehen, um die sozialisationstheoretischen Aussagen der ZT zu prüfen. Es wäre möglich gewesen, die Zentrierung der ZT auf europäisches Material aufzubrechen, indem man die Erkenntnisse der Kulturanthropologie über außereuropäische Kulturen vergleichend herangezogen hätte. Diese komparative Methode hätte zudem die Möglichkeit verschafft, die Aussagen der ZT empirisch überprüfen zu können. Die psychologischen Aussagen der ZT hätte man nicht mehr indirekt über

Quelleninterpretationen prüfen müssen, wie es für vergangene Epochen gar nicht anders möglich ist, sondern hätte Versuchspersonen psychologischen Tests unterziehen können, um das Psychogenesekonzept der ZT empirisch zu operationalisieren und seine Aussagen direkt empirisch prüfen zu können. Nichts davon haben Elias und seine Anhänger und Gegner realisiert. Da steht die Materialanhäufung Duerrs, wenn sie auch im Vergleich mit den angedeuteten Prüfungsmöglichkeiten alles andere als ein Königsweg zur Untersuchung der ZT ist, als einziger und einsamer Versuch systemexterner Prüfung da.

Es ist immer wieder behauptet worden, PDZ sei das originellste und beste Werk von Elias (Korte 1988, S. 164; v. Dülmen 1996, S. 266).

»Der Grundbestand des Eliasschen Denkens wurzelt, kurzum, in seiner Frühzeit bis in die dreißiger Jahre; es bleibt zu prüfen, wieviel danach noch hinzugekommen ist. Die gewaltige Schreib-Anstrengung des 70- bis 90jährigen brachte nicht primär Neues ... Die Behauptung mancher Kenner, daß das Eliassche magnum opus im Keim alle seine späteren Werke enthalte, hat viel für sich« (Schröter 1996, S. 111 f.).

In der Tat war es Elias offensichtlich unmöglich, in irgendeiner Form seine ZT nach 1939 zu entwickeln, auch nur hypothetisch eine konkurrierende theoretische Position einzunehmen, um von dieser aus die Fundamente seiner ZT gleichsam extern begutachten und sie mit Alternativen vergleichen und prüfen zu können. Kritisierte man das Psychogenesekonzept, verwies er auf das Soziogenesekonzept und *vice versa*. Es kam Elias gar nicht in den Sinn, daß man die von ihm dargestellten Phänomene auch nur hypothetisch anders erklären könnte.[5] Er war unempfänglich für

5 Eines von vielen Beispielen, das die Dogmatisierung der ZT und das sehr weitgehende, schon unbewußte und damit fast totale Ignorieren konkurrierender Positionen bei Elias belegt: »Wie anders kann man zum Beispiel die Erhöhung des Wohlstandes und die Verbesserung des Gesundheitszustandes von Menschen in einer Reihe von Gesellschaften begrifflich erfassen als dadurch, daß man sagt, unser Denken und Wissen in diesen Gebieten sei weniger gefühls- und phantasiegeladen, weniger mythisch-magisch und in höherem Maße sach- oder wirklichkeitsorientiert geworden?« (Elias 1993, S. 21). Obwohl Elias mit seiner Position meines Erachtens durchaus richtig liegt, würden in dieser Frage mehr als 90 % der Sozialwissenschaftler eine konträre Position einnehmen, welche für Elias nicht einmal hypothetisch denkbar zu sein scheint.

die Beweisnot seines Psychogenesekonzepts und der von ihm hergestellten Kausalzusammenhänge von Gewaltsamkeit und Psyche usw. Die Aussagen der ZT beherrschten nach 1939 das Denken von Elias, nicht umgekehrt. Die Aussagen der ZT definierten die Grenzen des Eliasschen Denkens, die er nicht mehr transzendieren konnte. Seine Argumentationen und seine Antworten auf Einwände bewegten sich immer nur im Rahmen des etablierten Systems der ZT, das wie ein Käfig sein Denken einengte und umspannte. Als Wächter der ZT war Elias nur noch ihr Gefangener. Da Elias sich nach 1939 in keiner Weise mehr des hypothetischen Charakters der ZT bewußt war, konnte er nicht dazu beitragen, sie zu bewegen, sie weiterzuentwickeln, die Fundamente tieferzulegen und zu prüfen. Die ZT war ihm keine Theorie mehr, sondern eine Tatsachendarlegung (vgl. seine Ausführungen zu Realtypen/Idealtypen). Das Dogma konnte nur noch gelehrt, ausgelegt und auf neue Sachgebiete rein quantitativ umgesetzt werden. Dieser Habitus pflanzte sich teilweise bei seinen Schülern fort. Dies erklärt die Einmündung der Eliastradition in eine »scholastische« Phase, die ausbleibende Nutzung der oben erwähnten veritablen und interessanten Prüfungsmöglichkeiten sowie die Struktur und quantitative, exegetische, applizierende, systemimmanente und kommentierende Ausrichtung der Arbeiten seiner Schüler. Dieses Urteil ist eindeutig und fundiert: Elias' Schüler haben Schwierigkeiten, zur ZT oder komplementär zur Position von Duerr eine reflektierte, kritische, dezentrierte und systematische Perspektive einzunehmen (vgl. zum Beispiel Schröter 1997; Bogner 1989; Blomert 1989). Ähnliche Phänomene sind ja bekanntlich in der wenig erhellenden Diskussion von Webers Rationalisierungsthese festzustellen (dazu: Tenbruck 1985, S. 13; Tenbruck 1975, S. 663; Spinner 1994, S. 115).

Weiter oben habe ich ausführlich dargelegt, daß das Psychogenesekonzept von Elias das fundierteste innerhalb der soziologischen Tradition ist, obwohl es nicht weiter fachpsychologisch geprüft wurde (es befindet sich also oberhalb des soziologischen, aber unterhalb des fachpsychologischen wissenschaftlichen Niveaus). Dieser Zustand wurde auch damit erklärt, daß eine genauere Prüfung vor allem aus politisch-ideologischen Motivlagen nicht gewünscht war. Die dogmatische Schließung der ZT ist demnach durchaus auch eine Folge des genannten Appetenz-Aversions-Konfliktes, der die Arbeit und Entwicklung der Psychogenese-, Zivilisations- und Rationalisierungskonzepte *ab ovo* begleitet. Elias hat die Grenzen psychogenetischer Betrachtung weiter vorgeschoben als Weber, verblieb aber innerhalb des Netzes und der Grenzen des Konfliktes. Die dogmatische Schließung der ZT ist demnach auch eine Teilmenge des erläuterten Konfliktphänomens der erhellend-verdunkelnden Selbstaufklärung der industriellen Zivilisation und ihrer Sozialwissenschaften, die sich in einer Mehrdeutigkeit und Unbestimmtheit des Psychogenesekonzepts ausdrückt. Auch deshalb wird die Suche und Erlangung von Wissen und Kenntnis nicht über einen bestimmten Punkt hinaus fortgesetzt, sondern abgebrochen und durch einen um so intensiveren Glauben ersetzt, der es ermöglicht, den Appetenz-Aversions-Konflikt nicht auflösen zu müssen. In dieser Arbeit wird gezeigt werden, daß die Theorie Piagets die sinnvollste Therapie dieses Konfliktes ist.

Elias überließ es überwiegend anderen, ihn zum Genie zu verklären. Das Genialische sah er nicht nur in PDZ verkörpert, vielmehr sah er alle seine Werke als wissenschaftlich gleich bedeutsam an (Rehberg 1996 b, S. 20, 26). Elias interpretierte die nach seinem großen Erfolg von 1976 folgende Schreibphase als die Aufgabe, sein bedeutendes Wissen weitergeben zu müssen (Schröter 1996, S. 90 f., 96). Oben wurden Auffassungen erwähnt, die nur in PDZ ein grundlegendes Werk erkennen und die die Leistungen von Elias nach 1939 eher gering einstufen. In der Tat kann man neben PDZ eigentlich nur noch »Die höfische Gesellschaft« als ein wirklich grundlegendes Werk gelten lassen. Die meisten anderen Bücher liegen teilweise sogar hinter dem Forschungsstand, sind konzeptionell nicht besonders gelungen und wenig streng bearbeitet (zur Entstehung dieser Bücher vgl. die interessanten Ausführungen von Schröter 1997). Elias neigt in diesen Büchern zu Bohrungen allenfalls mittlerer Tiefe, befaßt sich mit Allgemeinplätzen, von denen er zu glauben scheint, sie seien nicht bekannt und müßten von ihm gelehrt werden. Ganze Kapitel kann man nur als oberflächlich bezeichnen.

Schröter (1996, S. 103 f., 1997) urteilt ganz allgemein, daß Elias seinen Gedankengang erst beim Schreiben entwickelte und die Architektonik seiner Texte schlecht organisieren konnte. Prüft man dieses Urteil anhand von PDZ, dann kann man dieses Urteil nur bestätigen. Es läßt sich deutlich zeigen, daß Elias zu Beginn des ersten Bandes nicht wußte, wie der Aufbau der weiteren

Argumentation gestaltet und wie die Theorie im einzelnen konstruiert sein würde, in welche er seine historischen Darlegungen einkleiden wollte. Rekonstruiert man die Struktur des Argumentationsaufbaus der beiden Bände, dann wird deutlich, daß von einer strengen Systematik sowohl der Aneinanderreihung der Sachthemen als auch der Argumentationen keine Rede sein kann. Elias erläutert im ersten Band zunächst die Begriffe: Kultur und Zivilisation, erörtert dann das Verhältnis von Adel und Bürgertum im Ancien régime, beschreibt dann Tischgebräuche, Sprechweisen, Schneuzen, Spucken, Verhalten im Schlafraum, Geschlechterbeziehungen und Aggressionen. Die ersten beiden Drittel des zweiten Bandes beschreiben die okzidentale Soziogenese von Institutionen, und erst im letzten Drittel wird dann die psychogenetische Theorie (»Entwurf einer Theorie der Zivilisation«) formuliert, die beide Bände zusammenhalten soll. Weder im ersten noch im zweiten Band passen die jeweils ersten und zweiten Teile gut zueinander. Auch in quantitativer Hinsicht sind die Proportionen – insbesondere im Hinblick auf den überdimensionierten ersten Teil des zweiten Bandes – unglücklich geraten, der zweite Teil wirkt wie aufgesetzt. Die eigentliche Theorie, die der Autor offensichtlich erst beim Schreiben kohärent entwickelt hat, unverbunden mit den vorhergehenden Kapiteln am Schluß zu präsentieren ist Zeichen dieser unsystematischen Vorgehensweise.

Elias ist nicht in jeder Hinsicht ein scharfer Analytiker. Seine Begriffe, Theorieinstrumente und Definitionen sind oft ungenau (Kiss 1991, S. 83 f.; Breuer 1996, S. 316). Sein Bedürfnis, bestimmte Fragestellungen über einen Punkt scheinbarer Plausibilität hinaus tiefer zu fundieren und Beweise und Begründungen zu liefern, ist trotz aller oben formulierten Auszeichnungen nur mäßig entwickelt. Elias neigt dazu, statt Prüfverfahren einen festen Glauben (an seine Ausführungen) zu entwickeln.

Schröter (1996, S. 119) bezeichnet das Talent von Elias als seine Fähigkeit zur »fortschreitend-ausgreifenden Synthesebildung«. Und in der Tat: Elias kann tragfähige Kausalzusammenhänge von Staatsbildungsprozessen einerseits und Hygienepraktiken, Eßgewohnheiten und Geschlechterbeziehungen andererseits, Zusammenhänge zwischen der Schilderung von Aggressivität im MA. und den Erkenntnissen der Psychologie (Watson, Reich und Freud) herstellen. Elias hat einen Blick für weitreichende und komplexe Zusammenhänge, die andere nicht einmal reproduzieren, geschweige denn erahnen, entdecken und behandeln könnten. Elias hat einen Blick für die Relevanz und Irrelevanz wissenschaftlicher Probleme: Zivilisation als Grundproblem sowohl des menschlichen Lebens im allgemeinen als auch der Soziologie im besonderen zu durchdenken und umfassend zu erforschen – dies ist eine Aufgabe, die er wie kaum ein anderer sehen, übernehmen und gekonnt durchführen kann. Die »fortschreitend-ausgreifende Synthesebildung« ist es, die seine Form der Konsequenz im Denken, seine Form der Tiefenschärfe, seine Form der Reflexion und letztlich sein besonderes Talent definieren. Hat Elias jedoch einen Kausalzusammenhang halbwegs herausgearbeitet, dann verliert er das Interesse, ihn über einen bestimmten Punkt hinaus zu fundieren, zu prüfen und zu definieren. Seine Reflexionskraft und Tiefenschärfe sind nicht so elaboriert, daß er ein Interesse entwickeln würde, Überzeugungen, die auf schon von ihm hergestellten, mehr oder weniger fundierten Sach- und Argumentationszusammenhängen fußen, genauer zu prüfen, exakter zu fundieren und kritisch zu diskutieren. Besonders stark und fatal wirkt sich dieser Mangel in der letztlich doch schwachen Fundierung des Psychogenesekonzepts aus. Diese Schwachstelle zeitigte gravierende Konsequenzen in bezug auf die Wirkungsgeschichte von PDZ im besonderen und die Geschichte und Entwicklung der (klassischen) Soziologie im allgemeinen.

2. Der strukturgenetische Ansatz:
Die genetische Epistemologie von Jean Piaget

2.1 Grundlagen der genetischen Epistemologie

Neben dem Beitrag von Freud (1975) ist der Beitrag von Piaget die bedeutendste Leistung der Psychologie. Vereinfacht formuliert, könnte man sagen, Piaget ist der Erforscher des Denkens, und Freud ist der Erforscher der Emotionen. Beide Ansätze sind nicht konkurrierend – obwohl Piaget (1993, 1995) meinte, seine Theorie könne auch die Entwicklung von Emotionen erklären –, sondern komplementär: Das Verhältnis von Kognitionen und Emotionen ist weit komplexer, teilweise interferierend und teilweise wechselseitig irreduzibel (Mandl/Huber 1983; Furth 1990).

Insbesondere hinsichtlich der Erfüllung streng wissenschaftlicher Standards ist der Beitrag von Piaget dem von Freud jedoch weit überlegen. Die genetische Epistemologie ist im Gegensatz zum psychoanalytischen Ansatz durch eine strenge Zuordnung von Theorie und Empirie und durch eine Operationalisierbarkeit der wesentlichen theoretischen Aussagen gekennzeichnet. Die Resultate der genetischen Epistemologie sind seit fast drei Generationen in unzähligen Nachfolgeuntersuchungen ständig repliziert worden und haben sich trotz mancher Weiterentwicklung und Differenzierung im einzelnen im Kern als solide und tragfähig erwiesen (Steiner 1978; Mogdil/Mogdil 1976; Schröder 1989; Flavell 1963; Vuyk 1981; Ginsburg/Opper 1976; Flammer 1988; Montada 1988). Es ist Kritikern trotz mancher Versuche bisher nicht gelungen, die genetische Epistemologie im Kern empirisch zu falsifizieren oder im Kern zu verbessern (Mackay 1978; Vuyk 1981; Brainerd 1978; Bruner 1981; Pascual-Leone 1981). Im Gegenteil: mehr als jeder andere Ansatz innerhalb der Psychologie ist die genetische Epistemologie trotz eines verzweigten theoretischen Gebäudes und eines beachtlichen Erklärungsumfangs empirisch solide abgesichert.

Furth (1972) vergleicht die von Piaget ausgelöste Revolution (der Analyse des Erkenntnisproblems) mit der Leistung von Kopernikus, Darwin und Freud. Goldmann (1976, S. 83) stellt Piaget in eine Reihe mit Kant, Hegel und Marx. Parsons (1961) sah in Piaget den letzten großen Soziologen. Es lassen sich meines Erachtens manche Gründe anführen, die genetische Epistemologie als die bedeutendste Leistung innerhalb der Geistes- und Sozialwissenschaften zu qualifizieren. Es dürfte schwerfallen, in den verschiedenen geistes- und sozialwissenschaftlichen Disziplinen einen Ansatz zu finden, der sich mit der Erkenntnisleistung und der Kompetenz der genetischen Epistemologie messen könnte.[6]

Piaget greift die ungelösten Grundfragen der philosophischen Erkenntnistheorie nach den Bedingungen menschlicher und wissenschaftlicher Erkenntnis auf und verwandelt sie in ein empirisch untersuchbares Problem. Piaget löst den Streit zwischen Kants Transzendentalphilosophie und Hegels Phänomenologie des Geistes, zwischen Apriori- und Entwicklungstheorien, zwischen Empirismus und Idealismus, indem er die Entwicklung menschlicher Erkenntnis minutiös darlegt (Fetz 1978, 1988; Wetzel 1978; Kesselring 1981). Indem Piaget die Entwicklung menschlicher Erkenntnis von ihren organischen Voraussetzungen über kindliche Strukturen bis zur wissenschaftlichen Theoriebildung aufzeigt, baut er Brücken, die vielen schon als nicht mehr konstruierbar erschienen: zwischen Natur und Geist, elementaren biologischen Verhaltensweisen und Denkprozessen, Instinkt und Intellekt, Tier und Mensch, Säugling und Kind, Kind und Erwachsenem sowie praktischem Denken des Erwachsenen und wissenschaftlichem Denken. Piaget (1967) erreichte damit im Bereich der Erkenntnis und des Denkens das Gegenstück zur Leistung Darwins im Bereich der organischen Formen. »Piaget darf für sich beanspruchen, mit der genetischen Psycho-

6 Es ist allerdings nicht einfach, einen Zugang zur genetischen Epistemologie zu bekommen und ein Verständnis ihrer umfassenden Bedeutung zu erlangen. Es bedarf einer intensiven und langwierigen Einarbeitung, um das System Piagets zu beherrschen. Der Komplexitätsgrad der Theorie Piagets wird von soziologischen Theorien kaum erreicht. Dieses Niveaugefälle zwischen den soziologischen Ansätzen und der genetischen Epistemologie ist einer der Gründe für die überwiegend spärliche und dilettantische Rezeption Piagets in der Soziologie. Die genetische Epistemologie des Soziologieprofessors Piaget ist auch für manche Soziologen ein Buch mit sieben Siegeln, die auf diesem Gebiet publizieren.

logie das fehlende Glied in der die Evolution des Lebens mit der Entwicklung des Wissens verbindenden Kette gefunden zu haben« (Fetz 1988, S. 48).

Piaget nutzte den Umweg der Kinder- und Entwicklungspsychologie, um die Grundfragen der Erkenntnistheorie zu lösen. In Fortentwicklung des Neukantianismus wurde die Frage: »Was ist Erkenntnis?«, transformiert in die Frage: »Wie entwickelt sich Erkenntnis?« und letztere Frage wurde empirisch beantwortet. Indem Piaget die Erkenntnistheorie auf eine genetische Fragestellung ausrichtete, wurden unlösbare Fragen durch behandelbare und erforschbare Fragen ersetzt (Piaget 1986 d; Fetz 1988; Kesselring 1981). Piagets großes Ziel war nicht allein die empirische Fundierung und theoretische Rekonstruktion der Erkenntnistheorie, sondern letztlich der Wissenschaftsgeschichtsschreibung. Die Entwicklungspsychologie sollte zeigen, welche Stadien die erkenntnistheoretische Reflexion und das wissenschaftliche Denken seit der Antike durchlaufen hatte. Es gelang Piaget, anhand der relevanten logischen, naturwissenschaftlichen und mathematischen Konzepte aufzuzeigen, daß die in der Kinder- und Entwicklungspsychologie auffindbaren kognitiven Stadien die nämlichen sind, die in der Wissenschaftsgeschichte auszumachen sind. Der menschliche Geist durchläuft in Onto- und Phylogenese, in der Jugendentwicklung der Individuen und in der Kulturgeschichte, identische Stadien (Piaget/Garcia 1989; Piaget 1978; Piaget 1969 b; Piaget 1975, Bd. 8-10). Inzwischen ist es über Piaget hinaus möglich, diese Homologien nicht nur verblüfft festzustellen, sondern auch exakt zu erklären (vgl. unten).

Piaget – und andere Entwicklungspsychologen vor, neben und nach ihm – zeigten, daß die menschliche Psyche und der Intellekt sich von Geburt an in einem Form- und Strukturwandel befinden. Der Bildungsprozeß des Intellekts ist nicht allein durch eine quantitative Zunahme, durch Austausch und Veränderung von Informationen definiert, wie die Abbildtheorie (Assoziationismus, Empirismus) annahm, sondern durch eine qualitative Veränderung der Strukturen, in denen Informationen erscheinen. Es ändern sich nicht nur Inhalte, sondern die Formen, welche erst Inhalte konstituieren. Die Inhalte werden vom Subjekt konstruiert, und die Strukturen oder Formen, die Inhalte konstruieren, entwickeln sich im Verlaufe der menschlichen Entwicklung stufenförmig. Demzufolge ist Wahrnehmung und Erkenntnis ein Konstruktionsprozeß des Subjekts. Demzufolge leben Säuglinge, Kinder und Erwachsene in verschiedenen Erfahrungswelten oder Wirklichkeiten, da sie Inhalte (Realität, Welt) in unterschiedlichen Formen wahrnehmen und erkennen (Piaget 1973 b; Piaget/Inhelder 1980; Piaget 1984).

Die Subjektstrukturen sind aber nicht beliebig und relativistisch, sondern analysierbar. Ihre ontogenetische Entwicklung unterliegt einer beschreibbaren Regelmäßigkeit. Die Subjektstrukturen entwickeln sich in der Ontogenese nach dem orthogenetischen Prinzip vom Konkreten zum Abstrakten, vom Sinnlichen zum Intellektuellen, vom Oberflächlichen zum Hintergründigen, vom Undifferenzierten zum Differenzierten und vom Instinktiven zum Formal-Logischen. Diese kontinuierliche Entwicklung läßt sich diskontinuierlich in Stufen oder Stadien unterteilen. Diese Stadien sind durch das Vorliegen einer spezifischen Struktur oder Form des Erkennens definiert. Jede Struktur ist das Resultat einer Genese, jede Genese ist das Resultat einer Struktur. So zeichnet Piaget minutiös eine Entwicklung von biologischen Rhythmen zu logischen Denkprozessen – von Rhythmen über Regulationen zu Operationen.

Demnach besteht die Menschwerdung, die Entwicklung vom Säugling zum Erwachsenen, in der fortschreitenden Differenzierung, Intellektualisierung und Logisierung des Psychisch-Kognitiven. Diese Erkenntnis hat weitreichende Konsequenzen. Der Unterschied zwischen Kleinkind und Erwachsenem ist nun nicht mehr nur quantitativ auf Unterschiede von Wissen, Erfahrungen, Informationen und Inhalten reduzierbar, sondern stadienstrukturell beschreibbar und ist reduzierbar bis auf die grundlegenden Formen und »transzendentalen« Bedingungen, unter denen Wirklichkeitserkenntnis erst möglich ist. Die biologische Basis der Stadienentwicklung und des Differenzierungsprozesses ist die Entwicklung des Nervensystems, welche bis ins zweite Lebensjahrzehnt andauert. Piaget (1967) erklärt die Stufen menschlicher Erkenntnis bis auf eine Ebene, die ihrerseits nicht reduzierbar ist, da sie die Bedingung der Möglichkeit von Erkenntnis ist.

In der biologischen ontogenetischen Entwicklung des Nervensystems kommen Gesetzmäßigkeiten zum Ausdruck, die unterhalb der Stufe variierender kultureller Sozialisationsinhalte verlaufen und die Bedingungen markieren, unter denen spezifische kulturelle Inhalte überhaupt erst zum Vorschein kommen können. Unter welchen differierenden sozialkulturellen Bedingungen auch immer Kinder sozialisiert werden, es gibt eine »transzendentale« Ebene der ontogenetischen Entwicklung, die in der Entwicklung und Differenzierung des Nervensystems zum Ausdruck kommt, welche ihrerseits die biologische Grundlage der Entwicklung der kognitiven Stadien ist. Jedes gesunde Individuum in jeder Kultur entwickelt sich von einem sprachlosen Säugling zum denkenden Erwachsenen: Und diese grundlegende ontogenetische Entwicklung ist durch die Entwicklung des Nervensystems und der Stadienstrukturen bedingt und ersichtlich universal, gesetzmäßig, irreduzibel und nichtkontingent, mithin »transzendental«.

Die Stadien sind »strukturierte Ganzheiten« und entwickeln sich sequentiell und gesetzmäßig. Jedes Stadium beruht auf den Leistungen des vorhergehenden Stadiums und bereitet das nächstfolgende vor. Jedes Stadium ist entwickelter, systematischer, differenzierter und integrierter als sein Vorgänger. Die Stadienabfolge ist unilinear, unidirektional und hierarchisch. Kein Stadium kann übersprungen werden, soll ein höheres sich entwickeln. Diese Behauptungen sind empirisch operationalisierbar, und sie sind vielfach repliziert worden (Mogdil/Mogdil 1976; Kohlberg 1974; Piaget 1984; Flavell 1963).

»So ist etwa die Entwicklung vom Kind zum Mann nach der älteren Auffassung dahin zu verstehen, daß gewisse Keime sich quantitativ entfalten: das Kind ist ein kleiner Erwachsener, es denkt noch nicht so logisch, es handelt noch nicht so bestimmt wie dieser … Oder aber: man braucht nach dieser älteren Auffassung von dem Seelenbilde des normalen Erwachsenen nur gewisse Fähigkeiten abzuziehen, um … zu Kindern zu kommen. Die ganze ältere Auffassung der Entwicklung ist beherrscht von dieser durchaus nicht organischen, sondern mechanischen Auffassung einer Addition oder Subtraktion von Merkmalen, während sich in der neueren Auffassungsweise mehr und mehr der Gedanke durchringt, daß Entwicklung schöpferische Entwicklung sei: das heißt, daß jede höhere Stufe ein eigentümliches Neues gegenüber der primitiveren darstelle. Nicht durch die Subtraktion von einzelnen Merkmalen der höheren Stufe ist die primitivere bestimmt, sondern jede auch noch so primitive Stufe ist ein relativ abgeschlossenes, eigenlebendiges, unter Umständen ebenso reiches organisches Ganzes. Ebenso ist umgekehrt jede höhere Stufe ein grundsätzlich Neues, das auf dem Wege der Addition nicht von der früheren Stufe her ableitbar ist« (Werner 1933, S. 6 f.; vgl. Piaget 1984, 1973 b; Kohlberg 1974).

Piaget hat in einem gewissen Sinne erst den Schlüssel zum Verständnis der Ontogenese und des »Wesens« des Kindes gefunden, indem er kindliche und menschliche Entwicklung auf die basale Ebene der Entwicklung des Nervensystems und der Stadiensequenz bezieht. Diese »transzendentale« Ebene beschreibt die ontogenetische Erkenntnis- und Weltkonstitution, die stadienstrukturelle Inhalts- und Erfahrungskonstitution, welche unabdingbar, universal, »apriorisch«, also der Rahmen der Möglichkeit des Erwerbs von kontingenten Erfahrungen, ist. Die Stadientheorie beschreibt nicht die ganze Fülle menschlicher Erfahrungen und Erkenntnisse, sondern nur die, die in der Reifung des Nervensystems und der Stadien angelegt sind und daraus erwachsen. Diese jedoch sind im Sinne von Piagets »genetischem Kantianismus« die Bedingung der Möglichkeit anderer, also: kontingenter Erfahrungen.

Piaget untersucht nicht in einem umfassenden Sinne das Wechselverhältnis von Subjekt und Objekt, sondern nur die subjektiv bedingte, genauer: die stadienstrukturelle Objektkonstitution. Erfahrungen, die aus historisch, sozialstrukturell und individuell spezifischen Sozialisations-, Bildungs- und Informationsprozessen stammen, werden von Piaget ignoriert (Aebli 1978; Hurrelmann 1986). Erfahrungen und Inhalte, deren Erwerb nur lerntheoretisch, tiefenpsychologisch, sinnverstehend oder nutzentheoretisch, das heißt nicht entwicklungspsychologisch, erklärbar sind, werden von Piaget ausgeklammert. Diese Erfahrungen und Inhalte sind kontingent und derivatär gegenüber den Erfahrungen und Inhalten, die durch die von der Entwicklungspsychologie beschriebenen »transzendentalen Bedingungen« (Stadienstrukturen) gesetzt werden. Ob Kinder geprügelt oder belohnt werden (Lerntheorie), hysterische oder zwanghafte Charaktere entwickeln (Tiefenpsychologie), diese oder jene Ideologie kultivieren (Sinnsoziologie) oder ihren Nutzen maximieren wollen (Rational Choice): diese Ebene von Erfahrungen ist kontingent, nachgelagert und »oberflächlich« gegenüber der beschriebenen »transzendentalen« Ebene der Stadienstrukturen. Diese Erfahrungen sind großteils objektabhängig, und auch wenn sie teilweise subjektabhängig sind, gilt: Das sozialisierte, konditionierte, maximierende und ideologische Subjekt ist derivatär gegenüber dem »transzendentalen« Subjekt, welches durch die Stadienstruktur definiert ist (Oesterdiekhoff 1997).

Piaget hat diese Grenze der Stadientheorie hinsichtlich der Erfahrungskonstitution nicht markiert; er schreibt der stadienstrukturellen Welt- und Erfahrungskonstitution einen totalen Anspruch zu. Piaget versteht Stadienstrukturen als geschlossene Systeme. Piaget ignoriert und leugnet infolge seines radikalen Rousseauismus (Aebli 1978; Ausubel/Sullivan 1978) und seines radikalen, wenn auch genetisch modifizierten Kantianismus und Apriorismus (Kesselring 1981; Fetz 1988; Wetzel 1978) andere Mikrotheorien und daher jede Erfahrungskonstitution außerhalb des stadienstrukturellen Subjekts. Die Rolle der Umwelt und der Objekte ist auf allen Ebenen immer nur passiv und konstituiert: Objekte sind in der Sicht Piagets nur zu »erobernde Gegenstände« und nie »formende Kausalität« (Kesselring 1987, S. 69). Piaget kennt außer dem stadienstrukturellen Subjekt kein anderes, und er ignoriert jede Objektkonstitution, die nicht von der Stadienstruktur herrührt. Dieser Anspruch Piagets ist sicherlich überzogen und widerspricht sowohl erkenntnistheoretischen Reflexionen (Cassirer 1969), denen Piaget eigentlich selbst zustimmt, als auch Piagets (1967, S. 101 ff., 357 ff.) eigenen biologischen Erkenntnissen als führender Molluskenforscher und Theoretiker.

Gleichwohl ist nicht zu leugnen, daß der Umfang und die Reichweite der stadienstrukturell bedingten Erfahrungs- und Weltkonstitution gewaltig und beeindruckend ist. Keine andere Mikrotheorie kann vergleichbare Ergebnisse vorweisen. Zu der »transzendentalen« Konstitution und stadienstrukturellen Entwicklungsbedingtheit folgender Erfahrungs- und Weltkonzepte hat Piaget umfangreiche, minutiös beschreibende und einzigartige Bücher geschrieben: Moral (Piaget 1973), Bewegung und Geschwindigkeit (Piaget 1946, 1978), Zeit (Piaget 1974), alle wichtigen naturwissenschaftlichen Konzepte wie Masse, Gewicht, Kraft usw. (Piaget/Garcia 1989), Raum (Piaget 1975 g, h), Zahl (Piaget 1975 d), Mengen (Piaget 1975 e), religiöses und physikalisches Weltbild (Piaget 1981), Logik (Piaget 1973 c; Piaget/Inhelder 1977), Kausalität (Piaget 1969 b), Sprache (Piaget 1975 f.; Piaget 1983 b), Urteilsfunktionen (Piaget 1981 c; Piaget 1981 b). Das Wirklichkeitsverständnis des Kleinkindes wird von Piaget (1975 c) komplett stadienstrukturell beschrieben.

Die Piaget folgende Entwicklungspsychologie hat die stadientheoretische Fundierung einer weiteren Vielzahl von Konzepten herausgearbeitet. Davon sei hier nur eine Auswahl aufgelistet: Gerechtigkeit (Damon, Kohlberg), Empathie (Hoffmann), Solidarität (Power), Intentionalität (Schultz, Gutkin), Individuum, Freundschaft, familiäre Beziehungen (Selman), Altruismus (Sharabany), Rollenübernahme (Flavell), Perspektive (Noam, Selman), Religion (Fowler, Oser) usw. (vgl. Flammer 1988, S. 156; Oerter/Montada 1988; Voyat 1982; Hetzer/Todt 1990).

2.2 Die Stadientheorie der kognitiven Entwicklung

Die kognitive Entwicklung des Menschen entfaltet sich Piaget zufolge in vier aufeinanderfolgenden Stadien. Das sensomotorische Stadium des Säuglings ist durch eine vorstellungslose, rein praktische Intelligenz bestimmt. Im repräsentationalen präoperationalen Stadium entwickeln sich Sprache und Denken. Ab dem siebten Lebensjahr entwickelt sich das Stadium der konkreten Operationen, das durch die logische Koordination von sinnlich präsenten Objekten definiert ist. Später wird idealiter das Stadium der formalen Operationen gebildet, welches durch die logische Koordination von nur sprachlich oder nur mental gegebenen Sachverhalten gekennzeichnet ist.

In der Stadienabfolge manifestiert sich somit eine Entwicklung von instinktiven und sensomotorischen Lebensvollzügen über Repräsentationen (Vorstellungen, Denken) zu einer Logik sinnlicher und schließlich abstrakter Sachverhalte. Die Sequenz läßt sich so darstellen: Instinktvollzüge (Rhythmen), Hantieren und Bewegen, Denken und Vorstellen ohne logische Koordination (Regulationen), logische Koordination von sinnlich gegebenen Objekten und schließlich von Gedanken (Operationen).

Das *sensomotorische Stadium* beinhaltet die Koordination von Bewegungen und Sinnesorganen. Es handelt sich um eine rein praktische Intelligenz, in der der Säugling lernt, seine taktilen, haptischen und visuellen Organe zu koordinieren. Im sensomotorischen Stadium lernt der Säugling, Gegenstände zu ergreifen und mit den Sinnesorganen abzustimmen, Räume zu erobern und sich in ihnen zurechtzufinden. Es ist nachweislich eine nur gelebte, nicht gedankliche Intelligenz ohne Vorstellungen, Bilder, Symbole, Denken und Begriffe.

Es handelt sich um eine adualistische Welt (J. Baldwin) ohne Trennung von Subjekt und Objekt. Eine Unterscheidung zwischen Einwirkungen auf den Körper und auf Objekte ist zunächst nicht gegeben. Der Säugling kann zunächst nicht zwischen seinem Körper und der Umgebung unterscheiden. Diesem Egozentrismus ist natürlich immanent, daß er als solcher nicht bewußt ist.

Der Säugling kann sich zunächst nur mit Gegenständen beschäftigen, die in der sinnlichen Wahrnehmung präsent sind. Aus den Augen, aus dem Sinn – das ist für den Säugling zunächst wörtlich zu nehmen. Ein aus der Sicht verschwindendes Objekt hat gleichsam nie existiert, ein unter der Bettdecke verschwindendes und damit aus der Wahrnehmung fallendes Werkzeug kann für eine Handlung nicht mehr benutzt werden, da der Säugling keine Vorstellung von ihm hat. Erst im zweiten Lebensjahr entwickelt sich das »permanente Objekt«. Nun vermag das Kleinkind rein praktisch zu verstehen, daß Räume und Objekte eine Eigenwelt sind, die dem Kind gegenüberstehen, aber nicht auf es zentriert sind. Auf der praktischen Ebene räumlicher Beziehungen vermag das Kleinkind nun, sich als Objekt unter Objekten einzuordnen (Piaget 1975 b und c).

Die Etappen und Charakteristika der sensomotorischen Intelligenz sind auch die der höheren Säugetiere. Katzen, Affen und andere Säuger entwickeln gemäß dem biogenetischen Grundgesetz die sensomotorische Phase schneller als das Menschenkind. Die Intelligenz der Säugetiere ist im wesentlichen durch das sensomotorische Stadium definiert, charakterisiert und nach oben hin begrenzt (Piaget 1967, S. 270). Die Intelligenz sogenannter Wolfskinder ist rein sensomotorisch (Kutzner 1991, S. 47). Auch ein großer Teil der Hirngeschädigten, die ihre sprachliche Intelligenz verloren haben, ist auf das sensomotorische Stadium zurückgefallen (Goldstein/Scheerer 1941). Der gesunde Erwachsene trainiert gleichwohl lebenslang die sensomotorischen Strukturen, insbesondere in den Bereichen Tanz und Sport (Montada 1988).

Das *präoperationale Stadium* teilt sich in die symbolische oder vorbegriffliche Phase und in die Phase des anschaulichen Denkens. Es ist durch den Erwerb von Vorstellungen, Sprache, inneren Bildern, Denken, das heißt der Repräsentationsfähigkeit, charakterisiert. Kann das sensomotorische Kind dann und nur dann auf Objekte reagieren, wenn sie sinnlich gegeben sind, so kann das Kind der symbolischen Phase sich auch mit nichtpräsenten Objekten beschäftigen, weil es über sie repräsentational verfügt. Damit erweitert sich der Aktionsradius des Handelns. Vorstellungen abwesender Objekte sowie Erinnerungen und Antizipationen erweitern die Welt des Kindes über die raumzeitlich fixierte sinnliche Wahrnehmung hinaus in die Breite abwesender Räume und in die Tiefe von Vergangenheit und Zukunft.

Gleichwohl ist das Denken des präoperationalen Kindes noch der sinnlichen Wahrnehmung unterworfen. Die Repräsentationen können nur statische Zustände, keine Bewegungen und Transformationen vorstellen. Jeder Zwischenschritt in einer Reihe von Veränderungen wird isoliert betrachtet, ohne Beziehung zum Ausgangs- und Endpunkt (Piaget/Inhelder 1980, S. 56 f.; Ginsburg/Opper 1978, S. 201). Die Bewußtseinsenge, die begrenzte Informationsverarbeitungskapazität des kindlichen Denkens verhindert, daß es verschiedene Schritte einer Bewegungsabfolge simultan gewärtigen kann. Wenn es auf das Ende einer Bewegung zentriert, kann es deren Beginn nicht repräsentieren. Ausgangs- und Endpunkte können nicht gleichzeitig berücksichtigt und verglichen werden. Das Denken ist noch so eingleisig und unidirektional wie reale Handlungen selbst. Das Denken ist somit nicht nur statisch und eindimensional, sondern auch irreversibel.

Diese Merkmale präoperationalen Denkens zeigen sich nun in der ganzen Breite kindlicher Welterfahrung. Das bekannteste Beispiel unter unzähligen anderen ist das Volumenverständnis: Ab dem Alter von ca. vier Jahren sind Kinder dazu in der Lage, zu erkennen, daß in zwei gleich geformten und gleich großen Wassergläsern A und B, die dieselbe Menge enthalten, auch tatsächlich dieselbe Menge Wasser enthalten ist. Bittet man das Kind, den Inhalt von Glas A in ein Glas C (hoch und schmal) zu gießen, dann behauptet es, daß in C mehr Wasser als in A und B enthalten sei. Gießt das Kind das Wasser aus C in D (breit und niedrigwandig), dann glaubt es, D enthalte weniger Wasser als A, B und C. Dieses hundertfach replizierte berühmte Experiment belegt die Irreversibilität sowie den statischen und sinnlich-oberflächlichen Charakter des kindlichen Denkens: Der Vorgang des

Umgießens kann nicht rekapituliert und verschiedene Aspekte eines Sachverhalts (hier: die Dimensionen Höhe, Tiefe, Breite) können nicht verrechnet werden, sondern es wird auf den Aspekt zentriert, der sinnlich am prägnantesten ist. Die Dimensionen bilden noch kein System von sich kompensierenden Relationen. Das Kind sieht nicht die reversible Beziehung von Ein- und Umgießen, Handlungen können gedanklich nicht rückgängig gemacht werden. Erst auf dem Stadium der konkreten Operationen gelingt es dem Kind, die »Erhaltung« der Mengen zu erkennen. Nun können verschiedene Aspekte eines Sachverhalts multipliziert werden, und das Denken kann verschiedene Schritte einer Bewegung verrechnen und koordinieren. Das konkret-operationale Denken ist reversibel, multidimensional und dezentriert (Piaget 1975 e, 1984).

Gleiches gilt für die Erhaltung der Zahl. Präoperationale Kinder können angesichts einer Reihe von Stäbchen, Marken o. ä. die Anzahl der Objekte nicht feststellen, da sie nur die Länge der Reihe, nicht ihre Dichte berücksichtigen (Piaget 1975 d).

Die Irreversibilität und Zentrierung des kindlichen Denkens auf einen Aspekt ist auch das Fundament des kognitiven Egozentrismus des Kindes. Das Drei-Berge-Experiment zeigt, wie Kinder sich vorstellen, unterschiedlich plazierte Beobachter einer räumlichen Konfiguration würden diese gleichwohl nur aus einer einzigen Perspektive erkennen, nämlich aus der, die die Kinder selbst einnehmen. Kinder kennen weder räumliche noch soziale Perspektiven, sondern nur absolute Bezugspunkte, deren Setzungscharakter ihnen nicht bewußt ist (Piaget 1975 g; Flavell 1975; Damon 1984; Selman 1984).

Entsprechend können präoperationale Kinder nicht klassifizieren. Angesichts einer Sammlung von braunen und weißen Holzperlen, in der die Mehrheit braun ist, können die Kinder aus genannten Gründen nicht die Aspekte: alle Holzperlen und einige weiße und braune Perlen koordinieren (Piaget 1984, S. 150). Nun ist die Bildung gemeinsamer Klassen, in die verschiedene Elemente eingefaßt sind, generell gebunden an die Fähigkeit, Elemente logisch zu verknüpfen. So sind Kinder damit überfordert, zu erkennen, daß Karlsruhe sowohl zum Land Baden-Württemberg als auch zur Bundesrepublik Deutschland gehört oder Elefanten sowohl Säuge- als auch Wirbeltiere sind.

Wenn es keine Überschneidungen, Einschachtelungen und

Hierarchien von Klassen gibt, dann existieren auch keine logischen und kausalen Verknüpfungen. Aus der Irreversibilität und Eindimensionalität des Denkens ergibt sich mithin ein Unverständnis logischer Schlußfolgerungen und kausaler Verknüpfungen. Kinder können Urteile nur beiordnen, Standpunkte parataktisch reihen, aber nicht reversibel verknüpfen und logisch verallgemeinern. So können Schiffe einmal schwimmen, weil sie leicht sind, dann, weil sie schwer sind. Tiere, die Sonne, der Wind und das Feuer werden als lebendig empfunden, weil sie sich bewegen, während Bäche und Wolken als unbelebt angesehen werden, weil passiv vom Wind angetrieben. Minuten später vergessen die Kinder ihre Scheindefinition und behaupten die Lebendigkeit der Wolken, weil sie es regnen lassen und sich somit als nützlich erweisen. Die Irreversibilität, Eindimensionalität und Zentrierung des kindlichen Denkens manifestiert sich in Standpunkten und Urteilen, die nur momentan, subjektiv und egozentrisch formuliert werden. Das Kind macht sich nicht bewußt, daß es verschiedene und widersprüchliche Standpunkte vertritt. Es denkt nur über Einzelfälle nach ohne logische Verallgemeinerung (Piaget 1981 c).

Deshalb können Kinder auch nicht definieren. Sie können nicht die verschiedenen Standpunkte und Aspekte verrechnen, Notwendiges von Zufälligem unterscheiden und die logischen Schlußfolgerungen ziehen (Piaget 1981 c, S. 55). Das kindliche Denken ist ein unreflektiertes Gewohnheitsdenken und steht den Handlungen noch nahe. Wie Handlungen nicht zu ihrem Beginn zurückkehren, so kehren auch kindliche Urteile und Schlußfolgerungen nicht zu ihrem Ausgangspunkt zurück. Das Kind vergißt die Prämissen, von denen es zu einer Schlußfolgerung gelangt ist, die es wiederum nur behält, solange es nicht aufgrund einer neuen Stimulation zu einer neuen Schlußfolgerung gelangt, die jene auslöscht (Piaget 1981 c, S. 210 ff.).

Erst die Multiplikation von Urteilen reflektiert auf ihre Implikationen und ermöglicht weitergehende Schlußfolgerungen, die die Ausgangsurteile transzendieren und bewerten können. Erst in diesem Stadium können Kinder Regeln und Gesetze erkennen und Ausnahmen feststellen. Ein präoperationales Kind mag erklären, daß ein Stein das Wasser in einem Behälter ansteigen läßt, weil er schwer ist, und daß ein leichtes Stück Holz das Wasser steigen läßt, weil es dick ist. Reversibilität, die Umkehrung der

Beziehung wäre nötig, zur Formulierung von Regelmäßigkeiten und Gesetzen: Wenn das Gewicht des Gegenstandes dem Effekt nicht zugrunde liegt, dann liegt die richtige kausale Erklärung in der Multiplikation der beiden Erfahrungen: Das gemeinsame Element von Stein und Holz bezüglich ihrer Wirkung, Wasser steigen zu lassen, ist ihr Volumen. Es ist mithin die bloße Tatsache der Multiplikation und Wechselseitigkeit von Beziehungen, die selbst angesichts eines einzelnen Falles zur Entdeckung allgemeiner Gesetze und Ausnahmen führt (Piaget 1981 c, S. 234 ff.).

Das kindliche Denken kennt weder physikalische Gesetzmäßigkeiten (natürliche Phänomene unterliegen Gesetzen) noch logische Notwendigkeiten (dieser Satz zieht jenen anderen nach sich). Das Kind kann weder induzieren noch deduzieren. Vielmehr führen die kindlichen Urteile nur zu Transduktionen: Von Einzelfällen wird auf andere Einzelfälle geschlossen. Transduktionen erklären sowohl das parataktische als auch das synkretistische Denken des Kindes. Während die Parataxe das Ganze zugunsten der Teile vernachlässigt, so vernachlässigt der Synkretismus die Teile zugunsten des Ganzen. Der Synkretismus ist ein transduktiv bedingtes Zuviel an Verbindungen, die Parataxe ein transduktiv bedingter Mangel daran. Beide Phänomene sind darin begründet, daß Teil und Ganzes nicht multipliziert werden, sondern die Aufmerksamkeit jeweils nur auf einen Aspekt zentriert ist. Die Teile werden nicht als separate Phänomene festgehalten bei gleichzeitiger Berücksichtigung des sie integrierenden Ganzen. So erkennt das kindliche Denken keine logischen und kausalen Zusammenhänge, es empfindet diese Zusammenhanglosigkeit infolge des Synkretismus aber auch gar nicht (Piaget 1981 c, S. 229 ff.).

Im Stadium der *konkreten Operationen* gelingt dem Kind die logische Koordination von Aspekten angesichts der sinnlichen Präsenz von Objekten. Konkrete Operationen stellen innerliche, geistige Operationen dar, die Beziehungen zwischen Aspekten eines Sachverhalts herstellen können. Das Denken wird reversibel, dynamisch und dezentriert. Sachverhalte können entflochten, eingeschachtelt, hierarchisiert und gruppiert werden. Nun gelingt die »Erhaltung« bestimmter Eigenschaften (Mengen, Längen, Zahlen, Zeit, Perspektiven, Räume usw.). Jedoch sind auch die konkreten Operationen noch insofern der sinnlichen Wahrnehmung unterworfen, als ihr Erfolg gebunden ist an die

Präsenz sinnlicher Objekte. Zwar sind die Operationen verinnerlichte und begriffliche gedankliche Beziehungen, aber sie finden nur im Umgang mit materiellen Manipulationen statt. Die Probleme müssen sinnlich gegeben sein (Wassermengen in Gläsern, Anordnung von Bergen, Reihenbildung von Marken usw.). Ohne sinnliche Stütze bleibt das Denken bis zum Einsatz des formal-logischen Stadiums präoperational. Das konkret-operationale Kind wird demnach ein logisches Problem, das nur sprachlich, abstrakt und mental gegeben ist, nicht lösen können. Die logische Koordination gelingt auf der Ebene der Handlungen und Wahrnehmungen infolge der sinnlichen Stütze um Jahre eher als auf der Ebene des abstrakten Denkens. Das logische Denken befreit sich erst allmählich aus seiner Eingrenzung in konkrete Handlungen und erobert den verbal-gedanklichen Raum. Diese schwierigkeitsbedingte Verschiebung nennt Piaget eine *décalage verticale* (Piaget 1984, S. 167; Piaget/Inhelder 1980, S. 76; Flavell 1963, S. 164 ff.; Piaget 1984, S. 160, 168).

Das *formal-logische Denken* erst ist abstraktes, reflektiertes, logisches, hypothetisches, theoretisches, kombinatorisches, induzierendes, deduzierendes, wissenschaftliches und experimentelles Denken. Das formal-logische Denken ist das Denken, das sich auf sich selbst beziehen und zum Gegenstand machen kann. Nun gelingt die logische Koordination von Gedanken und Aussagen und die Konstruktion systematischer Theoriegebäude. Formale Operationen sind Operationen über Operationen. Erst jetzt findet ein Bruch zwischen sinnlicher Wahrnehmung und Denken, Objekt und Subjekt, Realität und Theorie statt. Das präformale Denken klebte letztlich immer an der sinnlichen Realität, ohne sie gedanklich transzendieren zu können. So bezeichnet Piaget das präformale Denken als erkenntnisrealistisch (Piaget 1981).

Erst formale Denker sind in der Lage, Schlußfolgerungen aus Prämissen zu ziehen und logische Implikationen von Aussagen zu bedenken. So begreift erst das formal-logische Denken die Gesetze der proportionalen Logik und der Aussage-Operationen (Implikationen, Disjunktionen, Ausschließungen, Unvereinbarkeiten). Den Burt-Test zum Beispiel können erst formal-logische Denker lösen, obwohl er die gleiche logische Struktur beinhaltet wie die oben angeführten Beispiele der Mengenerhaltung und des Drei-Berge-Experiments, allerdings auf rein mentaler Ebene: »Edith ist blonder als Susanne; Edith ist dunkler als Lilli; welche ist die dunkelste von allen dreien?« »Diese Frage wird erst im Alter von ungefähr zwölf Jahren richtig beantwortet. Vorher findet man etwa Schlüsse folgender Art: Edith und Susanne sind hell; Edith und Lilli sind dunkel, also ist Lilli die dunkelste, Susanne die hellste und Edith zwischen beiden« (Piaget 1984, S. 168; vgl. Piaget 1981 c, S. 166 ff.).

Präformale Denker weigern sich aufgrund ihres Erkenntnisrealismus, von gesetzten Hypothesen zu schlußfolgern, an deren Wirklichkeit sie nicht glauben. Präformale Denker formen unweigerlich jedes hypothetische Urteil in den Kontext ihrer geglaubten Erfahrungswelt um und urteilen rein nach dieser. Erst die Überwindung des Erkenntnisrealismus ermöglicht die Eroberung des Raums der Hypothesen, der Möglichkeiten, des »reinen« Denkens, der subjektiven Interpretationen, des Erkenntnispluralismus und der logischen Schlußfolgerungen. Erst im formal-logischen Stadium können Kinder daher die Lösung auf Testfragen dieser Art finden: »Nehmen wir an, daß Hunde sechs Köpfe hätten. Wie viele Köpfe gäbe es dann in einem Hof, in dem 15 Hunde sind?« (Piaget 1981 c, S. 81). Erst im formal-logischen Stadium können Individuen infolge des Erwerbs hypothetischen Denkens und der Multiplikation von Aspekten syllogistisch schlußfolgern: »Alle Soziologen in Deutschland erbringen großartige Leistungen. Prof. Schlau ist deutscher Soziologe. Welche Leistungen erbringt Prof. Schlau?« (Piaget 1981 c; Schröder 1989; Tulviste 1979).

Das Denken des formal-logischen Stadiums ist aber nicht nur hypothetisch-deduktiv, sondern auch experimentell-induktiv und kombinatorisch. Denn der Primat des Möglichen und Hypothetischen beinhaltet, daß alle möglichen Faktoren, die an einem Phänomen beteiligt sind, ihre Berücksichtigung finden und nicht nur die offensichtlichen, sich sinnlich aufdrängenden. Der formale Denker kombiniert alle Möglichkeiten und isoliert systematisch an einem Sachverhalt beteiligte Faktoren. Erst der formale Denker begreift die Problematik von Kausalität, Korrelation und Variablenanalyse, indem er den Synkretismus überwindet. So ist erst der formale Denker zum wissenschaftlichen Denken und physikalischen Experiment befähigt. In den verschiedensten Versuchsanordnungen (vier Flüssigkeiten, hydrostatisches Gleichgewicht, Pendelproblem usw.) stellten Piaget und Inhelder (1977) die immer gleiche Logik der Entwicklungsabfolge fest.

Zum Beispiel die Pendelversuchsanordnung besteht aus zwei Pendeln, von denen ein schwereres an einem kurzen Seil hängt und ein leichteres an einem langen Seil. Es wird demonstriert, daß das erste Pendel mehr schwingt. Fragt man Individuen nach den Ursachen, so erhält man folgende Antworten: Gemäß der Stadientheorie antworten präoperationale Individuen, indem sie nur auf einen Aspekt zentrieren, die höhere Frequenz sei die Folge des höheren Gewichts, oder aber sie berücksichtigen nur das kürzere Seil als Ursache. Sie verrechnen nicht die Aspekte und transzendieren nicht die in der Wahrnehmung gegebenen Phänomene. Konkret-operationale Individuen können zwei Aspekte berücksichtigen, die sinnlich vorliegen. So antworten sie, daß die höhere Frequenz die Folge des höheren Gewichts und des kürzeren Pendels sei. Formale Denker erkennen, daß die Lösung des Problems gar nicht auf der Ebene der sinnlichen Wahrnehmung und der vorgegebenen konkreten Realität möglich ist, sondern nur auf der Basis der experimentellen Hypothesenprüfung. Sie sehen die zwei Pendel als zwei beobachtbare Fälle von vier Möglichkeiten, die man kombinieren muß, um den kausalen Faktor ermitteln zu können. Erst durch die Möglichkeit der Prüfung von weiteren Variablen ist das Problem lösbar. Nur wenn man noch ein schweres Pendel mit langem Seil und ein leichtes Pendel mit kurzem Seil prüft, kann man die Kürze des Seils als einzigen Faktor hoher Frequenz isolieren und verifizieren und die anderen Hypothesen falsifizieren. Offensichtlich lassen sich wissenschaftliche Probleme erst auf formal-logischem Niveau lösen (Piaget/Inhelder 1977; Schröder 1989).

Die Pendelversuchsanordnung mit ihrer Vierergruppe kann man in 16 Variablen zerlegen. Piaget und Inhelder (1977) zeigten anhand ihrer verschiedenen Experimentalanordnungen zur Struktur des formal-logischen Denkens, daß die Struktur dieses Denkens, welches erst die Lösungen der Versuche fand, durch die Kleinsche Vierergruppe Identität, Negation, Reziprozität, Korrelation (INCR) konstituiert ist. Piaget verstand demnach das formal-logische Denken als ein vollständiges Gleichgewichtssystem, als ein universal gültiges System, das maschinenartig jedes empirische Problem in ein aussagenlogisches Problem transformiert und löst. In dem Buch von Piaget und Inhelder

(1977) sind alle Mißerfolge ausgelassen (Dulit 1972; Schröder 1989), so daß suggeriert wird, alle Jugendlichen beherrschten mit etwa 15 Jahren immer und jederzeit dieses Denken und würden es immer anwenden. Piaget hat infolge seines (dynamisierten) Kantianismus und Apriorismus dieser Auffassung des formalen Denkens als eines geschlossenen Systems Vorschub geleistet.

Diese Sichtweise läßt sich aus verschiedenen Gründen nicht halten. Es finden sich bei Piaget aber auch andersgerichtete Auffassungen. So unterscheidet er wie andere Autoren auch verschiedene Substufen (III-A, III-B) des formalen Denkens. Lösungen von Syllogismen sind ersichtlich einfacher als Lösungen der Pendelaufgabe usw. (Schröder 1989; Galotti/Konatsu 1989; Gellathy 1987).

Das formale Denken muß als ein nach unten hin begrenztes und definiertes Niveau, aber als ein nach oben hin offenes »System« mit unbegrenzten Entwicklungsmöglichkeiten verstanden werden (Piaget diskutiert hier Gödels Theorem) (Suarez 1977; Keating 1988). Letztere Auffassung ergibt sich im wesentlichen aus zwei Gesichtspunkten. Erstens sind Lösungen und Erklärungen empirischer Phänomene und theoretischer Probleme in der Regel nicht derart eindeutig eingrenzbar wie in den Versuchsanordnungen Piagets und Inhelders, sondern komplexer und vielschichtiger. Empirische Phänomene sind vielmehr so unendlich komplex, wie Denkmodelle prinzipiell entwickelt werden können (Cassirer 1969; Weber 1991 im Anschluß an H. Rickert). Zweitens ergibt sich schon aus der Basisdefinition des formalen Denkens (Multiplikation von Aussagen) sowohl seine Begrenzung nach unten als auch seine unendliche Entwicklungsfähigkeit. Widerspruchsvermeidung, Reflexion auf Implikationen, logische Verallgemeinerungen usw. sind Felder der empirischen und reflektierenden Abstraktion, die nicht einfach mit dem ontogenetischen Einsatz des formalen Denkens fertig gegeben sind, sondern unendlich trainierbar und ausbaufähig sind. Wissenschaftliches Denken und wissenschaftliche Entwicklung (auch in der Soziologie) ergeben sich im wesentlichen aus der Übung und dem Entwicklungsniveau dieser Instrumente. Die Auffassung von Piaget und Garcia (1989, S. 26, 63), die Stadientheorie erkläre die wissenschaftsgeschichtliche Entwicklung nur bis zur europäischen Neuzeit, in der sich das formal-logische Denken etabliere, und die moderne wissenschaftliche Entwicklung verdanke sich Prozessen, die von diesem Denkniveau nicht mehr in spezifischer Weise konstituiert seien, ergibt sich aus der Fehlinterpretation Piagets des formalen Denkens als eines geschlossenen Systems. Die Dezentrierungsprozesse auch der modernen Wissenschaft ergeben sich vielmehr aus der Weiterentwicklung des formalen Denkens – an anderen Stellen sieht Piaget dies in diesem Sinne (Piaget 1975 j, S. 70 f.; Piaget 1975 k, S. 287; Piaget 1975 i; Fetz 1988, S. 32; Zeil-Fahlbusch 1983, S. 138; vgl. auch Cassirer 1969, 1983).

So ist auch viel diskutiert worden über Kriterien einer fünften oder sechsten Stufe der kognitiven Entwicklung (Riegel 1976, 1978; Habermas 1983; Kesselring 1987). Es kann zumindest kaum bezweifelt werden, daß das formale Denken prinzipiell unendlich trainierbar ist und die moderne soziale und wissenschaftliche Entwicklung auf der Fortsetzung dieser kognitiven Evolution basieren. Wissenschaftler und wissenschaftliche Systeme lassen sich unter dem Gesichtspunkt analysieren, bis zu welchem Ausmaß von ihnen bzw. in ihnen formales Denken entwickelt ist.

Die Konzeption des formalen Denkens als eines nach oben offenen Systems bedeutet keineswegs den Verlust der Annahmen der Stadientheorie über den ontogenetischen unidirektionalen Status der Entwicklung des formalen Denkens. Die Gesetzmäßigkeiten der Stadienentwicklung bleiben bis auf eine wesentliche, unten zu erörternde Ausnahme auch für das formale Denken gültig. Das formale Denken ist kein Artefakt, sondern ein empirisch nachweisbares und im Sinne der Stadientheorie zu interpretierendes Phänomen, das in zahllosen Nachfolgeuntersuchungen repliziert worden ist (Dulit 1972; Keating 1988; Ross 1974; Schröder 1989; Overton 1987; Tomlinson-Keasy 1972; Mogdil/ Mogdil 1976; Suarez 1977).

2.3 Kultur und Kognition

Seit den dreißiger Jahren ist die Theorie Piagets durch psychologische Untersuchungen von Menschen aus unterschiedlichen Gesellschaften, Milieus und sozialen Klassen auf die Behauptung ihrer Universalität geprüft worden. Insbesondere seit den sechziger Jahren reißt der Strom transkultureller empirischer Untersuchungen, welche sich am Leitfaden Piagets orientieren, nicht mehr ab. Aus allen Kontinenten, den meisten Ländern, Regionen und sozialen Klassen liegen empirische Untersuchungsergebnisse zu einer Vielzahl piagetianischer Konzepte und Versuchsanordnungen vor.[7] Diese Ergebnisse vermitteln, richtig interpretiert, ein kohärentes Bild (Hallpike 1994; Oesterdiekhoff 1992, 1997; Luria 1986). Man ist schon versucht, trotz Popper zu sagen, daß die erhobenen Daten nahezu im Sinne des Logischen Empirismus die einheitliche Theorie induzieren. Die Theorie Piagets ist neben der psychometrischen Intelligenzforschung (Sternberg 1988; Herrnstein 1974, 1994; Royce 1988; Eysenck 1987, 1988; Jensen 1988) die bedeutendste und am meisten untersuchte psychologische Theorie, die transkulturell empirisch überprüft wurde.

Die sensomotorische Phase mit ihren sechs Unterteilungen wird von allen Individuen aus allen Klassen und Kulturen gleichermaßen entwickelt. Sämtliche Charakteristika dieser Phase finden sich bei allen gesunden Säuglingen aus aller Welt. Die These Piagets von der Universalität der Stadientheorie läßt sich unter Bezug auf die erste Phase demnach bestätigen, jedoch mit einer entscheidenden Ausnahme: Es wurde festgestellt, daß die sensomotorische Phase von Säuglingen aus ländlichen Regionen erheblich schneller ausgebildet wird als von Säuglingen aus modernen städtischen Regionen. Es wurde ferner festgestellt, daß Säuglinge und Kleinkinder sich in Afrika schneller als in Lateinamerika und Asien entwickeln, und diese sich wiederum schneller entwickeln als Kinder in Europa und Nordamerika. Dies ist ein Befund mit Durchschnittswerten, der sich wohl aus dem unterschiedlichen Zahlenverhältnis von Land- zu Stadtbewohnern (bzw. von armen zu wohlhabenden Schichten) in den Kontinenten ergibt. Dieser Befund ist eindeutig, wird nicht bezweifelt und wird seit drei Generationen von wichtigen Vertretern der transkulturellen Psychologie repliziert und bestätigt (Franke 1913;

7 Zusammenfassend: Berry/Dasen 1974; Dasen 1974 b, 1975; Irvine/Berry 1988; Mogdil/Mogdil 1976 a; LeVine 1970; Poortinga 1977; Ekkensberger 1979; Schöfthaler/Goldschmidt 1984, Munroe/Munroe 1975; vgl. ferner die Publikationen in Journal of Cross-Cultural Psychology, International Journal of Psychology, Journal of Genetic Psychology, Child Development, Merril-Palmer-Quarterly und Developmental Psychology.

H. Werner 1933; E. E. Werner 1979, S. 128; E. E. Werner 1972; Kilbride 1980; Dasen et al. 1977, S. 156 ff.; zusammenfassend LeVine 1970).

Obwohl dieser Befund als Tatsache unbezweifelt anerkannt wird, ist er in der Forschung gleichsam isoliert worden, das heißt, er hat keine Einbettung in weitreichende theoretische Zusammenhänge gefunden. Die allgemeine Anerkennung dieses wichtigen Befundes steht in einem merkwürdigen Mißverhältnis zu dem Verzicht, aus ihm Schlußfolgerungen zu ziehen und auf ihn zu reflektieren. Der Befund ist gewissermaßen ein Rätsel, dessen Lösung jedoch von grundlegender Bedeutung wäre, da er grundlegende Annahmen der Sozialisationstheorie *und* der Evolutionsbiologie außer Kraft zu setzen scheint.

»The Ganda neonates showed development, that is, to say the least, highly unusual in European children at birth or in the first weeks of life, and the African children in fact behaved much like European children 3 to 4 weeks of age. They were not only less hypertonic in their flexion, but had a remarkable control of the head, and many of them could even raise the chin completely free of the table when they were lying on their fronts. Few showed the primitive reflexes after the first day or so of life, even the near-convulsive Moro reflex – usually a very consistent finding in European children – being found in only 6 of the 79 children more than 24 hours of age... *No explanation was offered for the precocity, but it was fairly clear that it had a genetic basis*« (LeVine 1970, S. 575. Hervorhebung im Original).

60 % der afrikanischen Kinder zwischen 9 und 12 Monaten können allein gehen, während dies nur 30 % der europäischen Kinder dieser Altersgruppe beherrschen (v. Schilcher 1988, S. 230). Die stärkere Entwicklung des Zentralnervensystems von *Neugeborenen* in vorindustriellen Gesellschaften läßt sich auch mit dem EEG messen (Werner 1979, S. 144). Hier muß ein genetischer Faktor vorliegen, da sich die Frühreife vom ersten Lebenstag an eindeutig feststellen läßt. An der mütterlichen Erziehung oder anderen Umwelteinflüssen kann es daher im wesentlichen nicht liegen. Andererseits ist der kulturelle Einfluß gleichwohl nachweisbar, der den genetischen Faktor, konzipierte man ihn ausschließlich und streng darwinistisch *und* rassenbiologisch, widerlegt: Ziehen die frühreif entwickelten Individuen in die Stadt, dann weisen ihre Kinder – also schon die erste Generation – von Geburt an einen prolongierten, »städtischen« Ent-

wicklungsverlauf auf (LeVine 1970; Kilbride 1980; Werner 1972, 1979). Dieser Sachverhalt ist darwinistisch (Zufallsmutationen werden selektiert usw.) ersichtlich nicht zu erklären und widerlegt zudem auch eine rassistische Interpretation. Denn auch weiße Kinder in armen, ländlichen Gebieten der USA, arme indische und südamerikanische Landbewohner sowie Aborigines zeigen eine frühreife sensomotorische Entwicklung.

Vielleicht kommt man einem Verständnis dieses Sachverhalts näher, wenn man folgende Argumentationskette entwickelt: Es ist ein Gemeinplatz der Biologie, daß von der Farbe und Form eines Rosenblattes bis zum differenzierten Verhaltensablauf einer menschlichen Aggression jedes biologische Phänomen immer durch eine Interaktion von Genen und Umwelt konstituiert ist (Thornhill 1992, S. 218). In diesem Zusammenhang denke man übrigens an das Phänomen, daß in den letzten 200 Jahren mit zunehmender Modernisierung die Menarche in immer früherem Lebensalter der Frauen einsetzt. Die Interaktion von Genen und Kultur kann, wie die transkulturelle Säuglingsentwicklung indiziert, darwinistisch wohl nicht erklärt werden. Nun haben Waddington, Piaget und andere Biologen gezeigt, daß man den biologischen Tatsachen durch ein Tertium zwischen Darwinismus und Lamarckismus Rechnung tragen muß, wenn man erklären will, wie kulturell erworbene Eigenschaften sich schon in einer Generation genetisch verankern und gegebenenfalls nach wenigen Generationen wieder verloren gehen können (Kopie des Phänotyps durch den Genotyp: die Phänokopie) (Piaget hat exakt dieses Phänomen lebenslang bei zwischen verschiedenen Lebensräumen migrierenden Mollusken erforscht, Piaget 1967, S. 178 ff.; Piaget 1975 k, S. 99; Kesselring 1987, S. 76; v. Schilcher 1988, S. 55 ff.).

Die theoretische Einbettung des Frühreifephänomens kann sich nicht allein auf diese Annahme der Entwicklungsbiologie stützen, sondern gehört vor allem in den engeren Kontext des biogenetischen Grundgesetzes, in dem es auch diskutiert wurde (H. Werner 1933; E. E. Werner 1972; 1979). Diesem grundlegenden Gesetz zufolge verläuft die ontogenetische Entwicklung *ab ovo* um so schneller, je niedriger das finale adulte Entwicklungsniveau ist und *vice versa*: Sie verläuft *ab ovo* um so langsamer, je höher der adulte Entwicklungsendstand. Genau diesen Sachverhalt beweist die transkulturelle Psychologie: Der kognitive Entwicklungsendstand von industriellen Populationen ist höher als der von vorindustriellen Populationen. Die qualitative kognitive Entwicklung von industriellen Populationen dauert daher nachweislich insgesamt länger als die von vorindustriellen Populationen, wie unten im einzelnen zu zeigen sein wird. So paßt das Frühreifephänomen, richtig interpretiert, vollkommen in den Gesamtkontext der Forschungsergebnisse der transkulturellen Psychologie, insbesondere im Hinblick auf die Kulturbedingtheit der Entwicklung der Operationen. Im Klartext: die sensomotorische Entwicklung verläuft in Industrieländern deshalb langsamer, weil in der Jugendphase die Operationen stärker ausgebildet werden. Allgemein: Die Frühkindheit verläuft zeitlich ausgedehnter, da die ältere Kindheit und Adoleszenz sowohl länger andauern als auch das Individuum ein höheres Endniveau erreicht. Diese Schlußfolgerung ergibt sich aus einer Kombination von biogenetischem Grundgesetz, dem Frühreifephänomen und den noch zu referierenden Ergebnissen der transkulturellen Psychologie hinsichtlich der Entwicklung operationaler Strukturen.

Zu dieser Analyse paßt vollkommen die Feststellung von Kulturanthropologen, jüngere und ältere Kinder in primitiven Gesellschaften seien frühreifer, in der Praxis kompetenter und selbständiger als Kinder industrieller Gesellschaften, deren höherer Entwicklungsendstand sich der größeren Plastizität verdankt, welche aber in der Kindheit notgedrungen mit Unreife verknüpft ist. In diesen Kontext gehört auch die Feststellung von Kulturanthropologen, Historikern und Soziologen, die Adoleszenz sei ein an die moderne Gesellschaft gebundenes Phänomen, während in primitiven Gesellschaften die Adoleszenz und auch die Latenzzeit fehle zugunsten eines direkten Übergangs von Kindheit zum Erwachsenendasein (Mead 1965, 1975; Malinowski 1979, 1979 b; Thurnwald 1932; Beuchelt 1974; Werner 1933; PDZ 1, S. 250; Ariès 1984). Interessant sind in diesem Zusammenhang die Bemühungen der Jugendsoziologie der letzten zehn Jahre, ein Stadium der Postadoleszenz in »postmodernen« Gesellschaften nachzuweisen, das bis in das vierte Lebensjahrzehnt hineinragt (in der Feldforschung werden zur Jugend mittlerweile auch Dreißigjährige gerechnet). Gleichzeitig läßt sich ergänzend zeigen, daß die operationale Intelligenzentwicklung in den letzten Generationen in Industrieländern sukzessive zugenommen hat

(Herrnstein 1974; 1994; Irvine/Berry 1988). Im Umkehrschluß müßte man dann erwarten, daß in der letzten Generation die sensomotorische Entwicklung noch langsamer verlaufen ist als in den vorliegenden Alterskohorten.

Der Großteil des Forschungsaufwandes der transkulturellen Psychologie konzentrierte sich auf die Untersuchung des *prä-operationalen* und *konkret-operationalen Denkens*. Es konnte bestätigt werden, daß alle gesunden Menschen das präoperationale Stadium des symbolischen und anschaulichen Denkens mit den von Piaget beschriebenen Charakteristika entwickeln. Alle Menschen aller Kulturen denken in der präoperationalen Phase irreversibel, statisch, wahrnehmungsgebunden, eidetisch, magisch, animistisch, artifizialistisch und finalistisch. Sie zeigen alle sowohl die Defizite als auch die Charakteristika dieser Kognitionsstufe. Die Antworten und Reaktionen der Probanden sind weltweit gleich. Piagets Theorie ist demnach universal anwendbar, und die Tests werden weltweit verstanden. »It was found that the responses and explanations given by the Aboriginal children could be classified without difficulty into the stages described by Piaget« (Dasen 1974 c, S. 395; vgl. auch Dasen 1974 b; de Lemos 1974, S. 371).

Während die sensomotorische und die präoperationale Phase universal sind, gilt dies für die *konkreten Operationen* nur bedingt. Zwar gibt es kaum eine Ethnie oder Kultur, in der nicht einzelne Inhalts- und Erfahrungsbereiche operationalisiert werden, aber die anfängliche Behauptung Piagets, alle Menschen würden sämtliche Erfahrungsbereiche operationalisieren, mußte er angesichts der transkulturellen Forschungsergebnisse zurücknehmen. Man kann die Forschungsergebnisse zur Entwicklung konkreter Operationen so zusammenfassen: Es hängt von kulturellen und ökologischen Erfordernissen und Belohnungen ab, ob und in welchen Inhaltsbereichen »Erhaltungen« gelernt werden. Industrielle Kulturen entwickeln konkrete Operationen am stärksten, jedoch gibt es auch in ihnen Inhaltsbereiche, die nicht von allen Individuen operationalisiert werden (Mackay 1978; Schröder 1989). Zudem gibt es Unterschiede hinsichtlich des Alterszeitpunktes, zu dem konkrete Operationen entwickelt werden. Urbane, gebildete Mittelschichtangehörige aus nördlichen und südlichen Regionen der Erde unterscheiden sich in dieser Frage entwicklungsmäßig kaum. Migranten und US-Bürger ostasiatischer Herkunft entwickeln in physikalischen und räumlichen Bereichen in der Regel stärker konkrete Operationen als weiße US-Bürger. Dieses weithin anerkannte und vielfach replizierte Ergebnis wird von vielen anderen psychometrischen Testverfahren gestützt: Seit Generationen schneiden ostasiatische Migranten in diesen Bereichen in verschiedenen Intelligenztests besser ab als alle anderen Ethnien (Dasen 1974 b, S. 413; Mogdil/Mogdil 1976 a, S. 59; Herrnstein 1994).[8]

Die Faktoren, die zur Entwicklung oder zum Ausbleiben konkreter Operationen führen, lassen sich einigermaßen gut isolieren. Es sind die technischen Anforderungen einer Handwerks- und Industriekultur, die konkrete Operationen besonders stark fördern. Technische Umwelten provozieren »Erhaltungen« am meisten (Furby 1971). Es finden sich aber auch in vorindustriellen Milieus technische Anforderungen oder aber ökologische Anreize zur Entwicklung von Operationen, wenn auch letztlich in eindeutig schwächerer Ausprägung. Price-Williams et al. (1974) haben zwei mexikanische Gruppen hinsichtlich der Erhaltung von Zahl, Mengen, Volumen, Substanz und Gewicht geprüft. Die eine Gruppe bestand aus Töpfern, die Substanz (Lehm) wesentlich stärker als die andere Gruppe erhielt, während die anderen Bereiche meist nicht erhalten wurden. Wildbeutergruppen, insbesondere in arktischen Gegenden und in Wü-

8 Es ist eine statistische Tatsache, daß Chinesen und Japaner in Nordamerika seit Generationen, obwohl sie aus Bauernländern kamen, sowohl in nonverbalen Intelligenztests besser abschneiden als auch materiell und professionell erfolgreicher sind als Kaukasier und andere Ethnien – trotz Diskriminierung. Seit den zwanziger Jahren hat sich an diesem Verhältnis wenig geändert: Ostasiaten haben im Bereich der Sprache einen IQ von 97, in nonverbalen und räumlichen Tests erreichen sie den Wert 110. In Raven Matrices, Figure-Copying, Lorge-Thorndike, Kohs Block und Draw-a-man sind sie besser als Kaukasier. Piaget-Tests und psychometrische Verfahren kommen auch in dieser Frage zum gleichen Ergebnis. Chinesische Amerikaner erreichen doppelt so häufig einen Hochschulabschluß und promovieren viermal so häufig wie der Durchschnitt. Sie bevorzugen Natur- und Ingenieurwissenschaften. Möglicherweise sind diese Sachverhalte sowohl erziehungs- als auch genetisch bedingt (Coleman 1966; Royce 1988, S. 156; Vernon et al. 1988, S. 215 ff.; Herrnstein 1974, 1994; Kendall et al. 1988, S. 322; Chan/Vernon 1988, S. 350 ff.; Iwawaki/Vernon 1988, S. 375).

sten, sind gut in der Erhaltung räumlicher Strukturen, während sie in den anderen Bereichen teilweise präoperational strukturiert bleiben. Afrikaner (Ebrié) erhalten Gewicht, Mengen und Volumen besser als kanadische Eskimo und australische Jäger, diese Nomaden aber erhalten besser räumliche Strukturen. Markthändler aus Entwicklungsländern sind Erhalter von Mengen, bleiben aber in räumlichen Strukturen teilweise präoperational (Dasen 1974 c, S. 385, 1975; Irvine/Berry 1988; Berry 1974; Dasen 1984; De Lacey 1971; De Lemos 1969; Heron/Dowel 1974; Jahoda et al. 1974).

Es ist hier nicht der Platz, um Hunderte von transkulturellen Erhaltungsversuchen vorzustellen. Aber in allen findet man Korrelationen von sozialen Milieus und kognitiven Strukturen, die eine einheitliche Theorie induzieren. Beispielhaft sollen hier einige typische Studien und Befunde erwähnt werden: De Lacey (1974) untersuchte bei vier Gruppen von Australiern die Erhaltung von Klassifikationen. Im Alter von 10 Jahren erhalten Weiße aus der Mittelschicht zu 95 %, Weiße aus der Unterschicht zu 78 %, Aborigines mit starken Westkontakten zu 73 % und mit geringen Westkontakten zu 50 %. Aborigines, die in weißen Familien aufwachsen, entwickeln sich ähnlich wie weiße Kinder (Mogdil/Mogdil 1976 c, S. 52). Nur bei Seriationen (Länge) gelingt fast allen Aborigines die Erhaltung, bei anderen Konzepten findet sich die berühmte Asymptote: ein gewisser Prozentsatz des Samples erhält, der andere verbleibt im präoperationalen Bereich (Dasen 1974 c, S. 400). De Lemos (1974) untersuchte verschiedene räumliche Konzepte von Zulu und Weißen aus Südafrika. Den Weißen gelang großteils die Erhaltung, aber sie benötigen für die Entwicklung ein Jahr mehr als die Piaget-Samples aus Genf und Paris. Von den Zulu gelang nur den wenigsten die Erhaltung, und auch dann setzte sie drei Jahre später ein. Fast keinem Zulu gelang der Drei-Berge-Test.

Heron und Dowel (1973, 1977) untersuchten jugoslawische Adoleszenten, die aus einem ländlichen Gebiet in australische Städte eingewandert sind. 55 % erhielten Gewicht, und in der Erhaltung von Klassifikationen und Volumen (45 %) ergab sich ein Time lag von zwei bis vier Jahren im Verhältnis zu Genf und von zwei Jahren im Verhältnis zu weißen Australiern. Diejenigen, die schon zwei Jahre in Australien lebten, waren deutlich besser als die, die sich erst seit wenigen Monaten in Australien aufhielten. In einer Nachfolgeuntersuchung zwei Jahre später wurde eine weitere deutliche Verbesserung festgestellt. Auch in Sizilien und Sardinien finden sich vor allem in der Landbevölkerung und in den unteren Schichten sowohl die Asymptote als auch die verzögerte Entwicklung der Erhaltung. Ziehen diese Leute aber in die Stadt, dann verbessern sich ihre Testwerte (Peluffo 1967). Auch in Algerien trat die Verzögerung und die Asymptote auf, zum Beispiel bei der Erhaltung von Zeit, Mengen und Längen (Bovet 1974, 1975). Greenfield (1981) verglich in Senegal drei Gruppen des Stammes der muslimischen Wolof: geschulte Kinder aus Dakar, geschulte und ungeschulte Buschkinder. Die ungeschulten Landkinder erhalten (Mengen) im Alter von neun Jahren zu 50 %. Dieser Wert ist identisch mit dem, den analphabetische Erwachsene aus dem Busch erreichen. Von den geschulten Buschkindern im Alter von acht Jahren erhalten 52 % und im Alter von zehn Jahren 80 %. Im Alter von zwölf Jahren erreichen fast alle geschulten Kinder aus beiden Gruppen die Invarianz.

Hunderte dieser meist sehr ähnlichen Untersuchungsergebnisse liegen für nahezu sämtliche Piaget-Konzepte vor (zusammenfassend: Dasen/Berry 1974; Irvine/Berry 1988; Munroe/Munroe 1975; Hallpike 1994; Werner 1979; Maccoby/Modiano 1981; Poortinga 1977; Freitag 1983; Schöfthaler/Goldschmidt 1984; Eckensberger 1979; Ashton 1984), auch aus dem sozialen und moralischen Bereich (Havighurst/Neugarten 1955; Dennis 1943; Kohlberg/Gilligan 1971; Kohlberg 1974; Edwards 1975; zusammenfassend: Oesterdiekhoff 1992).

Die wesentlichen Schlußfolgerungen sind: Die Entwicklung der konkreten Operationen ist von sozialen und ökologischen Anforderungen abhängig. Je moderner soziale Milieus, um so stärker verläuft die operationale Entwicklung der Populationen. Je einfacher soziale Milieus, um so rascher verzögert sich ihre Entwicklung und um so geringer ist der Prozentsatz der Erwachsenen, der überhaupt zur Invarianz gelangt. Es gibt soziale Milieus, in denen auch die Erwachsenen die Invarianz in nur ganz wenigen Inhaltsbereichen oder gar nicht erreichen, das heißt, ihre qualitative kognitive Entwicklung endet im präoperationalen Stadium.

Das Stadium der *formalen Operationen* entwickelt sich nur unter dem Einfluß spezifischer, insbesondere moderner Kultureinrichtungen wie der mehrjährigen Schulbildung, dann auch nur partiell und bereichsspezifisch und nicht bei allen Individuen. Nur ein kleiner Prozentsatz selbst moderner Populationen entwickelt über bescheidene Grundlagen hinaus systematisch formal-logisches Denken. Es ist das eindeutige Resultat vieler empirischer Untersuchungen, daß das formale Stadium von Menschen vorindustrieller Gesellschaften nicht entwickelt wird. Alle bedeutenden Forscher auf diesem Gebiet sind sich in diesem Punkt einig: Das Denken von Menschen vorindustrieller, wildbeuterischer und agrarischer Gesellschaften verbleibt im präformalen Bereich.

Peluffo (1967) führte verschiedene (einfache) Tests zum formalen Denken durch und stellte fest, daß ca. 55 % der Söhne von Arbeitern in Genf und von Angestellten und Professionals in Sardinien das formal-logische Denken erreichen, aber nur 25 % der Adoleszenten und nur 20% der erwachsenen Landbewohner Sardiniens. Philp und Kelly (1974, S. 248 ff.) konnten an 1536 Jugendlichen aus Papua-Neuguinea kein formal-logisches Denken (Pendelaufgabe) feststellen. In einer sorgfältigen, langjährigen Untersuchung mit brasilianischen Kindern aus São Paulo stellte Freitag (1983) fest, daß nach achtjährigem Schulbesuch die anfänglichen kognitiven Differenzen von Jugendlichen unterschiedlicher sozialer Herkunft schwach werden und demzufolge 38,5 % dieser Gruppe Substufe III-A des formalen Denkens arrivieren, 20,8 % III-B und 3 % formales Denken umfassend ausbilden. Die kognitive Entwicklung der analphabetischen Adoleszenten endete zu 50 % an der Grenze Präoperationalität/konkrete Operationen, zu 41,3 % mit den konkreten Operationen und zu 8,7 % an der Grenze konkrete/formale Operationen. Freitag überprüfte die Ergebnisse mit verschiedenen psychometrischen Tests sowie mit Bernsteins Theorie der Codes und stellte empirisch hochsignifikante Korrelationen der drei Forschungsverfahren fest. Im Gegensatz zu geschulten haben insbesondere analphabetische Favelakinder kaum eine Chance, restringierten Code und präformales Denken zu transzendieren.

Nach Kohlberg/Gilligan (1971) und Kagitcibasi (1988, S. 242) wird in den ländlichen Gegenden der Türkei das formale Denken nicht erreicht. Zum gleichen Schluß kommen zum Beispiel Maistriaux (1955), Kendall et al. (1988), Jahoda (1974), Munroe/Munroe (1975) und Keats/Keats (1988) für Schwarzafrika sowie

u. a. Goodnow und Bethon (1966) für analphabetische Chinesen. Gleiche Ergebnisse liegen vor für nordamerikanische Indianer, Eskimo (McShane/Berry 1988; Havighurst/Neugarten 1955; Dennis 1943) und australische Ureinwohner (Klich 1988; Porteus 1937; Dasen 1974 c, S. 395, 407). Viele Untersuchungen bestätigen diese Ergebnisse für das soziale Urteilen in vorindustriellen Gesellschaften (Edwards 1981, 1974; Gorsuch/Barnes 1973; Parikh 1975; Bar-Yam/Kohlberg/Naame 1980; Nisan/ Kohlberg 1982; Kohlberg/Turiel 1978; Harkness/Super/Edwards 1981; Maqsud 1977; zusammenfassend: Oesterdiekhoff 1992, S. 281 ff.).

In vorindustriellen analphabetischen Gesellschaften findet sich nach einer Vielzahl von Untersuchungen kein hypothetisch-deduktives und syllogistisches Schlußfolgern. In der in diesem Zusammenhang bis heute sorgfältigsten und empirisch solidesten transkulturellen Untersuchung haben Luria (1986) und führende europäische und amerikanische Psychologen in zwei Expeditionen 1931/1932 Usbeken verschiedenen Bildungsstandes vor und nach der sowjetischen Modernisierung (Einrichtung von Kolchosen und Schulen) befragt. Es wurden u. a. untersucht: Abstraktion, Verallgemeinerung, formale Problemstellung, Begriffsbestimmung, Schlußfolgerungen und Syllogismen. Luria et al. konnten eindeutig zeigen, daß erwachsene Analphabeten kein formal-logisches Verständnis dieser Konzepte besaßen. Aus einer Vielzahl von bei Luria angeführten Beispielen seien hier drei aufgeführt, zunächst eines zum Verständnis von Abstraktion und Verallgemeinerung. Luria konnte aufzeigen, daß in analphabetischen Gesellschaften die natürliche Sprache nicht begrifflich konzeptualisiert wird, Wörter nicht die Funktion von Begriffen übernehmen (vgl. auch Cassirer 1954, 1983; Goldstein 1971; Hallpike 1994). Luria zeigte Versuchspersonen Gegenstände und forderte sie auf, sie kategorial zu klassifizieren, hier das Beispiel »Werkzeug«.

»Versuchsperson Rachmat., 39 Jahre, Bauer, Analphabet, lebt weit entfernt von der Stadt, kommt selten nach Fergana, war noch nicht in anderen Städten.
Hammer – Säge – Holzscheit – Spaten
Alle sind ähnlich. Ich denke, daß sie alle gebraucht werden. Sehen Sie, um zu sägen, ist eine Säge nötig, und zum Zerkleinern braucht man den Spaten ... Alle sind nötig! ...

Welche von diesen Gegenständen kann man mit einem Wort bezeichnen?

Wie soll das gehen? Wenn man alle drei mit einem Wort ›Hammer‹ bezeichnet, dann wird das nicht richtig sein!

Einer hat aber drei Gegenstände ausgewählt, die sich ähnlich sind: Hammer – Säge – Spaten.

Säge, Hammer und Spaten sind füreinander sehr nötig! … Und das Holzscheit ist hier auch nötig!

Warum wählte er diese drei aus und nahm das Holzscheit nicht dazu?

Wahrscheinlich hat er viel Holz! Wenn wir kein Holz haben, können wir überhaupt nichts machen.

Gut, aber Hammer, Säge und Spaten sind doch Werkzeuge.

Ja, aber wenn wir Werkzeuge haben, dann brauchen wir Holz, ohne das wir nichts bauen können…

Der andere sagte, daß der Hammer dem Spaten und der Säge ähnlich ist, daß er aber dem Holscheit nicht ähnlich ist.

Selbst wenn sie nicht ähnlich wären, wirken sie doch zusammen und zerkleinern das Holzscheit. Alle wirken hier sehr richtig zusammen, hier ist alles gut.

Diese drei Dinge kann man mit dem einen Wort ›Werkzeuge‹ bezeichnen, das Holzscheit aber nicht.

Welchen Sinn hat es, sie mit einem Wort zu bezeichnen, wenn sie nicht zusammen arbeiten werden?« (Luria 1986, S. 81 f., 84)

Luria (1986, S. 103) schließt: »An die Stelle der theoretischen, abstrakten Tätigkeit, die mit Hilfe der abstrahierenden und verallgemeinernden Funktion des Wortes vollzogen wird, tritt hier die Reproduktion einer anschaulich-praktischen Situation, auf die sich dann auch die Gruppierung der vorgelegten Gegenstände bezieht.«

Ein Beispiel zu ›Urteilen und Lösen von formalen Aufgaben‹:

»Versuchsperson Illi-Chodz, 24 Jahre, Frau aus einem abgelegenen Dorf, Analphabetin.

Es wird die Aufgabe gestellt: Zum Dorf X braucht man zu Fuß 30 Minuten, mit dem Fahrrad geht es fünfmal schneller. Wie lange fährt man mit dem Fahrrad?

Mein Bruder in Dshisak hat ein Fahrrad, damit ist er viel schneller als ein Pferd oder ein Mensch.

Die Aufgabe wird wiederholt.

5mal schneller … Wenn Sie zu Fuß gehen, dann kommen sie in 30 Minuten an, und mit dem Fahrrad, na ja, da sind Sie natürlich schneller, wahrscheinlich so 1 bis 2 Minuten.

(Die Vp weigerte sich, weiter über die Lösung der Aufgabe nachzudenken.) Die Schwierigkeit hing nicht mit den Rechenoperationen zusammen, was leicht damit zu beweisen war, daß die Vp eine Divisionsaufgabe

(30 : 5) unter konkreten Bedingungen (30 Fladen an 5 Menschen vertei-
len) ohne Mühe löst« (Luria 1986, S. 144).

»Die Hauptschwierigkeit für diese Versuchspersonen bestand darin, lediglich die gegebenen Bedingungen der Aufgabe als Grundlage zu deren
Lösung zu nehmen, diese Bedingungen von für die Aufgabe nebensächlichen praktischen Erfahrungen zu abstrahieren … Wie auch in den vorhergehenden Fällen bildet die Rechenoperation mit gewohnten konkreten Größen keine Schwierigkeit. Werden jedoch Bedingungen eingeführt,
die das Operieren mit abstrakten Kategorien verlangen, so stellt das ein
ernsthaftes Hindernis für das Ausführen logischer Operationen dar«
(Luria 1986, S. 143, 147).

In den Industriegesellschaften entwickeln Adoleszenten im formal-operationalen Stadium die Fähigkeit zum Verständnis syllo-
gistischer und hypothetisch-deduktiver Schlußfolgerungen. Wie
viele Untersuchungen aus aller Welt eindeutig zeigen, verlassen
Analphabeten vorindustrieller Gesellschaften auch bei diesem
Problem nicht den präformalen Bereich.

»Vp Abdurachm., 37 Jahre, aus einem entfernten kaschgarischen Dorf,
Analphabet.
Gegeben wird der Syllogismus: Baumwolle kann nur dort wachsen, wo es
heiß und trocken ist. In England ist es kalt und feucht. Kann dort Baum-
wolle wachsen?
Das weiß ich nicht.
Denken Sie nach!
Ich kenne nur unsere Gegend hier von Kaschgarien, mehr kenne ich nicht.
Aber was ergibt sich aus dem, was ich sagte – kann dort Baumwolle
wachsen?
Wenn der Boden gut ist, dann wächst dort Baumwolle, aber wenn er
feucht und schlecht ist, dann nicht. Wenn es dort so gut ist wie bei uns in
der Gegend, dann wächst sie.
Der Syllogismus wird wiederholt.
Und was können Sie aus meinen Worten schließen?
Wenn es dort kalt ist, dann wächst sie nicht, wenn der Boden gut und
locker ist, wächst sie.
Aber was folgt aus meinen Worten?
Sehen Sie, wir … wissen nicht, ob es dort kalt ist oder heiß« (Luria 1986,
S. 129 f.).

Luria nennt für das Scheitern der Probanden dieselben Faktoren,
die Piaget bei den europäischen Kindern feststellte: Der Syllogismus wird nicht als System erkannt, die Sätze werden nicht multipliziert, die logischen Implikationen und Quantifikatoren wer-

den nicht bedacht, und die Prämissen werden ignoriert zugunsten persönlicher Erfahrungen und geglaubter konkreter Wirklichkeiten (Luria 1986, S. 128 ff.). Analphabeten können nicht hypothetisch-deduktiv denken, da sie das formale Stadium nicht erreichen. Diese Resultate Lurias wurden weltweit von allen Forschern bestätigt. Nach Cole und Scribner kann man das Interviewprotokoll eines Usbeken nicht von dem eines Vai, eines Maya oder Kpelle unterscheiden. Es konnte auch das Ergebnis Lurias weltweit bestätigt werden, daß etwa drei Jahre moderner Schulbildung die Voraussetzung für die Befähigung zu syllogistischen und hypothetisch-deduktiven Schlußfolgerungen bilden (Cole/Scribner 1974, S. 163 ff.; Scribner 1984; Goldstein 1971; Hallpike 1994; Galotti/Konatsu 1989; Gelatty 1987).

»So it seems correct to state that there may be no theoretic syllogistic reasoning in the cultures that are strictly traditional ... The specific hypothesis is that the theoretic approach to syllogistic tasks (scientific thinking) first appears in the sphere of school knowledge and latter can be applied to everyday knowledge ... Last but not least, if theoretic syllogistic reasoning has its origins, strictly speaking, not in the child itself, and not in the traditional cultures where we are investigating its distribution under the impact of social and cultural change, where are its real origins, then? It seems that whe should look for those in the social and cultural situation of Ancient Greece, where scientific thinking (differing from traditional systems of thought) first arose. From there, it has come into different cultures and changed the thinking of human beings« (Tulviste 1979, S. 77, 75, 79).

»It would seem that throughout history many societies have never manifested combinatorial and propositional logic or the other characteristics of formal thinking« (Ross 1974, S. 413).

»In this respect the performance of traditional peoples is closely paralleld by that of young children in industrialized countries ... first, that the notion of logical necessity is liable to arise only in cultures where literacy is well established, secondly, that even in highly literated cultures only the members of interested subgroups will elevate the notion to a position of high importance« (Gellathy 1987, S. 37, 43).

»However, formal operational thinking is apparently absent in many world cultures and is not even universally present in the populations of economically developed countries ... One possible interpretation is what might be called the ›deficit-deprivation‹ hypothesis. In this view, some children may not attain ›higher‹ forms of cognition (e. g., as represented by formal operations) because their culture or ecology does not provide them with prerequisite experience or information (cf. James Coleman's concept of ›poverty of information‹)« (Chapman 1988, S. 98).

Nahezu sämtliche bekannten Autoren auf diesem Forschungsgebiet vertreten diese zitierten Auffassungen, das heißt die These der sozial-ökologischen Bedingtheit des Ausbleibens formaler Operationen in vorindustriellen Gesellschaften zugunsten präformaler Denkstrukturen: Dulit 1972, S. 300; Furth 1983, S. 193; Werner 1979, S. 223 ff.; Piaget 1975 i, S. 243; Piaget/Garcia 1989; Piaget 1972, S. 7; Gay/Cole 1967; Ashton 1984; Flavell 1979; Havighurst/Neugarten 1955; Mogdil/Mogdil 1976 c; Harten 1977, S. 195, 223; Dasen 1974 c, S. 395, 407; Dasen 1974 b, S. 412; Dasen et al. 1979 b, S. 95; Munroe/Munroe 1975; Kohlberg/Gilligan 1971; Kohlberg 1974; Meacham/Riegel 1978, S. 178; Carlson 1978; Freitag 1983; Trommsdorff 1989, S. 14. Dieses Ergebnis wird durch psychometrische Testverfahren nur bestätigt (Vernon 1969; Irvine/ Berry 1988; Crijns 1962; Beuchelt 1974; Biesheuvel 1974; Herrnstein 1994).

Ohne Zweifel ist dieses Forschungsergebnis geeignet, die Kultur- und Geistesgeschichte neu aufzurollen und unter diesem Gesichtspunkt zu rekonstruieren. Jedoch liegen bisher nur drei grundlegende Konstruktionen vor, die diese empirischen Forschungsresultate in kohärente theoretische Systeme gefaßt sowie umfassend ausgearbeitet und umgesetzt haben (Luria 1986; Hallpike 1994; Oesterdiekhoff 1992, 1997).

Soziale und kognitive Phänomene vorindustrieller Gesellschaften lassen sich in wesentlichen Hinsichten als Resultate präformaler Denkstrukturen darstellen und erklären. Die transkulturellen Experimente beweisen nicht nur das Fehlen formal-logischen Denkens in vorindustriellen Gesellschaften, sondern zeigen auch die existierenden dominierenden präoperationalen Denkstrukturen auf. Kognitive, soziale, moralische und rechtliche Denkweisen und Institutionen vorindustrieller Gesellschaften sind dominant präoperational.

Die von Historikern und Kulturanthropologen beschriebenen Raum-, Zeit-, Kausalitäts- und Zahlenauffassungen vorindustrieller Gesellschaften sind präoperational. Das von vielen Geisteswissenschaftlern dargestellte symbolische, magische, animistische und artifizialistische Denken vorindustrieller Gesellschaften ist exakt das Denken, das Kognitionspsychologen als

präformal diagnostiziert haben (zusammenfassend: Oesterdiekhoff 1992, S. 91 ff.).

Das entwicklungspsychologische Phänomen des kindlichen
Fabulierens ist von Historikern und Kulturanthropologen mit
Blick auf vorindustrielle Gesellschaften oft beschrieben worden.
Das Erfinden und Ausmalen von rechtfertigenden, erhöhenden
und beschönigenden Geschichten, an die die Erzähler selbst
glauben, ist auch heute noch ein in vorindustriellen Gesellschaf-
ten ubiquitäres Phänomen (Wimmer 1985, S. 993 ff.; Piaget 1973,
S. 165 ff.; Gurjewitsch 1980, S. 210, 369; Thurnwald 1922, S. 298;
Fuhrmann 1963; Huizinga 1975, S. 344; Bosl 1963).

Das afrikanische Customary law, die islamische Sharia und das
mittelalterliche »gute, alte Recht«, unübertroffen dargestellt von
Fritz Kern (1952), sind identisch mit dem kognitionspsychologisch ermittelten präformalen Rechts- und Regelverständnis
(Piaget 1973; Lickona 1976).

Die Ordalverfahren, weltweit in vorindustriellen Gesellschaften fest institutionalisiert, beruhen auf einem Urteilsspruch, welcher an natürlichen Vorgängen (Wasser, Feuer usw.) abgelesen
wird (Evans-Pritchard 1978; Lévy-Bruhl 1959; Nottarp 1956).
Diese Verfahren sind nur kohärent und systematisch aus dem
präformalem Denken zu erklären, speziell aus der von Piaget
(1973) dargestellten »immanenten Gerechtigkeit«. Dieser Glaube von Populationen vorindustrieller Gesellschaften an die sich
in Naturvorgängen äußernde und wirkende Gerechtigkeit und
Moral ist experimentell verifiziert (Thompson 1948; Rawan
1974; Jahoda 1958; Medinnus 1959; Havighurst/Neugarten 1955;
Liu 1950; zusammenfassend: Oesterdiekhoff 1992, S. 322 ff.).

Die kognitionspsychologisch sichergestellte, präformale »objektive Verantwortlichkeit« (Piaget 1973, S. 152 ff., 370 ff.; Selman 1984, S. 50 ff.; Shantz 1983; Gutkin 1972; Rest 1983), der
zufolge Schuld und Schaden nicht genügend differenziert werden, läßt sich experimentell in den Kognitionsstrukturen von
Populationen vorindustrieller Gesellschaften nachweisen (Shaw/
Briscoe/Garcia-Esteve 1968, S. 51 ff.; Ugwuegbu 1976; Shaw/
Schneider 1969). Generationen von Historikern und Kulturanthropologen haben die objektive Verantwortlichkeit in den
Rechtssystemen vorindustrieller Gesellschaften unter dem Titel der »Erfolgshaftung« beschrieben und analysiert (Binding
1965; Kaufmann 1958; Schmidt 1965; Brunner 1890; Mikat 1963;

Moore 1972; Gluckmann 1965; v. Amira 1973; Fauconnet 1920; Wilda 1960; zusammenfassend: Oesterdiekhoff 1992, S. 366 ff.).

Man kann die Überwindung präformaler und die Evolution formal-logischer Strukturen in allen diesen genannten Bereichen im neuzeitlichen Europa teilweise bis auf das Entstehungsjahr genau verfolgen, nachzeichnen und rekonstruieren. In der Regel sind die Übergänge jedoch fließend, Mischformen finden sich häufig, ebenso regionale und schichtspezifische Vorreiter und Nachzügler.

Der Untergang des mittelalterlichen magischen, animistischen und artifizialistischen Weltbildes in der neuzeitlichen Bildungselite durch das naturwissenschaftliche mechanische Weltbild ist oft beschrieben worden (Cassirer 1994, 1925, 1922, 1969; Gloy 1995; Einstein/Infeld 1991; Gurjewitsch 1980; v. Eicken 1923; Fetz 1982; Piaget 1978). Galilei, Descartes und Newton etablierten die Grundlagen des formal-logischen Naturverständnisses. Piaget und Garcia (1989) haben für nahezu alle relevanten mathematisch-naturwissenschaftlichen Konzepte die formal-logische Transformation in der europäischen Neuzeit aufgezeigt. Frazer (1977) hat jedoch dargestellt, daß die unteren Bevölkerungsschichten in Europa teilweise bis ins 20. Jahrhundert an dem alten magisch-animistischen Weltbild festgehalten haben.

Die Entstehung formal-logischer Raum- und Zeitvorstellungen in der europäischen Neuzeit sind ebenfalls ein bearbeitetes Feld der Wissenschafts- und Kulturgeschichte (Wendorff 1980; Elias 1984; Piaget/Garcia 1989; Gloy 1995). Kant als der Theoretiker des Newtonschen Weltbildes beschreibt in der transzendentalen Ästhetik seiner *Kritik der reinen Vernunft* (1977) Raum und Zeit nach den Kriterien, die Piaget (1974, 1975 g) später als formal-logische Entwicklungen identifizierte.

Die Überwindung des guten, alten Rechts, mithin des Ordo-Denkens, durch das demokratische Satzungs- und Verfahrensrecht verlief in Europa (Weber 1980, S. 395 ff.; Luhmann 1979; Seagle 1967, S. 165) nach dem gleichen Muster wie in der Entwicklung der von Piaget (1973, S. 104 f.) beschriebenen Adoleszenten (zusammenfassend: Oesterdiekhoff 1992, S. 320 ff.).

Der Untergang der Ordalverfahren ist in Europa mehrstufig verlaufen. Schon im 13. Jahrhundert häufen sich Widerstände, und im 19. Jahrhundert finden sich Ordale nur noch in ländlichen Regionen. Die Historiker nennen die gleichen Ursachen für ihren weltgeschichtlichen Untergang, die auch Piaget ermittelte. In den außereuropäischen Regionen wurden Ordalverfahren teilweise durch die Kolonialmächte eingedämmt, jedoch werden sie in einfachen Gesellschaften auch heute noch praktiziert (zusammenfassend: Oesterdiekhoff 1992, S. 349 ff.).

Den Übergang von der Erfolgshaftung zum Schuldprinzip verorten die Rechtshistoriker vornehmlich im kanonischen Recht und in der Karolina, welche sich um eine Definition von Vorsatz, Zufall und Fahrlässigkeit bemüht, die grobe Unterscheidung von Willens- und Ungefährwerk überwindet und in der Prozeßordnung die freie Beweiswürdigung vorsieht. Doch exakte Definitionen lieferte erst die Jurisprudenz des 19. Jahrhunderts. Auch in der Schuldfrage verläuft die onto- und phylogenetische Entwicklung homolog (zusammenfassend: Oesterdiekhoff 1992, S. 399 ff.).

Was sagen die Forschungsergebnisse über die Entwicklung des formal-logischen Denkens in Industriegesellschaften? Der wesentliche Schrittmacher formal-logischen Denkens ist das reflektierte Training abstrakter Gedankengebilde und logischer Schlußfolgerungen. Die Forschungsergebnisse konnten die Schulbildung als wichtigsten allgemeinen Entwicklungsfaktor isolieren. In der modernen Schule wird gelernt, außerhalb praktischer Kontexte Probleme artifiziell zu isolieren und formal-logisch zu transformieren. Gleichsam ungewollt vermittelt die Schule nicht nur Informationen, sondern sie induziert die Etablierung eines neuen Denksystems und verändert die logischen Grundstrukturen (Goody/Watt 1986; Oesterdiekhoff 1992; Hallpike 1994; Bruner 1981). So beherrschen fast alle Absolventen moderner Schulen in Industrie- und Entwicklungsländern zumindest Substufen formalen Denkens (syllogistische Schlußfolgerungen, verbal-logisches Problemlösen usw.). Von einer inhaltlich universalen (horizontalen und extensionalen) und kategorial tiefen (vertikalen und intensionalen) Entwicklung des formalen Denkens in modernen Populationen kann jedoch keine Rede sein.

In einer anspruchsvollen Längsschnittuntersuchung prüfte Schröder 121 deutsche Schulkinder zwischen 7 und 15 Jahren über einen Zeitraum von acht Jahren. Eine Versuchsanordnung bestand aus drei Arten von Syllogismen: (1) erfahrungsnah – kontextuierbar (Wenn in der Schule eine Feuerwehrübung stattfindet, läutet die Schulglocke),[9] (2) erfahrungsbezogen – kontra-intuitiv (Wenn in Island Sommer ist, schneit es ständig) und (3) abstrakt – dekontextuiert (Wenn ich nach A reise, reise ich durch B). Syllogismen der Form Modus Ponens und Modus Tollens werden ohne Kontextunterschiede von fast 90 % der Zwölfjährigen korrekt gelöst (Schröder 1989, S. 190) (Bestätigung Piagets). Bei den konditionalen Problemen sinkt die Zahl korrekter Antworten erheblich: Lösungen der Aufgabe (1) fanden 17 % der Neunjährigen, 26 % der Zwölfjährigen und 41 % der Fünfzehnjährigen, der Aufgabe (2) 0 % der Neunjährigen, 18 % der Zwölfjährigen und 30 % der Fünfzehnjährigen, und der Aufgabe (3) 7 % der Neunjährigen, 27 % der Zwölfjährigen und 32 % der Fünfzehnjährigen. Diese Befunde legen nahe, »daß das Konzept der notwendigen Bedingung nicht bei allen Individuen ausgebildet wird, denn es läßt sich nur für einen Teil der Stichprobe nachweisen« (Schröder 1989, S. 199).

Schröder (1989, S. 204 f.) untersuchte anhand seines Samples auch kombinatorisches Denken. Die formal-operationale Variablenisolierung (Pflanzenpflege, Dachanstrich und Geschenke) gelang ca. 30 % der Zwölfjährigen und ca. 42 % der Fünfzehnjährigen. Die formal-operationale Lösung der Pendelaufgabe gelang ca. 30 % der Zwölfjährigen und ca. 44 % der Fünfzehnjährigen. In beiden Altersgruppen waren 90 % derjenigen, die an der Pendelaufgabe scheiterten, auf dem konkret-operationalen Niveau und 10 % präoperational (Schröder 1989, S. 210).

Viele Untersuchungen haben festgestellt, daß kombinatorisches und propositionales Denken (III-B) sich, je nach Aufgabenstellung, nur bei 20 bis 35 % der Jugendlichen und Erwachsenen industrieller Länder ermitteln läßt (III-A: 30-60 %) (Tomlinson-Keasy 1972; Ross 1974, S. 414; Kohlberg/Gilligan 1971; Werner 1979, S. 223; Overton 1987; Mogdil/Mogdil 1976; Dulit 1972, S. 289, 296; Keating 1988; Piaget 1972).

9 Modus Ponens: In der Schule findet eine Feuerwehrübung statt. Läutet die Schulglocke?
  Negation des Antezendenten: In der Schule findet keine Feuerwehrübung statt. Läutet die Schulglocke?
  Affirmation des Konsequenten: Die Schulglocke läutet. Findet eine Feuerwehrübung statt?
  Modus Tollens: Die Schulglocke läutet nicht. Findet eine Feuerwehrübung statt? (Schröder 1989, S. 125).

Esoterisches und magisches Denken findet sich empirisch nachweisbar in Bevölkerungsgruppen von Industrie- und Entwicklungsländern, die formales Denken kaum oder nicht entwickelt haben (Lesser/Paisner 1985, S. 68; Jahoda 1974). Individuen, die einen hohen IQ aufweisen, sind hingegen auch Experten formalen Denkens (Kohlberg 1968; Mogdil/Mogdil 1976, S. 156).

»Fully developed formal-stage thinking seems to be far from commonplace or routine among normal adolescents and adults ... we find it in only a modest proportion of the population and only very partially developed in most« (Dulit 1972, S. 296).

Individuen – auch in modernen Industriegesellschaften – unterscheiden sich erheblich in der Ausprägung und Entwicklung formalen Denkens. Zwar beherrschen nahezu alle Erwachsenen moderner Gesellschaften einfache logische Schlußfolgerungen (vgl. Schröders Untersuchung: 90 % beherrschen Modus Ponens und Tollens – im deutlichen Gegensatz zu Erwachsenen vorindustrieller Gesellschaften), so daß Philosophen und modernen Zeitgenossen, welche die transkulturelle Psychologie nicht kennen, syllogistisches und hypothetisch-deduktives Denken als angeboren erscheint, jedoch bei steigendem Schwierigkeitsgrad der Probleme steigt die Anzahl der Scheiternden bei Umkehrschlüssen, Hypothesenbildung, Kombinatorik, Widerspruchsvermeidung, logischen Verallgemeinerungen usw. Dies überrascht nicht angesichts der Erkenntnis, daß das formale Denken ein nach oben offenes System ist. Tatsächlich zeigt sich, daß Erwachsene industrieller Gesellschaften je nach emotionaler Befindlichkeit, Interesse, Situation und Aufgabe mindestens so stark die präformale wie die formale Denkstruktur in Anwendung bringen. In vielen Hinsichten ist auch das Denken gebildeter Erwachsener in komplexen Bereichen präoperational wie das von Kindern, mit dem Unterschied, daß erstere mehr Erfahrungen haben (Riegel 1976; Vuyk 1981, S. 457; Gruber/Vonèche 1977). Nach Auffassung einiger Autoren ist das praktische Alltagsdenken der meisten modernen Menschen überwiegend konkret-operational (Flavell 1979; Vuyk 1981, S. 452). Im großen ganzen ist davon auszugehen, daß mit steigendem Komplexitätsgrad der Probleme der Bevölkerungsanteil entsprechend sinkt, der sie formal-logisch lösen kann und will.

Aufgrund der transkulturellen Untersuchungen erwogen Piaget (1972) und Dasen (1977) beiläufig die Interpretation, daß nur mathematisch und naturwissenschaftlich Begabte formales Denken genügend ausbildeten, während Handwerker oder Individuen aus den Bereichen Sprachen, Literatur, Jura und Sozialwissenschaften im präformalen Bereich verblieben. Angesichts der Bedeutung der reflektierenden Abstraktion für das Verständnis geisteswissenschaftlicher Sachverhalte ist diese Auffassung natürlich unhaltbar. Andererseits ist evident, daß ein hoher Standard zumindest bereichsspezifischen formalen Denkens in den harten Disziplinen unabdingbare Voraussetzung ist, während diese hohen Standards in den weichen Disziplinen fehlen, so daß das Niveaugefälle zwischen Experten und Laien formalen Denkens in letzteren Disziplinen erheblich ausgeprägter ist.

Das Niveaugefälle zwischen modernen Individuen in der Entwicklung formalen Denkens ist nicht nur experimentell nachweisbar, sondern entspricht auch Alltagserfahrungen: Die Unterschiede in der Entwicklung reflektierten, kritischen, logischen, rationalen, kombinatorischen, abstrakten und hypothetisch-deduktiven Denkens sind schon im kommunikativen Austausch sowohl mit Normalbürgern als auch mit Universitätswissenschaftlern diagnostizierbar und überall greifbar. Nur ein ganz geringer Prozentsatz erreicht ein veritables Niveau formalen Denkens, um zum Beispiel wissenschaftlich produktiv und innovativ werden zu können. Dies überrascht kaum, denn das formale Denken ist im Unterschied zu den unteren Stufen stark von der Eigenaktivität (Re-flexion) des Subjekts abhängig: »… sind formale Operationen in hohem Maße abhängig von der konstruktiven Leistung des Erkenntnissubjekts; fehlt das spezifische Interesse oder die individuelle Motivation zur Bearbeitung der Aussagen, so ist nicht zu erwarten, daß der Jugendliche die Syllogismen exploriert« (Schröder 1989, S. 200). Schröder zufolge verläuft die kognitive Entwicklung in Industriegesellschaften bis zur Etablierung der konkreten Operationen einschließlich nahezu automatisch, während die formalen Operationen sich nur aufgrund individueller Interessen, Motivationen, Entscheidungen und Kompetenzen ausbilden.

Je schwächer die Entwicklung formalen Denkens gediehen ist, desto stärker ist der Anteil egozentrischen, instinktiven, intuitiven und präoperationalen Denkens und desto mehr dominiert die Assimilation (›Einverleibung‹) die Akkommodation (›Anpassung‹). Alltagserfahrungen und Forschungsergebnisse zeigen, »… daß sich schlußfolgerndes Denken, welches auf selbstbezogenes, emotional abgewehrtes Wissen gerichtet ist, in der Regel den logischen Zwängen der Inferenz entzieht« (Schröder 1989, S. 125). Von wenigen Prozentanteilen abgesehen, streben auch alphabetisierte und gut ausgebildete Populationen nicht nach Widerspruchsvermeidung und Kombinatorik in ideologischen, affektiven, sozialen und persönlichen Bereichen: »Kinder, Jugendliche und Erwachsene können in der Regel sehr gut mit zahlreichen … Widersprüchen leben, ohne deswegen beunruhigt zu werden« (Ros 1994, S. 165).

Formal-logisches Denken wird eher in instrumentellen, beruflichen und sachlichen Zusammenhängen eingesetzt, wird aber regelmäßig im persönlichen und emotionalen Bereich zugunsten egozentrischer und instinktiver Assimilationen gebeugt oder vernachlässigt. Nach Piaget dominiert die Assimilation letztlich auf allen kognitiven Stufen die Akkommodation. Das formal-logische Denken bedeutet reversible dezentrierte Verknüpfung der Perspektiven von Ego und Alter im Denken Egos: Es ist gewissermaßen ein Kontrollsystem, um egozentrische Assimilationen zu vermeiden. Der instinktive Egozentrismus der Menschen ist an einem solchen Kontrollsystem zur Unterbindung von triebhaften Ansprüchen und Abwehrmechanismen nur bedingt interessiert. Die sozialen Strukturen auch in modernen Gesellschaften beruhen nicht dominant auf formalen Operationen, reflektierter Perspektivenübernahme und Gerechtigkeit, vielmehr werden Gerechtigkeit, Wahrheit, Wahrhaftigkeit und Sachlichkeit in sozialen Beziehungen regelmäßig zugunsten egozentrischer präoperationaler Assimilationen verformt und verbogen. Präoperationaler Egozentrismus und instinktive Assimilationen finden sich in allen Bereichen und sind vielleicht das größte soziale Problem (nämlich die Grundlage der meisten anderen sozialen Probleme) auch in modernen Gesellschaften.

Die zitierten piagetianischen Forschungsergebnisse zur Unterentwicklung formalen Denkens können gut erklären, weshalb die sozialen und moralischen Zustände auch in der Moderne nicht so sind, wie Kant moralische Maßstäbe in der *Metaphysik der Sitten* und der *Kritik der praktischen Vernunft* definiert hat. Von den Philosophen hat dies Nietzsche und von den Soziologen hat dies Pareto vielleicht am klarsten erkannt und dargestellt. Es ist der Irrtum schlichter Mikrosoziologien (etwa Rational Choice), zu glauben, Akteure seien über ihre eigensüchtigen Ziele und die objektiven Umweltbedingungen ihres Handelns rational informiert und urteilsfähig. Denn dann bestünde das soziologische Problem nur darin, Regulierungen und Koordinationen so zu installieren, daß rationale Egoisten sich nicht gegenseitig beeinträchtigen oder liquidieren. Das soziologische Grundproblem liegt jedoch viel tiefer, nämlich darin, daß Akteure regelmäßig die präoperationale Standpunktbezogenheit ihrer ganz individuellen Sichtweisen und Interessen nicht erkennen wollen und können. Regelmäßig wird Egoismus egozentrisch überformt, das heißt nicht als solcher erkannt. A sieht seine egoistischen (zum Beispiel verbrecherischen) Interessen als universell gerechtfertigt und legitimiert an, während er den (zum Beispiel legitimen) Egoismus von B als idiosynkratisch oder kriminell einstuft. Das soziologische Problem liegt nicht in Egoismus plus Rationalität, wie simple Konzeptionen (Rational Man) behaupten, sondern im egozentrischen irrationalen Egoismus, das heißt der systematischen Verkennung und Illegitimierung der Perspektiven und Interessen anderer, sowie in der Universalisierung und Legitimierung des egozentrischen Ego-ismus, das heißt in der Dominanz der Assimilation über die Akkommodation. Dies ist das wahre soziologische Problem, das sich überall findet: in Freundschaften, Familien, Berufsleben und (sicherlich auch für Rational-Choice-Autoren deutlich erkennbar:) in der Politik. Der in der Gesellschaft verbreitete Mangel an kritischem, logischem und rationalem Denken erklärt auch die guten gesellschaftlichen Chancen der Durchsetzung oberflächlicher und substanzloser Personen, Produkte und Dienstleistungen in Bereichen, die aufgrund ihrer sachlogischen Struktur mehr erforderten: In vielen sozialen Bereichen und Berufen ist es möglich, sogar teilweise erforderlich, (Vorhandensein von *und* Defizite an) Kompetenz durch Gebaren, Habitus, Show und Rituale nicht nur zu substituieren, sondern zu übertrumpfen. Denn Adressaten und Konsumenten präferieren regelmäßig Schein vor Sein, vordergründige Farben und Emotionen vor klaren und differenzierten Argumentationen, instinktive Präoperationalität vor operationaler Sachlichkeit.

Abschließend seien noch einige Hinweise auf benachbarte theoretische Ansätze und Paradigmata angefügt, die die piagetianischen Resultate unterstützen bzw. durch sie gestützt werden. Die Aussagen der transkulturellen Piaget-Psychologie werden sowohl von den Ergebnissen der transkulturellen Neurologie als auch von denjenigen der transkulturellen psychometrischen Intelligenzforschung, von der von Schilcher (1988, S. 281) behauptet, »daß in keinem anderen Areal ein so großes Datenmaterial argumentativ ähnlich gut durchleuchtet ist«, bestätigt und ergänzt. Die *transkulturelle Neurologie* konnte nachweisen, daß Hirnstrukturen und Kulturen korrelieren respektive Kulturen sich hirnorganisch manifestieren. Es ist keine Hypothese mehr, sondern experimentell verifizierbar und vielfach repliziert, daß zum Beispiel die Struktur der Zusammenarbeit der beiden Hirnhemisphären kulturabhängig ist. Viele Untersuchungen der Split-Brain-Forschung zeigten, daß in vorindustriellen Gesellschaften die Dominanz der linken Hirnhemisphäre fehlt, die man in Industriegesellschaften findet (Hepburn 1984; Vernon 1984, S. 435 ff.). Grundsätzlich endet die ontogenetische Entwicklung der Hirnhemisphären erst im zweiten Lebensjahrzehnt. Mehrjährige Schulbildung wurde als wesentlicher Schrittmacher der Entwicklung der Linksdominanz isoliert. Psychologen, Historiker und Ägyptologen haben diese Erkenntnisse schon umfassend und konsequent für die Rekonstruktion der Kultur- und Geistesgeschichte genutzt (Jaynes 1994; Brunner-Traut 1996). Die Charakteristika der Rechtsdominanz sind exakt die der Präoperationalität, und die Eigentümlichkeiten der Linksdominanz entsprechen denjenigen formaler Operationen (Vernon 1984, S. 448). Dieses Ergebnis war zu erwarten, sind die Stadienstrukturen und ihre Genese doch abhängig von der Entwicklung des Nervensystems. Die Neurologie expliziert die materielle Basis oder das physische Korrelat der psychisch-kognitiven Stadienstrukturen. So ergänzen und bestätigen sich die Erkenntnisse der transkulturellen kognitiven, psychometrischen und neurologischen Forschung gegenseitig. Die transkulturelle Neurologie kann einige Aspekte traditionaler kognitiver Phänomene sogar besser erklären als die Stadientheorie. Sie kann die in traditionalen Gesellschaften ubiquitären Phänomene: Trance, Besessenheit, optische und akustische Halluzinationen, eidetische Wahrnehmungen, Pareidolien usw., welche auch die Basis traditionaler religiöser Kulte und Vorstellungen sind, plausibel machen (Jaynes 1994; Doob 1974; Tölle 1994; Werner 1933). Die neuronalen Veränderungen bei Populationen in Modernisierungsprozessen erklären dann im Umkehrschluß das weitgehende Verschwinden der genannten Phänomene (Jaynes 1994; Doob 1974).

Kapitel 2 hat deutlich gemacht, daß die Sozialwissenschaften in Gestalt der transkulturellen Piaget-Psychologie über ein solides mikrosoziologisches Erklärungsinstrument makrosoziologischer, kulturvergleichender und historischer Sachverhalte und Institutionen verfügen. Es dürfte jetzt schon plausibel geworden sein, daß wesentliche Teile der *soziologischen Rationalisierungsthese und der Zivilisationstheorie* in der transkulturellen Piaget-Psychologie den erfahrungswissenschaftlichen Erben gefunden haben. Die Annahme der Rationalisierung des Denkens und Handelns von Populationen in Modernisierungsprozessen von Vico über Comte und Spencer bis hin zu Weber, Elias und Habermas hat erst durch die zitierten piagetianischen Forschungsergebnisse eine umfassende empirische Bestätigung gefunden. Daher können wir die These formulieren, daß Piaget den Schlüssel zum Verständnis großer Teile der klassischen Soziologie liefert. In einem weniger umfassenden, mehr synkretistischen Sinne (ohne Kenntnis der transkulturellen Forschung) war dies teilweise schon die Vermutung von Jürgen Habermas, Jean Ziégler, Lidz/Lidz und Talcott Parsons (Harten 1977). Freitag (1983 b) und Furth (1983) haben herausgearbeitet, daß Habermas' *Theorie des kommunikativen Handelns* (1981) und seine dort zu findenden Rekonstruktionen der Klassiker (Weber, Durkheim, Parsons, Mead) sowie seine emanzipatorische Perspektive bestimmt und geleitet sind von der Theorie Piagets, welche ihm als Orientierungspunkt und empirische Bestätigung seiner theoretischen Bemühungen dient. Freitag (1983 b) wies ganz richtig darauf hin, daß die Problematik der Habermasschen Piaget-Rezeption in seiner Konzentration auf die Kinderpsychologie im engeren Sinne und in seiner Ignoranz der transkulturellen Resultate liege. Und in der Tat: erst die transkulturelle Piaget-Psychologie hat unmittelbar soziologische Relevanz. Denn sie erst definiert das Verhältnis von Kultur und Kognition.

Diese Ergebnisse ermöglichen auch eine Beurteilung und Neuverhandlung der *kulturanthropologischen Rationalitätsdebatte*. In einem neuen Licht erscheinen die Beiträge von Boas, Frazer, Lévy-Bruhl und Malinowski. Die Rationalitätsdebatte (Kippenberg 1978; Duerr 1981; Oesterdiekhoff 1992, S. 75 ff.) kann nun auf einem wesentlich differenzierteren und fundierteren Niveau geführt werden.

Die transkulturelle piagetianische Forschung bestätigt und stützt auch eine der bedeutendsten philosophischen Strömungen des 20. Jahrhunderts, die Kulturphilosophie Ernst Cassirers (1922, 1969, 1977, 1961, 1925, 1983, 1954). Die *Philosophie der symbolischen Formen* ist theorieinhaltlich weitgehend mit der hier vorgelegten Rekonstruktion der Piaget-Ergebnisse identisch. Es genügt nicht, sich auf die Parallelen von Cassirers System und der Kinderpsychologie im engeren Sinne zu beziehen (Fetz 1988 b). Denn sowohl die Kulturphilosophie Cassirers als auch seine problemorientierte Philosophie- und Wissenschaftsgeschichtsrekonstruktion beschreiben gleichermaßen wie die transkulturelle Psychologie die Transformation von sinnlich-anschaulichen, mythisch-magischen zu abstrakten und rational-logischen Denkformen im Verlaufe der europäischen Neuzeit.

Schließlich bestätigen diese Piaget-Resultate auch die Annahmen der Mentalitäten-Historiker. *Mentalitäten-Geschichte* ist der Versuch, Religionsformen, Weltbilder, Institutionen, Kulturpraktiken und Handlungsweisen aus bestimmten epochenspezifischen Denkweisen und Persönlichkeitsstrukturen abzuleiten (Dinzelbacher 1993; Burke 1987, S. 128; Chartier 1987, S. 73). Das Zentrum der Mentalitäten-Geschichte ist die Erklärung sozialer Modernisierung und des Zusammenhanges des Wandels von Institutionen und Mentalitäten:

»Mentalitäten-Geschichte, noch einmal, hat sich entwickelt in der Erforschung des Geistes- und Sinneswandels bei der Transformation des mittelalterlichen christlichen Kosmos in die moderne Welt, die meint, den Glauben durch das (wissenschaftliche) Wissen ersetzt zu haben ...« (Raulff 1987, S. 14).

Mentalitäten-Historiker erklären die psychisch-kognitiven Strukturen und Charakteristika dieses Transformationsprozesses auf der deskriptiven Ebene, genauso wie Elias und die oben rekonstruierte Piaget-Forschung. Febvre (1988) beispielsweise verstand epochenspezifische Denkstrukturen als sozioökonomisch bedingt, aber ihrerseits kulturelle Gebilde produzierend. Die mittelalterliche Mentalität wurde als emotional, triebhaft und weniger reguliert beschrieben, die neuzeitliche Mentalität wurde als rational und selbstkontrolliert dargestellt (vgl. Huizinga 1975; Burckhardt 1995; Borst 1983; Duby 1970; Chartier 1987, S. 73; Muchembled 1990; Delumeau 1985; Burguière 1987, S. 44, 46; Gurjewitsch 1980). Febvre (1988, S. 79 ff.) sah ganz richtig, daß Mentalitäten-Geschichte und Soziologie auf die experimentelle Entwicklungspsychologie angewiesen sind, um zu einer empirisch fundierten Historischen Psychologie zu gelangen, welche geeignet ist, Struktur und Wandel von Denkweisen und Persönlichkeitsstrukturen erklären zu können. Man kann wohl schon an dieser Stelle behaupten, daß die piagetianischen Resultate zu einer Begründung sowohl der ZT von Norbert Elias als auch der Konzepte der Mentalitäten-Geschichte beitragen bzw. sie erstmalig empirisch operationalisieren und prüfen.

3. Mikrosoziologische Erklärungsmodelle und Prüfinstrumente

Soziologie thematisiert das Verhältnis von Individuum und Umwelt, subjektiven Strukturen von Individuen und objektiven gesellschaftlichen und natürlichen Umgebungsbedingungen. Mikrosoziologische Verhaltens- und Handlungstheorien veruchen, subjektive Strukturen möglichst exakt und grundlegend zu analysieren. Makrosoziologische Theorien konzentrieren sich auf die Objektseite, auf kollektive soziale Realitäten und Umgebungsbedingungen, um soziales Handeln zu erklären. Optimierung der Erklärung sozialer Sachverhalte bedeutet erstens Optimierung der Mikroanalyse (Optimierung von Handlungstheorien), zweitens Optimierung der Makroanalyse (Optimierung der Analyse sozialer Umwelten) und drittens die Zusammenführung der beiden Ebenen, der Subjekt- und Objektseite sozialer Realitäten. Das Mikro-Makro-Problem ist identisch mit der Individuum-Gesellschaft-Relation und letztlich eine Teilmenge der grundlegenderen erkenntnistheoretischen Subjekt-Objekt-Relation. Letztlich ist das Mikro-Makro-Problem reduzierbar auf erkenntnistheoretische Fragestellungen (Oesterdiekhoff 1993 b, 1997).

Es ist der Irrtum mancher Autoren, das Mikro-Makro-Problem im Sinne eines Entweder-Oder und im Sinne einer einseitigen Reduktion aufzufassen. Es ist deplaziert, das Heil der Soziologie in der Festlegung auf die (oder sogar auf eine bestimmte) Mikroebene als Erklärungsbasis sozialer Phänomene zu suchen. Denn die Mikroebene kann keinesfalls vollständig die Makroebene erklären. Es ist genauso absurd, soziale Phänomene allein aus der Makroebene erklären zu wollen, das heißt, das Handeln von Akteuren vollständig aus Umgebungsbedingungen abzuleiten. Erkenntnistheoretische Reflexionen lehren, daß jedes menschliche Handeln und damit jedes soziale Phänomen immer durch eine Wechselwirkung subjektiver und objektiver Komponenten bestimmt ist (Alexander 1993; Berry 1974, 1992; Cassirer 1969; Oesterdiekhoff 1993 b). Jedes soziale Phänomen besteht demnach sowohl aus kognitiven als auch aus situativ-kontextuellen Komponenten. Daher ist es unsinnig, die Kategorien Explanans/

Explanandum in welcher Reihenfolge auch immer den Kategorien Mikro/Makro zuteilen zu wollen. Die Mikro- bzw. Makroebene kann nicht allein Explanans oder Explanandum sein. Eine umfassende Erklärung sozialer Phänomene verlangt nach der Addition der oben aufgeführten drei Schritte (Oesterdiekhoff 1997, S. 9 ff.).

Es ist ein erstaunliches Phänomen, daß Autoren und Vertreter einzelner Mikrotheorien regelmäßig ihrer Favoritin einen Monopolanspruch vindizieren und die konkurrierenden Ansätze als widerlegt und überflüssig abtun. Regelmäßig sehen Vertreter der Lern- und Verhaltenstheorien (von Skinner über Homans bis Eysenck) psychoanalytische, kognitionspsychologische oder sinnverstehende Ansätze als widerlegt oder als überflüssig an und sprechen ihrem Ansatz einen Alleinvertretungsanspruch und eine Monopolerklärungskompetenz zu. Die fundamentalistischen und päpstlichen Ansprüche verschiedener psychoanalytischer Autoren (Freud, Lacan) sind bekannt. Rational-Choice-Vertreter gerieren sich manchmal wie die fünfte Kolonne der Ökonomie zur Eroberung der Soziologie. Ähnliche Tendenzen in abgeschwächter und deutlich zivilisierterer Form sind auch in der sinnverstehenden Soziologie, in der Figurationssoziologie Elias' und zumindest implizit bei Piaget festzustellen. Piaget schrieb der genetischen Epistemologie einen universalen Anspruch zu und lehnte Verhaltenstheorie, Psychoanalyse und Rational Choice letztlich ab (diese Tendenzen sind bei Piaget jedoch in diplomatische Form gekleidet und mehr implizit).

Tatsächlich zeigt sich, daß die verschiedenen mikrosoziologischen Ansätze sich nicht ausschließen, sondern ergänzen. Die mikrosoziologischen Ansätze beleuchten unterschiedliche Aspekte des menschlichen Handelns. Menschliches Handeln ist komplexer, als im monopolisierenden Blickwinkel jedes mikrosoziologischen Ansatzes erkennbar wird. Jede Mikrosoziologie hat einen nur bedingten, aber zumeist gewährleisteten Anspruch auf Erklärung menschlichen Handelns und sozialer Phänomene. Vergleich und Addition mehrerer Ansätze in bezug auf ein zu erklärendes soziales Phänomen erhöhen die Chance einer realistischeren, weil »ganzheitlichen« Erklärung (Lenk 1986; Morel 1993; Oesterdiekhoff 1993 b, 1997).

Die ZT von Elias ist eine Theorie, welche die Makro- und die Mikroebene zusammenführt. Die Mikroebene der ZT ist durch das Psychogenesekonzept definiert, welches aus verhaltenstheoretischen und psychoanalytischen Annahmen zusammengesetzt ist. Wie in Kapitel 1 gezeigt, enthält es auch entwicklungspsychologische Elemente. Elias wendet sich gegen sinnverstehende Ansätze (Idealismus) und gegen Rational Choice (Zustandssoziologie). Das Mikromodell von Elias ist ein Heimwerkerstück. Von seiner Solidität hängt die Geltung der ZT ab. Die Überprüfung der ZT erfordert die Belichtung des Psychogenesekonzepts auf der Folie der konkurrierenden Mikroansätze. Gerade die konkurrierenden Mikroansätze können die Schwachstellen des Psychogenesekonzepts und Wege zu ihrer Fundierung und Verbesserung aufzeigen. Zu diesem Zweck werde ich hier in aller Kürze wichtige Handlungs- und Verhaltenstheorien vorstellen und qualifizieren. In den anschließenden Kapiteln werden diese Ansätze dann eine Verwendung als Prüfwerkzeuge finden.

Von allen Mikrotheorien ist die genetische Epistemologie meines Erachtens die intelligenteste, differenzierteste und anspruchsvollste (Oesterdiekhoff 1997, S. 9 ff.). Sie wurde in Kapitel 2 schon dargestellt. Sinnverstehende, phänomenologische und andere Ansätze werden hier ausgeklammert, da sie als Prüfinstrumente im Hinblick auf die ZT nicht relevant sind. Es wird sich zeigen, daß insbesondere tiefenpsychologische, verhaltenstheoretische und nutzentheoretische Ansätze geeignete Prüfinstrumente der ZT sind. Es wird sich zeigen, daß das Eliassche Psychogenesekonzept vor allem mit der Hilfe der genetischen Epistemologie gegen skeptische Zweifel geschützt und gestützt werden kann.

Von allen Mikrotheorien ist die *Nutzentheorie* oder *Rational-Choice-Theorie* (Rationalmodell) sowohl die einfachste als auch die problematischste Handlungstheorie. Rational Choice liegt in annähernd so vielen Versionen vor, wie es Autoren gibt, die sich in Ökonomie, Politologie und Soziologie um Explikation dieses Ansatzes bemüht haben. Keine Handlungstheorie hat derart viele Mißverständnisse, Widersprüche, konträre Positionen und Irrtümer auf den Plan gerufen. Bis heute liegt aus dieser Richtung kein in sich stimmiger und kohärenter Ansatz vor, der die Ungereimtheiten auch nur annähernd ausgeräumt hätte. In den bekannten deutschen Soziologiezeitschriften sind in den letzten Jahren viele Aufsätze von Rational-Choice-Vertretern publiziert worden. Es findet sich unter ihnen selten eine Arbeit, die die

Grundproblematik von Rational Choice einigermaßen erkannt hat. Thomas Hobbes hätte von seinen Nachfolgern kaum Neues lernen können.

Rational Choice könnte man ganz knapp so »definieren«: Akteure handeln, um ihre Bedürfnisse zu befriedigen. Akteure handeln egoistisch. Akteure verwenden die Mittel, die zur Erreichung ihrer Ziele hilfreich sind. Ergänzend: Akteure vermeiden Nachteile und suchen Vorteile. Kommentar: Es ist nicht abzustreiten, daß diese Aussagen in manchen Hinsichten einen beträchtlichen Erklärungswert haben, denn man kann zumindest hypothetisch jede Handlung aus ihnen ableiten. Daher ist Rational Choice gerade in dieser Minimalfassung auch eine typische Alltagstheorie: alle Menschen erklären auf diese Weise viele Handlungen, eigene und fremde Handlungsweisen. Andererseits werden die Widersprüche dieser »Theorie« sofort virulent, wenn man die Minimalaussage in eine komplettierende, kommentierende, theoretische oder gesetzesartige Fassung bringt, wie Vertreter dieser Richtung es unternehmen. Damit ist nicht gesagt, daß die Widersprüche an die gesetzesartigen Fassungen gebunden sind, sondern sie werden dann nur deutlicher als in der Minimalfassung: Alle Handlungen aller Menschen sind das Resultat von (ihres?) Egoismus. Der Konflikt wird nun offenkundig: Einerseits ist dieser Aussage irgendwie ein gewisser Erklärungswert zuzubilligen. Andererseits handelt es sich um ein im Sinne Kants analytisches Urteil: Insofern diese Aussage jede Handlung erklären will, erklärt sie in Wahrheit keine einzige Handlung. Die Aussage hat tautologischen Charakter.

Nun sind die meisten RC-Theorien schon zwecks Widerspruchsverschleierung durch komplexere Annahmen, Randbedingungen und synthetische Zusätze gekennzeichnet. Das Problem ist nur, daß sie sich dadurch in noch größere Widersprüche verwickeln (Wiesenthal 1987). Um vorwegzunehmen: das Minimalprogramm ist trotz seines arbiträren und tautologischen Status ein nützliches Erklärungsinstrument, wenn man seine erkenntnistheoretische Geltung genauer definiert hat. Die komplexeren Ansätze (SEU-Theorie, Wert-Erwartungstheorie, New Home Economics, statistische Entscheidungstheorie usw.) verstricken sich in noch weniger haltbare Positionen, gleichviel ob sie gesetzesartig oder »offen« formuliert werden. Da werden dann zum Beispiel Positionen formuliert, denen zufolge Handlungsziele und ihre Präferenzordnung für alle Akteure fixiert sind. Da wird die Existenz von Entscheidungsregeln unterstellt, denen zufolge für alle Akteure in allen Entscheidungssituationen angesichts einer fixierten Präferenzordnung die Wahl der besten Mittel festgelegt werden können. Da werden Ziele untereinander und in Verbindung mit Mitteln in eine kontingentierbare, mechanische und rechnerische Ordnung gebracht. Da wird behauptet, man könne den Komplex: Situation, Ziele und Mittel in eine eindeutige, mechanische, kausale, universale und objektivistische Form bringen. Da wird behauptet, es handele sich nicht um eine normative Theorie, sondern um eine Beschreibung der realen Welt, das heißt um eine realpsychologische Entscheidungstheorie. Da wird behauptet, Menschen würden immer in Situationen diejenigen Mittel ergreifen, die zur Erreichung ihrer Ziele am besten geeignet seien. Da wird unterstellt, Menschen würden immer versuchen, ihren Nutzen zu maximieren. Da sind Handlungen, die nicht der Maximierungsregel unterliegen, a priori gar nicht möglich usw. (Becker 1982; Riker/Ordeshook 1973; Thibault/Kelley 1959; Raub/Voss 1981; Abell 1991).

Die realpsychologische Interpretation von Rational Choice kann nur so bewertet werden:

»Das Risiko des Rationalmodells zu scheitern ist in dieser Form extrem hoch, und man kann ohne weiteres sagen, daß sie nicht nur hochgradig falsifizierbar, sondern auch falsifiziert, empirisch falsch ist; es genügt dazu die Beobachtung, die jeder schon einmal an sich gemacht hat, daß nicht eine Entscheidung – bestehe diese nun in einer Heirat oder im Kauf einer Waschmaschine –, die man tatsächlich getroffen hat, die beste mögliche Wahl war, sondern eine andere« (Tietzel 1985, S. 87). (Zur Kritik am Rationalmodell vgl. außerdem Wiswede 1988; Japp 1992; Schüßler 1988; Denzin 1990; Wiesenthal 1987; Tietzel 1988; Oesterdiekhoff 1993 b, S. 104 ff.).

Das Rationalmodell ist vor dem Tribunal erkenntnistheoretischer Reflexionen unhaltbar, denn es beruht auf der Abbildtheorie der Wahrheit. Eine objektivistische Erkennbarkeit von Situationen, Zielen und Mitteln ist jedoch nach Auffassung jeder kritischen, modernen erkenntnistheoretischen Position (Konfusion bzw. Wechselwirkung von Subjekt und Objekt) unmöglich (Oesterdiekhoff 1993 b, S. 116 ff.).

Der Erklärungswert von Rational Choice läßt sich im Sinne Webers nur pragmatisch, heuristisch und methodisch, nicht realpsychologisch bestimmen. Die Funktion von Rational Choice besteht in der Neutralisierung von Psyche und Person, mithin von psychisch-kognitiven Differenzen zwischen Menschen. Rational Choice ist eine objektivistische, universale und mechanische Theorie des Humanen. Rational Choice ist das Gegenteil von Psychologie; es ist die Abstraktion von jeder psychologischen Bestimmung. Rational Choice kulminiert in der mit ihm verbundenen Theorie der Situationslogik: Wenn die Psyche neutralisiert ist (Ziele und Mittel sind a priori fixiert und universal), dann entscheiden allein die Situationskomponenten über Wahl und Verlauf der Handlung. Die Rational-Choice-induzierte Elimination subjektiver Faktoren (Differenzen zwischen Psychen) bedeutet, daß allein objektive Faktoren für die Determination von Handlungen verantwortlich gemacht werden. Rational Choice heißt: Im Brechungsindex anthropologischer Universalien determinieren objektive Situationen das Handeln von Akteuren. Akteure sind von Situationskonstellationen gesteuerte Automaten, Appendizes objektiver Umgebungsbedingungen. (Die Zuordnung von Rational Choice zum Methodologischen Individualismus entbehrt daher nicht eines gewissen Witzes, vgl. Oesterdiekhoff 1993 b, S. 140 f.)

Der pragmatische und theorietechnische Nutzen von Rational Choice besteht nun darin, zu untersuchen, inwiefern und inwieweit man das Handeln von Menschen unter bewußtem methodischen Ignorieren subjektiv-psychischer Komponenten allein, *vorrangig* oder *auch* aus objektiven Umgebungsbedingungen erklären kann. Rational Choice ist dann einfach die pragmatische Reduktion der Psychologie auf ein absolutes Minimum, um dieses Ziel der künstlichen Isolierung objektiver Faktoren zu erreichen. Ohne Zweifel ist die kritische Prüfung und Analyse der Handlungsauswirkungen objektiver Umgebungsbedingungen ein unverzichtbares Werkzeug sozialwissenschaftlicher Theoriebildung. Im folgenden sei die Handlungserklärung à la Rational Choice die nutzentheoretische Erklärung genannt.

Eine weitere wichtige mikrosoziologische Theoriegruppe bilden die behavioristischen, lern- und verhaltenstheoretischen Ansätze, die es in vielen Versionen gibt. Elias hat sein Psychogenesekonzept teilweise lerntheoretisch fundiert. Das Schlüsselwort der *Lerntheorie* heißt Konditionieren. Das klassische Konditionieren kennt den unbedingten Reflex (zum Beispiel das Zusammenzucken, wenn unerwartet ein Schuß abgefeuert wird) und den bedingten Reflex (zum Beispiel Auftreten eines unangenehmen Gefühls auf einer Straße, auf der man früher einmal in einen Unfall verwickelt war). Operantes oder instrumentelles Konditionieren fußt auf dem Aufbau bzw. der Löschung von Verhaltensweisen durch positive bzw. negative Verstärker (Belohnung/Bestrafung). Das Modellernen (Beobachtungslernen) schließlich beruht auf der Übernahme komplexer Verhaltensmuster. Diese Konstrukte finden in der Sozialisations- und Erziehungstheorie breite Verwendung. Sie erklären mehr oder weniger gut, wie bestimmte Umweltbedingungen, Erziehungstechniken und Beziehungsstrukturen bestimmte Charaktere, Persönlichkeitsstrukturen und Verhaltensmuster beeinflussen, produzieren und prägen. Lerntheorien werden oft wegen der Annahme mancher ihrer Vertreter, subjektiv-psychische Strukturen seien nichts anderes als unbewußte Reaktionen, die unmittelbar von Umweltreizen determiniert seien, angegriffen. Und in der Tat ist die überzogene Auffassung, die Psyche sei nichts anderes als ein Reservoir gelernter Reaktionsweisen, welche in mechanischer Beziehung zu Umweltreizen stünden, schon erkenntnistheoretisch unhaltbar. Die Beziehung von Reizen und Reaktionen ist nicht mechanisch, linear, abbildtheoretisch und objektivistisch aufzufassen. Im Umkehrschluß ist die Kritik im Sinne des Radikalen Konstruktivismus und der sinnverstehenden Soziologie an den Lerntheorien gleichfalls überzogen. Ohne lerntheoretische Grundsätze wäre ein auch nur irgendwie plausibler Zusammenhang von Erziehung und Persönlichkeit, Umweltstrukturen und Verhaltensweisen schlechterdings nicht darstellbar. Hätten Lerntheorien keinerlei Erklärungswert, dann existierte keinerlei Kausalzusammenhang zwischen Erziehungsmaßnahmen und Erziehungsresultaten, Umweltbedingungen und Persönlichkeitsstrukturen. Die Minimalbedingung der Geltung lerntheoretischer Annahmen ist in der Anerkennung des Sachverhalts gegeben, daß Umweltbedingungen Verhalten und Persönlichkeit beeinflussen und prägen, mithin sich auf die interne Struktur von Individuen auswirken und diese modifizieren. Die Grundsätze des Konditionierens und Modellernens finden daher in sozialisationstheoretischen Untersuchungen breiteste Bestätigung und Anwendung. Daher sind Lerntheorien die mikrosoziologischen Ansätze, die im engsten Zusammenhang mit Sozialisationstheorien stehen, da sie die Auswirkungen von Umwelt im allgemeinen und Erziehung im besonderen auf Persönlichkeit und Verhalten am stärksten thematisieren (Nawratil/Rabaioli-Fischer 1994, S. 26 ff.; Morel 1993, S. 30 ff.; Maier 1983; Hurrelmann 1986; Whiting/ Child 1973; Stapf 1972; Herrmann 1966).

Die soziologische Nutzung psychoanalytischer und tiefenpsychologischer Erkenntnisse hat eine lange Tradition. Ein großer Teil psychoanalytischen Schrifttums hat spekulativen Charakter. Dieser Vorwurf läßt sich jedoch nicht generalisieren, denn es liegen genügend empirische Untersuchungen vor, die wesentliche Annahmen der *Psychoanalyse* operationalisieren und verifizieren. Auch der von Eysenck u. a. hochstilisierte Gegensatz von Psychoanalyse und Lerntheorie ist obsolet. Schon Watson sah in der Lerntheorie ein Verfahren, psychoanalytische Erkenntnisse umzuformulieren und zu verifizieren. Dieser Ansicht über eine mögliche Verbindung von Lerntheorie und Psychoanalyse schließen sich heute viele an, vor allem auch Praktiker. Sears' lerntheoretische Persönlichkeitstheorie ließe sich auch psychoanalytisch umformulieren, ja wesentliche psychoanalytische Grundannahmen fußen geradezu auf lerntheoretischen Vorstellungen (Maier 1983; Flammer 1988). Man kann durchaus behaupten, daß man von der Psychoanalyse automatisch zu lerntheoretischen Auffassungen gelangt und *vice versa*. Die Psychoanalyse ist nämlich im wesentlichen eine Theorie, die die kindliche und menschliche Entwicklung im Spannungsfeld von Trieben einerseits und Interaktionsmustern, Beziehungsstrukturen und Erziehungsmaßnahmen andererseits untersucht. Sie sieht die Persönlichkeitsentwicklung als Folge und Ablagerungsprodukt von Interaktionsstrukturen, wobei frühere Erfahrungen spätere selektieren und beeinflussen (Sullivan 1984; Freud 1975; Riemann 1991; Whiting/Whiting 1975). Diese psychoanalytische Grundannahme ist auch gleichermaßen eine lerntheoretische und eine symbolisch-interaktionistische Grundannahme (Mead 1973; Maier 1983).

Inzwischen liegen solide quantitative Lebensverlaufsstudien vor, die genau aufzeigen, wie vom ersten Lebenstag an spezifische elterliche Interaktionsstile spezifische Persönlichkeits- und Verhaltensstrukturen beim Kind produzieren, die sich ihrerseits auf dessen spätere Lebensgestaltung nachweisbar und erwartbar auswirken (Grossmann 1987). Diese Studien können wesentliche psychoanalytische Grundannahmen operationalisieren und verifizieren. Sie stellen ein Bindeglied her zwischen empirischen Verfahren und lerntheoretischen Annahmen einerseits und psychoanalytischen Erkenntnissen andererseits, welche früher oft als unbeweisbar hingestellt wurden. Die gar nicht spekulative psychoanalytische Charakterkunde Riemanns (1991) ist damit indirekt empirisch verifizierbar und stellt unverzichtbares sozialwissenschaftliches Wissen dar. In einem gewissen Sinne sind wesentliche psychoanalytische Erkenntnisse sogar eine konsequentere Umsetzung lerntheoretischer Annahmen. Denn Lerntheorien berücksichtigen im Unterschied zur Psychoanalyse meist zuwenig die Lerngeschichte eines Individuums zugunsten der aktuellen Reizsituation. Die Psychoanalyse ist insofern eine konsequentere Variante der Lerntheorie als diese selbst, gemessen an ihren vorliegenden Versionen, da sie die Filterführung und konstituierende Bedeutung vergangener Erfahrungen besser berücksichtigt. Wenn Persönlichkeiten und Verhaltensmuster aber als Produkt von Konditionierungen und als Lerngeschichte konzipiert werden, dann gelangt man automatisch zu der psychoanalytischen Auffassung von der persönlichkeitskonstituierenden Bedeutung frühkindlicher Sozialisationserfahrungen. Man gelangt dann automatisch zu den Zusammenhängen von spezifischen lebensgeschichtlichen Interaktionsmustern und spezifischen Persönlichkeitsstrukturen, wie sie exemplarisch von Riemann (1991) dargestellt wurden.

Humanethologische und *soziobiologische Erkenntnisse* über genetische Verhaltensprogramme, angeborenes Wissen und instinktive Verhaltenstendenzen haben noch einen prekären Status, wenn die Existenz dieser Sachverhalte auch zweifelsfrei ist. Es ist noch zu unklar, wie Kultur und Gene, Sozialisationserfahrungen und Verhaltensprogramme im einzelnen interagieren (Voland 1992; Niemitz 1987; v. Schilcher 1988; Eibl-Eibesfeldt 1972, 1975, 1970, 1973). Zweifelsohne ist die Behauptung mancher Ethologen überzogen, der zufolge menschliches Verhalten, Verhaltensziele und -muster nahezu komplett genetisch programmiert sind. Die transkulturelle Sozialisationsforschung kann deutlich zeigen, wie Verhaltensprogramme kulturell modifiziert werden, indem sie aufweist, wie kulturspezifische Verhaltensmuster als Resultate spezifischer sozialisatorischer Induktionen erklärbar sind (Trommsdorff 1989, 1995; Schubert 1992; Kakar

1988; Beuchelt 1974; Havighurst/Neugarten 1955; Whiting/
Child 1973; Whiting/Whiting 1975; Whiting/Edwards 1988).

Vergleicht man nun diese mikrosoziologischen Ansätze unter
erkenntnistheoretischen Gesichtspunkten, gelangt man zu folgenden Schlußfolgerungen. Methodologische Individualisten
neigen gelegentlich dazu, ihre Handlungstheorien so mehrdeutig
zu formulieren, daß in ihnen lern- und nutzentheoretische Anteile gleichermaßen enthalten sind, ohne daß sie sich der Widersprüche bewußt würden (Vanberg 1975; Morel 1993, S. 30 ff.).
Tatsächlich sind hier wesentliche Differenzierungen notwendig.
Das Gemeinsame von Lern- und Nutzentheorie liegt in einer
Betonung der Rolle objektiver Situationsbedingungen, objektiver sozialer Umwelten und realer Umgebungsbedingungen, die
in einer determinierenden Beziehung zum Subjekt gesehen werden. Die Theorien unterscheiden sich aber beträchtlich hinsichtlich ihrer Konzeption des Subjekts. Die Lerntheorien verstehen
das Subjekt als von Umweltreizen determiniert und als Produkt
seiner Lerngeschichte. Gerade deshalb aber verändert sich das
Subjekt fortlaufend, und jedes Subjekt verhält sich anders als alle
anderen, da theorieimmanent alle Subjekte notgedrungen unvergleichbare Lerngeschichten haben. Gerade deshalb verhalten
sich Subjekte gegenüber identischen Reizsituationen ganz unterschiedlich. Die konsequente Lerntheorie entwickelt sich daher
automatisch zur Tiefenpsychologie (Tiefe = Lebensgeschichte
gelernter Reaktionen). Die konsequente Lerntheorie kommt zudem ohne einen Rückkoppelungseffekt hinsichtlich der Relation
von Subjekt und Objekt, Mensch und Umwelt, Populationen
und Kulturen gar nicht aus. Milieugeprägte Individuen wirken
nämlich auch rückwirkend und gestaltend auf ihr Milieu ein
(Umwelt > Subjekt > Umwelt$_2$ ...) (Beispielsweise aggressive
Milieus sozialisieren aggressive Bevölkerungen, die das Milieu
noch aggressiver belasten...). Eine inkonsequente Lerntheorie,
die die Lerngeschichte leugnete zugunsten der ausschließlichen
Determiniertheit des Subjekts (der Reaktion) vom je momentanen Reiz, verlöre den Anspruch der Etikettierung ›Lerntheorie‹
und hätte eine fast identische Subjektkonzeption wie die Nutzentheorie. Denn die Nutzentheorie hat ein transzendentales
Verständnis des Subjekts: Präferenzen sind universal und daher
ungeschichtlich. Das Subjekt verändert sich nicht in der Kette
aufeinanderfolgender Situationen, Lebensphasen und Umwel-

ten, so daß allein Umweltbedingungen das Handeln bestimmen. Rational Choice leugnet daher gesellschaftlich, kulturell und historisch bedingte psychische Unterschiede zwischen Populationen zugunsten der Alleinbedeutung objektiver, institutioneller Strukturen. Populationen aus allen Epochen und Kulturen sind subjektiv identisch, so daß allein unterschiedliche institutionelle Arrangements (im Brechungsindex universaler Präferenzen) (unterschiedliches) Handeln erklären (Olson 1985; Becker 1982).

Die Humanethologie (Soziobiologie) neigt gleichfalls zu einem transzendentalen Verständnis des Subjekts, aber mit einem eher umgekehrten Effekt: Es sind letztlich nicht Umwelten, sondern die genetischen Programme, die Handeln anleiten (Eibl-Eibesfeldt 1972, 1975). Die Humanethologie neigt daher zur Unterschlagung kultureller Verhaltensdifferenzen, letztlich überhaupt zur Unterschlagung von Kulturunterschieden. Erkennt sie diese an, ist sie erkenntnistheoretisch (nicht theorieinhaltlich) ähnlich wie Rational Choice einzuordnen: Sie erklärt dann Verhaltensänderungen aus einer Kombination von fixierten genetischen Programmen und wechselnden Umweltkonstellationen (Niemitz 1987; Voland 1992).

Wie die genetische Epistemologie einzuordnen ist, wurde in Kapitel 2 deutlich ausgearbeitet.

Nach der Klärung dieser mikrosoziologischen Grundlagen kann nun auf dieser Basis eine Prüfung und Diskussion der Voraussetzungen und des Zentrums der Zivilisationstheorie erfolgen.

4. Zivilisationstheorie und strukturgenetischer Ansatz im Vergleich

4.1 Die Psychogenesekonzepte im Vergleich

4.1.1 Das psychoanalytische Strukturmodell

Der Kern des Psychogenesekonzepts von Norbert Elias ist das psychoanalytische Strukturmodell. Dieses ergänzt er mit entwicklungslogischen und sozialisationstheoretischen Zusätzen, welche sich jedoch, genau besehen, sämtlich schon bei Freud finden, wenn auch vielleicht nicht in dieser Stringenz. Elias formuliert sein psychoanalytisches Psychogenesekonzept, den Kern seiner Theorie, gleichsam beiläufig und im wesentlichen auf drei Seiten (PDZ 2, S. 389 ff.).

Das Es umfaßt Triebe, Begierden und Bedürfnisse. Das Ich besorgt die Abstimmung von Organismus und Umwelt. Wahrnehmen, Erkennen, Prüfen und Kontrollieren von Sachverhalten sowie Entscheiden und Handeln sind die wesentlichen Leistungen des Ich. Das Über-Ich bildet sich aus der Internalisierung von Normen, Idealen, Geboten und Verboten. Das Über-Ich prüft das menschliche Handeln unter den Gesichtspunkten von Moral und Gewissen.

Erkenntnistheoretische Argumente und empirische Zweifel zielen manchmal gegen das Strukturmodell. So dürftig dieses manchem Interpreten erscheinen mag, so ist andererseits seine hohe Erklärungskraft kaum abzustreiten. Es wird daher mit Recht auch von der gegenwärtigen psychoanalytischen Theorie anerkannt und repliziert (Mentzos 1993; Mertens 1992; Brenner 1978).

Gleichwohl ist festzustellen, daß Elias durch die Wahl des psychoanalytischen Strukturmodells als psychogenetischer Grundlage seiner Theorie der Zivilisation eine folgenschwere Wahl getroffen hat. Diese Festlegung von Elias ist werkgeschichtlich (nicht theoriesystematisch) mit dem Ausschluß des eigentlich thematisch näherliegenden und experimentell solideren entwicklungspsychologischen Bezugssystems aus dem zivilisationstheoretischen Ansatz verbunden. Diese Festlegung von Elias, so wird man aufgrund von Hinweisen vermuten dürfen, hat weitgehend mit seiner Ausbildung und seiner geringen Kenntnis der damaligen Entwicklungspsychologie zu tun. Einschränkend ist festzustellen, daß das psychoanalytische Strukturmodell in der Fassung von Freud – und in der von Elias – bereits eine entwicklungspsychologische Dimension hat. Es, Ich und Über-Ich durchlaufen eine ontogenetische Stadienentwicklung. Ferner waren die Bereiche Psychoanalyse und Entwicklungspsychologie damals noch weniger als heute voneinander getrennt, wie man zum Beispiel der wissenschaftlichen Biographie von Piaget exemplarisch entnehmen kann (Piaget 1993). Außerdem kann man in vielerlei Hinsicht nicht davon sprechen, daß Elias den gesamten Aufbau psychologischer Argumentationen im PDZ in systematische und kohärente Verbindung mit dem Strukturmodell bringt.

Nach psychoanalytischer Auffassung entsteht die Persönlichkeit aus der biologischen Energie des Es. Ich und Über-Ich sind spätere Entwicklungen. Der Säugling unterliegt der Dominanz des Es. In den ersten Lebensjahren entwickeln sich schrittweise Ichfunktionen, um das sechste Lebensjahr stabilisiert sich das Über-Ich, welches jedoch erst ab der Pubertät stärkere Bedeutung erlangt. Der Säugling hingegen behandelt die Wirklichkeit vorrangig unter dem Gesichtspunkt der Triebbefriedigung. Ihn verlangt nach ungehemmter, sofortiger und totaler Befriedigung sämtlicher Bedürfnisse ohne Kenntnisnahme und Berücksichtigung einschränkender interner und externer Bedingungen. Der Säugling ist vom Lustprinzip beherrscht. Die Triebe und Affekte sind (bzw. werden ausgelebt) ungehemmt, unzivilisiert, sadistisch, egozentrisch und schamfrei. Das psychische Erleben des kleinen Kindes ist primärprozeßhaft. Seine Wahrnehmungswelt kennt daher nicht die Scheidung von Wahn und Wirklichkeit, Innen und Außen sowie Ego und Alter. Die Wünsche und Begierden formen Wahrnehmungsinhalte und Wirklichkeitsurteile. Primärprozeßhaft ist das magische, symbolische und animistische Denken des kleinen Kindes, ferner das Fehlen von gereiften Zeit- und Raumkonzepten.

Die bruchlose Verbindung von Trieb und Umwelt führte infolge der Widerständigkeit der Umwelt konsequenterweise zur Zerstörung des Organismus. Daher entwickeln sich sukzessive Ichfunktionen, um Triebe einzuschränken und im Hinblick auf die

Realität zu modifizieren. Mit dem Wachstum von Ichfunktionen sind die zunehmende Fähigkeit, zu entscheiden, zu handeln, zu sprechen, logisch und rational zu denken, verbunden. Das Wachstum des Ich ist daher verknüpft mit der Zunahme des Wirklichkeitssinnes (Ferenczi), mit der Fähigkeit, Innen und Außen, Wunsch und Wirklichkeit, Ich und Du zu trennen. Rationales Denken und Handeln wird daher als sekundärprozeßhaft bezeichnet. Es dürfte evident sein, daß das Ich sich aus dem Es entwickelt und unter den Gesichtspunkten der Effizienz und des Befriedigungsaufschubes im Dienste des Es steht.

Das Über-Ich entwickelt sich im wesentlichen aus der Internalisierung der Normen und Anweisungen der Eltern sowie gesellschaftlicher Vorbilder und Ideale. Funktionen des Über-Ich sind Gedanken und Gefühle der Schuld, der Scham, der Peinlichkeit und des Gewissens. Es handelt sich um einen Selbstzwang aufgrund von Internalisierungen sozialer Werte und Modelle. Freud (1975, Bd. 15) erklärt das Über-Ich aus der Strafangst, der Innenwendung des Aggressionstriebes, dem Modellernen und der Ödipusdramatik. Das Über-Ich entwickelt sich als letzte Instanz und auch in schwächster Form. *Expressis verbis* erklärt Freud den Selbstzwang ontogenetisch aus dem Außenzwang. Es ist daher nicht richtig, hier einen Unterschied zwischen Freud und Elias zu sehen (so jedoch König 1988). Elias hat in der Frage des Strukturmodells und auch des Über-Ichs keine von Freud grundsätzlich abweichenden Auffassungen. Er setzt nur einige Akzente anders. Jedoch auch diese Akzentverschiebungen finden sich schon in den Schriften Freuds formuliert.

Ersichtlich hat das psychoanalytische Strukturmodell eine entwicklungslogische Perspektive *ab origine*. Ein triebhaftes Wesen findet sich zu Beginn der Entwicklung, und am Ende der Ontogenese steht ein rationales Ich, das im Einklang mit moralischen und sozialen Gesichtspunkten seine Bedürfnisse befriedigt. Die Ontogenese folgt dem Entwicklungstrend: Vom Lustprinzip zum Realitätsprinzip. Das Es ist die erste Basis der Ontogenese, aus ihm erwachsen im Austausch mit der Umwelt die Ich-Funktionen, und schließlich, als zeitlich späteste und handlungsbewirkend durchschnittlich insgesamt schwächste Instanz, bildet sich das Über-Ich als Resultat der Internalisierung sozialer Einwirkungen. Vereinfacht formuliert: das Ich formt sich aus dem Es, und das Über-Ich schließlich ist ein Seitentrieb des Ich. Das

Über-Ich ist eine Einnistung sozialer Werte in das Zentrum der Persönlichkeit.

In der Auffassung der psychoanalytischen Theorie sind die drei Instanzen nicht von Geburt an gleichermaßen und gleich stark vorhanden, sondern ihr Gleichgewicht entwickelt sich erst allmählich. Das Kleinkind läßt sich demnach als ein Wesen beschreiben, welches durch ein Übergewicht des Es und durch nur schwache Impulse des Ich und des Über-Ich gekennzeichnet ist. Beim Erwachsenen hingegen steht das Verhältnis der drei Instanzen idealiter in einem ausgewogenen Gleichgewicht. Das Ich des Erwachsenen ist idealiter stark genug entwickelt, um den Anforderungen der Triebe und Bedürfnisse, den Ansprüchen der Realität und auch der sozialen Verpflichtungen gleichermaßen und zueinander ausgewogen entsprechen zu können. Das Ich des Erwachsenen wird zum Sklaven weder des Es noch moralischer Anforderungen, sondern berücksichtigt die verschiedenen Instanzen in Ansehung einer Problemlage in angemessener Form.

Erst auf der Erwachsenenebene werden die drei Instanzen idealiter eindeutig und prägnant. Erst jetzt gibt es rationales Denken, Verstand und Vernunft. Erst jetzt gibt es eine Trennung von Trieb und Reflexion, Natur und Geist, Subjektivem und Objektivem. Erst jetzt finden sich Selbstkontrolle, Gewissen und moralische Grundsätze.

Das Kind hingegen berücksichtigt nicht hinreichend soziale Gesichtspunkte, moralische Anforderungen und objektive Realitäten, sondern es lebt überwiegend nach seinen Neigungen und Antrieben. Dieses fehlende Gleichgewicht der drei Instanzen ist nicht nur dahingehend zu verstehen, daß sie quantitativ disproportional entwickelt sind. Vielmehr wirkt sich dieses fehlende Gleichgewicht in der Konfusion der drei Instanzen aus. Das Übergewicht des Es über das Ich und Über-Ich zeigt sich darin, daß moralische Sachverhalte überwiegend nach egozentrischen Nützlichkeitsgesichtspunkten und objektive Realitäten durch die Brille egozentrischen Wunschdenkens gesehen werden. Der eigene Wunsch und der eigene Trieb sind die Väter moralischen Urteilens und der Wirklichkeitserkenntnis. Die Grenzen zwischen Es, Ich und Über-Ich sind durchlässig, was sich angesichts der Übermacht des Es in der ungenügenden Autonomisierung von Ich- und Über-Ich-Funktionen auswirkt. Letztere Funktionen können sich nicht genügend ausbilden und nach Eigengesetzlichkeiten ausdifferenzieren, um dem Es Einhalt zu gebieten. Das Kind konfundiert stark Trieb, Realität und Moral. Wirklichkeitserkenntnis und moralisches Urteilen werden nicht hinreichend gefiltert, entwickelt und ausgebildet, um eine Ebene erreichen zu können, die von egozentrischer Verformung befreit wäre.

Das rationale Denken und das moralische Urteilen des Erwachsenen hingegen ist idealiter so weit entwickelt, daß Konfusionen von Trieb und Egozentrismus einerseits und Realitätserkenntnis und Moral andererseits vermieden werden. Der rationale Erwachsene differenziert idealiter hinreichend zwischen Wunsch und Wirklichkeit, Ego und Alter sowie zwischen Begehren und ethischer Richtigkeit. Der Erwachsene differenziert idealiter Trieb, Realität und Moral, um in Ansehung einer Situation oder eines Sachverhalts die jeweiligen Instanzen adäquat zur Geltung zu bringen.

Dieser Unterschied zwischen Kind und Erwachsenem ist natürlich kein absoluter, sondern ein relativer im Hinblick auf unterschiedliche Schwierigkeitsgrade. Die genannten Konfusionen sind beim Kind auch in eindeutigen Situationen und Konstellationen die Regel, während sie beim Erwachsenen in eindeutigen und leicht überschaubaren Situationen zumindest deutlich seltener sind. Erhöht man jedoch die Schwierigkeitsgrade, dann finden sich auch bei den meisten Erwachsenen solche Konfusionen wieder. Der Anteil der Personen, die die Konfusionen weitgehend und hinreichend überwunden haben, ist auch in gebildeten Industriegesellschaften eher gering.

Welche Bedeutung genannte Konfusionen im Alltagsleben auch normaler Erwachsener haben, kann man an den psychischen Abwehrmechanismen erkennen, welche auf einer geringen Ausbildung von Über-Ich-Funktionen geradezu basieren. In der Regel werden Abwehrmechanismen als Leistungen des Ich gesehen. Dies ist so nicht richtig. Die Theorie der Abwehrmechanismen muß insgesamt auf eine breitere Grundlage gestellt und in allgemeineren Zusammenhängen gesehen werden. Abwehrmechanismen sind in der Regel die Folge schwacher Über-Ich-Funktionen, welche nicht bereit sind, das Ich in ihren Willen zu stellen. Vielmehr »erlauben« die schwachen Über-Ich-Funktionen dem Es, das Ich in seinen Dienst zu stellen. Abwehrmechanismen sind in der Regel Es-dominierte Ich-Funktionen, Konfusionen von Ich und Es. Ein strenges Über-Ich hingegen würde dem Ich Projektionen, Verleugnungen, Verschiebungen usw. »verbieten«.

Es ist das Verdienst von Anna Freud, das Wirken von Abwehrmechanismen systematisch dargestellt zu haben. Projektionen (eigener Anteile in andere Personen und Realitäten), Verleugnung (von offensichtlichen Tatsachen), Spaltungsvorgänge, Introjektionen, Affektualisierungen, Reaktionsbildungen, Verschiebungen, Verlagerungen, Verdrängungen und andere Abwehrmechanismen gehören zur psychischen Normalausstattung erwachsener Menschen (Mentzos 1993, S. 60 ff.). Konfusionen von Wunsch und Realität sind daher zumindest in sublimen Bereichen auch auf der Erwachsenenebene keine Kennzeichen psychopathologischer Entwicklungen, sondern Ausdruck der Arbeitsweise des Durchschnittsgehirns. Gleichwohl haben diese Konfusionen ihren Ursprung in der kindlichen Mentalität. Sie zeigen, daß die Überwindung der kindlichen Mentalität bei den meisten Erwachsenen nur bruchstückhaft gelungen ist. Je komplexer die Problemlagen sind bzw. die Sensibilität des Beobachters ist, desto eindeutiger wird die kindliche Mentalität auch akademisch ausgebildeter Erwachsener diagnostizierbar.

Demzufolge ist nach psychoanalytischer Auffassung der Verstand oder das Bewußtsein eines Menschen keine fixe und isolierte Größe, sondern er ist eingebettet in ein komplexes psychisches Geschehen, eingefaßt in eine Triebstruktur. Das Wachstum von Ich-Funktionen, von Verstandeskräften, beruht auf einer Restriktion und Modifikation von Es-Funktionen. Die ontogenetische psychische Entwicklung unterliegt dem Trend: Von Es zu Ich und Über-Ich, von Natur zur Kultur. Diese Auffassung Freuds wird von Elias Punkt für Punkt geteilt (vgl. Blomert 1990, S. 33, 40).

Obwohl es unter Psychoanalytikern – und auch bei Freud – Auffassungen gibt, denen zufolge a) der so beschriebene ontogenetische Prozeß historischen und sozialen Wandlungsprozessen unterliegt und b) eine Rekapitulation der stammes- und kulturgeschichtlichen Entwicklung der Menschheit ist (Freud, Neumann, Reich, Jung, Malinowski, Ferenczi), so wurden andererseits derartige Überlegungen eher nebenbei und wenig systematisch entwickelt. Im großen ganzen ist bei Freud, im Widerspruch zu einigen seiner kulturtheoretischen Überlegungen, die

Auffassung vorherrschend, der oben beschriebene ontogenetische Entwicklungsprozeß sei biologisch vorgegeben, ungeschichtlich und universal. Freud glaubt im großen ganzen an die biologische Natur dieses ontogenetischen Prozesses, der nicht berührt oder determiniert werde durch Einflüsse der Erziehung, der Gesellschaftsstruktur und der Geschichte. Ontogenetische Defekte erklärt Freud daher in erster Linie aus der biologischen Unzulänglichkeit des Individuums und nicht aus der sozialen Manipulation und Beeinträchtigung des sich entwickelnden Subjekts. Bis mindestens 1950 blieb die Psychoanalyse überwiegend eine biologische »one-body-psychology«, wenn man von den Versuchen Adlers und Reichs einmal absieht (Mertens 1992, S. 43).

Erst allmählich gelingt es der Psychoanalyse zu erkennen, daß die Subjekte sich in der Auseinandersetzung mit Objekten bilden. Demzufolge spielen Beziehungspersonen, Erziehungsstile, soziale Klassen, Gesellschaftsstrukturen und historische Strukturen eine entscheidende Rolle bei der Ausbildung und Modifikation der Ontogenese. Das Subjekt kann nur verstanden werden durch den sozialen Kontext, in dem es sozialisiert wird. Diese Auffassung setzte sich seit Spitz, Mahler, Bowlby, Sullivan, Fromm, Riemann, Miller, Mitscherlich, Richter, Erdheim u. a. zunehmend durch (Mertens 1992, S. 9 ff.). Die Analyse sozialer Kontexte, Familien, Bezugspersonen, Klassen usw., ist Voraussetzung für das Verständnis des sich entwickelnden Subjekts.

Sicherlich erkannte Freud passagenweit, daß Menschen pristiner Gesellschaften Es-dominiert sind und die Aufrichtung des Über-Ich durch die Zwänge der Hochkultur, der Bildung und bürgerlicher Erziehung bedingt ist. Freud erklärte den Aufstieg des Über-Ich und die Indienstnahme des Ich durch das Über-Ich (zuungunsten des Es), mithin die Triebreduktion im Handeln, durch den Außenzwang (Staat, Kultur, Erziehung), welcher von den Subjekten internalisiert wird (Freud 1975, Bd. XVI, S. 25 f.; XIV, S. 332; XV, S. 158). Diese Historisierung des Strukturmodells hielt Freud jedoch in einer Theorienische in isolierter Position; sie steht im Gegensatz zu dem unhistorischen Charakter seines Systems psychoanalytischer Lehrsätze und Dogmen. Jedoch wird evident, daß die ZT von N. Elias im Kern schon bei Freud zu finden ist. Elias' psychoanalytisches Psychogenesekonzept weicht nicht in jeder Hinsicht von der Auffassung Freuds ab, sondern nur von Freuds *ungeschichtlicher Psychoanalyse*, während Elias' Konzept tatsächlich nichts anderes ist als ein konsequenter Ausbau von Freuds *geschichtlicher Psychoanalyse* (vgl. Blomert 1990, S. 33; Wilterdink 1984, S. 294; Rehberg 1977, S. 127).

Elias' Historisierung des Freudschen Strukturmodells fußt nicht zuletzt auf den Bemühungen Reichs und Malinowskis, die die Es-Dominanz und Über-Ich-Schwäche von Menschen einfacher Gesellschaften – wenn auch mit ganz unterschiedlicher Akzentsetzung – insbesondere am Beispiel des Sexuallebens herausgestellt hatten. In diese Fußstapfen Freuds und insbesondere Malinowskis (1979) traten W. Reich (1972), M. Mead (1965), Erikson (1971), P. Parin et al. (1978, 1983), Whiting/Whiting (1975) und andere (Beuchelt 1974). Im großen ganzen bekräftigt die transkulturelle Psychoanalyse die Thesen Freuds, Elias' und Malinowskis von der Es-Dominanz und Über-Ich-Schwäche von Menschen traditionaler Gesellschaften. Obwohl zum Beispiel Mead und Malinowski diese These Freuds gar nicht explizit überprüfen wollten, sind sie gleichwohl zu dem genannten Resultat gelangt. Obwohl Reich ein vollkommen anders geartetes theoretisches Konzept entwickelt hat, sind auch seine Ergebnisse in diesem Sinne zu interpretieren. Obwohl Parin und Malinowski von dem Verdacht einer ethnozentrischen Sichtweise weitgehend befreit sind, sind ihre Forschungen ganz im Sinne der Bestätigung der Auffassungen von Freud und Elias zu deuten. Die ZT von Elias läßt sich daher auch als einer der großen Entwürfe der transkulturellen Psychoanalyse interpretieren. Die ZT steht durchaus in thematischer Verwandtschaft zu den Beiträgen der genannten Autoren dieser Forschungstradition.

Der Prozeß der Soziologisierung der Psychoanalyse ist in der Mikroanalyse anders verlaufen als in der Makroanalyse. Während die sozialstrukturell-historische Transformation des Strukturmodells zu einem evolutionistischen Interpretationsrahmen drängt, ist die mikrosoziologische Transformation des Strukturmodells seit Bowlby, Sullivan u. a. hiervon ganz unabhängig und läßt sich eher in relativistische und verhaltenstheoretische denn in entwicklungslogische Bezugsrahmen einordnen. Die Makrotransformation tendierte zum Evolutionismus, und die Mikrotransformation vollzog sich im Gewande von Verhaltenstheorie und Relativismus.

Elias geht selbst auf wenigen Seiten (PDZ 2, S. 389 ff.) von einer allgemeinen Mikrointerpretation aus, die durchaus keine entwicklungslogischen Elemente enthält, um dann unvermittelt die Makrointerpretation in evolutionistischer Form anzubieten. Elias' mikrosoziologische und metatheoretische Transformation des Strukturmodells ist grundlegend und beispielhaft formuliert. Sie liefert im Prinzip den allgemeinen Bezugsrahmen, welchem man die Forschungen von Mahler, Bowlby, Grossmann, Richter, Miller und Stierlin innerhalb der Psychoanalyse, aber auch lerntheoretische und interaktionistische Konzepte wie das von G. H. Mead zuordnen kann.

Elias sieht nämlich die Entwicklung der drei Instanzen (ihr Verhältnis zueinander, ihre Stärke und Ausprägung) in Abhängigkeit von den Einwirkungen des sozialen Milieus. Elias behauptet konsequent sozialisationstheoretisch, daß die Interna einer Person das Produkt externer Einwirkungen sind. Vom ersten Lebenstag an wird die Triebnatur des Menschen (das Es) von den Handlungen anderer Menschen geformt, geprägt und gerichtet (»Triebgespräch«). Beziehungsstrukturen, Charaktermerkmale anderer Personen und soziale Kontexte formen die intrapsychischen Strukturen des Menschenkindes. *Die intrapersonale Organisation von Es, Ich und Über-Ich ist die Folge interpersonaler Verflechtungszusammenhänge.*

So unterschiedlich soziale Kontexte historisch, gesellschaftlich und familiär gewachsen und gebildet sind, so unterschiedlich fallen intrapsychische Organisationen aus. Demnach ist die Freudsche Annahme der Ungeschichtlichkeit und Universalität des Strukturmodells, der rein biologischen Determination von Ich, Es und Über-Ich, unhaltbar. Ich, Es und Über-Ich liegen immer nur in historisch und gesellschaftlich unterschiedlichen Ausprägungen vor und sind nicht ungeschichtlich und rein biologisch gegeben. Es, Ich und Über-Ich stehen nicht nur zueinander in einem Kräfteverhältnis, sondern müssen in Beziehung gesetzt werden zu dem sozialen Kontext, welcher dieses Kräfteverhältnis der Instanzen sozialisiert hat. Demzufolge produziert jede Familie, jede soziale Klasse und jede Gesellschaftsstruktur unterschiedliche Konstellationen und Ausformungen von Es, Ich und Über-Ich. Gesellschaften unterscheiden sich voneinander auch darin, wie sie Trieb-, Persönlichkeits- und Gewissensstrukturen von Menschen ausprägen und entwickeln. Gesellschaften sozialisieren ihnen adäquate Formen von Persönlichkeit, Rationalität, Intelligenz, Trieben, Affekten, Emotionen, Bedürfnissen, Idealen, Normen, Gewissen und Moral.

Insgesamt kann man den größten Teil der Entwicklung der Psychoanalyse der letzten Jahrzehnte als eine einzige Bestätigung dieser Metaannahme von Elias ansehen. Mehr noch: Gegen Freuds biologische Grundannahme kann man auch Freuds eigene Forschungen sinnvoll nur unter der Voraussetzung verstehen, daß man seine Lehre seelischer Konflikte sozialisationstheoretisch reinterpretiert, das heißt intrapsychische Konflikte als Folge von sozialen Belastungen in der Kindheit deutet. Wider seine Grundannahme beschreibt Freud regelmäßig seelische Konflikte als Resultate sozialer Manipulationen. Unterschiedliche Ausprägungen der drei Instanzen sind die Folge sozialer Erfahrungen und Einwirkungen, insbesondere in der frühen Kindheit. Dieser eigentliche Kern psychoanalytischer Theorie wird auch erfahrungswissenschaftlich bestätigt (Grossmann 1987; Whiting/Child 1973; Motzkau/Rudolf 1997) und wird von nahezu allen modernen lerntheoretischen Versionen nicht nur in dieser Allgemeinheit, sondern auch in unzähligen Fallstudien unterstützt.

Es wird nun die obige Auffassung verständlich, weshalb die Mikroanalyse sowohl zur Verhaltenstheorie als auch zum Relativismus neigt. Denn es ist evident, daß es unendlich viele soziale Kontexte gibt, denen dann zwangsläufig unendlich viele Psychostrukturen korrespondieren müssen. Selbst wenn man in dieser Unendlichkeit möglicher Formen immer wieder auf Regelmäßigkeiten stoßen kann, so ist jedoch auch klar, daß jeder Einzelfall, jeder soziale Kontext und entsprechend jede Psychostruktur immer wieder anders gelagert sind. Dies ist übrigens einer der Gründe, weshalb die Psychoanalyse sich gegen die Entwicklung zu einer Gesetzeswissenschaft gesperrt hat, da es ihr darum geht, den biographischen Einzelfall zu rekonstruieren, der sich letztlich Subsumtionen entzieht. Die Mikroanalyse hat demnach aufgrund ihrer personzentrierten Sichtweise die Tendenz zu einem relativistischen Bezugssystem.

Wie oben ansatzweise dargelegt wurde, neigt die psychoanalytische Makroanalyse demgegenüber zu einer evolutionistischen Sichtweise. Schon bei Freud findet sich der Gedanke, daß die Über-Ich-Steuerung des Ich (Triebeinschränkung, Sublimation usw.) zuungunsten seiner Es-Steuerung eine Folge der zivilisatorischen Wirkungen der Moderne ist und sich in dieser Form in einfachen Gesellschaften nicht findet. Die meisten Kulturpsychoanalytiker sind der Auffassung Freuds gefolgt. N. Elias hat in seiner ZT diesen Gedanken umfassend ausgearbeitet. Auf der gesellschaftstheoretischen Ebene findet sich demnach keine relativistische, sondern eine evolutionistische Betrachtungsweise. Hier findet sich keine unendliche Mannigfaltigkeit von Formen, sondern ein Mehr oder Weniger des gleichen Zusammenhangs. Kulturen unterscheiden sich in dieser Betrachtung darin, ob ihre Mitglieder ein stärkeres oder ein schwächeres Über-Ich, ein stärkeres oder ein schwächeres Es haben, mithin darin, ob das Ich mehr dem Es oder mehr dem Über-Ich ausgesetzt ist. In der Auffassung von Freud, Elias u. a. nimmt die Bedeutung des Über-Ich in der Hochkulturentwicklung zu und die Bedeutung des Es nimmt ab (Elias in Voss 1990, S. 90; PDZ 2, S. 96; vgl. Blomert 1990, S. 33, 40; Wilterdink 1984, S. 294; Rehberg 1977, S. 127). Demzufolge spielen Rationalität und Moral eine immer bedeutendere Rolle, während Affekte und unvermittelte Triebe zunehmend in den Hintergrund gedrängt werden.

Vergleicht man nun diese geschichtliche Version der Psychoanalyse, von Elias am eindringlichsten formuliert, mit dem eingangs dieses Kapitels geschilderten ontogenetischen Prozeß der Entwicklung der drei Instanzen, dann springen die Homologien oder Identifikationen ins Auge. Oben war die Rede davon, daß das psychoanalytische Strukturmodell *ab origine* eine entwicklungspsychologische Dimension hat. Die Entwicklung eines jeden Kindes ist bestimmt durch die Auseinanderfaltung von Es, Ich und Über-Ich. Das Es gibt zunehmend die Steuerung an das Ich und Über-Ich ab, welches sich erst in der späteren Kindheit wirkungsvoller ausbildet. Demzufolge wiederholt sich auf historischer Ebene der Prozeß, der doch eigentlich ontogenetisch programmiert sein soll. Daraus ließe sich die Schlußfolgerung ableiten, daß die ontogenetische Entwicklung »vom Es zum Über-Ich« zwar entwicklungslogisch stringent sein mag, aber an gesellschaftliche Kontexte gebunden ist. Die Beobachtungen der Freudianer in den westlichen Großstädten zeigen kulturell bedingte Ontogenesen, nicht ihre universal biologische Natur. Die Menschheit mußte die Reduktion des Es erst kulturgeschichtlich erlernen, bevor Kinder dazu erzogen werden konnten. Onto-

und phylogenetisch ist die Es-Reduktion nur einige Generationen alt.

Wenn dies sich so verhält, dann kann die Ontogenese der drei Instanzen nicht universal so verlaufen, wie dies eingangs dieses Kapitels dargestellt wurde. Die *unhistorische Psychoanalyse* Freuds unterstellt, daß die Entwicklung der drei Instanzen in gleichförmiger Weise bei allen Individuen aller Kulturen der Weltgeschichte abgelaufen ist. Freud zufolge verläuft die Ontogenese der drei Instanzen nach einem biologischen Programm.

Wenn nun nach der *historischen Psychoanalyse* Freuds und nach der Auffassung von Elias Erwachsene einfacher Gesellschaften sich durch schwächere Über-Ich-Funktionen und stärkere Es-Funktionen auszeichnen, dann sind daraus folgende Schlußfolgerungen zu ziehen: Freuds ontogenetisches Modell trifft stärker auf Menschen von Industriegesellschaften zu, Kinder und Erwachsene einfacher Gesellschaften unterscheiden sich weniger als Kinder und Erwachsene von Industriegesellschaften, und Erwachsene einfacher Gesellschaften bewahren lebenslang kindliche Mentalitäten mit der Kennzeichnung einer schwächeren Über-Ich-Entwicklung. Wenn die Auffassung Freuds und Elias' richtig ist, dann wäre damit das ontogenetische Modell nicht etwa außer Kraft gesetzt, sondern nur genauer spezifiziert. Das ontogenetische Modell Freuds ist *ab origine* entwicklungspsychologisch formuliert; es beschreibt eine Entwicklung, die, verkürzt formuliert, von einem starken Es ausgeht und bei einem starken Ich und Über-Ich endet. Letztere Entwicklungen sind jedoch an bestimmte hochkulturelle Entwicklungen gebunden, die die Menschen dazu drängen, diese höheren Stufen psychischer Entwicklung zu erreichen. In einfachen Gesellschaften hingegen verbleiben die Menschen einer psychischen Organisation verhaftet, die durch eine Es-dominierte Ichsteuerung gekennzeichnet ist. Das ontogenetische Modell ist demnach transkulturell universal, da es Menschen auch einfacher Gesellschaften beschreiben kann. Diese Universalität gewinnt es aber nur, wenn es darauf verzichtet zu unterstellen, alle Menschen sämtlicher Kulturen erreichten das gleich hohe Niveau in der Ich- und Über-Ich-Organisation.

Aus diesem Ergebnis kann man nun nicht schließen, Menschen einfacher Gesellschaften entwickelten kein Über-Ich und seien rein Es-dominiert. Jedoch geht die Behauptung von Mead,

Malinowski, Parin, Freud und vor allem von Elias dahin, daß sie die Über-Ich-Funktionen schwächer ausbilden (PDZ 2, S. 400).

Erst das so differenzierte und spezifizierte ontogenetische Entwicklungsmodell kann nun erklären, weshalb die psychoanalytische Gesellschaftstheorie evolutionistisch ist. Das ontogenetische Modell ist *ab origine* entwicklungslogisch *und* biologisch und deshalb nichtrelativistisch. Das ontogenetische Modell beschreibt ein Kontinuum psychischer Entwicklung, ein Mehr oder Weniger von Es, Ich und Über-Ich. Daher eignet es sich zur »Messung« und zum Vergleich von menschlichen Populationen. Gesellschaften unterscheiden sich auch darin, daß ihre Mitglieder psychisch unterschiedlich weit entwickelt sind. Der Evolutionismus der makrosoziologischen Psychoanalyse ist erklärbar durch die Entwicklungslogik, die in der Ontogenese zum Ausdruck kommt. Hätten die Psychoanalytiker in der Ontogenese keine Stufenfolge psychischer Entwicklung gefunden, dann hätte man auch die psychischen Differenzen von Menschen unterschiedlicher Kulturen nicht entwicklungslogisch einordnen können.

Freud und Elias erklären auch die Ursachen der hochkulturellen psychischen Fortentwicklung ähnlich. Es sind die Zwänge der Zivilisation, die auf den einzelnen wirken. Die äußeren Zwänge, die in der Hochkultur zunehmen, werden von den Subjekten internalisiert. Die Gesellschaft und ihre Anforderungen nisten sich im wachsenden Über-Ich ein; der Zwang wird zum Selbstzwang.

Die transkulturelle Psychoanalyse, insbesondere in der herausragenden Darstellung von Elias, behauptet daher einen Zusammenhang von Onto- und Phylogenese. Erst durch die hier dargestellten Zusammenhänge zwischen Freud und Elias dürfte ersichtlich geworden sein, wie Elias' Verwertung der Psychoanalyse und seine Freud-Rezeption rekonstruierbar sind, in welchem Ausmaß sein Psychogenesekonzept auf dem Strukturmodell ruht und wie man die Beziehungen zwischen den verschiedenen Autoren und den verschiedenen theoretischen Konzepten im einzelnen ordnen kann.

Das psychoanalytische Strukturmodell – die Basis des Psychogenesekonzepts von Elias – und das Stufenmodell Piagets sind beide entwicklungspsychologische Modelle (Furth 1990; Flammer
1988). Beide beschreiben die Ontogenese des Kindes. Beide beginnen mit der Beschreibung des Säuglings, setzen fort mit der
Darstellung des Kindes und Jugendlichen, um schließlich nach
ähnlichem Muster ontogenetische Stufenmodelle auf die Kulturgeschichte zu applizieren.

Die Entwicklungslogik, die diese beiden großen Richtungen
der Psychologie in der psychischen Entwicklung feststellen, wird
von ihnen sehr ähnlich beschrieben. Beide Schulen beginnen mit
der Analyse von Instinktivem und Organischem, das sich allmählich zu höheren Formen von Rationalität und Vernunft aus-
differenziert. Beide Psychologien sind Theorien der Evolution
von Vernunft, Rationalität und Zivilisation.

Freuds Theorie der Primärprozesse deckt sich großenteils mit
Piagets Analyse des präoperationalen Denkens, insbesondere das
in der symbolischen Phase. Beide beschreiben gleichermaßen die
Unlogik, fehlende Widerspruchsfreiheit, Bildhaftigkeit, Verdichtung und den Egozentrismus des kindlichen Denkens (Piaget
1993). Freud beschreibt wie Piaget die Neigung des Kindes zur
Magie, zum Animismus und zu symbolischen Partizipationen.

Freuds Theorie der Sekundärprozesse deckt sich weitgehend
mit Piagets Darstellung des operationalen Denkens, das durch
Dezentrierung und logische Koordinationen charakterisiert ist.
Beide beschreiben die ontogenetische Zunahme von Rationalität
und Logik, die Zunahme des Wirklichkeitssinnes und der Verstandeskräfte.

Der gewaltige Unterschied zwischen beiden Autoren liegt jedoch in ihrem Wissenschaftsverständnis und den sich daraus
ergebenden Folgen. Freud gewinnt seine Erkenntnisse aus Beobachtungen, die er beschreibt, und aus seinen Ideen. Freuds Schilderungen bleiben literarisch, man kann sie glauben oder nicht,
jedenfalls ist es bei Freud schwer, den harten Kern von Tatsachenaussagen von bloßen Behauptungen und lockeren Theorien
zu unterscheiden. Freud ist weit davon entfernt, seine Theorien
operationalisieren zu können. Das Verhältnis von Theorie und
Empirie ist bei Freud unbehelligt von modernen und kritischen

Standards. Dies ist einer der Gründe, warum viele Autoren, wie zum Beispiel Popper und Eysenck, der Psychoanalyse die Wissenschaftlichkeit absprechen – ein Vorwurf, der selbstverständlich seinerseits reflexionsarm ist (vgl. Kapitel 3).

Die Folge der fehlenden Operationalisierbarkeit der Freudschen Konzepte liegt darin, daß es sehr schwer ist, Existenz und Ausmaß von Primär- und Sekundärprozessen, Es, Ich und Über-Ich zu messen und anhand von eindeutigen Indikatoren nachzuweisen. Wie will Freud hinreichend genau nachweisen, daß Kinder über ein schwächeres Über-Ich als Erwachsene verfügen? Wie soll empirisch zuverlässig aufgezeigt werden, daß das Es Energie an das Ich und Über-Ich abgibt? Plausible Argumentationen genügen nicht unbedingt, um einen empirisch zu stiftenden Zusammenhang von Indikatoren und theoretischen Konstrukten ersetzen zu können. Es wird in dieser Arbeit im einzelnen zu zeigen sein, daß das Psychogenesekonzept von Elias genau diese Schwachstelle von Freud geerbt hat.

Die Theorieanlage von Piaget dagegen ist von der Schwäche einer fehlenden empirischen Fundierung frei. Wie in Kapitel 2 ausführlich dargelegt, ist es bisher noch keinem Ansatz gelungen, Piagets Theorie zu falsifizieren. Die Zahl der bestätigenden Folgeuntersuchungen hingegen ist endlos (Mogdil/Mogdil 1976; Vuyk 1981; Steiner 1978). Im Gegensatz zu Freud kann Piaget Stufenkonzepte kognitiver Entwicklung anhand eindeutiger Indikatoren operationalisieren. Die Theorie Piagets verfügt über die Instrumente, eindeutige Beziehungen zwischen empirisch festgestelltem Verhalten und der es erklärenden Theorie herstellen zu können. Die Theorie Piagets vermag es, unterschiedliche Verhaltensweisen und Denkmuster kognitiven Entwicklungsniveaus eindeutig zuzuordnen. Präoperationales (oder operationales) Denken manifestiert sich in spezifischen Antworten und Reaktionsmustern, die in einer Eins-zu-eins-Beziehung zu den kognitiven Stufen stehen: Diese müssen existieren, sollen jene Reaktionsmuster überhaupt möglich sein. Von einem derartigen Theorieniveau vermag die Psychoanalyse bislang nur zu träumen.

Ich werde im folgenden die psychoanalytische und die kognitionszentrierte Entwicklungspsychologie im Hinblick auf ihre Leistungen miteinander vergleichen. Das präoperationale, symbolische Denken im Sinne Piagets ist empirisch nachweisbar. Der theoretische Gehalt, der diese Stufe beschreibt, deckt sich weitgehend mit Freuds Beschreibung der Primärprozesse, womit gezeigt wäre, daß Piagets Theorie Freudsche Konzepte verifizieren kann. Das operationale Denken im Sinne Piagets kann im gleichen Stile Freuds Theorie der Sekundärprozesse verifizieren. Demzufolge kann Piagets Theorie die psychoanalytische Theorie von der Evolution der Sekundärprozesse und der »Zunahme des Wirklichkeitssinnes« verifizieren. Piagets Theorie vermag kohärent zu erklären, weshalb Magie, Animismus und mystische Partizipationen im Laufe der kognitiven Entwicklung abnehmen.

Insofern die Theorie Piagets die Entwicklung der Verstandesfunktionen darstellt, kann sie Freuds Analyse der Reifung des Ich bestätigen. Insofern die Theorie Piagets zeigt, wie die Regulationen und Operationen den Rhythmen entstammen, wie die sensomotorischen, repräsentationalen und operatorischen Koordinationen aus biologischen Assimilationen erwachsen, wie grundsätzlich die intelligenten Funktionen aus biologischen Wurzeln sprießen, fundiert sie auch Freuds Theorie, der zufolge das Ich aus dem Es hervorgeht. Die tiefenpsychologische Beschreibung der Es-dominierten Ich-Funktionen (Primärprozesse, Abwehrmechanismen) findet ihr Gegenstück in Piagets Darstellung des kindlichen Egozentrismus, des kindlichen Übergewichts der Assimilation über die Akkommodation und der weitgehenden Zentrierung der Weltsicht auf die Bedürfnisse des Kindes.

Die Entwicklung des Über-Ich kann hingegen nicht so leicht und nur bereichsspezifisch piagetianisch operationalisiert werden. Die Konfusion von Moral, Realität und Egoismus ist kindlich-primärprozeßhaft. Die Ausdifferenzierung rein ethischer Motive, ihre Implementation ins eigene Handeln und eine fortlaufende Gewissensprüfung dieses Handelns indizieren die Entwicklung eines gereiften Über-Ich. Nun hat Piaget (1973) gezeigt, daß Kinder aufgrund präoperationalen Denkens dazu neigen, ihre eigenen Interessen stark mit »Gerechtigkeit« zu konfundieren. Ferner neigen Kinder stärker dazu, tatsächliche Ereignisse und Handlungsabläufe mit »Moral« und »Gerechtigkeit« zu konfundieren (»immanente Gerechtigkeit«). Schließlich spielen in der Kindermoral (gute) Absichten keine besondere Rolle, sie werden mit Blick auf den Buchstaben des Gesetzes, auf die tatsächlichen Konsequenzen des Handelns und auf die eigenen Interessen ignoriert (»objektive Verantwortlichkeit«). Demzufolge vermengen Kinder in besonderer Weise Moral, Realität und Egoismus bzw. Über-Ich, Ich und Es. So kann die Theorie Piagets zumindest im Kern die tiefenpsychologische Theorie vom schwachen Über-Ich des Kindes und seiner allmählichen Evolution in der Adoleszenz verifizieren.

Zusammenfassend läßt sich feststellen, daß die tiefenpsychologische Entwicklungspsychologie (die Annahme von der Evolution von Ich und Über-Ich aus dem Es) im wesentlichen erst durch den Ansatz Piagets empirisch operationalisiert werden kann. Zumindest die Grundaussagen hinsichtlich des psychoanalytischen Strukturmodells und der Ontogenese von Es, Ich und Über-Ich sind piagetianisch-empirisch verifizierbar.

Der Unterschied zwischen der psychoanalytischen und der kognitionszentrierten Entwicklungspsychologie besteht aber nicht nur darin, daß Piagets Theorie ein empirisches Fundament hat. Vielmehr ist sie wesentlich umfassender, breiter, kohärenter, vielschichtiger und differenzierter ausgebaut. Wo die Psychoanalytiker mit vagen Vermutungen aufwarten, bietet Piaget eine Theorie, die nicht nur sehr zusammenhängend vernetzt, sondern auch bis in Einzelheiten geklärt und geprüft ist. Die Theorie Piagets ist nicht insofern breiter und kohärenter, als sie einen umfassenderen Wirklichkeitsausschnitt thematisierte. Die höhere Präzision bezieht sich auf die Intensionalität und nicht auf die Extensionalität ihrer Aussagen. Piaget bezieht sich im wesentlichen nur auf die Entwicklung von Wahrnehmungen, Urteilsvermögen und Erkenntnissen. Die Theorie Freuds beansprucht hingegen, die komplette psychische Wirklichkeit des Menschen einzufangen. Sie umgreift kognitive, motivationale und emotionale Sachverhalte zugleich. Obwohl Piaget manchmal (1995) glaubte, seine Theorie könne auch emotionale Sachverhalte erklären, so muß man im großen ganzen diesen Versuch als gescheitert ansehen. Affekte liefern nicht nur die Energie für ansonsten autonome kognitive Phänomene, wie Piaget annahm, sondern erzeugen und steuern sie auch bis in Einzelheiten. Diese Grenze der Kognitionspsychologie ist von Piagetianern bislang kaum erkannt worden (Furth 1990). Freuds Theorie beschreibt Unbewußtes und Bewußtes zugleich, Willenskräfte, Verstandesfunktionen, Triebe, Persönlichkeits- und Charakterstrukturen. Die

Theorie Piagets erhellt nur eine Teilmenge der Theorie Freuds, diese Teilmenge erfaßt sie jedoch mit erheblich stärkerer Präzision.

Die genetische Epistemologie kann also nur einen Kern des tiefenpsychologischen Persönlichkeitsmodells operationalisieren. Es läßt sich lediglich vermuten, nicht jedoch direkt beweisen, daß die Operationalisierung und Verifikation der menschliche Kognitionen betreffende Behauptungen der Psychoanalyse auch auf ihre Erkenntnisse hinsichtlich emotionaler Entwicklungen übertragen werden kann.

So kann die piagetianische Operationalisierung der Entwicklung von Ich-Funktionen sich nur auf kognitive, jedoch nicht direkt auf emotionale und voluntative Aspekte beziehen, welche aber wiederum in besonderer Weise mit einer Reifung des Ich in Verbindung gebracht werden. Ich-Funktionen zeigen sich nicht nur im Erkennen, sondern auch im Handeln. Freuds Theorie des Über-Ich bezieht sich gleichfalls nicht nur auf kognitive Phänomene wie Piagets und Kohlbergs Theorie des moralischen Urteils, sondern auch auf sozialisatorische Prozesse, auf die emotionale Bedeutung von Bezugspersonen und Idealen, welche von den Subjekten internalisiert werden. Freuds Theorie des Über-Ich ist zwar nicht so fundiert wie Piagets Theorie des moralischen Urteils (Piaget 1973), aber wesentlich inhaltsreicher und umfassender.

Im großen ganzen läßt sich dennoch schlußfolgern, daß die genetische Epistemologie das Strukturmodell Freuds und damit das Psychogenesekonzept von Elias im Kern operationalisieren und verifizieren kann. Es ist wohl schon hinreichend deutlich geworden, daß die Ansätze Freuds und Elias´ der Bestätigung von seiten Piagets bedürfen.

Nun ist im weiteren die Frage zu klären, ob denn auch die Annahmen der *historischen Psychoanalyse* Freuds und Elias' durch die Ergebnisse der transkulturellen Piaget-Psychologie gestützt werden können. Läßt sich aber das Verfahren der Inbezugsetzung der beiden Paradigmata, das Verfahren der Operationalisierung und Verifikation, welches auf ontogenetischer Ebene möglich ist, auf kulturgeschichtlicher und phylogenetischer Ebene reproduzieren? Der ZT zufolge entwickeln sich Sekundärprozesse, rationale Ich-Funktionen und ausgeprägte Über-Ich-Funktionen in vormodernen, staatslosen Gesellschaften deutlich schwächer, während triebgesteuertes Handeln und Denken in ihnen deutlich dominiert. Laut Elias entwickeln sich stärkere Ich-Funktionen (rationales Denken und Handeln, Affekteindämmung) und intensivere Über-Ichfunktionen (mehr Selbstkontrolle, Vordringen der Scham- und Peinlichkeitsgrenzen) erst in staatlich kontrollierten Verflechtungszusammenhängen, wie sie historisch etwa in der europäischen Neuzeit etabliert wurden.

Für Elias stellt sich das Problem der Operationalisierung seines psychogenetischen Konzeptes und das Problem der stringenten Nachweisbarkeit seiner Theorie. Wie kann man operationalisieren, daß in einfachen Gesellschaften schwächere Über-Ich-Funktionen und stärker triebhaftes Handeln dominieren? Wie kann man die Evolution einer strengeren Selbstkontrolle, einer effizienteren »Langsicht« und Ratio nicht nur literarisch plausibilisieren, sondern stringent nachweisen? *Da das Strukturmodell im Rahmen der Tiefenpsychologie nicht operationalisiert werden kann, wird die Empirieschwäche der ontogenetischen Ebene auf der kulturgeschichtlich-phylogenetischen Ebene nur reproduziert. Da das freudianische Strukturmodell das Psychogenesekonzept der ZT darstellt, verlängert sich die Empirieschwäche der Psychoanalyse ungebrochen in die Beweisnot der vielleicht bedeutendsten soziologischen Evolutionstheorie.* Was liegt nun näher, als die Ergebnisse der transkulturellen Piaget-Psychologie zu nutzen, um das Psychogenesekonzept der ZT zu überprüfen?

Wie in Kapitel 2.3 ausführlich dargelegt, entwickeln Populationen modernisierter Gesellschaften großenteils das formal-operationale Denken, das heißt diskursives, kombinatorisches und reflexives Denken. Dieses formal-operatorische Denken erobert physikalische, soziale und moralische Inhaltsbereiche und führt damit zu einer Revolution kognitiver Strukturen und Weltsichten. Die transkulturelle Piaget-Psychologie hat in den letzten Jahrzehnten deutlich gemacht, daß kulturelle Modernisierungen Populationen intellektuellen Revolutionen aussetzen, die sich bis auf die Ebene basaler Wahrnehmungsstrukturen verfolgen lassen. Elias' Behauptung, erst Populationen neuzeitlicher Gesellschaften seien zu einer Langsicht, zu einer entwickelten Ratio und Reflexion befähigt, kann somit erst durch die Felduntersuchungen der modernen Cross Cultural-Psychology empirisch gemessen und bestätigt werden (Dasen 1974; Hallpike 1994; Luria 1986).

Diese Untersuchungen zeigen gleichfalls, daß vormoderne Populationen in präoperationalen Denkstrukturen verhaftet bleiben. Dieses Denken ist großenteils magisch, animistisch und konkret-anschaulich. Ferner konnte bestätigt werden, daß die ethischen Urteile überwiegend im Bereich von präoperationalen Schemata verbleiben (Kohlberg/Gilligan 1971; Kohlberg/Turiel 1978; Edwards 1974, 1975, 1978).

Erst diese Untersuchungen liefern den Schlüssel für die empirische Fundierung des Psychogenesekonzepts der ZT. Die Untersuchungen können theoretisch kohärent und empirisch fundiert das verifizieren, was Elias, genau besehen, nur vermuten und erahnen konnte. Die Untersuchungen können im großen ganzen bestätigen, daß Elias mit seinen Behauptungen richtig gelegen hat, vormoderne Populationen seien nicht zu einer Langsicht und zu einer reflektierten Ratio befähigt. Die Untersuchungen können damit die These unterstützen, daß das psychoanalytische Strukturmodell in der oben geschilderten Weise auf die Kulturgeschichte applizierbar ist. *Wie erst die genetische Epistemologie das ontogenetische Strukturmodell verifizieren kann, so vermag erst die transkulturelle Piaget-Psychologie die historisch-phylogenetische Zivilisationstheorie empirisch abzustützen.* Jedoch ist auch hier wieder zu bedenken, daß die Theorie von Elias, sofern sie auf dem Strukturmodell basiert, auch Aussagen über emotionale Strukturen macht, welche nur indirekt kognitionspsychologisch geprüft werden können. Um auch diese die emotionalen Strukturen betreffenden Aussagen der ZT untersuchen zu können, werde ich in dieser Arbeit zusätzliche Prüfverfahren heranziehen.

4.2 Die empirische Prüfung der Psychogenesekonzepte im Kulturvergleich (im historisch-ethnologischen Kontext)

4.2.1 Psychogenese im Kulturvergleich

Elias behauptet die Kulturabhängigkeit psychisch-kognitiver Entwicklung, der zufolge Populationen staatsarmer Gesellschaften durch deutlich weniger zivilisierte, regulierte, kontrollierte und sensibilisierte emotionale und kognitive Strukturen gekennzeichnet sind als Populationen moderner Staatsgesellschaften. In staatsarmen Gesellschaften sind laut Elias die Persönlichkeiten roher, egozentrischer und undifferenzierter, die Denkweisen sind schlichter und irrationaler, die Verhaltensweisen und Lebensäußerungen sind unmittelbarer und unsensibler, und die Gefühlswelt ist stärker aufgeladen und unkontrollierter als bei modernen Populationen.

Elias behauptet damit, daß sämtliche psychischen Funktionen vormoderner Populationen durch niedrigere und primitivere Mechanismen gesteuert werden. Das Entwicklungsniveau der Psyche ist abhängig von der Dichte des sozialen Verflechtungsmechanismus (Staatsentwicklung). Die sozial bedingte primitivere Psyche wirkt sich jedoch ihrerseits in allen denkbaren Lebensäußerungen von Menschen aus. Sämtliche sozialen, kognitiven und emotionalen Teilbereiche der Psyche sind betroffen. Persönlichkeit, Denken, Empfinden, Handeln usw. sind gleichermaßen durch das Entwicklungsniveau konstituiert. Es existiert gleichsam keine psychische Funktion, die nicht von der Struktur geprägt wäre und die von dem jeweiligen Entwicklungsniveau ausgenommen wäre. Es gibt in der Auffassung von Elias keine Nische transzendentaler Funktionen und keine Bereiche universaler anthropologischer Strukturen, die dem Entwicklungsgesetz entzogen wären (PDZ 2, S. 379).

Elias schließt *expressis verbis* die Möglichkeit von intrapsychischen Entwicklungsunterschieden aus. Er behauptet, daß Individuen und Populationen nur ein bestimmtes psychisches Entwicklungsniveau in allen Lebensbereichen zum Ausdruck bringen können. Wenn untersuchte Populationen in einem konkreten Lebensbereich ein bestimmtes Niveau aufweisen, so die Diagnose, dann muß genau dieses Niveau auch zwangsläufig in den anderen psychischen Funktionen verkörpert sein. Ungleichgewichte, Entwicklungsunterschiede, das Nebeneinander von bereichsspezifischen hohen *und* niedrigen Niveaus in Personen und Populationen wird ausgeschlossen. Elias hält es damit zum Beispiel nicht für möglich, daß Menschen sozial und emotional hoch entwickelt sein können, obwohl ihre kognitiven Strukturen und ihre Weltsicht primitiv sind (*vice versa*). Er schließt die Möglichkeit aus, daß differenzierte und sensibilisierte Umgangsformen mit starker Neigung zur Gewalttätigkeit einhergehen können usw. (vgl. PDZ 1, S. LXIII f, S. 264; PDZ 2, S. 322, 379).

»Das Affektgefüge des Menschen ist ein Ganzes. Wir mögen die einzelnen Triebäußerungen nach ihren verschiedenen Richtungen und ihre verschiedenen Funktionen mit verschiedenen Namen benennen, wir mögen von Hunger und dem Bedürfnis zu spucken, von Geschlechtstrieb und von Angriffstrieben sprechen, im Leben sind diese verschiedenen Triebäußerungen so wenig voneinander trennbar, wie das Herz vom Magen oder das Blut im Gehirn vom Blut im Genitalapparat. Sie ergänzen und ersetzen sich zum Teil, sie transportieren sich in bestimmten Grenzen und gleichen sich aus ...« (PDZ 1, S. 263).

Diese Auffassung, so überzogen sie ist, ist insofern interessant, als Elias gar keine Stufentheorie der psychischen Entwicklung formuliert hat. Elias kennt keine Stufenmodelle (Querschnitte), sondern nur ein nach beiden Enden offenes Kontinuum von Entwicklung (Längsschnitt). Elias hat im Gegensatz zur Entwicklungspsychologie keine Instrumente entwickelt, um ein Mehr oder Weniger an Entwicklung tatsächlich messen zu können. Er muß daher Schwierigkeiten haben, anzugeben, auf welcher Stufe der psychischen Entwicklung sich von ihm dargestellte Populationen befinden. Um so mehr überrascht sein Mut zu einer »ganzheitlichen« Sicht, obwohl es andererseits gerade seine Meßprobleme sind, die ihn zu seiner Pauschalsicht verführt haben.

Die entwicklungspsychologischen Stufentheorien tendierten trotz ihrer Meßkompetenz ebenfalls zu dieser impliziten Auffassung Elias', Strukturen seien »Ganzheiten«, die sich transzendental zu allen möglichen Inhalten verhielten, die in ihnen erscheinen könnten. Stufentheorien neigen zu einer gestaltpsychologischen Sichtweise, der zufolge in einer Person nicht mehrere Strukturen nebeneinander existieren können, bezogen auf und abhängig von verschiedenen Inhaltsbereichen. Bis zuletzt hat Piaget (Piaget/Inhelder 1977) mehr oder weniger an dieser transzendentalen Sichtweise des Stufenkonzepts festgehalten, obwohl die empirische Forschung gezeigt hat, daß sowohl in Personen als auch in Populationen bereichsspezifische und inhaltsabhängige Entwicklungsunterschiede und Ungleichgewichte vorhanden sind.

Die empirischen Untersuchungen haben gezeigt, daß Strukturen zwar die Tendenz haben, sich quer durch verschiedene Inhaltsbereiche auszudehnen und schrittweise verschiedene Bereiche der Erfahrung zu erobern, daß sich aber insbesondere das formal-operationale Denken stark bereichsspezifisch entwickelt (Schröder 1989; Flavell 1979). Personen, die im mathematischen Bereich formal-logisch denken können, versagen in sozialen Bereichen usw. (Piaget 1972). Die transkulturellen Untersuchungen haben zudem gezeigt, daß gerade in einfachen Gesellschaften auch die konkreten Operationen sich oft nur bereichsspezifisch entwickeln. Dieselbe Person, die in dem einen Inhaltsbereich eine höhere Stufe beherrscht, ist in einem anderen Bereich nur auf einer niedrigeren Stufe anzusiedeln (Dasen 1974; Werner 1979). Damit ist die »ganzheitliche« Auffassung von Elias unhaltbar. Es ist von intrapsychisch unterschiedlichen Niveaus in Individuen und Populationen auszugehen. Innerhalb einer Zivilisation können unterschiedliche Zivilisationsniveaus existieren, die sich in verschiedenen Bereichen der Kultur ausprägen.[10] Hieraus läßt sich nun kein Relativismus, wohl aber eine Notwendigkeit der Vermeidung von Pauschalurteilen und der konkreten Prüfung einzelner Inhaltsbereiche ableiten. Die Applikation von Entwicklungstheorien im kulturgeschichtlichen Bereich ist damit nicht erledigt, sondern nur spezifiziert (vgl. Kapitel 2.3). Mit den Schwierigkeiten der »ganzheitlichen« Sicht Elias' wird weiter unten noch zu kämpfen sein.

Elias diskutiert die Basis seines Psychogenesekonzepts, das Strukturmodell, auf wenigen Seiten. Die wesentlichen Begriffe und Konzepte, mit denen er Psychogenese darstellt, werden von

10 Elias diskutiert unterschiedliche Zivilisationsniveaus, bezogen auf verschiedene soziale Klassen innerhalb einer Nation und bezogen auf Nationen innerhalb Europas (oder innerhalb der Weltgesellschaft), aber er kennt keine intrapsychischen Niveaudifferenzen.

ihm nicht in systematischer Form aus dem historisch dynamisierten Strukturmodell abgeleitet. Selbstzwang, Langsicht, Affektkontrolle, Egozentrismus, Impulsivität und andere in PDZ immer wiederkehrende Begrifflichkeiten, die Psychogenese beschreiben, werden von Elias nicht in theoretisch und definitorisch stringenter Weise aus den Konstellationen der drei Instanzen abgeleitet. Der so entstandene Schaden an konzeptioneller Stärke sollte aber als nicht allzu groß bewertet werden, denn das Fehlen dieser Verweise kann nicht darüber hinwegtäuschen, daß die von Elias angedeuteten theoretischen Verbindungen assoziativ leicht herstellbar und mit gemeint gewesen sind.

Man kann Elias' Konzept der primitiven Psyche (im Verhältnis zur modernen Psyche) nur verstehen, wenn man es aus der Ontogenese der drei Instanzen ableitet. *Die Kerndefinition dieses Psychogenesekonzepts lautet: Die primitive Psyche ist vor allem durch schwache Über-Ich-Funktionen, Es-dominierte Ich-Funktionen und ein starkes Es definiert.* Die primitive Psyche ist daher durch eine stärkere Triebhaftigkeit im Handeln und Denken bestimmt (Elias in Voss 1990, S. 90; PDZ 2, S. 96). Die Psyche ist affektgeladen und wenig rational kontrolliert. Außenweltereignisse stehen in einem unmittelbareren Zusammenhang zu den Trieben und Affekten, die psychischen Verbindungswege von Trieben und Ereignissen sind kürzer und unvermittelter. Ereignisse und Situationen werden direkt auf die Triebe des Individuums, auf seine Affekte, Interessen und Positionierung zentriert. Die Verbindungen von Ich und Umwelt, Subjekt und Objekt sind direkter. Diese direkte Verbindung verhindert, daß Objekte, Situationen und Ereignisse rational und reflektiert untersucht werden, das heißt einen sachlichen Status gewinnen können, der auch in der Sicht des Subjekts Bestand hätte. Die direkte Zentrierung verhindert, daß Subjekte Objekte objektiv, das heißt unabhängig von ihren Affekten und Trieben, erkennen können.[11] Affekte und Triebe sind in unmittelbarerer Weise die Brechungsindizes in der Erfahrung von Objekten. Objekte werden nur unzureichend aus ihren eigenen Gesetzmäßigkeiten und

11 Diese Indikationen gelten natürlich immer nur relativ zur gebildeten Psyche, nicht in einem absoluten Sinne. Denn selbstverständlich treffen diese Indikationen, anders gewendet, auch auf die gebildete Psyche zu, dann allerdings in einem sublimeren Bereich eingegrenzt, vgl. Kapitel 2.

aus ihrer Position zu anderen Objekten und Subjekten wahrgenommen, sondern sie werden an die Bedürfnisse und an die Position des Subjekts assimiliert. Dieser unzureichenden Entwicklung der Sachlichkeit entspricht das Unvermögen des Subjekts, auf sich zu reflektieren. Erst die rationale Reflexion ermöglichte dem Subjekt, seinen eigenen Standpunkt als einen unter verschiedenen anderen Standpunkten einzuordnen. Erst die rationale Reflexion ermöglichte Sachlichkeit. Logisches Denken ist die Kehrseite der Evolution rationaler Objekterkenntnis.[12]

Die ungebrochene Triebhaftigkeit der primitiven Psyche wirkt sich demzufolge auch kognitiv aus, nämlich *uno actu* in mangelnder Sachlichkeit und mangelnder Reflexionsfähigkeit. Diese Esdominierten Ich-Funktionen, diese enge Verbindung von Trieb und Realität, bezeichnet Elias auch als Ausdruck eines spontanen Egozentrismus. Dieser Egozentrismus ist die Ursache der fehlenden »Langsicht« über Handlungsketten und Ereignissequenzen, der »Enge des Gedankenraumes«, kurz: der unausgebildeten Ratio und Sachlichkeit. Dieser Egozentrismus ist laut Elias im kognitiven Bereich die Ursache animistischer und magischer Sichtweisen, des Fehlens von Wissenschaft und Technologie und der geozentrischen Weltsicht in einfachen Gesellschaften (PDZ 1, S. LVII ff.). Elias verortet ganz im psychoanalytischen Sinne diese kognitiven Defizite letztlich in einer Triebstruktur. Die ungebrochene Triebhaftigkeit ist es, die dem Egozentrismus und seinen kognitiven Produktionen zugrunde liegt. Elias behauptet einen Korrelations- und Bedingungszusammenhang von Triebhaftigkeit, Egozentrismus, Selbstkontrolle, Kognition, Wissenschaftsentwicklung und Verhaltenssteuerung.

Diese Triebhaftigkeit und dieser Egozentrismus wirken sich nicht nur kognitiv aus, sondern auch im Handeln. Die Triebimpulse drängen im stärkeren Maße zum spontanen Handeln. Affekte und Impulse sind spontan und wenig rational gesteuert,

12 Elias' Psychogenesekonzept ergibt sich demzufolge unmittelbar aus der Überwindung der transzendentalen Erkenntnistheorie, die ihn schließlich zu PDZ geführt hat. Die Parallelen von Elias' Psychogenesekonzept, der Philosophie E. Cassirers und der genetischen Epistemologie sind in diesem Ausgangspunkt begründet. Diese erkenntnistheoretischen Grundlagen des Psychogenesekonzepts von Elias kann man besser bei Cassirer (1969, 1925) und bei Piaget (1984) studieren (vgl. Fetz 1988 a, b).

kontrolliert und differenziert. Vielmehr werden triebhafte Handlungsimpulse unmittelbar in Handlungen umgesetzt. Vom Triebimpuls, vom Wunsch und Drang zur Handlung verläuft ein kürzerer Weg. Zwischen Impuls und Handlung ist nur ein geringer Hiatus des Denkens und Überlegens. Affekte und Impulse werden nicht durch die Kraft der Reflexion gebrochen, gestaut und zurückgedrängt, sondern bar des Bedenkens von Konsequenzen ausgelebt. Die primitive Psyche verfügt über ein geringeres Maß an Selbstkontrolle (PDZ 2, S. 313, 322, 328).

Diese Impulsivität wirkt sich auch in Umschwüngen und Umkehrungen aus. Ein Impuls, der gerade noch mächtig das Handeln bestimmte, kann spontan durch einen anderen Impuls verdrängt werden, ohne Bedenken dieser Umkehr. Diese Umschwünge sind die Folge des Egozentrismus, der die verschiedenen Impulse nicht vergleichen kann, sondern ihrer Herrschaft seine Existenz verdankt.

Triebstärke, Egozentrismus und Impulsivität bestimmen auch das soziale Leben und die Kommunikationsmuster. Elias erklärt diese primitive Psyche und die Erscheinungen ihrer schwachen Selbstkontrolle durch das Fehlen dichter und verzweigter Interdependenzen (Staat), durch das Fehlen starker Zwänge, welche durch Erzeugung von Strafangst auf die Menschen einwirken könnten. Menschen einfacher Gesellschaften begegnen einander laut Elias egozentrisch, leidenschaftlich, extravertiert, ohne starke Selbst- und Affektkontrolle. Soziales Handeln in einfachen Gesellschaften ist demnach vor allem dadurch bestimmt, daß die Akteure durch schwache Über-Ich-Funktionen und starke Es-Funktionen beherrscht sind. Die Schwäche von Gewissen, ethischen Kontrollen, Scham, Peinlichkeit einerseits und die Stärke von Trieben und Leidenschaften andererseits drückt sich aus und wirkt in alle sozialen Bereiche und in alle denkbaren Verhaltensweisen: Sensibilität im sozialen Umgang, Rituale der Höflichkeit, körperliche Gewalt, Nahrungsaufnahme, Hygiene, Ausscheidungen und Beziehungen von Mann und Frau sind vorrangig die sozialen Bereiche, die Elias im PDZ untersucht, um sein Psychogenesekonzept zu veranschaulichen und nachzuweisen.

Elias behauptet, daß auch leibnahe Verrichtungen wie Nahrungsmittelaufnahme, Hygienepraktiken und Ausscheidungen (Schneuzen, Spucken, Defäzieren, Winde lassen) nicht einfach technische Praktiken sind, sondern soziale Handlungen, deren Strukturen und Wandlungsformen sich als Resultate psychogenetischer Entwicklungen darstellen lassen.

Elias beschreibt, wie Menschen einfacher Gesellschaften ohne Besteck gemeinsam von einem Teller oder aus einem Topf essen, sich nicht scheuen, gekaute Nahrungsmittel zum Verzehr weiterzureichen und komplette Tiere am Tisch zu zerlegen. Überzeugend weist Elias auf, daß es sich hierbei nicht um Probleme der Technologie handelt, sondern um Erscheinungsformen sozialen Handelns. Diese Menschen empfinden keine Scham, auf diese Weise zu essen, und sie empfinden es nicht als peinlich, andere Menschen so essen zu sehen. Sie haben keine unangenehmen Empfindungen bezüglich des Anblicks und bezüglich der Schmatzgeräusche (Kauen mit offenem Mund usw.). Elias beschreibt, wie Menschen einfacher Gesellschaften sich gierig und triebhaft auf das Essen stürzen (PDZ 1, S. 110 ff.).

Er erklärt diese Manieren zunächst durch die Schwäche von Selbstkontrolle, die Schwäche von Scham- und Peinlichkeitsgefühlen, das heißt psychoanalytisch im Sinne des historisch dynamisierten Strukturmodells.

Diese psychogenetische Erklärung ist aber in eine sozialhistorische Erklärung eingebettet. Menschen staatsloser Gesellschaften leben institutionell zwangloser und wollen sich nicht so stark voneinander abgrenzen. Das »Wir« überlagert das »Ich« in der »Wir-Ich-Balance.« Diese schwächeren Grenzen zwischen Menschen erlauben es, daß Affekte und Leidenschaften verschiedener Akteure in einem ungehemmteren Austausch stehen. Man tut sich selbst keinen Zwang an, und auch gegenüber anderen Akteuren benimmt man sich relativ zwanglos.

Menschen der europäischen Neuzeit hingegen müssen sich aufgrund der Zwänge der Staats- und Marktgesellschaft stärker voneinander abgrenzen. Der »homo clausus« mutet daher anderen seine Affektausbrüche nicht mehr so unvermittelt zu und gestattet anderen nicht, daß sie ihm ihre Leidenschaften unzivilisiert präsentieren. Die Zunahme von Selbstkontrolle, Scham- und Peinlichkeitsempfinden bewirken das Essen mit Besteck, den Verzicht auf laute Geräusche und die Evolution der Tischmanieren insgesamt.

Nach diesem zivilisationstheoretischen Muster erklärt Elias die Sozio- und Psychogenese aller leibnahen Verrichtungen, zum

Beispiel der Hygienepraktiken, des Umgangs mit Ausscheidungen usw. (PDZ 1, S. 174 ff.).

Auch die hohe Gewaltneigung in vorstaatlichen Gesellschaften erklärt Elias aus der elementaren Triebhaftigkeit der Menschen, die es angesichts des Fehlens staatlicher und disziplinierender Organe nicht gelernt haben, ihre triebhafte Aggressivität einzudämmen. Gewaltimpulse unterliegen kaum der Selbstkontrolle, dem Scham- und Peinlichkeitsempfinden, sondern werden sogar lustvoll ausgelebt. Erst der »Leviathan« und seine polizeilichen und erzieherischen Konsequenzen erzeugen eine Strafangst, welche die Populationen zur Unterbindung ihrer Gewaltneigungen nötigt (PDZ 1, S. 263 ff.).

Nach dem gleichen Muster erklärt Elias die Entwicklung der Beziehungen von Mann und Frau. In einfachen Gesellschaften ist die Frau den Trieben des Mannes weitgehend ausgeliefert, sofern sie nicht unter dem Schutz von Verwandten steht. In neuzeitlichen Gesellschaften hingegen helfen der Frau der Staat, der gehobene soziale Status und andere Faktoren, um aus der Opferrolle entlassen zu werden. Der Mann seinerseits ist unter neuzeitlichen Bedingungen gezwungen, seine Leidenschaften zu unterdrücken und zu kontrollieren, statt sie spontan auszuleben (PDZ 1, S. 230 ff.; Schröter 1990, 1997).

Die ZT von Elias fußt auf der psychogenetischen (psychoanalytischen) Strukturierung der so beschriebenen historischen Entwicklung elementarer Verhaltensweisen. So unterschiedlich die Verhaltensweisen sein mögen, so findet sich doch in ihnen ein einheitliches Muster, das ihnen zugrunde liegt und sie steuert. Die inhaltlich unterschiedlichen Verhaltensweisen werden durch ein einheitliches psychogenetisches Strukturniveau reguliert. Diese Struktur nimmt gegenüber den einzelnen Verhaltensweisen einen »transzendentalen« Status ein. Die Struktur verändert sich jedoch entlang des Kontinuums: primitiv-zivilisiert (zunehmende Differenzierung und Integration). Mit dem unterschiedlichen Entwicklungsniveau der Struktur verändern sich auch sämtliche Verhaltensweisen. Der psychogenetische Prozeß in Richtung zunehmender Differenzierung und Integration determiniert und modifiziert in der Auffassung von Elias sämtliche Verhaltensweisen, und zwar in gesetzmäßiger und gleichförmiger Weise. Die unterschiedlichen Konstellationen von Es, Ich und Über-Ich bilden die Grundlage der Modifikation und Zivilisierung der Persönlichkeit, von Kognitionen und Emotionen und auch der speziellen Verhaltensbereiche: Hygiene, Essen, Ausscheidungen, Umgangsformen, Geschlechterbeziehungen und Gewalt. Die historische Veränderung dieser unterschiedlichen Verhaltensweisen ist Resultat psychogenetischer Entwicklung, das heißt der Konstellationsänderung der drei Instanzen.

Die neuzeitliche Transformation »von Es zu Über-Ich« verläuft, gerafft und verkürzt dargestellt, historisch wie folgt:

Die Menschen essen nicht mehr triebhaft »von der Hand in den Mund«, sondern distinguiert mit Manieren und Instrumenten. Die Menschen entsorgen ihre Ausscheidungen nicht triebhaft in dem Moment, in dem der körperliche Impuls sich meldet, sondern sie unterdrücken entweder die Impulse total, oder sie regulieren sie so, daß Ort, Zeitpunkt und Art der Ausscheidung sozial passend gewählt sind. Die Menschen vermeiden es, zu verschmutzen und auszudünsten. Sie achten zunehmend auf körperliche Reinigung und Hygiene. Die Menschen unterlassen Gewaltakte und unterdrücken aggressive Impulse. Die Menschen leben sexuelle Neigungen nicht mehr spontan aus, sondern unterdrücken oder regulieren sie. Männer nehmen sich Frauen nicht mehr mit Gewalt oder nähern sich ihnen in groben und direkten Formen, sondern entwickeln sublimere Formen der Annäherung. Unverblümte Erotik wird zunehmend durch romantische Formen ersetzt. Die Menschen ersetzen ihr naives und grobes Denken und ihre infantile Leidenschaftlichkeit durch differenziertes und abstraktes Denken. Die Menschen verzichten auf Aberglauben und erlernen methodisches wissenschaftliches Denken. Die Menschen lernen den Nutzen von Belohnungsaufschub und den Verzicht auf unmittelbare Triebbefriedigung, auch in den Bereichen Konsum und Investition.

Diese Kurzfassung ist die Summe der ZT. Die Es-Dominanz, die der ungehemmten Triebhaftigkeit gierigen Essens, den ungebremsten Ausscheidungen, sexuellen und gewalttätigen Attakken zugrunde liegt, ist evident. Die Über-Ich-Regulierung, die in Tischmanieren, Hygienepraktiken, gesellschaftlicher Etikette, romantischer Annäherung und Gewaltverzicht manifest wird, scheint gleichfalls klar erkennbar. Der Kausalzusammenhang zwischen theoretischer und Beschreibungsebene, Psychostruktur und historischen Verhaltensweisen scheint gesichert zu sein.

Die Rekonstruktion dieses Kerns der ZT ist jedoch nicht so

einfach, wie man annehmen könnte. Nur vordergründig könnte man sich mit der Antwort zufriedengeben, der zufolge der primitive Mensch sich mehr triebhaft und der zivilisierte Mensch mehr selbstkontrolliert verhält. Zwar hat Elias eine soziologische Theorie entwickelt, die die Zunahme der Selbstkontrolle scheinbar erklärt, aber diese Theorie ist nicht unbedingt plausibel.

Wie erklärt Elias die Zivilisierung des Verhaltens? Die Verflechtungszusammenhänge in staatslosen Gesellschaften sind nicht so dicht und komplex, sondern kurz und weitmaschig. So entwickeln sich kein äußerer Druck und keine Strafangst, die die Menschen zu mehr Selbstkontrolle sozialisieren könnten. Daraus ist zu schließen: nur die in Staatsgesellschaften dominierenden sozialen Zwänge evozieren und sozialisieren eine Selbstkontrolle, die den beschriebenen zivilisierten Verhaltensmustern zugrunde liegt. Hier ist nun eine weitere differenzierende Schlußfolgerung notwendig: Die neuzeitliche Selbstkontrolle ist laut Elias unmittelbar das Resultat sozialer Institutionen und Zwänge. Auch die vorneuzeitlichen Institutionen evozieren ein Minimum an Selbstkontrolle und sanktionieren jedes Unterschreiten adäquater Standards; gleichwohl sind sie nicht in gleicher Weise wie neuzeitliche Institutionen die Ursachen der jeweiligen Standards der Selbstkontrolle. Denn die weniger zivilisierten Verhaltensweisen resultieren nicht direkt und unmittelbar aus den weitmaschigeren Verflechtungsnetzen, sondern aus der stärkeren Triebnatur. Die primitiven Institutionen lassen dieser Triebnatur einen größeren Spielraum, erzeugen sie aber nicht einfach. Primitive Institutionen eliminieren und sublimieren nicht so stark wie moderne Institutionen die menschliche Triebnatur. Die niedrigere Selbstkontrolle in vormodernen Gesellschaften ist daher nicht in gleicher Weise sozial verursacht wie die höhere Selbstkontrolle in modernen Gesellschaften. Die höhere Selbstkontrolle in modernen Gesellschaften ist unmittelbar und ausschließlich sozialisatorisch bedingt, während die niedrigere Selbstkontrolle in primitiven Gesellschaften durch eine stärkere Triebstruktur erklärt werden muß, die nur partiell institutionell eingedämmt und kanalisiert wird. Je primitiver die Psyche ist, desto weniger können ihre Struktur und Genese unmittelbar soziologisch erklärt werden. Die primitive Psyche ist das Resultat einer weniger domestizierten biologischen Triebnatur. Die Triebnatur spielt im Verhalten und bei der Steuerung verschiedener Verhaltensbereiche eine größere Rolle als die Sozialisation – im Verhältnis zur kultivierten Psyche. Je zivilisierter die Psyche ist, desto eindeutiger ist hingegen ihre institutionelle Verursachung. Daher muß hier zwischen *Geschehenlassen* und *Verursachen*, *Gestatten* und *Determinieren* eindeutig unterschieden werden. Psycho- und Soziogenese korrellieren in primitiven Gesellschaften anders als in modernen Gesellschaften. Primitive Institutionen lassen der Triebnatur einen größeren Spielraum und eine stärkere Autonomie, während moderne Institutionen die Triebnatur so intensiv sozialisieren, daß die Verhaltensweisen eher das Resultat von Sublimationen denn von biologischen Energien sind. Bei diesen theoretischen Differenzierungen handelt es sich nicht um Spitzfindigkeiten, sondern um konsequenzenreiche Argumentationen.

Interpretierte man den Konnex von Psycho- und Soziogenese, bezogen auf beide idealtypische Gesellschaftsformen, in gleicher Weise, so daß in beiden Fällen die Soziogenese die Psychogenese sozialisiert und determiniert, dann rekonstruierte man die ZT ganz schief und verkehrt. So gesehen wären die primitiven Verhaltensweisen in unmittelbarer Weise das Resultat und die Erscheinungsform der sozialen Strukturen. Die vormodernen Verflechtungsmechanismen wären in unmittelbarer Weise die Ursache des gierigen Essens, der ungehemmten Ausscheidungen, der schlechten Umgangsformen, der brutalen Gewalt und der groben Anmache. In diesem Verständnis wären die weniger zivilisierten Verhaltensweisen unmittelbar sozial notwendig, institutionell vorgegeben und funktional adäquat. Die unzivilisierten Verhaltensweisen wären nicht einfach das Resultat eines mehr oder weniger starken sozialen Konsenses, sozialer Normen und Vorstellungen, denen sie zumindest nicht zu stark widersprächen, die sie zumindest nicht verböten, sondern sie wären institutionell notwendig und funktional nicht ersetzbar. Elias selbst argumentiert unter Bezug auf die Gewalt an einigen Stellen in diesem Sinne: Gewaltneigung in primitiven Gesellschaften sei funktional notwendig und nützlich (PDZ 1, S. 269; PDZ 2, S. 382, 387). Hinsichtlich der anderen Verhaltensweisen enthält er sich entsprechender Feststellungen. Denn es wäre in der Tat nicht plausibel zu machen, weshalb Rülpsen, Schwitzen, ungewaschene Hände, Spucken und Vergewaltigung im Sinne der Anpassung an vorgegebene Institutionen funktional notwendig seien sollen.

Primitive Institutionen mögen ungewaschene Hände und das Absondern von Winden dulden, sie erfordern sie aber nicht unbedingt. Diese Differenzierung gilt natürlich auch für den Bereich der Gewalt: Hohe Gewaltneigung vermag die Überlebensfähigkeit von Individuen und Populationen zu steigern. Aus dieser partiell adaptiven Kompetenz von Gewalt läßt sich nun die funktionelle Notwendigkeit aller (oder: eines Großteils der) historischen Gewalttaten mitnichten ableiten. Im Umkehrschluß: Ein Großteil der Gewalttaten, die in der Weltgeschichte verübt wurden, waren auch unter dem Gesichtspunkt der funktionalen Erfordernisse primitiver Verflechtungszusammenhänge »sinnlos« und »überflüssig«.

Spätestens an dieser Stelle wird der Zweck des Insistierens auf die unterschiedliche Struktur des Zusammenhanges von Psycho- und Soziogenese in den beiden Gesellschaftssystemen deutlich. Moderne Verflechtungszusammenhänge *müssen* unzivilisierte Verhaltensweisen (zumindest die oben beschriebenen) mehr oder weniger unterbinden. Anders gewendet: Primitive Gesellschaften *erlauben* unzivilisiertes Verhalten (das oben beschriebene) bis zu einem gewissen Grade, moderne Gesellschaften müssen es *neutralisieren*. Moderne Gesellschaften können nur funktionieren, wenn ein Großteil der Bevölkerung mehr oder weniger zu zivilisiertem Verhalten im beschriebenen Sinne befähigt und konditioniert ist. Primitive Gesellschaften ertragen mehr oder weniger zivilisiertes *und* unzivilisiertes Verhalten. In primitiven Gesellschaften ist unzivilisiertes Verhalten nicht nötig, aber möglich. Ganz ersichtlich ist der Zusammenhang von Sozio- und Psychogenese in primitiven Gesellschaften lockerer als in modernen Gesellschaften. Die sozialisatorischen Anforderungen sind in primitiven Gesellschaften niedriger.

Dieses Analyseergebnis paßt gut zu der Transformationsformel: »Vom Es zum Über-Ich«, da diese die Sozialisierung der Triebnatur zum Ausdruck bringt. Das Es will ausgelebt werden, ohne Rücksicht auf gesellschaftliche Regeln. Das Über-Ich ist durch die gesellschaftliche Steuerung individueller Regungen geradezu definiert.

Doch die Struktur dieses Zusammenhangs von Psycho- und Soziogenese muß man noch genauer analysieren. Die neuzeitliche Verdichtung der Verflechtungszusammenhänge ist laut Elias die Ursache des zivilisierteren Verhaltens. Die wachsenden Anforderungen im Hinblick auf Abstimmung und Koordination zahlenmäßig wachsender und unterschiedlicher Handlungen unterschiedlicher Akteure erzwingen die zunehmende Selbstkontrolle und Zivilisierung. Die Akteure muten anderen nicht mehr zu, Opfer ihrer spontanen Triebimpulse zu sein (Folge von Strafangst), und verlangen gleiches von anderen Akteuren. Der Kommunikationszusammenhang der Akteure wird demnach weniger unmittelbar, spontan, direkt, zwanglos und triebhaft. Die Akteure gehen auf Distanz, verlieren an Spontaneität und »spielen zunehmend Theater« (E. Goffman). Sie berechnen ihre Interessen, statt ihre Leidenschaften auszutauschen (A. Hirschman). Triebhafte Spontaneität wird zunehmend durch reflektierte und kontrollierte Überlegung ersetzt.

Wenn man diesen Gedankengang fortsetzt, gelangt man zu der Schlußfolgerung, daß es diese zunehmende Distanz zwischen den Menschen ist, die die Zivilisierung bewirkt. Der neuzeitliche Homo clausus vergrößert den Grenzbereich zwischen sich und anderen. Statt unverhüllt Affekte, Emotionen und Triebe auszutauschen, werden diese hinter Kulissen verborgen gehalten, während vor ihnen ein Masken- und Rollenspiel geboten wird, das ein Resultat reflektierter Abwägung von Interessen, Perspektiven und Situationen ist.

Es ist vordergründig die stärkere Distanz zwischen den Menschen, die die Evolution des rationalen Denkens, der Hygienepraktiken und der Tischmanieren, die Kontrolle der Ausscheidungen sowie die Eindämmung der körperlichen Auseinandersetzung und der sexuellen Annäherung bewirkt. Diese psychogenetischen Prozesse bringen gleichermaßen zum Ausdruck, daß die Unmittelbarkeit und Spontaneität der Kommunikation durch deutliche Grenzziehung, Isolierung und Individualisierung ersetzt wird. Die Akteure setzen sich gegenseitig Grenzen und legen fest, bis zu welchem Ausmaß sie von anderen beeinträchtigt werden wollen (bzw. sie andere beeinträchtigen wollen).

In diesem Zusammenhang kann man deutlich aufzeigen, daß dieser Prozeß der Distanzierung, Isolierung und Individualisierung die Ursache der Entstehung zivilisierter Verhaltensweisen ist. Offensichtlich geht ihm eine Veränderung der Verflechtungsmechanismen, der sozialen Kommunikationsmuster, der Verhaltensweisen voraus. Laut Elias bewirkt die Staats- und Marktgesellschaft die Entstehung des Homo clausus, welcher angesichts gestiegener Sensibilität nicht gewillt ist, sich von anderen belästigen zu lassen. Der scheinbare Bedeutungsanstieg des »Ich« in der »Wir-Ich-Balance« ist sozialstrukturell bedingt. Diese Analyse scheint die obige Auffassung zu bestätigen, die auch von Elias vertreten wird, der zufolge im Hinblick auf die neuzeitliche Zivilisierung die Soziogenese die Psychogenese produziert.

Gleichwohl muß auch diese Auffassung von Elias weiter differenziert werden. Elias erklärt die Zivilisierung durch den Staat und durch die Verdichtung der Handlungsketten, die auf den einzelnen einen Druck ausüben, Selbstkontrolle zu entwickeln. Diese behavioristische Erklärung ist theoriekonsequent, aber nicht vollständig. Elias suggeriert, der Staat würde die Individuen zur Selbstkontrolle erziehen. Es zeigt sich jedoch, daß auch und vor allem die Individuen sich gegenseitig zur Selbstkontrolle erziehen. Anders wäre die Ableitung der Zivilisierung aus der sozialen Distanzierung kaum plausibel. Dies erklärt, weshalb einerseits Individuen von anderen zur Selbstkontrolle erzogen, andererseits aber so individualistisch sensibilisiert werden, daß sie die Gerüche, den Schmutz, den Lärm, die Attacke und die Nähe der anderen nur noch bis zu einem gewissen Punkt ertragen können.

Wenn man von dem möglichen Initialfaktor der Zivilisierung – dem Staat – einmal absieht, dann wird unklar, welche Bedeutung der Redeweise von der sozialstrukturellen Verursachung des Zivilisationsprozesses zukommt. Es wird unbestimmt, wie der Zusammenhang von Sozio- und Psychogenese zu denken ist. Es wird zweifelhaft, den Zivilisationsprozeß so zu interpretieren, als sei er ein einfaches Resultat des Druckes, den der Staat/die Gesellschaft auf die Individuen ausübt. Statt eines unilinearen Verhältnisses von Institution und Individuum scheint ein dialektisches Verhältnis zwischen Individuum und Individuum der Sachlage wesentlich näher zu kommen. Es genügt auch nicht, dieses realiter dialektische Verhältnis dahingehend zu bestimmen, daß das »Ich« dem »Wir« den Rang abläuft.

Denn der Druck, den die Gesellschaft auf den Homo clausus ausübt, findet in starkem Maße in dessen Sozialisations- und Jugendphase statt. Zivilisiertes Verhalten auszuüben verlangt weniger der Staat, sondern verlangen Individuen von anderen Individuen. Die gestiegene Sensibilität und Distanzneigung der

Individuen ist vor allem Quelle, Motor und Adressat zivilisierten Verhaltens. Schneuzen, Schmatzen, Prügel und Anmache stören weniger Institutionen, Staat und Gesellschaft als sensibilisierte Individuen. So könnte man die Zivilisation als den Versuch deuten, daß sich Individuen vor den Zumutungen anderer Individuen schützen. So erfinden sie Besteck, Seife, Spucknapf, Taschentücher, Sittenbücher, das Gewaltmonopol und die Menschenrechte. Dialektisch wäre dieser Prozeß deshalb, weil die Individuen, die von anderen Zurückhaltung verlangen, diese auch sich selbst auferlegen – je nach Über-Ich-Stärke mehr oder weniger.

So stellt sich der Prozeß der Zivilisation als Prozeß der Distanzierung und Individualisierung dar. Es ginge scheinbar um eine Transformation vom »Wir« zum »Ich«, zumindest unter einem bestimmten Blickwinkel gesehen (so Elias 1994, S. 263). Es wäre jedoch nicht richtig, die Zivilisierung nur in diesem Sinne: »von der Gemeinschaft zur Gesellschaft« zu deuten (Tönnies 1987).

Man kann nämlich mit gleichem Recht sagen, das »Ich« stünde im Mittelpunkt der vormodernen Vergesellschaftung, wie, es stünde im Mittelpunkt der modernen Gesellschaft. Man kann mit gleichem Recht sagen, das »Wir« sei der Angelpunkt der primitiven wie der modernen Gesellschaft. Denn die Distanzierung und Selbstkontrolle in modernen Gesellschaften dient *uno actu* dem Selbstschutz wie dem Schutz anderer Individuen. Das unzivilisierte Verhalten bedeutet demgegenüber das Vorhandensein niedriger Demarkationslinien zwischen Individuen, sozusagen: einen unkontrollierten Grenzverkehr zwischen Menschen, was man scheinbar als Ausdruck des Vorrangs des »Wir«, der Gemeinschaft, interpretieren könnte. Aber diese Interpretation wird sofort durch die Erkenntnis torpediert, daß es zunächst einmal das primitive Individuum ist, das triebhaft in die Sphäre anderer Personen greift, diese Personen belästigt oder eigenen Interessen assimiliert. Unzivilisiertes Verhalten ist infolge der Distanzlosigkeit gemeinschaftsnah, aber auch egozentrischer als zivilisiertes Verhalten.

Was macht die *spezifische Sozialität primitiven Verhaltens* aus? Infolge der niedrigen Distanzschwelle und der gering ausgebildeten Peinlichkeitsgefühle können die Akteure laut Elias, auch wenn sie einander fremd sind, leicht und unproblematisch Essen, Besteck, Hotelzimmer und andere Dinge teilen. Sie können teilweise in die engere Sphäre anderer Personen eindringen, ohne von diesen sofort sanktioniert zu werden. Die niedrige Peinlichkeitsschwelle ist unter einem gewissen Gesichtspunkt auch Ausdruck höherer Toleranz und bedeutet schließlich, daß das Verhalten anderer Personen nicht derart streng zensiert und sanktioniert wird wie in modernen Gesellschaften. »Schlechtes« Benehmen ist teilweise gesellschaftsfähig. Man erträgt den Lärm und Schmutz anderer leichter. So mag man die Handgreiflichkeit, den Angriff eines anderen nicht unbedingt moralisch verteufeln, wenn man diesen auch bekämpft und eliminiert (Es gibt für diese Einstellung ein bekanntes Sprichwort: »Pack schlägt sich, Pack verträgt sich.«) Die niedrigere Peinlichkeitsschwelle ist demzufolge durchaus Ausdruck höherer »Toleranz«, andererseits ist diese Form stärkerer Soziabilität durchaus vermengt mit stärker ausgebildetem Egozentrismus. Elias beschreibt treffend, wie in einfachen Gesellschaften geringe Anlässe Tötungsdelikte evozieren.

Was macht die *spezifische Egozentrik primitiven Verhaltens* aus? Während die primitive Soziabilität die Folge der niedrigen Peinlichkeitsschwellen ist, ist die primitive Egozentrik die Folge der niedrigen Schamschwellen. Akteure einfacher Gesellschaften neigen laut Elias infolge mangelnder Selbstkontrolle eher dazu, andere Personen ihren Interessen zu assimilieren, an ihnen ihre Leidenschaften auszutoben, sie körperlich zu attackieren und zu belästigen. Nach Elias haben diese Akteure auch nicht die kognitive Befähigung, Perspektiven anderer Personen adäquat einzuschätzen.

Was macht nun die *spezifische Soziabilität zivilisierten Verhaltens* aus? Anderen Menschen werden eigene Belange und Verhaltensweisen nicht unkontrolliert zugemutet. Die Interessen und Perspektiven anderer werden in stärkerem Maße berücksichtigt. Es ist demnach falsch, pauschal zu urteilen, das »Ich« habe in der Neuzeit zuungunsten des »Wir« die Macht übernommen. Schon an der Evolution des Über-Ich ist abzulesen, daß in gewisser Hinsicht das »Wir« heute stärker Berücksichtigung findet als in einfachen Gesellschaften (vgl. G. H. Meads Unterscheidung von I und Me, die auf genau diesen Punkt abzielt; Mead 1973).

Was macht die *spezifische Egozentrik zivilisierten Verhaltens* aus? Die gestiegene Peinlichkeitsschwelle bewirkt Distanzierung, Isolierung und Individualisierung des Homo clausus.

Wie man sieht, ist die historische Dialektik von Egozentrismus und Sozialität ein Resultat der sozialen Folgen gestiegener Scham- und Peinlichkeitsschwellen. Gerade deshalb kann man nicht bilanzierend urteilen, diese Dialektik sei ein Nullsummenspiel. Trotz der in der Moderne verlorenen Formen spontaner, primitiver Sozialität muß man urteilen, daß in der Zivilisation sowohl der Egozentrismus als auch die Sozialität auf einem höheren psychogenetischen Niveau anzusiedeln sind (vgl. Oesterdiekhoff 1992, S. 304 ff.; vgl. Elias 1994).

Diese Rekonstruktion der ZT von Elias hat im wesentlichen die tragenden Teile und den Kern der Argumentation freigelegt. Bei aller Plausibilität der Argumentation sind die Probleme der ZT nicht gering. Beginnen wir beim zuletzt behandelten Problem. Die Distanzierung konnte als der allen von Elias untersuchten Verhaltensbereichen zugrunde liegende Verursachungsfaktor von Zivilisierungsprozessen herausgearbeitet werden. Eine einfache theoretische Reduktion der Distanzierung auf die wachsende Komplexität der Verflechtungszusammenhänge, wie es in Elias' soziogenetischem Erklärungskonzept formuliert ist, läßt sich wahrscheinlich nicht aufrechterhalten. In den folgenden Kapiteln muß daher das Soziogenesekonzept genauer untersucht werden, um die Frage anzugehen, wie denn die gestiegene Sensibilität, welche der Distanzierung zugrunde liegt, soziologisch erklärt werden kann. Ist sie tatsächlich die Folge der Entstehung der Verflechtungszusammenhänge innerhalb der höfischen und bürgerlichen Gesellschaft, oder müssen die Verursachungsfaktoren der Zivilisierung anders verortet werden?

Duerr bestreitet die historische Richtigkeit der ZT schon auf der empirischen Ebene. Doch man wird zu dem Ergebnis kommen müssen, daß, bei allen Differenzierungen, der empirische Kern – der Nachweis der historischen Existenz der beschriebenen Verhaltensweisen – Bestand hat. Die Frage ist jedoch, jenseits von Duerr und Elias, ob die Bestätigung der historischen Existenz dieser Verhaltensweisen irgendeinen Beweis für psychogenetische Zivilisierung liefert. Man wird zwar nicht bestreiten können, daß in Europa in den letzten Generationen und Jahrhunderten die Tischmanieren, die Hygienepraktiken und die Regulierung der Ausscheidungen in dem von Elias beschriebenen Sinne revolutioniert wurden (vgl. Duerr 1988, S. 211 ff.). Den Kausalzusammenhang dieser Entwicklungen mit Sensibilisierung und Distanzierung wird man gleichfalls nicht bestreiten können. Zweifelhaft könnte aber sein, ob Sensibilisierung und Distanzierung empirische Indikatoren von Psychogenese (Selbstkontrolle usw.) sind und ob sie soziogenetisch erklärt werden können. Zweifel an der soziogenetischen Erklärung kann man schon deshalb haben, weil zum Beispiel Indianer akephaler Gesellschaften stärker Hygiene praktizierten als die Kolonialeuropäer. Gleichwohl wird man, wenn man von der Erklärungsebene absieht und bloß das weltweite Bescheibungsmaterial berücksichtigt, Elias zustimmen müssen: In vormodernen Gesellschaften sind die drei angeführten Verhaltensbereiche weniger zivilisiert, teilweise bis auf den heutigen Tag. Um dies zu überprüfen, sichte man Material aus Indien, Afrika und anderen Entwicklungsregionen (Al-Wardi 1972, S. 250; Freyre 1982, 1990; PDZ 1, S. 213).

Bei den anderen von Elias beschriebenen Verhaltensbereichen sind die Schwierigkeiten wesentlich größer: Zwar kann die einfache Statistik zum Beispiel der Tötungsdelikte zeigen, daß in vormodernen Gesellschaften die Gewaltsamkeit fast immer größer ist als in modernen Gesellschaften, aber es stellt sich die Frage der empirischen Prüfung des Psychogenesekonzepts. Ist die höhere Gewaltsamkeit in einfachen Gesellschaften im Sinne von Elias tatsächlich durch mangelnde Selbstkontrolle infolge fehlender staatlicher Sozialisierung erklärbar? Oder ist sie ausschließlich Folge des Fehlens staatlicher und polizeilicher Organe? Oder gibt es andere soziologische Erklärungen, die weder auf sozio- noch auf psychogenetische Erklärungen rekurrieren müssen?

Ist die Behauptung von Elias bezüglich der größeren sexuellen Triebhaftigkeit in einfachen Gesellschaften richtig? Ist die Beweisführung von Elias in sozio- und psychogenetischer Perspektive korrekt, oder weist sie Mängel auf? Vergleicht man die Eliasschen Ausführungen zu Geschlechterbeziehungen mit ethnographischem Material, tauchen zahllose Probleme auf, die von Elias nicht diskutiert wurden (vgl. folgende Kapitel).

Zusammenfassend: bei allen Einschränkungen im einzelnen zeigt das weltweite historische und ethnographische Material zunächst einmal im großen ganzen die Richtigkeit der *Beschreibungsebene* der ZT. Man wird nicht abstreiten können, daß unter Berücksichtigung von Ausnahmen die Regulierung von Denkweisen, Mentalitäten, Tischsitten, Hygiene, Ausscheidungen,

Gewaltsamkeit und Geschlechterbeziehungen in vormodernen Gesellschaften mehr oder weniger im Sinne von Elias darstellbar ist.

Fraglich sind eher das tiefenpsychologische Psychogenesekonzept und auch das Soziogenesekonzept als Erklärungsmodelle. Nach Elias ist es gerade die primitive psychische Struktur, welche dem Verhalten zugrunde liegt und den historischen, temporalen und sozialen Zusammenhang der inhaltlich divergenten Verhaltensbereiche erklärt. Elias' transzendentales Verständnis der (primitiven) psychischen Struktur ist die Grundlage für seine Behauptung der historischen Gleichzeitigkeit inhaltlich unterschiedlichen primitiven Verhaltens und der Gleichzeitigkeit im Hinblick auf die Modernisierung der Verhaltensbereiche. Elias behauptet, diese unterschiedlichen Verhaltensbereiche hätten sich mehr oder weniger gleichzeitig – erstmalig in der europäischen Neuzeit und später in der Moderne – verändert. Diese historische Gleichzeitigkeit der psychischen Transformation der unterschiedlichen Verhaltensbereiche sei das Resultat der Zivilisierung der Persönlichkeitsstruktur, der Konstellationsänderung der drei Instanzen. Nun werden die obigen Ausführungen zur »ganzheitlichen« Auffassung von Elias und zu seiner »transzendentalen« Konzeption der Psychogenese verständlicher und empirisch folgenreicher.

Die Position von Elias kann großenteils piagetianisch unterstützt werden. Denn die transkulturelle Piaget-Psychologie kann im großen ganzen bestätigen, daß Populationen in Modernisierungsprozessen abergläubische und primitive Denkweisen in unterschiedlichen Verhaltensbereichen aufgeben und durch formallogische Strukturen ersetzen. Jedoch geht der Erklärungsanspruch der ZT weiter als der piagetianische und wird dadurch problematischer. Der transzendentale Anspruch der ZT bezieht sich nämlich nicht allein auf kognitive, sondern auch auf emotionale Phänomene und elementare Verhaltensweisen. Bei aller zugestandenen Konkomitanz emotionaler und kognitiver Phänomene dürfte es schwer werden, erst recht unter Einbeziehung historischer und ethnographischer Sachverhalte, diesen transzendentalen Status des Eliasschen Psychogenesekonzepts aufrechtzuerhalten. Denn bei aller Kognitionsabhängigkeit von Emotionen und Verhalten sind ihre Formen und Entwicklungen doch auch lerntheoretisch bedingt und erklärbar. Gerade dieser lerntheoretische bzw. sozialökologische Aspekt liefert die Schwierigkeit, trotz der massiven empirischen Evidenz der von Elias präsentierten *Beschreibungsebene*, die transzendentale Konzipierung der Psychogenese weiterhin zu unterstellen.

Dafür ein Beispiel, welches nicht nur den transzendentalen Anspruch des Psychogenesekonzepts, sondern sogar die empirische Beschreibungsebene angreift. Dieses Beispiel steht nicht im Konflikt mit dem sparsameren Anspruch der Piaget-Schule, scheint aber den imperialen Anspruch der ZT, Verhaltensweisen, emotionale und kognitive Aspekte gleichermaßen zu umfassen, zu irritieren und in Zweifel zu ziehen: Elias hat die geringere Gewaltneigung Ostasiens ganz im Sinne seiner ZT durch das Gewaltmonopol (Ersetzung von Kriegern durch Beamte) erklärt. Diese Sensibilität drückt sich auch in ostasiatischen Tischsitten aus (Messermeidung), ganz im Sinne der ZT. Jedoch überrascht das vollkommene Fehlen einer Sensibilität für das Bewußtsein und Empfinden von Tieren. Bis auf den heutigen Tag ist der Umgang mit Tieren in den meisten Ländern des Fernen Ostens schlicht als unfaßbar barbarisch zu bezeichnen. Der transzendentale Anspruch der ZT wird im Hinblick auf Ostasien weiterhin auch dadurch falsizifiziert, daß die prognostizierte Konkomitanz zivilisierter Psychogenese im sozialen *und* kognitiven Bereich nur bedingt feststellbar ist. Während der soziale Umgang (Gewaltvermeidung usw.) im Sinne der ZT weithin höher entwickelt ist als in Europa, ist vormodernes animistisches, magisches Denken in Asien bis heute noch sehr verbreitet. Diese Ungleichzeitigkeiten widersprechen der ganzheitlichen Auffassung und der transzendentalen Konzeption der ZT und stellen eine Herausforderung dar (vgl. Diskussion und Quellenangaben in Kapitel 5).

4.2.2 Die Problematik des zivilisationstheoretischen Dreiebenenmodells

Die Architektonik der ZT fußt auf der Konfusion dreier Komplexe von Sachverhalten, die in keinerlei kausalem und theoretischem Zusammenhang stehen *müssen*, von Elias aber so dargestellt werden, als sei ihre kausale und theoretische Verbindung sachlogisch gegeben und unbezweifelbar. Elias springt zwischen diesen Ebenen hin und her und bezieht sie unreflektiert aufeinander, ohne auf den Gedanken zu kommen, sie zunächst einmal analytisch zu trennen, um dann zu prüfen, in welche Verbindung sie gebracht werden können bzw. ob das überhaupt möglich ist. Für Elias ist der Zusammenhang der drei Ebenen in einer Weise evident, die jede Diskussion und Prüfung auszuschließen scheint. Auch seinen Kritikern, sogar Duerr, ist diese Konfusion der Ebenen nicht aufgefallen.

Die Ebene (1) meint hier: *Figurationen* (Verflechtungszusammenhänge, Interdependenzen, Institutionen). Elias diskutiert das von Historikern aufbereitete Material.

Die Ebene (2) meint hier: *Psychogenese* (Persönlichkeitsstruktur, Selbstkontrolle, Affektregulierung usw.). Für die Ebene (2) hat Elias nur eine Theorie, aber keine Indikatoren, die sie operationalisieren könnten. Diesen Mangel haben weder Elias noch seine Kritiker bemerkt.

Die Ebene (3) meint hier: Die *historischen Verhaltensweisen* in unterschiedlichen Bereichen (Tischsitten usw.). Elias diskutiert Quellen und das von Historikern aufbereitete Material.

Offensichtlich unterscheidet sich Ebene (2) von den beiden anderen Ebenen in mehrfacher Hinsicht. Während Informationen über Staatsgebilde, Naturalwirtschaft, höfische Gesellschaft und Kapitalismus einerseits und über Tischsitten, Gewalt und Sexualität andererseits in den Originalquellen, im Material der Historiker und Ethnographen überall greifbar sind, so handelt es sich beim Psychogenesekonzept nur um ein theoretisches Konstrukt mit arbiträrem empirischen Status. Elias argumentiert jedoch in einer Weise, als spräche die Psychogenese (bzw. ihre »Indikatoren«) in gleicher Weise wie Eßbesteck und Versailles aus den Quellen (bzw. als sei sie in diesen in gleicher Weise greifbar).

Wie stellt sich Elias den kausalen Zusammenhang der drei Ebenen vor? Formen die Interdependenzen die Verhaltensweisen, diese die Persönlichkeitsstrukturen? Diese kausale Verbindung wäre konsequent im Sinne des von Elias vertretenen behavioristischen (lerntheoretischen) Konzepts. Der Behaviorismus bringt Reize und Reaktionen, mithin Interdependenzen und Verhaltensweisen, in einen direkten Zusammenhang und verzichtet auf Persönlichkeitskonzepte. Insofern Elias aber Behaviorismus und Psychoanalyse verbindet, lautet seine Auffassung dieses Kausalzusammenhangs so:

»Es ändert sich die Art, in der die Menschen miteinander zu leben gehalten sind; deshalb ändert sich ihr Verhalten; deshalb ändert sich ihr Bewußtsein und ihr Triebhaushalt als Ganzes« (PDZ 2, S. 377).

Diese Textstelle bringt zum Ausdruck, wie Elias den Kausalzusammenhang der drei Ebenen konzipiert, nämlich auf die naheliegende Weise, welche sich aus einer Kombination von Psychoanalyse und Behaviorismus ergibt. Figurationen (Umgebungsbedingungen) konditionieren Reaktionsmuster, deren Lerngeschichte sich in spezifischen Verhaltensweisen ausformt, deren Fixierungen wiederum die Persönlichkeitsstruktur ausmachen und definieren. Andererseits diskutiert Elias den Kausalzusammenhang nicht, da er, wie schon festgestellt, ihn unreflektiert für evident hält. Man könnte sich daher alternativ mit oder ohne Bezug auf Elias vorstellen, daß *Interdependenzen* gleichzeitig und in gleicher Weise *Persönlichkeitsstrukturen* und *Verhaltensweisen* konditionieren. Wir gehen jedoch davon aus, daß obiges Zitat, in dem Elias diesen Sachverhalt am deutlichsten darlegt, die gemeinte und gewählte Verbindung von Psychoanalyse und Lerntheorie am ehesten zum Ausdruck bringt. Gleichwohl muß man konsequenter lerntheoretisch argumentieren und differenzieren: In der Sozialisationsphase gilt eher folgender Kausalkonnex: Figurationen > Verhaltensweisen > Persönlichkeit. Auf der Erwachsenenebene, wenn die Persönlichkeit schon geprägt ist, gilt eher folgender Kausalkonnex: Figurationen > Persönlichkeit > Verhaltensweisen. Sehr grob, plakativ unter Bezug auf Kapitel 3, aber vereinfachend formuliert: Die Lerntheorie betrifft eher die Sozialisationsphase und die Psychoanalyse eher die adulte Phase.

Der Eliassche Argumentationsgang lautet (unter Absehung der Sozialisationsphase): (1) Figurationen (Interdependenzen/Institutionen) formen (2) Persönlichkeitsstrukturen, diese bedingen die (3) tatsächlichen Verhaltensweisen. Dieses Dreiebenenmodell (Interdependenzen/Persönlichkeitsstrukturen/Verhaltensweisen) nutzt Elias bei seiner Analyse der Sitten, Gewohnheiten, Gebräuche und Praktiken im Mittelalter und der frühen Neuzeit. Seine methodische Vorgehensweise ist: Anhand von historischen Quellen, die die empirische Basis seiner Theorie bilden, belegt er die affektiveren und unkontrollierteren Verhaltensweisen der Menschen des Mittelalters. Diese Verhaltensweisen erklärt er aus den spezifischen Persönlichkeitsstrukturen (Langsicht, Selbstkontrolle, Schamgrenze), welche er mit den Chancen und Restriktionen des Interdependenzgeflechts in Verbindung bringt. Kurz: Die *Interdependenzen* erklären die *Persönlichkeitsstrukturen*, diese die *manifesten Verhaltensweisen*.[13]

Es ist ersichtlich, daß das historische Faktenmaterial sich teilweise auf (1) die Interdependenzen und vor allem auf (3) die Verhaltensweisen gründet. Für die Ebene (2) der Persönlichkeitsstrukturen hat Elias zwar eine plausibele Theorie, aber keine empirischen Nachweise. Elias' Vorgehensweise besteht zunächst darin, die dargestellten historischen Verhaltensweisen (und ihre Veränderungen) aus Annahmen über Persönlichkeitsstrukturen (und ihren Veränderungen) zu erklären. Die Existenz dieser angenommenen Persönlichkeitsstrukturen, welche in psychoanalytischen Termini dargelegt und erörtert werden, *wird aber ihrerseits nur über den Weg der (empirischen) Verhaltensweisen belegt, die sie doch erklären sollen.* Die Persönlichkeitsstrukturen werden nur scheinbar anhand der Verhaltensweisen »operationalisiert«. Statt direkter Operationalisierung anhand eindeutiger Indikatoren[14] findet man bei Elias im Grunde das Verfahren der deutenden Zuschreibung, der Interpolation von Annahmen über Persönlichkeitsstrukturen in das historische Material über Verhaltensweisen. Man muß urteilen, daß hier eine Schwachstelle der Fundierung der ZT vorliegt (jedoch nicht unbedingt ihre Falsifikation).

Denn in der Tat kann man zunächst, das heißt auf der Grundlage des von Elias vorgelegten Materials, sowohl die Entwicklung der Figurationen als auch die der Verhaltensweisen ohne psychogenetische Annahmen erklären. Diese strategische Vorgehensweise ist notwendig, um die tatsächlich argumentativ isolierte Stellung der Psychogenese und die argumentative Verwischung der drei Ebenen auch in der Sekundärliteratur aufzuzeigen. Dies sei hier am Beispiel der historischen Entwicklung der Gewaltan-

13 PDZ 2, S. 329, 377, 380; Goudsblom, J. 1984 a: 84 ff.
14 Dieses Manko ist nicht dadurch erklärbar, daß man Tote nicht mehr befragen kann. Elias vergleicht mittelalterliche Menschen mit Menschen einfacher zeitgenössischer Gesellschaften, deren Verhaltensweisen er am Leitfaden seiner Zivilisationstheorie im gleichen Stile *deutet* – er hätte nicht nur als Professor in Ghana von 1962 bis 1964 die Möglichkeit der Entwicklung operationaler Prüfverfahren der Psychogenese gehabt.

wendung versucht, um das Problem der Begründungsschwäche der Psychogenese ins Bewußtsein zu heben:

Nach den Annahmen der ZT ist die Ursache der Gewalttätigkeit des Mittelalters in der affektiven Persönlichkeitsstruktur, die durch das fehlende Gewaltmonopol sozialisiert wurde, zu sehen. Das neuzeitliche Gewaltmonopol hingegen entwaffnet die Bevölkerung, sanktioniert und unterbindet Gewaltanwendung – und sozialisiert friedliebendere, zivilisiertere Persönlichkeitsstrukturen. Das Gewaltmonopol (1) sozialisiert friedliche, zivilisierte Persönlichkeitsstrukturen (2), diese unterlassen Gewaltakte (3).

Vor dem Hintergrund der Kritik Duerrs und dem Rational-Choice-Ansatz könnte man versuchen – zunächst vielleicht mit größerer Legitimität und unter Bezug auf Occam's Razor (Rational Choice ist voraussetzungsärmer als Psychoanalyse!) – das gleiche Phänomen einfacher als Elias zu erklären, entweder indem man (2) wegläßt oder durch Rational Choice ersetzt (was im Grunde auf das gleiche hinausläuft): Da es im Mittelalter kein Gewaltmonopol gibt, ist die Bevölkerung gewalttätig. Fehlt eine polizeiliche Aufsicht, wenden Individuen Gewalt in Situationen an, in denen es für sie vorteilhaft ist. Wenn affektives und unkontrolliertes Gewalthandeln im Mittelalter nicht nur möglich ist, sondern angesichts fehlenden Gewaltmonopols und des Zwangs zur Selbsthilfe opportun, dann könnten »Skeptiker« (Duerr) oder Rational-Choice-Theoretiker einwenden, gerade unter dieser Bedingung seien die unregulierten Gewaltäußerungen *nicht* das Resultat anderer Persönlichkeitsstrukturen, sondern ausschließlich anderer gesellschaftlicher Umgebungsbedingungen (fehlendes Gewaltmonopol), denen sich die Menschen *rein mechanisch, situationslogisch oder rein rational (!) ohne innere Veränderungen anpassen*. Das bloße Fehlen des Gewaltmonopols erklärt *zunächst* ersichtlich allein, auch ohne Heranziehung der Annahme primitiverer Persönlichkeitsstrukturen, die hohe Gewaltneigung des Mittelalters.

Dieses sparsamere Erklärungsverfahren läßt sich hypothetisch und im Sinne einer Alternative zur Theorie von Elias auch auf die neuzeitliche Gesellschaftsordnung mit Gewaltmonopol, das heißt auf die Transformation der Figurationen, anwenden: Die Menschen sind nicht mehr so gewalttätig, da der Staat sie entwaffnet hat und sie strenger beaufsichtigt. Angesichts der Polizeiaufsicht sind Menschen vergleichsweise nicht mehr zur Selbstverteidigung gezwungen und nicht mehr zum Angriff bereit und befähigt. So sinkt aufgrund des Gewaltmonopols des Staates die Gewaltfrequenz seiner Bürger. Dieses ganz unpsychologische oder am Rational-Choice-Ansatz orientierte Modell hat gegenüber der Psychogenese auch den Vorteil, friedliche Phasen im Mittelalter und die gelegentlich auftretenden Gewalttaten in zivilisierten Gesellschaften einfacher erklären zu können (Faschismus, Kriege in Jugoslawien usw.), nämlich aus dem Zusammenspiel einer universalen, ahistorischen psychischen Struktur mit wechselnden gesellschaftlichen Umgebungsbedingungen, das heißt letztlich allein aus diesen. Der psychogenetische Ansatz ist im Hinblick auf die Erklärung dieser »Anomalien« gezwungen, komplizierte Stützhypothesen über kollektive Regressionen und Dezivilisierungen von Persönlichkeitsstrukturen zu formulieren.[15]

Das Problem ist nun deutlich: Elias erklärt tatsächliche historische Verhaltensänderungen (hier: den innergesellschaftlichen Rückgang von Gewaltanwendung im Verlaufe der letzten Jahrhunderte) aus psychisch-kognitiven, persönlichkeitsstrukturellen Annahmen, die er in die Verhaltensänderungen interpoliert, diesen nachträglich deutend zuschreibt und unterstellt. *Diese psychisch-kognitiven Strukturen müssen aber ihrerseits operationalisiert und damit ihre Existenz geprüft werden. Ist ihre Existenz bestätigt, dann ist es in einem weiteren Schritt möglich, die tatsächlichen Verhaltensänderungen streng aus den operationalisierten strukturellen psychisch-kognitiven Transformationen abzuleiten.* Erst wenn sich die Psychogenese als Verbindungselement zwischen Figurationen und manifestem Verhalten einfügen läßt, ist die Zivilisationstheorie gegen die Attacken Duerrs und anderer Autoren und gegen den direkten nutzentheoretischen Versuch der Verbindung von Umgebungsbedingungen und Verhaltensweisen gefeit.

Hier wird nicht gesagt, die Zivilisationstheorie mit ihren psychogenetischen Annahmen sei falsifiziert und der Rational-Choice-Ansatz, der Verhalten und Institutionen in einen direkteren Zusammenhang setzt, sei ihr überlegen. Es wird nur behaup-

---

15 Elias (1992) erklärt so die Judenvernichtung und den Faschismus durch kollektive Regressionen.

tet, daß die Frage *zunächst* offen ist, beide Seiten *zunächst* gute Argumente haben und vor allem, daß, selbst wenn die psychogenetischen Annahmen richtig sein sollten, Elias sie nicht bestätigen konnte. Sie haben bloßen Behauptungscharakter, denn die von Elias beschriebenen Verhaltensweisen und -änderungen sind nicht ihre Indikatoren, wie er geglaubt und behauptet hat.

Das hier am Beispiel der neuzeitlichen Gewaltentwicklung verhandelte Problem, ob Figurationen/Institutionen direkt Verhalten(sänderungen) bestimmen oder nur vermittelt über persönlichkeitsstrukturelle Steuerungsmechanismen, betrifft selbstverständlich auch die anderen von Elias beschriebenen Verhaltensweisen (Sexualität, Tischsitten, aber auch Denkweisen, Weltbild usw.). Ohne dies für alle Bereiche ausführen zu wollen, nur ein Beispiel: Selbstverständlich kann ein Wildbeuter innerhalb kurzer Zeit lernen, mit Messer und Gabel zu essen und auf grobe Manieren zu verzichten – auch ohne seine Persönlichkeit zu verändern. Komplementär kann ein zivilisierter Bildungsbürger sich in einer geeigneten Umgebung schnell schlechte Manieren aneignen. Diese Beispiele sollen darauf hinweisen, daß das Problem der Validierung und Prüfung der Psychogenese *nicht* über den von Elias beschrittenen Weg der Anführung uferlosen Materials über Verhaltensweisen in verschiedensten Lebensbereichen gelöst werden kann, sondern nur durch eine systematische Analyse der Psychogenese und ihre empirische Überprüfung anhand eindeutiger Indikatoren. Den gleichen Vorwurf, nur mit umgekehrter Intention, muß man auch gegen Duerr erheben.

Diese Leerstelle der Zivilisationstheorie hat ihre Diskussion hintergründig bestimmt, obwohl sie als Manko gar nicht klar zur Kenntnis genommen wurde. Am Beispiel der Beiträge von Duerr wird ansatzweise deutlich, daß auch ihm das aufgezeigte theoretische Problem nicht in begrifflicher Schärfe aufgefallen ist, obwohl es seinen Beiträgen zugrunde gelegen hat.

Kritiker bezweifelten sowohl die Figurationssoziologie (zum Beispiel können angeblich auch Institutionen staatsarmer Gesellschaften Menschen pazifizieren) als auch vor allem und immer wieder die psychogenetischen Annahmen. Man behauptete, daß es keine spezifische Richtung in der Steuerung psychischer Funktionen geben könne. Es wurde behauptet, die Eliassche Vorstellung, es existiere ein Kontinuum der Steuerung und Kontrolle von Trieben und damit ein Kontinuum zivilisierten Verhaltens und psychischer Entwicklung, sei unhaltbar. Vielmehr existierten prinzipiell unendlich viele Modi und Dimensionen psychischer Steuerung. Damit entfiele die Grundlage der Theorie der Zivilisation, da ein Kriterium, ein allgemeiner Gradmesser psychischer Entwicklung und Zivilisierung vollkommen fehle.

Das Dreiebenenmodell – und damit die ZT – steht und fällt mit dem Konzept der Psychogenese. Findet sich keine Theorie zur Erhärtung dieses Konzepts, dann ist die ZT begründungsschwach. Dann kann man den von Elias beschriebenen Zusammenhang von Figurationen und Verhaltensweisen auch ohne ZT und Psychogenese, zum Beispiel im Sinne von Rational Choice, darlegen und erklären. Dann wäre bewiesen, daß das Eliassche Erklärungsmodell tautologisch ist: *Persönlichkeitsstrukturen sollen Verhaltensweisen erklären, welche gleichzeitig als Indikatoren dieser Persönlichkeitsstrukturen genutzt werden.* Nun zeigt sich: Wenn die Kritiker das Psychogenese-Konzept bezweifeln und Elias in seiner Antwort die Entwicklungspsychologie in den Vordergrund der Begründung des Konzepts rückt, spätestens dann wird offensichtlich, daß die Unzahl der beschriebenen historischen Verhaltensweisen und -änderungen als Bestätigung und Beweis der Psychogenese nicht mehr ausreichen, sie mithin nicht »operationalisieren«.

Fazit: Das von Elias entwickelte Konzept der Psychogenese – das Zentrum der ZT – verfügt nicht über eine streng empirische Basis, da die historischen Verhaltensweisen, denen Elias diese Funktion zumutete, auch direkt und nicht psychologisch aus den Interdependenzen erklärt werden können, wie man schon auf der Grundlage der von Elias selbst vorgelegten Materialien und Analysen, allerdings gegen seine Intention, schlußfolgern kann.

Mit diesem Ergebnis wird die These von Kapitel 4.2.1 bestätigt, der zufolge das freudianische Strukturmodell unter Verwendung immanent tiefenpsychologischer Methoden keine empirische Basis hat. Elias ist es nicht gelungen, das historische Material so zu strukturieren, daß man aus ihm eindeutige Indikatoren entwickeln könnte, welche das Strukturmodell operationalisierten. Die Ebenen *Interdependenzen* und *Verhaltensweisen* stehen nicht in einer festen Beziehung zu der Ebene *Persönlichkeitsstruktur (Psychogenese)*, wie Elias glaubte und suggerierte, sondern die Beziehung ist vielmehr so locker, daß alternative nutzentheoretische Interpretationen und apsychologische Erklärungen zunächst möglich sind. Dies bedeutet, daß die These »vom Es zum Über-Ich«, von der zunehmenden Selbstkontrolle und Langsicht, zunächst spekulativen Charakter hat. Es rächt sich Elias' Festhalten an der Psychoanalyse und sein Unvermögen, eine psychologische Theorie zu finden und zu entwickeln, die nicht an den beschriebenen Mängeln laboriert.

Wie schon festgestellt, vermag die transkulturelle Piaget-Psychologie den psychogenetischen Kern der ZT nachträglich zu fundieren und zu bestätigen. Sie ist dazu in der Lage, das historisch dynamisierte freudianische Strukturmodell empirisch zu verankern. Dies gelingt ihr, da ihr Theoriekern weithin identisch ist mit dem tiefenpsychologischen Ansatz, jedoch zusätzlich empirisch operationalisiert werden kann. Im Gegensatz zur ZT verfügt die Theorie Piagets über eine eindeutige Beziehung von *Verhaltensweisen* und *Psychogenese*. Das Unvermögen vormoderner Populationen, Tests zu syllogistischem Denken, Kombinatoriktests und andere Tests, die formal-logisches Denken operationalisieren, zu bestehen, während gleichzeitig Tests das Vorliegen präoperationaler Denkstrukturen bestätigen, zeigt auf, daß die Thesen der ZT von der »unausgebildeten Ratio, der fehlenden Langsicht und der Enge des Gedankenraumes« tatsächlich verifiziert werden können. Die unterschiedlichen *Denk- und Verhaltensweisen* vorindustrieller Populationen (Wahrnehmung von Perspektiven, Kausalitätskonzepte, Wahrscheinlichkeitskonzepte, eidetische Wahrnehmungen, Klassifikationen, Schlußfolgerungen, objektive Verantwortlichkeit, juristisches Verständnis, animistisches Denken usw.), die die transkulturelle Psychologie protokolliert hat, stehen sowohl untereinander als auch mit der sie erklärenden Theorie, welche die apriorische *Psychostruktur* beschreibt, in einem unzweideutigen Zusammenhang. Die transkulturelle Psychologie kann damit die These der ZT verifizieren, der zufolge der traditionale Mensch vorindustrieller Gesellschaften der kindlichen Mentalität nähersteht.

Die transkulturelle Psychologie kann nicht nur den Zusammenhang von *Persönlichkeit* und *Verhalten*, sondern auch den Zusammenhang von *Interdependenzen* mit den beiden anderen Ebenen aufhellen, wie in weiteren Kapiteln im einzelnen zu zeigen sein wird. So ist es möglich, die ZT gegen alternative nutzentheoretische Erklärungsmodelle abzuschirmen und letztere als sachlich unangemessene Engführungen der Kultur- und Sozialgeschichtsschreibung zu enttarnen.

4.2.3 Onto- und Phylogenese nach Elias und Piaget

Elias, Piaget und viele andere Autoren sehen einen Zusammenhang von Onto- und Phylogenese. In ihren Büchern beziehen sich Elias und Piaget immer wieder auf ontogenetische Strukturen, um die Kulturgeschichte entwicklungspsychologisch zu erklären. Bei Elias ist der Verweis auf kindliche Strukturen oft genug der Versuch, sein Psychogenesekonzept zu fundieren und gegen Kritiken zu schützen. Elias und auch Piaget haben diese Homologien beziehungsweise Strukturidentitäten jedoch mehrdeutig, oberflächlich und ungenau konzipiert. Weder Elias noch Piaget haben eine systematische und kohärente Analyse des Zusammenhangs von Onto- und Phylogenese vorgelegt, nicht einmal in Aufsatzlänge. Sie diskutieren diesen Zusammenhang meist nur passagenweit, wobei solche Passagen in ihren Büchern wiederholt auftauchen. Bei Piaget finden sich sogar verschiedene Konzeptualisierungen dieses Zusammenhangs (Piaget 1967, 1974 b; 1975 k). Man kann sicher sein, daß beide Autoren die Implikationen dieses Zusammenhangs nicht hinreichend reflektiert haben (Oesterdiekhoff 1995, 1997).

Elias behauptet die psychische *Strukturidentität* von Kindern und traditionalen Menschen; der Aufbau von Es, Ich und Über-Ich ist ihm zufolge strukturidentisch (PDZ 2, S. 391; Schröter 1997, S. 49 ff.). Triebstruktur, Persönlichkeitsaufbau, Selbstkontrolle und Emotionen sind bei ihnen strukturidentisch ausgebildet. Elias bezeichnet diese Strukturidentität und damit die Grundlage der ZT als soziogenetisches Grundgesetz im Anschluß an das von Haeckel formulierte biogenetische Grundgesetz (PDZ 1, S. 330, S. 173 f.).

»Die Triebe, die Emotionen spielten ungebundener, unvermittelter, unverhüllter als später... Und weil also hier (im Mittelalter) die Emotionen in einer Weise zum Ausdruck kommen, die wir im eigenen Lebensraum im allgemeinen nur noch bei Kindern beobachten können, nennen wir ihre Äußerungen und Gestaltungen kindlich« (PDZ 1, S. 277).

»So haben die Menschen als Gesellschaften in ihrem Umgang mit der Natur von ihrem Ausgangspunkt, den primären, naiv-egozentrischen und stärker affektgeladenen Denk- und Verhaltensformen, die wir heute unverdeckt nur noch bei Kindern beobachten, einen langen Weg zurückgelegt, den jeder Mensch als Individuum, abgekürzt, beim Heranwachsen immer wieder zurücklegen muß« (Elias 1983, S. 49).

»Und hat Elias mit seiner Feststellung, daß der Habitus mittelalterlicher, verglichen mit dem heutiger Erwachsener in unseren Gesellschaften dem Habitus unserer Kinder in vieler Hinsicht näher stehe, nicht recht?« (Schröter 1990, S. 50).

Wie erklärt Elias die Kindlichkeit traditionaler Erwachsener und ferner, daß moderne Erwachsene nicht mehr kindlich strukturiert sind? Elias erklärt diese Sachverhalte soziogenetisch, das heißt aus dem zunehmenden Zwang, den die Gesellschaft auf die Individuen ausübt. Die vorindustrielle Gesellschaft erzeugt in den Individuen wenig Strafangst und erzwingt kein selbstkontrolliertes Handeln, so daß es den Individuen gestattet bleibt, sich unreglementiert, spontan und kindlich zu verhalten. Die neuzeitlichen Gesellschaften hingegen sanktionieren die Kindnatur und erziehen systematisch zur Triebkontrolle. Zuerst waren es die Zwänge des Hofes und der oberen Stände, die die Menschen in diesem Sinne zivilisierten. In den nächsten Generationen waren es die sozialisierten Erwachsenen, die ihre Kinder im Sinne kontrollierter Standards erzogen (PDZ 1, S. 330, S. 172 f., S. LVIII; PDZ 2, S. 478). So wuchs in der Neuzeit der psychostrukturelle Abstand zwischen Kindern und Erwachsenen zunehmend, und es entstand laut Elias erstmalig die Pubertät als Lebensphase (PDZ 1, S. 192, S. 250).

»Die Neigungen und Tendenzen, auf deren Bewältigung sich die mittelalterlichen Manierenschriften richten, sind im einzelnen oft die gleichen, die sich auch heute noch oft bei Kindern beobachten lassen... Auch heute wird dem Kind eingeschärft, nicht sofort nach etwas zu greifen, was auf dem Tisch steht, wenn es Lust dazu hat, und sich nicht zu jucken oder nicht bei Tisch Nase, Ohren, Auge oder andere Teile seines Körpers zu berühren... Ein guter Teil dieser Vorschriften findet sich beispielsweise auch in Tannhäusers ›Hofzucht‹, aber sie sind hier ganz und gar nicht nur an Kinder, sie sind unzweideutig an Erwachsene gerichtet« (PDZ 1, S. 191).

Das von Elias formulierte soziogenetische Grundgesetz beruht also auf einer Kombination von Entwicklungspsychologie, Psychoanalyse und Behaviorismus, das heißt auf einer Kombination von Entwicklungslogik, Triebtheorie und Erziehungsstilanalyse. Ohne Zwang und Erziehung bleiben Menschen spontan auf einer kindlichen Stufe stehen. Erhöhen sich äußerer Zwang und erzieherische Bemühungen, dann veredelt sich die Triebnatur in eine Richtung, die biologisch vorgegeben ist, nämlich in eine differenziertere und integriertere Richtung.

Elias' Reflexionen sind unzureichend und mehrdeutig, wenn auch vielleicht nicht falsch. Laut Elias ist erzieherischer Zwang der einzige Motor der psychischen Weiterentwicklung. Ohne den erzieherischen Zwang im Stile zivilisierter neuzeitlicher Gesellschaften verblieben alle Menschen lebenslang auf einem kindlichen Niveau. Um Elias Ausführungen zu bezweifeln, könnte man die Argumentation des vorigen Kapitels wiederholen und variieren: Wenn Menschen des Mittelalters wie die Kinder gierig nach dem Essen greifen oder wie diese Provokationen gewalttätig beantworten, weil ihnen Staat und Erziehung dies und anderes nicht verboten haben, dann sind solche Parallelen beziehungsweise identischen Verhaltensweisen weder ein Beweis für die kindliche *Struktur und Mentalität* mittelalterlicher und traditionaler Menschen; schließlich sind sie nicht einmal ein Beweis für die Kindlichkeit von Kindern noch für die Existenz des soziogenetischen Grundgesetzes respektive die Homologie von Onto- und Phylogenese. Man könnte Elias' Ausführungen summarisch abweisen mit dem Argument: Traditionale Menschen greifen manchmal gierig nach dem Essen wie Kinder, weil ihnen keine Institution deutlich zu verstehen gegeben hat, daß sie dies unterlassen sollen – so wie Eltern eine Zeitlang brauchen, um Kindern Manieren beizubringen. Daraus kann man *zunächst* in keiner Weise auf die *Psychostruktur* von Menschen schließen, das heißt auf die kindliche Mentalität von Erwachsenen. Es könnte sich sich vielleicht nur um ein Informations-, Stil- und Werteproblem handeln. Daß Menschen des Mittelalters in vieler Hinsicht so handeln wie heute nur noch Kinder, beweist in psychogenetischer Hinsicht gar nichts, da man Verhaltensweisen daraufhin prüfen muß, ob sie aus der Psychostruktur erwachsen oder nur Hülle, Patina, Appendix sind. Es gibt Angewohnheiten und Praktiken, die sich so lange erhalten, bis eine Institution sie verbietet. Oder umgekehrt: Es gibt Inkompetenzen, die sich so lange halten, bis eine Institution sie beseitigt. Kleinkinder und Primitive sind weltweit Analphabeten, moderne Erwachsene sind es regulär nicht. Der Analphabetismus ist aber nicht *a priori* und *per se* ein Indikator für die kindliche Psychostruktur (er ist es faktisch doch, das kann man aber nicht a priori wissen. Hier geht es nur um den logischen Unterschied von Kompetenzen und Performanzen und um die logische Struktur des Arguments, vgl. Oesterdiekhoff 1992), man könnte *zunächst* (wenn man es nicht aufgrund von Forschungsergebnissen besser wüßte: Luria 1986; Hallpike 1994) behaupten, Analphabetismus habe mit Psychostrukturen nichts zu tun und berühre nur Informationen, die man hat oder nicht hat. Elias könnte demzufolge das von ihm formulierte soziogenetische Grundgesetz nur dann fundieren, wenn es ihm gelänge nachzuweisen, daß gieriges Essen und Rauflust Indikatoren kindlicher Mentalität und Psychogenese sind. Dann könnte er in einem zweiten Schritt behaupten, diese Verhaltensweisen, gleichviel ob sie bei Kindern oder Erwachsenen auftauchen, seien Resultat einer primitiven Psychostruktur. Diesen Weg hat er nicht beschritten, daher konnte er eine Strukturidentität von Kindern und Primitiven nicht annähernd beweisen.

Denn seine Argumentation in dieser Frage ist nicht psychogenetischer, sondern ausschließlich soziogenetischer Natur. Er begründet die psychogenetische Weiterentwicklung ausschließlich sozialisationstheoretisch, nicht strukturtheoretisch-entwicklungspsychologisch. Elias' Argumentation ist auch deshalb unzureichend, weil Erziehung, gleichviel ob staatlich oder elterlich betrieben, sowohl Anreize und Informationen liefert, die psychostrukturell keine Folgen haben, als auch solche, die strukturelle Entwicklung antreiben (Bruner 1981; Oesterdiekhoff 1992). Es kann daher *a priori* (immanent zivilisationstheoretisch) nicht ausgeschlossen werden, daß der von Elias behauptete kulturgeschichtliche *und* elterliche Erziehungszwang nicht auf psychostrukturelle Entwicklungen einwirkt, sondern nur auf strukturneutrale, kontingente Verhaltensweisen. In letzterem Falle wäre die von Elias dargestellte kulturgeschichtliche Erziehung der neuzeitlichen Populationen zu guten Manieren und bravem Verhalten in keiner Weise eine Fundierung des soziogenetischen Grundgesetzes bzw. der These von der Strukturidentität von Onto- und Phylogenese.

Wenn man nun unter Heranziehung der Theorie Piagets die ZT abstützt, dann zeigt sich, daß die These von der Strukturidentität mehr oder weniger korrekt ist. Unter Bezug auf die Theorie Piagets kann gezeigt werden, daß die kognitiven Psychostrukturen von Kindern und Primitiven weitgehend identisch sind (Hallpike 1994; Oesterdiekhoff 1992, 1997). Damit ist das reformulierte soziogenetische Grundgesetz Elias' im Prinzip verifiziert. Diese Abstützung betrifft zum Beispiel Elias' Ausführungen zur »Enge des Gedankenraumes« usw., aber nicht unmittelbar seine Ausführungen zu Tischmanieren und gesittetem Verhalten, die er in den Mittelpunkt seiner Argumentationen zum genannten Grundgesetz stellt.

Wenn auch Elias' soziogenetische Ausführungen nicht das Grundgesetz beweisen, da sie Psychogenese nicht operationalisieren, können sie gleichwohl durchaus richtig sein und die Anregungs- und Sozialisationsfaktoren psychogenetischer Entwicklung (jedoch nicht diese selbst) mehr oder weniger angemessen beschreiben. Es ist *a priori* nicht auszuschließen, daß die Veränderung der neuzeitlichen Sozialisationsbedingungen (als Folge der Entstehung der Staats- und Marktgesellschaft), zum Beispiel im Sinne eines zunehmenden Zwanges, wie Elias annimmt, die Ursache (Mitursache) der psychogenetischen Weiterentwicklung gewesen ist. Eine Rekonstruktion und Korrektur der Eliasschen Ausführungen zum soziogenetischen Grundgesetz ist demnach durchaus möglich.

Auch nach der Ad-hoc-Auffassung von Piaget (1975 j, S. 77) ist es die soziale Arbeitsteilung (Figurationen!), die in der neuzeitlichen Bevölkerung das formal-logische Denken entstehen ließ. Piaget behauptet wie Elias die These von der Strukturidentität. Im Gegensatz zu Elias kann Piaget die Strukturidentität auch operationalisieren und nachweisen. Er kann ihre *Entstehung* aber ähnlich ungenügend erklären. Piaget hat wenig dazu beigetragen, zu erläutern, weshalb Menschen vorindustrieller Gesellschaften in präoperationalen Strukturen verhaftet bleiben. Piagets Ausführungen zu den Ursachen der Formalisierung des Denkens von Populationen in modernen Gesellschaften sind theoretisch mehrdeutig und unbefriedigend. Diese Ausführungen finden sich nur auf wenigen Seiten, sind also auch quantitativ spärlich. In den Frühwerken Piagets werden die Homologien noch sehr häufig kurz erwähnt und angesprochen, die Veränderung der ideologischen Großwetterlage in der zweiten Hälfte des 20. Jahrhunderts bewirkte aber, daß Piaget sich immer weniger mit dieser Frage beschäftigte. Gleichwohl muß man ganz eindeutig sagen, Jean Piaget ist der große Theoretiker und Programmatiker des Zusammenhangs von Onto- und Phylogenese. Wie grundlegend seine Arbeiten für die Erhellung dieses Zusammenhangs sind, ist ihm jedoch nie ganz bewußt geworden (Oesterdiekhoff 1992, 1997).

»Wir glauben, daß der Tag kommen wird, an dem man das kindliche Denken im Vergleich zum Denken des normalen und zivilisierten Erwachsenen auf dieselbe Ebene stellt wie das ›primitive Bewußtsein‹, das Lévy-Bruhl definiert hat, wie das autistische und symbolische Denken, das Freud und seine Schüler beschrieben haben, und wie das ›krankhafte Bewußtsein‹, wenn man nicht annehmen will, daß dieser Begriff, der auf Charles Blondel zurückgeht, eines Tages mit dem vorhergehenden verschmelzen wird« (Piaget 1928, zitiert in: C. Lévi-Strauss 1981, S. 154).

Nun war dieser Tag schon längst vorbei, als Piaget seinen Satz 1928 veröffentlichte. Im Jahre 1926 erschien das Lehrbuch von Heinz Werner (1933) in erster Auflage und setzte das Programm von Piaget, wie es in dem Zitat zum Ausdruck kommt, in bis heute gültiger und wahrscheinlich im großen ganzen bislang nicht übertroffener Weise um. Das Lehrbuch von Werner hat die These von der Strukturidentität systematisch ausgebaut, umgesetzt und verifiziert.

Wie kann man nun in äußerster Kürze den Zusammenhang von Onto- und Phylogenese zusammenfassend konzipieren? Die Untersuchungen beweisen die kognitive Strukturidentität von Kindern und traditionalen Menschen. Sie zeigen ferner, daß moderne kulturelle Institutionen und Verfahren – insbesondere die moderne Schulbildung – die Formalisierung der Denkprozesse und die psychische Weiterentwicklung evozieren. Daraus kann man schließen, daß der Mensch ohne moderne kulturelle Stimulation nicht formal-operationales Denken entwickeln würde, sondern durch eine Psychostruktur und Mentalität geprägt bliebe, die man in der Industriegesellschaft bei Kindern feststellen kann. Dies zeigt, daß der eigentliche Exot nicht der Primitive, sondern der Zivilisierte ist. Die kindliche Mentalität ist in bestimmter Hinsicht gar nicht kindlich, sondern unter ›normalen‹ (also vorindustriellen) Lebensbedingungen die normale Mentalität normaler Erwachsener (Oesterdiekhoff 1992, S. 49 ff., S. 73 ff., S. 402 ff.).

Dies zeigt dann, daß der Zusammenhang von Onto- und Phylogenese, Individuum und Gesellschaft, Psyche und Kultur auf einer dialektischen Beziehung basiert. Modernisierung ist das Produkt von psychischer Weiterentwicklung und erzeugt sie *uno actu*. Wie das Beispiel der kulturabhängigen Geschwindigkeit der sensomotorischen Entwicklung zeigt (vgl. Kapitel 2.3), berührt die Dialektik von Psyche und Kultur ferner biologische Vorgänge, die mit sozialisatorischen Prozessen gekoppelt verlaufen. Es wird wohl noch lange dauern, dieses in seiner Existenz nicht zu bestreitende Phänomen der Dialektik von Kultur und Biologie (Phänokopie) ganz erklären und aufhellen zu können.

Demnach gibt es nicht nur einen engen Zusammenhang von Onto- und Phylogenese, sondern auch von sozio- und biogenetischem Grundgesetz. Die Psychogenese läßt sich noch stärker und grundlegender theoretisch auf die Biogenese reduzieren, als Piaget und Elias angenommen hatten.

4.2.4 Soziogenese im Kulturvergleich

In diesem Kapitel wird das Soziogenesekonzept von Elias' ZT sowohl durch Überprüfung der Stimmigkeit der Argumentation als auch unter Heranziehung ethnologischen Materials rekonstruiert. Das Soziogenesekonzept dient Elias einmal dazu, die Sozialisationsbedingungen der Psychogenese darzustellen, dann hat es ferner die Funktion, soziale Ursachen, Wirkungen, Relevanzen und Kontexte der Psychogenese insgesamt zu erläutern.

Wie in Kapitel 1 dargelegt, ist das Soziogenesekonzept von Elias nicht in jeder Hinsicht systematisch entwickelt, vielmehr finden sich entscheidende Bruchstücke der Argumentation oft nur angedeutet und scheinbar zusammenhanglos über das ganze Werk verstreut, obwohl Elias fast den ganzen zweiten Band dem historischen Wandel von Institutionen und Figurationen gewidmet hat. Zudem suggeriert Elias den Zusammenhang von Sozio- und Psychogenese mehr, statt ihn zu beweisen. Immer wieder schiebt er den noch am ehesten plausiblen Zusammenhang von Gewaltmonopol und Pazifizierung in den Vordergrund, wenn er generell sein Soziogenesekonzept validieren will, statt dieses auch für andere Epochen und soziale Kontexte (Wildbeuter, Selbstversorgung, Stämme, Dörfer) einerseits und andere Verhaltensweisen andererseits hinreichend exakt nachzuweisen. Dies irritiert um so mehr, als Elias auch versucht, die Schwächen seines Psychogenesekonzepts mit Hilfe seines Soziogenesekonzepts zu kompensieren.

Das Soziogenesekonzept in äußerster Kürze: Elias behauptet, in den staatslosen vorneuzeitlichen Gesellschaften seien die sozialen Verflechtungszusammenhänge weitmaschig und kurz. Akteure sind in wenige Verflechtungszusammenhänge eingebunden und müssen die Folgen ihrer Handlungen in Ansehung kurzer Handlungsketten und geringer sozialer Einbindung kaum bedenken. Akteure sind überwiegend (bäuerliche) Selbstversorger und daher nicht von ökonomischen und bürokratischen Institutionen reguliert und vereinnahmt. Diese institutionelle Zwanglosigkeit ist die sozialisatorische Ursache der primitiven Persönlichkeitsstruktur, der niedrigen Selbstkontrolle und Verhaltenszivilisierung (PDZ 2, S. 321 f., 37 ff.). Diese institutionelle Verfassung spiegelt sich auch in den vorindustriellen Erziehungstechniken, welche mit nur geringer Intensität auf die Individuen einwirken, so daß deren Angstfreiheit die Ursache ihrer Spontaneität und Triebhaftigkeit ist.

An den feudalen Königshöfen verdichten sich allmählich die Verflechtungszusammenhänge, die oberen Schichten verlangen von den unteren zivilisiertes Verhalten, das aber nur auf einem schwachen Fremdzwang basiert, der kaum internalisiert wird, das heißt kaum zum Selbstzwang wird (Courtoisie). An den absolutistischen Höfen (Entstehung des Nationalstaats) wird aufgrund sukzessiver Verdichtungen der Fremdzwang erstmalig in nennenswerten Selbstzwang umgesetzt, aber noch ohne intensivere psychische Tiefe (Civilité). Erst die bürgerliche Civilisation ab dem 18. Jahrhundert beruht laut Elias infolge der noch intensiveren und komplexeren marktwirtschaftlichen Verflechtungszusammenhänge auf intensiven Selbstzwängen und hochentwikkelter Über-Ich-Steuerung (vgl. Kapitel 1.2.2).

Der in der sozialen Evolution zunehmenden Verflechtungsordnung, der wachsenden Anzahl an Koakteuren, den zunehmenden sozialen Zwängen und steigenden Anforderungen an Koordination, Perspektivenübernahme und Planung entspricht die psychogenetische Zivilisierung, die zum Ziel hat, den Akteuren das Handeln in komplexeren Systemen (Staat, Bürokratie, Marktwirtschaft) zu ermöglichen. Der Komplexitätssteigerung des sozialen Systems entspricht die zunehmende Differenzierung und

Integration psychisch-kognitiver Funktionen (Kongruenz und kausale Wechselwirkung von System und Akteur, Sozio- und Psychogenese).

Ersichtlich steigt mit dem zunehmenden Fremdzwang im Laufe der sozialen Evolution auch der Selbstzwang. Von der Selbstversorger- über die höfische zur kapitalistischen Staatsgesellschaft findet eine fortlaufende Zunahme des Fremd- *und* gleichermaßen des Selbstzwangs statt (PDZ 2, S. 316 ff., 321 f.). Der Selbstzwang ist demnach eine *direkte* Funktion des Fremdzwangs und steht in linearer und kausaler Abhängigkeit von ihm. Niedriger (hoher) Fremdzwang korelliert vollständig mit niedrigem (hohem) Selbstzwang. Dieser Zusammenhang resultiert schon aus dem Fundament von Elias' Evolutionstheorie: Der kausale und temporale Zusammenhang von Fremd- und Selbstzwang fußt auf dem gleichmäßigen Prozeß von zunehmender Differenzierung und Integration, welche die Sozio- und Psychogenese gleichermaßen determinieren.

Ohne Zweifel: Elias' Soziogenesekonzept ist eine interessante Hypothese, es fragt sich nur, ob sie verifiziert werden kann. Es erfüllt alles andere als streng wissenschaftliche Kriterien und wurde nicht auf der Grundlage von Beweisen entwickelt. Das Soziogenesekonzept beruht tatsächlich nur auf Behauptungen, nicht auf Beweisen. Auf folgende Fragen hat Elias nur scheinbar eindeutige Antworten, welche genau besehen nicht als empirisch operationalisiert gelten können: Ist der Fremdzwang in staatslosen Gesellschaften tatsächlich schwächer als in neuzeitlichen Staatsgesellschaften, wie Elias behauptet? Ist das angeblich selbstkontrolliertere Verhalten in Staatsgesellschaften – Elias' Behauptung hypothetisch als gültig vorausgesetzt – tatsächlich auch Indiz fremdzwangbedingten stärkeren Selbstzwangs oder *nur* des intensiveren Fremdzwangs (vgl. nutzentheoretische Erklärung)?

Man braucht nur das Ergebnis von Kapitel 4.2.2 auf diese Diskussion des Soziogenesekonzepts zu applizieren, um zu erkennen, daß diese Fragen unbeantwortet sind. Um so erstaunlicher, daß das Soziogenesekonzept nie umfassend und systematisch geprüft und kritisiert worden ist. Es hat nur einige kritische Anmerkungen erfahren, die aber ihrerseits noch weniger fundiert zu sein scheinen.

In einem Werk seiner vierbändigen Auseinandersetzung mit

Elias' ZT hat Duerr ein kurzes Kapitel geschrieben, das einige interessante Kritiken am Soziogenesekonzept enthält. Nur in diesem Kapitel gelingt es Duerr, seine Argumentationen so zu formulieren und zu fokussieren, daß man sie als halbwegs analytisch und systematisch prädizieren kann. Rekonstruiert man den Gedankengang von Duerr nach logischen Gesichtspunkten, dann lautet seine Gegentheorie wie folgt:

Duerr schwankt implizit zwischen den beiden Positionen (1) Universalismus (alle Menschen aller Zeiten sind psychisch identisch) und (2) einer Art Kulturrelativismus (es gibt epochale Konjunkturen, Ups and Downs, (un)zivilisierten Verhaltens; Duerr 1993, S. 13, 20; Duerr 1988, S. 10, 12). Zwar widersprechen sich die Theorien Nr. 1 und 2, aber sie finden darin ihre Gemeinsamkeit, daß sie gegen den Evolutionismus argumentieren (vgl. Oesterdiekhoff 1992, S. 49 ff. zum Theoriedreieck Universalismus, Kulturrelativismus und Evolutionismus). Duerr entwickelt nicht nur aus intellektuellen Gründen und analytischen Schwächen im engeren Sinne keine systematische Theorie, sondern im weiteren Sinne auch deshalb, um vor sich selbst und den Lesern besagten Widerspruch nicht erkennen zu müssen (der weitere Sinn läßt sich auf den engeren Sinn jedoch theoretisch reduzieren). Da er seine eigene Theorie widersprüchlich und mehrdeutig formuliert (er setzt diese mehr implizit voraus, anstatt sie zu formulieren), greift er zwar die ZT an, aber ohne dabei erkennen zu müssen und erkennen zu lassen, daß seine eigenen Voraussetzungen an der gleichen Krankheit leiden, welche er der ZT vorwirft, nur mit umgekehrtem Vorzeichen. Die Nichtvermeidung des Widerspruchs bezweckt demnach einen ideologisch bedingten »Krankheitsgewinn«: Der Angriff auf Elias rechtfertigt alle Mittel, auch Fabulieren und nebelartige »Argumentationen«.

Die »Therapie« beginnt sachlogisch rekonstruiert so: Die Weltgeschichte kennt nach Duerrs Theorie 2 bislang vier Phasen von Zivilisationsstandards:

1. Sehr kontrolliertes und zivilisiertes Verhalten in primitiven Gesellschaften (Stämme und Dörfer reglementieren stark).
2. Unzivilisiertes Verhalten in den (spätmittelalterlichen) Städten (ca. 1200-1600). Die soziale Kontrolle ist sehr schwach (kein Staat, keine Polizei), und daher sind die Verhaltensstandards unzivilisiert und primitiv.
3. Sehr kontrolliertes Verhalten in der absolutistischen Phase der

europäischen Neuzeit. Der Staat stellt in der Gesellschaft die Ordnung wieder her, die in den vorstädtischen Gesellschaften geherrscht hat und im Spätmittelalter verlorengegangen war (ca. 1600-1900).

4. Unzivilisiertes Verhalten in modernen Gesellschaften. Die fehlende soziale Kontrolle der Personen führt zu einer Beliebigkeit des sozialen Handelns. Personen werden weder von anderen Personen noch vom Staat in ihrer ganzen Lebensführung kontrolliert, sondern man tauscht nur Fragmente aus. Freiheit bewirkt Dezivilisierung.

Die Zunahme und Verlängerung der Verflechtungszusammenhänge bewirken laut Duerr im Gegensatz zur Annahme von Elias eine Dezivilisierung des Verhaltens. Duerrs ZT lautet summarisch: Stämme und Dörfer zivilisieren, Städte dezivilisieren menschliche Verhaltensweisen (Duerr 1990, S. 20 ff., 339 f., 353 ff.; Duerr 1993, S. 20-28; Duerr 1988, S. 10). Duerr sieht zivilisiertes Verhalten demnach wie Elias immer in direkter Abhängigkeit von Fremdzwang, er sieht ihn allerdings im Gegensatz zu Elias stärker in primitiven als in modernen Gesellschaften verkörpert.

Obwohl er kein Psychogenesekonzept hat, zeigen Duerrs Beispiele jedoch, daß auch er von der historischen Existenz psychostrukturellen Selbstzwangs im Sinne Elias' ausgeht. Seine nie ausgesprochene, aber doch faktisch und implizit formulierte Vierstadientheorie fußt gleichfalls auf der Korrelation von Fremd- und Selbstzwang. Duerr belegt, wie in Stämmen und Dörfern strenge Reglements vorherrschen, die triebhaftes Handeln sanktionieren. Eskimo sind gehalten, Gefühle zu unterdrükken, sich zurückzunehmen – auch als Kinder –, Wut, Ärger und Schmerz nicht zu zeigen (Duerr 1990, S. 353 ff.). Afrikanische Dorfbewohner beklagen das in ihren Augen unmögliche sittenlose Benehmen in den Städten. Im MA. wäre es unmöglich gewesen, wie in der Moderne am Strand nackt herumzulaufen usw.

Duerr wirft Elias vor, dieser habe seine Beispiele für archaisches Verhalten vor allem aus dem städtischen Spätmittelalter genommen, also aus eher anomischen Gesellschaften, die sich von archaischen und primitiven Gesellschaften unterscheiden, jedoch modernen Urbankulturen ähneln (Duerr 1990, S. 20 ff.; Duerr 1993, S. 22 ff.). Die starke soziale Kontrolle in einfachen Gesellschaften zeigt nach Duerr, daß sie nicht *per se* an den Staat und an lange Verflechtungsnetze gebunden ist, wie Elias annimmt. Vielmehr funktioniert soziale Kontrolle effektiver, wenn sie ganzheitlichen Charakter hat (Dorf, Stamm), das heißt, sie ist in kleinen Verflechtungsnetzen durchdringender. Der neuzeitliche absolutistische Staat, den Elias anführt, reorganisiert nach Duerr zunächst nur den im Spätmittelalter verlorenen dörflichen Kontrollzusammenhang. Der moderne Staat hingegen verliert die Aufsicht über die Menschen in einem Maße, welches man mit dem Spätmittelalter vergleichen könnte. Während Elias moderne Städte und Staaten als soziale Ursachen zivilisierten Verhaltens ansieht, vorneuzeitliche Dörfer, Feudalstrukturen und Stammesverbände hingegen als Ursachen primitiven Verhaltens beurteilt, kehrt Duerr die Kausalbeziehungen in direkter Weise um: Kleingruppen zivilisieren, und Großgruppen dezivilisieren. Mit Ausnahme der Einschätzung des absolutistischen Staates divergieren Elias und Duerr demnach in allen diesen Punkten.

Wenn man die Theorie von Duerr, wie geschehen, systematisch rekonstruiert, dann ist sie nicht mehr ganz so schwach, wie oft behauptet wird (Blomert 1989, S. 1), sondern stellt unter Einschränkungen eine ernstzunehmende Bedrohung des Soziogenesekonzepts Elias' dar (dank Piaget aber nicht des Psychogenesekonzepts!). Die piagetianische Stützung des Eliasschen Psychogenesekonzepts fundiert aber nicht automatisch sein Soziogenesekonzept, da die sozialisatorischen Kontexte der Psychogenese andere als die von Elias angegebenen sein können.

Vergleicht man nun die ZT von Elias und Duerr (Theorie 2), dann unterscheiden sie sich nicht in der Annahme von historischen Konjunkturen von Fremd- und Selbstzwang sowie von historischen Konjunkturen zivilisierten Verhaltens. Während Duerr jedoch das Verhalten in der Moderne als mehr oder weniger primitiv und das Verhalten in einfachen Gesellschaften als eher zivilisiert diagnostiziert, setzt Elias die Schwerpunkte umgekehrt. Elias sieht zivilisiertes Verhalten mehr in der Gegenwart und Zukunft verortet, Duerr mehr in der Vergangenheit. Auf den Punkt gebracht: Elias vertritt eine »fortschrittsgläubige« Theorie der Evolution zivilisierten Verhaltens, Duerr predigt hingegen eine Dekadenztheorie der Zivilisation, in diesem Punkt in ideologischer Nähe zu Tacitus, Rousseau und Gehlen.

Die Soziogenese-Theorien von Elias und Duerr ähneln sich auch darin, daß sie beide nicht operationalisiert sind und auf

Behauptungen beruhen. Duerr kann tatsächlich nicht beweisen, daß in primitiven Gesellschaften stärkerer und in modernen Gesellschaften schwächerer Fremd- und Selbstzwang herrschen. Duerr vermag weder Fremdzwang noch Selbstzwang zu operationalisieren. Seine Beispiele können nicht als Indikatoren psychogenetischer Prozesse dienen. Duerr läßt die Frage vollkommen offen, wie denn in den vier Stadien das Verhältnis von Fremd- und Selbstzwang sich im einzelnen gestaltet. Nach den von ihm vorgelegten Daten könnte man ihm wie auch Elias mit dem gleichen Vorwurf begegnen, nämlich dem, daß zivilisiertes Verhalten sich auch unter Verzicht auf das Selbstzwangkonzept (Psychogenese) als Produkt der Einwirkung bloßen Fremdzwangs erklären ließe. Gegen eine solche rein nutzentheoretische Erklärung seiner Zivilisationskurven hätte Duerr unter Ignoranz seiner Theorie 2 und in Verkennung der Grundlagenproblematik je nach Tagesverfassung und Diskussionsforum wahrscheinlich nicht einmal etwas einzuwenden, da er, so angesprochen, unter Umständen nur Theorie 1 in Anschlag brächte, um zu sagen, ihm ginge es um die Frage der sozialen Kontrolle (Fremdzwang) und nicht um Fragen der Psychogenese, da diese bloß evolutionistisch und ethnozentrisch seien. Je nach Diskussionskontext würde er Theorie 1 oder 2 nutzen, ohne vor sich selbst den Widerspruch zu bemerken (vgl. Kapitel 1.4).

Duerr und Elias bekämpfen ihre jeweiligen Behauptungen mit bloßen Gegenbehauptungen, ohne Beweise und Indikatoren. Davon abgesehen, liefern sie beide interessante und prüfenswerte Hypothesen, deren Wahrheitswert aber offen ist. Es ist *a priori* nicht einmal auszuschließen, daß beide Theorien, die absolut genommen kontradiktorisch sind, gleichermaßen eine bedingte Erklärungskapazität haben, wenn man sie auf unterschiedliche historische Sachverhalte (Verhaltensweisen, Psychostrukturen) bezieht.

Wie in Kapitel 1.4 dargestellt, hat die Elias-Schule in der Diskussion der Duerrschen Kritik die Probleme nicht in kritischer und grundsätzlicher Weise behandelt. So versuchen zum Beispiel Baumgart, Eichener und Schröter die Kritik Duerrs zu widerlegen, indem sie behaupten, nach Elias würden primitive Gesellschaften eine starke soziale Kontrolle ausüben, die aber nur auf Fremdzwang basiere. Primitive Gesellschaften erzeugten ihrer Elias-Interpretation zufolge keinen Selbstzwang, sondern verbänden sehr rigiden Fremdzwang mit ungebremster Triebhaftigkeit. Institutionell starker Zwang dämme ein und verbiete rein äußerlich heftiges, spontanes Triebleben, welches sich aber dann sofort Platz schaffe, wenn der Fremdzwang situativ und temporär keine Sanktionsmittel habe. So verböten die strengen Institutionen (Augenkontrolle, face-to-face) spontane Gewalt und Sexualität, welche in Absehung des Fremdzwangs sofort ausgelebt würden. Die modernen Gesellschaften hingegen könnten auf Fremdzwang und äußere Kontrollmechanismen verzichten, da die Subjekte starke Selbstzwänge verinnerlicht hätten (Baumgart/Eichener 1991, S. 95 f.; Schröter 1997, S. 100 ff.; vgl. Schröter 1990; Wouters 1977).

»Es liegt hier (in einfachen Gesellschaften, G. O.) eine ähnliche Situation vor wie bei heutigen Kindern, die in einem bestimmten Alter durch Strafangst zu einem sehr angepaßten Verhalten gebracht werden können, ohne schon ein ausgeprägtes, das heißt relativ autonomes Über-Ich zu besitzen – dessen Ausbildung vielmehr durch eine derartige Konditionierung geradezu gehemmt wird« (Schröter 1997, S. 101).

Baumgart und Eichener (1991, S. 96) ergänzen diese Argumentation noch um ein weiteres Moment, dargestellt am Beispiel der historischen Entwicklung der Arbeitsmoral:

1. Phase: Starke soziale Kontrolle und Es-Dominanz, Triebhaftigkeit. Es wird nur unter äußerem Zwang (viel) gearbeitet. Fällt der Zwang weg, dann wird nicht gearbeitet, da eine intrinsische Arbeitsethik nicht existiert (diese These wird in gewisser Hinsicht durch Material aus der Wirtschaftsanthropologie gestützt, vgl. Boserup 1965).

2. Phase: Intrinsische Selbstzwänge in europäischer Neuzeit. Nun wird aus inneren Motiven viel gearbeitet, auch ohne äußeren Zwang (vgl. Protestantische Ethik, Weber 1988).

3. Phase: Informalisierung (Wouters 1977). Nun wird zwischen Arbeit und Freizeit flexibel gewechselt, je nach subjektiv bewerteten inneren und äußeren Bedingungen (vgl. G. Schulzes ›Erlebnisgesellschaft‹).

Diese geläufigen Elias-Interpretationen und scheinbaren Duerr-Widerlegungen geben die Theorie von Elias falsch wieder, und sie widerlegen die Theorie von Duerr nicht. Vielmehr liefern die Elias-Schüler neben Elias und Duerr eine dritte Theorievariante, die gleichermaßen auf plausiblen und interessanten Hypothesen fußt, welche aber von ihnen nicht bewiesen und operationalisiert werden. Zu den Behauptungen der beiden anderen Ansätze gesellt sich so ein dritter nur aus Behauptungen bestehender Ansatz, der von den Autoren so wenig fundiert wurde, wie es die anderen Soziogenesekonzepte sind, aber gleichwohl beanspruchen kann, möglicherweise die richtige und erklärungsstärkste Theorie zu sein (ohne jedoch den Anspruch mit eigenen Mitteln erfüllen zu können).

Die Elias-Schüler behaupten also, laut Elias kehre sich das Verhältnis von Fremd- und Selbstzwang in der Geschichte um: Starker Fremd- und schwacher Selbstzwang in primitiven Gesellschaften (das eine Phänomen bedinge sozialisationstheoretisch das andere) und starker Selbst- und schwacher Fremdzwang in modernen Gesellschaften.

Wie schon dargestellt, sieht Elias dies ganz anders. Nach ihm ist der Selbstzwang in einfachen Gesellschaften deshalb schwach, weil auch der Fremdzwang schwach ist. Die Individuen sind in wenige und weitmaschige Verflechtungszusammenhänge eingebunden, die keinen starken Druck ausüben, Selbstzwang zu entwickeln. Die soziale Kontrolle in einfachen Gesellschaften ist schwach, die Menschen können daher ihre Triebe angstfreier und sanktionsfreier ausleben. In neuzeitlichen und modernen Gesellschaften hingegen wird der Druck komplexerer und dichterer Verflechtungen größer, der Ring der Einbindungen, Kontrollen, Organisationen und Koordinationen legt sich immer dichter um den einzelnen, so daß die Menschen ihre Triebe immer stärker kontrollieren und eindämmen müssen, um in dem Geflecht noch handlungsfähig zu sein (PDZ 2, S. 316, 322). Der Fremdzwang nimmt in der Neuzeit nach Elias nicht ab, sondern zu.

Elias belegt dies zum Beispiel an dem Verkehrsverhalten: Auf den einsamen mittelalterlichen Landstraßen war rohes Kampfverhalten nötig, um zu überleben (fehlende soziale Zwänge und Koordinationen ermöglichen und erfordern starkes Trieb- und Affektleben: wo kein Fremdzwang, da kein Selbstzwang). Im modernen Straßenverkehr ist aufgrund der Vielzahl zu beachtender Teilnehmer und der modernen Technologien eine spontane und triebhafte Natur selbstmörderisch. Das System kann nur funktionieren, wenn alle Akteure sich und andere genau beobachten und kontrollieren (starker Fremdzwang erzeugt demnach starken Selbstzwang) (PDZ 2, S. 318).

Die Elias-Schüler sehen demnach dieselbe Richtung *psychogenetischer* Zivilisierung wie Elias, erklären sie aber *soziogenetisch* umgekehrt (ohne den Gegensatz zu Elias zu bemerken). Sie haben die gleiche soziogenetische Grundauffassung wie Duerr, sehen aber die Psychogenese in umgekehrter Richtung verlaufen.

Die Elias-Schüler unterscheiden sich von Elias durch eine andere Sozialisationstheorie der Psychogenese. Für Elias ist Selbstzwang eine direkte Funktion des äußeren Zwangs: Einengende Erziehung und einengende Institutionen bewirken eingeengtes Verhalten. Die Zunahme äußerer Zwänge, von Gewalt- und Disziplinmaßnahmen, bewirken eine Zunahme von Strafängsten, die ihrerseits den Selbstzwang vermehren (PDZ 2, S. 401, 446 f.). Die Elias-Schüler scheinen sich hingegen implizit auf verbreitete Erkenntnisse der Verhaltenstheorie und Psychoanalyse zu stützen, wenn sie unbeabsichtigt diesen Zusammenhang komplizierter beurteilen als Elias (vgl. auch den Zusammenhang mit der Informalisierungstheorie). Sie meinen, wie zitiert, rigider Zwang und massive Gewalt führten nicht zur Internalisierung, das heißt nicht zum Selbstzwang, sondern zu scheinbar angepaßtem Verhalten, das dann sofort ende und in unkontrolliertes Verhalten ausufere, wenn der äußere Zwang situativ und temporär aussetzt. Selbstzwang hingegen resultiere aus Internalisierungen, welche auf Belohnungen und Versprechungen, aber nicht auf Bestrafungen basierten. Diese sozialisationstheoretischen Erkenntnisse sind wohl richtig (vgl. nächstes Kapitel), jedoch muß die Frage, ob den Autoren ihre Applikation auf die Kulturgeschichte beweiskräftig gelungen ist, verneint werden. Es kann keine Rede davon sein, daß dieser Ansatz, auf der Grundlage der von den Elias-Schülern herangezogenen Daten und Argumentationen, den Ansatz von Duerr widerlegt – und auch nicht den Ansatz von Elias verifiziert. Wider ihre Intentionen modifizieren die Elias-Schüler das Soziogenesekonzept von Elias, nicht jedoch das Psychogenesekonzept.

Ganz sicher sind alle drei vorgestellten Soziogenesekonzepte fehlerhaft und reichen nicht aus, die Sozialisationsbedingungen der psychogenetischen Zivilisation angemessen darzustellen. Andererseits kann man nachweisen, daß alle drei Konzepte unter Einschränkungen ein bedingtes Erklärungspotential haben und sich sogar gegenseitig ergänzen. Absolut genommen, schließen sich die Ansätze aus. Spezifiziert man ihre Geltungsbedingungen, dann zeigt sich ihre bedingte, aber vorhandene Erklärungsreichweite. Aber selbst in der Summe genügen die Ansätze nicht, um die sozialen Bedingungen der Psychogenese zu erhellen, wie man anhand der zusätzlich heranzuziehenden Ergebnisse der transkulturellen Piaget-Psychologie zeigen kann.

Die Begrifflichkeiten und theoretischen Konzepte der drei Ansätze sind zu ungenau und zu unspezifisch, um ihre Aussagenmengen zu operationalisieren. So können die Autoren aneinander vorbeireden, weil weder ihre Konzepte noch die gemeinten Sachverhalte trennscharf formuliert und erfaßt sind.

Elias behauptet, in vorstaatlichen Gesellschaften seien die Verflechtungszusammenhänge kurz und weitmaschig. Diese institutionelle Freiheit bewirke daher die strukturelle Es-Dominanz der Akteure. Duerr setzt dagegen, diese Gesellschaften seien durch eine umfassende soziale Kontrolle charakterisiert, die Triebhaftigkeit bestrafe und Anpassung erfordere. Wem muß man nun zustimmen?

Es handelt sich nicht nur um einen Streit zwischen Duerr und Elias, vielmehr ist der Konflikt so alt wie die Kulturanthropologie. Die kollektivistische Richtung behauptet wider die individualistische Richtung, in einfachen Face-to-face-Gesellschaften sei die soziale Kontrolle total, Abweichungen, Fehlverhalten und Spontaneität würden streng geahndet (Durkheim 1977; Lévy-Bruhl 1930; Service 1977; Mbiti 1974; Radcliffe-Brown 1983; Freeman 1983; Gulliver 1963).

»Kooperation, Bündnis, Liebe, Reziprozitäten aller Art sind für das Überleben jedes einzelnen in der primitiven Gesellschaft absolut notwendig. Das dürfte der Grund sein, weshalb diese Menschen so außerordentlich empfindlich für die Reaktionen der Gruppe auf jede soziale Handlung sind. In kleinen Gesellschaften mit stabiler Mitgliedschaft sind Lob und Tadel, Zuwendung und Abwendung und anderweitige sozio-psychologische Sanktionen ungemein wirkungsvolle Verstärker, und es ist den zahlreichen Beobachtern egalitärer Gesellschaften immer wieder aufgefallen, wie sorgfältig soziale Gewohnheiten, vor allem im Bereich der Etikette, eingehalten werden« (Service 1977, S. 118).

Auch in geschichteten hochkulturellen Gesellschaften läßt sich diese Unterordnung und Zwangsvergesellschaftung der Individuen scheinbar feststellen, sei es im europäischen MA. (Ullmann 1974; Duby 1981; Feilzer 1981) oder im Kastensystem Indiens:

»Eine weitere Sicherung bestand in der Erziehung zu hochgradiger Konformität bei gleichzeitigem Verzicht auf individuelle Spontaneität ... Unterhalb davon sorgten die Dörfer, die Clans, die Familien, die Gilden und Zünfte sowie die anderen festgefügten Bezugssysteme dafür, daß innere Kontrolle herrschte und Verhaltensregeln stimmten ... Die jeweiligen (Sub-)Kastenregeln sind der einzige verbindliche Maßstab – und sonst nichts: sie regeln das Wer, Was, Wo, Wodurch, Warum, Wie und Wann in minutiösester Weise. Jeder weiß, woran er ist: Dies tut man und dies tut man nicht« (Weggel 1994, S. 66, 77).

Die kollektivistische Richtung würde, nähme man ihre Erkenntnisse absolut, die entsprechenden Thesen Duerrs und auch der Elias-Schüler stützen und die Thesen von Elias widerlegen. Die individualistische Richtung, der zufolge Individuen in primitiven Gesellschaften freier, spontaner und auch triebhafter sind als in zivilisierten Gesellschaften, wird jedoch vehement vertreten und ließe sich als Unterstützung für Elias anführen. Die zeitweilig bedeutendsten kulturanthropologischen Bücher, geschrieben von M. Mead und B. Malinowski, verfolgten das Ziel, in mehr oder weniger loser Anbindung an die historisch ausgerichtete Psychoanalyse (damit ist eine lose Verbindung mit Freud und Elias impliziert!) exakt diese These darzustellen. Dieser Richtung zufolge lasten in der primitiven Gesellschaft soziale Zwänge deutlich weniger auf den Individuen, so daß sie weniger Anpassungsverhalten zeigen müssen und weniger an sozialen Ängsten leiden (Malinowski 1979 a, 1979 b, 1950; Mead 1965; Süssmuth 1968; Vivelo 1981; Parin 1983; Reich 1972; vgl. auch Sigrist 1979; Bogner 1984; Chagnon 1994).

Der Streit der beiden Richtungen läßt sich dann klären, wenn man aufzeigt, daß die Autoren sich sowohl auf unterschiedliche Sachverhalte, soziale Phänomene und Verhaltensweisen einerseits als auch auf unterschiedliche Gesellschaftssysteme andererseits beziehen. Sie reden aneinander vorbei, indem sie ihre partikularen Untersuchungen generalisieren: Aus einzelnen Zwangsmaßnahmen wird auf Zwangsgesellschaften geschlossen, und komplementär werden partielle Freiräume zu Freistaaten erklärt.

Zunächst einmal muß man innerhalb der Klasse vorstaatlicher Gesellschaften zwischen Gesellschaften unterscheiden, die stark hierarchisch strukturiert sind, und anderen, die egalitär sind. Ferner muß man zwischen engen und losen Siedlungsgemeinschaften (Dörfern vs. Einzelgehöfte) sowie zwischen Wildbeuter- und Agrargesellschaften unterscheiden. Elias hat bei seiner Beschreibung der primitiven Gesellschaft das dünn besiedelte frühmittelalterliche Europa vor Augen, das er sich in Form weit auseinanderliegender Gehöfte und Burgen vorstellt (PDZ 2, S. 37 ff., 96, 322). Diese Form der bäuerlichen, familiären Selbstversorgungswirtschaft ist eine ideale Folie, auf der man das Konzept fehlender dichter Verflechtungszusammenhänge entwickeln kann. Elias führt sich nicht vor Augen, daß primitive Gesellschaften auch andere Formen kennen als die des Einzelgehöfts oder der isolierten Burg. In diesem Zusammenhang wundert es nicht, daß Duerr primitive Gesellschaften mit kontrollierenden Dorfgemeinschaften nahezu gleichsetzt.

Und in der Tat berichtet die Kulturanthropologie: Je dünner Regionen besiedelt sind, um so freier leben die Wildbeuter und Bauern. Dünn besiedelte Regionen verhindern die Entstehung von Herrschaften, Sklaverei, Staaten und Städten, da die Menschen sich von Zumutungen entfernen können, um ein freies Leben als Selbstversorger zu führen (Boserup 1965; Harris 1989; Chagnon 1994; Oesterdiekhoff 1993 a). Kulturen in derart günstigen ökologischen Kontexten vermeiden auch auf der Ebene der Alltagskommunikation Herrschafts- und Ausbeutungsallüren, Großsprecher und Ausbeuter werden ausgegrenzt oder ignoriert. Die Individuen weichen starkem sozialem Zwang und Gewalt aus und bevorzugen demokratische Kontexte (Vivelo 1981, S. 73; Malinowski 1979 b, S. 40; Heymer 1995; Eibl-Eibesfeld 1972). Ein besonderer Druck und Zwang findet sich auch in der Sozialisationsphase nicht. Diese Kulturen kennen individuelle Freiheit (Tasaday, Buschleute, Pygmäen). Dies spricht zumindest für die These von Elias, in derartigen Gesellschaften herrsche kaum Fremdzwang (auch kein Selbstzwang?).

»Niemand kann irgend jemandem anderen sagen, was er tun soll, weil niemand auf ihn hören würde, und niemand hat die Macht, andere zu zwingen, auf ihn zu hören ... Dementsprechend steht in den Wildbeutergesellschaften die Arbeit jeder Person größtenteils auch unter der eigenen Kontrolle dieser Person ... Die Tasaday... gaben ihrer Mißbilligung Ausdruck, wenn Außenstehende ›streng schauten und groß redeten‹« (Vivelo 1981, S. 73, 74, 85).

Elias' Beschreibung primitiver Gesellschaften, der zufolge weitmaschige und kurze Verflechtungszusammenhänge individuelle

Spontaneität ermöglichen, starken Fremd- und Selbstzwang verhindern, kann also zunächst in *bestimmten Hinsichten* bestätigt werden. Eine Bestätigung, die sich auf sämtliche Implikationen des Eliasschen Soziogenesekonzepts bezöge, ist damit nicht gegeben. Diese Beschreibung in dem so eingeengten Sinne trifft mehr oder weniger auf akephale und wenig hierarchisch geschichtete Gesellschaften zu, deren ökologisches Milieu infolge niedriger Besiedlungsdichte und hoher Flächenproduktivität günstig ist.

Kann man denn nun im Sinne von Elias davon sprechen, daß auch in zusammenhängenden vorindustriellen Siedlungsgemeinschaften, Dörfern, Stadtstaaten, hierarchisch geschichteten Gesellschaften, Kastengesellschaften usw. die Verflechtungszusammenhänge weitmaschiger und kürzer sind als in der Neuzeit und Moderne, und zwar derart, daß man folgern könnte, ein angeblich geringerer Fremdzwang bewirke einen geringeren Selbstzwang als in der Moderne? Zur Verteidigung von Elias könnte man zunächst behaupten, dieser hätte in seiner ZT auch diesen Typ der komplexeren vorindustriellen Gesellschaft adäquat berücksichtigt. Schließlich beschreibt er, wie die königliche und später die absolutistische höfische Gesellschaft ein ganzes Stück Fremd- und Selbstzwang vermehren (sie liegen in der Mitte zwischen einfacher und moderner Gesellschaft).

Diese Antwort ist jedoch unzureichend. Man kann sich im Sinne Elias' gut vorstellen, daß in Gesellschaften von Wildbeutern, Waldbauern, Farmbetreibern, Hirten und Nomaden niedrige Fremd- und Selbstzwänge vorherrschen, da die Individuen den Sozialisationszwängen größerer Gruppen (komplexen Verflechtungszusammenhängen) nicht ausgesetzt sind (vgl. Luria 1986; Al-Wardi 1972). Es ist aber wesentlich schwerer vorstellbar, jedenfalls auf der Grundlage der Figurationssoziologie, daß zwischen vorindustriellen Dorfgemeinschaften, Städten, Kastengesellschaften usw. einerseits und neuzeitlichen industriellen Gesellschaften andererseits ein unterschiedliches Niveau von Fremd- und Selbstzwang festzustellen ist. Es mag schon sein, daß in industriellen Gesellschaften die Verflechtungsmechanismen, in welche der einzelne eingebunden ist, noch länger und komplexer sind. In der vorindustriellen Gesellschaft hängt der Mensch vor allem von Leuten ab, die er kennt. In der modernen Gesellschaft sind die Abhängigkeiten viel abstrakter und weitläufiger usw. Versucht man jedoch, diese These von Elias zu spezifizieren und zu operationalisieren, dann gerät man in Beweisnot. Kann man denn wirklich sagen, der Dorf- und Stadtbewohner der Antike und des MA.s kenne weniger Menschen als der moderne Bürger in seinem persönlichen und beruflichen Umfeld? Kann man wirklich behaupten, der moderne Mensch müsse mehr Selbstkontrolle als der antike Römer oder als ein Kölner aus dem Spätmittelalter entwickeln, *da* er a) mehr Menschen kenne, auf die er sich einstellen müsse und von denen er abhängig sei, und b) die Folgen seiner Handlungen über mehr Handlungsketten als seine Vorfahren bedenken müsse? Selbst wenn sich dies im statistischen Mittel so verhielte, wird trotzdem evident, daß die Redeweise von der Verdichtung und Verlängerung der Verflechtungsmechanismen als *die* Ursache zunehmenden Fremd- und Selbstzwangs unsauber ist. Es ergibt wenig Sinn anzunehmen, längere und dichtere Verflechtungszusammenhänge in der Hinsicht, daß Menschen nicht nur von Tischlern, Bäckern, Nachbarn, Pfarrern, Nachtwächtern und Zunftmitgliedern abhängig sind, sondern mittlerweile auch von Bankangestellten, Tankwarten, Reiseleitern usw., stellten mehr Fremdzwang dar und erzögen zu mehr Selbstzwang. Die Kontinuität der Figurationsentwicklung, die Elias von der Selbstversorger- bis zur mittelalterlichen Stadtgesellschaft aufzeigen kann, setzt sich nicht in gleicher Weise zur Moderne fort, so daß es plausibel erschiene, den veritablen Schub zur *Civilisation* im 18. Jahrhundert monokausal und überwiegend aus einer weiteren Verlängerung und Verdichtung der Verflechtungszusammenhänge zu erklären.[16]

16 Die Kritik der Historiker an Elias ist hier ebenfalls nicht hilfreich. So meint v. Dülmen (1996), die Kritik des Fachhistorikers an dem Soziologen Elias anmeldend, zwischen 1600 und 1800 habe es wider Elias' These gar keinen zunehmenden Selbstzwang gegeben, sondern erst nach 1800. Im übrigen sei der Hof nicht die einzige Quelle zunehmenden Selbstzwangs, sondern auch Institutionen wie Dorf, Stadt, Zunft, Fabrik und Kirche seien selbstzwangproduzierende Einrichtungen gewesen. V. Dülmens Kritik trifft nicht nur Elias nicht, sondern führt sich auch noch selbst *ad absurdum*. Zunächst einmal ist laut Elias der Hof die Quelle der von ihm beschriebenen Selbstzwangentwicklung, aber die Civilisation mit der ihr eigenen Über-Ich-Entwicklung und Selbstkontrolle ist ein Produkt der Aufklärung und der Klassik (vgl. Kapitel 1.2). Elias vertritt demnach in dieser Hinsicht zunächst die gleiche Auffassung wie v. Dülmen: Veritabler Selbstzwang ist ein Pro-

Offensichtlich haben die Institutionen in der europäischen Neuzeit Änderungen erfahren, welche sie befähigten, im Sinne der *Civilisation* zu sozialisieren – Änderungen, die sich nicht einfach aus der Kontinuität der Verlängerung von Verflechtungsmechanismen ableiten lassen. Gründe für diese Auffassung werde ich unter anderem unter Heranziehung der Ergebnisse der transkulturellen Psychologie weiter unten diskutieren.

Hier soll nicht bestritten werden, daß die *Civilisation* ein Produkt zunehmenden Fremdzwangs ist, jedoch können Quantität und Qualität von Fremdzwang nicht einfach mit der Länge und Dichte von Verflechtungszusammenhängen gleichgesetzt werden. Hier sind gerade viele weitere Differenzierungen geboten. Selbst wenn die *Civilisation* auch ein Produkt zunehmenden Fremdzwangs ist (Marktwirtschaft, Bürokratie usw.), so kann man trotzdem annehmen, daß die Summe der Sozialisationsbedingungen der *Civilisation* mehr Faktoren kennt. Fremdzwang wiederum wird umfassender sein als das Insgesamt von Verflechtungsmechanismen. Man kann offensichtlich Fremdzwang und soziale Kontrolle nicht so einfach konzipieren wie Elias, sondern man muß unterschiedliche Modalitäten annehmen. Ohne genaue Analyse zum Beispiel der geschichtlichen Wandlungen der Sozialisationstechniken in der europäischen Neuzeit (vgl. nächstes Kapitel) ist es unmöglich, die spezifischen Strukturen von Fremdzwang in der Zeit des Absolutismus, der *Civilisation* und in der Moderne zu erfassen. Je nach Sozialisationsmodus wirken sich soziale Phänomene als Fremdzwangmechanismen ganz an-

dukt des bürgerlichen Zeitalters, der Civilisation. Zum zweiten Punkt: Der Hof ist in der Auffassung von Elias nur die Quelle, nicht der einzige soziale Motor der zunehmenden Selbstkontrolle. Elias streitet die Rolle anderer, zusätzlicher und intermediärer Institutionen gar nicht ab, im Gegenteil, er bezieht die Rolle von Ausstrahlungseffekten ein. Es dauert aber Generationen, bis diese Effekte sich vom Hof bis zum Dorf durchgesetzt haben. Wenn jedoch nach der Auffassung v. Dülmens die anderen Institutionen die kausal und temporal gleiche Rolle gespielt haben sollen, dann widerlegt er sich selbst: Diese anderen Institutionen existierten auch schon vor 1800, vor 1600, und teilweise waren sie viele Jahrhunderte alt. Wenn sie aber gleichermaßen Motoren des bürgerlichen Selbstzwangs waren, kann v. Dülmen nicht mehr erklären (zumindest logisch unklarer als Elias), weshalb der veritable Selbstzwang ein Produkt erst des bürgerlichen Zeitalters und des 19. Jahrhunderts sein soll.

ders aus. Ferner wird man feststellen müssen, daß zunehmender Selbstzwang und psychogenetische Zivilisierung nicht einfach das Ergebnis von Fremdzwang sind, sondern auch Folge von *Anregungsbedingungen* (z. B.: Alphabetisierung) sein können.

Das Zwischenergebnis lautet: Die Sozialisationsbedingungen der *Civilisation* bestehen gleichermaßen aus Zwängen und Anregungen, Restriktionen und Chancen. Qualität und Quantität von Fremdzwängen sind ferner nicht einfach zu identifizieren mit der Länge und Dichte von Figurationen, sondern sie sind auch von sozialisatorischen Modi beeinflußt, die sich ihrerseits nicht einfach von jenen Figurationen ableiten lassen. Selbst wenn jeder Selbstzwang seine Wurzel in einem Fremdzwang hat, vermag er auch eine Eigendynamik zu entwickeln, die von der Wurzel teilweise unabhängig ist. Dieser Sachverhalt wird von den Elias-Schülern stärker als von Elias berücksichtigt.

Vor dem Hintergrund dieser Differenzierungen und Analysen ist eine Rekonstruktion und Gewichtung der drei Ansätze und weiterer Forschungsergebnisse möglich. Es gibt klare Indikatoren, denen zufolge diese Ansätze und weitere Resultate eine vorhandene, aber nur bedingte Erklärungsreichweite haben, wenn man ihre Geltungsbedingungen exakt spezifiziert.

Zunächst zum Soziogenesekonzept Elias'. Die *Civilisation* ist *auch* (aber eben: nicht nur) ein Produkt zunehmenden Fremdzwangs und verlängerter und verdichteter Figurationen. Bei allen Einschränkungen, die oben erläutert wurden, lassen sich absolutistischer Staat, Bürokratie und kapitalistische Produktionsweise als weitere Verlängerung und Verdichtung von Verflechtungen im Sinne von Elias konzipieren. So kann man sich mit Elias gut vorstellen, daß die absolutistische nationalstaatliche Sozialdisziplinierung der europäischen Bevölkerungen als Teil des zunehmenden Fremdzwangs zu verstehen ist. Der Absolutismus versucht, die Bevölkerungen zu disziplinieren, zu kontrollieren, aufzuklären, umzuerziehen, total zu erfassen und vollständig im Sinne sukzessiver Fremd- und Selbstkontrolle zu modellieren. *Expressis verbis* sollen die Untertanen von Schlendrianen zu tüchtigen, disziplinierten Arbeitskräften, Eltern und Soldaten erzogen werden (Oestreich 1969; Muchembled 1990; Foucault 1976; Danker 1988; Breuer 1987).

Das liberale bürgerliche Zeitalter beruht aber teilweise auf einer Lockerung des Fremdzwangs, wie Duerr, Wouters und die Elias-

Schüler behaupten. Selbst wenn Duerr einerseits darin zuzustimmen ist, daß bereichsspezifische Dezivilisierungsprozesse stattgefunden haben, ist andererseits festzustellen, daß der psychogenetische Zivilisierungsprozeß seit der frühen Neuzeit trotz teilweise gelockerten Fremdzwangs weiter fortgeschritten ist. Anhand der Geschichte der Sozialisationstechniken im bürgerlichen Zeitalter kann man im Sinne der Elias-Schüler feststellen, daß demgegenüber die Über-Ich-Kontrolle zugenommen hat. Die bürgerlichen familiären Induktionstechniken bewirkten Internalisierungen und Selbstzwänge, die auch ungeachtet makrosoziologischer Fremdzwänge stabil sind (vgl. nächstes Kapitel). Kinder in bürgerlichen Gesellschaften sind stärkeren und subtileren Mikrofremdzwängen ausgesetzt, die zu stärkeren Selbstzwängen führen, welche ihrerseits die Voraussetzung dafür bilden, daß die Makrofremdzwänge auf der Erwachsenenebene schwächer sein können. Während Kinder in geschichteten traditionellen Gesellschaften subtilen Induktionstechniken kaum ausgesetzt sind und so schwächere Selbstzwänge ausbilden, unterliegen sie als Erwachsene einem starken Fremdzwang. Das Verhältnis von Fremd- und Selbstzwang wird also bei Kindern und Erwachsenen traditioneller und moderner Gesellschaften ins Gegenteil verkehrt: Während Jugendliche in (geschichteten) primitiven Gesellschaften immer unfreier werden, werden Jugendliche und Erwachsene in modernen Gesellschaften immer freier (Piaget 1986 b; 1986 c, S. 118 f.).

Entscheidend ist demnach, wie man »Fremdzwang« operationalisiert und spezifiziert. Die sozialen Zwänge, die auf den Individuen lasten, können in der modernen Gesellschaft teilweise größer, teilweise geringer als in der traditionellen Gesellschaft sein. Die sozialen Zwänge in Form von Vorschriften, strengen Normen und Disziplinarmaßnahmen verlieren in der Moderne immer mehr an Bedeutung (Durkheim 1977). Viele konkrete Zwänge verschwinden gänzlich, oder sie werden diffuser, abstrakter und subjektiver. Der Verlust konkreter Fremdzwänge verschafft der Gesellschaft größere Flexibilität und Mobilität und wird durch größere Selbstzwänge kompensiert (Wouters 1977).[17]

17 Der teilweise Rückgang des Fremdzwangs dient auch der Erhöhung der Mobilität und Flexibilität einer sich immer mehr differenzierenden und verändernden Gesellschaft (vgl. Durkheim 1977). Zu starker

So kann man erklären, weshalb Elias, Duerr und die Elias-Schüler unter Einschränkungen gleichermaßen richtigliegen. In bestimmten Hinsichten nehmen Fremdzwänge zu (Elias), in bestimmten anderen nehmen sie ab (Duerr), während gleichzeitig insgesamt (aber nicht in allen Bereichen) Selbstzwänge verstärkt werden (Elias-Schüler).

Elias' Soziogenesekonzept scheint im großen ganzen richtigzuliegen, berücksichtigt aber ungenügend die Fremdzwangdifferenzen sowohl innerhalb der Klasse traditioneller Gesellschaften (einfache vs. geschichtete) als auch innerhalb der Klasse neuzeitlicher Gesellschaften (absolutistische vs. bürgerliche). Ferner sieht Elias Selbstzwänge zu eng an sein zudem zu schematisches Konzept von Fremdzwängen gekoppelt und unterschätzt die Rolle von Anregungsbedingungen.

Die Elias-Schüler und Duerr ignorieren die Differenzen von einfachen und geschichteten primitiven Gesellschaften. Sie hypostasieren bestimmte Züge geschichteter primitiver Gesellschaften und verkennen daher sowohl den Fremdzwangaufbau einfacher als auch moderner Gesellschaften. Während Elias einfache Selbstversorgergesellschaften exakter einstuft, als dies die beiden anderen Ansätze vornehmen, erkennen letztere den Fremdzwangaufbau der geschichteten primitiven Gesellschaften klarer als Elias. Gegen Elias ist den beiden anderen Ansätzen zuzustimmen, daß geschichtete primitive Gesellschaften teilweise starke Fremdzwänge aufbauen, während moderne Gesellschaften sie teilweise abbauen. Gegen Elias ist ihnen zuzustimmen, daß moderne Gesellschaften einerseits bereichsspezifisch dezivilisieren (Duerr) und·andererseits sozialisatorisch Selbstzwänge verstärken, die nicht mechanisch von Fremdzwängen der Makroebene abhängen (Elias-Schüler).

Im folgenden sei in aller Kürze veranschaulicht, wie in primitiven Gesellschaften starker Fremdzwang mit schwachem Selbstzwang einhergehen kann, das heißt, wie man Elias, Duerr und die

Fremdzwang, wie er in vormodernen Gesellschaften anzutreffen ist, führt zu einem Stillstand gesellschaftlicher Dynamik. »Warme Gesellschaften« (C. Lévi-Strauss) können sich auf der Makroebene keinen zu starken Fremdzwang leisten. Um aber Flexibilität steigern zu können, ohne dadurch an Anomie zugrunde zu gehen, ist es funktional, auf der Mikroebene den Selbstzwang zu erhöhen, um auf der Makroebene den Fremdzwang lockern zu können.

Schüler in dieser Frage auf einen Nenner bringen kann. Den gegenüber modernen Gesellschaften in manchen Hinsichten stärkeren Fremdzwang geschichteter einfacher Gesellschaften kann man ablesen am harten Strafrecht, an einer familiären Hausordnung, in der staatliche Prinzipien herrschen, an konkreten Normen, die das Leben der Menschen ganz beherrschen (Kleidervorschriften usw.), an einer unerbittlichen Sittenstrenge, an einem brutalen Umgang mit Andersdenkenden und Abweichlern usw. (Durkheim 1977; Duerr 1988, 1990, 1993; Borst 1983). Geschichtete primitive Gesellschaften neigen hier zu einem Absolutismus und zu einem Zwangswahn, der sich weder in Selbstversorger- noch in modernen Gesellschaften findet.

Jedoch zeigen die ethnographischen Fakten ganz im Sinne der Elias-Schüler und gegen Duerr, daß dieser starke Fremdzwang in solchen Gesellschaften nicht zu einem Selbstzwang führt, wie er in modernen Kulturen vorfindlich ist. Nur die staatliche Gewalt kann die Menschen hindern, sich wegen Kleinigkeiten zu bekämpfen und umzubringen. Ist die öffentliche Gewalt schwach, bricht sich eine kämpferische Mentalität Bahn, die man heute nicht mehr im Westen, sondern im Kaukasus und Albanien findet (vgl. Muchembled 1990; Waldhoff 1995; Al-Wardi 1972; Freeman 1983; Bourdieu 1976; Gurjewitsch 1994; Chagnon 1994).

Die Kontrolle des Dorfes und der Nachbarn verhindert in der Regel Ehebruch und freizügige Geschlechterbegegnungen und setzt sie härtesten Sanktionen aus (Mittelalter, Mittelmeerraum usw.). Gleichwohl wird von jedem Mann mehr oder weniger erwartet, jede sich bietende Kontaktgelegenheit auszunutzen. Nicht Selbstkontrolle, sondern Augenkontrolle und äußerer Zwang verhindern freizügige Begegnungen (Waldhoff 1995; Schröter 1990; Bryce-Boyer 1982; Reich 1972; Behrmann/Abate 1984, S. 138 ff.; Leites 1988, S. 16; Gulliver 1963; Freeman 1983; Tannahill 1983).

Die Erziehung zu Gefühlsextremen, zu Affektausbrüchen, zu leidenschaftlichem Egozentrismus, zu Gewalttätigkeit, zu Fanatismus, zum Machismo und zur Mißhandlung von Andersdenkenden beschreibt Al-Wardi (1972) sehr anschaulich am Beispiel der Iraker. Niedrige Selbstkontrolle, ausufernde Emotionalität und Kurzsicht werden weltweit auch von einigen anderen vormodernen Populationen anschaulich berichtet (Freeman 1983;

Muchembled 1990; Huizinga 1975; Chagnon 1994; Waldhoff 1995; Bryce-Boyer 1982).

Dieser Aufprall von starkem Fremdzwang und schwachem Selbstzwang im Sinne der Auffassung der Elias-Schüler (in Korrektur von Duerr und Elias) wird auch von der Entwicklungspsychologie erörtert. Piaget (1973) zufolge ordnen sich die Kinder den gesellschaftlichen Regeln dann unter, wenn sie von den Erwachsenen gezwungen werden. Ansonsten brechen sie die Regeln, wenn sie ihnen im Wege sind, teilweise ohne ein Bewußtsein des Regelbruchs zu haben. Diese kognitionspsychologische Konzipierung des Zusammenhangs von starkem Fremdzwang und schwachem Selbstzwang läßt sich empirisch für einfache Gesellschaften verifizieren (Oesterdiekhoff 1992, S. 312 ff.).

Vor einer Konfrontation des zivilisationstheoretischen Soziogenesekonzepts mit den Ergebnissen der transkulturellen Piaget-Psychologie seien noch zwei ergänzende Hypothesen angeführt, die durchaus im Sinne und in Verlängerung von Elias' Soziogenesekonzept sozialisatorische Bedingungen der Psychogenese benennen können: Schizoidisierung und soziale Mobilität. Sie können zusätzlich erklären, inwiefern erst sozialstrukturelle Änderungen der entwickelten Neuzeit die Psychogenese im Sinne der *Civilisation* sozialisieren konnten. Die Hypothesen liefern zwei sozialisatorische *Missing links* zwischen geschichteten primitiven und modernen Gesellschaften.

Zunächst zur ersten Hypothese, die den sozialisierenden Einfluß des Komplexes Distanzierung, Schizoidisierung und Homo clausus in der Phase der *Civilisation* behauptet. In Kapitel 4.2.1 war gezeigt worden, daß Distanzierung ein Schlüsselbegriff ist, um psychogenetische Zivilisierung angemessen zu verstehen. Mit der Zivilisierung des Verhaltens in der europäischen Neuzeit vergrößert der Homo clausus die sozialen Distanzen. Wenn Zivilisierung eine Funktion der Distanzierung ist, dann ist zu fragen, welche sozialen Faktoren in der europäischen Neuzeit diese Schizoidisierung der Gesellschaft (Elias, Riemann) bestimmt haben. Man führe sich in diesem Zusammenhang vor Augen, daß bis weit ins MA. die Siedlungen aus Stammesgemeinschaften, das heißt aus Verwandten bestehen. Auch die Feudalisierung der Gesellschaft ist zunächst ein Verfahren, fehlende und zerbrechende Blutsbande durch eine familienähnliche Beziehung zu restaurieren (Ganshof 1983; Bloch 1982; Schulze 1986). Erst die

Städte und dann vor allem die kapitalistische Produktionsweise und der neuzeitliche Staat zerreißen die Gleichsetzung von Verwandtschaft und Gesellschaft. Nunmehr werden Beziehungen mit Nichtverwandten und Unbekannten immer häufiger. Die Verwandtschaft spielt im Zuge der Marktvergesellschaftung in den Alltagsinteraktionen eine immer geringere Rolle. So gehen die Menschen zueinander auf Distanz, und informelle, vertraute, distanzarme und in gewisser Hinsicht unzivilisierte Umgangsformen verlieren an Gewicht. Es wird immer wichtiger, zu berechnen, zu planen und eine Rolle zu spielen, die andere nicht durchschauen können.

Elias hat selbst eine Ad-hoc-Theorie in Passagenlänge umrissen, die die sozialisierende Rolle sozialer Mobilität für die Aufrichtung des bürgerlichen Über-Ich beschreibt. Die Ängste um den sozialen Aufstieg sind laut Elias der stärkste Motor in der Entwicklung von Selbstkontrolle (PDZ 2, S. 365). Beruflicher Erfolg hängt ab von der Vermeidung von persönlichen und sachlichen Fehlern und von der Langsicht über Handlungsketten, der rationalen Prüfung von Personen, Sachen, Mitteln und Zielen. Psychogenetische Entwicklung ist großenteils Voraussetzung sozialer Mobilität. Eine marktwirtschaftliche Gesellschaft mit starken Mobilitätsbewegungen und flexiblen Karriereoptionen sozialisiert daher Ich- und Über-Ich-Funktionen zuungunsten von Es-Funktionen und fördert daher ungemein Psychogenese im Sinne der *Civilisation*.

Der transkulturellen Piaget-Psychologie ist es in vielen Hinsichten besser als der ZT gelungen, die Sozialisationsbedingungen der Psychogenese zu ermitteln. Sie hat vor allem auch im Bereich der Soziogenese den Vorzug, den Kausalkonnex von Sozio- und Psychogenese empirisch genauer überprüfen und operationalisieren zu können. Der transkulturellen oder Cross-Cultural Psychology ist es teilweise gelungen, eindeutige Beziehungen zwischen spezifischen sozialen Anreizbedingungen und psychisch-kognitiven Strukturen und Phänomenen zu ermitteln. Sie vermag daher eindeutiger als die ZT zu informieren, welche sozialen Phänomene im einzelnen psychisch-kognitive Phänomene evozieren. Daher liegt es nahe, das Soziogenesekonzept von Elias mit den Ergebnissen der Piaget-Schule zu vergleichen (vgl. Kapitel 2.3).

Das präoperationale Stadium des symbolischen, anschaulichen,

erkenntnisrealistischen, magischen, animistischen und artifizialistischen Denkens wird weltweit von allen gesunden Menschen
aus allen Kulturen und Subkulturen in identischen Formen und
Erscheinungsweisen entwickelt (Dasen 1974; Werner 1979). Die
präoperationale Denkstruktur ist *der* Schlüssel zum Verständnis
der kindlichen und primitiven Mentalität schlechthin.

Die Stadien der konkreten und formalen Operationen hingegen
sind an das Einwirken spezifischer Umweltbedingungen geknüpft. Wie in Kapitel 2.3 dargelegt, sind ökologische, räumliche
und technische Bedingungen die Voraussetzung für die Entwicklung konkreter Operationen in sozialen und physikalischen Inhaltsbereichen. Auch wenn nahezu jede Kultur entsprechend ihren Anforderungen zumindest einige Inhaltsbereiche operationalisiert, gibt es doch ein deutliches und nachvollziehbares
Gefälle zugunsten der technisch-wissenschaftlichen Zivilisationen auch in der Entwicklung der konkreten Operationen (Furby
1971; Mackay 1978; Dasen 1974 c; De Lemos 1969, 1974; Bovet
1974, 1975).

Die wirklich interessante psychisch-kognitive Grenzscheide
ist jedoch die zwischen dem erkenntnisrealistischen Denken
(schließt konkrete Operationen ein) und dem formal-operationalen Denken. Das formal-operationale Denken führt zu einer Revolution der Denkweisen, der Weltbetrachtung und der
Selbstreflexion. Wie dargestellt, entwickeln Populationen vorindustrieller, analphabetischer Gesellschaften nicht das formal-
operationale Stadium, sondern bleiben der erkenntnisrealistischen Denkweise verhaftet (Luria 1986; Hallpike 1994; Dasen
1974; Oesterdiekhoff 1992, 1997).

Wie in Kapitel 4.2.1 dargelegt, sind die Aussagenmengen zur
Charakterisierung des erkenntnisrealistischen Denkens weithin
identisch mit den Aussagenmengen zur Beschreibung der primitiven Psychostruktur im Sinne der ZT. Sie decken weitgehend
empirisch ab, was die ZT mit den Begriffen kennzeichnet: Es-
Dominanz, schwache Über-Ich-Funktionen, Kurzsicht, Enge
des Gedankenraumes usw. Entsprechendes gilt komplementär
für das Verhältnis von formal-operationalem Denken zur psychogenetischen Entwicklung im Sinne der *Civilisation*.

Die Kulturpsychologen konnten moderne Schulbildung als den
wesentlichen Schrittmacher in der Entwicklung formal-operationalen Denkens isolieren. Luria (1986) vermochte zu zeigen,

daß nur die Versuchspersonen (Vp) aus seinem Sample, die im Rahmen der Sowjetisierung Usbekistans mehrere Jahre Schulbesuch absolviert hatten, die Aufgaben zum formal-logischen Denken lösen konnten. Anhand von Hunderten von Vp konnte der kognitive Entwicklungsstand, bezogen auf unterschiedlichste Aufgaben zum formalen Denken, in ein direktes Verhältnis zum Alphabetisierungsgrad gesetzt werden. Analphabeten bleiben dem erkenntnisrealistischen, konkreten Denkstil verhaftet. Diese Ergebnisse konnten weltweit bestätigt werden. Es genügt nicht der Besuch von Schulen traditioneller Kulturen, in denen nur auswendig gelernt wird usw., sondern der mindestens dreijährige Besuch einer modernen Schule konnte als die Voraussetzung der Formalisierung des Denkens isoliert werden (Scribner 1984; Cole/Scribner 1974; Tulviste 1979; Greenfield 1981; Hallpike 1994).

Diese eindeutige Beziehung von Schule und kognitiver Struktur ist das deutlichste Beispiel für die Fähigkeit der Kulturpsychologie, den Zusammenhang von Sozio- und Psychogenese empirisch zu operationalisieren. Die lose Beziehung von Figurationen und Psychostruktur im Rahmen der ZT kann unter Bezug auf die transkulturelle Psychologie gehärtet und spezifiziert werden.

Der Übergang vom konkreten zum logisch-abstrakten Denken, durch Schriftkultur ausgelöst, wird auch für die Kulturgeschichte der Antike und der europäischen Neuzeit behauptet (Goody/Watt 1986, S. 63 ff.). Die Ausbildungstechniken einer Gesellschaft sind also der wesentliche Schrittmacher der Evolution logischen und abstrakten Denkens. In der primitiven Gesellschaft hingegen lernen die Kinder nicht in der Schule, sondern durch Zuschauen und Mitmachen der Praktiken der Erwachsenen. Verbale und artifizielle Konstruktionen, methodisches Anlernen und permanente Konfrontation mit künstlichen Problemen, zu deren Lösung neue Methoden entwickelt werden müssen, sind unbekannt (Bruner 1981, S. 87, 91; Gay/Cole 1967, S. 16). Die Individuen abstrahieren und generalisieren ihre Tätigkeiten nicht; bloße Oralität scheint die Denkfähigkeit in konkrete Bahnen einzugrenzen (Munroe/Munroe 1975, S. 87 f.; Cole/Scribner 1974; Hallpike 1994). Die moderne Schule hingegen befördert die Formalisierung, Logisierung, Abstrahierung und Reflexion von Denkprozessen.

Nun ist die moderne Schule keine Insel im gesellschaftlichen System, sondern sie bereitet die Menschen auf den beruflichen und sozialen Alltag in der modernen Industriegesellschaft vor. Kind und Kultur sind durch die schulische Erziehung mediatisiert. Die Schule transformiert die kindlichen Denkstrukturen, damit die Menschen den Anforderungen der technisch-wissenschaftlichen Zivilisation gerecht werden können. Naturwissenschaft, Medizin, Ingenieurwesen, Jurisprudenz und andere kulturelle Phänomene der Moderne bedürfen des logischen Denkens und erzeugen es *uno actu* (Oesterdiekhoff 1997). Sie sind das Resultat einer Formalisierung der Denkprozesse in der europäischen Neuzeit, und heute sind sie im Kontext der Schul- und Universitätsausbildung Mitursachen der Etablierung formaler Operationen. Traditionale Kulturen sind so geartet, daß das Denken von Populationen im präformalen Bereich verhaftet bleibt. Die Ergebnisse der transkulturellen Psychologie zeigen, daß analphabetische vormoderne Populationen aus allen Kontinenten und Kulturkreisen kein formal-logisches Denken entwickeln. Moderne Kulturen sind hingegen Ursache und Wirkung formallogischen Denkens zugleich.

Die Etablierung des formal-logischen Denkens geschah in massiver Form im Verlaufe der europäischen Aufklärung, im Prozeß der Entstehung der mechanischen Weltsicht und der kritischen Philosophie (Descartes, Newton, Kant). Die Durchsetzung der allgemeinen Schulpflicht, die Verbesserung des Schulsystems im 19. Jahrhundert und die Massenverbreitung von Druckschriften transformierten die Denkweisen europäischer Populationen.

Vergleicht man dieses Forschungsergebnis mit der ZT, dann stellt man eine weitgehende Deckungsgleichheit fest. Psychogenetische Entwicklung im Sinne der *Civilisation* wird von Elias raumzeitlich fast genauso eingegrenzt wie das formal-logische Denken von der transkulturellen Psychologie geographisch und kulturell definiert wird. Die *Civilisation* entsteht nach Elias zuerst in der Aufklärung, wird dann zum europäischen Gemeingut, um im 20. Jahrhundert aufgrund der Globalisierung europäischer Standards allmählich weltumspannend zu werden. Der Unterschied zwischen der ZT und der Piaget-Schule liegt vor allem in der Angabe der soziogenetischen Wurzel der *Civilisation*. Während nach letzterer Auffassung primär das Schulsystem in Anschlag zu bringen ist (obwohl die Schulbildung letztlich auch nur Funktion und Folge gesellschaftlicher Anforderungen ist), ist die *Civilisation* laut Elias die bürgerliche Fortentwicklung (und das Kontrastprogramm) von Zivilisationsprozessen der *Civilité*, die vor allem an den absolutistischen Höfen stattfanden. Aber hier zeigt sich schon, daß diese unterschiedliche Schwerpunktsetzung keine wirkliche Tiefe hat. Denn die Aufklärer haben sich immer (auch aus Neid) an den Vorgängen orientiert, die am Hofe stattfanden. Zudem sind sowohl bürgerliche Aufklärer als auch gebildete Höflinge in starkem Maße in das Schul- und Universitätssystem involviert gewesen.

In der Auffassung der ZT und der Piaget-Schule sind die kulturellen und sozialen Strukturen der neuzeitlichen und modernen Gesellschaften die soziogenetischen Faktoren der Psychogenese im Sinne der *Civilisation*, des formalen Denkens. Setzt die ZT mehr den Schwerpunkt auf den Hof, die Bürokratie, den Kapitalismus und die soziale Mobilität, so fokussiert die Piaget-Schule mehr das Ausbildungssystem. Führt man sich den »systemtheoretischen« Zusammenhang von Schule (als Subsystem) und Gesellschaft vor Augen, so geraten die Unterschiede zu scheinbaren. Die Schule lehrt Menschen das an kognitiven Fähigkeiten, was sie als Voraussetzungen für das Berufsleben brauchen. So gesehen ist die Schule im Gegensatz zu anderen Institutionen zwar tatsächlich die ontogenetische Wurzel formalen Denkens, aber makrosoziologisch gesehen Ursache und Wirkung sozialer Prozesse zugleich. Andererseits, insofern die Schule eine gesellschaftliche Funktion ausübt und als Transmissionsriemen mit den anderen Institutionen verzahnt ist, bestätigt die Piaget-Psychologie zumindest indirekt und im großen ganzen das Soziogenesekonzept der ZT, dem zufolge die weitere »Verdichtung und Verlängerung der Verflechtungszusammenhänge« (Bürokratie, Marktwirtschaft, Mobilität) die *Civilisation* sozialisiert hat.

Indem die Schule (und die moderne Gesellschaft) das natürliche Denken der Menschen transformiert, übt sie auf die Menschen Zwang aus und liefert ihnen zugleich auch Anregungen. Der Selbstzwang, hier: das logische Denken, ist ersichtlich nicht nur ein Ergebnis des Fremdzwangs, sondern auch das eines kulturellen Angebots, einer geistigen Chance.

4.2.5 Sozialisation im Kulturvergleich

Obwohl Elias die Bedeutung der Analyse von Sozialisationsbedingungen für die Konstruktion seiner ZT so hoch einschätzt, daß er im zweiten Band von PDZ 1939 einen weiteren Band ankündigt, welcher sich nur mit der Sozialgeschichte der Erziehung auseinandersetzen soll (PDZ 2, S. 401), hat er weder diesen Band realisiert noch sonst die Theorielücke gefüllt, sondern erörtert sozialisationstheoretische Fragen nur passagenlang.

Elias versteht Sozialisation als direkte Funktion der Sozialstruktur: Der spezifische Zwangsmodus, der in Makrofigurationen zum Ausdruck kommt, wird in der Sozialisation reproduziert. Das Kontinuum zunehmenden Zwangs, welches die Soziogenese des Okzidents (die Entwicklung der Sozialstruktur) kennzeichnet, findet sich als Abbild und Funktion deckungsgleich in der Geschichte der Erziehungssysteme wieder (PDZ 2, S. 444). Elias behauptet mithin, daß die Kindererziehung vom MA. über den Absolutismus bis zum bürgerlichen Zeitalter immer strenger geworden ist. Die Entwicklung zur *Civilisation*, die Aufrichtung des Über-Ich, war nur infolge immer strengerer und schärfer einwirkender Erziehungsmethoden möglich. Der stärkere Fremdzwang spiegelt sich in härteren und massiveren Erziehungsmethoden wider. Die bürgerliche Erziehung wirkt nach Elias auch deshalb nachhaltiger auf die Über-Ich-Entwicklung ein, da sie an die Mobilitätsängste appelliert, während Erziehung in Gesellschaften von Menschen, die sich am Existenzminimum bewegen, in psychologischer Hinsicht wesentlich weniger einwirkend ist (PDZ 2, S. 449).

»Die Ängste bilden einen der Verbindungswege – einen der wichtigsten –, über den hin sich die Struktur der Gesellschaft auf die individuellen psychischen Funktionen überträgt ... Niemals gelangt der Heranwachsende zu einer Regelung seines Verhaltens ohne die Erzeugung von Angst durch andere Menschen ... Ängste, die ältere Menschen bewußt oder unbewußt in dem kleinen Kinde hervorrufen, schlagen sich in ihm nieder und reproduzieren sich von nun an zum Teil auch mehr oder weniger selbsttätig ... ob sie (die Ängste, G. O.) nun durch direkte körperliche Gewalt hervorgerufen werden oder durch Versagungen, durch Beschränkungen von Nahrung und Lust ... Keine solche Regelung ist möglich, ohne daß die Menschen aufeinander Zwang ausüben, und jeder Zwang setzt sich bei dem Gezwungenen in Angst der einen oder anderen Art um« (PDZ 2, S. 446 f.).

Ersichtlich hat Elias ein sehr eng ausgelegtes behavioristisches Konzept, welches erkennen läßt, daß er Zivilisierung nicht nur positiv, sondern auch ambivalent einschätzt, nämlich als Verlust von Freiheit und als Resultat von Gewalt. Primitivität ist die Folge permissiver und Zivilisation ist das Ergebnis zunehmend zwingender Erziehung (Schmied 1988, S. 217). Immer ist das Ausmaß des Selbstzwangs abhängig vom Ausmaß des Fremdzwangs, auch in der Erziehung. Elias übernimmt Watsons Begriffe Konditionierung, Modellierung und Habitformation, um Sozialisation zu beschreiben. Es wird weiter unten auszuführen sein, daß die moderne Verhaltenstheorie jedoch großenteils zu anderen Ergebnissen gekommen ist, welche mehr in die Richtung der Elias-Schüler weisen. Elias' Konzeption der Erziehung ergibt sich auch aus seiner schiefen Interpretation des Behaviorismus, insbesondere aus seiner Gleichsetzung von Konditionierung und Zwang.

Es ist unter anderem die Hypothese zu prüfen, ob Intensivierung der Erziehung – sollte sie eine Voraussetzung für *Civilisation* sein – identisch sein muß mit Zunahme von Zwang. Die moderne Verhaltenstheorie lehrt, daß Verhalten im Sinne der *Civilisation* eher durch sogenannte Induktionstechniken erzeugt wird, aber nicht durch Zwang und Gewalt. Trotz der schiefen Interpretation Elias' ist jedoch nicht auszuschließen, daß es sowohl eine sozialgeschichtliche Evolution von Induktionstechniken als auch eine historische Zunahme von erzieherischen Zwangsmaßnahmen gegeben hat. Ferner kann eine lose Interpretation von »Zwang« ermöglichen, auch Induktionstechniken als Zwangsmaßnahmen zu verstehen: (Gewaltlose) Intensivierung von Erziehung bedeutet ein Mehr an sozialisierendem Einfluß und einen Verlust an kindlicher Spontaneität. So könnte man hypothetisch Elias' Konzept von Sozialisation rekonstruieren, differenzieren und spezifizieren – in enger Parallele zur Rekonstruktion seines Soziogenesekonzepts im vorherigen Kapitel.

Elias' Ausführungen zur Sozialgeschichte der Erziehung entbehren nicht nur jeder Beweisführung, sondern sogar jeder Veranschaulichung und Diskussion von historischem Material. Es handelt sich um passagenlange Ausführungen, die nur aus Behauptungen bestehen. Eine Überprüfung seiner Thesen zur Sozialisation wurde bisher noch nicht vorgenommen. Eine solche Prüfung ist mit kognitionspsychologischen Methoden nicht

möglich, sondern kann nur unter Heranziehung sozialisationstheoretischen, ethnologischen und kulturgeschichtlichen Materials durchgeführt werden.

Die implizite Auffassung Elias', eine wenig kontrollierende Erziehung produziere spontane und wilde Egozentriker, während
zu stark kontrollierende Erziehung Sklaven konditioniere, findet
sich schon bei John Locke (ohne evolutionistische Einkleidung).
Einengende Erziehung bewirkt eingeengtes Verhalten und eine
eingeengte Persönlichkeit (vgl. Scherer/Wallbott 1990, S. 350;
Riemann 1991). In dieser allgemeinen und grundsätzlichen Sichtweise wird die Auffassung Elias' von modernen sozialisationstheoretischen Ansätzen offenbar bestätigt (die Zustimmung bezieht sich zunächst nicht auf die kulturgeschichtliche Applikation): Selbstkontrolle als Persönlichkeitseigenschaft ist das
Resultat starken erzieherischen Kontrollverhaltens, und geringe
Selbstkontrolle ist die Folge fehlenden erzieherischen Kontrollverhaltens. Der bis heute wohl bedeutendste *lerntheoretische*
Entwicklungspsychologe (!), R. Sears, kommt zu einem ähnlichen Resultat:

»Auf die Einstellung der Eltern zur Sexualität oder Aggression kommt es
an. Strenge, genau umschriebene Verhaltensvorschriften, Sauberkeitser-
ziehung, Unterdrückung des äußeren Ausdrucks von Aggression und
sexueller Interessen und die generelle Neigung zu Restriktivität scheinen
zu eingeengtem Verhalten bei Mädchen und Jungen zu führen. Wird die
Beibehaltung der soziokulturell akzeptierten Aggressivität und die Freiheit des Ausdrucks hoch bewertet, wird die Tendenz zum Sichausdrük-
ken expansive Haltungen bei Jungen und Mädchen ermutigen« (Sears in:
Maier 1983, S. 210).

Elias' Sozialisationstheorie beruht auf einer Kombination von
Psychoanalyse, Behaviorismus, Soziologie und Kulturgeschichte – jedoch ohne empirische Basis. Fast zeitgleich mit der Entwicklung der Zivilisationstheorie kam es in den USA zu einer
breiten wissenschaftlichen Bewegung (Kombination von Psychoanalyse, Behaviorismus und Kulturanthropologie), die Thesen, ähnlich denen der ZT, empirisch und kulturvergleichend
untersuchte. Im Kontext dieser Forschungsrichtung entstanden
in einer einzigen Generation die bis heute in mancher Hinsicht
wichtigsten empirischen Arbeiten zur kulturvergleichenden
Sozialisationsforschung (Whiting/Child 1973; Whiting/Whiting
1975; Whiting/Edwards 1988; Havighurst/Neugarten 1955;

Mead 1965; zusammenfassend: Beuchelt 1974). Diese sind zur Überprüfung des Sozialisationskonzepts von Elias geeignet. Die genannte Richtung geht wie Elias programmatisch von einem Kausalzusammenhang von Sozialstruktur, Erziehungssystem, Persönlichkeitsstruktur und Verhaltensweisen aus.

»1. Die frühkindlichen Erfahrungen eines Individuums üben einen bleibenden Einfluß auf die Persönlichkeitsbildung, insbesondere des projektiven Systems, aus;

2. Gleiche oder ähnliche frühkindliche Erfahrungen tendieren dahin, ähnliche Persönlichkeitsstrukturen hervorzubringen;

3. Die Formen und Praktiken der Kleinkinderpflege und -erziehung sind innerhalb einer gegebenen Gesellschaft kulturell geprägt und folglich in einer großen Zahl von Familien ähnlich, wenn auch nie identisch;

4. Die kulturell geprägten Formen und Praktiken der Kinderpflege und -erziehung variieren von Gesellschaft zu Gesellschaft;

daraus folgt:

1. Die Angehörigen einer bestimmten Gesellschaft haben viele Elemente frühkindlicher Erfahrungen gemeinsam;

2. Als Resultat hieraus haben sie bestimmte Persönlichkeitszüge gemeinsam, die sich auf gleichartige oder ähnliche Pflege- oder Erziehungssysteme zurückführen lassen;

3. Da die frühkindlichen Erfahrungen von Gesellschaft zu Gesellschaft variieren, differieren auch die Dispositionen, Einstellungen und Wertbezüge der Menschen interkulturell« (Kardiner/Linton 1945, in: Beuchelt 1974, S. 337).

Im folgenden soll anhand sozialisationstheoretischen, kulturanthropologischen und historischen Materials der Versuch unternommen werden, die Hypothese Elias' zu überprüfen, Kinder einfacher Gesellschaften seien (im Vergleich zu modernen Gesellschaften) weder Objekte von Zwang noch von besonderen erzieherischen Bemühungen, psychologischen Investitionen und Induktionstechniken.

Die vielleicht allgemeinste Grundlage für die Herangehensweise an dieses Problem ist die in der Biologie entwickelte und in der Bevölkerungswissenschaft (Bevölkerungsgeschichte) applizierte LH-Theorie (*life history-strategy*). Der LH-Ansatz hat festgestellt, daß man von den einfachsten Lebewesen, von Wirbellosen über kleine Wirbeltiere bis zu großen Säugetieren, ein Kontinuum von Reproduktionsstrategien feststellen kann. Die einfachen Arten, insbesondere in ökologisch großzügigen Kontexten, neigen eher zur r-Strategie (zu einem frühen Zeitpunkt möglichst viele Nachkommen zu produzieren, die meist körperlich klein sind und kaum betreut werden). Die höher entwickelten Arten, die meist in ökologischen Kontexten mit hoher Konkurrenz leben, neigen eher zur K-Strategie (nur wenige Nachkommen zu zeugen, die körperlich kräftig sind und intensiv betreut werden). Bei differierenden Kontexten vermag dieselbe Art gelegentlich auch bis zu einem gewissen Grade die Strategie zu wechseln. Die LH-Theorie läßt sich bevölkerungsgeschichtlich applizieren und erklärt den Wechsel von Reproduktionsstrategien insbesondere in sozialen Modernisierungsprozessen. Bis ins 19. Jahrhundert in westlichen Ländern und bis ins 20. Jahrhundert in Entwicklungsländern dominierte vergleichsweise eher die r-Strategie, während die bevölkerungsreichen und kapitalstarken Industrieländer eher zur K-Strategie neigen. Wildbeuter- und Agrargesellschaften weisen hohe Geburten- und hohe Sterberaten, einen hohen Bevölkerungsumsatz und niedrige Investitionen in Nachkommen auf. Insbesondere Agrargesellschaften sind meist auf Expansion, Landnahme und Bevölkerungswachstum ausgerichtet (Weltbevölkerung um 1500: ca. 0,5 Mrd.; um 1900: ca. 1,68 Mrd.). Erst im 20. Jahrhundert gelingt es den Industrieländern, diesen Trend umzukehren und die Geburten- und Sterberaten zu senken. »Hier würde es darauf ankommen, möglichst gute, konkurrenzfähige Nachkommen zu produzieren, die sich in einer hochkompetitiven Umwelt zu behaupten vermögen. Wenige, aber große Nachkommen wären von Vorteil, und der Zeitpunkt der Reproduktion wäre weniger wichtig« (Schmid-Hempel 1992, S. 86; vgl. Boserup 1965; Mackenroth 1953; Oesterdiekhoff 1993 a). Während in kapitalarmen Agrarländern früherer Epochen Massen von unausgebildeten Bauern und Soldaten die Machtbasis bildeten (r-Strategie), sind in modernen Ländern Individuen dann durchsetzungsfähig (und Gesellschaften wettbewerbsfähig), wenn sie mit Kapital, Familienerbe, Bildung, Erziehung und Karrieren ausgestattet werden (K-Strategie) (vgl. Becker 1981, 1982; Voland 1992).

Vor diesem Hintergrund könnte die Ausgangshypothese zusätzliches Gewicht bekommen. Es könnte erklärbar sein, weshalb Kinder in einfachen Gesellschaften nicht zu Objekten intensiverer Erziehungsmaßnahmen werden, sondern teilweise sowohl ein mehr oder weniger von (psychologischem) Zwang und

Behütung freies Leben führen können als auch teilweise so gering geschätzt werden, daß sie einen Status haben, der heute im Westen mehr oder weniger Ungeborenen zukommt (Ariès 1984, S. 55). So unterschiedlich sich die Lebensbedingungen gestalten, wenn man als Kind »unbehandelt« groß wird – ob man ein freies Leben führt (Melanesien) oder überwiegend zur Arbeit herangezogen wird (Schwarzafrika) oder einfach gequält und getötet wird (in einfachen Gesellschaften sehr verbreitet) – gemeinsames Merkmal einfacher Gesellschaften scheint die Neigung zu sein, wenig in Kinder (psychologisch) zu investieren und kaum erzieherisch auf sie einzuwirken.

Auch wenn es viele Indizien gibt, welche diese These stützen, ist es ungemein schwierig, die disparaten Phänomene einheitlich zu erklären. Zum einen unterscheiden sich auch einfache Kulturen beträchtlich in ihren Erziehungspraktiken, zum anderen finden sich in ihnen gröbste Mißhandlungen neben spannungsarmen Generationsbeziehungen, welche in vielen Hinsichten die Generationsbeziehungen in westlichen Industrieländern in den Schatten stellen (Whiting/Edwards 1988; Bryce-Boyer 1982; Mead 1965; Parin 1978; Erikson 1971; Kakar 1988; Trommsdorff 1989). Vor allem Sozialhistoriker neigen offenbar dazu, ein Zerrbild der Generationsbeziehungen in einfachen Gesellschaften darzustellen, indem sie deren Erziehung mit Mißhandlungen und Gleichgültigkeit nahezu gleichsetzen (Lloyd deMause 1980, 1989; Shorter 1975, 1983).

Die Hypothese von Elias kann umfassend nur bestätigt werden, wenn es gelingt, nachzuweisen, daß die in vielen einfachen Gesellschaften vorfindlichen guten Generationsbeziehungen nicht ein Resultat von intensiven psychologischen Investments, von Induktionstechniken und Zwang sind. Wenn dieser Fall vorliegt, dann ist es möglich, über den allgemeinen Hintergrund aufzuklären, warum in einigen ökologischen Kontexten Gleichgültigkeit, Mißhandlungen, Gewalt, Päderastie usw. vorherrschen und in anderen Kontexten gute Beziehungen obwalten. Wenn die guten Beziehungen nicht erzieherischer Reflexion und psychogenetischer *Civilisation* erwachsen, sondern auf präoperationaler Basis biologisch, soziologisch und ökologisch eingespielt sind, dann kann ein Wandel der gesellschaftlichen Lebensbedingungen ein Umkippen guter Generationsbeziehungen in Gewalt und Mißhandlung bewirken. Gute Generationsbeziehungen in einfachen

Gesellschaften beweisen demnach nicht per se, daß in ihnen ein ethisches Bewußtsein für Menschenrechte (Kinderrechte) und ein psychologisches Bewußtsein für Kinder und ihre Nöte entwickelt sind (Ariès 1984, S. 209, 457; Lloyd deMause 1980). Demzufolge können die teilweise guten Lebensbedingungen für Kinder in einfachen Gesellschaften – in psychologischer Hinsicht – scheinbar paradox dieselben Ursachen haben wie die teilweise katastrophalen Lebensbedingungen: Es fehlen Empathie und eine systematische psychologische Beeinflussung von Kindern im Sinne der *Civilisation*. Nur unter dieser allgemeinen Bedingung könnte die Hypothese von Elias verifiziert und könnten die verschiedenen disparaten Phänomene einheitlich erklärt werden.

Nach sehr verbreiteter Auffassung von Historikern und Kulturanthropologen ist das fehlende tiefere Interesse an der psychologischen Entwicklung von Kindern und das fehlende Bewußtsein von Grund- und Menschenrechten für Kinder in traditionalen Gesellschaften auch Folge der Größe von Familien und Sippen. Besser formuliert: Die Familienstruktur ist gleichermaßen Ursache und Wirkung sowohl der r-Strategie als auch der Psychogenese. Erst die bürgerliche Familie führte zu einer Binnenerwärmung der Beziehungen sowohl zwischen den Ehegatten als auch zwischen diesen und ihren Kindern. Erst die bürgerliche Familie erzieht die Kinder im Sinne der *Civilisation* (Shorter 1975, 1983; Mitterauer 1980; Lloyd deMause 1980; Beuys 1985; Ariès 1984).

Die Familienstruktur in den meisten einfachen Gesellschaften verhindert in Verlängerung und Umsetzung der r-Strategie die emotionale Aufladung der Generationsbeziehungen. Napoleon Chagnon (1994, S. 182, 185) hat jahrzehntelang den letzten noch existierenden großen steinzeitlichen Stammesverband der Erde – die Yanomamö – untersucht und die »Gleichgültigkeit« (Romantik fehlt angeblich vollkommen) zwischen den Ehegatten einerseits und zwischen Eltern und Kindern andererseits beschrieben. Die Kinder bleiben nicht im Haushalt der Eltern, und es kommt zu keiner engeren Gefühlsbeziehung, sondern sie haben Kontakte zu allen Älteren. Alle Kinder werden mehr oder weniger von allen Erwachsenen gelenkt. Nur jedes dritte Kind lebt im Alter von 10 Jahren noch bei den Eltern und nur jedes zehnte Kind im Alter von 20 Jahren. Den Zwanzigjährigen sind die Eltern meist schon verstorben. Diese familiäre Struktur verhindert Intimisierung der Beziehungen und (ödipale) Abhängigkeit zwischen Eltern und Kindern (Chagnon 1994, S. 217 f.).

Trotz beträchtlicher Unterschiede zwischen den Gesellschaften im einzelnen beschreiben Kulturanthropologen die Generations- und Familienbeziehungen im Hinblick auf Indianerstämme (Havighurst/Neugarten 1955; Bryce-Boyer 1982), afrikanische Stämme (Gay/Cole 1967; Whiting/Edwards 1988; Crijns 1969), australische Stämme (Berndt/Berndt 1975) und Südseevölker (Malinowski 1979 a, b; Mead 1965) ähnlich wie Chagnon (für Wildbeutergesellschaften allgemein: Chasiotis/Keller 1995, S. 24; Thurnwald 1932, S. 259, 262).

Mead (1965, S. 127, 133, 135) beschreibt die allgemeine »Gleichgültigkeit« in den Generationsbeziehungen auf Samoa, die fehlende familiäre Eingrenzung von Kindern und die kollektive Fürsorge.[18] Nach dem dritten Lebensjahr werden die Kinder nicht mehr von der Mutter, sondern von älteren Kindern betreut. Hören wir Mead in der Darstellung der ehemaligen Bundestagspräsidentin:

»Die Erziehung besteht fast ausschließlich in der Gewöhnung an die häuslichen Lebensbedingungen. Abgesehen von den oben genannten Verhaltensweisen kann das Kind tun und lassen, was es möchte ... Die Indifferenz gegenüber dem Kind entspricht der gleichgültigen Lebenshaltung des Stammes. Das Kind wird zu keiner raschen Entwicklung angehalten, sondern eher gehemmt, es erfährt keine intensiven Gefühlshaltungen und wächst nicht mit engen persönlichen Bindungen auf ... Zu enge emotionale Bindungen können kaum aufkommen, da die Kinder in großer Anzahl zusammenleben, von vielen betreut und gleich behandelt werden. Sie sind nicht ausschließlich auf die Erwachsenen angewiesen, übernehmen früh Verantwortung, werden nicht lange verhätschelt und wissen sich in einem großen, sie beschützenden Familienverband aufgehoben, ohne enge Vater- und Mutterbindung« (Süssmuth 1968, S. 171, 176, 178; für die Trobriander Melanesiens die gleichen Erkenntnisse: Malinowski 1979 a, S. 52, 60; 1979 b; für die Pygmäen: Heymer 1995, S. 142.)

18 Seit einer Generation geht in der Kulturanthropologie das Gerücht um, Barnouw, Service und vor allem Freeman hätten Margaret Meads Südseeschilderungen »widerlegt«. Schaut man sich diese »Widerlegungen« an, dann gelangt man zu der Erkenntnis, daß Thomas Kuhns Beschreibungen der Irrationalität von Paradigmenwechseln eine einzige Beschönigung und Untertreibung darstellen. Zwar ist richtig, daß

Es gibt auch kontrollierte empirische Studien, die die familiäre Sozialisation in unterschiedlichen Gesellschaftsordnungen jahrelang systematisch vergleichend untersucht haben. Was Historiker und Ethnologen oft beschreiben, kann auch empirisch operationalisiert werden. Bürgerliche Kernfamilien in westlichen Gesellschaften beruhen demnach auf einer besonderen sozialen Isolierung, Intimisierung und Gefühlsaufladung der familiären Beziehungen, während große Haushalte (hier: in Indien, Philippinen, Schwarzafrika) nicht dazu neigen, Kinder persönlich ein-

Mead das »Leben in der Südsee« idealisiert und ihre Beobachtungen kurz und ungenau vorgenommen hat (was soll es: Malinowski hat jahrelang auf den Inseln gelebt und kam einige Jahre vor Mead zu den gleichen Ergebnissen). Prüft man nun die Widerlegungen, so treffen sie bis auf die Frage der Jungfräulichkeit vor der Ehe Sachverhalte, die Meads Darlegungen gar nicht widersprechen. Die meisten »Widerlegungen« (Freeman 1983) jedoch (Gewaltneigung, Höflichkeit, Vergewaltigungen, religiöse Ekstatik, Leidenschaftlichkeit) sind keine Widerlegungen, sondern Bestätigungen des Kerns von Meads Beschreibungen. Sie bestätigen nämlich die mangelnde Ausbildung der *Civilisation*, die Schwäche des Über-Ich, die »Gleichgültigkeit« (Mead) und die »niedrige ethische Spannung« dieser Kultur, wie Max Weber sagen würde. Der Kern von Meads Theorie besteht doch nicht darin, die Südsee zu idealisieren (im Paradies gibt es keine Gewalt), sondern ihren nichtprotestantischen, nichtwestlichen Charakter darzustellen: Die Insulaner leben – frei nach Max Weber – nach »Trieb und Gefühl«. Der Kern von Meads Darstellung ist gewissermaßen, Webers Religionssoziologie, Freuds und Elias' ZT ethnographisch umzusetzen und zu veranschaulichen. Und diese Aufgabe ist ihr zumindest auf der Beschreibungsebene gelungen: noch heute leben die Insulaner einen gelassenen, unhektischen, unprotestantischen Alltag, wie der Tourist sich leicht überzeugen kann. Es wäre eine schöne Aufgabe, das Märchen von der Widerlegung Meads zu entmystifizieren. Freeman weiß gar nicht, welche Theorie er »widerlegt«: Weder hat er einen eigenen festen Standpunkt, von dem aus er kritisiert, noch kann er begrifflich das fassen, was er eigentlich kritisiert. Mead ist insofern dafür mitverantwortlich, da sie das erfolgreichste Buch der Kulturanthropologie geschrieben hat, ohne eine eigentliche Theorie zu entwickeln: Sie beschreibt und veranschaulicht, aber sie entwickelt kein theoretisches Konzept. Hätte sie dies getan, dann wären zwar nicht so viele Mißverständnisse möglich gewesen, das Buch hätte niemals einen so gewaltigen Absatz gefunden: Denn die fehlende Theorie erlaubt den Lesern, viele Phantasien, Ideologien und Idiosynkrasien zu projizieren.

zubinden, mit Liebestechniken zu erziehen und psychologisch zu modifizieren (Whiting/Whiting 1975, S. 114, 168; Havighurst/Neugarten 1955). Für bürgerliche Familien gilt: »The significant predictors for the intimate-dependent cluster are parents as targets and membership in a complex culture ...«, und für Großfamilien gilt: »The conflicting interests of three generations makes informal and intimate relationships difficult, particularly if all live in one household« (Whiting/Whiting 1975, S. 178).

Während westliche Kernfamilien sich von Nachbarn und Verwandten isolieren und damit ihre Kinder erst in eine ödipale Abhängigkeit zwecks Anwendung von intensiveren Induktionstechniken bringen, gilt für Familien in den meisten traditionalen Gesellschaften, daß sie offene Grenzen zu Nachbarn und Verwandten haben, mit denen sie einen engen familienähnlichen Austausch pflegen, so daß eine scharfe Grenze zwischen Familie und Gesellschaft nicht entstehen kann und Kinder keiner Isolierung, keiner persönlichen Abhängigkeit und keiner Induktion anheimfallen können (Whiting/Whiting 1975, S. 178, 114; Parin 1978, S. 144; Parin/Morgenthaler/Parin-Matthèy 1983, S. 549, 564; vgl. Radcliffe-Brown 1983; Mitterauer 1990, S. 27 f.; Lowie 1983; Evans-Pritchard 1983).

Obwohl das »european marriage pattern« mit der östlichen Grenze St. Petersburg–Triest und die europäische Familienform schon seit vielen Jahrhunderten eine interkulturelle Ausnahmeerscheinung darstellen (Mitterauer 1992, S. 319; Goody 1989), treffen sogar auf sie die genannten vorbürgerlichen, traditionellen Charakteristika bis ins 18. und 19. Jahrhundert zu. Die Familienatmosphäre war laut verbreiteter Forschungsmeinung weder zwischen den Ehegatten emotional und romantisch aufgeladen, noch waren die Kinder im Kontext der Familie eingefangen, sondern waren auf Verwandte, Nachbarn und ältere Kinder gleichermaßen bezogen. Die Familie war keine bürgerliche Insel und Burg, sondern stand in einem offenen Austausch mit Nachbarn und Verwandten. Weder waren sich die Ehepartner emotional besonders verbunden, noch hatten sie ein emotionales und erzieherisches Interesse an ihren Kindern im Sinne der *Civilisation* (Shorter 1975, S. 257; Shorter 1983, S. 72 ff., 80, 99, 173, 198 ff.; Kittsteiner 1991, S. 374 ff.; Ariès 1986, S. 173; Ariès 1984, S. 209, 486; Rosenbaum 1980; Beuys 1985; Goody 1989; Hutton 1987,

S. 154; Tucker 1980 für England; Dunn 1980 für Rußland; Robertson 1980; Stone 1980; Dinzelbacher 1993, S. 71, 77 ff.; Mitterauer 1980, 1990, S. 89).

Vor diesem Hintergrund der allgemeinen *Gelassenheit* und *Gleichgültigkeit* der Generationsbeziehungen in traditionellen Gesellschaften ist verständlich, weshalb in ökologisch günstigen Kontexten Kinder teilweise eine arkadische Freiheit genießen können, die ihre Altersgenossen in der Industriegesellschaft vermissen, weshalb sie andernteils aber in ungünstigen Kontexten leicht das Opfer von Mißbrauch und Gewalt werden.

In traditionalen Gesellschaften fehlt nicht nur ein Verständnis von Menschenrechten, sondern oft werden kleine Kinder noch gar nicht als Menschen gesehen (oft erst ab dem Alter von zwei oder drei Jahren). In den meisten einfachen Gesellschaften ist die Kindstötung normal und üblich gewesen. Ein erheblicher Prozentsatz der Kinder wurde ausgesetzt oder umgebracht. Indianer und australische Ureinwohner haben noch in diesem Jahrhundert kleine Kinder nach der Sitte in Ameisenhaufen gesetzt und ihnen dabei Honig in die Augen geschmiert. In den europäischen Großstädten noch des beginnenden 19. Jahrhunderts lagen auf den Misthaufen kleine Kinder, die dort wimmerten oder verrotteten. In der Antike wurde die Kindstötung erst ab 374 u. Z. als Mord verstanden, vor dem 16. Jahrhundert wurde Kindsmord nur sporadisch bestraft (Bryce-Boyer 1982, S. 82; Lloyd deMause 1980, S. 46 ff.; Shorter 1975, S. 262; Shorter 1983, S. 200; Ariès 1984, S. 98, 55; Thurnwald 1932, S. 252). Sexueller Mißbrauch von Kindern, sexuelle Kontakte von Kindern und Erwachsenen waren in der griechisch-römischen Antike (nicht nur bei den Philosophen), bei den Indianern und im Osmanischen Reich noch bis vor drei Generationen üblicher gesellschaftlicher Standard: Wie in der Antike saßen die Altherren Kleinasiens noch zu Beginn des 20. Jahrhunderts mit ihren Lustknaben in den Cafés (angeblich 40 % der Männer) (Lloyd deMause 1980, S. 71 ff.; Al-Wardi 1972, S. 367; Bryce-Boyer 1982, S. 98 ff.; Freyre 1982, 1990; Tannahill 1983; Veyne 1986).

Nach der Auffassung Shorters war die Mutterliebe im alten Europa unterentwickelt. Neugeborene wurden mit Brei gefüttert, mit Alkohol oder Hiebe in den Schlaf gebracht, in ihrem Kot liegengelassen und bis zur Besinnungslosigkeit geschlagen (Shorter 1983, S. 198, 209; 1975, S. 257, 265 ff.; Deries 1977). Vor allem aufgrund schlechter Versorgung und Behütung, weniger aufgrund von unvermeidbaren Krankheiten und Seuchen, erreichten etwa 50 % der Kinder nicht das dritte Lebensjahr (Shorter 1975, S. 286; Dunn 1980, S. 537 ff.).

Wahrscheinlich waren die Mütter des Ancien régime weniger empathisch und zudem sadistischer als die Mütter aus den einfacheren Gesellschaften Afrikas, der Südsee und vor allem Ostasiens – oder die Angaben der Sozialhistoriker sind falsch beziehungsweise überzogen. Während in den meisten nichteuropäischen einfachen Gesellschaften, auch in den Steinzeitgesellschaften, Kinder bis zum dritten Lebensjahr gesäugt wurden (Whiting/Child 1973; Chasiotis/Keller 1995), war das Säugen und Pflegen von Kindern in der europäischen Neuzeit kaum üblich. Wenn die Angaben der Sozialhistoriker richtig sind, dann müssen wohl die härteren Lebensbedingungen der frühen Neuzeit (im Verhältnis zum Mittelalter) oder andere Ursachen dafür verantwortlich sein, daß die Generationsbeziehungen und die Lebensbedingungen der Kinder sich in Europa so schlecht gestalteten – im Verhältnis zu den einfachen Gesellschaften der anderen Kontinente.

Neugeborene wurden mit Brei gefüttert und bis um 1800 in Frankreich regelmäßig zu Ammen gegeben, wo sie oft jahrelang fern von der Mutter unter meist schlechten Bedingungen lebten. Mehr als 80 % der 21000 Babies, die von 1780 bis 1790 in Paris geboren wurden, wurden zu Säugammen gebracht (Robertson 1980, S. 569; Dunn 1980, S. 541 für Rußland). Erst ab 1800 begannen französische Frauen, ihre Kinder selbst zu säugen, nicht zuletzt dank der Schriften Rousseaus (Shorter 1975, S. 265; 1983, S. 213, 209). In Deutschland und Amerika wurden Kinder um 1880 zwischen dem ersten und dem sechsten Monat entwöhnt (Lloyd deMause 1980, S. 61).

Das Steckwickeln (Kinder mit Bändern einwickeln, so daß sie ihre Glieder nicht bewegen können; dann konnte man das Paket an einen Haken hängen) war in England und Frankreich um 1800 noch in Mode, in der Oberschicht wurde es ab 1750, in den unteren Schichten ab 1830 abgeschafft. In Deutschland und Polen hielt sich das Wickeln bis Ende des 19. Jahrhunderts, im Baltikum bis vor einer Generation. Die Wickelmethode verhindert den Mutter-Kind-Kontakt, und diese Verhinderung des Zärtlichkeitsaustauschs ist wohl sogar die Ursache ihrer Entstehung und

Verbreitung (Shorter 1975, S. 273, 275; 1983, S. 226; Lloyd de-Mause 1980, S. 64; Robertson 1980, S. 571).

Wenn Kinder in England sieben Jahre alt waren, wurden sie regelmäßig für fast zehn Jahre als Lakaien in fremde Haushalte geschickt (Pinchbeck/Hewitt 1980, S. 502). Gesindedienst und Vergabe von Kindern an andere Haushalte für Jahre und Jahrzehnte waren in ganz West- und Mitteleuropa seit Jahrhunderten üblich und sollen in dieser Form eine ausschließlich europäische Erscheinung sein (Mitterauer 1992, S. 320 ff.). In Rußland war bis Ende des 19. Jahrhunderts folgende Praxis verbreitet: Väter verheiraten ihre Söhne an ein Dorfmädchen und schicken ihn Tage nach der Hochzeit zur Arbeitssuche nach St. Petersburg oder Moskau. Wenn er nach Ablauf einiger Jahre heimkehrt, ist er gesetzlicher Vater der Kinder, die sein Vater mit seiner Braut gezeugt hat: »Das ist in ganz Rußland üblich und wird von den Betroffenen nicht als Unrecht angesehen« (Dunn 1980, S. 553; vgl. Thurnwald 1932, S. 92).

Diese Praktiken – kein Stillen oder frühes Abstillen, Wickeln und Abschieben der Kinder aus dem Haushalt – werden als Vermeiden von intimen und emotionalen Beziehungen gedeutet, sie sind glaubhafte Indizien für die Emotionslosigkeit und sogar Feindseligkeit der inneren Familienbeziehungen. Seit dem Ende des 18. Jahrhunderts in den oberen Schichten, seit Beginn des 19. Jahrhunderts in den mittleren und seit Ende des 19. Jahrhunderts in den unteren Schichten verändern sich im Kontext der Intimisierung der Familienbande diese Praktiken allmählich. Die Veränderungen beginnen in Frankreich und England und Jahrzehnte später in Amerika und Deutschland. Säugen, Körperkontakt mit dem Kind, Liebkosen usw. sind Indizien einer geänderten Einstellung zum Kind und zur Familie, einer Revolution der Kinderpflege, des Muttergefühls, der Gattenbeziehungen und der Familienstruktur (Stone 1980, S. 441; Shorter 1975, S. 266 ff., 1983, S. 258 ff.; Ariès 1984, S. 486; Mitterauer 1990, S. 89).

Die *Gelassenheit* und *Gleichgültigkeit* der Generationsbeziehungen, wie sie in traditionalen Gesellschaften vorherrschen – gleichviel ob sie sich als *Freiheit* oder in Form von *Gewalt* auswirken –, wurden in Europa seit dem 18. Jahrhundert zunehmend abgeschafft und ersetzt durch systematische Versuche, psychologisch auf das Kind einzuwirken. Es verstärkten sich nach verbreiteter Auffassung *zwei Techniken der Disziplinie-*

rung, zum einen die *Techniken des Zwangs* und zum anderen *emotionale Induktionen*, welche teilweise später als der direkte Zwang kamen, teilweise gleichzeitig ausgeübt wurden.

»Die steigenden Erwartungen der Eltern für ihre Kinder sind mit einer historischen Reorganisation des Familienlebens zwischen dem 16. und dem 18. Jahrhundert verknüpft. Die Familie als eine durch Abstammung organisierte Gruppe von Erwachsenen wird durch eine Familie ersetzt, die fast ganz auf die Erziehung der Kinder ausgerichtet ist. Im Laufe dieses Prozesses verschiebt sich das Ideal eines gelungenen Familienlebens von der Geselligkeit zur sozialen Disziplin. Die traditionelle europäische Familie … war ein großer und geselliger Haushalt, in dem die alltäglichen Verrichtungen öffentlich ausgeführt wurden, in dem sich Gesinde, Kundschaft und Verwandte munter durcheinandermischten und in dem sich die Lebensqualität nach augenblicklichen Vergnügungen bemaß. Der Übergang von der traditionellen zur modernen Familie markiert den Rückzug von solcherart Geselligkeit … Das gefühlsmäßige Engagement beschränkte sich von nun an auf die Kernfamilie, zu deren Hauptaufgabe die Pflege der kindlichen Entwicklung wurde. Dieser Rückzug auf eine kleinere familiäre Einheit hatte zugleich eine Aufsplitterung der emotionalen Bedingungen und die Durchsetzung von immer strikteren Disziplinierungsmaßnahmen für die Kinder zur Folge. Von daher gesehen, bedeutete das neue Gewicht, das der Vorbereitung des Einzelnen auf das Leben zukam, einen Verlust an Freiheit (das heißt an Freiräumen der Geselligkeit und des Spiels) und den Verlust der psychischen Sicherheit, die durch das breitere soziale Beziehungsnetz in der traditionellen Gesellschaft gewährleistet war« (Hutton 1987, S. 154; vgl. Donzelot 1979; Ariès 1984, S. 486; Shorter 1983, S. 80, 99, 258 ff.).

Die moderne kulturvergleichende Sozialisationsforschung kann diese Erkenntnisse der Sozialgeschichte im Hinblick auf den Vergleich westlicher Kernhaushalte mit größeren Haushalten aus Entwicklungsländern indirekt empirisch operationalisieren und bestätigen. In US-Haushalten sind die Gatten- und Generationsbeziehungen emotionaler und enger, auf die Kinder werden insgesamt mehr Zwang und mehr psychologische Beeinflussung ausgeübt, und die Beziehungen zu Nachbarn und Verwandten sind schwächer als in den Vergleichssamples aus Indien, Afrika, Lateinamerika und Südostasien (Whiting/Whiting 1975, S. 114, 168, 178; Whiting/Edwards 1988, S. 112; Whiting/Child 1973, S. 70, 102 f., 219 ff., 254; Havighurst/Neugarten 1955).

Donzelot (1979) erklärt ganz im Sinne von Elias den zunehmenden familiären Zwang auf die Kinder im Verlaufe der europäischen Neuzeit aus dem absolutistischen Ordnungsstaat und dem bürgerlichen Obrigkeitsstaat, welcher im 19. Jahrhundert versucht, die soziale Kontrolle auch auf der Ebene der Familie zu verstärken (vgl. Kittsteiner 1991; Hutton 1987; Oestreich 1969, S. 193; Muchembled 1990). Im Zuge des Absolutismus wird im 16. Jahrhundert die Körperstrafe gleichzeitig in Schule und Gesellschaft eingeführt (Ariès 1984, S. 374, 380; Deries 1977). Noch im 16. Jahrhundert waren Schüler nur schwer zu disziplinieren, gewaltsame Schüleraufstände waren häufig und schwer einzudämmen (Ariès 1984, S. 444 f.). Nur allmählich gelingt es dem Staat, der Schule und der Familie, die Jugend gefügig zu machen und zu disziplinieren. Hier ist das sozialisationsgeschichtliche Missing link der ZT zu verorten; ganz im Sinne von Elias hat der Fremdzwang den Selbstzwang konditioniert:

»Wir haben es mit derselben Reizbarkeit zu tun, die die arabischen Massen bis in die heutige Zeit bewahrt haben und die einen harmlosen Vorfall leicht in Plünderungen und Massaker ausarten läßt; es fällt uns mittlerweile immer schwerer, uns diese Mentalität vorzustellen … Im 18. Jahrhundert ist der Schüler dann so gut wie gezähmt« (Ariès 1984, S. 442, 454).

»Die Idee vom wohlerzogenen Kind war im 16. Jahrhundert so gut wie völlig unbekannt und bildete sich erst im 17. Jahrhundert heraus. Wir wissen, daß sie den reformerischen Anschauungen einer geistigen und moralischen Elite entsprang, die kirchliche und staatliche Ämter innehatte. Das wohlerzogene Kind wird man vor den Grobheiten und der äußeren Vernachlässigung bewahren, die dann zu spezifischen Merkmalen der unteren Stände und der Gassenjungen werden. Dieses wohlerzogene Kind wird in Frankreich dann zum Kleinbürger werden. In England wird es zum Gentleman, einem sozialen Typus, der vor dem 19. Jahrhundert unbekannt war und den eine bedrohte Aristokratie mit Hilfe der public schools heranziehen wird, um sich gegen den Druck der Demokratisierung zur Wehr zu setzen. Die Sitten der führenden Klassen des 19. Jahrhunderts sind den anfänglich widerstrebenden Kindern von Vorläufern auferlegt worden, die sie zwar abstrakt erdacht, jedoch nicht danach gelebt hatten. Es sind zunächst kindliche Sitten gewesen, diejenigen der wohlerzogenen Kinder, ehe sie dann zu denen der Elite des 19. Jahrhunderts und allmählich zu denen des modernen Menschen überhaupt wurden, wobei der gesellschaftliche Stand keine Rolle mehr spielte. Die alte mittelalterliche Turbulenz ist zunächst von den Kindern und schließlich dann auch von den unteren Schichten des Volkes aufgegeben worden; heute (1960, G. O.) ist sie nur noch das Kennzeichen der Gassenjungen, jener letzten Erben der truands, des Bettelvolkes, der ›Gesetzlosen‹, der Schüler des 16. und 17. Jahrhunderts« (Ariès 1984, S. 456).

Obwohl in den westlichen Ländern im 19. und vor allem im 20. Jahrhundert die patriarchalische häusliche Tyrannei – die nach obigen Ausführungen nur zu einem gegenüber der traditionellen Familie stärkeren Fremdzwang, aber nicht zu Selbstzwang führen kann – allmählich durch die demokratische Familie ersetzt wurde, die vor allem auf psychologischer Beeinflussung und Induktion basiert, ist der Zwang und der Druck, der auf den Kindern in der Moderne lastet, ganz im Sinne der Erwartung des bisherigen Argumentationsaufbaus größer als in traditionellen Gesellschaften.

Whiting and Child (1973) haben die Erziehungssysteme von 51 Gesellschaften weltweit empirisch untersucht. Sie haben in diesen Gesellschaften die Sozialisation von fünf Verhaltenssystemen (Säugen, Toilettenerziehung, Sexualität, Abhängigkeit und Aggression) anhand von jeweils mehreren Indikatoren operationalisiert und zahlenmäßig bewertet.

Was Zeit und Ausmaß des Säugens anbelangt, war das US-Mittelklasse-Sample neben den Marquesas die rigideste Kultur in der oralen Babyversorgung. Ähnlich dem alten Europa fand die Entwöhnung meist nach dem sechsten Monat statt, während die meisten Kulturen nach dem dritten Jahr entwöhnen (Whiting/Child 1973, S. 70 f.).

Vierzehn der primitiven Gesellschaften des Sample beginnen mit der Reinlichkeitserziehung zwischen dem 18. und dem 24. Monat. Manche Gesellschaften beginnen noch später oder kennen die »Sphinkterdressur« gar nicht. Von allen Gesellschaften war das US-Sample am extremsten: Mit sechs Monaten beginnt die Analdressur (Whiting/Child 1973, S. 74).

Diese empirische Studie konnte die ethnologische Feststellung größerer Toleranz vieler primitiver Gesellschaften in Fragen der Kindersexualität bestätigen. Schon im Kindesalter wird dort Sexualität praktiziert, während in vielen geschichteten primitiven und vor allem in den Industriegesellschaften die Latenzzeit dominiert (vgl. Malinowski 1979 a, b; Bryce-Boyer 1982, S. 98 ff.; Mead 1965; Thurnwald 1932; PDZ 1, S. 235). Die Duldsamkeit der kindlichen Onanie konnte zwischen den Werten 10 und 19 eingestuft werden. Der Mittelwert lag bei 15, das US-Sample war hier neben zwei weiteren Gesellschaften am rigidesten. Die Duldung heterosexueller Praktiken wurde Kindern in einer Reihe von Gesellschaften erlaubt, bei anderen nur bis zur Pubertät oder bei wieder anderen erst ab der Pubertät. Der Mittelwert von »Duldung von Sexualität« lag bei 13, die Werte schwankten zwischen 7 und 20. Das US-Sample brachte es auf den Wert 9 (Whiting/Child 1973, S. 78 ff., 87 f.).

Aggression wurde unter folgenden Aspekten gemessen: physische Aggression, verbale Aggression, Sachbeschädigung und Ungehorsam. Diese Aspekte wurden zusammengefaßt unter »Duldung von Aggressionen«. Die gemessenen Werte lagen zwischen 5 und 17. Der Mittelwert lag bei 11, das US-Sample wurde mit 10 eingestuft (Whiting/Child 1973, S. 98).

Die beobachteten Verhaltenssysteme und Sozialisationspraktiken wurden unter dem Aspekt zusammengefaßt: »Duldung von Verhalten«. Die dafür gemessenen Werte schwankten zwischen 10 und 17, der Mittelwert lag bei 13, und das US-Sample wurde mit 10 eingestuft. Nur zwei einfache unter den 51 Gesellschaften wiesen ähnliche Werte auf, das heißt sind ähnlich streng, einschränkend, unterbindend, einengend und verhaltensregulierend (Whiting/Child 1973, S. 102 f.; vgl. Whiting/Edwards 1988, S. 112).[19]

Diese empirischen kulturvergleichenden Untersuchungen zur Sozialisationsforschung können als gute Prüfungsmethode der Ausführungen von Elias, Ariès, Shorter, Donzelot, Mead und Malinowski gelten. Sie zeigen, daß Industriegesellschaften tatsächlich einen stärkeren Fremdzwang auf Kinder ausüben. Wären sie zu einem anderen Ergebnis gekommen, hätte man sie als Widerlegung der Thesen von Elias und Ariès einstufen müssen.

Obwohl (und: weil!) in westlichen Gesellschaften Kinderrechte und psychologisches Bewußtsein für die Kindheit als ein beson-

19 Diese Ergebnisse scheinen auch auf nationaler Ebene reproduzierbar zu sein. Vor einer Generation konnte man noch feststellen, daß Kinder aus der Mittelklasse stärker zu Sauberkeit, Zahmheit, Ordentlichkeit, Toleranz und Pflichtübernahme erzogen und stärkere Erwartungen an sie herangetragen wurden. Während Arbeiterkinder stärker direktem körperlichem Zwang und Drohungen unterworfen waren, wurden Kinder der Mittelklasse mehr mit Isolierungen, Liebesentzug und Argumentationen erzogen, was die Bildung von Selbstkontrolle, Schuldgefühlen und Internalisierungen erhöht. Man stellte jedoch fest, daß Arbeiterkinder um 1960 in diesen Hinsichten ähnlich behandelt wurden wie Mittelschichtkinder um 1930 (Ewert 1966, S. 62, 72 ff.; vgl. Stapf 1972).

deres Stadium ausgeprägt und verankert sind, haben die Kinder
Freiheiten und Spontaneität verloren. Sie werden behütet, betreut, reguliert, kontrolliert, und ihr Verhalten wird umfassend
geformt. In den einfachen Gesellschaften unterliegen sie in der
Regel nicht diesem Zwang, dieser psychologischen Beeinflussung und bewußten methodischen Erziehung, sondern ihre größere Freiheit dort ist die Folge der Gelassenheit und Gleichgültigkeit (die aber, wie gezeigt wurde, auch in Gewalt und
Vernachlässigung umschlagen kann). Das Mehr an Fremdzwang,
Kontrolle und Disziplinierung der Kinder in der westlichen
Neuzeit ist die Kehrseite des modernen Interesses an der gesunden psychischen und sozialen Entwicklung des Kindes. Das
moderne Interesse an Kindern scheint jedoch die Tendenz zur
Überbehütung und zur Verkindlichung von Kindern zu haben.
Fürsorglichkeit scheint in Überdisziplinierung ausgeartet zu
sein.

Es stellt sich natürlich die Frage, welche nicht nur praktischen,
sondern auch tiefenpsychologischen Effekte diese oben aufgeführten Sozialisationspraktiken haben. Nun haben Psychoanalytiker seit Freud, Reich, Bornemann, Riemann, Parin und
vor allem auch Elias immer wieder behauptet, die Unterdrük-
kung der kindlichen Bedürfnisse in der Industriegesellschaft sei
notwendig für die Produktion des angepaßten Menschentypus,
der in der Maschinenwelt gut funktioniere. Die Unterdrückung
von Oralität und Aggressivität sozialisiere – so die Behauptungen – den wenig fordernden und viel gebenden Arbeitnehmer,
und die Reinlichkeitserziehung konditioniere den sparsamen
und zwanghaften Menschen (Fremdzwang erzeugt Selbstzwang
auf den von Whiting und Child erkundeten spezifizischen Wegen).

Obwohl diese Behauptungen sehr hypothetisch klingen, werden sie von Feldforschern teilweise empirisch unterstützt. So
behauptet Parin in bezug auf die afrikanischen Dogon und Agni,
die vollständige Befriedigung ihrer oralen Bedürfnisse bewirke
ihr unerschütterliches Vertrauen, von der Gruppe und von der
Zukunft ohne große eigene Anstrengung versorgt zu werden,
sowie das Beibehalten des kindlichen Allmachtsgefühls und die
Flexibilität im Umgang mit Partnern und finanziellen Dingen.
Die fehlende Reinlichkeitserziehung verhindere die Fixierung
auf polemische Auseinandersetzungen um Machtfragen mit den

Erziehern, später mit anderen Personen. Durch die Verhinderung einer sado-analen Strukturierung des Ich basierten Einverleiben und Trennungen von Objekten auf oraler Flexibilität (Parin 1978, S. 144, 148 f.; vgl. Parin/Morgenthaler/Matthèy 1983, S.45, 551, 616; Erikson 1971; Crijns 1969). Diese orale, unprotestantische Charakterprägung ist im Hinblick auf die Erfordernisse der modernen Gesellschaft nicht funktional (vgl. Weber 1988).

»Die Gemeinschaft der Dogon ist darauf angelegt, daß das Individuum seine Triebbedürfnisse mit möglichst wenig Aufschub befriedigen kann und daß Frustrationen, soweit es geht, vermieden werden. Man könnte von einer Art oralem Zwang zur Befriedigung sprechen. Da das Kind im Verlauf der symbiotischen Einheit mit seiner Mutter in der Befriedigung seiner Triebbedürfnisse durch keine mütterliche Ambivalenz gestört wird, erlebt es vorerst noch keinen Konflikt, der vom Gefühl der Frustration gefolgt wäre und den es selbst verursacht hätte ... Das heißt, daß das Subjekt sein Objekt auf orale Art wahrnimmt, es wird nicht zum Hindernis für eine Befriedigung. Der Drang, ein Triebbedürfnis zu befriedigen, behält den Charakter einer oralen Dringlichkeit und wird nicht zu einem analen Zwang« (Parin 1978, S. 151).

Der bürgerlichen Erziehung gelingt die Zivilisierung der Kinder weniger durch den offenen Zwang als durch die Ausnutzung der ödipalen Bande, das heißt durch Liebesappell und -entzugstechniken. Diese emotionalen Induktionen erzeugen die Psychogenese, die Selbstkontrolle und die Aufrichtung des bürgerlichen Über-Ich im Sinne der *Civilisation*. Erst die Kombination von emotionaler Aufladung, Wärme und (sanftem) Zwang, der durch die familiale Isolierung und elterliche Anbindung der Kinder möglich geworden ist, produziert nach allgemeinen und verbreiteten Erkenntnissen der Verhaltenstheorie und auch der Psychoanalyse das strenge Über-Ich (Freud 1975, Bd. 10, Bd. 13, Bd. 14, Bd. 22; Nawratil-Rabioli 1994; Ewert 1966; Stapf 1972; Wouters 1977; Kittsteiner 1991; Whiting/Whiting 1975; Parin 1978). Die historische Evolution »vom Es zum Über-Ich«, die Trennung von Es und Über-Ich und die strenge Über-Ich-Steuerung der zivilisierten Menschheit ist demnach durch die bürgerliche familiale Sozialisation bedingt. Hier zeigt sich nun, daß die Auffassungen der Elias-Schüler wichtig sind, um die Sozialisationstheorie der ZT Elias' zu fundieren und zu korrigieren (Wouters 1977; Baumgart/Eichener 1991).

»Sears, Maccoby und Lewin kommen zu dem Ergebnis, daß Mütter von Kindern mit gut entwickeltem Gewissen ihre Kinder mit Wärme behandelten und als Bestrafung den Entzug von Liebe den Vorrang vor körperlicher Bestrafung gaben. Das Zusammenwirken von gefühlsmäßiger Wärme und drohendem Liebesentzug begünstigt nach diesen Befunden sowohl Identifikation als auch die Internalisierung von Normen« (Ewert 1966, S. 72).

Havighurst und Neugarten, Parin und Mitarbeiter, Whiting und Mitarbeiter sowie Kakar haben die Frage nach der Internalisierung von Werten auf der Basis von Schuldgefühlen empirisch und kulturvergleichend untersucht. Sie kommen wie viele andere auch zu dem Ergebnis, daß einfache Kulturen Verhalten durch Scham-, nicht durch Schuldgefühle steuern, das heißt keine Liebesentzugstechniken anwenden. Havighurst und Neugarten haben in einer Befragungsuntersuchung zehn nordamerikanische Indianerstämme mit weißen US-Kindern verglichen. Sie stellten fest, daß die Indianer – bei allen Unterschieden zwischen den Stämmen – nicht durch Appelle an die Zuneigung der Erzieher und Liebensentzug erzogen werden. Ältere Familienmitglieder bewerteten regelmäßig das Verhalten von Kindern, indem sie auf die Geister, die Nachbarn und den Stamm verwiesen. Der Appell richtete sich an das Ansehen im Stamm und an üble Nachrede, die entstehen könne. Richtschnur für Verhalten war immer die Augenkontrolle durch andere und das Ansehen im Stamm.

»There is no need to internalize moral values, because the group works as a unit in reacting to disapproved behavior and hence serves as a restraining influence upon the individual. There is little conflict in values, and the individual himself does not need to serve as judge of his own behavior« (Havighurst/Neugarten 1955, S. 80 f.).

Die Autoren behaupten, Sprachforscher hätten immer wieder festgestellt, daß die Sprachen der Navaho, der Zuni, der Zia und der Papago kein Wort für »innere Schuld« kennen. Während die weißen Kinder aufgrund der Induktionstechniken die Vorstellungen ihrer Eltern internalisierten und so oft schwere Schuldgefühle ausbildeten, jedenfalls ihr Handeln nach Introjekten ausrichteten, handelten die Indianer aufgrund der Orientierung an der öffentlichen Meinung, eben nach Scham, nicht nach Schuld (Havighurst/Neugarten 1955, S. 78, 201).

»Among the Southwest Indians, and particularly at Zuni and Navaho Mountain, children are punished relatively seldom by parents. Instead, they are warned, when they are naughty, that people will ta lk about them. Or they are warned of punishment by supernatural beings ... Thus much of the children's experience of punishment comes from outside the home and comes from persons whom they do not love. Morally controlling forces remain in the outside world, as far as these children are concerned, and they grow up without much inner moral control« (Havighurst/Neugarten 1955, S. 79).

Ähnliche Analysen liegen vor für die antike Welt, für das europäische MA. und viele anderen einfachen Gesellschaften (Dodds 1970; Al-Wardi 1972; Gurjewitsch 1980; Kittsteiner 1991; Edwards 1974, 1975; Kohlberg/Gilligan 1971; Kohlberg/Turiel 1978; Hobhouse 1906). Hier zwei Urteile über die Dogon und über Indien, deren Geltungsreichweite man jedoch mit Vorsicht einschätzen sollte:

»Schuldgefühle hingegen, als Ausdruck eines verinnerlichten Gewissens, werden von den Dogon niemals als Grund für ein Verhalten angeführt. Man kann einem Dogon kaum begreiflich machen, was ein ›schlechtes Gewissen‹ überhaupt ist. Die sonst sehr reiche Sprache der Dogon enthält keine Ausdrücke für Gewissen, Schuld oder schuldig sein ... Aber das Kind wird weder auf seinen Stolz hin angesprochen noch auch jemals durch die Eltern oder andere Personen beschämt ... Weder fördern die Eltern durch wechselnde Liebeszuwendungen und Entzug ihrer Liebe die Verinnerlichung ihrer Forderungen, noch wirkt die Außenwelt mit Erhöhung oder Spott auf das Kind ein« (Parin 1978, S. 137 f.; vgl. Parin/Morgenthaler/Matthèy 1983, S. 583).

»Statt auf eine innere Schildwache verläßt sich der Inder auf viele äußere ›Wächter‹, die seine Handlungen und speziell seine Beziehungen in allen sozialen Hierarchien kontrollieren... Eine zweite Konsequenz ist der relative Mangel an Spannung zwischen dem Ich und dem Über-Ich in der indischen Persönlichkeit; das Innenleben der meisten Inder wird nicht durch ständige Entscheidungen oder zwanghaftes Kategorisieren von Phantasien, Gedanken und Taten in ›gut‹ und ›böse‹ verkrüppelt. Es lasten also weniger Druck und Schuldgefühle auf dem Ich bei dem Versuch, es dem Über-Ich durch produktives Handeln und Streben in der Außenwelt recht zu machen« (Kakar 1988, S. 167 f.).

Wie berechtigt die Auffassung sein kann, Liebesentzugstechniken auch den Zwangstechniken zuzurechnen, kann man anhand eines Vergleichs mit ost- und südostasiatischen Erziehungstechniken feststellen. Diese (Weggel 1994 spricht unter Ausschluß des Vorderen und Mittleren Orients in Kenntnis der Unterschiede innerhalb des Fernen Ostens von einem panasiatischen Erziehungsstil) entsprechen weitgehend dem, was Lerntheoretiker unter einer optimalen Konditionierung verstehen. Diese Bewertung kann man in technischer (Kongruenz von Techniken, Mitteln und Zielen), aber auch in ethischer und psychologischer Hinsicht verstehen. Der ost- und südostasiatische Erziehungsstil zeigt, daß es neben der Gelassenheit und Gleichgültigkeit in einfachen Gesellschaften, der Zwangsdisziplin in geschichteten Gesellschaften und den Liebesentzugstechniken in westlichen Gesellschaften noch eine weitere Variante gibt. Diese Variante ist durchaus das logische Resultat des ostasiatischen Zivilisationsprozesses, den Elias keineswegs übersehen hat. Der ostasiatische Erziehungsstil ist gleichsam natürlicher Ausdruck des dortigen *way of life*. Seine Struktur bestätigt durchaus die Richtigkeit der Analyse der übrigen, oben aufgeführten Erziehungsstile, da der ostasiatische Zusammenhang von Erziehung und Persönlichkeit den logischen Zusammenhang noch deutlicher macht, der zwischen den anderen drei Erziehungssystemen und ihren Erziehungsresultaten jeweils herrscht.

Asiaten sind höflich und freundlich zu Kindern, sie unterlassen kritische und negative Bemerkungen, sie vermeiden Spannungen und ablehnende Haltungen. Sie schreien ihre Kinder nicht an und verhalten sich ihnen gegenüber nicht aggressiv (man hört kein »Laß das«, »Finger weg« usw.). Sie ermahnen, belehren und korrigieren sie auf der Basis der Akzeptanz und nicht auf der Basis drohender persönlicher Ablehnung (Schubert 1992, S. 39, 40, 53). »Die Kinder sollen die Nachsicht, Zurückhaltung und Zuvorkommenheit erfahren, die sie dann auch selbst im Umgang mit anderen walten lassen« (Schubert 1992, S. 75). Erzieher unterlassen böse Worte, Drohungen, schroffes Verhalten und Bestrafungen. Statt Strafen gibt es Belohnungen für gutes Verhalten (Weggel 1994, S. 274 f.). Der Erfolg dieser Erziehungsmethoden erscheint wie das Ergebnis lerntheoretischer Prognosen.

»... Das starke Übergewicht von Lob im Verhältnis zum Tadel auf seiten der Erzieher, das Vertrauen auf Wiederholung und Schemata als Lernmethode, der wiederholte Gebrauch von Beispielen aus der Vergangenheit und Gegenwart, die Methode des Überzeugens und Argumentierens ... die gelassene Sicherheit der Erzieher, daß die Kinder alles so tun würden, wie es sie gelehrt wurde« (Kessen 1976, S. 131).

In diesen Methoden sah eine Gruppe von führenden US-Erziehungswissenschaflern das Geheimnis der chinesischen Generationsbeziehungen und Erziehungsmethoden. Asiatische Eltern drohen dem Kind nicht mit dem Entzug ihrer Zuneigung und appellieren nicht an die Basis der persönlichen Beziehung. Sie stellen diese Basis niemals in Frage wie westliche Eltern (»Wenn du das nicht tust, dann hat Mami dich nicht mehr lieb«) (Weggel 1994, S. 274).

Asiatische Eltern und Erzieher vermeiden Gleichgültigkeit, disziplinierende Gewalt und Liebesentzugstechniken gleichermaßen. Statt dessen konditionieren sie durch Beispiel, geduldiges Einüben und Wiederholen sowie durch sofortige und konsequente Unterbindung negativer Verhaltensweisen, jedoch ohne Bestrafung und ohne negative Bemerkungen. Während westliche Eltern bei einem Streit zwischen Kindern erst dann eingreifen, wenn eine bestimmte Stufe der Eskalation erreicht ist, unterbinden asiatische Eltern sofort, konsequent und ohne Aufregung Konflikte. Bedürfnisse von Kindern, die unruhig werden oder schreien, werden in der Regel sofort befriedigt, und das Problem wird sofort und konsequent aus der Welt geschafft. Es gibt keinen Stau unerledigter Probleme und Wünsche, keine Eskalation von Unruhe, Konflikten und Spannungen (Schubert 1992, S. 25, 33, 56 f., 83; Kessen 1976, S. 126, 129; Kornadt/Husarek 1989, S. 77; Weggel 1994, S. 274).

»Obwohl die Eltern mit nicht weniger als sieben Kindern im Alter zwischen 1 und 16 Jahren auf engstem Raum leben, gibt es selten Lärm von kindlicher oder lautes Schelten von elterlicher Seite. Wenn ein Kind ausnahmsweise doch einmal zu schreien beginnt, wird es von der Mutter augenblicklich in den Nebenraum gebracht und dort – also isoliert von der übrigen Familiengemeinschaft – beruhigt, wobei die Mutter allerdings beim Kind bleibt und es keinen Augenblick allein läßt. Spätestens mit drei Jahren wird es gelernt haben, daß es nur dann Gesellschaft anderer zu teilen würdig ist, wenn es sich in einer gesellschaftlich akzeptablen Weise verhält« (Weggel 1994, S. 273).

Belohnung guten Verhaltens, nicht strafende, aber dennoch konsequente Unterbindung negativen Verhaltens und Totalfürsorge auf der Basis selbstverständlicher Akzeptanz sind wesentliche Kennzeichen ostasiatischer Erziehung. Asiatische Kinder werden von den Eltern sehr großzügig behandelt. Ihre Wünsche werden, soweit möglich, schnell und umfassend erfüllt. Erzieher sind meist immer präsent, Kinder werden kaum oder gar nicht allein gelassen. Eine Erziehung zum Befriedigungsaufschub oder eine Versorgung nach der Uhr finden nicht statt. Gerade diese totale Bedürfnisbefriedigung ist einer der Gründe, weshalb asiatische Kinder ruhig, entspannt, nicht quengelnd, nicht fordernd und angenehm im Umgang sind. Die Kinder schreien nicht und sind gelassen, weil sie in jeder Problemsituation sofort getröstet und umsorgt werden (Schubert 1992, S. 25, 33, 35 ff., 43, 53 ff.; Weggel 1994, S. 272 f.).

»Allerdings machen die kleinen Götter und Göttinnen keineswegs den Eindruck, den man bei uns von verwöhnten Kindern erwartet. Im Gegenteil wirken sie meist akustisch und motorisch ruhiger, ausgeglichener und unauffälliger, weniger ›auf dem Sprung‹, aber auch umsichtiger und rücksichtsvoller als ihre hiesigen Altersgenossen. Die typische Unruhe, die sich bei uns sehr schnell einstellt …, wo Kinder zugegen sind, findet sich in Japan weit seltener. Zwar sind die Kleinen keineswegs alle besonders ›brav‹ …, und sie wirken auch nicht so, als täten sie sich besonderen Zwang an (wie manche ›artigen‹ Kinder bei uns); sie sind meist durchaus lebhaft und für alles, was um sie herum vorgeht, aufgeschlossen. Dennoch ›stören‹ sie weniger; die Eltern müssen nicht ständig möglicher kleinerer Katastrophen gewärtig sein und aufpassen, daß die Kinder nicht achtlos etwas herunterwerfen oder ›mutwillig‹ zerstören, sich verletzen, sich streiten oder andere Leute belästigen« (Schubert 1992, S. 35).

Diese Erziehung entspricht weitgehend lerntheoretischen Idealen. Zeichen von Zorn, Aggression, Angst, Egoismus und Unruhe sind selten. Schubsen, Drängeln und Greifen nach fremden Sachen ist bei asiatischen Kindern weit weniger als bei westlichen Kindern anzutreffen. Diese hohe Anpassung der Kinder ist aber nicht eine Folge gewalttätiger und zwingender, ehrabschneidender und unterdrückender Erziehung. Während im Westen ein solches soziales Verhalten als Resultat der Unterdrückung des Ego und als sklavische Überanpassung erschiene, zahlen die asiatischen Kinder keinen psychischen Preis für ihre Konformität. Sie zeigen keine Anzeichen von Spannung, Furcht, Apathie oder Depression. Im Gegenteil verbinden sie Selbstsicherheit mit Höflichkeit, Gelassenheit mit Großzügigkeit und Respekt (Kessen 1976, S. 124, 128 f., 169).

»Die Kinder benahmen sich den Lehrern gegenüber im allgemeinen sehr respektvoll und höflich. Wir sahen nie, daß sie grob oder trotzig gewesen wären. Gleichzeitig schienen die Kinder vor den Lehrern auch keine

Angst zu haben. In der Regel herrschte eine freundliche und arbeitsame Atmosphäre ... Diese Fügsamkeit schien uns nicht die Folge von Unterwerfung und Gleichgültigkeit zu sein, denn die chinesischen Kinder waren emotional ausdrucksvoll und in ihren sozialen Kontakten anmutig und geschickt« (Kessen 1976, S. 168, 251).

Dieses ganz unwestliche Zusammenspiel von Fügsamkeit und Harmonie einerseits und Selbstsicherheit und Contenance andererseits ist das Resultat einer Erziehung, die Liebesentzugstechniken und Bestrafungen vermeidet, gutes Verhalten belohnt und schlechtes Verhalten ohne Ressentiments sofort abstellt. Dies entspricht lerntheoretischen Grundsätzen: Negatives Verhalten kann sich nicht entwickeln, da es sofort gelöscht, aber nicht bestraft wird. Positives Verhalten wird hingegen konsequent belohnt (vgl. Nawratil/Rabioli 1994; Morel 1993).

Vor diesem Hintergrund fällt ein genaueres Licht auf die westlichen Induktionstechniken: Sie verankern Verhaltensweisen tief in der Psyche, jedoch um einen hohen Preis. Die Liebesentzugstechniken schaffen einen Gegensatz von Erzieher und Zögling, Personen und Handlungen. Sie führen dazu, daß Handlungen und Sachverhalte höher als Personen und Beziehungen bewertet werden, denn die Akzeptanz des Kindes wird an Bedingungen geknüpft. Die Techniken erzeugen im Kinde eine Angst und eine Beeinträchtigung der narzißtischen Homöostase. Das Kind sieht sich getrennt von den Eltern und der Umgebung und entwickelt zudem Schuldgefühle. Es droht die Gefahr der Rebellion, der beidseitigen Ablehnung und der Eskalation von Konflikten. Der moderne Individualismus ist, wie schon oft geurteilt wurde, auch eine Folge der Schuldkultur, die durch die bürgerlichen Induktionstechniken erzeugt wird (Kittsteiner 1991; Havighurst/Neugarten 1955; Riemann 1991).

Diese Erkenntnis läßt sich auch empirisch absichern. Folgende Situation wurde japanischen und deutschen Müttern zur Beurteilung präsentiert: Eine Mutter telefoniert mit ihrer Freundin, während ihr Kind mit ihr spielen will. 76 % der deutschen Mütter sahen eine Unvereinbarkeit der Bedürfnisse von Mutter und Kind, während dies nur eine japanische Mutter so einschätzte (Schubert 1992, S. 65, 43). Westliche Mütter sehen die Beziehung von Mutter und Kind wesentlich mehr als einen Machtkampf. Sie versuchen das Kind in ihren Alltag einzubauen, während östliche Mütter ihren Alltag am Maßstab des Kindes organisieren. Westliche Mütter empfinden wesentlich mehr Ärger mit dem Kind, während östliche Mütter mehr Freude empfinden und ausdrükken. Entsprechend reagieren westliche Kinder wesentlich mehr mit Trotz und Ablehnung, betrachten ihr Ich als von der Umwelt abgelöst und isoliert (Trommsdorf 1989 c, S. 114, 118). Die östliche Form der Erziehungsharmonie hingegen wird als wesentliche Miturache des östlichen Kollektivismus und der asiatischen Gemeinschaftsfähigkeit beurteilt (Oerter/Oerter 1995, S. 154; Kornadt/Husarek 1989, S. 77; Schubert 1992, S. 68, 79, 108, 181).

Ostasiatische Zivilisationen haben demnach in vieler Hinsicht hohe – höhere – Formen der sozialen Kommunikation geschaffen als die westlichen Zivilisationen, obwohl ihr Über-Ich nicht durch Schuldgefühle aufgebaut wird. Es handelt sich um Schamkulturen, aber nicht im Sinne der primitiven Kulturen, die äußere Anpassung mit niedriger Selbstkontrolle verbinden. Es handelt sich um Schamkulturen, denen die Aufrichtung eines Über-Ich durch Konditionierungstechniken gelang, die nicht auf Liebesentzugsdrohungen basieren (vgl. Weggel 1994, S. 274). Der Appell an das eigene ›Gesicht‹ bewirkt durchaus Internalisierungen von Werten, wenn auch in anderer Form als in der bürgerlichen, individualistischen *Civilisation*. Diese stuft die moralischen Werte, die sie für richtig erkannt hat, auch dann höher ein, wenn nur eine Person sie gegen den Rest der Welt vertritt (in diesem Punkt ist die westliche Schuldkultur der asiatischen Schamkultur in mancher Hinsicht überlegen).

»Behandlung von oben herab, Zurechtweisungen, ›ehrliche‹ Aussprachen etc. führen am ehesten dazu, daß ein anderer sein ›Gesicht verliert‹. Die Angst vor Gesichtsverlust ist in ganz Asien verbreitet … Asiaten werden so erzogen, daß sie von der Gemeinschaft anerkannt werden; es ist für sie sehr wichtig, was die anderen über sie denken« (Weggel 1994, S. 299).

Die fehlende Liebeserziehung asiatischer Kinder ist eine Miturache der fehlenden Romantik asiatischer Ehen. Liebesromantik spielt in den asiatischen Romanen eine große Rolle, ist aber in der Praxis der Ehe selten und nicht vorgesehen. Die Ehe wird als Kameradschaft und als Zeugungsgemeinschaft verstanden. Ehen werden unter dem Aspekt der Kindererziehung und der Ökonomie geführt. Daher werden Ehen vor allem durch Partnervermittlungen gestiftet (Weggel 1994, S. 277; Schubert 1992, S. 200).

Am Beispiel Ostasiens wird deutlich, daß zwischen der Gefühlsaufladung der Beziehungen zwischen Ehepartnern und Generationenbeziehungen ein Zusammenhang besteht, wie oben am Beispiel der Entwicklung der europäischen Familie schon dargestellt wurde. Dies läßt sich psychoanalytisch und lerntheoretisch erklären: Die (ödipalen) Gefühle, die in der Erziehung aktiviert werden, werden auf die spätere Partnerschaft übertragen. Die asiatische Erziehung vermeidet den Appell an die persönliche Liebe, so werden weder Generationenbeziehungen noch Ehepartnerschaften mit Romantik, Schuldgefühlen und Individualismus befrachtet. Die asiatische Erziehung evoziert zwar keine Romantik, aber bewirkt auch nicht die Gleichgültigkeit, die in primitiven und mittelalterlichen Gesellschaften anzutreffen ist. So erzeugt die asiatische Erziehung eine größere Beständigkeit und Harmonie sozialer Beziehungen, indem sie sowohl die Höhen und Tiefen, den Wechsel von Integration und Absonderung romantischer Beziehungen als auch die Gleichgültigkeit und Sprunghaftigkeit primitiven sozialen Lebens meidet.

Elias thematisierte auf einigen Seiten von PDZ die chinesische Zivilisation, aber nicht die dort anzutreffenden Sozialisationspraktiken. Das Beispiel Asiens zeigt erneut die Notwendigkeit, das Sozialisationskonzept der ZT zu differenzieren. In bestimmten Hinsichten kann man die asiatischen Sozialisationspraktiken der nicht auf Asien gemünzten These Elias', starker Selbstzwang sei die Folge starken Fremdzwangs, subsumieren. In der Tat ist der Selbstzwang der Ostasiaten in wesentlichen Hinsichten ausgebildeter als der der Europäer (Weggel 1994, S. 293 ff.; vgl. spätere Kapitel dieser Arbeit). Denn triebhaftes Verhalten und niedrige Affektkontrolle sind bei Ostasiaten zumeist in geringerem Maße anzutreffen als bei Europäern. Man kann durchaus die unbewußte, aber fast perfekte Applikation lerntheoretischer Grundsätze in der asiatischen Erziehung als Zunahme von Fremdzwang interpretieren. Ostasiatische Erziehung ist lückenlos kontrollierender, systematisch perfekter, wirkungsvoller und konditionierungsstärker. Andererseits versteht Elias unter der neuzeitlichen Zunahme von Fremdzwang und unter neuzeitlicher Sozialisation, wie oben erläutert, eher einen Gewalt- und Dressurakt, der auf der Erzeugung von Angst beruht. Elias und Freud verstehen Zivilisation als Produkt zunehmender Gewalt und Angst. Dies mag auch teilweise auf die europäische Entwicklung, auf die patriarchalische häusliche Prügel-Disziplin und vielleicht sogar (aber nur teilweise) auf die romantisch verwurzelte bürgerliche Familie zutreffen. Wie gezeigt, greift dieses enge Fremdzwang-Konzept in bezug auf die ostasiatische Sozialisation nicht. Diese beruht eher auf der Vermeidung von Angst und Gewalt. Damit bestätigt und differenziert die Analyse ostasiatischer Sozialisationspraktiken das Ergebnis der obigen Untersuchungen zu Elias, Duerr, den Elias-Schülern und zu den Sozialisationsbedingungen in primitiven, geschichteten und neuzeitlichen europäischen Gesellschaften.

5. Psychogenese und Zivilisation des Verhaltens im Kulturvergleich

5.1 Psychogenese der Kognition im Kulturvergleich

5.1.1 Kognition und Emotion

Je schwächer die Wirkung des Über-Ich auf das Ich ist, um so stärker ist die Macht des Es über das Ich. Elias zufolge definiert dieser Sachverhalt die Psychogenese von Menschen staatsloser Gesellschaften. Handeln und Erkennen sind gleichermaßen Ich-Funktionen. Demzufolge müßte man Konfusionen von Es und Ich sowohl im Handeln als auch im Erkennen traditionaler Menschen feststellen können.

»Zunächst ist es die unmittelbare Gegenwart, die den Antrieb gibt; wie diese, die augenblickliche Lage, wechselt, so wechseln auch die Affektäußerungen; bringt sie Lust, so wird die Lust voller ausgekostet, ohne Berechnung, ohne Gedanken an die möglichen Folgen in irgendeiner Zukunft; bringt sie Not, Gefangenschaft, Niederlage, so müssen auch sie rückhaltsloser erlitten werden ... Die Seele ist hier, wenn man sich einmal so ausdrücken darf, unvergleichlich viel mehr bereit und gewohnt, mit immer der gleichen Intensität von einem Extrem ins andere zu springen, und es genügen oft schon kleine Eindrücke, unkontrollierbare Assoziationen, um die Angst und den Umschwung auszulösen ... Beides, Lust und Unlust, entlud sich hier offener und freier nach außen. Aber das Individuum war ihr Gefangener; der Einzelne wurde oft genug von seinen eigenen Empfindungen, wie von Naturgewalten, hin und her geworfen. Er beherrschte seine Leidenschaften weniger; er war stärker von ihnen beherrscht« (PDZ 2, S. 324, 329 f.).

Elias hat, wie schon dargestellt, keine Möglichkeit der Operationalisierung dieser Thesen. Behauptungen werden mit Beispielen versehen, die er sich meist selbst ausdenkt bzw. lose mit den Behauptungen verbindet (PDZ 1, S. 276 f.). Elias sah vielleicht auch deshalb keine Veranlassung zu einer Zementierung seiner Thesen, da solche in den Geisteswissenschaften sehr häufig in ähnlicher Form vertreten wurden.

Die Entwicklungspsychologie jedenfalls diagnostiziert die von Elias so beschriebenen emotionalen Strukturen als typisch kindliche Äußerungen.

»So wie das affektive Gleichgewicht von Individuum zu Individuum verschieden ist, ändert es sich auch mit dem Alter. Es ist beim Kind, das in seinen Gefühlen sehr lebendig und in seinem Verhalten äußerst wechselhaft ist, noch sehr labil. Beim Greis dagegen ist das Verhalten zwar beständiger, aber die Gefühle haben ihre Lebhaftigkeit verloren« (Piaget 1995, S. 62).

»Während das Kind häufige kurze, aber sehr intensive, in der Art und Intensität schnell wechselnde Emotionen mit ausgeprägten Ausdruckskomponenten und entsprechende offene Verhaltensweisen zeigt, werden die starken Emotionserregungen bei älteren Kindern seltener, sind dafür häufig von längerer Dauer, insbesondere in bezug auf die subjektive Empfindung, und zeigen in ihrer Ausdrucksweise häufig den Einfluß sozialer Kontrollversuche« (Scherer/Wallbott 1990, S. 349).

Man wird starke Zweifel gegen die These einer vollkommenen Strukturidentität von Kindern und traditionalen Menschen im Bereich der Emotionen hegen müssen. Was für die Kognitionen zutrifft, muß nicht in gleicher Form die emotionale Entwicklung einschließen. In mancher Hinsicht wird die psychische Frühreife von traditionalen Menschen einen anderen Entwicklungsverlauf emotionaler Strukturen bewirken. Ferner werden innerhalb des traditionalen Bereichs gesellschaftliche Unterschiede einen starken Ausschlag geben: auf Wildbeuter könnten die obigen Charakterisierungen eher zutreffen als auf Menschen aus geschichteten Gesellschaften und traditionalen Hochkulturen. Werner (1933, S. 67, 70) jedenfalls bezeichnet die oben beschriebenen emotionalen Strukturen als typisch für Verhaltensweisen der Wedda und der Papuas (vor drei Generationen), die sich jauchzend vor Freude auf dem Boden wälzen oder sich bei Ärger die Kleider zerreißen usw.

Im Irrglauben, Meads Theorie so widerlegen zu können, statt sie auch in diesem Punkt zu bestätigen, beschreibt Freeman die Emotionalität und Impulsivität der Samoaner. Sie führten sich während des Gottesdienstes wie Besessene auf, gerieten massenhaft in Ekstase, bögen sich dabei wie Bäume im Wind oder stürzten wie tot zu Boden.

»Dabei steigt die Flut des Gefühls höher und höher, wird tiefer und mächtiger, bis sie alle Schranken durchbricht und sich in lautem Weinen oder heftigen körperlichen Konvulsionen Luft macht ... Man zerriß sich die Kleidung, raufte sich das Haar, hieb sich mit der Faust ins Gesicht und verbrannte sich die Haut mit dem spitzen Ende glühender Zweige« (Freeman 1983, S. 235, 237).

In der Tat findet man derartig emotional aufgeputschtes Verhalten aufgrund von Anlässen, die in westlichen Kulturen kaum eine erwachsene Person berührten, in vielen traditionalen Kulturen. Solcherlei Episoden findet man auch heute in vielen Entwicklungsländern, natürlich nicht nur zu religiösen Anlässen. Furor und extreme Raserei kennzeichneten zumindest noch vor einer Generation irakische Prozessionszüge wie die »Umzüge der Äxte und Beile«. »Oft wird die Erregung so groß, daß viele sich in religiöser Ekstase mit dem Schwert den Schädel spalten« (Al-Wardi 1972, S. 293). Diese Verhaltensweisen werden auch regelmäßig von Historikern im Hinblick auf das europäische MA. beschrieben (Borst 1983, S. 82, 9 ff.; Bloch 1975; Gurjewitsch 1980; Schild 1980, S. 94; Lamprecht 1974). Karl der Große und der Hochadel wälzten sich häufig vor Freude und Ärger auf dem Boden herum.

»Als die Welt noch ein halbes Jahrtausend jünger war, hatten alle Geschehnisse im Leben der Menschen sehr viel schärfer umrissene äußere Formen als heute. Zwischen Leid und Freud, zwischen Unheil und Glück schien der Abstand größer als für uns; alles, was man erlebte, hatte noch jenen Grad von Unmittelbarkeit und Ausschließlichkeit, den die Freude und das Leid im Gemüt der Kinder heute noch besitzen ... Das tägliche Leben bot immer und überall unbegrenzten Raum für glühende Leidenschaft und kindliche Phantasie. Das Leben hatte in mancherlei Hinsicht noch die Farbe des Märchens ... So grell und bunt war das Leben, daß es den Geruch von Blut und Rosen in einem Atemzug vertrug. Zwischen höllischen Ängsten und kindlichstem Spaß, zwischen grausamer Härte und schluchzender Rührung schwankt das Volk hin und her wie ein Riese mit einem Kinderkopf ... Wenn der Dominikaner Vinzenz Ferrer predigte, geschah es nur selten, daß er seine Zuhörer nicht zum Weinen brachte, und wenn er vom Jüngsten Gericht und den Höllenstrafen oder von den Leiden des Herrn sprach, brachen er selbst und seine Hörer immer in so großes Wehklagen aus, daß er geraume Zeit schweigen mußte, bis das Weinen sich beruhigt hatte« (Huizinga 1975, S. 1, 10 f., 28 f., 6 f.).

Daß es sich bei dieser aufgeputschten Emotionalität, Triebhaftigkeit und Impulsivität um den Ausdruck von Ich-Strukturen handelt, die massiv vom Es dominiert sind, ist unmittelbar evident. Diese Konfusion von Es und Ich ist ein entwicklungspsychologisches Phänomen. In der europäischen Kultur findet man unter Erwachsenen ein derartiges Verhalten nicht, auch nicht bei Fußballereignissen. Ein ähnliches Verhalten, jedoch in harmlosen Formen, findet man im Westen wohl bei dreizehnjährigen Mädchen in Ansehung ihrer Boy groups im Verlaufe von Musikkonzerten – ein Sachverhalt, der die entwicklungspsychologische Erklärung dieser Verhaltensweisen bekräftigt.

Den Mentalitäten-Historikern sind derartige Phänomene tägliches Brot und Ausgangspunkt ihrer Beschäftigung mit Mentalitätsphänomenen überhaupt gewesen (Raulff 1987; Dinzelbacher 1993; Burke 1987; LeGoff 1970; Muchembled 1990; Delumeau 1985; Gurjewitsch 1980). Lucien Febvre formulierte 1941 plakativ und prägnant, der zivilisatorische Fortschritt sei dadurch erreicht worden, daß (zugunsten des Verstandes) die Dosierung von Verstand und Gefühl ins Gegenteil verkehrt worden sei (Burguière 1987, S. 44). Die Mentalitäten-Geschichte hat sich von der Ethnologie (L. Lévy-Bruhl) und von der Kinderpsychologie (H. Wallon) anregen lassen, deren Konzepte aber tatsächlich nie ernsthaft aufgegriffen und nie umgesetzt (LeGoff 1987, S. 24). Bis heute ist es weder der französischen noch der deutschen Mentalitäten-Geschichte gelungen, eine systematische Theorie der Mentalitäten zu entwickeln. Über allgemeine Formulierungen ist man nie hinausgelangt.

»Bis heute aber gibt es, das ist mehrfach bemerkt worden, keine Theorie der Mentalitäten oder gar des Mentalitätenwandels. Alles, was man hat, sind vage und problematische Definitionen dessen, was Mentalitäten seien und wo der eigentümliche Bereich des Mentalen anzusiedeln sei« (Raulff 1987, S. 9).

Zwar haben Mentalitäten-Historiker gelegentlich eine entwicklungspsychologische Fundierung der Mentalitäten-Forschung gefordert (Dinzelbacher 1993, S. XXVII; Febvre 1988, S. 79 ff.; LeGoff 1987, S. 24; Lamprecht 1974), diese Forderung jedoch nie umgesetzt und erfüllt. Da entwicklungspsychologische Fundierungen der Mentalitäten-Geschichte inzwischen vorliegen (Oesterdiekhoff 1992, 1997), bleibt abzuwarten, ob Historiker ihre Perspektive so weit öffnen werden, um die Untersuchungsergebnisse zu rezipieren und zu applizieren.

In diesen Zusammenhang muß man auch die Anthropologie Meads und die Religionssoziologie Webers einordnen. Die Religionssoziologie Webers beschreibt traditionale Mentalitäten unter psychodynamischen (Lebensführung) und kognitiven (Grad der Entzauberung) Gesichtspunkten. Vorneuzeitliche, traditionale Mentalitäten kennen laut Weber keine Selbstkontrolle, sondern bedingen ein Leben nach »Trieb und Gefühl«. Traditionale

Mentalitäten äußern sich in »leichtfertiger Lebensfreude« und »triebhaften Genuß«. Die protestantische Revolution ist der Ausdruck des neuzeitlichen Mentalitätenwechsels, der Entwicklung der »ethisch geschlossenen Persönlichkeit«, der »methodischen Lebensführung« und der »Entzauberung« (Weber 1988, 1981). Wie Weber und Elias den mittelalterlichen Menschentypus darstellen, beschreibt auch Mead die Lebensführung und die psychische Struktur der Samoaner. Der Kern von Meads Anthropologie (1965, 1975) ist es, die emotionale, triebhafte und leichtgängige – Es-dominierte – Persönlichkeitsstruktur der Insulaner zu beschreiben, um Strukturen und Probleme des stärker Über-Ich-gesteuerten, protestantischen, amerikanischen Charakters klarer zu erfassen. Während Weber diese Kontrastanalyse der Mentalitäten anhand alter Religionen durchführt, versucht Mead den Nachweis anhand der ethnographischen Beschreibung eines zeitgenössischen Volkes zu liefern. Es ist den Sozialwissenschaften bisher nicht bewußt geworden, daß Meads Anthropologie großenteils die ZT von Elias und Weber ethnographisch untermauert, ergänzt, differenziert und empirisch umsetzt.[20]

Elias ist der Auffassung, nicht nur das *Handeln*, sondern auch das *Erkennen* des traditionalen Menschen sei durch Konfusionen von Ich und Es definiert. So berichtet er von seinen Erfahrungen als Professor in Ghana Anfang der sechziger Jahre:

»Ich dachte mir, daß die Über-Ich-Bildung, und auch die Ich-Bildung, in einfacheren Gesellschaften von der unseren verschieden sei, und diese Erwartung wurde in Ghana vollauf bestätigt ... Die Ich-Struktur ist noch sehr viel durchlässiger für Es-Impulse, die Grenze zwischen Phantasie und Wirklichkeit noch nicht so scharf und fest wie bei uns« (Elias in: Voss 1990, S. 90).

20 Man achte auf die Parallelen zwischen der bekannten Studie Hirschmans (1984) und den Arbeiten Elias' und Webers. Hirschman beschreibt nämlich, wie im 17. Jahrhundert ein neues Paradigma entwickelt wurde: das »Interesse«. Die Einsicht in die eigenen Interessen und die Durchsetzung von Interessen galten als Mittel gegen die Macht der Leidenschaften. Die gefährlichen und irrationalen Mächte der Leidenschaften, Emotionen und Triebe konnte man mit der modernen Erfindung: rationale Berücksichtigung eigener Interessen niederkämpfen und jene durch diese ersetzen. Das Arrangement von Institutionen ermöglicht es, daß die rationale Verfolgung eigener Interessen der sozialen Harmonie förderlicher ist als die unbewußten Kräfte der Leidenschaften. Der Zusammenhang mit Elias und Weber ist evident.

Im Hinblick auf das europäische MA.:

»Diese Stärke der unmittelbaren Affekte aber bindet den Einzelnen an eine beschränktere Anzahl von Verhaltensweisen: Jemand ist Freund oder Feind, jemand ist gut oder böse; und je nachdem, wie man einen Anderen gemäß dieser Schwarzweißzeichnung der Affekte sieht, verhält man sich. Es erscheint alles direkt auf den empfindenden Menschen bezogen. Daß die Sonne scheint, daß es gerade jetzt blitzt, daß ein Anderer lacht oder die Stirn runzelt, alles das appelliert bei diesem Affektaufbau unmittelbarer an das Gefühl dessen, der es sieht; und wie es ihn jetzt und hier freundlich oder feindlich erregt, so nimmt er es auch, als ob es freundlich oder feindlich für ihn gemeint sei. Es kommt ihm nicht in den Sinn, alles das, einen Blitz, der ihn beinahe trifft, eine Miene, die ihn verletzt, aus fernliegenden Zusammenhängen zu erklären, die unmittelbar gar nichts mit ihm zu tun haben. Diese Langsicht auf Natur und Menschen gewinnen die Menschen erst in dem Grade, in dem die fortschreitende Funktionsteilung und die alltägliche Verflechtung in längere Menschenketten den Einzelnen an eine solche Langsicht und eine größere Zurückhaltung der Affekte gewöhnen. Dann erst lichtet sich langsam der Schleier ein wenig, den die Leidenschaften vor das Auge legen, und dem Blick eröffnet sich eine neue Welt, eine Welt, die freundlich oder feindlich für den einzelnen Menschen verläuft, ohne daß es unmittelbar feindlich oder freundlich für ihn gemeint zu sein braucht, eine Verkettung von Geschehnissen, deren Zusammenhänge einer leidenschaftsloseren Beobachtung über lange Strecken hin bedürfen, damit sie sich aufschließen … auch das ›Weltbild‹ wird allmählich weniger unmittelbar durch die menschlichen Wünsche und Ängste bestimmt, und es orientiert sich stärker an dem, was wir ›Erfahrung‹ oder ›Empirie‹ nennen, an Verflechtungsreihen, die ihre eigene Gesetzmäßigkeit haben« (PDZ 2, S. 373 f.).

Elias sieht hier einen Korrelationszusammenhang von Egozentrismus, starker Affektsteuerung, unausgebildeter Rationalität und fehlender Kausalerkenntnis. Das primitive Denken ist seines Erachtens nicht durch Sachlichkeit, sondern weitgehend durch Wunschdenken definiert. Egozentrismus und Triebhaftigkeit steuern und bestimmen die Erkenntnis von Sachzusammenhängen.

Historiker und Ethnologen haben diese Phänomene des Wunschdenkens im Hinblick auf traditionale Kulturen seit Generationen beschrieben. Elias geht auf die umfangreiche Literatur nicht ein und belegt seine in dem Zitat ausgedrückten Thesen auch sonst nicht hinreichend. Dies ist wohl unter anderem dadurch zu erklären, daß der Sachverhalt ihm evident war. Die Evidenz und die Kenntnis dieses Sachverhalts sind in den gegen-

wärtigen Sozialwissenschaften offenbar vollkommen verlorengegangen. Daher erscheint es sinnvoll, die entsprechenden Forschungen zu aktualisieren und erneut zu diskutieren, um diese
Thesen Elias' bewerten zu können.

»Der Mangel an kritischem Unterscheidungsvermögen und die Leicht-
gläubigkeit treten uns so deutlich aus jeder Seite der mittelalterlichen
Literatur entgegen, daß es unnötig ist, Beispiele dafür anzuführen ... Oft
scheint es, als hätten sie nicht das geringste Bedürfnis nach wirklichen
Gedanken, als böte ein bloßes Vorübergleiten flüchtiger Traumbilder ihrem Geist hinreichende Nahrung« (Huizinga 1975, S. 345, 344).

In den Chroniken, Geschichtsschreibungen und wissenschaftlichen Traktaten alter Kulturen finden sich fließende Übergänge
von korrekten Berichten zu fabulatorischen Formulierungen.
Wundersames, vollkommen Unwahrscheinliches und egozentrisch Geglaubtes stehen auf derselben Ebene wie Tatsachenbe-
schreibungen und triftige Erklärungen. Phantasien und Legen-
den vermischen sich mit konkreten Berichten, was jedoch nur
dem modernen Beobachter so auffällt, der heute die Schriftstük-
ke bewertet. Das mittelalterliche Urkundenwesen ist voller Fälschungen und Rechtfertigungslegenden, die kritiklos hergestellt
und kritiklos akzeptiert wurden. Den Historikern ist bewußt,
daß dies nur mentalitätsgeschichtlich und psychostrukturell erklärt werden kann. Man muß hier regelmäßig frommen Betrug
unterstellen, der den Betrügern gar nicht bewußt wurde und daher mit einem reinen Gewissen verbunden war (Fuhrmann 1963,
S. 539 ff.; Bosl 1963, S. 564 ff.; Borst 1983; Gurjewitsch 1980,
S. 269, 370; Fichtenau 1984, Bd. 1, S. 19 ff.).
Diese Phänomene überraschen nicht angesichts einer Kultur,
in der Wunder Bestandteil der Alltagspsychologie sind. Wunder
können passieren wie normale Ereignisse. Zaubern und tech-
nisches Handeln liegen beieinander. Viele Märchen der Brüder
Grimm haben einen echten historischen Kern, beruhen auf wahren Personen und Begebenheiten, die sich im MA. oder der frühen Neuzeit zugetragen haben (die Kernmotive reichen jedoch
oft bis in die Megalithkultur oder noch früher zurück und sind
weltweit identisch). Diese realen Ereignisse wurden zum Anlaß
der Mythen- und Märchenbildungen, welche sich um jene Ereignisse im Laufe der Generationen rankten. Die erwachsenen
Deutschen erzählten sich an den Abenden die Mythen, die man
seit den Tagen der Brüder Grimm jedoch nicht mehr Erwachse-

nen, sondern nur noch staunenden Kindern erzählt. Diesen Prozeß der Umwandlung von Mythen für Erwachsene in Märchen für Kinder kann man bei allen modernen Kulturvölkern feststellen (Nestle 1975; Laiblin 1995; Stumpfe 1965; Brunner-Traut 1996, S. 120). Der Umkehrschluß ist: Demnach ist die vorwissenschaftliche, mythische Denkweise der alten Völker ein Indiz ihrer kindlichen Mentalität. Dieser Schluß leuchtete schon Hegel und den Grimms ein.

»Der Einzelne muß auch dem Inhalte nach die Bildungsstufen des allgemeinen Geistes durchlaufen, aber als vom Geiste schon abgelegte Gestalten, als Stufen eines Weges, der ausgearbeitet und geebnet ist; so sehen wir in Ansehung der Kenntnisse das, was in früheren Zeitaltern den reifen Geist der Männer beschäftigte, zu Kenntnissen, Übungen und selbst Spielen des Knabenalters herabgesunken und werden in dem pädagogischen Fortschreiten die wie im Schattenriss nachgezeichnete Geschichte der Bildung der Welt erkennen« (Hegel 1973, S. 27).

Diese Auffassung Hegels ist ein Gemeinplatz der Mythen- und Märchenforschung. Diese Forschung, sei sie volkskundlichen oder tiefenpsychologischen Ursprungs, hat immer wieder auf den Zusammenhang von Onto- und Phylogenese hingewiesen, darauf, daß die kognitiven Strukturen, aus denen die Mythen der Völker und die Märchen für Kinder erwachsen, *identisch* sind (Abraham 1995, S. 45 ff.; von der Leyen 1995, S. 2 f.). Mythen und Märchen entstammen dem primärprozeßhaften Traumdenken: »Alle Merkmale der Traumphantasie, das Ungemessene, das Ungeheuerliche, das Übertriebene, das Symbolisierende usf. finden sich wieder in der Phantasie der Märchenerzähler« (Müller 1995, S. 84). Mythen und Märchen projizieren unbewußte Vorgänge in ein objektives Geschehen und *erklären* die Wirklichkeit, indem sie eine Geschichte *erzählen*. So wirft daher das rationale Denken seit der griechischen und vor allem seit der französischen Aufklärung dem Mythos ganz richtig vor, die Wirklichkeit gar nicht (kausal) erklären zu können, sondern nur eine erfundene Geschichte zu erzählen, die aus dem Traumdenken geboren ist. Die Wissenschaft entsteht aus der Überwindung des mythischen Denkens (Nestle 1975; Cassirer 1922, 1925). Das mythische Traumdenken ist aber ein in kindlicher Phantasie geborenes Wunschdenken (Riklin 1995, S. 17).

»… sondern es lassen sich zudem mühelos Parallelen zur Ontogenese, das heißt zu Vorstellungen in entsprechenden Entwicklungsphasen des Kindes herstellen. In beiden Fällen (Märchen archaischer Völker und heutiger Kinder, G. O.) ist das Zeitalter der Märchen beispielsweise jene Zeit, ›in der das Wünschen noch geholfen hat‹, wie es im Märchen selbst heißt, und ›magische‹ bzw. ›infantile‹ Wunschvorstellungen der verschiedensten Art sind hier mit innerer Gesetzmäßigkeit in den Märchen nachweisbar« (Laiblin 1995, S. XVIII).

So wie die Kinder die Märchen als Beschreibungen wahrer Begebenheiten nehmen, so verstehen auch die vorindustriellen Völker die Mythen nicht als Erfindungen, sondern als Darlegungen echter Realitäten und als göttliche Offenbarungen. Erst die Aufklärer behaupteten, die Mythen seien eine Sache des Glaubens, des Traum- und Wunschdenkens.

»Eine ähnliche Auffassung des Märchengutes finden wir noch heute bei den ostholsteinischen Märchenerzählern, wie sie Wisser antraf. Sie wollten mit ihren Erzählungen, gleich ob es sich um ein eigenes Erlebnis oder ein überliefertes Märchen handelte, den Eindruck wirklichen, lebendigen Geschehens machen. Daher verfielen sie alle, soweit sie gute Märchenerzähler waren, nach wenigen einleitenden Sätzen im Perfekt jedesmal sofort in die Präsens-Erzählform. Da nur die schlechten Märchenerzähler ganz oder teilweise im Imperfekt erzählten, so wurde Wisser die Wahl der Zeitform geradezu zum Prüfstein für die Erzählkunst seiner Märchenleute … Wie der Traum den Griechen, so gilt das Märchen dem Kinde der Jetztzeit als Wirklichkeit, und es gibt eine gewisse Stufe selbst bei Erwachsenen, die die feine Grenze des wirklich Wahren und des psychologisch Wahren nur so weit trennen können, daß sie die Märchen gleichzeitig glauben und doch wissen, daß sie erdichtet sind. Bei Aristoteles ist diese kindlich-schlichte, naturhafte Auffassung schon verdrängt« (Müller 1995, S. 81).

Nach Charlotte Bühler und Bruno Bettelheim ist das Alter von vier bis acht oder neun Jahren die Zeitspanne, in der auch westliche Kinder Märchen brauchen. In dieser Zeitspanne ist die Psychologie der Märchen identisch mit der Psychologie der Kinder und ihre wesentliche geistige Nahrung. Werden die Kinder älter, können sie mit der Schlichtheit der Märchen nichts mehr anfangen und sind ihnen geistig entwachsen. Den Märchenforschern ist aufgefallen, daß analphabetische Erwachsene hingegen vollkommen der Faszination und Psychologie der Märchen verhaftet bleiben. Nicht nur die erwachsenen Märchenerzähler, sondern auch das Erleben des erwachsenen Zuhörerkollektivs bleibt im Banne der Märchen stehen.

»Weit mehr verbreitet als bei uns ist das Märchen als Bestandteil des Erwachsenenlebens im Orient ... Hier handelt es sich also nicht um Kinder, sondern um Erwachsene. Noch heute kann man im Orient dem berufsmäßigen Märchenerzähler begegnen. Ich hatte selbst einmal Gelegenheit, in einer abgelegenen Ortschaft im Rifgebirge einen solchen Mann zu beobachten ... Die Zuhörer, die gebannt und fasziniert seiner Erzählung lauschten, waren fast ausnahmslos Erwachsene. Über Mangel an Publikum konnte er sich gewiß nicht beklagen; denn er war immer von einem dichten Kreis von Menschen umlagert. Für das Phantasieleben dieser Menschen war das Märchen noch immer ein bewußter, lebendiger Anteil. Dieses galt im Orient auch keineswegs nur zur Unterhaltung, sondern einige der großen orientalischen Märchensammlungen, wie zum Beispiel die indische Pantschatantra oder das türkische Papageienbuch wurden als Regentenspiegel zur Erziehung junger Prinzen benutzt« (Dieckmann 1995, S. 452 f.).

Die Neigung von Erwachsenen vorindustrieller Kulturen zum Erfinden von beschönigenden, rechtfertigenden, überhöhenden und träumerischen Geschichten, an die sie selbst glauben, die sie für wahr halten, um sich in sozialen Situationen einen psychischen oder materiellen Vorteil verschaffen, ist eine wissenschaftliche Tatsache, die man sich auch als Tourist leicht bestätigen lassen kann. Jede noch so fern liegende Geschichte, Rechtfertigung oder Illusion erscheint dem Erzähler hinreichend, um sich vorteilhaft zu plazieren. Dieses Wunsch- und Traumdenken verhindert, gegen Ansprüche anderer Personen reale Nachteile zuzulassen, Niederlagen, Herabsetzungen und Mängel erkennen zu müssen. Selbstverständlich ist es auch in der modernen Kultur verbreitet, daß insbesondere hysterische Charaktere (Riemann 1991) sich die Argumente und Sachzusammenhänge so zurechtlegen, daß sie immer ideologisch und legitimatorisch gut ausgewiesen erscheinen, ihnen ihre Lügen, Unwahrheiten und Selbstbetrugsstrategien gar nicht auffallen, aber im Ausmaß des Fabulierens ist der Unterschied zur mythischen Welt dennoch gewaltig (vgl. Kapitel 2). Der Mangel eines reifen Verständnisses von der Lüge als einem absichtlich herbeigeführten Betrug unter den Naturvölkern, im alten Orient und im Mittelalter ist belegt. Lüge, Selbstbetrug, Fabulieren und Illusionen sind Ausfluß eines starken Egozentrismus (Borst 1983, S. 82; Gurjewitsch 1980, S. 210, 369; Thurnwald 1927, S. 398 ff.; Eicken, H. v. 1923, S. 657, 685; LeGoff 1970, S. 574 ff.; Kern 1952, S. 50; Wright et al. 1978).

»Lüge ist als Zauber gemeint, um durch eine Darstellung die Wirklichkeit zu korrigieren, eben so, wie es der Augenblick erheischt oder wie eine Stimmung es ausmalt. So stellt sich die Lüge als Täuschung dar, der man sich selbst gerne hingibt, um sich über Unbequemlichkeiten hinwegzusetzen. Darum fehlt auch der Unterschied zwischen Lüge und Irrtum, ähnlich wie bei Kindern« (Thurnwald 1922, S. 298).

In der Tat hat die Entwicklungspsychologie von ihren Anfängen bis heute immer wieder festgestellt, daß das Kind in seinem Denken keine klaren Grenzen zwischen Tatsachenaussagen, Übertreibungen und Lügen kennt. Der eigene Wunsch ist der Vater des Gedankens, dominiert die Anpassung an die Außenwelt und verzerrt und verändert deren Beurteilung im Hinblick auf die eigenen Begierden, den Egozentrismus. Das Kind empfindet keine inneren Hemmungen, von Tatsachenäußerungen auf fabulatorische Äußerungen und phantastische Entstellungen der Realität zu wechseln. Das Kind lügt, wie es fabuliert. Wenn es lügt, betrügt es ohne schlechtes Gewissen andere. Wenn es fabuliert, betrügt es gleichsam sich selbst, ohne es zu merken. Das kindliche und primitive Denken ist dem Wunsch, dem Traum, dem Unbewußten nahe und Auswuchs von Egozentrismus (Piaget 1973, S. 165 ff., 189). Die Strukturidentifikationen von Kindern und Analphabeten in dieser Frage kann man auch empirisch nachweisen (Wimmer 1985, S. 993 ff.; Wright et al. 1978; Werner 1933, S. 121, 298; Tölle 1994).

Erst in der historischen Neuzeit findet sich eine Unterscheidung zwischen Legende und Geschichte, Fiktion und historischer Tatsache. Der Mangel an Kritikfähigkeit wird erst durch das systematische und reflektierte Denken seit dem 18. Jahrhundert überwunden (Fuhrmann 1963, S. 534, 550, 593, 598; Dinzelbacher 1993, S. XXVII). Die historisch-kritische Bibelforschung ist, um ein Beispiel anzuführen, gerade 200 Jahre alt. Der Bibel einen anderen Status zumessen zu können als den in der Natur existierenden Gegenständen und dem tatsächlichen Wort Gottes war Folge der Evolution kritischen (formal-logischen) Denkens (vgl. Foucault 1977).

Letztlich muß man die gesamte Geistesgeschichte, die Geschichte der Weltbilder und Religionen unter dem Gesichtspunkt der Herrschaft des Wunschdenkens betrachten und analysieren. Die Struktur traditionaler Vorstellungssysteme kann man nur erfassen, wenn man sie als Ausfluß primärprozeßhaften Denkens, der Konfusion von Es und Ich, egozentrischen Fabulierens und damit präoperationalen Denkens begreift. Dieser Sachverhalt war den älteren, ideologisch weniger durchsetzten und mehr problembewußten Denkern evident (Freud 1975, Bd. 9; Frazer 1977; Lévy-Bruhl 1959, 1930; Topitsch 1958, 1963, 1973, 1979; Piaget 1981, 1975 j, k). Im Umkehrschluß muß man die Entstehung des neuzeitlichen kritischen und wissenschaftlichen Denkens als einen Prozeß der Überwindung des Wunschdenkens und damit als einen Prozeß der Entzauberung interpretieren (Weber 1988; Winckelmann 1980; Tenbruck 1975; Piaget/Garcia 1989; Piaget 1975 j, k). Wie stark in der modernen Kultur Wunschdenken jedoch immer noch wirksam ist, kann man u. a. daran erkennen, daß es den Geisteswissenschaften gelingt, zum Beispiel den hier diskutierten Sachverhalt auf der Basis relativistischer Konzepte (Kuhn, Duerr, Feyerabend) schlicht zu leugnen, zu übergehen und zu ignorieren.

Die *feste Überzeugung* und der *feste Glaube* an ein Leben nach dem Tode (nicht die kritische Erwägung der Möglichkeit) ist nichts anderes als Wunschdenken. Wenn der religiöse Mensch derartige Vorstellungen fest und bedingungslos glaubt, ohne einen Zweifel zuzulassen bzw. ohne Zweifel angemessen und kritisch zu erwägen, dann handelt es sich um primärprozeßhaftes und präoperationales Wunschdenken. Diese Termini hätten keine Bedeutung, wenn solche Phänomene ihnen nicht zugeordnet werden könnten und müßten. Der Glaube an ein Leben nach dem Tode ist der selbstverständliche Glaube traditionaler Kulturen, und zwar in einer Lebendigkeit und Lebhaftigkeit, die heute auch den stark religiösen Menschen unserer Kultur abhanden gekommen sind (Ariès 1980; Lévy-Bruhl 1930; Eliade 1984; Freud 1975, Bd. 9). Gleichwohl ist die Kontinuität psychogenetischer Entwicklung auch in diesem Bereich evident. Nur für einen Teil moderner Bevölkerungen ist das Leben die »letzte Gelegenheit«.

Ganz eindeutig handelt es sich bei der Vorstellung von einem Leben nach dem Tode um ein entwicklungspsychologisches Phänomen: Kinder unter zehn Jahren haben weltweit nicht die kognitive Kompetenz, Notwendigkeit und Endgültigkeit des Todes zu erkennen. Bis zum fünften Lebensjahr wird der Tod als reversibel und als eine Sonderform des Lebens verstanden. Zwischen dem fünften und dem zehnten Lebensjahr wird allmählich die

Endgültigkeit, aber noch nicht die grundsätzliche Notwendigkeit des Todes erkannt (Wittkowski/Schnell 1981, S. 304, 310; Loomba 1970). Die kindlichen Todeskonzeptionen resultieren aus dem präoperationalen Denken. Sie sind das Resultat des kindlichen Egozentrismus, der Unmöglichkeit, salopp formuliert, den Makrokosmos zu denken, ohne den Mikrokosmos vorauszusetzen. Erst das formal-operationale Denken ist reflexiv und verschafft somit die Möglichkeit, losgelöst vom empirischen Ich Sachverhalte zu denken.

Die Strukturidentifikationen der kindlichen mit traditionalen Todeskonzeptionen sind eindeutig. Der religiöse Glaube an die Unsterblichkeit der Seele, an die Wiederauferstehung der Toten, an das Paradies, an die Hölle usw. sind primärprozeßhafte Vorstellungen, Produkte der präoperationalen Mentalität, des Wunschdenkens. Die Überwindung dieser Glaubensvorstellungen beim gebildeten Teil (nicht an Schuljahren gemessen) der modernen Bevölkerungen ist Resultat reflektierten, formal-operationalen Denkens.

Das magische Denken in traditionalen Kulturen ist gleichfalls Produkt des Wunschdenkens, der Konfusion von Es und Ich. Kinder und erwachsene Analphabeten traditionaler Kulturen glauben gleichermaßen, daß sie mit Wünschen, Sprüchen und Ritualen den Lauf der Welt beeinflussen können. Indem der Mensch durch Zauberhandlungen den empirischen Verlauf der Dinge und Ereignisse bestimmen kann, gibt es keine strenge Grenze zwischen Ich und Welt, Mikro- und Makrokosmos, Subjekt und Objekt, Person und Kosmos. Die Welt ist dem Menschen gegenüber nicht gleichgültig und übermächtig, sondern er kann Sonne, Regen, Feinde und Freunde in seinem Sinne direkt lenken und bestimmen. Diese magischen Vorstellungen finden sich zweifelsfrei in allen traditionalen Kulturen und sind eindeutig präoperational (Piaget 1981, S. 125 ff.; Ellwanger 1980; Zeininger 1929; Werner 1933; Cassirer 1922, 1925, 1994; Frazer 1977; Foucault 1977; Lévy-Bruhl 1959, S. 104 ff.).

Die Bischöfe und Priester des Mittelalters sind Magier, die großen Wissenschaftler noch des 16. Jahrhunderts sind Magier und Astrologen. Magie war der praktische Teil der Naturwissenschaft. Erst die Kritik Mersennes an Fludd und vor allem Kants an Swedenborg vernichtete allmählich diese besondere Form des Wunschdenkens, des Fabulierens und des Egozentrismus. Die

Überwindung der Magie durch das naturwissenschaftliche Denken ist Teil der Ersetzung primärprozeßhaften Wunschdenkens durch Sachlichkeit und Rationalität, durch das formal-logische Denken (vgl. Gloy 1995; Cassirer 1994; Piaget/Garcia 1989).

Oft wird Religion (Demut) in Absetzung von der Magie (Hybris) als Ausdruck der Unterwerfung unter eine höhere Macht etwas schief interpretiert. Glaubt der Magier an seine eigenen Kräfte, so meint der religiöse Mensch, nur sein Gespräch mit den Göttern könnte diese vielleicht veranlassen, für ihn tätig zu werden (Frazer 1977; Eliade 1984; Richter 1979; Lenk 1978). Nun mag man die Bitte an die Götter psychodynamisch als Ausdruck von Bescheidenheit ansehen wollen, in kognitiver Hinsicht handelt es sich natürlich um egozentrisches Wunschdenken: Der Glaube, Götter, Ahnen, Geister und der Himmelsgott, welcher den Kosmos geschaffen hat oder beherrscht, würden einen Menschen anhören und ihn bei bestimmten Problemen unterstützen wollen, bedeutet gleichfalls, den gesamten Kosmos bzw. dessen beherrschenden Teil (= Gott) in eine Beziehung zu einer einzelnen Person oder Gruppe setzen zu können (zu wollen). Wer zu Gott spricht und ihn bittet, meint daher mehr oder minder auch, zum gesamten Kosmos in Kontakt treten zu können.

Religion und Magie implizieren daher gleichermaßen die Auffassung, das Individuum könne mehr oder weniger auf Berücksichtigung seiner Wünsche im Gesamtplan des Kosmos hoffen. Auf Gott zu hoffen bedeutet daher, zu glauben, der gesamte Kosmos (bzw. dessen Steuerzentrale) befände sich mit einer einzigen Person (bzw. mit einer Gruppe) in einem Dialog bzw. in einer sozialen Interaktion. Religion impliziert Zentrierung des Kosmos auf das Ego und ist somit Ausdruck präoperationalen Egozentrismus. Unsterblichkeit der Seele, Götter und Magie sind daher in der Auffassung der Religiösen Garanten einer Entsprechung von Mikro- und Makrokosmos. Erst Kopernikus und Darwin zeigten, daß zwischen Person und Kosmos ein Ungleichgewicht besteht und die Menschen keinen privilegierten Platz, nicht einmal eine Bedeutung im Kosmos haben. Wie gering diese Bedeutung ist, zeigen die Wissenschaften mit fortschreitendem Erkenntnisstand Jahr für Jahr prägnanter als zuvor. Daher die tiefe Enttäuschung der Aufgeklärten und ihre Bemühungen, aus der »letzten Gelegenheit« das meiste herauszuholen (Blumenberg 1980; Richter 1979; Marquard 1973). So entwickelt sich aus der Entzauberung der Welt der Industriekapitalismus (Weber 1988).

Diese Zusammenhänge sind entwicklungspsychologisch rekonstruierbar: Auch das Kind glaubt, die Eltern würden die Welt in seinem Sinne beherrschen. Zunächst unterscheidet es nicht zwischen Eltern und Göttern. Der Gottesbegriff wird erst dann schärfer, wenn die Kinder nach der »skeptischen Krisis« des sechsten Lebensjahres sehen, daß die Eltern nicht allmächtig sind. Der abstraktere Gottesbegriff ist ein spätes Produkt der kindlichen Entwicklung und der monotheistischen Theologie (Piaget 1981; Oser 1985; Loomba 1970). Der Atheismus und Agnostizismus (zunächst Deismus) sind dann das Produkt des Untergangs des kindlichen Weltbildes, des Untergangs von Animismus, Magie und Artifizialismus, das heißt das logische Resultat der Evolution des formal-logischen, naturwissenschaftlichen Denkens.

Auf diesem Wege kann man zeigen, daß die Geistesgeschichte das Produkt des Auseinandertretens und der Ausdifferenzierung von Emotion und Kognition, Es und Ich ist. Es handelt sich um die Ersetzung des primärprozeßhaften durch das sekundärprozeßhafte Denken, des Wunschdenkens durch Sachlichkeit. Es handelt sich um einen Dezentrierungsprozeß, an dessen Ende die logische Beziehung von Subjekt und Objekt und nicht deren primärprozeßhafte Konfusion steht (Piaget 1975 k; Cassirer 1969, S. 318 ff.). Auf diesem Wege kann man die eingangs dieses Kapitels angeführten Zitate von Elias verifizieren und umsetzen.

»Obwohl das Denken und die Wahrnehmung jedes einzelnen von seiner idiosynkratischen Mischung aus Primär- und Sekundärprozessen beherrscht wird, läßt sich im allgemeinen sagen, daß die Primärprozeßorganisation in der indischen Psyche eine größere Rolle spielt als in der westlichen. Das relative Fehlen sozialen Drucks auf das indische Kind, unlogische Denk- und Kommunikationsmuster aufzugeben, und das fehlende Interesse und Bemühen seitens der Mutter und der Familie, dem Kind die Einsicht zu vermitteln, daß Objekte und Ereignisse eigene Bedeutungen … haben, tragen zum Weiterbestehen der Primärprozeßdenkweisen bei. Verglichen mit westlichen Kindern, wird ein indisches Kind ermutigt, noch eine lange Zeit in einer mythischen, magischen Welt zu leben. In dieser Welt haben Objekte, Ereignisse und andere Personen kein Dasein aus sich selbst heraus, sondern stehen in engster Beziehung zum Selbst… Animistisches und magisches Denken gibt es, wenn auch ein wenig abgeschwächt, bei vielen Indern bis ins Erwachsenenalter hinein.

Die Projektion der eigenen Gefühle auf andere, die Tendenz, natürliche und menschliche ›Objekte‹ in erster Linie als Erweiterung des eigenen Selbst zu sehen, der Glaube an Geister, die die Umwelt bevölkern, und das Hin- und Herschwanken zwischen Primär- und Sekundärprozeß-denkmustern sind verbreitete Aspekte des Alltagslebens« (Kakar 1988, S. 131).

5.1.2 Kognition und logisches Denken

Die ZT von Elias versteht auch Erkennen, Denken und Wahrnehmen als Teilphänomene der Psychogenese und der Zivilisation. Erst in neuzeitlichen europäischen Gesellschaften haben diese kognitiven Fähigkeiten historisch erstmalig eine rationale Struktur gewonnen, wie sie dem neuzeitlichen Homo clausus eigen ist. Die niedrigere Selbstkontrolle des ma. Menschen wirkt sich auch in einer anderen Strukturierung kognitiver Phänomene aus, das heißt in einer niedrigeren Form der Differenzierung und Integration kognitiver Phänomene. Elias hat für die Beschreibung dieser Phänomene eigene Begrifflichkeiten in die Welt gesetzt, die unter Kognitionspsychologen sicherlich Stirnrunzeln und Unwohlsein bewirkten, aber zum Ausdruck bringen, daß Elias in dieser Frage nicht an fachliche Traditionen anschließt. Elias kannte die kognitive und Entwicklungspsychologie seiner Zeit nicht, konnte dort folglich auch keine Anleihen machen. Er hielt diese Mühe wohl auch nicht für nötig, da es in den Geisteswissenschaften vor zwei Generationen sehr verbreitet war, im Hinblick auf Populationen staatsloser Gesellschaften von der Dominanz primitiver Denkweisen auszugehen. Es gab in den dreißiger Jahren eine breite Literatur, die wie Elias, aber wesentlich fundierter die Primitivität des Denkens vorneuzeitlicher Populationen analysiert und dargestellt hat (Werner, Walon, Thurnwald, Zeininger, Wundt, Cassirer, Lévy-Bruhl, Luria, Stern, Wygotski, Danzel, Goldstein).

Während Elias sich im Hinblick auf andere Verhaltensweisen, insbesondere Gewaltanwendung, die Mühe macht, psychogenetische Entwicklungen nachzuweisen, so gehören Denken und Erkennen zu den psychischen Funktionen, für die in PDZ kaum Nachweise und Analysen geliefert werden. Elias schiebt soziogenetische Indizien vor, um die Psychogenese des logischen und rationalen Erkennens und Denkens nachweisen zu können. Aus der Intrigenwirtschaft der höfischen Gesellschaft leitet er ohne Nachweis die Entstehung reflektierten, kritischen und rationalen Denkens ab (PDZ 2, S. 370 f., 374 f.).

Während die Zivilisationstheorie besser als die Theorie Piagets die Zivilisierung verschiedener Verhaltensbereiche aufzeigen kann, ist die transkulturelle Piaget-Psychologie in dem Bereich am stärksten, in welchem die ZT am schwächsten ist, nämlich beim Nachweis der Psychogenese kognitiver Funktionen. Daher ist in dieser Hinsicht die Konfrontation der ZT mit den Ergebnissen der transkulturellen Psychologie von besonderer Bedeutung (vgl. Kapitel 2.3).

Elias begreift expressis verbis *Ratio, Verstand, Vernunft und Intelligenz* als Funktionen und Teilbereiche der Psychogenese. Diese Phänomene sind nicht etwa transzendentale Funktionen, die außerhalb des psychogenetischen Zivilisationsprozesses stünden, sondern sie sind vielmehr Ausdruck desselben. Demzufolge behauptet Elias die Existenz unterschiedlicher Niveaus von Ratio, Verstand, Vernunft und Intelligenz. Diese Niveaus – Ausdruck des psychogenetischen Differenzierungsprozesses – sind die Folge unterschiedlicher soziogenetischer Sozialisation. Unterschiedliche Gesellschaften und soziale Klassen bringen in Entsprechung zu ihrem evolutionären Standard ihnen adäquate Niveaus von Ratio, Verstand, Vernunft und Intelligenz hervor (PDZ 2, S. 378, 380, 381).

Auf der Beschreibungsebene decken sich die Ergebnisse und Behauptungen Elias' mit denen des internationalen Forschungsstandes. Wie Elias behauptet auch die transkulturelle kognitive und psychometrische Forschung, daß analphabetische Populationen einfacher Gesellschaften und sozialer Milieus nicht wie alphabetisierte Populationen industrieller Gesellschaften zum abstrakten, reflektierten, formal-logischen Denken befähigt seien (Herrnstein 1994; Vernon 1969; Irvine/Berry 1988; Mogdil/Mogdil 1976; Dasen 1974; Hallpike 1994; Luria 1986; Freitag 1983).

Elias beschreibt die kognitive Entwicklung vor allem mit seinen hausgemachten Begriffen Enge/Weite des Gedankenraumes, Kurzsicht/Langsicht über Handlungsketten und Selbstzentriertheit des Denkens. Kognitionen traditionaler Populationen zeichnen sich demnach durch eine vergleichsweise *Enge des Gedan-*

kenraumes, Kurzsicht und Selbstzentriertheit des Denkens aus
(PDZ 2, S. 372 f., 378 ff.).

»Es bedurfte vor allem auch eines erhöhten Vermögens der Menschen,
sich im Denken von sich selbst zu distanzieren. Wissenschaftliche Denkweisen können nicht entwickelt und können nicht Gemeingut werden,
ohne daß Menschen sich von der primären Selbstverständlichkeit lösen,
mit der sie alles Erfahrene zunächst unreflektiert und spontan aus seinem Zweck und Sinn für sich selbst zu verstehen suchen ... Vielleicht
trägt es zum Verständnis dieser Probleme bei, wenn man sich an die
Spontaneität der unreflektierten Selbstzentriertheit des Denkens erinnert, die man noch jederzeit an Kindern unserer eigenen Gesellschaft
beobachten kann ... das man, verglichen mit der späteren Zeit, ihre Ein-
falt, ihre Naivität nennen könnte. Es gibt, wie in allen Gesellschaften, in
denen die Affekte jäher und unmittelbarer spielen, weniger psychologische Nuancierungen und Komplizierungen in dem Gedankengut. Es gibt
Freund und Feind, Lust und Unlust, gute und böse Menschen« (PDZ 1,
S. LVIII, S. 79).

Die Piaget-Psychologie kann diese Behauptung Elias' im wesentlichen verifizieren. Kinder und Analphabeten neigen zu einem
kognitiven Egozentrismus, einem sinnlich-konkreten Denken,
das Abstraktionen, Reflexionen, Kombinatorik, logische Induktionen und Deduktionen meidet (vgl. Kapitel 2.3). Sie neigen
dazu, die Erkenntnisgegenstände nach ihrer sinnlichen Beschaf-
fenheit und nicht nach ihrer logischen Struktur zu erkennen. Sie
vermeiden es, Sachverhalte unter verschiedenen Gesichtspunkten zu ordnen und zu klassifizieren. Sie unterlassen logisch
strukturierte Differenzierungen, Synthesen, Klassifikationen
und Abstraktionen sinnlich gegebener Sachverhalte. Hören wir
dies aus dem Munde des vielleicht besten Kenners dieser Materie,
in Zusammenfassung der Ergebnisse aus zwei Felduntersuchungen unter Analphabeten Usbekistans 1931/1932:

»Den von uns beobachteten Prozeß der Herausbildung von Grundlagen
des theoretischen Denkens kann man mit vollem Recht zu den wichtigsten Prozessen der historischen Entwicklung des Bewußtseins zählen ...
Im Bericht über die erste Expedition wurde ausgeführt, daß in primitiven
Lebensformen ein besonderes Denksystem mit eigenständiger Struktur
vorliegt und daß die Sprache in diesem System eine andere Rolle spielt als
in dem für hochentwickelte Lebensformen kennzeichnenden. Hervorge-
hoben wurde die Tatsache, daß die Hauptfunktion dieses Denkens nicht
darin besteht, abstrakte Zusammenhänge zwischen Symbolen herzustellen, sondern darin, ganze Situationen zu reproduzieren, die mit spezifi-

schen Lebenserfahrungen eng verwoben sind. Zudem wurde betont, daß verschiedene psychische Tätigkeiten wie das Behalten, Vergleichen, Verallgemeinern und Abstrahieren in diesem Denksystem anders aufgebaut sind als in demjenigen hoch entwickelter Lebensformen und daß beim Wandel der ökonomischen Bedingungen die situationsgebundene Denkform sehr bald in eine komplexere übergeht ... Das situationsgebundene Denken hat es mit dem praktischen Alltagsleben zu tun; es bezieht sich deshalb vor allem auf vorgegebene Dinge und aktuelle Beziehungen, dagegen kaum auf bedingte Symbole. Es reproduziert die zwischen den Dingen einer Situation bestehenden Beziehungen viel eher als die logisch-kategorialen Beziehungen« (Luria 1986, S. 139, 189).

Dem präformalen Denken gelingt nicht hinreichend die Trennung zwischen Sinnlichem und Gedanklichem. Dieses erkenntnisrealistische Denken differenziert nicht, sondern konfundiert Subjekt und Objekt, Denken und Wahrnehmung, Verstand und Sinnlichkeit, Wesen und Erscheinung. Die Erfahrungsgegebenheiten werden nicht in Gründe und Folgen zerlegt, und das Wirklichkeitsurteil hinterfragt nicht den sinnlichen Eindruck, dem es untergeordnet bleibt (Cassirer 1969, S. 320 ff., 1982; Hegel 1973; Piaget 1984; Piaget/Inhelder 1977).

Kant (1977) sah Verstand und sinnliche Wahrnehmung als zwei vollkommen getrennte Quellen menschlicher Erkenntnis, die sich auf unbekannte Art und Weise aufeinander bezögen. Hegel (1973) in spekulativer und Cassirer (1982) in systematischer Weise zeigten, daß Verstand und Wahrnehmung hingegen *a priori* aufeinander bezogen sind. Auf unterschiedlichen Entwicklungsstufen sind Urteils- und Wahrnehmungsfunktionen unterschiedlich aufgebaut, und zwar so, daß sie auf jeder Stufe korrespondieren. Demzufolge bezieht sich der psychogenetische Differenzierungsprozeß im Gegensatz zur transzendentalphilosophischen Annahme Kants sowohl auf Wahrnehmungs- als auch auf Urteilsfunktionen. Die moderne Entwicklungspsychologie hat diese Annahme Hegels und Cassirers eindeutig verifiziert (Piaget 1985; Werner 1933, S. 41, 72 ff.; Piaget/Inhelder 1980; Piaget 1993; Fetz 1988 a, b).

Die ungenügende Differenzierung von Urteil und Sinnlichkeit, Verstand und Wahrnehmung im präoperationalen Denken bewirkt insbesondere, daß präoperationale Urteilsfunktionen noch den Charakter von Wahrnehmungen haben. Urteile erscheinen dem Subjekt tendenziell daher nicht als Ausfluß »freier« subjektiver und reflexiver Akte, als Produkt beziehentlichen Denkens, sondern als Wahrnehmungen an sich seiender Realitäten. Urteile erscheinen wie an sich seiende Realitäten, was den Erkenntnisrealismus und Egozentrismus des präoperationalen Subjekts zementiert. Daher können Urteile schlecht logisch und reflektiert begründet werden, sondern sie erscheinen als vorgegebene Realitäten, die buchstäblich gesehen werden (Werner 1933, S. 41; Piaget 1981 c; Piaget 1985; Tölle 1994; Jaynes 1994; Cassirer 1982; Hegel 1973).

Das präoperationale Subjekt hat nicht nur andere Verstandesfunktionen, sondern auch ein anderes Wahrnehmungssystem als das formal-logische Subjekt. Dessen Wahrnehmungssystem wird zunehmend zu einem reinen »Input-System« (Fodor), das dem Verstand das Material liefert (Kant!), unbehelligt von Es-dominierten Vorstellungen und Bildern. Im Wahrnehmungssystem des präoperationalen Subjekts hingegen finden sich komplementär Es-dominierte Ich-Funktionen, hier: Vorstellungen und Bilder, ohne daß das Subjekt sagen könnte, welche Anteile zu Vorstellungen und welche zu Wahrnehmungen gehörten. Da es nicht nur Vorstellungen mit Wahrnehmungen konfundiert, sondern auch umgekehrt (logisch), fließen in seine Wahrnehmungen auch seine Gedanken und Wünsche ein. Dies erklärt, weshalb Kinder und Analphabeten zu Halluzinationen in allen Sinnesgebieten neigen, ferner zu Wahnwahrnehmungen, zu Illusionen, zu Pareidolien, zu inneren Stimmen, zu Synästhesien und zu eidetischen Phänomenen (Definition dieser zu unterscheidenden Begriffe bei Tölle 1994, S. 174 ff.). Diese »Wahnphänomene« sind nicht krankhaft, sondern ganz einfach elementar (= primitiv) und erklären zum Beispiel, wie es überhaupt möglich ist, daß Kinder und Analphabeten Hexen, Geister, sprechende Bäume, Visionen und die »Wahrheiten« ihrer Urteile sehen und leibhaftig erfahren (Werner 1933; 26, 72 ff.; Zeininger 1929; Ellwanger 1980). Diese präoperationalen Wahnphänomene beruhen auch auf einer anderen Zusammenarbeit der Hirnhemisphären. Erst die Linksdominanz ermöglicht eine strenge Scheidung von Phantasien und Realitätswahrnehmungen und unterbindet den gestalterischen Einfluß der Einbildungskraft auf die Sinnesorgane. Erst sie zerstört magisches und animistisches Denken, Fabulieren, Wahnwahrnehmungen und Halluzinationen (Jaynes 1994; Vernon 1984; Brunner-Traut 1996).

»Es wird häufig übersehen, daß im Kindesalter der Wahn durchaus der normalen kindlichen Denkweise entsprechen kann ... (Ein Kind) kann nicht entscheiden, ob die Ereignisse auch für alle anderen Menschen einen Bezug zum Selbst haben oder ob die Beziehung nur eine zufällige ist. Die Fähigkeit zur Relativierung der eigenen Person setzt eine bestimmte Entwicklung beim Aufbau des Realitätsbezugs voraus. Dieser Entwicklungsschritt kann offenbar auch unter bestimmten Bedingungen wieder verlorengehen, so bei Wahnkrankheiten, aber auch unter dem Einfluß von Angst, Ermüdung oder in Trunkenheit« (Tölle 1994, S. 176).

Der Einfluß der Einbildungskraft auf die Wahrnehmungssysteme (des Es auf das Ich) vermindert sich bei alphabetisierten Erwachsenen drastisch. Der Prozeß der Entzauberung reicht demnach bis in die Ebene der sinnlichen Wahrnehmung, wie schon Gehlen (1975) annahm. Die Umstrukturierung der Wahrnehmung im Hinblick auf die Materiallieferung für den logischen Verstand bedeutet aber auch den Verlust von Fähigkeiten und Funktionen. Beispielsweise verfügen Kinder und Analphabeten über eidetische Wahrnehmungsfähigkeiten, die erwachsene Alphabeten moderner Gesellschaften verloren haben. Eidetik besteht darin, daß eine visuelle Wahrnehmung auch nach ihrer Beendigung für einige Minuten als vollständige Kopie im Bewußtsein präsent bleibt. Eidetiker können genaueste Angaben über Einzelheiten von Bildern machen, die sie während des Wahrnehmungsvorganges gar nicht bewußt aufgenommen haben. Diese »Nachbilder« haben die Qualität von Fotografien. Es handelt sich nicht um Erinnerungen, sondern um Bilder, die vermeintlich gesehen werden. Moderne Schulung und die Entstehung des abstrakten Denkens eliminieren diese Kompetenz (Doob 1974; Zeininger 1929; Werner 1933, S. 26, 112 f.; Tölle 1994).

Die operationale Umstrukturierung des Wahrnehmungssystems trennt und gliedert die Sinneswahrnehmung schärfer in die fünf Sinne als zuvor. Kinder und Analphabeten haben hingegen noch mehr oder minder ausgeprägte synästhetische Fähigkeiten, die man in altmexikanischen und chinesischen Kosmologien ausgedrückt finden kann. Synästhesien sind Konfusionen der Sinne. Die Einbildungskraft von Kindern und Analphabeten ermöglicht eine Korrespondenz der Sinne. So sehen sie Töne und Gerüche und hören Farben usw. Dem modernen Stadtmenschen gelingen Synästhesien und übrigens auch die oben beschriebenen

Wahrnehmungsregressionen mit der Einnahme von Drogen (Werner 1933, S. 72 ff.; Tölle 1994). Wahnwahrnehmungen von alphabetisierten Erwachsenen sind Regressionen auf ein elementares kognitives Stadium.

Die Wahrnehmungsgebundenheit des konkreten, erkenntnisrealistischen, präoperationalen Denkens schließt diskursive, beziehentliche, begriffliche und reflexive Urteilsbildungen aus. Das Denken kann nicht gegen den sinnlichen Anschein der Erkenntnisgegenstände diese operational analysieren und nach logischen und abstrakten Kriterien synthetisieren. Vielmehr beschreibt das wahrnehmungsgebundene Denken die Objekte, statt sie begrifflich zu fassen und zu analysieren (Bruner 1981; Piaget 1984, 1981 c; Lévy-Bruhl 1959, 1921; Cassirer 1982, 1969). Sprache und Wörter werden noch nicht begrifflich verstanden (Wygotski 1973). So kann dieses Denken Objekte nicht definieren – dazu wäre operationale Koordination zweier Aspekte nötig –, sondern nur beschreiben (Werner 1933, S. 233 ff.; Piaget 1981 c).

Luria und sein Team untersuchten Prozesse der Abstraktion und Verallgemeinerung, Begriffsbestimmungen und Definitionen bei Analphabeten. Diese verstehen das Problem des Definierens nicht, sondern umgehen es mit der Hilfe der Verfahren: Zeigen des Objekts, Tautologien und Beschreibungen des Objekts. Versuchspersonen, die schon über eine gewisse Schulbildung verfügten, konnten Vergleiche anstellen, aber noch nicht definieren. Den mehrjährig Geschulten gelangen Definitionen und auch andere logische Operationen.

»Vp. Illi-Chodz., 22 Jahre, Bauer aus einem entlegenen Dorf, Analphabet.
Erklären Sie, was ein Baum ist.
Wozu soll ich das erklären, wissen doch alle auch ohnedem, was ein Baum ist.
Erklären Sie mir trotzdem, was das ist.
Bei uns gibt es überall Bäume; es gibt überhaupt keinen Ort, an dem es keine Bäume gäbe, wozu soll man das dann erklären?
Es gibt aber Menschen, die niemals Bäume gesehen haben, denen sollen Sie das nun erklären. Wie würden Sie ihnen erklären, was ein Baum ist?
... Na, einverstanden, du sagst, daß es dort keine Bäume gibt, wo dieses Volk herkommt; dann erkläre ich ihnen, wie wir die Samen für die roten Rüben säen, wie dann die Wurzel in die Erde geht und die Blätter nach oben, so pflanzen wir auch einen Baum, die Wurzeln gehen nach unten ...

Und wie könnten Sie mit zwei Worten bestimmen, was ein Baum ist?
Mit zwei Worten kann man sagen: Apfelbaum, Pappel ...« (Luria 1986, S. 111).

Dieses beschreibende Denken versagt sich der Problemstellung, wesentliche von unwesentlichen Beziehungen zu abstrahieren und das logische Problem zu isolieren. Nebensächliche Assoziationen müssen beiseitegestellt werden können, um das Problem in ein geschlossenes System logischer Operationen zu transformieren. Die Hauptschwierigkeit für Analphabeten besteht darin, sich auf die gegebenen Bedingungen eines Problems als Grundlage zu dessen Lösung zu konzentrieren, diese Bedingungen von für die Aufgabe nebensächlichen praktischen Erfahrungen zu abstrahieren, beim Urteilen in den Grenzen des formal-operationalen Systems zu bleiben und aus ihm und nicht aus anschaulichen Größen die richtige Lösung zu deduzieren (Luria 1986, S. 140 ff.; Hallpike 1994, S. 142 ff., 509; Cole/Scribner 1974; Cole/Gay 1967).

»Vp. Muhamed, 20 Jahre, Bauer aus dem Dorf Karasu, kann kaum lesen und schreiben. Es wird die Aufgabe gestellt:
Zum Dorf läuft man zu Fuß 30 Minuten, mit dem Fahrrad ist man fünfmal schneller. Wie lange braucht man mit dem Fahrrad?
Sofortige Antwort: *Eine Minute!*
Wie haben Sie das herausbekommen?
Wenn man schnell fährt, ist man in einer Minute da. Er wiederholt die Aufgabe: *Sie sagten, jemand geht zu Fuß zu deinem Dorf.*
Wie lange braucht ein Fahrrad?
Die Aufgabe wird ihm wiederholt, er gibt die Bedingungen korrekt wieder.
Man braucht etwa eine Minute! Vielleicht bißchen mehr, vielleicht bißchen weniger.
Die Bedingungen werden erneut wiederholt.
Ich sage nicht – eine Minute. Wenn man schneller läuft, schafft man es mit Fahren erst recht in einer Minute.
Wenn ein Mensch 30 Minuten läuft, und ein Fahrrad fünfmal schneller ist, wieso braucht es dann eine Minute?
Ich habe nicht gesehen, wie einer fährt, ich stelle es mir so vor, daß man es in einer Minute schaffen kann...« (Luria 1986, S. 145).

Analphabeten weigern sich, auf rein hypothetische Annahmen hin Schlußfolgerungen zu ziehen. Ihre Schlüsse sind dagegen richtig, wenn sie sich auf konkrete Fakten beziehen. Daher beherrschen Analphabeten keine hypothetisch-deduktiven Schlüsse und keine Syllogismen (vgl. Kapitel 2.3). Formal-logisches Denken setzt hingegen die Lösung vom eigenen Standpunkt und die Akzeptanz bloßer Annahmen voraus, auf deren Basis gefolgert wird. Verkürzt formuliert: Analphabeten haben Schwierigkeiten, etwas zu denken, was sie nicht glauben oder nicht wahrnehmen. Sie haben Schwierigkeiten, fremde und hypothetische Standpunkte auch nur tentativ zu übernehmen. Man denke in diesem Zusammenhang an das Drei-Berge-Experiment: Analphabeten denken wie Kinder, die Perspektiven mehrerer Beobachter auf das Panorama, plaziert auf allen Seiten rings um die Berge, seien dieselbe wie die, die sie selbst einnehmen (DeLemos 1974, S. 378).

Diese Selbstzentriertheit des Denkens bewirkt auch die Unfähigkeit von Analphabeten zur Selbstreflexion und zur psychologischen Analyse. Sie vermögen nicht in kritischer Weise Strukturen der eigenen Persönlichkeit zu analysieren. Sie beschreiben sowohl ihre Vorzüge als auch Nachteile in Form konkreter Verhaltensweisen und in Form materiellen Besitztums und äußerer Kennzeichen (Luria 1986, S. 167 ff.; Oesterdiekhoff 1992, S. 291 ff.).

Die innere psychologische Welt sowohl der eigenen Person als auch der anderer Personen gilt als verborgen. Interaktionen und Diskussionen folgen daher nicht systematisch logischen Gesichtspunkten, sondern sind voller Abschweifungen, Egozentrismen und Gedankensprünge (Hallpike 1994, S. 142 ff., 45, 461 f.).

»Die Auffassungen der Zande sind derart zahlreich, vielgestaltig und plastisch, daß jemand darin immer ein Element findet, das in einer gegebenen Situation seinen Interessen dient. Er lehnt diese Auffassungen nicht ab, sondern wählt aus, was für ihn in jeder Situation von größtem Vorteil ist, und geht über alles andere hinweg … In einer bestimmten Situation benützt ein Mensch eine Auffassung, die er in einer anderen Situation ablehnt« (Hallpike 1994, S. 541).
»Es wurde angenommen, daß es angeborenermaßen allen normalen Erwachsenen evident ist, daß 5 = (2 + 3) oder (3 + 2) und daß die kürzeste Entfernung zwischen zwei Punkten eine gerade Linie ist oder daß, wenn Menschen sterblich sind und Sokrates ein Mensch ist, Sokrates sterblich ist; diese Wahrheiten sind jedoch für Erwachsene in primitiven Gesellschaften nicht angeborenermaßen offensichtlich, ja nicht einmal verständlich« (Hallpike 1994 b, S. 228).

Dies belegt, daß die These von Elias, das Denken des traditionalen Menschen sei durch Selbstzentriertheit, Enge des Gedankenraumes und Kurzsicht charakterisiert, empirisch verifiziert werden kann. Gleichermaßen ist bewiesen, daß das Denken modernisierter, alphabetisierter Populationen durch eine formal-logisch bedingte Weiterung des »Gedankenraumes« und durch verbesserte Perspektivenübernahmekompetenzen (Dezentrierung, iteratives Denken) gekennzeichnet ist. Elias konnte sein Psychogenesekonzept kognitiver Strukturen nicht operationalisieren, sondern nur nachweislos behaupten. Auf dem Gebiet der kognitiven Strukturen und Denkweisen vermag die transkulturelle Psychologie das Psychogenesekonzept der ZT empirisch abzusichern, zu korrigieren, zu ergänzen und auf eine tragfähige Grundlage zu stellen. Die Ergebnisse der transkulturellen Psychologie stellen eine Revolution der Geistes- und Sozialwissenschaften dar, die bisher kaum wahrgenommen wurde. Sie ist die empirische Erbin der klassischen Soziologie, insbesondere der ZT von Elias und der Rationalisierungs- und Entzauberungsthese Webers.

»(Aus unserer Untersuchung) geht überzeugend hervor, daß die Struktur der Erkenntnistätigkeit auf einzelnen historischen Entwicklungsetappen nicht unverändert bleibt und daß die wichtigsten Erkenntnisprozesse – Wahrnehmung und Verallgemeinerung, logisches Schließen und Urteilen, Phantasie und Analyse des eigenen Innenlebens – historischen Charakters sind und sich mit den Wandlungen der gesellschaftlichen Lebensbedingungen ... verändern. Unsere Untersuchung ... hat gezeigt, daß mit Veränderungen in den Hauptformen der Tätigkeit, mit dem Erwerb der Schriftsprache und mit dem Übergang zu einer neuen Etappe der gesellschaftlich-historischen Praxis große Wandlungen im psychischen Leben des Menschen einhergehen. Diese Wandlungen beschränken sich nicht auf eine Erweiterung des Gesichtskreises, sondern sie bringen neue Tätigkeitsmotive hervor und bewirken wesentliche Veränderungen in den Erkenntnisprozessen ... Es entstehen Interessen, die über unmittelbare Eindrücke und die Reproduktion konkreter Praxisformen hinausgehen ... Die Erkenntnistätigkeit des Menschen wächst nun in ein breiteres System allgemeiner Menschheitserfahrungen hinein ... All das bewirkt tiefgreifende Veränderungen in der Struktur der Erkenntnisprozesse und führt zu einer gewaltigen Erweiterung der Erfahrung, zur Erfassung einer unermeßlich größeren Welt, in der der Mensch zu leben beginnt ... Die Psychologie wird mehr und mehr zu einer Wissenschaft, welche die gesellschaftlich-historisch bedingte Herausbildung der psychischen Tätigkeit sowie durch grundlegende Gesellschafsformen und historische gesellschaftliche Entwicklungsetappen bedingte psychische Prozesse zum Gegenstand hat. Grundaussagen des Marxismus über das Wesen des psychischen Lebens der Menschen lassen sich hier in konkreten Formen wiederfinden« (Luria 1986, S. 182, 183, 184).

5.1.3 Psychogenese von Wissenschaft und Weltbild

René Descartes und vor allem Immanuel Kant sind die großen Theoretiker und Interpreten des neuzeitlichen mechanischen Weltbildes. Kant schuf die Verständnisgrundlagen und zog die erkenntnistheoretischen Konsequenzen aus den Erkenntnissen Newtons. Kant ist der Überwinder sowohl des mythisch-magischen Weltbildes als auch der aristotelischen Naturphilosophie. Seit Kant wurde das Naturdenken Europas auf eine neuzeitliche, wissenschaftliche und mechanische Grundlage gestellt, in Abhebung vom animistischen, mythisch-magischen und theologischen Weltbild (Gloy 1995; Fetz 1988; Cassirer 1982).

Kant (1977) begründet die Geltung des mechanischen Weltbildes in der kognitiven Struktur des Subjekts überhaupt, das heißt in einer Struktur, die allen Menschen gleichermaßen immer schon eigen war und sein wird. In der transzendentalen Ästhetik und in der Kategorientafel meint Kant die Grundlagen der Wahrnehmungs- und Verstandeskräfte finden und beschreiben zu können, über die alle Menschen gleichermaßen immer schon verfügt haben. Diese Kräfte und Funktionen sind transzendental, das heißt, sie sind die unabänderlichen Bedingungen jeglicher Erkenntnis überhaupt. Erfahrungen und Erkenntnisse sind nur im Rahmen dieser Transzendentalien (Raum, Zeit, Kausalität usw.) möglich. Diese Transzendentalien implizieren laut Kant notwendig, daß der Mensch gar nicht anders kann, als die Natur als einen geschlossenen und mechanischen Zusammenhang von Ursachen und Wirkungen zu erfahren.

Wenn das mechanische Weltbild jedoch in dieser Weise transzendental begründet werden soll, entsteht das Problem zu erklären, wie es kommt, daß angesichts der angeblich unveränderlichen Natur des menschlichen Erkenntnisapparats das Newtonsche Weltbild nicht schon seit der Steinzeit formuliert wurde. Hier hat der transzendentalphilosophische Begründungsmodus nur die Möglichkeit, zum einen das mythisch-magische Denken zu ignorieren und zum anderen zu behaupten, das Newtonsche Weltbild sei so alt wie die fünf Sinne der Menschheit, es sei nur nie begrifflich-theoretisch konzeptualisiert worden.

Hegel (1973) hatte die Problematik der Kantischen Transzendentalphilosophie erkannt und die modernen Lösungen spekulativ, aber in wesentlichen Hinsichten richtig vorweggenommen. Hegel sah in Kants kopernikanischer Wende der Erkenntnistheorie korrekt nur einen umgedrehten Empirismus: Das Subjekt ist kein Abbild des Objekts, sondern nach Kant verhält es sich eher umgekehrt. Hegel zufolge muß sich die erkenntnistheoretische Frage: »Was ist Erkenntnis?« jedoch in die Frage verwandeln: »Wie wird Erkenntnis?« Die Bildungsgeschichte der Menschheit ist eine Geschichte der Entwicklung der Verstandeskräfte. Die Beschreibung der Geschichte der »Denkwerkzeuge« ist die Historisierung, die zweite kopernikanische Wende der Erkenntnistheorie, die Revolution der »Phänomenologie des Geistes« gegenüber der statischen »Kritik der reinen Vernunft«. In der Weltgeschichte der Bildung des menschlichen Geistes werden die transzendentalen Kategorien nicht nur – wie bei Kant – zur Anwendung gebracht, sondern sie werden geschaffen und fortlaufend differenziert. Der evolutionären Konstruktion von Kategorien entspricht eine Evolution des Gegenstandsbewußtseins, der kulturellen und geistigen Produkte der Menschheit. So kann Hegel (1974) zeigen, wie zum Beispiel in der Geschichte der Religionen der menschliche Geist allmählich zum Bewußtsein seiner selbst gelangt. Diese Entwicklung des Bewußtseins von dumpfer Sinnlichkeit zur Reflexion spiegelt und materialisiert sich besonders in der Geschichte der Religionen und kultureller Produktionen überhaupt.

Der Streit zwischen dem Apriorismus Kants und dem Evolutionismus Hegels dauert bis heute an. Die Theorien von Elias, Piaget und Luria sind *direkte* Erben dieser Strömungen und ohne sie unmöglich zu verstehen. Die Traditionslinie von Hegel geht in dieser Frage nicht etwa zu Marx, sondern, wie schon Elias richtig sah, zu Comte. Dieser wiederum inspirierte Elias. Elias bezog sich in dieser Frage gar nicht auf Hegel, wohl aber in negativer Weise auf Kant. Die ZT von Elias ist im wesentlichen eine Kritik an Kant, aus einer ähnlichen Motivlage formuliert wie die Philosophie Hegels. Elias hatte in der Frage der Transzendentalien einen langjährigen Streit mit seinem Doktorvater, dem

Neukantianer Hönigswald. Sein Wechsel von der Philosophie zur Soziologie nach diesem Streit hatte seine Ursache in der Annahme, die »wirklichkeitsblinden« Philosophen à la Hönigswald verkennten die sozialgeschichtliche Evolution der Vernunft (Elias 1993, S. 42; PDZ 1, S. LIX; Bartels 1995, S. 107; Korte 1988, S. 87 ff.).

Elias glaubte, in der Soziologie das Material finden zu können, um gegen die Transzendentalphilosophie empirisch zu beweisen, daß der menschliche Verstand und das Bewußtsein Produkt der Kulturgeschichte seien und durch diese sich in Richtung Rationalität verändert hätten. Fünfzehn Jahre nach dem Streit mit Hönigswald hatte Elias PDZ fertiggestellt. Das Psychogenesekonzept und die ZT von Elias waren seine soziologische Antwort auf das neukantianische Postulat von der Ungeschichtlichkeit des menschlichen Erkenntnisvermögens. So wie Comte und eigentlich auch Hegel ihre Annahmen von der Evolution des Verstandes soziologisch einkleideten, so unternahm Elias den Versuch, diese Evolution auf psychoanalytischer Grundlage sozialhistorisch zu erklären und in ihrer Bedeutung für die Entwicklung der Menschheit herauszustellen. In dieser Hinsicht kann man Elias, wenn man Freude an Klassifikationen hat, als einen freudianisch orientierten Comte und Hegel sehen.

Die Überwindung der Transzendentalphilosophie war aber nicht nur soziologisch (Elias) möglich, sondern auch philosophisch (Cassirer) und psychologisch (Piaget, Luria). Die Philosophie Cassirers gilt als Reifeprodukt und als Überwindung des Neukantianismus. Tatsächlich ist Cassirer mehr von Hegel als von Kant beeinflußt. Die Philosophie Cassirers ist eine unspekulative, systematische und analytische Verifikation der Annahme Hegels von der Bildungsgeschichte der Menschheit. Die Kulturphilosophie Cassirers zeigt, daß die historische Evolution kultureller Produktionen das Resultat der Bildung und des Wandels der »transzendentalen Kategorien« ist, die sich von einem sinnlichen Stadium bis zum logisch-abstrakten Denken entwickeln. Cassirer bezieht das Material für den Nachweis seiner These vor allem von Heinz Werner, der Warburg-Gruppe, Lévy-Bruhl und anderen empirisches Material nutzenden Fachwissenschaftlern. Die Philosophie Cassirers befindet sich demnach an der Nahtstelle: Problemstellung Kants und Hegels, entwicklungspsychologische Fundierung und soziologisch-kulturwissenschaftliche

Orientierung und Nutzanwendung. Elias war daher, ohne es zu wissen, nicht nur nahe an Hegels, sondern auch nahe an Cassirers Problemstellung. Er hätte von Cassirer lernen können, daß Philosophen nicht berufsbedingt »wirklichkeitsblind« sein müssen. Eine genetische Überwindung der Transzendentalphilosophie war nicht nur soziologisch, sondern auch philosophisch möglich (Cassirer 1925; 1922; 1969; 1982; Fetz 1988 b).

Jean Piagets genetische Epistemologie entwickelte sich aus nahezu der gleichen Motivlage wie die Soziologie von Norbert Elias. Verallgemeinernd könnte man sagen, Hegel, Comte, Cassirer, Elias und Piaget hatten dasselbe Ziel, nämlich Kants Transzendentalphilosophie »evolutionspsychologisch« zu überwinden. So wie Elias aus diesem Grunde von der Philosophie zur Soziologie wechselte, verließ Piaget Philosophie und Biologie, um in der Kinderpsychologie das Material zu finden, das er brauchte, um die Thesen von der historischen Genese des Subjekts, der geistigen Evolution der Menschheit und der Wissenschaften zu verifizieren. Piagets Annahme war: Wenn es eine historische Bildungsgeschichte der (kantischen) Aprioris gegeben hat, wenn der menschliche Verstand Produkt kultureller Evolution ist, dann müssen sich die entsprechenden Strukturen in der Ontogenese eines jeden Menschenkindes finden lassen. Piaget ist führender Experte der Entwicklungspsychologie geworden, nicht um Kinder zu verstehen, sondern um einen Schlüssel zur Erklärung der Entwicklung von Zivilisation, Wissenschaften und Philosophie zu finden.

»Es gibt nicht eine einzige von Kant definierte Kategorie der Sinne oder des Denkens, die nicht seither ihre Struktur gewandelt hätte: die Raumkategorie (durch die Vervielfachung der Geometrien), die Zeit (durch die Relativität), die Modalität (durch die Entwicklung des Probabilismus), die Substanz (durch die mikrophysikalische Komplementarität), die Kausalität (durch die Relativität und den Begriff der Unbestimmtheit) usw. Daraus ergibt sich, daß man, wenn man diese Kategorien durch jene Elemente zu charakterisieren versucht, die im Laufe der Geschichte konstant bleiben, nach und nach alle ihre spezifischen Eigenschaften eliminiert und damit zu einer rein funktionellen und nicht mehr strukturellen Invarianz gelangt. Wenn man das Gemeinsame zwischen den Aristotelischen (und allgemein vorwissenschaftlichen) Kausalitätsformen und den Kausalitätsformen der klassischen realistischen Mechanik und der Quantenmechanik sucht, findet man lediglich das Bedürfnis zur Erklärung« (Piaget 1975 k, S. 287).

Elias und Piaget folgen dem gleichen Impetus, der evolutions-psychologischen Überwindung der Transzendentalphilosophie, um die Entstehung von Zivilisation und Wissenschaft erklären zu können. Beiden Autoren zufolge hat menschliche Erkenntnis kein absolutes und universales Fundament, kann weder auf einen Anfangs- noch auf einen Endpunkt bezogen werden, sondern ist ontogenetisch und gesellschaftsgeschichtlich als eine kontinuier-liche Entwicklung zu verstehen, die unidirektional verläuft und daher rekonstruierbar und nichtrelativistisch diagnostizierbar ist. Beide Autoren behaupten, daß Denk- und Anschauungsfor-men wie Kausalität, Raum, Zeit und Zahl sich von sinnlich-kon-kreten Formen zu abstrakten und differenzierten Formen ent-wickeln. Beide Autoren vertreten eine Abstraktions- und Differenzierungstheorie der Psychogenese (sie nutzen sogar die-sen Ausdruck gleichermaßen). Sie vertreten gemeinsam somit nicht nur eine dynamische Entwicklungstheorie kognitiver Phä-nomene, sondern haben auch dasselbe Verständnis dieser Ent-wicklung als einer Bewegung von undifferenzierten, sinnlich-konkreten zu differenzierten, abstrakten, logisch-rationalen Zuständen. Diese beiden »Zustände« werden sowohl von Elias als auch von Piaget nicht als Anfangs- und Endpunkte gesehen, sondern als Querschnitte innerhalb eines Kontinuums, das heißt, es gibt noch differenziertere und noch undifferenziertere »Zu-stände« als die von ihnen beschriebenen (Elias 1984; PDZ 1, S. VIII, XLVI; Piaget 1975 k).

Elias verstand die Gesamtkonzeption der Geistes- und Sozial-wissenschaften seiner Zeit als kantianisch-transzendentalphilo-sophisch fundiert und begrenzt. In der Nachfolge des vermeintli-chen Urahnen psychogenetischer Theorie Comte sah er sich letztlich als einzigen und isolierten Überwinder insbesondere der transzendental konzipierten Soziologie. Nicht nur in Descartes und Kant, sondern auch in Weber, Simmel und Parsons sah er nur Variationen des cartesianisch-kantianischen Homo clausus (PDZ 1, S. L; Elias in Voss 1990, S. 177 f., 187). Dieser Typ Soziologe kann aber nach Auffassung Elias' unmöglich eine psychogeneti-sche Theorie der sozialen Evolution entwickeln, da er psychisch-kognitive Strukturen nur in der Einzahl, das heißt transzendental konzipiert. Aus dem gleichen Grunde mißlang laut Elias auch die transzendentalphilosophische Begründung der neuzeitlichen Naturwissenschaften. So wie Kant sich nur eine einzige Form des menschlichen Erkenntnisapparates denken konnte, so konnte er sich auch nur eine einzige Form von Wissenschaft und Weltbild vorstellen. Daher brachten Descartes und Kant zwar höher entwickelte Formen des Denkens (als das primitive Denken) zustande, hatten aber noch nicht die Entwicklungsstufe erreicht, um erkennen zu können, daß *ihre* Denkformen das Resultat einer langen Entwicklung sind. Sie konnten ferner nicht erkennen, daß *ihre* Denkformen dereinst von solchen Denkformen überholt werden würden, welche über diese Reflexionskraft verfügten. Descartes und Kant sind die Überwinder der »primitiven Mentalität«, ohne es reflektieren zu können. Sie drücken das Resultat dieser Transformation nur aus, ohne auf ihre Genese reflektieren zu können. Daher erschienen die spezifisch neuzeitlichen »Aprioris« Descartes und Kants nicht als historisch gewordene, sondern als überzeitliche und ewige Funktionen. Diese Illusion zu durchschauen gelang laut Elias nur Comte und ihm selbst. Daher kann die transzendentalphilosophische Theorie der Wissenschaften weder deren Entstehung noch den Charakter ihrer Entwicklung grundlegend erklären. Erst die psychogenetische Wende, erst die psychogenetische Erklärung des Verstandes, der Kategorien und Aprioris, vermag zu erklären, wie aus nichtwissenschaftlichen Denkformen sowohl die neuzeitliche kritische Philosophie als auch die neuzeitliche Naturwissenschaft entstanden sind (Elias 1993, S. 16, 38, 42; PDZ 1, S. LIX; Elias 1994, S. 146 f.; Luria 1986).

Elias ist es nicht bewußt geworden, daß Cassirer und Piaget im Prinzip die gleiche Auffassung wie er vertraten, sie nur in ungleich fundierteren Argumentationen formulierten. Während Elias' Kritik an der Transzendentalphilosophie nur auf wenigen Seiten zu finden ist (wenn sie auch der Impetus zur Formulierung der ZT war), so sind nahezu das ganze Lebenswerk und Tausende Seiten insbesondere von Cassirer, aber auch von Piaget exakt dieser Thematik gewidmet. Cassirers *Philosophie der symbolischen Formen* ist neben den Werken Piagets die bedeutsamste psychogenetische Überwindung der Transzendentalphilosophie überhaupt (Cassirer 1925, 1954, 1982; Fetz 1988 b, 1988 a, S. 32 f., 76, 125, 156). Piaget ging insofern noch über Cassirer hinaus, als er sich nicht nur wie dieser auf empirisches-entwicklungspsychologisches Material stützte, sondern die philosophische Theorie konsequent aus der empirischen Entwicklungspsychologie heraus entwickelte. Piaget (1986 d) schuf gegen alle Tabus der Philosophen aus der philosophischen Erkenntnistheorie eine empirische Wissenschaft; die Ontogenese der kognitiven Funktionen wurde systematisch empirisch erforscht. Ohne auf den hohen Anspruch der Erkenntnistheorie zu verzichten, gelang es Piaget, diese in eine psychologische Erfahrungswissenschaft zu verwandeln. Piaget konnte auf diesem Wege die erkenntnistheoretischen Aussagen Kants und Hegels empirisch prüfen, korrigieren, transformieren und (im Hegelschen Sinne) »aufheben« (Fetz 1988 a, S. 25, 124, 156 ff.; Kesselring 1981; Wetzel 1978; Piaget 1975 j, S. 70 f., 1975 k, S. 287, 1986 d).

Elias, Cassirer und Piaget erklären die Struktur des traditionalen Weltbildes psychogenetisch aus der Struktur der Denk- und Wahrnehmungskategorien traditionaler Menschen. Die vorwissenschaftlichen Denkweisen, Ideologien und Weltbilder sind nach ihrer Auffassung in der kognitiven Struktur traditionaler Menschen verankert. Die traditionale Naturauffassung ist direktes Resultat ihrer (präoperationalen) Denkstrukturen. Diese Menschen sind infolge ihrer kognitiven Strukturen zum Verständnis und zur Konzipierung moderner wissenschaftlicher Theorien nicht befähigt. Nur das Psychogenesekonzept und nicht etwa ein transzendentales Wissenschaftsverständnis vermag einen inneren Zugang zu traditionalen Weltbildern zu ermöglichen (vgl. Luria 1986).

Die drei Autoren erklären auch die wissenschaftliche Revolution der europäischen Neuzeit durch eine historische Transformation der »Aprioris«, der Denk- und Wahrnehmungsstrukturen der europäischen Elite und später der Bevölkerungen. Erst die Veränderung der kognitiven Strukturen, die Entstehung des »begrifflich-abstrakten« Denkens (Cassirer), der »wissenschaftlichen Langsicht« (Elias) und des »formal-operationalen« Denkens (Piaget) ermöglichte die Entwicklung der Naturwissenschaften, des neuzeitlichen Weltbildes und der kritischen Philosophie (Elias 1993, 1983; Cassirer 1925, 1922, 1969; Piaget 1975 j, k; Piaget/Garcia 1989).

Elias, Cassirer und Piaget haben das gleiche Grundverständnis sowohl von der Struktur der vorwissenschaftlichen Denkformen als auch von der Struktur der neuzeitlichen Transformation, der Entstehung der Naturwissenschaften. Elias beschreibt wie die beiden anderen das vorneuzeitliche Denken und Weltbild als mythisch, magisch, animistisch und finalistisch. Er sieht in diesem Denken einen Ausdruck kindlicher Egozentrik und Phantasie. Die vorwissenschaftlichen Denkkategorien kennen laut Elias, Piaget und Cassirer weder den Zufall noch die empirische Kausalität (Elias 1993, S. 20; Elias 1983, S. 18, 100, 180; Elias 1994, S. 113; Cassirer 1922, 1925, 1994, S. 107, 178; Piaget 1981; Piaget 1975 j, k; Piaget/Garcia).

Die drei Autoren haben auch das gleiche Grundverständnis von der durch Kopernikus, Galilei, Newton, Descartes und Kant ausgelösten Revolution der neuzeitlichen Denkweise. Sie sehen diese Revolution als Überwindung des primären Egozentrismus, als »Dezentrierung« (Piaget) bzw. als »Distanzierung« (Elias). Kausalmechanik, Entzauberung der Welt und heliozentrisches Weltbild waren möglich, weil der egozentrische und emotionale Bezug zur Welt zugunsten einer sachlichen und objektiven Weltsicht abgebaut wurde. Elias versteht diese Distanzierung, über Piaget und Cassirer hinausgehend, als Resultat verstärkter emotionaler Selbstkontrolle infolge verdichteter Figurationen (Elias 1993, S. 20, 24; 1983, S. 112; 1994, S. 110; PDZ 1, S. LVII ff.; PDZ 2, S. 395; Gloy 1995, S. 163 ff.; Cassirer 1969, 1922; Piaget 1975 j, k; Piaget/Garcia 1989).

»Die Entwicklung der Vorstellung eines rein mechanischen, rein naturgesetzlichen Umlaufs der Erde um die Sonne, also eines Umlaufs, der überhaupt nicht durch irgendeinen Zweck für Menschen bestimmt ist und der dementsprechend auch keine große emotionale Bedeutung mehr für Menschen besitzt, setzte voraus und förderte zugleich eine Entwicklung der Menschen selbst in der Richtung erhöhter emotionaler Kontrolle, eine gesteigerte Zurückhaltung ihres spontanen Gefühls, daß alles, was sie erleben, und besonders alles, was sie betrifft, auch auf sie selbst gemünzt ist, auch der Ausdruck einer Absicht, einer Bestimmung, eines Zweckes ist, die sich auf sie selbst, auf die erlebenden und betroffenen Menschen beziehen. Nun, in der Periode, die wir die ›Neuzeit‹ nennen, erreichen die Menschen eine Stufe der Selbstdistanzierung, die es ihnen ermöglicht, das Naturgeschehen gedanklich als einen eigengesetzlichen Zusammenhang zu verarbeiten, der sich ohne Absicht, ohne Zweck und ohne Bestimmung, rein mechanisch oder kausal vollzieht, und der einen Sinn und einen Zweck für sie selbst nur dann hat, wenn sie in der Lage sind, ihn auf Grund ihrer Sachkenntnis zu kontrollieren und ihm auf diese Weise selbst einen Sinn und einen Zweck zu geben« (PDZ 1, LIX f.).

Der neuzeitliche Homo clausus in Form von Descartes, Newton und Kant hat keinen sozialen und emotionalen Bezug zur Natur wie der traditionale Mensch, der mit Naturpänomenen in einem sozialen und emotionalen Austausch steht. Der traditionale Mensch beherrscht die Natur nicht wie ein Objekt, da er sie als etwas Lebendiges sieht. Daher hat er keine rein sachlich-rationale Einstellung ihr gegenüber, sondern eine subjektive. Diese animistische Einstellung resultiert unmittelbar aus den präoperationalen Denkkategorien. Der neuzeitliche Homo clausus hingegen ist von der Natur getrennt, steht der »res extensa« als »res cogitans« gegenüber, um sie zu instrumentalisieren. Die rasante Entwicklung der Naturwissenschaften ist eine Konsequenz dieser formal-operationalen Entzauberung der Natur (Cassirer 1969; Piaget 1981; Piaget/Garcia 1989; Elias 1983; vgl. Lévy-Bruhl 1930, 1959; Gloy 1995, S. 163 ff.).

Elias begreift die Wissenschaftsgeschichte aus der Polarität von Engagement und Distanzierung, Piaget in gleichem Sinne aus der Entgegensetzung von Zentrierung und Dezentrierung. Zentrierung und Engagement erwachsen dem kindlichen Egozentrismus, Dezentrierung und Distanzierung beschreiben gleichermaßen die Überwindung der Konfusion von Subjekt und Objekt zugunsten einer rationaleren Weltsicht (Elias 1983, S. 11, 18; Bartels 1995, S. 83 ff., 91 ff.).

Elias unterscheidet sich von Cassirer und Piaget durch sein soziogenetisches Erklärungskonzept. Cassirer und Piaget beschäftigen sich eigentlich nicht mit einer Theorie der Soziogenese des neuzeitlichen wissenschaftlichen Denkens. Elias sieht hingegen die Entstehung der Wissenschaften gleichsam als ein Nebenprodukt der psychogenetischen Zivilisierung. Erst die neuzeitliche Verdichtung und Verlängerung der Handlungsketten sozialisiert ein Maß an Selbstkontrolle, das gleichsam im Nebeneffekt für die Entwicklung logischen und wissenschaftlichen Denkens erforderlich ist. Allgemein formuliert: Die sozialen Veränderungen im Kontext der Entstehung des zivilisierten Staates sozialisieren den logisch-abstrakten Denktypus, der die notwendigen Voraussetzungen hat, um in cartesianischen und naturwissenschaftlichen Kategorien denken zu können (Elias 1993, S. 10, 24, 42; Elias 1983).

Zwar kann Elias die (ultimaten) sozialen Ursachen der Entstehung des wissenschaftlichen Weltbildes besser erklären, jedoch explizieren Cassirer und vor allem Piaget dessen Strukturen und Transformationen ungleich genauer und detailfreudiger. Elias hat seine wissenschaftsgeschichtlichen Überlegungen vor allem in *Engagement und Distanzierung* (1983) zusammengefaßt. Dieses Werk muß man als ungenau und weit hinter dem Forschungsstand liegend bewerten. Es kann den Vergleich mit den Bemühungen Cassirers und Piagets nicht entfernt standhalten. Es besteht überwiegend aus Andeutungen, Vagheiten und Behauptungen. Es liefert weder Nachweise für die eigene Position noch Widerlegungen konkurrierender relativistischer Konzeptionen der Wissenschaftsgeschichte. Cassirers psychogenetische Rekonstruktion der Wissenschaftsgeschichte gilt hingegen in der Sicht der meisten Interpreten ganz richtig als überragend. In einer Vielzahl von Publikationen haben Piaget und seine Mitarbeiter unter Beweis gestellt, daß erst die genetische Epistemologie Strukturen und Transformationen der Wissenschaftsgeschichte erklären kann. Piagets Theorie erklärt detailliert die wissenschaftsgeschichtliche Entwicklung, von der Antike über das MA. und die Neuzeit bis zur Moderne, von Raum, Zeit, Zahl, Kausalität, Zufall, Wahrscheinlichkeit, Bewegung, Kraft, Masse, Volumen, Beschleunigung, Wärme, Perspektive und weiterer physikalischer, algebraischer und geometrischer Konzepte. Piagets wissenschaftsgeschichtliche Darlegungen stellen die Quintessenz seines Œuvre dar (Piaget/Garcia 1989; Piaget 1975 i, j, k). Piagets Rekonstruktion der Wissenschaftsgeschichte zählt sicherlich zum Besten und zum Grundlegendsten, was es auf diesem Gebiet gibt.

In den Grundannahmen treffen sich Elias, Cassirer und Piaget. Ihre Theorie der Wissenschaftsgeschichte ist evolutionistisch-rationalistisch. Sie beschreiben die Entwicklung des menschlichen Weltverstehens als einen Prozeß von Mythos und Magie zur Wissenschaft, vom Konkreten zum Abstrakten, vom Undifferenzierten und Emotionalen zum Differenzierten und Rationalen. Eine evolutionistische Erklärung der zunehmenden Entzauberung der Welt wird von verschiedenen Seiten mit unterschiedlichen Akzenten unterstützt (Frazer 1977; Weber 1973; Dijksterhuis 1956; Nestle 1975; v. Eicken 1923; Gloy 1995; Einstein/Infeld 1991; Topitsch 1958, 1979; vgl. auch Foucault 1977; Moscovici 1990).

Demgegenüber sind in der heutigen Wissenschaftsgeschichtsschreibung und Weltbildanalyse kulturrelativistische Positionen sehr modern, postmodern (Lévi-Strauss 1979; Kippenberg 1978;

Duerr 1978, 1981; Berry 1984; Winch 1979; Kuhn 1977). Meines Erachtens haben diese kulturrelativistischen Positionen keine Chance auf Verifikation hinsichtlich des Vergleichs traditionaler und moderner Weltbilder und des langfristigen Verlaufs der europäischen Wissenschaftsgeschichte. Sie vernebeln nur und erhellen fast nichts. Sie sind Ausdruck eines orientierungslosen Zeitgeistes. Die relativistische Theorie von Thomas Kuhn ist applikabel und sinnvoll im Hinblick auf die Analyse von Mikroentwicklungen, die von der genetischen Epistemologie nicht erfaßt werden können, aber sie taugt nicht für die Erklärung der oben diskutierten langfristigen Entwicklungen der Wissenschaftsgeschichte. Die Kritiken von Piaget und Garcia (1989) an Thomas Kuhn und von Hallpike (1994) an Lévi-Strauss sind grundlegend und in der hier interessierenden Frage nahezu vernichtend. Elias (1983, S. 180) schätzte selbst ganz richtig die Leistungen von Lévy-Bruhl höher ein als die von Lévi-Strauss.

Elias hat einen interessanten Ansatz entwickelt, um die temporale und epistemische Vorreiterrolle der Naturwissenschaften gegenüber den Geistes- und Sozialwissenschaften in der europäischen Neuzeit erklären zu können. Elias glaubt, die egozentrische und emotionale Befangenheit von Menschen sei in sozialen Belangen größer als in natürlich-physikalischen Belangen. Daher fällt es Menschen schwerer, hinsichtlich sozialer Belange ihr Engagement zugunsten einer distanzierten Sichtweise aufzugeben. Den Menschen fällt es leichter, gegenüber der Natur als gegenüber der Gesellschaft eine objektive, rationale und kritische Haltung einzunehmen. Das emotionale Involviertsein und die egozentrische Befangenheit auch der (potentiellen) Sozialwissenschaftler in Gruppen-, Klassen- und Nationszusammenhänge verhindert, daß sie einen hinreichend emotional entschlackten, reflektierten und archimedischen Standpunkt einnehmen können, der ihnen einen perspektivisch unverzerrten Blick auf soziale Prozesse erlaubte. Gruppenideologien und historisch bedingte Standpunkte erzeugen einen röhrenförmigen Blick und eine Bewußtseinsenge, von der Soziologen bis heute nicht frei sind (Elias 1993, S. 24; Elias 1983, S. 30; Elias 1994, S. 128; PDZ 1, S. LVII). Piaget (1975 k, 1973 e) nahm in dieser Frage eine ähnliche Position ein.

»Im Übergang von den kühleren, weniger voreingenommenen Denk- und Beobachtungsweisen im Bereich der unbelebten Natur, die für die wissenschaftliche Naturerkenntnis, verglichen mit der mythisch-magischen, kennzeichnend sind, zu weniger voreingenommenen und kühleren Denk- und Beobachtungsweisen im Bereich der Menschenwelt müssen wir ja gewissermaßen eine neue Stufe des Selbstbewußtseins erklimmen« (Elias 1994, S. 110).

So erklärte Elias das Fehlen eines Newtons der Sozialwissenschaften und ihre historische Spätentwicklung. Der Prozeß psychogenetischer Differenzierung und Integration muß weiter voranschreiten, über das Niveau der Neuzeit hinaus, um Wissenschaftler zu sozialisieren, die über die Kapazität verfügen, verläßliche Grundlagen in den Sozialwissenschaften zu schaffen. Elias sah sich selbst als die Person, deren Selbstzucht und Distanzierungsfähigkeit am weitesten vorangeschritten war, um soziale Prozesse erstmalig »an und für sich« objektiv analysieren zu können. Der psychogenetische Zivilisierungsprozeß, der im Absolutismus massiv wirksam wurde und sich immer weiter nach oben windet, entwickelt den veritablen Zivilisationstheoretiker, dem die Konstruktion wahrer Sozio-Logik gelingt. In ungeschickt-geschickten Formulierungen behauptete Elias seine vermeintlich überlegene Reflexionsgewalt, die ihn befähigt haben soll, in den Sozialwissenschaften die Objektivität zu inaugurieren, welche den Naturwissenschaften schon lange eignet. In Descartes, Parsons, Weber, Marx, Simmel, Durkheim und Luhmann sah Elias Ideologen, Wunschdenker, Varianten des neukantianischen Homo clausus, welcher die Entwicklungsgesetze der Gesellschaft nicht finden kann, da ihm die Reflexionskraft fehlt, um den psychogenetischen Zivilisationsprozeß entdecken zu können. Das Unvermögen der soziologischen Konkurrenten erklärt Elias aus dem von ihnen nicht hinreichend überwundenen Egozentrismus (Elias in Voss 1990, S. 178, 187, 173 ff.; PDZ 1, S. L; Bartels 1995, S. 111-120).

»(Marx u. a., G. O.) waren noch nicht auf die Reflexionsstufe hinaufgestiegen, von der aus man die Frage nach dem Wie und Warum gerichteter langfristiger gesellschaftlicher Prozesse als solcher stellen konnte ... Ich kann die Blinden nicht sehen lehren, kann ihnen, wie unzweideutig ich es auch sage, den Unterschied (zu den anderen Klassikern, G. O.) nicht verständlich machen. Denn er beruht letzten Endes auf einem weiteren Akt der Selbstdistanzierung, auf dem Aufstieg zu der nächsthöheren Stufe auf der Wendeltreppe des Selbstbewußtseins, und wenn man diese Selbstdistanzierung nicht nachvollziehen kann, stößt die Erklärung auf taube Ohren ... Manche Theorien von Marx und Weber zeugen von einem hohen Maß an Distanzierung, eingebettet in Zeugnisse ihres Engagements. Aber sie machen Distanzierung und Engagement noch nicht zum Problem. Sie heben den Schritt der Selbstdistanzierung noch nicht als solchen ins Bewußtsein« (Elias in Voss 1990, S. 173, 177).

Hinter diesen Formulierungen steckt eine Selbsteinschätzung, die eigentlich in einem gewissen Mißverhältnis zu selbstdistanzierenden Akten steht. Jedoch hat Elias, wie in Kapitel 1.4 gezeigt, in mancher Hinsicht tatsächlich die Probleme psychogenetischer Analyse weiter als die anderen aufgeführten Autoren entwickelt. Die psychogenetische Rekonstruktion der Kulturgeschichte ist in der Tat für eine soziologische Theorie langfristigen sozialen Wandels unabdingbar. Elias hat diesen Sachverhalt besser als die anderen Klassiker erkannt, obwohl auch diese mehr oder weniger auf der Suche nach einem Psychogenesekonzept waren.

Darüber hinaus kann man den von Elias hervorgehobenen Sachverhalt in seiner Bedeutung nicht hoch genug einschätzen. Die Hypothese von den psychogenetischen Ursachen für die zeitliche Versetzung der historischen Entwicklung der Sozialwissenschaften ist bemerkenswert (Piaget vertrat die gleiche Auffassung, Piaget 1986 d, 1973 e). Es ist vollkommen richtig, daß die wissenschaftliche Arbeit zahlreicher Sozialwissenschaftler nur von der unreflektierten Verlängerung eigener politischer und ideologischer Interessen spricht. Die Themenauswahl und -bearbeitung, die Entwicklung von Moden und Schulen usw. ist von irrationalen, subjektiven Motiven dominiert und von einem Übergewicht des Engagements über die Distanzierung bestimmt. Die Gesetze der Massenpsychologie bestimmen auch wissenschaftliche Trends und Entwicklungen der Sozialwissenschaften. In Kapitel 1.4 wurde dieser Sachverhalt am Beispiel der Entwicklung des Psychogenesekonzepts in den letzten 200 Jahren vorgeführt. Der Aufgabe, diese Irrationalität darzustellen, widmet sich Thomas Kuhn. Auf diesem Gebiet treffen seine Feststellungen zu. Die psychogenetische Theorie kann langfristige und generelle Entwicklungen der Wissenschaften angemessen erklären, relativistische Theorien wie die von Kuhn dagegen vermögen kurzfristige Entwicklungen und Verzweigungen im Mikrobereich genauer zu beleuchten.

5.1.4 Psychogenese der Zeitkonzepte

Sowohl Elias (1984) als auch Piaget (1974) haben ein Werk über die Psychogenese des Zeitbewußtseins geschrieben. Sie vertreten dabei gemeinsame Grundauffassungen in den entscheidenden Fragen. Beide beschreiben die Zeitvorstellungen einfacher Gesellschaften, wie die meisten anderen Kulturhistoriker auch, als mythisch, zyklisch, an räumliche Dauer gebunden und als sinnlich-konkret. Ferner legen beide dar, wie sich in neuzeitlichen Gesellschaften allmählich die metrische, lineare, abstrakte und physikalische Zeitvorstellung herausbildet.

Neben diesen Gemeinsamkeiten sind nun auch die Unterschiede interessant, die synthetisiert eine wechselseitige Befruchtung bewirken können. Elias konnte besser erklären, welche sozialen Ursachen der Entwicklung abstrakter Zeitvorstellungen zugrunde liegen, nämlich die funktionale Differenzierung der Gesellschaft mit dem Erfordernis der Abstimmung von Plänen von Akteuren in dichten und komplexen Interdependenznetzen. Piaget hingegen hat mit einem umfassenden Set von Experimenten diese Entwicklung der Zeitvorstellungen empirisch belegt und konnte sie anhand von Indikatoren eindeutig operationalisieren (was Albert Einstein als »genial« beurteilte). Piaget beweist die *Existenz* der Psychogenese des Zeitbewußtseins – während Elias dazu keine empirische Basis liefert, sie somit eigentlich nur vermuten kann –, Elias erklärt jedoch die *sozialen Ursachen* der Psychogenese. Piaget zeigt Strukturen und Entwicklung des Zeitbewußtseins auf, Elias erklärt die sozialen Bedingungen, unter denen diese Entwicklung historisch in Erscheinung tritt.

Nach Piaget und Elias ist das Zeitbewußtsein weder eine biologisch-psychologische Invariante noch ein Reflex der objektiven Zeit des Universums, das heißt der physikalischen Zeit. Das Zeitbewußtsein ist beiden Autoren zufolge nicht angeboren und nicht apriorisch-transzendental (Elias 1984, S. X, 102). Vielmehr unterliegt laut Elias und Piaget das Zeitbewußtsein den psychogenetischen Gesetzmäßigkeiten, es entwickelt sich ontogenetisch und kulturgeschichtlich-phylogenetisch nach dem gleichen Muster. Damit wenden sich beide Autoren gegen die Auffassung Kants (1977) von der transzendentalen Ästhetik, der zufolge es nur eine Form des Zeitbewußtseins gebe, nämlich die lineare, abstrakte, metrische und physikalische Zeit, welche als »reine

Form der Anschauung« die Bedingung der Möglichkeit einer jeden Zeiterfahrung überhaupt sei.

Elias behauptet ohne nähere Angaben, daß ein Kind in der modernen Gesellschaft sieben bis neun Jahre braucht, um den entwickelten Zeitbegriff zu lernen (Elias 1984, S. 120). Jüngere Kinder hingegen haben das Zeitbewußtsein, das auch für einfache Gesellschaften typisch ist. Dieses traditionale Zeitbewußtsein ist ›kurzsichtig‹, es kann Vergangenheit, Gegenwart und Zukunft schlecht auf einer Linie abstrakt und metrisch vergegenwärtigen. Es lebt gewissermaßen im jeweiligen Augenblick, und es ist beherrscht von mythisch-magischen Vorstellungen. Dieses Zeitbewußtsein hat keinen Begriff von exakter Zeitmessung (Elias 1984, S. 180). Am Beispiel von Sioux in einem Indianerreservat in den dreißiger Jahren des 20. Jahrhunderts erläutert Elias das traditionale Zeitbewußtsein. Die Indianer maßen keine Zeit und koordinierten ihre Aktivitäten weder nach der Uhr noch nach fixierten Zeitpunkten überhaupt. Unpünktlichkeit ist daher die Regel, nicht die Ausnahme. Die Individuen führen ihre Handlungen nicht nach einer Zeitordnung aus, sondern nach Gesichtspunkten der Gewohnheit und des Gefühls. Der Tag wird nicht in Stunden zerlegt, sondern nach Handlungen, Dauer und momentanen Bedürfnissen. Pünktliche Koordination von Handlungen verschiedener Akteure waren daher nicht möglich (Schulbesuch, Busfahrten, Sitzungen usw.) (Elias 1984, S. 119 ff.). Erst die Differenzierung der Tätigkeiten in modernen Gesellschaften und das funktionale Erfordernis der immer besseren Koordination infolge der Verdichtung der Figurationen machte die Differenzierung und Integration des Zeitbewußtseins – die Entstehung der abstrakten und linearen Zeit – unumgänglich. Wenn Karl IX. 1563 erstmals die einheitliche Zeitrechnung in Frankreich einführte, dann auch im Hinblick auf den Prozeß der Bildung des nationalen Staates. »Die Entstehung langdauernder und relativ stabiler Staatseinheiten war, mit anderen Worten, eine Bedingung für das Erleben der Zeit als eines fortlaufenden Flusses« (Elias 1984, S. 25). Ohne Zweifel hat Elias am Beispiel der Zeit Soziogenese und Psychogenese in einen Kausalzusammenhang gesetzt, der sehr plausibel erscheint. Wohl kein anderes Verhaltensbeispiel und psychologisches Phänomen der Psychogenese, das Elias diskutiert, zeigt derart plausibel den Kausalzusammenhang von Verhalten und Figurationen.

Gleichwohl ist festzustellen, daß, wenn man vom soziogenetischen Erklärungskonzept absieht, auch dieses Spätwerk von Elias keine Erkenntnisse bringt, die für die Zeitforschung neu und interessant wären. Wie man schon an der von Elias herangezogenen Literatur beobachten kann, hinkt sein Werk hinter dem psychologischen, ethnologischen, soziologischen und historischen Forschungsstand her. Im großen ganzen gelangt Elias zu Erkenntnissen, die den Fachwissenschaftlern zumeist seit Generationen bekannt sind.

Traditionale Zeitkonzepte sind nicht linear, abstrakt und homogen, sondern räumlich, zyklisch und genealogisch. Wenn die Zeit zyklisch ist, dann ist die Zukunft die sich erneuernde Vergangenheit. Zyklische Zeit ist qualitativ; sie ist Handlungen und Ereignissen untergeordnet. Diese Struktur des Zeitbewußtseins findet sich weltweit und ist nur in modernen Kulturen verlorengegangen (Gurjewitsch 1980, S. 104, 115, 158 ff., 169 ff.; Wendorff 1980, S. 633 ff.; Eliade 1984, S. 77; Hübner 1985; Grönbech 1980, S. 170 ff.). Weil die Zeit zyklisch ist, ist sie auch genealogisch. Genealogien sind mythisch, so bleibt die Zahl der Stufen zwischen Lebenden und Spitzenahnen konstant (Grönbech 1980, Bd. 1, S. 155 ff.).

Das traditionale Zeitbewußtsein ist eine Funktion von Handlungen und Dauern. Die Zeit tritt nicht unabhängig von Handlungen und Ereignissen ins Bewußtsein, sondern hat eine Qualität, die abhängig ist von räumlichen Größen. So hat jeder Ort seine eigene Zeit, die nur ihm eigen ist und die unvergleichbar ist mit der Zeit anderer Orte (Onians 1954, S. 413; Gurjewitsch 1980, S. 165, 111, 170 ff.; Lee 1984, S. 169 ff.; Lévy-Bruhl 1930, S. 189 ff.). Vor diesem Hintergrund wird verständlich, weshalb Zeit nicht gemessen werden kann und noch nicht konsequent in Vergangenheit, Gegenwart und Zukunft gestreckt, zergliedert und auseinandergefallen ist. Das traditionale Zeitgefühl kennt in aller Schärfe nur eine bestimmte situative Erlebniseinheit, während das Nichterlebte zeitlich unbestimmt bleibt. Diese Konfusion von Raum und Zeit kann man auch sprachgeschichtlich aufzeigen (Cassirer 1954, S. 171 ff., 1925, S. 134; Wendorff 1980, S. 634 f.; Mbiti 1974, S. 18-35).

Die Unterordnung des traditionalen Zeitkonzepts unter Handlungen und Dauern erklärt auch die Gemächlichkeit und die Unpünktlichkeit in einfachen Gesellschaften. Traditionale Menschen sehen und behandeln ihr Leben nicht als auf wenige hohe Ziele und gesellschaftliche Normen gerichtet, für die ein Großteil an Zeit und Aktivität investiert wird. Jeder Tag und jede Handlung haben einen Wert aus sich heraus, da das Individuum den Maßstab bildet, nicht abstrakte Koordinationen. Die moderne Hetze und der moderne Kampf gegen die Zeit ergeben sich komplementär aus der Unterordnung individueller Pläne unter die Herrschaft der abstrakten Zeit, wobei die Individuen sich nach gesellschaftlichen Regeln und sozialen Verflechtungsnetzen richten, welche von der abstrakten Zeit koordiniert werden. Die Herrschaft der Zeit über die Menschen ist demnach eine Funktion der Herrschaft der Gesellschaft über die Menschen in der Moderne (Lee 1984, S. 169 ff.; Wendorff 1980, S. 635; Gladwin 1984). Ganz ersichtlich sind die Darlegungen von Elias zum Zeitbewußtsein nicht neu, sondern werden seit Generationen unisono in mehreren Disziplinen vertreten.

Die Entwicklungspsychologie hat nachgewiesen, daß die ontogenetische Entwicklung des Zeitbewußtseins den psychogenetischen Gesetzmäßigkeiten der Stadientheorie folgt, welche sich in jener Entwicklung verkörpern und ausdrücken. Mit einer Unzahl von Experimenten haben Piaget und andere Psychologen diesen Entwicklungsgang dargelegt. Piaget konnte zeigen, daß Kinder zeitliche Bestimmungen räumlichen Größen unterordnen. Die Zeit als eine von räumlichen Bestimmungen unabhängige Größe bildet sich erst durch das operationale Denken, wenn unterschiedliche Raumbewegungen und Geschwindigkeiten koordiniert werden. Erst dann begreift das Bewußtsein: Vom Raum unabhängig zu sein heißt für die Zeit, homogen zu sein (überall im Universum gleich zu sein), kontinuierlich zu sein (lückenloser Verlauf) und uniform zu sein (immer gleiche Geschwindigkeit). Das präoperationale Denken hingegen klebt an Wahrnehmungen, also am Räumlichen. Es kann nicht eine Vielzahl von Abfolgen einschachteln und koordinieren. Die Zeit bleibt Handlungen untergeordnet, statt sie zu koordinieren (Piaget, 1974 S. 14, 179 ff., 348, 282 ff., 365).

»Die Zeit verstehen, heißt also durch geistige Beweglichkeit das Räumliche überwinden! Das bedeutet vor allem Umkehrbarkeit (Reversibilität). Der Zeit nur nach dem unumkehrbaren Lauf der Ereignisse folgen, heißt nicht sie verstehen, sondern sie erleben, ohne ihrer bewußt zu werden. Sie kennen, heißt dagegen, in ihr voraus- und zurückschreiten und dabei ständig über den wirklichen Lauf der Geschehnisse hinausgehen« (Piaget 1974, S. 365).

Die transkulturelle Piaget-Psychologie konnte mit verschiedenen experimentellen Anordnungen zeigen, daß das adulte Zeitbewußtsein in einfachen Gesellschaften dominant präoperational strukturiert bleibt. In Neuguinea werden von einem Großteil der Erwachsenen Homogeneität, Uniformität und Kontinuierlichkeit der Zeit nicht erkannt und erfahren (Prince 1968; Hallpike 1994). Analphabeten in Algerien erhalten keine Strecken, Verlagerungen und Geschwindigkeiten, das heißt keine operationalen Zeitkonzepte. Zeitliche Beziehungen werden als räumliche Funktionen gesehen (Bovet 1975, S. 122). Hallpike kommt auf der Grundlage der Sekundäranalyse einer Vielzahl von experimentellen Zeitstudien zu dem Schluß, daß die Zeitkonzepte in einfachen Gesellschaften dominant präoperational sind (Hallpike 1994, S. 439 ff.).

Es sind die experimentellen Untersuchungen der Piaget-Schule, die die psychogenetischen Differenzen des Zeitbewußtseins von traditionalen und modernen Populationen beweisen. Diese Nachweise verifizieren die Thesen Elias', die er selbst nur behaupten, aber nicht empirisch operationalisieren konnte. Sie verwissenschaftlichen und verifizieren die Analysen der oben angeführten Kulturwissenschaftler generell. Denn deren Analysen hatten keine empirische Basis. Dieses Beispiel zeigt auf einfache und grundlegende Weise, daß die Theorie Piagets die Geisteswissenschaften revolutionieren kann.

5.2 Psychogenese der Aggression im Kulturvergleich

5.2.1 Das Aggressionskonzept von Elias

Das Verhaltensbeispiel, das Elias sowie seine Leser und Interpreten am ehesten anführen, wenn sie die Geschichtlichkeit psychogenetischer Selbstkontrolle belegen wollen, ist Aggression und Gewalt. Am Beispiel der Gewalt wird der Zusammenhang von Psycho- und Soziogenese in ganz besonderer Weise plausibel. Wenn Interpreten und Leser auch nur etwas von der ZT im

Gedächtnis gespeichert haben, dann dieses: Staatslose Gesellschaften *erfordern* und *ermöglichen* ein hohes psychologisches Aggressionspotential und starke Gewalttätigkeit, während das staatliche Gewaltmonopol in neuzeitlichen Gesellschaften die Bevölkerungen entwaffnet und befriedet. Das Gewaltmonopol verankert und sozialisiert Friedfertigkeit in der Psyche neuzeitlicher Populationen. In vieler Hinsicht scheint dieser Sachverhalt im Zentrum der ZT zu stehen. Es ist nicht nur die Plausibilität dieses Sachverhalts, die für seinen hohen Stellenwert in der Diskussion verantwortlich ist, sondern auch der Umstand, daß Elias vor allem in seinem *Entwurf zu einer Theorie der Zivilisation* am Ende des zweiten Bandes von PDZ das Gewaltthema absolut in den Vordergrund rückt, um psychogenetische Zivilisierung generell zu beweisen.

Im Kapitel 4.2.2 weiter oben wurde am Beispiel der Gewalt gezeigt, daß Elias in PDZ tatsächlich keinen Beweis für psychostrukturell mittelalterliche Gewaltleidenschaft und für die neuzeitliche Psychogenese von Friedfertigkeit geliefert hat. Es wurde deutlich, daß auf der Grundlage der Eliasschen Argumentationen und Sachverhalte seine psychogenetische Theorie einen alternativen apsychologischen, nutzentheoretischen Erklärungsansatz nicht widerlegen könnte (würde er formuliert werden). Gewalt kann jedoch nur dann ein Thema psychogenetischer Analyse sein, wenn es gelingt, die Entwicklung aggressiven Verhaltens psychostrukturell zu erklären. Um diesen Beweis zu erbringen, genügen nachgewiesene Kausalzusammenhänge von Staatslosigkeit und hoher Frequenz von Aggressionen einerseits und von Gewaltmonopol und niedriger Frequenz von Aggressionen in keiner Weise. Denn diese Kausalzusammenhänge könnte man auch nutzentheoretisch erklären (vgl. Kapitel 4.2.2 und Kapitel 3).

Um den Ansatz von Elias zu prüfen, werden hier empirische Studien aus der Aggressionspsychologie, aus der Ethnologie und anderen Disziplinen herangezogen. Auf der Grundlage dieser Materialien zeichnet sich ein deutliches Bild ab. Eine Rekonstruktion und Bestätigung des Ansatzes von Elias ist nicht nur möglich, sondern ergibt sich aus den empirischen Materialien quasi von selbst. Dennoch ist das Bild im einzelnen komplexer, als es von Elias gezeichnet wurde. Andererseits ist die überraschende Feststellung fällig, daß Elias teilweise Tatsachen vorweggenommen hat, die erst in der letzten Generation ihre deutliche Bestätigung gefunden haben.

In staatslosen Gesellschaften gibt es laut Elias kein Gewaltmonopol und keine Polizei, die die Friedfertigkeit der Bevölkerung kontrolliert. Daher sind große objektive Spielräume vorhanden, die es den Menschen erlauben, ohne Sanktionen Gewalt gegen andere auszuüben. Diese lockeren Verflechtungszusammenhänge ermöglichen nach Elias aber nicht nur, sondern sozialisieren, erzeugen und belohnen Gewalttätigkeit. Sie konditionieren die Menschen zur Gewaltanwendung, so daß diese psychostrukturell verankert wird. So sind Menschen staatsloser Gesellschaften auch unangesehen aktueller objektiver Situationen und Konstellationen eher als Menschen in Staatsgesellschaften bereit, Gewalt anzuwenden. Diese niedrigere Hemmschwelle ist Funktion und Ausdruck geringer psychogenetischer Zivilisierung. Die hohe Gewaltbereitschaft traditionaler Menschen resultiert in psychostruktureller Hinsicht aus ihrer leidenschaftlichen und kindlichen Mentalität, das heißt aus ihrem schwachen Über-Ich und somit aus ihrer niedrigeren Selbstkontrolle bzw. ihren niedrigen Scham- und Peinlichkeitsschwellen. Diese primitive Psychostruktur ist somit auch im Bereich der Aggression, wie gezeigt, soziogenetisch konditioniert. Die hohe Gewalttätigkeit in einfachen Gesellschaften ist demnach nicht einfach sozialstrukturell, situationslogisch und nutzentheoretisch bedingt, sondern vor allem psychostrukturell. Die Erklärung von Elias ist nicht nur entwicklungspsychologischer, sondern auch lerntheoretischer Natur, sie ergibt sich unmittelbar aus der Kombination von Entwicklungspsychologie und der Verhaltens- und Lerntheorie. Er erklärt demnach die *Psychogenese* der Aggression *lerntheoretisch*: Lose Verflechtungszusammenhänge gestatten der Psyche und belohnen sie *uno actu* dafür, ihre primitive, triebhafte Aggressivität beizubehalten und auszuleben. Dichte Verflechtungszusammenhänge erzwingen eine erhöhte psychogenetische Selbstkontrolle zwecks Unterbindung aggressiven Verhaltens. Einfache Gesellschaften (Soziogenese) konditionieren (Lerntheorie) eine primitive Psychostruktur (Psychogenese), differenzierte Gesellschaften (Ebene 1) konditionieren (Ebene 3) eine zivilisierte Psyche (Ebene 2) (vgl. Kapitel 4.2.2).

So ist die mittelalterliche Gesellschaft laut Elias eine rauhe Krieger- und Machogesellschaft. Kampf, Krieg, Raub, Jagd und

Nötigung gehören zum normalen Alltagsgeschäft der Menschen. Sie alle hatten schnell, spontan und beim geringsten Anlaß das Messer in der Hand, bereit, den Gegner zu töten. In den Städten und auf dem Land sind die Ritter, Bürger und Bauern schnell zu Streit, Kampf, Fehde und Krieg aufgelegt (PDZ 1, S. 266 ff., 273 ff., PDZ 2, S. 93 f., 107).

»Nur dann Lust am Leben, am Essen, Trinken, Schlafen haben, wenn man das Kriegsgetümmel vor Augen hat ... Es ist eine besondere Lust, Gefangene zu verstümmeln ... Die Grausamkeitsentladung schloß nicht vom gesellschaftlichen Verkehr aus. Sie war nicht gesellschaftlich verfemt. Die Freude am Quälen und Töten anderer war groß, und es war eine gesellschaftlich erlaubte Freude ...« (PDZ 1, S. 266, 267, 268).

»Nicht etwa, daß die Menschen hier immer mit finsteren Gesichtern, mit zusammengezogenen Stirnen und martialischen Mienen als äußeren Symbolen ihrer kriegerischen Tüchtigkeit herumgegangen wären; im Gegenteil, eben waren sie noch beim Scherz, dann verspotten sie sich, ein Wort gibt das andere, und plötzlich können sie mitten aus dem Scherz in der äußersten Fehde sein« (PDZ 1, S. 276).

Elias bringt eine Fülle von Beispielen, um seine These zu belegen, der zufolge der traditionale Mensch in stärkerem Maße zu Sadismus und zur triebhaften Gewalt, zu niedrigen Scham- und Peinlichkeitsschwellen hinsichtlich körperlicher Aggressionen neigt. So erfreuen sich die Menschen während des Johannisfestes in Anwesenheit des Königs an der Verbrennung von Katzen, die in Säcken über dem Feuer hängen (PDZ 1, S. 281). Prügeln von Frauen gehört zum Alltag: einen Schlag mit der Faust auf die zarte Nase geben, dies gehört zum Repertoire ritterlicher Verhaltensweisen (PDZ 2, S. 105). Elias erinnert an antike Boxkämpfe und an das Pankration, einen Kampf, in dem jede Handlung, jeder Griff und Tritt erlaubt war. In diesen Kämpfen des antiken Olympia starben viele. Im alten England wurde das Volk vom König angehalten, harmlose Spiele zu unterlassen, um sich in Kampfspielen zu üben. Das alte Fußballspiel wurde als körperlicher Kampf ausgetragen, mit vielen Verletzten, und war regelmäßig Anlaß für schwere Prügel und Fehden zwischen Mannschaften und Dörfern (Elias/Dunning 1984, S. 20 ff., 26, 85 f., 90 ff., 100). Elias sieht im Duell ein Relikt der vorstaatlichen Epoche. Dieses Relikt zeigt, daß sich insbesondere im militaristischen Deutschland des wilhelminischen Zeitalters der Kriegerkanon noch gehalten hat (Elias 1992, S. 69 f., 98, 144).

Es ist nicht einfach nur das staatlich-absolutistische Gewaltmonopol, das die Menschen zur Kontrolle ihrer Gewaltleidenschaft erzogen hat, sondern auch das technische Gerät der neuzeitlichen Kriegsführung. Der spontane und triebhafte Kampffuror ist angesichts körperlicher Auseinandersetzungen funktional vorteilhaft, jedoch angesichts von Fernwaffen dysfunktional, wie Elias am Beispiel des Angriffs des Herzogs von Montmorency gegen die Musketen Richelieus darlegt (PDZ 2, S. 381 f.). Kriege in der technischen Zivilisation eliminieren daher die spontane, triebhafte Gewalt, den Kampffuror und sozialisieren militärische Disziplin und kontrollierte, berechnete Gewaltanwendung (PDZ 1, S. 279, 264) (Oestreich 1969 argumentiert anhand reichen Materials ebenfalls, daß die Kriege seit dem Ende des 17. Jahrhunderts immer zivilisierter – nach einem ethischen Kodex – ausgetragen wurden).

Elias behauptet, daß seit der Verhöflichung und Entwaffnung der Krieger in Versailles ein Prozeß zunehmender Befriedung der Bevölkerungen in Europa (und schon früher in Ostasien) stattgefunden hat. Die Gewaltleidenschaft unterliegt der rigiden Selbstkontrolle, und nur noch im Traum gestattet sich der zivilisierte Europäer die Befriedigung von Wünschen nach körperlichen Aggressionen (PDZ 1, S. 265). Zwar zieht der europäische Nationalismus und Imperialismus noch einen Schweif militaristischer Traditionen nach sich, wie man an der Duellkultur ablesen kann, aber im Prinzip schätzt Elias wie auch die anderen Klassiker der Soziologie die moderne Gesellschaft als eine pazifizierte Kultur ein (Lindenberger/Lüdtke 1995, S. 17). Den Nationalsozialismus beurteilt Elias daher als eine antimoderne, infantile Regression auf mittelalterliche und primitive Gesellschaftszustände, so sind Genozide laut Elias in der Antike verbreitet gewesen (Elias 1992, S. 46).

Dies sind im wesentlichen die Argumentationen und Beispiele, die Elias anführt, um seine These zu belegen. Wie nun noch klarer ersichtlich, enthalten sie keine Beweise, sondern nur Vermutungen für psychogenetische Aggressionsentwicklung. Dies kann man etwa am Beispiel der militärischen Disziplin verdeutlichen: Selbstverständlich findet man zum Beispiel in den antiken und mittelalterlichen Schlachten militärische Disziplin, während andererseits irrationaler und suizidaler Kampffuror auch in den »Stahlgewittern« des Ersten Weltkrieges zu finden sein wird.

Selbst wenn sich die Eliasschen Korrelationen so verifizieren ließen, daß militärische Disziplin und Selbstkontrolle verstärkt in der europäischen Neuzeit vorkämen, wäre dies nicht die Spur eines Beweises für psychogenetische Dämpfung der Kampfleidenschaft, da sie sich auch nutzentheoretisch erklären ließen (gegen Maschinengewehrfeuer nutzt keine Leidenschaft, sondern Taktik und Technik). Die anderen Beispiele, die Elias anführt (Duelle, Boxkampf, Fehden), sind sicherlich Indizien für psychogenetische Aggressionsentwicklung, aber keine Beweise dafür, erst recht nicht in der Form, in der Elias sie erläutert. So versuchte Duerr (1993) die Theorie von Elias zu widerlegen, indem er eine Vielzahl von Beispielen unmenschlicher kriegerischer Grausamkeit und von unglaublichem Sadismus aus dem westlichen 20. Jahrhundert aneinanderreiht. Diese Beispiele zeigen zumindest, daß die Schilderungen von Elias (Pankration, Rugby mit Todesfolgen, Kriegsgetümmel, Leichenverstümmelung, Duelle, Schlägereien) keinen hinreichenden Beweis für die These der kulturgeschichtlichen Psychogenese von Aggression liefern, da die Schilderungen Duerrs aus dem zivilisierten euroamerikanischen 20. Jahrhundert eher noch greulicher sind. Im Umkehrschluß haben die Schilderungen von Duerr auch nicht den von ihm beabsichtigen Effekt, nämlich die ungeschichtliche Konstanz des Aggressionstriebes nachweisen und die Pazifizierungsthese der ZT widerlegen zu können. Die Materialsammlungen Duerrs zeigen zunächst einmal nur, daß primitive Grausamkeit in der Moderne häufig vorkommt und eine befriedete und sensibilisierte Mentalität in der Moderne zumindest keinen »transzendentalen« Status wie syllogistische Schlußfolgerungen und Erhaltung von Mengen einnimmt. Darüber hinaus kann Duerr jedoch nicht aus eigenen Mitteln die These der ZT widerlegen, der zufolge Menschen in der Moderne deutlich weniger zu Sadismus, Gewalt und Aggression neigen und psychostrukturell pazifizierter sind als Menschen staatsloser Gesellschaften. Es ist daher notwendig, unter Heranziehung moderner Forschungsergebnisse das Problem der kulturgeschichtlichen Psychogenese von Aggression noch einmal aufzurollen.

Es liegt eine Vielzahl von empirischen Befunden zu aggressivem Verhalten vor, die im Kontext der Lerntheorie, der Humanethologie (Soziobiologie, Anthropologie), der Frustrations-Aggressionstheorie (F-A-Theorie) und der Entwicklungspsychologie gewonnen wurden (vgl. Kapitel 3 zu methodologischen Einteilungen). Die F-A-Theorie hat wegen einiger Mängel erheblich an Boden verloren, während die anderen Ansätze behaupten können, einen Großteil zur Erklärung aggressiven Verhaltens beigetragen zu haben (Kornadt 1982, Bd. 1, S. 18, 29 ff.; Kornadt 1981; Selg et al. 1988, S. 26 ff.).

1) Aggressivität unterliegt einem psychogenetischen Prozeß. Die *Entwicklungspsychologie* kann aufzeigen, daß Kinder auch in unterschiedlichen sozialen Kontexten stärker und unkontrollierter Aggressivität ausdrücken und ausüben als Erwachsene. Der ontogenetische Höhepunkt aggressiven Verhaltens ist das vierte Lebensjahr, danach sinkt die Frequenz mit zunehmendem Alter (Seiffge-Krenke 1990, S. 372). Bei Jungen unter vierzehn Jahren finden sich weltweit, bei allen mehr oder weniger starken kulturellen Unterschieden, in einem erheblichen Maße aggressive Verhaltensweisen wie Schlagen, Treten, Raufen, Beschimpfen, Wutausbrüche usw., während nach dem vierzehnten Lebensjahr aggressives Verhalten mehr in Form von Stören, Spott, Belästigungen, Diskriminierungen und Beleidigungen umgesetzt wird (Bergius 1981, S. 133 f.). Nach dem fünfundzwangzigsten Lebensjahr ist eine weitere starke Abnahme aggressiver Akte festzustellen (Selg et al. 1988, S. 112). Offensichtlich folgt der ontogenetische Abbau dieses manifesten und maliziösen aggressiven Verhaltens den Gesetzmäßigkeiten kognitiver Reifung (Piaget 1995). Freudianisch formuliert: die adulte Aufrichtung des Über-Ich eliminiert zunehmend die sadistischen Es-Anteile, die das Kind noch freier ausleben kann (Freud 1975; Lévi-Strauss 1981, S. 149 ff.).

2) Es gibt beträchtliches Material, das die These der *Humanethologie* verifiziert, Aggressionen hätten eine biologisch-genetische Basis. Die hormonelle und gehirnphysiologische Steuerung von Aggressionen ist hinreichend erforscht, um diese These zu belegen. Menschen (insbesondere Menschen-

kinder) und Menschenaffen zeigen erstaunliche Parallelen in der Ausübung aggressiver Akte, die auf eine gemeinsame physiologische Basis zurückgeführt werden können. Tierrassen können gezielt zu mehr Friedfertigkeit bzw. Aggressivität gezüchtet werden (Mayer 1981, S. 387, 392; Megargee 1981; Kornadt 1981, S. 39 ff., 313; Eibl-Eibesfeldt 1975, S. 66, 136; Eibl-Eibesfeldt 1973, S. 90).

3) Die meisten empirischen Studien zur Aggressionsforschung wurden im Rahmen der *Lern- und Verhaltenstheorie* durchgeführt. Die kumulierten Forschungsresultate bestätigen im großen ganzen das Ergebnis, das Sears schon 1957 vorgestellt hat. Sears unterscheidet vier Erziehungsstile, die zu folgenden Erziehungsresultaten führen:

Erziehungsstile	Prozentzahl von Kindern mit hoher Aggressivität	
	Jungen	Mädchen
1) nichtpermissiv und wenig punitiv	3,7	13,3
2) nichtpermissiv und sehr punitiv	20,4	19,1
3) permissiv und wenig punitiv	25,3	20,6
4) permissiv und sehr punitiv	41,7	38,1

»Die Gruppe 1) erfährt Grenzen in einer nicht-aggressiven Weise; sie hat wenig Erfolge mit Aggressionen und wenig aggressive Modelle, so daß ihre Aggressivität gering bleibt. Die Gruppe 2) erfährt Grenzen in aggressiver Weise, hat also aggressive Modelle in den eigenen Eltern. Die Kinder bilden mittelstarke Aggressivitäten aus. Die Gruppe 3) erfährt wenig Grenzen, kann also am Erfolg Aggressionen lernen, aber aggressive Modelle fehlen eher. Auch hier werden mittelstarke Aggressivitäten gebildet. Die Gruppe 4) schließlich mit den höchsten Aggressionswerten kann sich oft genug erfolgreich mit Aggressionen durchsetzen und erlebt manchmal auch noch die Eltern als aggressive Modelle« (Selg et al. 1988, S. 78).

Dieses oft replizierte Ergebnis entspricht lerntheoretischen Erwartungen und Grundsätzen. Hohe Aggressivität wird gelernt durch a) Belohnungen aggressiver Akte, b) insbesondere körperliche Bestrafungen aggressiver Akte und c) Modellernen, das heißt durch Nachahmung anderer aggressiver Personen. Niedrige Aggressivität wird dadurch gelernt, daß a) aggressive Akte keine Gratifikationen finden, sondern ins Leere laufen, b) aggressive Akte nicht insbesondere körperlich bestraft, sondern nicht-diskriminierend gestoppt und unterbunden werden, c) nicht-aggressive Handlungen belohnt werden und d) Verhaltensweisen in einer generell friedlichen Umgebung nachgeahmt werden (Modellernen) (Kornadt 1981, S. 36 ff.; Kornadt 1982, Bd. 1, S. 41 ff.; Bergius 1981, S. 155; Amelang/Bartussek 1981, S. 357; Mantell 1972; Freeman 1983, S. 301; Eibl-Eibesfeldt 1975, S. 137; Nawratil-Rabioli 1994).

5.2.3 Soziogenese: Sozialstruktur und Sozialisation von Aggression

Diese Forschungsergebnisse der Lern- und Verhaltenstheorie sind in besonderer Weise geeignet, die Sozialisation aggressiven Verhaltens kulturvergleichend zu untersuchen.[21] Es konnte gezeigt werden, daß die kulturellen Unterschiede im Ausmaß und in der Frequenz aggressiven Verhaltens auf unterschiedliche Erziehungsstile zurückgeführt werden können. Die Korrelationen von Aggressionen und Erziehungsstilen entsprechen weltweit

---

21 Humanethologische, entwicklungspsychologische und lerntheoretische Annahmen bilden die Grundlage von Elias' Psychogenesekonzept der Aggression. Elias behauptet schließlich, daß das aggressive biologische Triebpotential infolge psychogenetischer Reifung abgebaut wird (Verbindung von Humanethologie und Entwicklungspsychologie). Ferner behauptet er, daß die psychogenetische Entwicklung durch veränderte soziogenetische Lernbedingungen stimuliert wird. Daher ist es notwendig, das Aggressionskonzept der ZT mit den drei kulturvergleichenden Forschungsrichtungen zu konfrontieren. Die Forschungsergebnisse können daraufhin befragt werden, ob es in der Kulturgeschichte einen Trend zur Sozialisation zunehmender Friedfertigkeit gegeben hat, der eine psychogenetische Strukturierung aufweist. Die Elias-Tradition hat bisher in dieser Richtung noch keine Versuche zu einer Überprüfung unternommen.

den Prognosen, die man auf der Grundlage der Erkenntnisse der Lern- und Verhaltenstheorie hätte stellen können.

Die größere Aggressivität westlicher Kinder im Vergleich zu ostasiatischen Kindern steht in einem deutlichen Zusammenhang mit den jeweiligen Erziehungsstilen, ganz im Sinne der angeführten lerntheoretischen Grundsätze. In einer Untersuchung stellten Newson und Newson 1968 fest, daß 75 % aller englischen Mütter sich zurückhalten und sich nicht einmischen, wenn ihre Kinder sich streiten. 60 % dieser Mütter fordern ihre Kinder gelegentlich zu Gegenaggressionen auf, um sich durchzusetzen (Selg et al. 1988, S. 79). Diese fehlende Unterbindung von Aggressionen und die Ermunterung zu ihnen finden sich häufig auch bei deutschen und amerikanischen Müttern. Wenn westliche Mütter hingegen aggressives Verhalten von Kindern stoppen, dann zumeist selbst in aggressiver Weise. Während Mütter im Westen häufig Eskalationen abwarten, greifen ost- und südostasiatische Mütter unmittelbar ein und unterbinden aggressive Sequenzen sofort. Sie bestrafen und diskriminieren ihre Kinder nicht für aggressive Akte, sondern stoppen diese auf eine ruhige und gelassene Art und Weise (Schubert 1992, S. 56 f., 39, 53).

»Nahezu alle deutschen Mütter versuchten, sich soweit wie möglich aus Konflikten mit Kindern herauszuhalten, und ein Teil von ihnen lehnte selbst für eskalierende und handgreifliche Auseinandersetzungen jegliche Verantwortung ab. Eine solche Vorstellung ist für Mütter in Indonesien geradezu ausgeschlossen« (Husarek 1995, S. 129).

Daher sieht man in Asien streitende Kinder seltener (Kessen 1976, S. 123). Die ostasiatische Erziehung folgt demnach in allen oben aufgeführten Punkten den Grundsätzen der Lerntheorie, sie folgt insbesondere dem Erziehungsstil 1), das heißt, sie ist nichtpermissiv und wenig punitiv. Die westliche Erziehung ist demgegenüber uneinheitlicher, insbesondere aber ist sie im Hinblick auf aggressives Verhalten permissiver, aber auch punitiver. Wenn sie Aggression unterbindet, dann greift sie zum einen wesentlich öfter erst ab einer bestimmten Stufe der Eskalation ein und zum anderen in aggressiver Weise. Daher sind westliche Kinder und Erwachsene deutlich aggressiver als Ostasiaten.

Nach den Klassifikationen der Kulturanthropologie liegen westliche Kulturen im Mittelfeld zwischen aggressiven und friedlichen Kulturen. Es gibt wesentlich friedlichere, aber auch wesentlich aggressivere Kulturen als die westlichen. Die kultur-vergleichende Aggressionsforschung kam immer wieder zu dem Ergebnis, daß westliche Kulturen zwar aggressiver sind als ostasiatische und manche einfachen Kulturen, aber friedlicher als viele mittelmeerischen, lateinamerikanischen und afrikanischen Kulturen sowie viele Naturvölker (Segall 1979; Whiting/Child 1973, S. 98; Whiting/Whiting 1975; Eibl-Eibesfeldt 1975, S. 139). Die Aggressionsforschung behauptet, diese Zusammenhänge weitgehend aus lerntheoretischen Grundsätzen ableiten zu können. »Aggressive Kulturen setzen Prämien auf Aggressionen aus; dadurch erhalten sie viele Aggressionen und damit auch wieder viele aggressive Modelle« (Selg et al. 1988, S. 92).

Wenn auch die Zusammenhänge von Erziehung und Aggression in dieser Allgemeinheit plausibel sind, so bleibt doch zunächst unklar, welche unterschiedlichen sozialstrukturellen Bedingungen die unterschiedlichen Erziehungssysteme verursacht haben. Die Kulturanthropologie ist in dieser Frage zu dem Ergebnis gekommen, daß die ökologischen Kontexte und Spielräume das Ausmaß von Friedfertigkeit/Gewalttätigkeit einer Kultur bestimmen. In bevölkerungsdichten Räumen mit begrenzten natürlichen Ressourcen neigen Kulturen, Stämme, Städte und Dörfer fast immer zu Krieg und Gewalt, während in bevölkerungsarmen Gebieten mit kaum begrenzten Ressourcen Kulturen in friedlichem Austausch stehen (Harris 1989, S. 202, 214, 355; Harris 1997, S. 281 ff.; Harris 1997 b, S. 67 ff.; Boserup 1965; Meyer 1981, S. 69, 73). Der Konkurrenzkampf zwischen Kulturen in ökologisch ungünstigen Gebieten wirkt sich auf die Karrieren, Erziehungssysteme und Persönlichkeitsstrukturen der belasteten Kulturen aus. Diese setzen Prämien auf die Sozialisation von Kriegern aus, welche die militärischen Aufgaben der Verteidigung, Eroberung und Landnahme übernehmen können. Diese Gratifikationen erfolgen in Form von Eigentum, Macht und Frauen. Die Männer in belasteten ökologischen Kontexten sind daher wesentlich aggressiver als in günstigen Kontexten. Außenpolitische Konkurrenz pflanzt sich daher auch in der binnenkulturellen Erhöhung des Aggressionspegels fort. Die Erziehung in derartigen kriegerischen Kulturen setzt vor allem auf martialische Züge und Unterdrückung von Sensibilität und Friedfertigkeit. In ökologisch günstigen Kontexten findet man das Gegenteil (Harris 1989, S. 216 ff., 351 ff.).

Die Kulturanthropologie vermag zu zeigen, daß Wildbeutergesellschaften, insbesondere Stämme in großen Territorien oder in menschenarmen Rückzugsgebieten, eher friedlich sind. Die Buschleute der Kalahari oder Südseebewohner in ökologisch günstigen Gebieten sind friedlich. Während Yanomamö im dünner besiedelten Hochland auch in psychologischer Hinsicht friedlich sind, so sind sie im dichtbesiedelten Flachland »grimmige Leute« mit kriegerischen Neigungen (Chagnon 1994, S. 11, 13, 135; Harris 1997, S. 89 ff.; Eibl-Eibesfeldt 1972, S. 112 f., 177; Eibl-Eibesfeldt 1975, S. 139 f., 170 ff., 192). Bodenbau ist zumeist schon eine Folge wachsender Bevölkerungsdichte und ökologischer Spannungen. Dichtbesiedelte Agrargesellschaften und Hirtennomaden sind daher meist kriegerisch (Vivelo 1981, S. 86, 130, 210; Harris 1989, S. 355, 214). Dieser Befund zeigt, daß die zunehmende Bevölkerungsdichte und die Verknappung des Bodens seit der Neolithisierung (vor allem in Europa) mit einer Zunahme des aggressiven Potentials verbunden gewesen ist (vgl. besonders die Zeit der Völkerwanderung). Seit Jahrtausenden wird der Spielraum für Wildbeutergesellschaften, die über große Territorien verfügen, immer kleiner, während die Bevölkerungsdichte, große Siedlungen, Bodenbau und zwischenstaatliche Konkurrenz zugenommen haben. So kann man aufgrund des kulturanthropologischen Materials zeigen, daß die Kulturgeschichte zunächst einen Anstieg aggressiven Potentials aufweist. Dieser Sachverhalt betrifft alle Kontinente, nicht zuletzt Eurasien, insbesondere nach der Neolithisierung und in der Antike.

Jedoch kann man zeigen, daß in Fernost seit vielen Jahrhunderten, in Europa seit wenigen Jahrhunderten und insbesondere seit einigen Generationen der Aggressivitätspegel schon rein quantitativ deutlich gesunken ist. In Europa und in den USA sind trotz der Weltkriege im 20. Jahrhundert nur 1 % der männlichen Bevölkerung gewaltsam zu Tode gekommen. Das in der Human Relations Area Files (HRAF) kompilierte Material besagt, daß in den menschlichen Kulturen in den letzten Jahrtausenden weltweit 25 % der Männer durch Krieg umgekommen sind. Diese hohen Werte wurden in Europa in den letzten Jahrhunderten nur in den vierziger Jahren des siebzehnten und des zwanzigsten Jahrhunderts erreicht (Meyer 1981, S. 80 f.). Bei den Yanomamö werden 33 % der erwachsenen Männer gewaltsam getötet, bei den Murugin Australiens sind es 28 % (Harris 1989, S. 216 ff.;

Chagnon 1994, S. 24). Die Zahlen von HRAF zeigen, daß kriegerische Kulturen weltweit die Mehrheit dargestellt haben und die Tötungsrate bei den Yanomamö oder den Waika (und damit wohl auch der kriegerische Habitus) typisch für die Kulturgeschichte der Menschheit gewesen ist. Das aggressive Potential bei kriegerischen Naturvölkern wird man vergleichen können mit dem von Beduinen, den Hirtennomaden Asiens, den Germanen der Völkerwanderungszeit und antiken Völkern (vor der Pax Romana) (Meyer 1981; Gurjewitsch 1994, S. 45 ff.).

Die Sonderstellung westlicher Länder und des Fernen Ostens im 20. Jahrhundert kann man anhand eines Vergleichs der Statistiken zu Mord, Totschlag und Körperverletzung mit den entsprechenden Statistiken anderer Regionen ablesen (Freeman 1983, S. 185 f.; Waldhoff 1995, S. 136). Diese Zahlen zeigen, daß zumindest quantitativ eine Befriedung dieser beiden Kulturräume stattgefunden hat. Die Großstädte Europas sind seit dem 17. Jahrhundert auf dem Weg zum Frieden. Justiz und Polizei kontrollieren und zivilisieren die Europäer seit dem 17. und 18. Jahrhundert in einem immer stärkeren Maße (Muchembled 1990, S. 141, 150, 153; Oestreich 1969; Foucault 1976). Seit dem 18. Jahrhundert werden schwere Gewaltverbrechen immer seltener, während in den europäischen Städten des 15. und 16. Jahrhunderts sehr viel schwere Gewaltkriminalität vorkam (von Dülmen 1988, S. 9, 114 f.). Die Tötungs- und Mordraten haben in den letzten Jahrhunderten stark abgenommen (Groebner 1995, S. 165; Foucault 1976, S. 95 ff.). Trotz der Weltkriege und des Faschismus setzt sich im Europa des 20. Jahrhunderts der Prozeß zunehmender Pazifizierung fort, der alle Bereiche der Gesellschaft durchdringt: Politik, Wirtschaft, Strafpraxis, Erziehung und Familie (Lindenberger/Lüdtke 1995, S. 19).

Damit wird die These von Elias, der zufolge das Mittelalter – wie alle einfachen Gesellschaften – sehr gewalttätig war und das staatliche Gewaltmonopol seit der absolutistischen Zeit die Menschen zur Friedfertigkeit gezwungen hat, bestätigt. Die Frage, ob dieser Prozeß der Pazifizierung auch psychostrukturell verankert gewesen ist, bleibt zunächst offen (vgl. Kapitel 4.2.2).

Elias hatte richtig erkannt, daß dieser Befriedungsprozeß in China in ähnlicher Form schon viel früher stattgefunden hat und auch wirksamer gewesen ist. Der Staat hatte die Krieger entwaffnet und durch Beamte ersetzt. Diese höfischen Beamten, die den Staat leiteten, waren durch Bildung und höfische Etikette qualifiziert, nicht durch kriegerische Tüchtigkeit. Die Beamten des Staates wurden aber nach bestimmten Verfahren aus den Dörfern rekrutiert und konnten daher das zivilisierte Verhalten des Hofes flächendeckend in die Dörfer tragen. Elias erklärt so den unkriegerischen Charakter des chinesischen Volkes (Messermeidung: »Die Europäer essen mit Schwertern«) (PDZ 1, S. 82, 169; PDZ 2, S. 352, 470). In der Tat hat Militarismus in Fernost seit langem einen niedrigen Stellenwert gehabt; der Ferne Osten ist der außen- und innenpolitisch friedfertigste größere Kulturraum der Erde (Weggel 1994, S. 143, 292; Granet 1985, S. 61 ff., 82 ff.; Kornadt 1982, Bd. 1, S. 336; Needham 1988, S. 104 ff.).

China hat den Weg der inneren Pazifizierung wesentlich früher als Europa beschritten (diese Aussage muß im Hinblick auf die Revolutionskriege jedoch abgeschwächt werden). Das absolutistische Gewaltmonopol (Hobbes' *Leviathan*) war der erste gewaltige Schritt zur inneren Befriedung Europas, die eigentlich erst 1945 mit dem Ende bedeutender innereuropäischer Kriege einen vorläufigen Höhepunkt gefunden hat.[22] Ist China seit Jahrtausenden ein großes Reich, so war Europa in unzählige sich bekriegende Herrschaften zersplittert (Jones 1992; Olson 1985). Vor dem Hintergrund dieser unterschiedlichen Ökologien und Sozialstrukturen sind die weiter oben sozialisationstheoretisch belegten Unterschiede der Erziehung zur Friedfertigkeit und die unterschiedliche psychostrukturelle Aggressionsbereitschaft erklärbar. Es wird erklärbar, wie sich Sozialstrukturen in Erziehungssystemen und Persönlichkeitsstrukturen umsetzen und manifestieren. Nun wird plausibler, weshalb Ostasiaten friedlicher als Europäer sind. Es wird aber wiederum auch in sozialstruktureller Hinsicht verständlicher, weshalb Ostasiaten und moderne Europäer wesentlich friedlicher sind als Hirtennomaden, Beduinen und kriegerische Naturvölker. Mit dieser Feststellung hat man schon angesichts der Evolution des staatlichen Gewaltmonopols ein Indiz dafür, daß der mittelalterliche Mensch in Europa wesentlich aggressiver und gewalttätiger war als der mo-

---

22 Mit der Ausnahme Jugoslawiens. Die Familienfehde und die Blutrache waren aber in Jugoslawien, Sardinien und Korsika noch in diesem Jahrhundert verbreitet.

derne Europäer. Mit dieser Feststellung kommt man einer Verifikation der Elias-These immer näher.

Während Ostasiaten und Buschleute der Kalahari streitende Kinder sofort auseinanderbringen und Frieden stiften, mögen europäische Erzieher den Wert des aggressiven Durchsetzungsvermögens höher einschätzen und sich in der Frage unbedingter Friedfertigkeit uneinheitlich verhalten. Man wird Europäern der Gegenwart jedoch kaum unterstellen können, sie erzögen ihre Kinder zu Gewalt und Krieg. Kriegerische Völker erziehen ihre Jungen jedoch zu Gewalt, Krieg, Schmerzertragen und Furchtlosigkeit. Die Siriono-Kinder martern sich gegenseitig, beim Kampfspiel stechen sie sich in die Augen, und sie töten auf sadistische Art und Weise Tiere (Whiting/Child 1973, S. 101). Beduinen-Jungen gehen sadistisch miteinander um, erniedrigen und vergewaltigen sich (Al-Wardi 1972, S. 338). Jungen werden vor allem im Hinblick auf Kampf und Krieg sozialisiert (Selg et al. 1988, S. 90; Harris 1989, S. 355; Bryce-Boyer 1982; Eibl-Eibesfeldt 1972, S. 112, 142 ff., 1975, S. 139 ff.; Chagnon 1994, S. 186 ff.).

»Die Jungen bei den Yanomami fangen schon in frühem Alter an, für den Krieg zu üben. Wenn kleine Jungen sich gegenseitig prügeln, werden sie, wie der Ethnologe Jacques Lizot berichtet, von ihren Müttern angetrieben, dem anderen keinen Schlag schuldig zu bleiben. Sogar wenn ein Kind bloß durch ein Malheur zu Boden geht, ruft die Mutter aus der Ferne: ›Räch dich, los, räch dich!‹ Lizot sah, wie ein Junge von einem anderen gebissen wurde. Die Mutter des Gebissenen kam herbeigerannt, befahl ihm, mit Weinen aufzuhören, packte die Hand des anderen Jungen, steckte sie ihrem Sohn in den Mund und sagte: ›Jetzt beißt du ihn!‹ Schlägt ein Kind ihren Sohn mit einem Stock, gibt die Mutter ›ihrem Sohn den Stock in die Hand und führt ihm notfalls selber den Arm‹. Die Jungen der Yanomami lernen an Tieren Grausamkeit. Lizot beobachtete, wie mehrere männliche Jugendliche sich um einen verwundeten Affen scharten. Sie steckten ihre Finger in die Wunden und stachen ihm mit spitzen Stöcken in die Augen. Während der Affe qualvoll verendet, ›begeistert sie jede seiner Zuckungen und regt sie zum Lachen an‹. Im späteren Leben behandeln die Männer auf dem Kriegspfad ihre Feinde in gleicher Weise. Bei einem Gefecht hatte ein Stoßtrupp einen Mann verwundet, der durch einen Sprung ins Wasser zu entkommen versuchte. Lizot erzählt, daß die Verfolger ihm ins Wasser nachsprangen, ihn ans Ufer schleppten, ihm mit den Spitzen ihrer Pfeile tiefe Wunden beibrachten, Stöcke durch seine Wangen bohrten und ihm mit dem Ende eines Bogens die Augen ausstachen« (Harris 1997, S. 275 f.).

In Mexiko und in Indien werden Kinder viel geschlagen, und sie schlagen entsprechend zurück (Whiting/Edwards 1988, S. 251). Mehr als die Hälfte der mexikanischen Frauen wird auch heute noch von ihren Männern geprügelt. Man kann weltweit zeigen, daß in aggressiven Kulturen Kinder häufiger körperlich gezüchtigt werden. Ganz im Sinne der oben referierten Ergebnisse der Lerntheorie erhöht dies ihr aggressives Potential. Körperliche Gewalt ist dann das probate Mittel der Konfliktbewältigung in diesen Kulturen (Elias 1992, S. 49; Waldhoff 1995, S. 203; Mantell 1972; Freeman 1983, S. 277).

In Europa ist körperliche Gewalterziehung von Kindern seit langem auf dem Rückzug, insbesondere seit dem Zweiten Weltkrieg. Die Erziehung der Jugend zur Härte und zur Gewalt durch körperliche Züchtigung war hingegen in der traditionellen Gesellschaft Erziehungsideal (König 1962, S. 24, 146 f.).

In der frühen europäischen Neuzeit war der Staat in der Frage der Jugendgewalt zwiespältig. Einerseits wollte der Staat Ruhe und Ordnung garantieren, andererseits wollte er absichtlich den Kriegsgeist der Jugend nicht schwächen. In Kenntnis der Konsequenzen wurde daher gegenüber der Gewalt von seiten Jugendlicher oft ein Auge zugedrückt. Der französische Staat des 16. und 17. Jahrhunderts begnadigte ganz bewußt regelmäßig Totschläger mit der Begründung, die Jugend müsse sich austoben, und der Staat müsse die Möglichkeit dazu geben, wolle er nicht eine schlaffe und feige Jugend heranziehen (Muchembled 1990, S. 56, 15 ff.; Elias/Dunning 1984, S. 85 f.; Ariès 1984; Frevert 1991, S. 130).

Körperliche Gewalt war nicht allein eine Angelegenheit von Jugendlichen und gegen diese, sondern generell gesellschaftsfähig. Die Prügelstrafe richtete sich nicht nur gegen Kinder, sondern kaum jemand blieb von ihr verschont. Im Ancien régime wurden Hofdamen, Kavaliere, Prinzen, Herzöge und Minister bei Vergehen auf Befehl des Königs geprügelt. Noch z. Zt. Napoleons wurden edle Hofdamen aus den vornehmsten Häusern wie Zöglinge geschlagen. Prügelstrafen gegen Schüler, Militärs und Untergebene gehörten zum Alltag. Äbte und Könige geißelten sich (Deries 1977, S. 40, 44, 53 ff., 100). Nicht nur in der Picardie ließen heiratswillige Mädchen Jungen sich schlagen; der Stärkere gewann das Mädchen. Oder sie prügelten selbst Bewerber: wer nicht jammerte, wurde geheiratet (Deries 1977, S. 18, 21).

Vor dem Ersten Weltkrieg gehörte es in Berlin beinahe zur Tagesroutine, daß wie heute noch in Schwarzafrika eine sich zusammenrottende Menge Lynchjustiz gegen Totschläger ausübte (Lindenberger 1995, S. 190, 202 ff.). Gewalt in der Schule, in der Lehre und beim Militär waren selbstverständlich. In 90 % der Familien Deutschlands vor dem Zweiten Weltkrieg gab es die Prügelstrafe, nach dem Krieg in 80 % der Familien und heute liegt der Anteil bei etwa 50 % (Lindenberger 1995, S. 190; Döbler 1995, S. 314). Dabei ist zu berücksichtigen, daß Prügel heute überwiegend weniger brutal ausgeteilt werden.

Zusammenfassend zeigt sich, daß Gewalterziehung und Gewalttätigkeit bei den meisten Völkern in der Weltgeschichte und im europäischen MA. stärker ausgeprägt waren als in Ostasien und im modernen Westen. Der Prozeß der Pazifizierung insbesondere der Industriegesellschaften, aber eigentlich global der meisten Nationalstaaten, denen es mehr oder weniger gelang, ein Gewaltmonopol durchzusetzen, hat gerade im 20. Jahrhundert eine Fortsetzung gefunden. Waldmann (1997) hat jedoch in einer gründlichen Arbeit ganz im Sinne des hier ausgearbeiteten Konzepts aufgezeigt, daß die hohe Gewalttätigkeit im zeitgenössischen Kolumbien das Resultat sowohl eines schwachen und diffusen Gewaltmonopols als auch einer erlernten und tradierten aggressiven Mentalität ist. Die Ergebnisse Waldmanns wird man mit Abstrichen auf andere lateinamerikanische Länder übertragen können, zum Beispiel auf Mexiko, Panama und Brasilien.

5.2.4 Psychogenese: Motive und Formen aggressiven Verhaltens

Um die Elias-These aber nicht nur in soziogenetischer, sondern auch in psychogenetischer Perspektive zu prüfen, ist es notwendig, die psychisch-kognitiven Strukturen aggressiven Verhaltens zu untersuchen. Waldhoff (1995, S. 135) diskutiert in diesem Zusammenhang eine empirische Befragungsuntersuchung von verurteilten Mördern beiderlei Geschlechts, die in türkischen Gefängnissen einsitzen. Als eine normgerechte Rechtfertigung für die Tötung eines Menschen sahen 92,9 % der Befragten eine Kränkung ihrer Ehre an, und 33 % verstanden häusliche Streitigkeiten und Eifersucht als legitime Tötungsgründe. 32 % der Befragten beurteilten die Blutrache als einen legitimen Weg der Rechtsverfolgung. Die Gründe für die Verurteilung der Befragten: 33 % wurden wegen Mordes aus Motiven der Ehrverteidigung und 4 % wegen vollzogener Blutrache verurteilt. Nun repräsentiert dieses Ergebnis selbstverständlich nicht adäquat die in der modernen Türkei vorfindlichen Einstellungen und Gewohnheiten. Andererseits sind die ermittelten Einstellungen weltweit verbreitet in Kulturen einer bestimmten Entwicklungsstufe und erklären auch die in ihnen vorfindliche hohe Gewaltbereitschaft und Gewaltpraxis. Das Befragungsergebnis zeigt, daß hohe Aggressivität auch eine kognitive und ideologische Dimension hat. In zivilisierten Ländern würde nur ein kleiner Teil der Bevölkerung die Meinung vertreten, Ehrverteidigung und häusliche Streitigkeiten seien legitime Tötungsgründe. Anlässe, Motive, Begründungen und Einstellungen zu Gewalt und Totschlag sind auf unterschiedlichen Kulturstufen anders entwickelt. In aggressiveren Kulturen liegt die psychisch-kognitive Schwelle zu Gewalt und Tötung erheblich niedriger und die Bereitschaft dazu größer, bezogen sowohl auf äußere Anlässe als auch auf Motive und Einstellungen. »Was die Menschen als Rechtfertigung gelten lassen, zeigt, wie sei leben und denken«, so befand schon Ludwig Wittgenstein.

»Für jemanden, der zur Verteidigung seiner Ehre einen Menschen tötet, handelt es sich eben nicht um ein Verbrechen ... Das Konzept der Menschenrechte als zentraler Indikator entwickelterer Zivilisierungsprozesse ist (in der Türkei, G. O.) noch kaum verwirklicht« (Waldhoff 1995, S. 135, 139).

Mord und Totschlag wegen Beleidigungen, häuslicher Differenzen, Meinungsunterschieden usw. sind in aggressiven Kulturen, die kein Gewaltmonopol installiert haben, weltweit verbreitet. Der Dorfstreit bei den Yanomamö dreht sich meist um Kränkungen und Eifersucht. Ehebrecherinnen und ihre Liebhaber müssen damit rechnen, mit hoher Wahrscheinlichkeit vom Ehemann umgebracht zu werden. Manchmal genügt es diesem, wenn er seiner Frau Ohren oder Nase abschneidet (Chagnon 1994, S. 125, 184, 254, 261). Chagnon (1994, S. 200) beobachtete, wie ein Mann versuchte, seine Frau mit einer Axt umzubringen, nur weil sie sich zu langsam bewegte. Der herbeieilende Dorfchef konnte dies gerade noch verhindern. Dies sind keine kulturellen Ausnahmen, wie man sie gelegentlich auch in westlichen Tageszeitungen finden kann, sondern häufige Ereignisse, die dem Kultur-standard entsprechen. Diese Vorkommnisse sind die praktischen Konsequenzen aus Einstellungen, wie sie oben berichtet wurden. Man kann urteilen: Sie müssen in dieser Form so häufig vorkommen, sonst wären die oben referierten Einstellungen und Motive bloß folgenlose Lippenbekenntnisse.

Ehemänner in Kulturen dieser Entwicklungsstufe neigen häufig dazu, ihre Frauen im Affekt umzubringen. Gründe sind Meinungsverschiedenheiten, Eifersucht, Befehlsverweigerung und insgesamt durchaus geringe Anlässe. In den meisten einfachen Kulturen haben Männer das Recht, Personen ihres Haushalts entweder nach Belieben oder unter Anführung der oben genannten Gründe zu töten (Bogner 1984, S. 236 für die Papua; Al-Wardi 1972, S. 85, 284 für die Iraker). Dieses Tötungsrecht gab es in germanischer und mittelalterliche Zeit auch in Europa (Schulze 1986, S. 32; Lamprecht 1974; v. Amira 1973, S. 400) und im Römischen Reich teilweise bis 374 u. Z. (Fustel de Coulanges 1981, S. 127 f.).

»(Die Beduinen) zögern nicht, eine Frau zu töten, sobald sie auch nur den geringsten Zweifel an ihrem Benehmen haben. Der Mann, der zögert, seine Frau in einem solchen Falle zu töten, ist samt seinen Nachkommen mit unauslöschlicher Schande gebrandmarkt« (Al-Wardi 1972, S. 85).

»Alle Beobachter, die je mit ihnen (den Yanomamö) in Berührung kamen, stimmen darin überein, daß sie zu den aggressivsten, kriegerischsten und am stärksten von den Männern bestimmten Gesellschaften der Welt gehören« (Harris 1997 b, S. 93).

»Die Tupinamba in Brasilien zum Beispiel quälten, zerstückelten und aßen ihre Kriegsgefangenen. Dieser Brauch erfüllte mehrere Funktionen: Er war eine Art von psychologischer Kriegsführung, um den Gegner zu demoralisieren; er härtete künftige Krieger ab, die lernten, wie man anderen Menschen Schmerzen und Qualen zufügt; und er schreckte davon ab, sich dem Feind zu ergeben, weil dieser vermutlich genauso grausam mit seinen Gefangenen verfuhr. Die Frauen beteiligten sich mit Begeisterung an diesen tödlichen Folterungen, verhöhnten den gefesselten Gefangenen, stießen brennende Stöcke gegen sein Genitale und verlangten heulend nach Stücken seines Fleischs, wenn er schließlich den Geist aufgab und zerlegt wurde, um gegessen zu werden« (Harris 1997, S. 306).

Weltweit wird von den aggressiven, einfachen Kulturen berichtet, daß geringste Anlässe zu Gewalt und Krieg führen. Daß Fußballspiele regelmäßig zu Dorfkriegen führten, wie Elias vom alten England berichtet, findet man auch bei den Papua in diesem Jahrhundert (Bogner 1984, S. 83). Bei den Germanen und mittelalterlichen Europäern findet man diese Streitkultur ebenfalls in extremer Ausprägung. Blutrache und Fehde wegen nichtigster Anlässe gehören zum Alltag (Gurjewitsch 1994; Burckhardt 1995; Huizinga 1975; Frevert 1991, S. 23). Blutrache, Fehde und Faustrecht sind weltweit in primitiven Kulturen – auch in Europa bis in die Neuzeit hinein – »verfassungsmäßig« installierte Verfahren der Rechtsverfolgung (Brunner 1984, S. 24, 39; Seagle 1967, S. 341; Gluckman 1965, 1969, 1972; Sigrist 1979; Grönbech 1980, Bd. 1, S. 85 f.). Die Blutrache findet man im traditionellen Europa, auch noch in der frühen Neuzeit, nicht nur auf dem Lande und nicht nur unter Adligen, sondern gleichermaßen unter den Bauern und in den Städten. Das Gesetz der Blutrache ist Pflicht, wie teilweise heute noch bei den Kaukasiern und Albanern (die Effekte dieses Habitus genannter Ethnien kann man in den Submilieus in europäischen Metropolen beobachten; dieser Sachverhalt verifiziert schon allein, konsequent gedacht, die Elias-These). Ehrverletzungen fordern Rache. Unrechtsduldungen und Racheverzicht ziehen Ehrverlust nach sich. Fehde und Blutrache sind in einfachen Gesellschaften keine vorsozialen Phänomene, sondern werden mit religiöser, gesellschaftlicher und moralischer Verpflichtung konfundiert. Seine Ziele mit Raub und Brand zu verfolgen ist gleichsam gesetzlich (Brunner 1984, S. 19, 23, 48, 32; Seagle 1967, S. 50 f., 137).

Nach Auffassung Vivelos (1981, S. 102 f.) haben die meisten gewalttätigen Auseinandersetzungen und Fehden in einfachen Gesellschaften ihren Anlaß in Streitigkeiten um Frauen, Vieh und um das Ehrgefühl. In der irrigen Auffassung, auch in diesem Punkt Margaret Meads Theorie zu widerlegen, beschreibt Freeman (1983, S. 164) die hohe Gewaltneigung der Samoaner. Kleine Streitereien enden nur zu oft in einer Prügelei.

»Schon der kleinste Disput führt bei ihnen zu Schlägereien mit Knüppeln, Stöckern oder Paddeln. Kein Zweifel, daß mancher der Streitenden dabei sein Leben verliert. Fast alle sind von Narben übersät, die gewiß primär die Folge privater Querelen sind« (Freeman 1983, S. 179).

Dieses Phänomen des »geringen Anlasses« wird weltweit beobachtet (bei den Beduinen, Al-Wardi 1972, S. 100), so schreibt der Lehrer Mahmut Makal über sein anatolisches Dorf:

»Oft, wenn man die Ursache einer Rauferei, die mit Totschlag geendet hat, ergründen will, entdeckt man, daß sie so winzig ist, daß man damit nicht einmal eine Nußschale hätte füllen können. Bei der kleinsten Meinungsverschiedenheit können Messer und Pistolen gezogen, Köpfe und Augen eingeschlagen werden. Das alles ist ganz alltäglich. Darauf folgt die Blutrache, die generationenlang dauern kann« (zitiert in: Waldhoff 1995, S. 137).

In aggressiven, einfachen Gesellschaften, wie bei den Yanomamö oder den Beduinen, ist der Krieg die wichtigste Tätigkeit der Männer. Der Krieg ist die Essenz ihres Daseins. »... weil ich einsehen mußte, daß der Krieg die Hauptbeschäftigung bei den Yanomamö darstellt und fast sämtliche Aktivitäten beeinflußt ... Die Yanomamö sind grimmige Leute. Nie habe ich auch nur einen von ihnen sagen hören: ›Wir sind in Wahrheit Feiglinge‹ oder ›Wir nehmen lieber die Beine in die Hand, als zu kämpfen‹« (Chagnon 1994, S. 11, 13). Kriege werden zumeist grausam geführt. Die Samoaner führten im 19. Jahrhundert Kriege mit Tausenden von Toten, warfen Frauen und Kinder ins Feuer, nachdem sie ihnen das Herz herausgerissen hatten. Kriegsgefangene wurden gegessen, wie auch bei den Papua (Freeman 1983, S. 180, 189; Bogner 1984; Al-Wardi 1972, S. 104 ff., 196 ff.).

»Der Beduine ist ein kriegerischer Mensch, der Rauben und Beutemachen respektiert und den Broterwerb durch Arbeit verachtet. Seit eh und je empfindet er es als Schande, Weber, Handwerker, Händler, Lehrer oder Schlächter zu sein ... Für ihn sind diejenigen, die, wenn sie nur ein bißchen Männlichkeit besäßen, diese verächtlichen Berufe nicht ergriffen, sondern ein Schwert in die Hand nähmen, um sich auf ›anständige‹ Art und Weise das tägliche Brot zu beschaffen, wie es sich für Männer gehört ... In der Tat hält es der Beduine für unter seiner Würde, seine Rechte auf andere Art als mit dem Schwert und mit Gewalt durchzusetzen, und er verachtet die Städter, weil sie, um ihr Recht geltend zu machen, zu den Gerichten laufen ... Der Beduine wird sehr schnell zornig und sinnt leicht auf Rache, und daraus ist seine Überempfindlichkeit gegenüber seiner persönlichen Ehre entstanden. Er greift sehr leicht zum Schwert und schlägt jeden, wer er auch sein mag, der sich ihm gegenüber erdreistet. Er zögert und zaudert auch nicht im Augenblick des Zorns, denn das wäre eine Schande für ihn und ein Beweis für Feigheit und Schwäche. Hieraus resultiert der Respekt der Beduinen vor dem ›Mordlustigen‹, einem Menschen, der sehr leicht loszuschlagen oder zu töten bereit ist« (Al-Wardi 1972, S. 33, 89, 93).

Diese archaische Mentalität ist in Europa in mehreren Wellen allmählich verschwunden. Die von Elias beschriebene höfische Gesellschaft war sicherlich der Anfang vom Ende dieser Mentalität. Die bürgerliche *Civilisation* wäre als ein weiterer Meilenstein in dieser Richtung zu sehen. Schon Adam Smith meinte, die ökonomische Arbeitsteilung würde die Kriegslust der Menschen abbauen helfen. Der Humanismus der Aufklärung, der zur Mäßigung führte, wurde durch den mit Nationalismus und Imperialismus einhergehenden Militarismus des 19. Jahrhunderts wieder etwas abgeschwächt. Dieser Militarismus gab einen wesentlichen Impuls zur Neubelebung der Duellkultur, wenn diese auch in direkter Traditionslinie mit der Fehde, dem gerichtlichen Zweikampf und dem Ritterturnier steht. So waren Duelle im 16. und 17. Jahrhundert an der Tagesordnung, eine strenge Normierung und Regulierung des Duells fand bezeichnenderweise im 18. Jahrhundert statt (Frevert 1991, S. 20 f., 23, 26, 198). Wilhelm I. erwartete von Offizieren Duelle. Duellverweigerung bedeutete, daß der Student die Universität oder der Offizier die Armee wegen Feigheit verlassen mußte. Wilhelm II. verfügte 1913 die Trennung von sachlich-beruflichen und persönlichen Konflikten; nur letztere sollten legitime Duellanlässe sein (Frevert 1991, S. 130). Der Duellforderer Max Weber (Ehefrau Marianne war von einem Privatdozenten beleidigt worden) verlangte die Einstellung von Duellen, da sie das Funktionieren wirtschaftlicher und bürokratischer Organisationen erschwerten. Diese Äußerungen und Begründungen Webers und Wilhelms II. passen gut in das Konzept der ZT: Die Verdichtung der Verflechtungsmechanismen, höfische Gesellschaft und kapitalistische Organisationen, erzwingen zunehmende Selbstkontrolle im Sinne einer Gewaltdämpfung und -einschränkung.

Die Psychologie des Ehrbegriffs der Duellanten ist der Psychologie der von Bourdieu (1976) beschriebenen Kabylen erstaunlich ähnlich. Die Motive und Anlässe sind nach heutigen Maßstäben ähnlich geringfügig wie bei Kabylen, Beduinen und, *last but not least* bei den Yanomamö. Nach Frevert (1991, S. 101) genügte ein ironischer Blick, ein abschätziges Wort, die Unterlassung eines Grußes und das Übergangenwerden bei einer Einladung, um Grund für eine Duellforderung zu haben. Eine Ohrfeige oder die Verführung von Ehefrau und Tochter waren unausweichliche Duellgründe. Der Machismo verlangte von einem Studenten oder Offizier, ein forsches Verhalten an den Tag zu legen, auf Beleidigungen sofort und unmißverständlich zu reagieren und jederzeit auf seine Ehre bedacht zu sein. Dafür stand ein festes Formelrepertoire zur Verfügung, das in geregelter Abfolge einzuhalten war und in der Duellforderung kulminierte (Frevert 1991, S. 136, 216, 62).

Das Duell wurde seit dem 18. Jahrhundert nicht zuletzt damit begründet, daß dadurch die Männer gezwungen würden, sich zurückzunehmen, Selbstkontrolle zu üben und Demarkationslinien nicht zu überschreiten. Das Duell hatte demnach in dieser eingeschränkten Hinsicht eine zivilisierende Wirkung (Frevert 1991, S. 55), was es von den Kämpfen der Nomaden und Wildbeuter sicherlich erheblich unterscheidet. Duelle fanden schließlich nicht im Affekt statt (jedoch ergaben sich so ihre Anlässe) wie die Attacken von Nomaden, sondern aufgrund von genauen Planungen der Rencontres. Gleichwohl liegt Elias (1992, S. 69 f.) mit seiner Auffassung ganz richtig, der zufolge Duelle Relikte aus einer Zeit seien, als es das staatliche Gewaltmonopol noch nicht gab. Duelle sind Survivals aus der Zeit der Fehden und Blutrache. Die Psychologie der Duelle steht in Verbindung mit der mittelalterlichen Kampfes- und Kriegermentalität. Der Untergang der Duelle in Deutschland zunächst in der Weimarer Republik und schließlich ihr endgültiges Verbot im Jahre 1939 sind letztlich ein Ausdruck der Pazifizierung der Bevölkerung.

Die stärkere Gewalttätigkeit, Grausamkeit und der extremere Sadismus traditionaler Kulturen kann man in besonderer Weise gut am Strafrecht ablesen. V. Dülmen (1988, S. 68, 32, 118, 123, 127) beschreibt die Praxis des alten Strafrechts: Verstümmelungen, Köpfen, Rädern, Verbrennen, Lebendigbegraben, Abschlagen von Händen, Abschneiden von Nasen, Zunge oder Ohren, Blenden, Ertränken, Ölsieden, durch Pferde Auseinanderreißen usw. (vgl. auch Foucault 1976, S. 9 ff., 20; Huizinga 1975, S. 25; Deries 1977, S. 117 ff.)

»Der Katalog der Strafen, grausamster Strafen für unsere Begriffe, spiegelt die Unerbittlichkeit, die Unantastbarkeit des in den Weltstaat hineinragenden Gottesstaates wider: Falschmünzer werden ›versotten‹, Ehebrecherinnen lebendig begraben, Landesverräter gevierteilt, Verleumder gebrandmarkt, Mörder gerädert oder geschunden, Gotteslästerern oder Meineidigen wird die Zunge ausgerissen, Aufrührern die Hand abgehauen oder das Ohr abgeschnitten« (Borst 1983, S. 582).

»Zunächst allerdings ist das Urteil über die frühere Strafpraxis notwendig: Sie kann nur verurteilt und als unmenschlich bezeichnet werden. Da wurden Menschen ganz einfach in der Art des Metzgerhandwerks abgeschlachtet und zerstückelt, ihre Reste auf Galgen gehängt oder angenagelt, verbrannt oder gesotten; sie wurden bei lebendem Leib von Tieren zerrissen oder mit glühenden Zangen zu Tode gezwickt. Beim Rädern wurden ihre Knochen in brutaler Weise zerschlagen … Wie konnte man nur in der lustvollen Erregung eines Volksfestes zusehen, wie Menschen verbrannt wurden und halbverkohlt an den Pfählen hingen?« (Schild 1980, S. 93).

Diese brutale Strafpraxis findet man auch bei Naturvölkern (Freeman 1983, S. 217; Bryce-Boyer 1982), Foltern, Zerschneiden, Verbrennen und Lebendigbegraben sind auch Praktiken von Indianern, Australiern, Afrikanern, Nomaden und alten Germanen. Dieser extreme Sadismus äußert sich auch in der Gleichgültigkeit gegenüber dem Empfinden von Tieren, so im europäischen MA., teilweise bis heute in Südeuropa, in Südamerika, in Afrika und in Asien (vgl. Wiedenmann 1996; Freyre 1982, 1990). V. Dülmen (1988, S. 172, 163) behauptet wie andere Historiker auch, die Menschen des MA.s hätten eine geringer ausgeprägte Sensibilität gehabt, die Leiden anderer nicht wahrgenommen und sich an den von der Obrigkeit inszenierten Strafschauspielen regelrecht ergötzt.

»Auch dies erklärt, daß die Hemmschwelle vor Gewaltanwendung und vor dem Anblick solcher Ereignisse weit niedriger lag und daß Schuldgefühle wegen begangener Gewalttaten die Menschen kaum bedrückten. In einer derartig organisierten Gesellschaft stellen Gefühle des Mitleids nur unnötige Belastungen dar« (Elias/Dunning 1984, S. 38).

Die niedrigere Sensibilität kann man auch daran erkennen, daß für moderne Verhältnisse ganz paradox und kaum nachvollziehbar die Verurteilten meist das Urteil annahmen, vor ihrer Hinrichtung eine Rede an die Gaffer richteten, in der sie ihre Sünden bereuten und die Zuschauer mahnten, sie sollten die folgende gerechte Strafe als Beispiel für die eigene Besserung nehmen. Der Verurteilte, der sich weigerte, diese Rolle zu übernehmen, galt als Unmensch. Man erwartete vom Verurteilten, seine Rolle des Sünders, Reumütigen, Gefolterten und zu Tode Geschundenen ohne Haß und Ressentiment zu spielen (Danker 1988, S. 198).

Pranger und Strafschauspiel verschwanden in Frankreich 1789 und in England 1837. Das Martern wurde in Frankreich um 1830 eingestellt und die Guillotine im Gefängnishof den Augen des Volkes entzogen (Foucault 1976, S. 15, 23 f.). Von den Rechtshistorikern ist die Abschaffung der Torturen und gerichtlicher Brutalität immer wieder aus der Zunahme der Sensibilität und Menschlichkeit der Bevölkerungen erklärt worden (Schild 1980; Febvre 1988; Foucault 1976, S. 93).

»Die Milderung der Strafstrenge im Laufe der letzten Jahrhunderte ist ein Phänomen, das den Rechtshistorikern wohlbekannt ist ... weniger Grausamkeit, weniger Leiden, mehr Milde, mehr Respekt, mehr Menschlichkeit« (Foucault 1976, S. 25).

5.2.5 Zivilisation und Aggression

Zusammenfassend zeigt sich, daß das Soziogenesekonzept von Elias sowohl die hohe Frequenz und Intensität von Gewalt in staatslosen Gesellschaften als auch den Rückgang der Gewalttätigkeit in Fernost und im Westen in den letzten Jahrhunderten hinlänglich gut erklären kann. Ohne Zweifel hat das staatliche Gewaltmonopol einen beträchtlichen Anteil an der Reduktion der Gewalttätigkeit gehabt.

Die Überprüfung des Psychogenesekonzepts fällt demgegenüber schwieriger aus. Gewalt in der Moderne ist ein häufiges Phänomen und kann auch in den einfachen Gesellschaften vergleichbarer Brutalität und Perversität vorkommen. Das Psychogenesekonzept kann demzufolge nicht einfach durch statistische Zahlen verifiziert werden, die die quantitative Reduktion von Mord, Totschlag und Körperverletzung in der Kulturgeschichte der Neuzeit aufzeigen. Denn diese quantitative Reduktion könnte man unter Verweis auf die Kontrollen und die Strafdrohungen des Gewaltmonopols auch rein apsychologisch und nutzentheoretisch erklären. Daher sind weder die Darlegungen von Elias noch die Beschreibungen Duerrs hinreichende Prüfinstrumente psychogenetischer Aggressionsentwicklung.

Ausgangspunkt einer Rekonstruktion der Fragestellung sind humanethologische, entwicklungspsychologische und lerntheoretische Forschungsergebnisse. Die Humanethologie zeigt die universal menschliche Bereitschaft zu aggressiven Handlungen. Die Entwicklungspsychologie kann darlegen und empirisch operationalisieren, daß kognitiv primitivere Individuen eher, affektiver und direkter zu verbalen und körperlichen Aggressionen neigen. Die Lerntheorie liefert Nachweise für die Bedeutung von Sozialstruktur und Erziehung im Hinblick auf die Ausprägung aggressiver Mentalitäten. Obwohl Elias nicht auf diese Forschungen zurückgegriffen hat, besteht sein Psychogenese-Ansatz gleichwohl aus Annahmen, die genau zur Domäne jener Forschungen gehören.

Von besonderer Bedeutung für die Prüfung der Behauptungen der ZT sind die Ergebnisse der kulturvergleichenden Sozialisationsforschung. Die Resultate der Lerntheorie zeigen eindeutige Zusammenhänge zwischen kulturspezifischen Sozialisationsmustern und der Ausprägung aggressiven Verhaltens. Die lerntheoretisch angelegten Untersuchungen können aufzeigen, daß Frequenz und Intensität aggressiven Verhaltens vor allem von den Anregungen und Restriktionen der sozialen Umwelt abhängen. Kulturen, in denen Erzieher (als Teil der sozialen Umwelt) Aggressionen von Kindern insbesondere mit dem Erziehungsstil 1) (nach Sears) behandeln, sind signifikant friedlichere Kulturen. Kulturen, in denen Erzieher Kinder zu verbalen und körperlichen Aggressionen ermutigen, sind deutlich aggressiver. Kulturen, in denen Erwachsene Kinder in jeder Hinsicht zu Gewalt und Streit erziehen, sind entsprechend kriegerisch und brutal. Die Grundsätze des Modellernens, der Belohnung, der Bestrafung, der Konditionierung, der Extinktion usw. sind hinsichtlich der Frage der kulturellen Produktion von Aggression anwendbar und empirisch umsetzbar. Ausprägungen von Aggression werden als Folge einer Lerngeschichte psychostrukturell verankert. Adulte Persönlichkeiten verhalten sich auch unangesehen aktueller äußerer Situationen aufgrund spezifischer intrapersonaler Dispositionen unterschiedlich aggressiv, wenn sie seit der Frühkindheit unterschiedlich sozialisiert wurden.[23]

Die kulturvergleichenden Untersuchungen können zeigen, daß insbesondere die fernöstlichen Kulturen zu Friedfertigkeit erziehen. Während kriegerische Kulturen zu Gewalttaten erziehen,

23 Dafür ein schönes Beispiel: Ein Japaner, dessen Fahrzeug von einem anderen Verkehrsteilnehmer bei einem Zusammenstoß demoliert wurde, steigt grundsätzlich freundlich, höflich und mit dem notorischen Lächeln aus seinem Auto, um ohne Beleidigungen, Vorwürfe und Gesten die Sachlage zu besprechen. Wie verhalten sich Europäer, Mexikaner und Levantiner?

liegen westliche Kulturen etwa im Mittelfeld der entsprechenden Sozialisationsbemühungen. Diese Untersuchungen weisen die jeweiligen Zusammenhänge von Erziehung und Verhalten, Sozialisation und Kultur nach. Sie zeigen die jeweiligen Korrelationen von erzieherischen Bemühungen und Resultaten im Kontext der jeweiligen Gesamtkultur auf.

Damit ist zunächst einmal der Nachweis erbracht, daß Kulturen hinsichtlich aggressiven Verhaltens nicht nur auf einer rein quantitativen und soziogenetischen Ebene differieren, sondern auch in *psychostrukturellen* Dimensionen. Demzufolge sind Ostasiaten in psychostruktureller Hinsicht pazifizierter als Westler und beide Gruppen zusammen sind psychostrukturell friedlicher als Ethnien ohne Gewaltmonopol in belasteten ökologischen Kontexten. Damit ist die Elias-These schon fast verifiziert. Denn pazifizierte Populationen haben besser gelernt, auf irritierende Auslöser (Diskriminierungen usw.) nicht mit aggressiven Handlungen zu reagieren, sondern sich zurückzunehmen. Aggressionen werden deutlich weniger mit Gegenaggressionen beantwortet. Auf der Grundlage der kulturvergleichenden Untersuchungen muß man daher im Sinne von Elias schließen, daß Populationen in Staatsgesellschaften über mehr Selbstkontrolle verfügen, ihre Aggressionen mehr dämpfen, regulieren und kanalisieren. Aus dem staatlichen Fremdzwang erwächst ein psychischer Selbstzwang. Aggressive Dispositionen können hingegen von kämpferischen Ethnien spontaner, affektiver, direkter und hemmungsloser umgesetzt werden.

Damit ist indirekt, aber deutlich gezeigt, daß auch der mittelalterliche Mensch in psychologischer Hinsicht weniger pazifiziert gewesen sein muß als der moderne (wie schließlich selbst Historiker unisono behaupten). Auch wenn ersterer nicht mehr psychologisch getestet werden kann, gibt es kaum einen Grund anzunehmen, daß derartige Tests wesentlich anders ausfielen als die, die man aus den Ethnien kennt. Dies schon deshalb, weil die relevanten kulturellen Phänomene (Strafrecht, Blutrache usw.) von Ethnien und mittelalterlichen Gesellschaften zumeist identisch sind.

Aus diesem Sachverhalt kann man die Berechtigung ableiten, die Pazifizierung neuzeitlicher Populationen in einen Zusammenhang mit dem Untergang des brutalen Strafrechts, der Lynchjustiz, der Prügelstrafen und der Duellkultur zu setzen.

Der Untergang dieser Praktiken ließe sich dann nicht allein institutionell, sondern auch mentalitätsgeschichtlich im Sinne der ZT erklären.

Da die psychostrukturelle Dimension der Kulturgeschichte der Gewalt bis zu diesem Punkt der Analyse nur lerntheoretisch (nicht entwicklungspsychologisch) erschlossen ist, bedeutet der Nachweis der psychostrukturellen Differenzen aggressiven Verhaltens noch nicht eine Verifikation des entwicklungspsychologischen Psychogenesekonzepts. Da die Soziobiologie für die Untersuchung des Problems von kulturellen Differenzen aggressiven Verhaltens weniger von Bedeutung ist, bleibt die Frage nach der Rolle der Entwicklungspsychologie. Wenn diese nicht genügend berücksichtigt werden könnte, dann wäre es auch nicht möglich, die psychostrukturellen Nachweise aggressiven Verhaltens einwandfrei in das Psychogenesekonzept der ZT zu integrieren. Man kann zwar unter Bezug auf die lerntheoretischen Forschungsergebnisse zeigen, daß Populationen von Staatsgesellschaften im Durchschnitt psychostrukturell friedlicher sind als Populationen akephaler Gesellschaften, aber die Frage bleibt zunächst offen, ob diese Differenz auch entwicklungspsychologisch operationalisierbar ist. So sind die Buschleute der Kalahari überwiegend friedlich, obwohl sie gemäß den Erwartungen (und den Experimenten) der kulturvergleichenden Piaget-Psychologie dominant präoperational strukturiert sind (Irvine/Berry 1988).[24] Demnach müßte man scheinbar schlußfol-

24 Das Psychogenesekonzept von Elias umgreift, wie erinnerlich, emotionale, kognitive und soziale Elemente als untrennbare Teile eines Ganzen. Elias hat ein »transzendentales« Verständnis der Psychogenese. Da Elias Friedfertigkeit als Folge höherer psychogenetischer Entwicklung versteht, ist ihm die Möglichkeit verschlossen, über welche die Piaget-Schule jedoch verfügt, nämlich zwischen kognitiven Phänomenen einerseits und sozialen und emotionalen Phänomenen andererseits zu unterscheiden. Für die Piaget-Schule besteht hingegen prinzipiell die Möglichkeit, trotz diagnostizierter Präoperationalität die (lerntheoretisch erklärbare) Friedfertigkeit von Buschleuten zu konstatieren. Für die Elias-Schule wäre dies eine »Anomalie«, da Populationen akephaler Gesellschaften, die in kognitiver Hinsicht zu »Kurzsicht« und zu »Enge des Gedankenraumes« neigen, aufgrund der theoretischen Vorannahmen nicht im sozialen Bereich zu Friedfertigkeit neigen können. Denn Gewalttätigkeit ist laut Elias direkte Folge einer kindlichen Mentalität, während Friedfertigkeit die selbst-

gern, daß ihre in lerntheoretischer Hinsicht psychostrukturelle Friedfertigkeit keine *psychogenetische* Dimension hat. Ihre Friedfertigkeit wäre möglicherweise nur das Resultat erzieherischer Konditionierung, aber nicht das Resultat kognitiver Reifung und Entwicklung (vgl. Kapitel 2.1, 3 und 5.1.1). Ihre psychodynamische Friedfertigkeit hätte auf präoperationaler Ebene eine sozio-emotionale, aber keine kognitive Basis (was theoretisch und praktisch kein Problem und kein Paradoxon darstellen muß) (vgl. Hallpike 1994, S. 465).

Man kommt der Prüfung dieses Sachverhalts näher, wenn man die oben referierten Begründungen und Einstellungen zu aggressivem Verhalten genauer analysiert. Häusliche Streitigkeiten, Meinungsverschiedenheiten und Ehrfragen als legitime Tötungsgründe zu beurteilen ist fraglos Ausdruck der unteren Stufen des moralischen Urteils im Sinne der Entwicklungspsychologie. Diese hat in bezug auf die ländlichen Gegenden der Türkei (Kohlberg/Gilligan 1971; Kagitcibasi 1988), aber auch in bezug auf andere Entwicklungsregionen gezeigt, daß die moralische Urteilsebene von analphabetischen Populationen nicht das präoperationale Niveau transzendiert (Edwards 1974, 1978, 1981, 1975). Präkonventionelle moralische Urteile haben das Konzept der Menschenrechte noch nicht internalisiert und schätzen den Wert menschlichen Lebens nicht unbedingt höher ein als Eigentum und spezifische Interessen. Präkonventionelle moralische Urteile sind Resultat egozentrischen, präoperationalen Denkens (Kohlberg/Turiel 1978; Kohlberg 1974; Lickona 1971, 1976; Maqsud 1977, 1979; Damon 1984; Selman 1984). Das präoperationale Denken ist demnach die Erklärungsbasis für die referierten Einstellungen und Ideologien, die der hohen Gewaltneigung motivational und legitimatorisch zugrunde liegen. Dieses kognitive Niveau erklärt auch die in aggressiven Kulturen festgestellte fehlende Sensibilität und fehlende Perspektivenübernahme.

Daher ist die extreme Aggressivität kämpferischer Ethnien sowohl das Resultat präoperationalen sozio-moralischen Denkens

kontrollierte Psychostruktur zur apriorischen Voraussetzung hat. Auf dem Amsterdamer Kongreß im Dezember 1981 wurde genau diese von Elias letztlich unbeantwortete Frage Thoden van Velzens, nämlich wie es möglich sei, daß ein primitiver Stamm in Surinam sich friedfertig verhalte, von manchen zum Anlaß genommen, an der ZT grundsätzlich zu zweifeln (Wilterdink 1984, S. 291, 298).

als auch erzieherischer Konditionierungen, die sich gegenseitig verstärken. Mentale Dispositionen und affektive Gewaltbereitschaft verstärken und bedingen sich gegenseitig. Die Friedfertigkeit von einigen Naturvölkern hingegen wäre dann, konsequent gedacht, vor allem sozialökologisch und erzieherisch bedingt, aber nicht die Folge eines formal-logischen Reflektierens über den Wert des Lebens, über Menschenrechte, die Sinnlosigkeit von Gewalttaten aufgrund geringfügiger Anlässe usw.

Unter genau dieser Voraussetzung könnten die Forschungen der Entwicklungspsychologie zur Aggressionsentwicklung (Gesell) kulturgeschichtlich umgesetzt werden. So wie die Jugendlichen und jungen Erwachsenen (ungeachtet erzieherischer Anreize) aufgrund kognitiver Entwicklungen immer mehr körperliche und verbale Aggressionen unterlassen, so ist die in der Kulturgeschichte in anderen Inhaltsbereichen schließlich nachgewiesene psychogenetische Reifung, die Entwicklung des formal-logischen Denkens, entscheidende Mitursache auch für die Pazifizierung von neuzeitlichen Populationen. Die neuzeitliche psychogenetische formal-logische Entwicklung, wie sie sich in den Konzeptionen von Raum und Zeit, Kausalität und Logik, Wissenschaft und Moral ausprägt, fördert auch die Befriedung der Populationen. Im Umkehrschluß ist die hohe Aggressivität der meisten akephalen Gesellschaften nicht nur das Resultat von Ökologie und Soziogenese, sondern auch ihres psychogenetischen Niveaus. So kann man zusammenfassend schließen, daß die Elias-These sowohl in sozio- als auch in psychogenetischer Hinsicht verifizierbar ist. Die Befriedung der neuzeitlichen Populationen ist eine Folge der kulturgeschichtlichen Aufrichtung des Über-Ich, der Hebung der Scham- und Peinlichkeitsschwellen und der strengeren Selbstkontrolle hinsichtlich verbaler und körperlicher Aggressionen. Diese psychogenetische Pazifizierung wurde vor allem durch das Gewaltmonopol soziogenetisch konditioniert und sozialisiert.

5.3 Psychogenese von Kommunikation und Interaktion im Kulturvergleich

Elias hat seine Theorie der Zivilisation soziogenetisch und figurationssoziologisch entwickelt. (Un)zivilisiertes Verhalten ist die Folge sozialer Interaktionen und drückt sich zugleich in ihnen prioritär aus. Elias hat dem erstgenannten Gesichtspunkt, der Beschreibung der Soziogenese zivilisierten Verhaltens, viel Platz eingeräumt. Wie weiter oben dargestellt, erhält man von Elias eine Fülle von Informationen darüber, welche sozialen Kontexte im einzelnen (un)zivilisierten Verhaltensweisen zugrunde liegen. Die Frage jedoch, wie sich unterschiedliche Zivilisationsstandards ihrerseits in sozialen Interaktionen und Kommunikationsmustern verkörpern, wird von Elias nicht so genau beantwortet, wie man wohl erwarten würde. Dieser Feststellung könnte man mit dem Hinweis begegnen, daß Elias doch genau beschriebe, wie Zivilisationsstandards sich in sozialen Verhaltensweisen – zum Beispiel in Geschlechterbeziehungen, beim Essen, im aggressiven Verhalten, in Herbergen und im Bad – auswirken und ausprägen. Da aggressives und sexuelles Verhalten Ausdruck sozialen Handelns sei, so der mögliche und erwartbare Einwand, seien die Einschränkung und der Vorwurf doch hinfällig. Schaut man jedoch genauer hin, dann gelangt man zu dem Schluß, daß über Interaktionsstrukturen und kommunikatives Handeln in PDZ viel zu wenig gesagt wird. Elias thematisiert kommunikatives Handeln nicht explizit, sondern nur vermittelt über die genannten Themen und auch dann eher beiläufig. Von einer soziologischen ZT mit dem von Elias formulierten Anspruch müßte man jedoch erwarten können, daß sie detailliertere Darlegungen und Analysen sozialen Handelns im engeren Sinne aufwiese. Sie hätte genauer zu beschreiben, wie Menschen miteinander sprechen, argumentieren, aufeinander eingehen, wie sie Perspektiven berücksichtigen, Nachsicht und Rücksicht zeigen, ob sie andere Personen nur als Objekte behandeln, diskriminieren und abwerten oder ob sie sie im Lichte der Menschenwürde erkennen und behandeln können. Eine ZT sozialen Handelns müßte wesentlich genauer beschreiben, ob und wie die Entwicklung von Fähigkeiten der Empathie, der Sensibilität, der Perspektivenübernahme, verbaler Aggressionen, der differenzierten Begründungen, des höflichen Umgangs usw. im einzelnen stattgefunden hat. Das

Verständnis, das man gemeinhin am ehesten mit »zivilisiertem Verhalten« verbindet, kulminiert in der Frage, ob der soziale Umgang und Austausch von Menschen zivilisiert (höflich, sensibel, sachlich) oder unzivilisiert (egoistisch, diskriminierend, irrational) strukturiert ist. Diese Unterscheidungen kann man piagetianisch zusammenfassend ausdrücken: Neigen Akteure in Interaktionen eher zu Assimilationen (anderer Personen) oder zu Akkommodationen? Sind Kommunikationen egozentriert oder dezentriert? Eine ZT sozialen Handelns im engeren Sinne hätte demnach zu prüfen und darzulegen, wie sich egozentrisch und assimilatorisch strukturierte Interaktionen in ihrer Funktionsweise im einzelnen darstellen sowie ob und inwiefern eine Evolution sozialer Dezentrierung und Akkomodation stattgefunden hat.

Dieses Zentral- und Allerweltsverständnis von zivilisiertem Verhalten, nämlich daß es sich vorrangig in Interaktionen und Kommunikationen ausprägt, ist von Elias in PDZ nicht adäquat umgesetzt worden. Der Grund dafür dürfte sein, daß es schwierig ist, diese zentrale Fragestellung unter Bezug auf vergangene Epochen in einer strukturierten Weise zu behandeln. Zwar existieren Gesprächsprotokolle und verschiedenste Hinweise zu mittelalterlichen Umgangsformen, doch sind diese viel schwerer zu analysieren und auf ihren Zivilisationsgrad zu prüfen als der Gebrauch von Taschentüchern, Spucknäpfen und Hotelbetten.

Gleichwohl findet man in PDZ bestimmte Annahmen und Hinweise, die die Zivilisation sozialen Handelns (in diesem engeren Sinne) thematisieren. So behauptet Elias, daß eine Umwandlung des sozialen Handelns an den absolutistischen Höfen stattgefunden hätte. Die verstärkte Selbstkontrolle an den Höfen hat nach Elias eine Zunahme von Berechnung und Perspektivenübernahme, von Höflichkeit und Zurückhaltung bewirkt. Seit der Zeit des Absolutismus ist nach Elias eine Veränderung der Tonart, eine Zunahme von Empfindlichkeit, vornehmer Sprechweise und eine Vermehrung des sozialen Verständnisses festzustellen (PDZ 1, S. 44, 104). Trotz dieser allgemeinen Hinweise, die sich überwiegend auch nur schwer belegen und operationalisieren lassen, bleibt dennoch der Eindruck bestehen, daß es der ZT eher nicht gelungen ist, Einblicke in alltägliche Interaktionsstrukturen, Umgangsformen und Kommunikationen des MA.s zu verschaffen. Elias' Thesen kann man am wenigsten in Bereichen wie Sensibilität, Verständnis und Perspektivenübernahme und noch am ehesten am Beispiel der Sprechweisen »operationalisieren« und prüfen. Aber gerade die Veränderung der Sprechweisen (Benutzung von Stilmitteln und Fremdwörtern) ist der denkbar schlechteste Nachweis psychogenetischer Entwicklung sozialen Verhaltens.

Jedoch kann man sich vorstellen, daß in einer Gesellschaft, die stark zu Gewalt und Streit neigt, die differenzierte Urteile und hypothetisch-deduktives Denken meidet sowie durch Es-Dominanz und Über-Ich-Schwäche charakterisiert ist, auch die Kommunikationsmuster roher, rücksichtsloser, unmittelbarer, egozentrischer und unsensibler sind. Zunächst einmal muß man jedoch feststellen, daß sich sozialer Egozentrismus wegen der durch ihn bedingten Unmittelbarkeit des sozialen Austauschs auch in positiver Weise auswirken kann. Sozialer Egozentrismus kann sich auch gemeinschaftsfördernd ausprägen, nämlich in der Dominanz des »Wir« über das »Ich«. So war es im Frankreich des 14. Jahrhunderts sehr verbreitet, den Körper eines anderen zu kraulen oder nach Läusen abzusuchen, und es hatte eine ähnliche soziale Funktion der Bindungsherstellung zwischen Personen wie bei den Pygmäen (Heymer 1995, S. 275; Muchembled 1990, S. 215). Direktheit und Unmittelbarkeit (Funktionen von Egozentrismus) können demnach auf eine primitive, aber effektvolle Art und Weise gemeinschaftsfördernd sein. Egozentrismus wirkt sich jedoch häufig auch im konkreten Wortsinne in unzivilisierten Verhaltensweisen aus.

»Wir zögern freilich, solche Züge und Mentalität allein bei den Bauern zu suchen. Ihre plumpen Freuden haben der Ungezähmtheit der Sitten überhaupt entsprochen. Der Ton ist am Ausgang des Mittelalters allenthalben roh. Auch in den höchsten Kreisen war lautes Fluchen, Rülpsen, Furzen etwas Gewöhnliches: ›daß dich ein böß Jar ankomme‹, daß ›dich die Pestilenz ankomme‹, daß ›dich das höllisch Fewer verbrenne‹ waren landläufige Redensarten. Es herrscht damals auf allen Gebieten eine Vorliebe für das Klobige, Kompakte, Massive. Im Verkehr der Geschlechter wird die Erotik durch die Sexualität verdrängt. Die männliche Kleidung, man sieht das noch an den Mannsbilderstatuen auf den erhaltenen Brunnen der mittelalterlichen Spätzeit, wird farbenprächtiger, extravaganter und auffallender als die der Frau: der Mann wird zum Truthahn, zum Paradiesvogel, der seinen Brunstschmuck anlegt und seine männlichen Merkmale wohlausstaffiert nach vorne kehrt« (Borst 1983, S. 146).

Al-Wardi (1972, S. 379 f.) beschreibt den rohen Umgang der Beduinen in ähnlicher Weise. Der soziale Umgangston neigt dazu, rauh und rücksichtslos zu sein. Bescheidenheit ist sozial chancenlos und stößt nur auf Verachtung. Entschuldigungen für Fehlverhalten werden nicht ausgesprochen. Selbstkontrolle und Einbindung sind eher schwach entwickelt, so fehlt die nötige Disziplin, um sich zum Beispiel in einer Schlange anzustellen. Sich vorzudrängen und andere beiseite zu schieben gehört zum generalisierten Kulturmuster. In Diskussionen und Gesprächen neigt der Beduine zu leidenschaftlichen und egozentrischen Standpunkten, verwickelt sich in Widersprüche und meidet aus Rechthaberei, sich auf eine logische Beweisführung zu verpflichten (Al-Wardi 1972, S. 332, 324).

»Wenn sie nämlich in Zorn geraten, einander beschimpfen, wenn sie Partei nehmen und Blutrache üben, vergessen sie Gott und seinen Propheten ... Wenn sie aber mit Moralpredigern und Respektspersonen zusammen sind, werden sie sogleich zu asketischen Frömmlern, die bei Gott über die Herrschaft der Ungerechtigkeit und die Unmoral der Menschen klagen« (Al-Wardi 1972, S. 336).

Lautes Sprechen, aggressiver Umgangston, ausgreifende Gestik, egozentrische Selbstdarstellung und expressives Verhalten ist wohl bei den meisten Mittelmeervölkern sehr verbreitet (Peabody 1985). Dieses Verhalten ist in den westlichen Kulturen nicht so stark ausgeprägt. Die Zivilisationsstandards in den genannten Bereichen sind hier wesentlich uneinheitlicher. Diese habituellen Standards hängen stark ab von der Zugehörigkeit zu Schichten, Klassen, Berufen und von der individuellen Persönlichkeitsstruktur. Im Mittel kann man jedoch feststellen, daß ein mäßig aggressiver, rauher und egoistischer Umgangston in westlichen Kulturen gute gesellschaftliche Chancen hat, jedenfalls keiner allgemeinen gesellschaftlichen Ächtung unterliegt. In westlichen Kulturen öffnet vornehme Zurückhaltung und Bescheidenheit eher keine Türen und hat keine Chancen auf besondere Anerkennung. Derartige Verhaltensweisen führen dazu, daß Personen übergangen und übersehen werden. Personen mit »ostasiatischen Verhaltensweisen« werden in westlichen Kulturen schnell zu Objekten degradiert, sie werden als Projektionsfläche zur Selbstdarstellung von anderen instrumentalisiert und fallen privat und beruflich oft in die Hände von »Ausbeutern«. Durchsetzung gegen andere Personen mit mäßig rauhen und egoistischen Methoden wird hingegen als adäquates Mittel nicht nur gebilligt, sondern verlangt. Von Bewerbern, die Karriere machen wollen, wird erwartet, daß sie sich gegen andere egoistisch durchsetzen, die Leistungen anderer gekonnt herabsetzen und es verstehen, sich auch mit Werbemanövern und Scheindarstellungen positiv in Szene zu setzen. Schon Emile Durkheim (1977) wies auf die in westlichen Kulturen entwickelte »Oberlehrermentalität« hin, den notorischen Hang zur Besserwisserei und zur Abwertung von Meinungen anderer. Die Wir-Ich-Balance ist in westlichen Kulturen so strukturiert, daß das Ich die Umwelt kontrolliert und sich von Gruppen und Kollektiven absondert (Essau/Trommsdorff 1995, S. 212; Trommsdorff 1989 c, S. 104 ff.; Oerter/Oerter 1995, S. 154, 168; Elias 1994). Diese Absonderung kann durchaus mit mäßig aggressiven, extravertierten und rauhen Methoden erfolgen. Zu starke Zurückhaltung und Rücksichtnahme führen in westlichen Kulturen regelmäßig dazu, daß die so zuvorkommend behandelten Personen dies nicht gratifizieren. Der übermäßig Geschonte wird im Regelfall die Rücksichtnahme als Schwäche auslegen und ausnutzen.

Westliche Kulturen liegen daher im Mittelfeld zwischen ostasiatischen und aggressiven Kulturen, was die Entwicklung sozialer Umgangsformen anbelangt. Schon Leibniz verlangte vor 250 Jahren einen Austausch von Entwicklungshelfern und den Import von Erziehern aus dem Reich der Mitte, um europäische Zivilisationsstandards anzuheben:

»Die Mäßigung bemerket man auch sogar bey dem gemeinen Pöbel … Die Chinesen halten das auffahrende Wesen für einen sehr unanständigen Fehler. Dieses geschieht nicht deswegen, weil sie sich in Zeiten dazu gewöhnen, Herren über sich selbst zu sein … Sie verabscheuen alle Handlungen, Worte und Geberden, welche Zorn oder die geringste Gemüthsbewegung zu verrathen scheinen« (Leibniz 1750, S. 130 f.).

In ost- und südostasiatischen Kulturen sind individuelle Durchsetzung gegen andere mit aggressiven Methoden, individuelle Frontstellung gegen die Gruppe und Rechthaberei auf Kosten anderer verpönt. Jedes Gruppenmitglied ist *a priori* ein Freund, den zu übertrumpfen, verbal zu diskriminieren oder herabzusetzen schändlich ist. Konflikthafte Selbstbehauptung und aggressives Vorgehen werden als extrem peinlich und unangenehm empfunden. Egoistische Befriedigung von Bedürfnissen ohne Einbeziehung der Gruppenmitglieder gilt als anstößig und abnorm. Jede kompromißlose Durchsetzung eigener Interessen auf Kosten anderer Gruppenmitglieder gilt als Kapitalverstoß gegen das Harmonieprinzip, dem A und O allen sozialen Strebens. Ein schroffes Nein, ein totales und direktes Abweisen von Meinungen, Ansprüchen und Positionen anderer ist unerträglich (Weggel 1994, S. 295, 38, 289; Schubert 1992, S. 108, 137, 181).

»Konflikte sind, wie alle Formen des groben mitmenschlichen Umgangs, zu vermeiden … In gemeinsamen Beratungen und gegenseitigen Konsultationen wird eine Entscheidung herbeigeführt, der alle zustimmen können. Niemand soll sich am Ende als Gewinner oder Verlierer fühlen. Ein solches Vorgehen erspart Frustrationen, bedeutet jedoch zugleich, daß jeder zu Kompromissen und zum Nachgeben bereit sein muß. Wer selbstbezogene Bedürfnisse nicht kontrolliert und auf der Durchsetzung individueller Rechte beharrt, läuft Gefahr, aus der Gemeinschaft ausgegrenzt zu werden« (Husarek 1995, S. 127).

Ostasiaten werden zu konfliktfreiem Verhalten von Kindheit an erzogen (vgl. Kapitel 4.2.5). Erziehungsideal ist bei beiden Geschlechtern ein Verhalten, das zurückhaltend, selbstkontrolliert, entspannt, angenehm im Umgang und frei von Zornes- und Temperamentsausbrüchen ist (Weggel 1994, S. 273 ff.). In Menschenmengen in asiatischen Städten vermeidet man herausfordernde Augenkontakte, friedlich und lässig schieben sich die Leute aneinander vorbei, ohne Aggressionen aufkommen zu lassen.

»Asiaten schätzen leises und zurückhaltendes Auftreten, ruhiges bis sanftes Sprechen, ›würdige‹ Bewegungen – also Disziplin und Selbstkontrolle in allen Äußerungen. Lautes Daherreden … ruft beim Asiaten eher Unbehagen hervor« (Weggel 1994, S. 295).

»Als höchst positiv werden im allgemeinen die asiatischen Umgangsformen empfunden, die durch formale Höflichkeit, Heiterkeit, Leichtgängigkeit, Kompromißbereitschaft, Geduld, Aufmerksamkeit, Contenance und vor allem durch das Bestreben bestimmt sind, offene Konflikte auszugrenzen« (Weggel 1994, S. 292).

Schon Durkheim (1977, S. 239, 246) meinte, daß in der modernen westlichen Gesellschaft, in der die Religion einen immer geringeren Platz einnehme, das Individuum Gegenstand einer Art von Religion geworden sei: »Wir haben für die Würde der Person einen Kult, der, wie jeder starke Kult, schon seinen Aberglauben hat« (Durkheim 1977, S. 213). Dieser Individualismus bewirkt laut Durkheim, daß das Individuum mit seinen Privatüberzeugungen und seinen Ansichten einen fortwährenden Kampf gegen andere führe, in der Absicht, diese seinen Meinungen und Interessen zu unterwerfen. Die hohe Bedeutung der Person und ihrer Weltsicht bewirkten nach Durkheim die Gefahr einer Atomisierung gesellschaftlicher Zusammenhänge.

In Ostasien hingegen werden Personen immer als Teile von sozialen Kontexten angesehen. Die Person ist weniger abgehoben, sondern verknüpft mit anderen. Eigene Bedürfnisse und Interessen haben nur dann einen Sinn, wenn sie von der Gruppe akzeptiert werden. Der langfristige soziale Zusammenhalt ist wichtiger als die Verfolgung kurzfristiger persönlicher Interessen (Kornadt/Husarek 1989; Trommsdorff 1989 c, S. 104 ff.; Essau/Trommsdorff 1995, S. 212).

»Die persönlichen Meinungen, Fähigkeiten und Eigenarten sind sekundär, sie müssen kontrolliert und der Hauptaufgabe wechselseitiger Bezogenheit angepaßt werden ... So wird es (in Java) als Merkmal der Reife angesehen, sich zurückzunehmen, sich beherrschen zu können, fähig zu sein, sich einzuordnen und auch im sprachlichen Ausdruck Beherrschung und Kontrolle zu zeigen« (Oerter/Oerter 1995, S. 154, 169).

Daher ist es ein zunehmendes Globalisierungsproblem und ein Joint-venture-Problem, wenn Ostasiaten und Westler zusammentreffen. Das auffahrende, egoistische und konflikthafte Verhalten von Westlern gilt in Asien als primitiv und unanständig. Der Ostasiate hat aber keine Möglichkeit, dies dem Westler mitzuteilen. Er lächelt daher, statt zu kritisieren. Er lächelt immer, auch in tragischen Situationen, um andere nicht zu kompromittieren (LaBarre 1981, S. 159).

Ein zivilisationstheoretischer Vergleich westlicher und fernöstlicher Kommunikationsstrukturen wird wohl zu dem Ergebnis von Leibniz kommen müssen, daß die östlichen Umgangsformen – wie auch die Reaktionen auf aggressives Verhalten – einen höheren Zivilisationsstandard aufweisen. Man könnte allerdings einschränkend bemerken, daß die Rechte der Person in Asien nicht genügend Berücksichtigung finden. Möglicherweise existiert in beiden Kulturkreisen keine ausgewogene Wir-Ich-Balance. Die östliche Gruppenharmonie beruht auf einer Beugung individueller Rechte, und der westliche Individualismus greift zunehmend die Grundlagen der Gemeinschaftsfähigkeit an. Beide Kulturkreise haben möglicherweise noch keine ausreichende dialektische Beziehung von Person und Gruppe entwickelt, die einen höheren zivilisatorischen Standard verspräche (Magnis-Suseno 1981).

Jedenfalls zeigt sich, daß die ZT von Elias auch auf die Evolution sozialer Kommunikation Anwendung finden kann.

5.4 Psychogenese der Geschlechterbeziehungen im Kulturvergleich

Elias' zivilisationstheoretische Rekonstruktion der Entwicklung der Geschlechterbeziehungen findet sich vor allem in einem Kapitel von PDZ, in seinem Buch über die höfische Gesellschaft und in einem Aufsatz für die *Kölner Zeitschrift für Soziologie und Sozialpsychologie*. In dem Aufsatz (Elias 1997) und in *Die höfische Gesellschaft* (Elias 1969) hat er seine soziogenetische Konzeption der Geschlechterbeziehungen hinlänglich gut ausgearbeitet, aber die psychogenetische Dimension vollkommen vernachlässigt. Diese Vernachlässigung wird von ihm jedoch nicht kenntlich gemacht, so daß eine zivilisationstheoretische Fundierung suggeriert, aber nicht geleistet wird. Die zivilisationstheoretische Einkleidung ist rein verbal, aber nicht mit sachlich-argumentativen Konsequenzen verbunden. Seine soziogenetische Argumentation folgt den üblichen Pfaden von Analysen der institutionellen Machtverteilung zwischen den Geschlechtern. In dem Kapitel von PDZ ist weder die sozio- noch die psychogenetische Dimension gut entwickelt worden, dagegen sind hier mehr psychogenetische Überlegungen zu finden, die jedoch nicht so fundiert sind, daß sie eine historische Psychogenese der Geschlechterbeziehungen nachweisen können.

Man kann Elias' Ausführungen zur Zivilisation der Geschlechterbeziehungen sinnvoll nur unter Heranziehung kulturanthropologischer Forschungen rekonstruieren. In ökologisch großzügigen Regionen, die sich durch ein günstiges Verhältnis von Bevölkerungsdichte und Nahrungsressourcen auszeichnen, sind Kriege seltener und die Geschlechterbeziehungen sind entspannter und weniger hierarchisch strukturiert. Zumeist stehen Kulturen jedoch unter ökologischer Spannung, die sich in Kriegen um Ressourcen entladen. Wegen der Bedeutung der militärischen Potenz sind die Frauen in solchen zumeist patriarchalischen Kulturen den Männern unterworfen und weitgehend rechtlos (Harris 1989; Boserup 1965). In mutterrechtlichen und friedlichen Kulturen günstiger Habitate ist die Stellung der Frauen wesentlich besser (Malinowski 1979 b, S. 40; Harris 1997, S. 303 ff.; Harris 1989; Vivelo 1981). Neben dem Krieg ist auch die Ökonomie, ganz besonders die Frage des Bodenbaus für die Machtverteilung ausschlaggebend: In Kulturen, die Gartenbau favorisieren, geht es den Frauen besser, und in Kulturen, die Pflugbau betreiben, herrscht das Patriarchat (Harris 1997, S. 303 ff.; Boserup 1965) (Pflugbau ist aber schon die Folge von Bevölkerungsdruck).

Elias erklärt die Recht- und Machtlosigkeit von Frauen in der römischen Republik und im europäischen MA. gleichfalls aus dem kriegerischen Charakter und aus der Bedeutung der Körperkraft in diesen Gesellschaften. Deren Ordnungen der Verwandtschaft, der Familie, der Heirat, der Wirtschaft und des Rechts sind so aufgebaut, daß in ihnen die weitgehende Rechtlosigkeit von Frauen installiert ist. Elias beschreibt, wie Frauen bei den Germanen und vor allem in der römischen Republik gehalten wurden: Sie wurden für Ehezwecke geraubt,[25] sie hatten keine Eigentumsrechte und hatten keinen Vornamen, sie standen immer unter Vormundschaft und konnten getötet, ge- und verkauft werden usw. (Elias 1997, S. 429 ff.).

Seit dem ersten vorchristlichen Jahrhundert jedoch wurde infolge der Pax Romana und des zunehmenden Wohlstandes insbesondere in der Oberschicht die Stellung der Frauen im alten Rom fast gleichberechtigt. Sie verfügten über Eigentum, selbständige Persönlichkeitsrechte und über das Recht auf Ehescheidung. Die Verschiebung der Figurationen und der Machtbalance aufgrund politisch-ökonomischer Wandlungen veränderte die Geschlechterbeziehungen total. Aus rechtlosen Anhängseln wurden zumindest in den höheren Schichten nahezu gleichberechtigte Personen (Elias 1997, S. 435 ff.).

Der Prozeß der Emanzipation der Frau vollzog sich auch im nördlichen Europa während des MA.s und der Neuzeit in mehreren Wellen. Im kriegerischen Hochmittelalter waren die Frauen der Gewalt der Männer hilflos ausgeliefert (PDZ 2, S. 105;

25 11 % der Yanomamö-Frauen werden für Ehezwecke geraubt, vor der Ehe jedoch von allen Männern sowohl des Entführer-Stoßtrupps als auch des Dorfes vergewaltigt (Chagnon 1994, S. 136, 264; Harris 1997 b, S. 105).

Schulze 1986; Duby 1988; Duby 1985 a; Schröter 1990). In der höfischen Gesellschaft insbesondere des Ancien régime änderte sich dieses Ungleichgewicht in umfassender Weise. Die rechtliche, politische und ökonomische Unabhängigkeit der Frauen war im Versailles des 18. Jahrhunderts von der der Männer kaum noch zu unterscheiden. Männer konnten ihren Willen den Frauen nicht mehr einfach aufzwingen (Elias 1969; PDZ 1, S. 252 ff.).

Diese institutionellen Verankerungen der Rechtlosigkeit und der Emanzipation der Frauen zu untersuchen ist Aufgabe der Eliasschen Figurationssoziologie (Klein/Liebsch 1997). Seine soziogenetische Erklärung der Wandlungen der Machtbalance weicht von den Erklärungen der Sozialhistoriker und Kulturanthropologen nicht ab. Im Gegenteil, sie wird von deren Angaben und Analysen unterstützt. Man könnte Elias' Ausführungen in folgendes Gesetz zusammenfassen und umformulieren: In armen, kriegerischen Gesellschaften sind Frauen zumeist rechtlos, und in befriedeten, reichen Gesellschaften gewinnen sie an rechtlicher und ökonomischer Unabhängigkeit (vgl. Harris 1997, S. 303 ff.).

Die Unterordnung von Frauen in einfachen Gesellschaften kann sehr weitgehend sein. Yanomamö-Männer empfinden für ihre Frauen keine romantischen Gefühle. Liebe bezieht sich nur auf Blutsverwandtschaft, nicht auf angeheiratete Ehepartner. Geliebt wird die Ehefrau daher nur, wenn sie auch eine Kreuzbase ist. Frauen haben Befehle unverzüglich zu befolgen, sonst müssen sie mit Züchtigung, Verbrennungen und Verstümmelungen rechnen (Chagnon 1994, S. 182, 185).

»Die meisten körperlichen Zurechtweisungen nehmen die Form von Tritten oder von Schlägen mit der bloßen Hand oder mit einem Holzscheit an; ein besonders tückischer Ehemann kann aber auch mit der Schneide einer Machete oder Axt nach seiner Frau hauen oder ihr einen Pfeil mit Widerhaken in einen nichtlebenswichtigen Körperteil schießen, etwa ins Hinterteil oder ins Bein« (Chagnon 1994, S. 183 f.).

Diese Unterwerfung und Schikane von Frauen findet man – bei allen kulturellen Unterschieden im einzelnen – auch bei den Mongolen, den Papua (die Papua-Frauen schlafen in den Schweineställen), den Beduinen, den alten Griechen, den Germanen und im MA. (Bogner 1984; Al-Wardi 1972; Tannahill 1983, S. 93; PDZ 2, S. 105; Borst 1983, S. 397, 413; Leites 1988, S. 186). Das Prügelrecht des Ehemanns gegen seine Frau wurde in England erst 1782 abgeschafft (Solé 1979, S. 55). Frauen im Ancien régime waren Mägde, die oft einen geringeren Wert als die Kuh hatten (der Doktor wurde wegen Krankheit der Kuh, nicht der Frau gerufen). Um 1800 ging die Frau in Europa hinter dem Mann her wie in Indien und Anatolien heute noch (Shorter 1983, S. 72 ff.; Elias 1997, S. 425). Die Ausgehbeschränkungen für Frauen verschwanden in Europa erst um etwa 1890; zuvor sollten sie ohne Begleitung keine Besuche und Erledigungen machen (deSwaan 1991, S. 174). Die europäischen Frauen standen so unter permanenter Aufsicht ihrer Verwandschaft und Vormundschaft (Schröter 1990, S. 168), ähnlich wie Frauen im Islam (Bourdieu 1976). In diesem Zusammenhang denke man an die katastrophale Lage von Frauen im zeitgenössischen Afghanistan und in manchen Golfstaaten und an die Klitorisbeschneidungen bei Millionen von Frauen in Afrika.

Aus dieser oft (nicht immer) extremen patriarchalischen Unterdrückung haben Frauen in den betroffenen Gesellschaften starke Ängste entwickelt. Weiße Frauen in der brasilianischen Kolonialzeit waren regelrecht kaserniert. Sie hatten einen ähnlichen rechtlichen Status wie die Frauen aus den zuvor genannten Kulturen (Freyre 1982, S. 67, 101, 131; Freyre 1990, S. 318 f.).

»Bei einigen Mädchen beobachtet man, wie sie wegen jeder Kleinigkeit in unbeschreibliche Schüchternheit oder Schrecken verfallen. Das scheint oft einfach eine weibliche Eigenschaft zu sein, ist aber nichts anderes als die Auswirkung der Erziehung, die sie genossen haben« (Freyre 1982, S. 76).

»Dadurch ist die Irakerin … zu einem Wesen geworden, das schamvoll, schüchtern und scheu, überaus wachsam und vorsichtig und ständig auf der Hut ist. Die Irakerin hat sehr große Furcht vor den Männern, ist äußerst zurückhaltend und im Umgang mit ihnen auf würdiges Benehmen und respektgebietende Haltung auf das peinlichste bedacht, denn sie weiß ganz genau, daß die geringste Nachlässigkeit … sie ins Gerede und in üblen Verdacht bringen kann, und dies führt dann oft zu ihrem Tode oder zumindest doch zu unauslöschlicher, ewiger Schande« (Al-Wardi 1972, S. 376).

Das soziogenetische Erklärungskonzept von Elias ist, wie wir gesehen haben, durch die sozialgeschichtlichen und kulturanthropologischen Daten großteils abgesichert. Die Absicherung des Soziogenesekonzepts bedeutet nicht die Validierung des zivilisationstheoretischen Ansatzes, denn die Frage nach der histori-

schen Psychogenese der Geschlechterbeziehungen bleibt unbeantwortet. Elias' psychogenetische Ausführungen stützen sich
im wesentlichen auf das Konzept der Selbstkontrolle. Selbstkontrolle in Geschlechterbeziehungen »operationalisiert« Elias vor
allem unter Bezug auf die Art und Weise der Kontaktaufnahme
und unter Bezug auf prüdes bzw. freies Sprechen und Handeln.
Elias' entsprechende Ausführungen sind jedoch alles andere als
systematisch und kohärent aufgebaut. Sein Gedankengang sieht
logisch rekonstruiert so aus: Frauen des MA.s unterliegen einem
Fremdzwang, der in ständiger Beaufsichtigung und Augenkontrolle besteht. Männer hingegen unterliegen keinem besonderen
Fremd- und Selbstzwang, was sexuelle Belange betrifft. Die
Grenzen männlichen sexuellen Handelns sind durch die Bewa-
cher und Verwandten der Frauen definiert, jedoch nicht durch
interne Schranken. Der neuzeitliche Absolutismus verschärft die
sexuelle Selbstkontrolle beider Geschlechter. Insbesondere der
Mann kann nun nicht mehr einfach die Frau sexuell attackieren,
sondern muß mit ihrer Verteidigung und Ablehnung rechnen. Er
muß zumindest mehr investieren, der Weg vom Kennenlernen
bis zur Eroberung ist länger, schwieriger und der Erfolg ist unge-
wiß (PDZ 1, S. 252 ff.). Im 19. und im 20. Jahrhundert sieht Elias
gegenüber dem Absolutismus eine weitere und noch erhebliche-
re Zunahme an sexueller Selbstkontrolle. Sexualverdrängung und
Sexualkonditionierung hätten im bürgerlichen Zeitalter weiter
zugenommen. Die bürgerlichen Verflechtungszusammenhänge
und das bürgerliche Berufsleben verlangten von den Menschen
eine Verschärfung der sexuellen Selbstkontrolle. Die bürgerlichen Fremdzwänge sozialisierten daher stärkere Selbstzwänge
als die absolutistischen und mittelalterlichen Fremdzwänge, obwohl die letzteren oft pointierter und konkreter als bürgerliche
Fremdzwänge seien (PDZ 1, S. 255, 257, 259). Diese gegenüber
dem MA. und der frühen Neuzeit fortgesetzte Zurückdrängung
des Sexuellen aus dem öffentlichen Leben und die verstärkte
Selbstkontrolle im bürgerlichen Zeitalter belegt Elias, indem er
die mittelalterliche Sexualkultur beschreibt und in diesem Zusammenhang zum Beispiel auf die Öffentlichkeit der ersten Begegnung im Hochzeitsbett, auf die mittelalterliche Bäderkultur,
auf die geringe Peinlichkeit der Prostitution und auf das scham-
freie Sprechen und Schreiben über sexuelle Dinge (zum Beispiel
in den Schriften von Erasmus) verweist (PDZ 1, S. 243, 236 ff.).

Diese Öffentlichkeit und Schamfreiheit ist im bürgerlichen Zeitalter verlorengegangen, so daß von einer welthistorisch einmaligen Verstärkung von Selbstkontrolle auszugehen ist. Diese Intensivierung der sexuellen Selbstkontrolle reiht sich laut Elias bruchlos in die allgemeine psychogenetische Evolution der Menschheit ein, sie ist ein Element des allgemeinen psychogenetischen Zivilisationsprozesses wie die entsprechenden Entwicklungen von Aggression und Kognition (PDZ 1, S. 258).

So evident die soziogenetischen Ausführungen sein mögen und so sehr sie durch die internationale Forschung gestützt werden, so ungeschützt und unbewiesen sind die psychogenetischen Thesen Elias' zum Sexualverhalten. Da Elias in PDZ unsystematisch zwischen sozio- und psychogenetischen Ausführungen hin und her wandert, wird der Eindruck erweckt, als handele es sich um zwei Seiten derselben Medaille, als könne man die soziogenetischen Ausführungen gar nicht ohne die psychogenetischen verstehen und nachvollziehen. Tatsächlich könnten *prima facie* und rein methodologisch die soziogenetischen Ausführungen auch unter Ausschluß des Psychogenesekonzepts vollkommen richtig sein. Der Schluß von der Sozio- auf die Psychogenese ist prima facie nicht zwingend. Elias hat keinen wirklichen Beweis für die historische Zunahme sexueller Selbstkontrolle. Die historische Entwicklung der Sexualität, so wie Elias sie beschreibt, könnte auch ohne psychogenetische Entwicklung stattgefunden haben. Die Solidität der soziogenetischen Beweisführung steht in einem eindeutigen Kontrast zur Schwäche der psychogenetischen Argumentation. Die mittelalterliche Bäderkultur und die Öffentlichkeit der ersten Schlafzimmer-Begegnung müssen sachlogisch nicht notwendig psychogenetische Komponenten implizieren, sondern lassen sich auch rein soziogenetisch und apsychologisch erklären. Ein solcher Werte- und Verhaltenswandel ließe sich zunächst auch unter Ausschluß des Konzepts der Selbstkontrolle deuten.

Im Mittelpunkt von Duerrs vierbändiger Auseinandersetzung mit der ZT von Elias stehen neben der Frage der Aggressionsentwicklung vor allem auch Elias' Ausführungen zur psychogenetischen Entwicklung der Sexualität. Jedoch findet man in den Büchern von Duerr genausowenig Beweise gegen ein Psychogenesekonzept, wie man bei Elias Beweise für eine historische Verschärfung der sexuellen Selbstkontrolle findet. In den Arbeiten von Duerr ist kein systematisches Argument und kein Sachverhalt zu finden, der für die Diskussion und die empirische Prüfung sexueller Psychogenese verwertbar wäre.

Eine der interessantesten und gründlichsten Arbeiten, die im Kontext der Elias-Soziologie bisher geschrieben wurden, ist die Dissertation von M. Schröter (1990), die im Untertitel heißt: »Sozio- und psychogenetische Studien über Eheschließungsvorgänge vom 12. bis 15. Jahrhundert«. Schröter beschreibt detaillierter und faktenreicher als Elias die historische Veränderung der Machtbalance zwischen den Geschlechtern. Er zeigt, wie sich die Rechtlosigkeit der Frauen im MA. auf die Heiratspraktiken ausgewirkt hat. Schröter legt dar, wie die allmähliche Emanzipation der Frau aus den Abhängigkeiten der Verwandtschaft Eheschließungsmodalitäten dahingehend beeinflußt hat, daß eine größere Selbständigkeit der Frau vorgesehen wurde. Schröter begeht jedoch denselben Fehler wie Elias, nämlich psychogenetische Entwicklungen nur zu suggerieren, statt zu demonstrieren. Eine Inhaltsanalyse des Textes würde aufweisen, daß mehr als 95 % des Buches soziogenetische Aspekte behandeln. Die restlichen 5 % bestehen aus Behauptungen über psychogenetische Aspekte, nicht aus Beweisen. Das Versprechen des Untertitels des Buches wird in seinen Darlegungen in keiner Weise eingelöst.

Schröters psychogenetische Ausführungen sind aufgrund ihrer Konzeptionslosigkeit sogar offen widersprüchlich. So behauptet er einmal, die Frauen des MA.s hätten über eine starke Selbstkontrolle verfügt, seien extrem schamhaft gewesen und hätten eine starke innere Barriere gegen Sexualität gehabt (zum Beispiel ablesbar an der Schamesröte vor der Hochzeit). Dann wiederum behauptet er, die Frauen hätten nur unter Fremdzwang und Augenkontrolle gestanden. Bei Lücken in der Kontrolle hätten sie sich auch leicht den sexuellen Impulsen hingegeben, da ein Selbstzwang gefehlt hätte (Schröter 1990, S. 75 f., 168 ff.).

Männern des MA.s unterstellt Schröter – dies ist schon klarer – niedrige Fremd- und vor allem geringere Selbstzwänge. Vom Sehen einer Frau bis zu dem Versuch ihrer Eroberung sei der Weg kurz gewesen.

»Daß der Anblick einer Frau so umstandslos mit dem Aufflammen eines sexuellen Besitzwunsches verknüpft ist, der dann zumeist mit zielstrebiger Anstrengung verwirklicht wird, erinnert an Gegebenheiten, die wir als typisch für Kinder eines bestimmten Alters kennen. Bei Dreijährigen etwa läßt sich leicht und regelmäßig beobachten, wie das Sehen eines Spielzeugs im Schaufenster unmittelbar den Wunsch, es zu haben, hervorruft. Es bedarf eines langen Trainings der Toleranz für Versagungen, bis diese Spontanreaktion allmählich zurücktritt und die Kette zwischen Anblick, Besitzwunsch und motorischem Zugriff durch vielfältige Zwischenstufen der Realitätsprüfung und -anpassung verlängert und gelockkert wird. Bei den Kriegeradligen, um die es in unserem Fall geht, ist diese Kette offenbar noch kürzer und fester. Der Vergleich mit heutigen Kindern macht klar, daß der begehrliche Blick ein weiteres Beispiel für das ›soziogenetische Grundgesetz‹ ist, von dem Norbert Elias spricht und das besagt, daß der Zivilisationsprozeß, den Kinder in Gesellschaften einer späteren Entwicklungsstufe durchlaufen, wie im Zeitraffer einen jahrhundertelangen sozialen Zivilisationsprozeß rekapituliert« (Schröter 1997, S. 50 f.).

Schröter hat keinen Beweis dafür, daß Krieger des Mittelalters sich buchstäblich auf jede unbewachte Frau stürzten, deren sie ansichtig wurden. Er hat ferner keinen Beweis dafür, daß solche Eroberungen, wenn sie denn vorkamen, einer Mentalität erwuchsen, die für Dreijährige typisch ist. Seine Literaturrecherchen zeigen nur, daß manche Männer des MA.s, sobald sie manche Frauen sahen, um sie warben und sie zu erobern suchten. Dies kommt jedoch auch in modernen Gesellschaften vor. Schröter kann die Mentalitätsunterschiede, wenn sie denn existieren, anhand des von ihm diskutierten Materials nicht herausarbeiten, nicht operationalisieren und nicht beweisen.

Es ist ein schwieriges Unterfangen, in der uferlosen Literatur stichhaltige Beweise für eine Psychogenese der Geschlechterbeziehungen zu finden. Obwohl es ein umfangreiches Schrifttum zur Sozialgeschichte der Frau, der Ehe, der Liebe, der Sexualität usw. gibt, muß man feststellen, daß eine Untersuchung, die die Psychogenese von Geschlechterbeziehungen gründlich und systematisch nachgewiesen hätte, bislang nicht vorliegt. Die damit im Zusammenhang stehenden Fragen sind großenteils noch ganz offen. Schaut man in eine beliebige *Kulturgeschichte der Erotik* oder in eine *Weltgeschichte der Liebe* o. ä., wird man feststellen müssen, daß diese Untersuchungen die Ebene, auf der Psychogenesekonzepte valide diskutierbar wären, erst gar nicht erreichen (vgl. Solé 1979; Tannahill 1983; Mead 1979; Métral 1981). In aller Regel werden bestimmte kulturspezifische Praktiken beschrieben, die nur assoziativ mit Motiven und Dispositionen verbunden werden. Diese Assoziationen beruhen auf reinen Behauptungen, sokratische Nachfrageprozeduren könnten sie nicht überstehen. Über einen wahrscheinlich in manchen Bereichen leichter herzustellenden Minimalkonsens hinaus dürfte es sogar schwierig sein, zu definieren, was denn unter einer psychogenetischen Zivilisierung von Geschlechterbeziehungen überhaupt verstanden werden könnte. Den Minimalkonsens hinsichtlich des Zusammenhangs von Zivilisation und Geschlechterbeziehungen könnte man schon herstellen, indem man auf die brutale Gewalt und Unterdrückung von Frauen zum Beispiel bei den Yanomamö verweist – eine Gewalt, deren enormes Ausmaß sicherlich nicht zu vergleichen ist mit der Gewalt, die in mutterrechtlichen und modernen Gesellschaften vorfindlich ist (Harris 1997, 1997 b). Diese unterschiedlichen Zivilisationsstandards müssen aber *prima facie* nicht psychogenetisch fundiert sein.

Über diesen Minimalkonsens hinaus wird es jedoch außerordentlich schwierig sein, eine Logik und eine Entwicklungsrichtung psychogenetischer Zivilisierung von Geschlechterbeziehungen zunächst definieren und dann empirisch feststellen zu können. Bedeutete diese kulturgeschichtliche Psychogenese auch, daß die Geschlechterbeziehungen freundschaftlicher werden? Impliziert sie eine Zunahme von Verständnis, Sensibilität, Perspektivenübernahme, Hilfeleistungen, Vertrauen, gegenseitiger Anerkennung usw.? Impliziert sie eine Zunahme sexueller Exklusivität, oder bezieht sie sich gar nicht auf Sexualität? Ist Sexualität ein Bereich, der von psychogenetischer Zivilisierung erfaßt und strukturiert wird? Wenn Sexualität Objekt der Psychogenese ist, in welchen verschiedenen Aspekten ist sie dies dann? Im Sinne einer Zurückdrängung des Triebhaften zugunsten sozialer, persönlicher, emotionaler und geistiger Werte und Einbindungen? Ist sie dies im Sinne einer Ersetzung polymorpher Formen zugunsten rein genitaler Ausrichtung (Balint 1981)? Sind romantische Liebesformen Ausdruck einer höheren psychogenetischen Stufe als andere Formen erotischer Beziehungen? Gibt es demnach eine primitive Liebe (die ganz egozentrisch-nützlichkeitsorientiert zum Beispiel »vor allem durch den Magen geht«) im Unterschied zu einer persönlichen, geistigen und exklusiven Liebe (Balint 1981, S. 93 ff.; Werner 1933)? Ist Bedingungslosigkeit, Absolutheit und Exklusivität einer Paarbeziehung im Sinne romantischer Vorstellungen Kennzeichen eines hohen psychogenetischen Zivilisationsstandards, oder handelt es sich dabei im Sinne der Lorenz-Schule um eine rein biologisch-ethologische Größe (»Prägung«) (Bischof 1997), oder handelt es sich dabei um ausschließlich psychodynamisch-behavioristisch erklärbare Sachverhalte (Riemann 1991)? Sind im Umkehrschluß die primitive Ehe und Liebe, die ja auch oft exklusiv sind, prä-operational-instinktiv und durch einen niedrigen geistigen und persönlichen Gehalt bestimmt? Sind primitive Geschlechterbeziehungen demnach stärker triebhaft, körperlich, instrumentell, partnerassimilierend und weniger romantisch, persönlich, geistig, partnerzentrierend und exklusiv? Tatsächlich kann man nicht davon sprechen, daß diese Fragen auch nur annähernd hinlänglich beantwortet sind. Kulturell unterschiedliche Eheformen und unterschiedliches Partnerverhalten (Polygamie, Bindungsverhalten usw.) scheinen in vieler Hinsicht nicht psychisch-kognitiv, sondern ökologisch, ökonomisch und kulturell bedingt zu sein (Harris 1997). Von einigen Indizien abgesehen, sind die mit der historischen Psychogenese von Geschlechterbeziehungen im Zusammenhang stehenden Probleme und Fragen offen und ungelöst.

Während in den Bereichen Kognition, Wissenschaft, Aggression usw. zuverlässige Psychogenese-Nachweise gefunden werden konnten, ist hier festzustellen, daß die Frage nach der Psychogenese der Geschlechterbeziehungen zwar nicht unbeantwortet bleiben muß, jedoch nicht in der soliden Weise geklärt werden kann, wie dies für die anderen untersuchten Bereiche möglich gewesen ist. Die nachstehenden Überlegungen können daher nicht an das Beweisniveau der vorherigen Kapitel und Sachgebiete anschließen.

Man könnte sich dem Problem hypothetisch-deduktiv nähern und auf diesem Wege eine empirische Klärung, Prüfung und kulturgeschichtliche Darlegung umgehen. Man könnte aus den gewonnenen Resultaten zur Kulturgeschichte der Psychogenese ganz im Sinne des »transzendentalen« Anspruchs der Theorien von Elias und Piaget, der schließlich großenteils eingelöst wurde, hypothetisch-deduktiv ableiten, daß zwangsläufig eine psychogenetische Kulturgeschichte der Geschlechterbeziehungen stattgefunden haben muß. Da die Entwicklung des formal-logischen Denkens und die Aufrichtung des Über-Ich kulturgeschichtlich bewiesen werden konnten, müssen sich diese psychogenetischen Entwicklungen zwangsläufig auch in Geschlechterbeziehungen niedergeschlagen haben. Es gibt *prima facie* keinen logischen und sachlichen Grund, zu glauben, Geschlechterbeziehungen seien von dem kulturgeschichtlichen Psychogeneseprozeß ausgespart. Da ferner eine Vielzahl von beweisbaren kulturgeschichtlichen Tatbeständen (Gewalt gegen Frauen, Evolution der Liebesheirat usw.) sich so darstellen lassen, als wären sie ein Resultat der Psychogenese, könnte man sich dem hypothetisch-deduktiven Verfahren anschließen. Mehr oder weniger argumentieren die meisten Kulturhistoriker, auch ohne Kenntnisse des Psychogenesekonzepts, in diesem Sinne. Sie erklären die Evolution der Partnerbeziehungen als einen geistigen, sozialen und moralischen Fortschritt (Morus 1956; Taylor 1953; Shorter 1983).

Hypothetisch-deduktiv beurteilt, ist es in der Tat sachlogisch evident, daß die formal-logisch bedingte Evolution von Rationalität, Perspektivenübernahme, Empathie und moralischem Urteil sich auch in Geschlechterbeziehungen auswirkt. Es gibt keinen Grund anzunehmen, daß Geschlechterbeziehungen in der Moderne in psychologischer Hinsicht archaisch und primitiv strukturiert geblieben sind. Sollte es biologisch-instinktive Wurzeln für die Dominanz des Mannes geben – was allerdings oft bestritten und bezweifelt wird (Harris 1997, 1997 b; Klein/Liebsch 1997) –, so könnte man die Evolution des formal-logischen Denkens, das heißt die Psychogenese, als eine Eindämmung und Neutralisation dieser instinktiven Verhaltenswurzeln verstehen. Diese Interpretation ließe sich generell dem allgemeinen Verständnis von der Zusammenarbeit von Humanethologie, Evolutionsbiologie einerseits und genetischer Epistemologie andererseits subsumieren, dem zufolge das formal-logische Denken ein Korrektursystem instinktiver und assimilatorischer Schemata ist (Oesterdiekhoff 1997, S. 46 ff.).

Jedoch ist das hypothetisch-deduktive Verfahren unbefriedigend. Interessanter wäre es, die oben gestellten Fragen in ein empirisches Forschungsprogramm umzusetzen und anhand eindeutiger Indikatoren operationalisieren zu können. Es gibt keinen Grund anzunehmen, daß dies *a priori* nicht möglich sein sollte. Man könnte auf diesem Wege das Partnerverhalten und die Einstellungen von Yanomamö, Spaniern und Holländern prüfen und im Hinblick auf das Psychogenesekonzept auswerten.

»Zivilisierte Geschlechterbeziehungen« könnte man minimal so definieren, daß die Kommunikationen nicht unilateral, sondern bilateral stattfinden und nicht hierarchisch, sondern gleichberechtigt strukturiert sind. Den Zivilisationsgrad könnte man ablesen an der Vermeidung von (auch psychischer) Gewalt und von Herr-Magd-Verhältnissen. Der Zivilisationsgrad würde sich ausdrücken in der Fähigkeit einer Beziehung, eine Autonomie der Partner gerade durch die soziale Bindung zu schaffen oder sie mit ihr in einen Ausgleich zu bringen. Der Zivilisationsgrad ließe sich messen an der Fähigkeit der Partner zu Perspektivenübernahme, sozialem Verständnis, Gerechtigkeitssinn, sozialer Unterstützung, gegenseitiger Akzeptanz und moralischem Urteil (vgl. Selman 1984).

Nach den Informationen, die vom europäischen MA., vielen Naturvölkern und von verschiedenen anderen Machokulturen vorliegen, kann man schwerlich davon sprechen, daß der Zivilisationsgrad der Geschlechterbeziehungen in diesen Gesellschaften eine gewisse Höhe erreicht hat. Bei den Yanomamö werden Frauen derart brutal behandelt, daß man logisch zwingend unterstellen muß, den Männern fehlten auf operationalem Niveau Perspektivenübernahme, soziales Verständnis und moralisches Urteil. Sie haben im Hinblick auf Frauen kein Menschenrechtskonzept. Es sind nicht einfach die sozialen Umstände, die die Yanomamö zur Unterwerfung und Schikane von Frauen nötigen, sondern es ist die Machomentalität, die in Frauen nur Objekte sieht. Es fehlt die Berücksichtigung von persönlichen Rechten und Bedürfnissen von Frauen. Die ethnographischen Schilderungen sind so detailliert und nuancenreich, wie es die literarischen Interpretationen von Elias gar nicht sein konnten. Diese ethnographischen Beschreibungen legen den Schluß sehr nahe, daß die Mißhandlung und Ausbeutung von Frauen bei den Yanomamö (und vergleichbaren Kulturen) nicht zuletzt in der egozentrischen kognitiven Struktur (Piaget) und der niedrigen Selbstkontrolle (Elias) der Männer verwurzelt ist. Es liegen in diesem Zusammenhang keine empirischen Untersuchungen der sexuellen Psychostruktur der Männer vor, mit deren Unterstützung das Psychogenesekonzept geprüft werden könnte. Da sich das kognitive Niveau der brasilianischen Urwaldindianer jedoch in anderen Zusammenhängen (Erhaltung von Volumen, Zeit usw.) als präoperational erwiesen hat (Ashton 1984), kann man auch im Bereich der sozialen und Geschlechterbeziehungen von einer Dominanz präoperationaler Strukturen, das heißt von einer

Dominanz von Egozentrismus und Assimilation über Dezentrierung und Akkommodation, ausgehen.

»Die Yanomamo-Frauen sind mit Narben und blauen Flecken übersät, in der Mehrzahl das Ergebnis heftiger Zusammenstöße mit Verführern, Vergewaltigern, Ehemännern. Keine Yanomamo-Frau entkommt der brutalen Überwachung durch ihren normalerweise ebenso jähzornigen wie rauschgiftsüchtigen Kriegergatten. Alle Yanomamo-Männer mißhandeln ihre Frauen. Nette Ehemänner begnügen sich mit blauen Flecken und kleineren Verstümmelungen; die wilden unter ihnen verwunden ihre Frauen und bringen sie um ... Kommt eine Frau den Wünschen ihres Mannes nicht rasch genug nach, kann es passieren, daß er sie mit einem Feuerholzknüppel verprügelt, mit der Machete nach ihr schlägt oder ihren Arm mit einem glühenden Stück Holz versengt ... Es hebt das ›Image‹ eines Mannes, wenn er seine Frau in der Öffentlichkeit mit einem Knüppel verdrischt. Frauen sind auch häufig als Sündenböcke willkommen. Ein Mann, der ein Ventil für den großen Zorn suchte, den er auf seinen Bruder hatte, erschoß statt dessen die eigene Frau; er wollte sie nur verletzen, aber der Pfeil ging fehl und tötete sie« (Harris 1997 b, S. 94 f.).

Frauen in Gesellschaften dieser Kulturstufe haben keine Persönlichkeitsrechte. Sie werden getauscht, verschenkt, geraubt – in jedem Falle sind sie alle im Besitz von Männern, die nach Belieben über sie verfügen. Das Wort für Heirat bei den Yanomamö heißt »etwas wegschleppen« und das für Scheidung heißt »etwas wegwerfen«. In den vorherigen Kapiteln wurden entsprechende Schilderungen der Behandlung von Frauen in anderen Kulturen zur Genüge angeführt, um das Ausmaß ihrer Unterdrückung in den meisten primitiven Gesellschaften zu verdeutlichen. Nur in den etwa 15 % der einfachen Gesellschaften, die matrilinear strukturiert sind, ist die Stellung der Frau besser, wenn auch zumeist ebenfalls nicht gleichberechtigt. Aufgrund dieses Befundes kann man von einer weitgehend universalen Unterdrückung von Frauen in einfachen Gesellschaften ausgehen. In diesem Zusammenhang denke man an die Verstümmelung weiblicher Geschlechtsorgane in vielen Ländern Afrikas. Die Sambia aus Papua-Neuguinea werden von Harris noch greulicher als die Yanomamö beschrieben:

»Für Ehebruch wurden die Frauen drakonisch bestraft. Es wurden ihnen brennende Stöcke in die Vagina gestoßen, oder sie wurden von ihren Männern umgebracht. Wenn sie ungefragt redeten oder sich erdreisteten, bei öffentlichen Versammlungen ihre Meinung zu äußern, schlug man sie mit dem Rohrstock. Bei ehelichen Auseinandersetzungen waren sie körperlichen Mißhandlungen ausgesetzt. Nie sah man, daß die Männer im Umgang mit Frauen Schwäche oder Nachgiebigkeit an den Tag legten. Um Frauen zu mißbrauchen oder zu mißhandeln, haben die Männer keinen besonderen Anlaß oder Grund nötig; dieses Verhalten ist etwas ganz Normales; in Ritual und Mythos erscheint es als Teil der naturgegebenen Ordnung … Die Männer der Sambia fallen verbal und physisch über ihre Frauen her, sehen in ihnen Feinde und verräterische Wesen und behandeln sie als unwürdige und minderwertige Geschöpfe. Für viele Frauen blieb Selbstmord der einzige Ausweg« (Harris 1997, S. 278).

In diesen Gesellschaften werden Frauen vor allem als Arbeitstiere und Lustobjekte behandelt. Frauen sind selten frei und unabhängig in ihren Handlungen und Entscheidungen, sondern werden als Objekte gebraucht. Bei den Yanomamö werden Mädchen schon vor der Geschlechtsreife an Männer vergeben, zumeist tauschen die Männer ihre Schwestern zu Ehezwecken aus. Alle Frauen im Dorf sind ehelich gebunden, und der Hauptgrund für Kriege ist der Versuch, Frauen zu rauben und dem Dorf einzuverleiben.

»… daß Mädchen bereits im Alter von acht oder neun Jahren anfangen, ihre Männer zu bedienen; sie schlafen in ihrer Nähe, folgen ihnen überall hin und bereiten ihnen das Essen zu. Ein Mann versucht unter Umständen sogar, mit seiner achtjährigen Braut geschlechtlich zu verkehren. Shapiro war Zeuge furchtbarer Szenen, bei denen kleine Mädchen ihre Sippengenossen anflehten, sie den Männern, denen sie versprochen waren, wieder wegzunehmen« (Harris 1997 b, S. 97).

Chagnon prüfte die Frage der Gefühle zwischen den Geschlechtern und kam zu dem Ergebnis, daß romantische Gefühle der Liebe den Yanomamö unbekannt sind (Chagnon 1994, S. 185). Sie reservieren Liebe (was immer sie darunter im einzelnen dann verstehen) nur für Verwandte. Es ist sachlogisch klar: Wenn Frauen nur als Objekte behandelt und vollkommen mißachtet werden, kann ihnen gegenüber gar kein Gefühl der Achtung und Liebe entstehen. Weiterhin ist es unwahrscheinlich, daß die Männer über ausgeprägte operationale Fähigkeiten der Perspektivenübernahme und des sozialen Verständnisses verfügen. Frauen werden als Mittel zur Verlängerung der Männerbedürfnisse wahrgenommen.

So überrascht es nicht, daß die Männer an einer romantischen und exklusiven Partnerbeziehung gar nicht interessiert sind. Man ist mit einer Frau nicht verheiratet, weil man in ihr einen besonderen und persönlichen Wert verkörpert sieht. Freundschaft, Partnerschaft und Romantik sind in einer Ehebeziehung nicht gefragt. Wo es jedoch keine Liebe gibt, da gibt es auch kein Vertrauen und keine persönlich-geistige Beziehung, sondern nur den unilateralen Anspruch auf Dienstleistungen und Gehorsam.

»Ein Ehemann bei den Yanomamo teilt bereitwillig seine Frauen mit jüngeren Brüdern oder mit Kameraden. Aber wer dadurch, daß er sie geliehen bekommt, Zugang zu Frauen erhält, wird zum Schuldner des Ehemanns und muß sich bei diesem mit Dienstleistungen oder mit Frauen, die er im Kampf erbeutet, revanchieren. Ein junger Mann, der sich Ansehen erwerben will, darf sich nicht in Abhängigkeit begeben; er zieht es vor, die verheirateten Frauen des Dorfes durch Schmeicheleien und Drohungen zu heimlichen Zusammenkünften zu überreden. Da die Mädchen bei den Yanomamo verheiratet werden, noch ehe sie zu menstruieren anfangen, sind alle jungen Yanomamo eifrig damit beschäftigt, ihres Nachbarn Weib zu begehren. Die Ehemänner sind wütend, wenn sie hinter einen Seitensprung ihrer Frauen kommen, nicht so sehr aus Eifersucht, sondern weil der Ehebrecher es versäumt hat, sie durch Geschenke und Dienste zu entschädigen« (Harris 1997 b, S. 105).

Hier wird deutlich, daß Frauen nur als Objekte gesehen werden. Sexualität ist kein Mittel, eine intime und persönliche Vertrauensbeziehung herzustellen bzw. der Ausdruck einer romantischen Vertrauensbeziehung, sondern eine rein körperliche Angelegenheit. Eine Person, die man als minderwertig ansieht, wird nicht geliebt, sondern benutzt. Daher kann man diese Nutzungsrechte gegen andere Güter und Dienstleistungen auch abtreten. Wahrscheinlich kann man daraus das Gesetz ableiten, daß romantische Liebe in derart hierarchisch strukturierten Geschlechterbeziehungen eher die Seltenheit ist. So behaupten auch die Historiker (Dinzelbacher 1993; Duby 1988, Duby 1985 a), Liebe sei in den Geschlechterbeziehungen des MA.s infolge von Ungleichheit und Gewalt kaum oder gar nicht vorhanden gewesen.

Vor diesem Hintergrund wird die These, daß die höfische Liebe eine historische Erfindung sei, plausibler. Denn die höfische Liebe resultiert aus der Unfähigkeit von Männern, sich die hochstehende Dame einfach zu nehmen (Métral 1981). Höfische und romantische Liebe setzen voraus, daß die Unterdrückung der Frau abgebaut wird zugunsten einer stärkeren Gleichberechtigung. Durch die Gleichrangigkeit und Selbständigkeit der Frau bekommt sie einen persönlichen Wert. Der Mann kann sich die

Frau nicht einfach aneignen, sondern muß um sie kämpfen. Aus dieser Triebspannung erwächst das romantische Gefühl (PDZ 1, S. 230 ff.; Métral 1981; Bumke 1986).

Der große Durchbruch der Liebesheirat wird gemeinhin im 18. und frühen 19. Jahrhundert gesehen. Das 19. Jahrhundert führte allmählich zu einer Binnenerwärmung der ehelichen und familiären Beziehungen. Die moderne Familie entwickelte die Intimisierung und Emotionalisierung der Beziehungen. Nicht mehr materieller Nutzen, sondern die persönliche Passung, Eignung und Zugehörigkeit sollen die Grundlage der Ehebeziehung sein (Métral 1981, S. 221 ff.; Shorter 1983, S. 258 ff., 1975, S. 266 ff.; Whiting/Whiting 1975, S. 168 ff.).

Die Liebesheirat beruht auf einem Abbau der direkten körperlichen Gewalt und sexuellen Assimilation der Frau und auf der Idee einer besonderen persönlichen und exklusiven Beziehung. Während die Yanomamö sich jede greifbare und freie Frau aneignen, beruht die Liebesheirat auf der Idee der Exklusivität und Einzigartigkeit der Beziehung (Luhmann 1984, S. 123 ff., 163 ff.). Die Liebesheirat hat gerade zur ideellen Voraussetzung, daß die Partner an anderen Personen zusätzlich gar nicht interessiert sind. Sie beruht auf einer Wahl, die alle anderen Personen ausschließt. Der Grund für diese Wahl ist die besondere Persönlichkeit des Partners.

Vor diesem Kontext wird die These von Elias plausibler, daß die gleichrangige soziale Stellung beider Geschlechter seit der höfischen Gesellschaft zu einer stärkeren sexuellen Selbstkontrolle der Männer führen mußte. Diese erhöhte Selbstkontrolle resultiert aus dem Unvermögen der direkten Assimilation, dem höheren Wert der Frau und der Notwendigkeit einer individualisierten Partnerwahl.

Bei den Kriegervölkern hingegen gibt es, so muß man unter Bezug auf das erläuterte ethnographische Material schließen, keinen Grund für eine sexuelle Selbstkontrolle des Mannes, zumindest nicht im Hinblick auf Frauen, höchstens im Hinblick auf deren Verwandte. In diesen sozialen Kontexten versucht ein Mann immer, sich einer unbewachten Frau zu nähern. Einen Grund zur Zurückhaltung gibt es nicht, da die Wünsche der Frau ohne Bedeutung sind. Der Wunsch des Mannes führt zur Tat, wenn die äußeren Bedingungen es zulassen. Es gibt keine Restriktionen, die aus dem Sachverhalt herrühren, daß der Mann die

Perspektive der Frau übernimmt und ihre Wünsche respektiert.

Die romantische Beziehung hingegen setzt das Einverständnis des Partners und eine persönliche, geistige Beziehung voraus. Diese Beziehung muß jedoch erst hergestellt werden. Daher steht die Sexualität nicht am Anfang des Kontaktes, sondern erscheint als krönender Ausdruck einer hergestellten persönlichen Beziehung, einer Wahl, die auf gegenseitiger Wertschätzung basiert. Schon in der höfischen Liebe gab es erhebliche und teilweise sehr differenzierte und sublime Einschränkungen des Sexualkontakts der Liebenden (Métral 1981, S. 115 ff.; Luhmann 1984).

Obliegt es bei den Kriegervölkern dem Willen des Mannes, einen Sexualkontakt aufzunehmen, wenn er von anderen Männern nicht (gewaltsam) gehindert wird, so sind Geschlechterkontakte in Massengesellschaften zumeist gar nicht sexueller Natur. Nur ein Bruchteil der Personen des anderen Geschlechts, die Mann/Frau kennen, wird Sexualpartner, während alle anderen Gegengeschlechtlichen ausgeklammert werden. Die Selbstkontrolle ist daher als Filterführung notwendig, um den geliebten Partner von den anderen zu unterscheiden und zu favorisieren. Sie ist auch notwendig, um bei einer Beziehungsanbahnung die Vorrangstellung der persönlichen vor der sexuellen Dimension gewährleisten zu können. Ein zwischengeschlechtlicher Kontakt hat in der Massengesellschaft in der Regel auch dann keine sexuelle Natur, wenn äußere Restriktionen gar nicht vorhanden sind. Die Evolution der romantischen Liebesbeziehung ist daher eine Folge der Schizoidisierung der Gesellschaft. Die romantische Liebesbeziehung ist sowohl die Folge als auch die Kehrseite der sexuellen Selbstkontrolle. Die besondere persönliche Beziehung, die der Homo clausus eingeht, ist vor dem Hintergrund seiner Distanzierung von den übrigen Personen verständlich. Der Intimisierung der Ehe entspricht die Anonymisierung der Markt- und Massengesellschaft (vgl. Kapitel 4.2.4). Daher ist die Elias-These wahrscheinlich richtig, der zufolge die bürgerliche Gesellschaft die sexuelle Selbstkontrolle im besonderen Maße konditioniert.

Zwischen den unverblümt sexualisierten Geschlechterbeziehungen der Yanomamö und den tendenziell entsexualisierten Geschlechterbeziehungen in den Massengesellschaften gibt es interessante Missing links. Diese kulturellen Zwischenglieder kennen einerseits aufgrund ihrer patriarchalischen Struktur die strenge Monogamie und andererseits das Ritual, daß ein Mann sofort um eine Frau wirbt, wenn er mit ihr allein ist. Behrmann/Abate (1984, S. 133 ff.) beschreiben die zwischengeschlechtlichen Beziehungen in einer süditalienischen Dorfgemeinschaft.

»Den Männern dagegen wird der Geschlechtstrieb als Zeichen ihrer Mannesstärke angerechnet. Ihnen wird als natürlich zugestanden, bei jeder sich bietenden Gelegenheit mit einer Frau schlafen zu wollen und auch garantiert nichts anderes im Sinn zu haben, sobald sie mit einer Frau allein sind. Würde ein Mann in gegebener Situation nicht einmal den Versuch dazu machen, gäbe es selbst für die betroffene Frau (auch wenn sie sich dem Versuch selbstverständlich widersetzen muß) nur zwei Erklärungsmöglichkeiten: entweder ist sie als Frau nicht reizend genug, oder es fehlt ihm an Manneskraft, was grundsätzlich schlimmer wäre. Es ist deshalb einzig an der Frau, ihre Sexualität zu unterdrücken und sich selbst zu beschränken; sie ist zur Disziplinierung ihres schuldhaften Geschlechtstriebes wesentlich rigoroser als der Mann in die gesellschaftlich sanktionierte Monopolisierung des Geschlechtslebens innerhalb der Ehebeziehung eingebunden. Jungfräulichkeit bis zur Eheschließung wird ihr als gesellschaftliche Pflicht auferlegt, als Teil ihrer sozialen Identität, als Teil ihrer selbst, den sie hüten und schützen muß, wenn sie jemals einen Ehemann finden will« (Behrmann/Abate 1984, S. 138).

Dieses Werberitual drückt einerseits eine Machomentalität aus, der aber andererseits kein Erfolg beschieden ist, da die Frau sich verweigern muß und sich verweigern kann. Im Mittelmeerraum wird daher das Konkurrenzverhältnis der Männer auf andere Weise gelöst als bei den Primitiven, aber doch so, daß die Machomentalität bekräftigt und stabilisiert wird (die italienischen Migranten in New York reagierten regelmäßig mit Impotenz, als plötzlich ihr Werben bei Frauen, die aus nördlichen Regionen Europas stammten, auf bereitwilliges Entgegenkommen stieß).

Die Verhaltensweisen in patriarchalischen Agrargesellschaften (Monogamie zur Sicherung der Erbfolge) liegen in der Mitte zwischen den lockereren Verhaltensweisen in primitiven Gesellschaften und den strengeren Verhaltensweisen in bürgerlichen Gesellschaften, wo es als unfein gilt, wenn Männer jeder Frau den Hof machen (demzufolge in jeder Frau nur ein potentielles Sexualobjekt sehen). Für Süditalien und für primitive Gesellschaften gilt: Männer können, dürfen und sollen Frauen jederzeit Angebote machen. Während in Süditalien dieses Verhalten an der Jungfräulichkeit bzw. der Monogamie eine strenge Grenze findet und die Machomentalität nur noch eher symbolisch zum Ausdruck bringt, setzt es sich in primitiven Gesellschaften weit häufiger in Sexualkontakten fort. Dieses ethnographische Beispiel zeigt, daß Schröter mit seinen oben diskutierten Behauptungen über das Sexualverhalten der Männer im MA. doch richtig liegen könnte.

Während in der bürgerlichen Gesellschaft die Aufnahme von Sexualkontakten tendenziell das Ergebnis von besonderen persönlichen Sympathien und längeren Verhandlungen ist, deren ritualisierte Durchführung Selbstkontrolle voraussetzt, ist die sexuelle Kontaktanbahnung in vielen primitiven Gesellschaften sehr direkt und unverblümt. In Melanesien wird von den Männern eine schnelle und direkte Kontaktanbahnung erwartet. Ein Mann bittet eine Frau um ein Zusammentreffen mit dem offen geäußerten Wunsch nach einer sexuellen Begegnung:

»Die Trobriander sind sehr ungezwungen in ihrem geschlechtlichen Verhalten; ja, einem oberflächlichen Beobachter könnte ihr Liebesleben gänzlich ungezügelt erscheinen« (Malinowski 1979, S. 52).

»Die Mädchen auf Mangaia waren an romantischen Liebesschwüren, an ausgedehntem Petting oder an zärtlichen Vorspielen nicht interessiert. Der Geschlechtsakt war nicht der Lohn für männliche Zuneigung, eher war umgekehrt Zuneigung der Lohn für die geschlechtliche Befriedigung. Geschlechtliche Intimität wird nicht auf dem Weg über erwiesene persönliche Zuneigung erreicht: Eher gilt das Umgekehrte ... Aus geschlechtlicher Intimität kann sich persönliche Zuneigung entwickeln – das genaue Gegenteil zur Idealvorstellung westlicher Gesellschaften« (Harris 1997, S. 246).

»Die junge Samoanerin erfährt nie die Freuden einer romantischen Liebe, wie wir sie kennen, aber sie leidet auch nicht als alte Jungfer, die nie einen Mann gefunden hat, der sie wollte und den sie wollte, noch wird aus ihr die enttäuschte Frau, deren hohe Anforderungen in der Ehe nicht erfüllt wurden ... Wie wir sahen, haben die Samoaner wenig Empfinden für Persönlichkeitsunterschiede und geringe Begriffe von persönlichen Beziehungen. Dazu trägt zweifellos der zwanglose geschlechtliche Verkehr bei. Die gleichzeitigen kurzen Erlebnisse mit verschiedenen Partnern, das Vermeiden von gefühlshaften Bindungen, die Selbstverständlichkeit, mit der Gelegenheiten ausgenutzt werden, wie etwa von einer Frau, deren Mann längere Zeit abwesend ist, alles das macht die Sexualität zum Selbstzweck und nicht zum Mittel für eine echte Verbundenheit. Sicher kann man diese Geringschätzung nicht nur aus den sexuellen Gewohnheiten des Volkes ableiten. Es kommt wohl auch hinzu, daß die Persönlichkeit an sich gering eingeschätzt wird ... Wenn (der Samoaner) die sexuelle Betätigung nicht den tieferen Bindungen vorbehält, so betrachtet er doch auch solche Beziehungen nicht deshalb als wertvoll, weil sie ihm sexuelle Befriedigung gewähren. Die Samoanerin, die über die ausgezeichnete Technik eines Liebhabers die Schultern zuckt, ist der Erkenntnis des Sexus näher als die behütete junge Amerikanerin, die sich in den ersten Mann verliebt, der sie küßt« (Mead 1965, S. 134 f.).

Diese klassische Formulierung legt nahe, von einem Zusammenhang von Triebverzicht und Selbstkontrolle einerseits und exklusiver romantischer Liebesbeziehung andererseits auszugehen. Die bürgerliche Liebesbeziehung beruht auf einer Restriktion sexueller Regungen, um diese in eine persönliche Beziehung eingrenzen zu können. In der romantischen Vorstellung ist die körperliche Liebe nur der symbolische Ausdruck der Zweierbeziehung, gewissermaßen die körperliche Manifestation eines geistig-persönlichen Gehalts (Métral 1981). In vielen einfachen Gesellschaften hingegen ist die sexuelle Selbstkontrolle niedriger, und die Sexualität unterliegt geringeren Scham- und Peinlichkeitsgrenzen. Demzufolge beruht die romantische Vorstellung auf der kulturgeschichtlichen Aufrichtung des Über-Ich, der Sublimierung des Trieblebens und der Intellektualisierung der sozialen Beziehungen.

Möglicherweise sind die Veränderungen der sexuellen Verhaltensweisen in den westlichen Gesellschaften der letzten dreißig Jahre ein Zeichen für die Zurückdrängung der rigiden Selbstkontrolle. Im großen ganzen sind die Veränderungen jedoch uneinheitlich. Während ein Teil der Jugend sich permissiver verhält, hält der Großteil doch an romantischen Vorstellungen fest bzw. schwankt zwischen permissiven und romantischen Vorstellungen und Praktiken (bzw. ändert das Verhalten je nach Lebensphase) (Wouters 1977; Shorter 1983).

Die Elias-These von der zunehmenden sexuellen Selbstkontrolle kann nur bestätigt werden, wenn es möglich ist, sie lerntheoretisch zu fundieren. Nur wenn der Nachweis gelingt, daß die Anhebung der sexuellen Scham- und Peinlichkeitsgrenzen qua erzieherischer Konditionierung in die Persönlichkeit eingesenkt wird, gibt es eine Chance, die These zunehmender psychogenetischer Selbstkontrolle zu verifizieren.

Solche Nachweise liegen mehr oder weniger vor. Man kann zeigen, daß die Sexualerziehung in bürgerlichen Gesellschaften wesentlich restriktiver und umfassender ist als in anderen Gesellschaften. Die restriktive Sexualerziehung ist die Ursache der starken sexuellen Selbstkontrolle und der Anhebung der Scham- und Peinlichkeitsgrenzen. Sie konditioniert die Menschen wahrscheinlich im Sinne von M. Mead für die romantische Liebe. So zeigen statistische Untersuchungen, daß eheliche Untreue um so häufiger ist, je früher Sexualkontakte aufgenommen werden (Reich 1972, S. 87). Jugendliche Sexualmeidung scheint monogame Ehen zu begünstigen.

In Kapitel 4.2.5 wurde gezeigt, daß in Industriegesellschaften Kindersexualität am wenigsten geduldet wird. Westliche Eltern unterbinden in aller Regel die kindliche Onanie und kindliche heterosexuelle Praktiken. Zwischen ungefähr dem 5. und dem 12. Lebensjahr, in der sogenannten Latenzzeit, verschwindet nach dem Untergang des Ödipus die Sexualität. Die Kinder verzichten auf sexuelle Aktivitäten und entwickeln Gefühle einerseits der Zärtlichkeit und andererseits von Scham und Ekel. Diese Sexualverdrängung der Kinder dient der Stabilisierung der Familienbeziehungen, der Aufrechterhaltung der guten Beziehungen zu den Eltern. Sie geschieht mit dem »Versprechen«, daß der ödipale Verzicht dereinst durch eine Resurrektion der romantischen Beziehung belohnt wird (Freud 1975, Bd. XIII, S. 395, XIX, S. 173; Mertens 1992, S. 31 ff., 132 ff.).

In den meisten primitiven Gesellschaften hingegen wird die kindliche Sexualität geduldet, und eine Latenzphase läßt sich nicht feststellen. Ferner bezieht sich die Sexualität der Kinder nicht auf die Eltern, sondern auf andere Kinder. Die Kinder bewegen sich nicht in dem engen Rahmen einer Kleinfamilie, sondern sind in größere soziale Zusammenhänge eingebunden (Whiting/Child 1973, S. 78 ff., 87 f.; Bryce-Boyer 1982, S. 98 ff.; Malinowski 1979 b; Thurnwald 1932; Reich 1972). Malinowski beschreibt die kindlichen Sexualpraktiken der Trobriander. Schon die Vierjährigen üben sich in verschiedenen heterosexuellen Praktiken. Der kindliche Sex findet in verschiedensten Variationen statt. Doch sollen die Kinder es nach Auffassung der Erwachsenen nicht im Hause, sondern im Busch miteinander treiben (Malinowski 1979, S. 52 ff.).

»Die Erwachsenen, ja sogar die Eltern verhalten sich gegenüber solch kindlicher Hemmungslosigkeit entweder völlig gleichgültig oder durchaus wohlwollend – sie finden es natürlich und sehen nicht ein, warum sie einschreiten sollten. Meistens bekunden sie eine Art nachsichtiges, belustigtes Interesse und erörtern die Liebesaffären ihrer Kinder im leichten Scherzton. Oft habe ich im wohlwollenden Geplauder Aussprüche wie etwa den folgenden gehört: ›Die und die (ein kleines Mädchen) hat schon Verkehr gehabt mit dem und dem – (einem kleinen Jungen)‹; und wenn es sich gerade trifft, wird etwa hinzugefügt, es sei ihre erste Erfahrung. Wird der Liebhaber gewechselt oder spielt sich sonst ein kleines Liebesdrama in der Welt der Kleinen ab, so erörtert man es halb ernst, halb scherzend. Der kindliche Geschlechtsakt oder was ihn ersetzen muß, wird als unschuldiges Vergnügen betrachtet ... Wenn wir den Beginn des *wirklichen* Geschlechtslebens beim Mädchen auf das Alter von sechs bis acht und beim Knaben von zehn bis zwölf festsetzen, so dürften wir in keiner Richtung sehr weit von der Wahrheit abweichen ... Geschlechtliche oder zum mindesten sinnliche Lust ist eines der Elemente, wenn nicht gar die Grundlage vieler kindlicher Zeitvertreibe« (Malinowski 1979, S. 55).

Bei nordamerikanischen Indianern wird Kindersex in verschiedensten Variationen praktiziert. Adoleszente Mädchen lassen sich von vorpubertären Jungen bedienen, oder Jungen sind Liebhaber schon älterer Frauen (Bryce-Boyer 1982). Und die Yanomamö-Männer lassen kein Mädchen in Ruhe, wie weiter oben zur Genüge ausgeführt wurde. Während die erwachsenen Trobriander keine sexuellen Kontakte mit Kindern haben, kennen die Yanomamö in dieser Hinsicht weniger Skrupel.

Vor dem Hintergrund dieser unterschiedlichen sexuellen Sozialisationspraktiken dürfte klarer werden, daß die sexuelle Selbstkontrolle eine psychostrukturelle Dimension hat. Aus den Grundsätzen der Lerntheorie in Verbindung mit den beschriebenen Sozialisationspraktiken kann man die Berechtigung der Elias-These wahrscheinlich ableiten. In bürgerlichen Gesellschaften wird Kindersexualität mit einem schweren Verbot belegt, so daß die Erwachsenen eine strengere Selbstkontrolle und ein strengeres Über-Ich ausbilden (im viktorianischen England wurden Bücher von weiblichen und männlichen Autoren im Regal getrennt, Wörter wie »Tischbein« waren verpönt). In den meisten primitiven Gesellschaften hingegen wird Kindersexualität nicht »gelöscht«, so daß die Scham- und Peinlichkeitsgrenzen nicht so rigide sind.

So können die ethnographischen und sozialisationstheoretischen Forschungen offensichtlich die Elias-These bestätigen, wenn auch nicht in der Klarheit, wie dies für die übrigen Verhaltensbereiche möglich war. Die Bestätigung wäre eindeutiger, wenn es zum Beispiel gelänge, die Evolution romantischer Beziehungen als psychogenetische Entwicklung herauszuarbeiten. Um dieses Ziel zu erreichen, müßte man genauer untersuchen, welche Vorstellungen im einzelnen primitive und moderne Menschen mit einer guten Geschlechterbeziehung verbinden. Wie immer das Psychogenesekonzept sexueller Beziehungen fundiert werden kann, eines dürfte evident sein, nämlich, daß die Geschlechterbeziehungen zivilisierter geworden sind.

6. Schluß

Der Vergleich von Piaget und Elias weist interessante Parallelen der beiden Denker auf. Beide gehen von den gleichen erkenntnistheoretischen Grundannahmen aus, nämlich von der Notwendigkeit einer entwicklungspsychologischen Überwindung der Transzendentalphilosophie. Beide sehen den Hauptgrund für den Stillstand der Geistes- und Sozialwissenschaften in ihrer Unfähigkeit, die zweite kopernikanische Wende der Erkenntnistheorie – im Anschluß an Hegel – zu vollziehen. Erst die Ersetzung der Transzendentalphilosophie durch das Psychogenesekonzept vermag nach ihrer Auffassung die Geistes- und Sozialwissenschaften auf eine neue Grundlage zu stellen. Die implizit oder explizit transzendentalphilosophischen Annahmen der Geistes- und Sozialwissenschaften bzw. ihr unhistorisches, universalistisch-rationalistisches Menschenbild bewirken eine vollkommene Verzerrung der Erklärung kulturgeschichtlicher Phänomene.

Vor allem Piaget schließt mit seiner Theorie eine wissenschaftliche Lücke, die seit Darwins *Über die Entstehung der Arten* und *Die Abstammung des Menschen* in den Geisteswissenschaften klafft. Nahm Darwins Konkurrent Wallace an, daß der menschliche Geist von den Gesetzen der Evolution ausgespart bliebe, so bezog Darwin in dieser Frage die entgegengesetzte Position und verwarf die von Wallace angenommene Begrenzung der Evolutionstheorie. Natürlich konnte Darwin noch kein Programm entwickeln, wie denn diese Evolution der Psyche erforschbar und darstellbar sein könnte. Erst als die Entwicklungspsychologie kognitiver Strukturen wissenschaftliche Gestalt annahm, waren die Fundamente für eine Schließung der Darwinschen Lücke gelegt. Zwar findet man zum Beispiel in Hegels *Phänomenologie des Geistes*, in Cassirers *Philosophie der symbolischen Formen* und in vielen anderen Schriften wesentliche Prinzipien und Erkenntnisse der Entwicklungspsychologie vorweggenommen, aber doch nicht in einer Form gewonnen und entwickelt, die Skeptiker zufriedenstellen könnte. Erst mit der kognitiven Entwicklungspsychologie liegt eine empirisch fundierte und theoretisch kohärente Schließung der Darwinschen Lücke vor, gibt es eine Verbindung von biologischer Evolutionstheorie und Psychologie sowie eine empirische fundierte Theorie von der Entwicklung des menschlichen Geistes (Oesterdiekhoff 1997, S. 46 ff.). Die moderne Entwicklungsbiologie, Humanethologie und Soziobiologie haben diese Bedeutung der Theorie Piagets zum überwiegenden Teil noch nicht erkannt (Ausnahme u. a.: Kurt Fischer 1987). Und doch gibt es keinen berechtigten Zweifel an der Behauptung, daß die Stadientheorie Piagets die Evolution des menschlichen Geistes in ontogenetischer, phylogenetischer und kulturgeschichtlicher Hinsicht darlegt und erklärt. Erklärte Darwin erstmalig in der Wissenschaftsgeschichte hinlänglich die Evolution des menschlichen Körpers, so erklärt Piaget erstmalig hinlänglich die Evolution des menschlichen Geistes. Die Theorie Piagets ersetzt den zuvor nahezu unvermeidlichen Transzendentalismus und Apriorismus der Geistes- und Sozialwissenschaften (wie er zum Beispiel bei Kant, in der Philosophischen Anthropologie oder bei Rational Choice zum Ausdruck kommt) durch die Entwicklungstheorie der kognitiven Strukturen und verifiziert somit wesentliche Elemente des Programms Hegels und Cassirers, Comtes und Elias'.

Die Grundannahmen des Psychogenesekonzepts von Elias (Freud) und Piaget sind weithin identisch. Psychogenese ist onto- und phylogenetisch durch fortschreitende Differenzierung und Integration gekennzeichnet. Psychogenese ist eine Bewegung von einem egozentrischen, instinktiven, undifferenzierten zu einem logisch-rationalen Denken und Handeln. Beide Autoren behaupten, daß erst die neuzeitlichen Gesellschaften ein rationales bzw. formal-logisches Denken hervorgebracht haben. Beide Autoren verlangen, daß man das Denken und die Psyche von Menschen vorindustrieller Gesellschaften entwicklungspsychologisch erklären muß. Beide Autoren fordern, daß vorindustrielles Weltbild, Wissenschaft, Zeiterleben, Religion und andere Kulturphänomene psychogenetisch zu erklären sind. Das Psychogenesekonzept erschließt erst den Zugang zu einem inneren Verständnis von Menschen einfacher Gesellschaften und ermöglicht somit eine angemessenere Erklärung der Kulturgeschichte.

Die Unterschiede zwischen Elias und Piaget ergeben sich nicht zuletzt daraus, daß Elias das Freudsche Strukturmodell benutzt, während Piaget seine Stadientheorie außerhalb der Psychoanalyse und auf der Grundlage streng empirischer Forschungen selbst entwickelt hat. Wenn auch die theorieinhaltlichen Übereinstimmungen zwischen dem Strukturmodell und der Stadientheorie sehr weitgehend sind, so kann man jedoch nur von der Stadientheorie behaupten, daß ihre Angaben streng empirisch getestet und operationalisiert wurden. Während das Freudsche Strukturmodell auf einem eher lockeren Zusammenhang von Theorie und beobachteter Realität beruht, verfügt die kognitive Entwicklungspsychologie über eine Unzahl von sehr soliden empirischen Indikatoren ihrer Theoriesysteme. Die Ergebnisse der Theorie Piagets werden seit Generationen repliziert und verifiziert; allen üblen Behauptungen zuwider steht die Festung Piagets heute so solide wie vor 50 Jahren.

Daher liegt es auf der Hand, das lockere Psychogenesekonzept der ZT von Elias kognitionspsychologisch zu überprüfen. Die transkulturelle Psychologie hat in den letzten Jahrzehnten die Theorie Piagets kulturvergleichend verwendet und untersucht. Deren Ergebnisse ermöglichen es nun, sowohl das Psychogenese- als auch das Soziogenesekonzept von Elias empirisch und kulturvergleichend zu untersuchen. Eine Untersuchung auch des Soziogenesekonzepts wird deshalb möglich, weil die Ergebnisse der transkulturellen Psychologie aufzeigen, welche sozialen Strukturen und Phänomene im einzelnen kognitive Entwicklung provozieren. Im grossen ganzen hat die hier vorliegende Untersuchung gezeigt, daß zumindest die psychisch-kognitiven Annahmen der ZT durch die Resultate der transkulturellen Piaget-Psychologie empirisch gestützt und bestätigt werden können. Die transkulturelle Psychologie kann die Behauptung von Elias verifizieren, der zufolge erst in neuzeitlichen Gesellschaften die kindliche Mentalität und Denkweise überwunden werden. Insbesondere unter dem Einfluß von Alphabetisierung und Druckschriften werden abstrakte und formal-logische Denkweisen entwickelt.

Die piagetianische Überprüfung der ZT von Elias war wissenschaftsgeschichtlich und -systematisch dringend notwendig und längst überfällig. Seit 1939 hatte keine veritable Prüfung und Entwicklung der ZT stattgefunden. Weder Elias noch seine Schüler und Kritiker haben die Fundamente der ZT tiefer gelegt, das Psychogenesekonzept ausgearbeitet und es einer empirischen Prüfung oder theoretischen Überarbeitung zugeführt, vielmehr ragte die ZT als Reifeprodukt der klassischen deutschen Soziologie ungeprüft wie ein erratischer Block in die Soziologie der Gegenwart hinein. Obwohl manche Überlegungen Duerrs interessant sind – die Kraft zu einer Widerlegung oder Entwicklung der ZT haben sie nicht. Die Soziologen haben die ZT entweder einfach ignoriert oder an sie geglaubt, aber sie haben sie nie ernsthaft kritisch geprüft.

Eine empirische Prüfung der ZT ist deshalb notwendig gewesen, da ihre Architektonik der ZT erhebliche Brüche aufweist, die bisher unbemerkt gewesen sind. Auch Duerr sind diese Gedankensprünge, die argumentativen Lücken und die empirischen Mängel nicht aufgefallen. In dieser Arbeit wurde gezeigt, daß die ZT aus einem Dreiebenenmodell besteht: Umwelt, Psyche und Verhalten. Kapitel für Kapitel wurde gezeigt, daß Elias versucht, in unzulässiger Weise psychische Strukturen anhand von Verhaltensweisen nachzuweisen, die als Indikatoren jener Strukturen jedoch gar nicht operationalisierbar sind. Er hat somit nur Nachweise für Umweltbedingungen und Verhaltensweisen (sowie ihre Zusammenhänge) finden können, jedoch nicht für ihre psychostrukturelle Vermittlung und Verwurzelung. Es konnte deutlich gezeigt werden, daß Elias für die *Psychogenese* von Tischsitten, körperlichen Verrichtungen, Selbstkontrolle, emotionalen Strukturen, Denkweisen, Wissenschaft, Weltbild, Zeiterfahrungen, Aggressionen, Umgangsformen und Geschlechterbeziehungen keine Nachweise geliefert hat. Durch die Sprengung des Glaubens an die kausalen und logischen Beziehungen innerhalb des Dreiebenenmodells drohte der ZT zunächst die Falsifikation. Wären die Brüche der Architektonik der ZT einem Nutzentheoretiker aufgefallen, hätte er triumphierend die Möglichkeit gehabt, das Psychogenesekonzept durch Rational Choice zu ersetzen. Denn ohne Bestätigung des Psychogenesekonzepts liegt ein nutzentheoretischer Zusammenhang von Figurationen und Verhaltensweisen nahe, wie in Kapitel 4.2.2 deutlich gezeigt wurde. Esser (1984) hatte schon den Versuch unternommen, die ZT dem nutzentheoretischen Handlungsmodell und dem Methodologischen Individualismus einzuverleiben. Allerdings hat er weder die Brüche in der Architektonik der ZT noch die Unterschiede zwischen Psychogenese und Rational Choice bemerkt, sondern geglaubt, die Aussagenmengen der Psychogenese seien dem nutzentheoretischen Modell *per se* ingredient, und dieser scheinbare Sachverhalt müßte von ihm nur zum sprachlichen Ausdruck gebracht werden. Korte (1988, S. 159) hat schon ganz richtig und lapidar festgestellt, daß Esser die ZT nicht verstanden hat.

Unter Heranziehung der Theorie Piagets ist es nunmehr gelungen, die Möglichkeit der Ersetzung des psychogenetischen durch das nutzentheoretische Erklärungsmodell bezüglich des Zusammenhangs von Figurationen und Verhaltensweisen kategorisch auszuschließen. Auf diesem Wege konnte die Gefahr einer weiteren Verflachung und Banalisierung der Sozialtheorie in diesem wichtigen Gebiet gebannt werden. Mit dieser Feststellung soll nicht der heuristische Wert der Nutzentheorie in Abrede gestellt werden. Jedoch besteht kein Zweifel daran, daß sie, wie schon Weber feststellte, nur eine pragmatische Funktion haben kann. Erst das Psychogenesekonzept liefert den Schlüssel zu einem inneren Verständnis der kognitiven Dimensionen in der Kulturgeschichte.

Zwar ist die Theorie Piagets im großen ganzen die wissenschaftliche Erbin des soziologischen Paradigmas von Zivilisation und Rationalisierung, aber nicht in jeder Hinsicht. Bei allen Vorwürfen, die man gegen Elias erheben kann, weil er statt des entwicklungspsychologischen das psychoanalytische Handlungsmodell gewählt hat: In einem entscheidenden Punkt ist Elias' Präferenz sehr wohl begründet. Denn die inhaltliche Bandbreite des psychoanalytischen Strukturmodells ist größer und umfaßt auch emotionale sowie charakterologische Dimensionen. Zivilisiertes Verhalten unterliegt nicht allein einer kognitiven Strukturierung, sondern auch einer emotionalen und habituellen Konditionierung, die nicht zuletzt lern- und sozialisationstheoretisch erklärbar sein muß. Freilich haben Elias' Beschreibungen nicht die Dichte erreicht, um von dem Vorliegen von Nachweisen psychogenetischer Entwicklungen sprechen zu können.

Unter Heranziehung empirischen ethnographischen und sozialisationstheoretischen Materials habe ich versucht, auch diese empirischen Lücken der ZT zu schließen. Hier liegt für zukünftige Forschung noch ein weites und offenes Feld, denn auf diesem Gebiet ist die Beweislage wesentlich schwieriger als in den kognitiven Bereichen, wo die Theorie Piagets zur Anwendung gelangen kann. Die zukünftige Elias-Forschung wird jedoch von ihrer bisherigen Praxis Abstand nehmen müssen, die zivilisationstheoretischen Konzepte dogmatisch zu übernehmen und aus ihnen das präparierte ethnographische und kulturgeschichtliche

Material zu deduzieren. Vielmehr muß, Verhaltensbereich für Verhaltensbereich, Kultur für Kultur, solide geprüft werden, in welcher Weise das analysierte Material zivilisationstheoretisch erklärbar ist bzw. der ZT wertvolle Impulse liefern kann. Von wenigen Versuchen abgesehen, ist die ZT bisher noch gar nicht kulturanthropologisch umgesetzt und appliziert worden. Dabei könnte sie in der Kulturanthropologie wertvolle Dienste leisten, ist sie doch ein wesentlich anspruchsvolleres und interessanteres Programm als der widersprüchliche Kulturrelativismus, der aus irrationalen und ideologischen Gründen noch immer die Kulturanthropologie dominiert.

Es dürfte die Behauptung aus der Einleitung plausibel geworden sein, der zufolge die ZT das Reifeprodukt der klassischen Soziologie ist. Sie hat Gedanken und Ideen, die Condorcet, Comte und die Anfänge der Soziologie bewegten, zur Reife und vollen Entfaltung gebracht. Sie geht über die Rationalisierungsund Entzauberungsthese Webers hinaus und stellt auch deren Grundgedanken auf eine breitere Grundlage (ohne natürlich die Religionssoziologie Webers ersetzen zu können). Die ZT hat aus einer zentralen Kategorie und einer wesentlichen Frage des menschlichen Lebens überhaupt sowie aus einer Leitidee der Hochkulturen, zumal der okzidentalen, eine Wissenschaft geschaffen. Denn in der Tat stellt sich die Frage nach den Grundlagen der Zivilisation und zivilisierten Verhaltens täglich neu und ist abschließend kaum zu beantworten.

Die ZT meint beweisen zu können, daß die modernen staatlichen Gesellschaften zivilisierter als die vorstaatlichen Gesellschaften sind. Bei allen berechtigten Gegenbeispielen und Ungereimtheiten im einzelnen wird man dieser These kaum widersprechen können. Die moderne Kultur kennt nicht mehr Kannibalismus, Kopfjagd, Strafrecht als Metzgerhandwerk, Gespensterglauben, Zweikampf als Gerichtsmittel, Gottesurteile, religiöse Blutopfer, Hexenverbrennung und das Hausrecht auf Tötung von Ehefrau und Kindern. Sie kennt auch keine funktionalen Äquivalenzen für derart barbarische Praktiken und Sitten. Sicherlich kann man auch in modernen Submilieus noch barbarische Verhältnisse in voller mittelalterlicher Frische antreffen, nicht nur als Survivals (der Umkehrschluß im Hinblick auf das MA. gilt gerechterweise gleichfalls).

Unzivilisierte Zustände in der Moderne findet man insbesondere in sublimeren Bereichen allenthalben (im Verhältnis zu manifester Barbarei). Die Existenz dieser vergleichsweise sublimen Unzivilisiertheit ist eine Folge und ein direkter Ausdruck des evolutionären Niveaus, das die modernen Gesellschaften erreicht haben. Denn die modernen Gesellschaften haben schließlich kein Endstadium der Zivilisation etabliert, sondern gerade erst vor wenigen Generationen präoperationale Strukturen überwunden. Sie haben das formal-operationale Stadium gewiß nicht vollkommen ausgebildet sowie intellektuell und institutionell umgesetzt. Die sublime Unzivilisiertheit ist demnach nicht als Überbleibsel zu verstehen, sondern als adäquater Ausdruck des gegenwärtigen Entwicklungsstandes. Sollte der Zivilisationsprozeß sich über den heutigen Stand hinaus entwickeln, wird man den heutigen Zivilisationsstandard in späterer Zeit nicht als »sublim unzivilisiert« beurteilen, sondern in der Logik der Entwicklung eher so, wie die Heutigen Gottesurteile und gesellschaftlich akzeptierten Kindsmord einschätzen. Dieser Sachverhalt relativiert nicht die ZT, sondern verifiziert sie, da er ihren kontinuierlichen Charakter zum Ausdruck bringt.

Trotz der bereichsspezifischen Überlegenheit und Fähigkeit des Strukturmodells von Freud und Elias, emotionale, habituelle und charakterologische Zivilisationsstandards zu beschreiben, ist die Theorie Piagets meines Erachtens im großen ganzen die wissenschaftliche Erbin der ZT, auch der Rationalisierungs- und Entzauberungsthese Webers sowie anderer klassischer soziologischer Theorien. Unter Heranziehung der Theorie Piagets ist es in zuvor unerreichter Weise möglich geworden, wesentliche Bereiche und Elemente der Kulturgeschichte zu erklären. Die Entwicklung von Wissenschaft, Weltbild, Religion, Philosophie und anderer Kulturbereiche ist großenteils piagetianisch rekonstruierbar. Erst die Theorie Piagets liefert einen Schlüssel zum Verständnis der Denkweise traditionaler Menschen und ihrer kulturellen Produktionen. Es ist meines Erachtens schlechterdings ausgeschlossen, unter Ausklammerung der Theorie Piagets Strukturen traditionaler Religionen, Weltbilder und bestimmter Kulturpraktiken hinreichend erklären zu können.

7. Literaturverzeichnis

Abkürzungen der Zeitschriftennamen

Brit. J. Ed. Psych.	British Journal of Educational Psychology
C.D.	Child Development
D.P.	Developmental Psychology
H.D.	Human Development
H.Z.	Historische Zeitschrift
Int. J. o. Psych.	International Journal of Psychology
J. Gen. Psych.	Journal of Genetic Psychology
JoCCP	Journal of Cross-Cultural Psychology
J. of Pers. a. Soc. Psych.	Journal of Personality and Social Psychology
KZfSS	Kölner Zeitschrift für Soziologie und Sozialpsychologie
ZfS	Zeitschrift für Soziologie

Abell, Peter (Hg.): Rational Choice Theory, Vermont: E. E. P. C. 1991.

Abraham, Karl: Traum und Mythos, in: Laiblin, Wilhelm (Hg.), Märchenforschung und Tiefenpsychologie, Darmstadt: Wissenschaftliche Buchgesellschaft 1995, S. 44-48.

Aebli, Hans: Von Piagets Entwicklungspsychologie zur Theorie der kognitiven Sozialisation, in: Steiner, G. (Hg.), a. a. O., 1978, 604-627.

Ahnert, L. et al.: Äquivalenzen in frühkindlichen Interaktionsmustern, in: Trommsdorff, G. (Hg.), a. a. O., 1995.

Al-Wardi, Ali: Soziologie des Nomadentums. Studie über die irakische Gesellschaft. Neuwied/Darmstadt: Luchterhand 1972.

Albert, Hans: Mißverständnisse eines Kommentators, in: Zeitschrift für Soziologie, 14, 4, 1985, 265-267.

Alexander, Thomas (Hg.): Kulturvergleichende Psychologie, München 1994.

Amelang, Manfred/Bartussek, Dieter: Differentielle Psychologie und Persönlichkeitsforschung. Stuttgart: Kohlhammer 1981.

Amira, Karl von: Nordgermanisches Obligationenrecht, 2 Bde., Berlin 1973.

Arieti, Silvano: The Intrapsychic Self, New York: Basic Books, Inc. 1967.

Ariès, P.: Die unauflösliche Liebe, in: Ariès, P./Bégin, A. (Hg.), a. a. O., 1986, 176-196.

Ariès, P.: Liebe in der Ehe, in: Ariès, P./Bégin, A. (Hg.), a. a. O., 1986, 165-175.

Ariès, Philippe/Bégin, André (Hg.): Die Masken des Begehrens und die Metamorphosen der Sinnlichkeit. Zur Geschichte der Sexualität im Abendland. Frankfurt am Main: Fischer 1986.

Ariès, Philippe: Geschichte der Kindheit, (1975) München 1984.

Ariès, Philippe: Geschichte des Todes, (1978) München 1980.

Arnold, Klaus: Die Einstellung zum Kind im Mittelalter, in: Herrmann, Bernd: Mensch und Umwelt im Mittelalter, Stuttgart 1986, S. 53-65.

Arnold, M. R.: The Acquisition of Conservation, JoCCP 12, 1, March 1981.

Aronfreed, Justin: The Origin of Self-Criticism, Psychological Review, 1964, Vol. 71, No. 3.

Ashton, P. T.: Kulturvergleichende Piaget-Forschung: Eine empirische Perspektive, in: Schöfthaler, T./Goldschmidt (Hg.), 1984, a. a. O.

Ausubel, David/Sullivan, E. V.: Historischer Überblick über die theoretischen Ansätze, in: Steiner, G. (Hg.), a. a. O., 1978, 547-567.

Auwärter, M.: Kommunikation, Interaktion, Identität, Frankfurt 1976.

Baacke, Dieter: Die Sechs- bis Zwölfjährigen – Einführung in Probleme des Kindesalters, Weinheim 1984.

Baldwin, J. M.: Das soziale und sittliche Leben erklärt durch die seelische Entwicklung, Leipzig 1900.

Balint, Michael: Die Urformen der Liebe und die Technik der Psychoanalyse, Stuttgart: Klett-Cotta/Ullstein 1981.

Barenboim, C.: The Development of Person Perception, C. D. 1981, 52.

Bartels, H.-P.: Menschen in Figurationen. Ein Norbert Elias-Lesebuch. Opladen: Leske + Budrich 1995.

Baumgart, Ralf/Eichener, Volker: Norbert Elias zur Einführung. Hamburg: Junius Verlag 1991.

Becker, Gary: A Treatise on the Family, Cambr., Mass. 1981.

Becker, Gary: Der ökonomische Ansatz zur Erklärung menschlichen Verhaltens, Tübingen 1982.

Becker, Peter: Leben und Lieben in einem kalten Land. Sexualität im Spannungsfeld von Ökonomie und Demographie. Das Beispiel St. Lambrecht 1600-1850. Frankfurt am Main: Campus 1990.

Behnken, Imbke (Hg.): Stadtgesellschaft und Kindheit im Prozeß der Zivilisation. Konfigurationen städtischer Lebensweise zu Beginn des 20. Jahrhunderts. Opladen: Leske + Budrich 1990.

Behrmann, Meike/Abate, Carmine: Die Germanesi. Geschichte und Leben einer süditalienischen Dorfgemeinschaft und ihrer Emigranten. Frankfurt am Main: Campus 1984.

Beilin, H.: Konstruktivismus und Funktionalismus in der Theorie J. Piagets, in: Edelstein, W./Hoppe-Graff, S. (Hg.), a. a. O., 1993, 28-67.

Beilin, H.: Überlegungen zur Theorie von Piaget: Weiterentwicklung und Verbesserung oder Verwerfung der Theorie?, in: Kluwe, R. H./Spada, H. (Hg.), a. a. O., 1981, 413-442.

Beilin, Harry: Current Trends in Cognitive Development Research: Towards a New Synthesis, in: Inhelder, Bärbel et al. (Hg.), a. a. O., 1987.

Beilin, Harry: Invarianztraining bei physikalischen Mengenbegriffen, in: Steiner, G. (Hg.), a. a. O., 1978, 260-289.

Bentler, Peter M.: Die Untersuchung der kognitiven Entwicklung mit Hilfe kausaler Modelle für qualitative Daten, in: Kluwe, R. H./Spada, H. (Hg.), a. a. O., 1981, 145-196.

Berg, H. J. v. d.: Metabletica – Grundlinien einer historischen Psychologie, Göttingen 1960.

Berger, G.: Nationalstaatsbildung, Industrialisierung und berufliche Zivilisierung in der Republik Irland, Frankfurt am Main 1986.

Bergius, R.: Werden Aggressionen nur gelernt?, in: Kornadt, H.-J. (Hg.), a. a. O., 1981, 133-157.

Bergling, Kurt: The Development of Hypothetico-Deductive Thinking in Children, Uppsala 1974.

Berlyne, D. E.: Struktur und Motivation, in: Steiner, G. (Hg.), a. a. O., 1978, 691-708.

Berman, Morris: Wiederverzauberung der Welt – Am Ende des Newtonschen Zeitalters, München 1983.

Berndt, Thomas J./Berndt, E. G.: Children's Use of Motives and Intentionality in Person Perception and Moral Judgement, C. D. 1975, 46, 904-912.

Berndt, Thomas J.: Lack of Acceptance of Reciprocity Norms in Preschool Children, Developmental Psychology 1970, 6.

Bernstein, Basil (Hg.): Sprachliche Kodes und soziale Kontrolle, Düsseldorf 1975.

Bernstein, Basil: Soziale Schicht, Sprache und Kommunikation, Düsseldorf 1973.

Bernstein, Basil: Studien zur sprachlichen Sozialisation, Düsseldorf 1972.

Bernstein, R. M.: The Development of the Self-System During Adolescence, The Journal of Genetic Psychology 1980, 136, 231-245.

Berry, J. W.: Ecological and Cultural Factors in Spatial Perceptual Development, in: Berry, J. W./Dasen, P. R. (Hg.), a. a. O., 1974, 129-140.

Berry, J. W.: Radical Cultural Relativism and the Concept of Intelligence, in: Berry, J. W./Dasen, P. R. (Hg.), a. a. O., 1974 b, 225-230.

Berry, J. W.: Towards a Universal Psychology of Child Development, International Journal of Psychology, 1984.

Berry, J. W./Conner, W. J.: Applied Cross-Cultural Psychology, Amsterdam: Swetz and Zeitlinger 1975.

Berry, J. W./Dasen, P. R. (Hg.): Culture and Cognition: Readings in Cross-Cultural Psychology, London: Methuen & Co. Ltd. 1974.

Berry, J. W.: Development Issues in the Comparative Study of Psychological Differentiation, in: Munroe et al. (Hg.), Handbook of Cross-Cultural Human Development, a. a. O., 1980.

Berry, John W. et al.: Cross-Cultural Psychology: Research and Applications. Cambridge UP 1992.

Bertram, Hans (Hg.): Gesellschaftlicher Zwang und moralische Autonomie. Frankfurt am Main: Suhrkamp 1986.

Bertram, Hans: Einleitung, in: Bertram, Hans (Hg.), a. a. O., 1986, 9-30.

Beuchelt, Eno: Ideengeschichte der Völkerpsychologie. Meisenheim: Anton Hain 1974.

Beutelspacher, Martin: Kultivierung bei lebendigem Leib. Alltägliche Körpererfahrungen in der Aufklärung. Weingarten: Drumlin 1986.

Beuys, Barbara: Familienleben in Deutschland. Neue Bilder aus der deutschen Vergangenheit. Hamburg: rororo 1985.

Biesheuvel, S.: African Intelligence, Johannesburg 1943.

Biesheuvel, S.: The Nature of Intelligence: Some Practical Implications of Its Measurement, in: Berry, J. W./Dasen, P. R. (Hg.), a. a. O., 1974, 221-224.

Binding, Karl: Die Normen und ihre Übertretung, Aalen 1965.

Binnie-Dawson, J. L. M./Blowers/Hoosain (Hg.): Perspectives in Asian Cross-Cultural Psychology, Amsterdam: Swetz and Zeitlinger 1981.

Bischof, Norbert: Das Rätsel Ödipus. Die biologischen Wurzeln des Urkonfliktes von Intimität und Autonomie, München: Piper 1997.

Bleibtreu-Ehrenberg, G.: Krieg und Frieden, in: Psychologie heute, Dez. 1991, 67 f.

Bleibtreu-Ehrenberg, Gisela: Die Schamanismus-Konzeption bei G. Devereux, in: Duerr, H. P. (Hg.), a. a. O., 1987, 200-219.

Bloch, Marc et al.: Schrift und Materie der Geschichte, Frankfurt am Main 1977.

Bloch, Marc: Die Feudalgesellschaft, (1939) Frankfurt am Main 1982.

Blok, Anton: Hinter Kulissen, in: Gleichmann, Peter et al. (Hg.), Macht und Zivilisation, Frankfurt am Main: Suhrkamp 1977.

Blok, Anton: Selbsthilfe and the Monopoly of Violence, in: Korte, Hermann et al. (Hg.), a. a. O., 1977, 179-190.

Blomert, R.: Psyche und Zivilisation. Zur theoretischen Konstruktion bei N. Elias. Münster: Lit 1989.

Blomert, R.: Abwehr und Integration, in: Korte, H. (Hg.), a. a. O., 1990.

Blomert, R.: Verfeinerung der Sitten – Verfeinerung der Technik, in: Kuzmics, H./Mörth, I. (Hg.), a. a. O., 1991, 229-242.

Bloom, Alfred, H.: Two Dimensions of Moral Reasoning: Social Principledness and Social Humanism in Cross-Cultural Perspective, The Journal of Social Psychology, 1977, 101, 29-44.

Bloor, David: Die Logik der Zande und die westliche Wissenschaft, in: Schöfthaler, T., 1984, a. a. O., 157-169.

Blumenberg, Hans: Die Genesis der kopernikanischen Welt, 3 Bde., Frankfurt am Main: Suhrkamp 1980.

Bodmann, Gertrud: Jahreszahlen und Weltalter. Zeit- und Raumvorstellungen im Mittelalter. Frankfurt am Main: Campus 1992.

Boehm, L.: Moral Judgement: A Cultural and Subcultural Comparison with some Piaget's Research Conclusions, Int. Journal of Psychology, 1966, Vol. 1, No. 2.

Boehm, L.: The Development of Conscience: A Comparison of American Children of Different Mental and Socio-economic Levels, C. D. 1962.

Boehm, L.: The Development of Independence: A Comparative Study, C. D., 1957, 28.

Boehm, Leonore/Nass, Martin: Social Class Differences in Conscience Development, C. D. 1962.

Bogner, A.: Die Theorie des Zivilisationsprozesses als Modernisierungstheorie, in: Kuzmics, H./Mörth, I. (Hg.), a. a. O., 1991, 33-58.

Bogner, A.: Zivilisation und Rationalisierung, Opladen: Westdeutscher Verlag 1989.

Bogner, Piet: In der Steinzeit geboren. Eine Papua-Frau erzählt. Olten: Walter Verlag 1984.

Borke, Helene: Interpersonelle Wahrnehmung bei kleinen Kindern: Egozentrismus oder Empathie? in: Geulen, 1982, a. a. O., 109 ff.

Borst, Arno: Lebensformen im Mittelalter, Frankfurt am Main 1983.

Borst, Otto: Alltagsleben im Mittelalter, München 1983.

Boserup, E.: The Conditions of Agricultural Growth. The Economics of Agrarian Change under Population Pressure, New York 1965.

Bosl, Karl: Die Gesellschaft in der Geschichte des Mittelalters, Göttingen 1966.

Bosl, Karl: Europa im Mittelalter – Weltgeschichte eines Jahrtausends, Wien 1972.

Bosl, Karl: Frühformen der Gesellschaft im mittelalterlichen Europa – Ausgewählte Beiträge zu einer Strukturanalyse der mittelalterlichen Welt, München 1964.

Bosse, Hans: Diebe, Lügner, Faulenzer – Zur Ethnohermeneutik, Frankfurt am Main 1984.

Bourdieu, P.: Entwurf einer Theorie der Praxis auf der ethnologischen Grundlage der kabylischen Gesellschaft. Frankfurt am Main: Suhrkamp 1976.

Bourguignon, Erika: Alternierende Persönlichkeit, Besessenheitstrance und die psychische Einheit der Menschheit, in: Duerr, H. P. (Hg.), a. a. O., 1987, 331-347.

Bovet, M. C./Vonèche, J. J.: Der Aufbau der kognitiven Strukturen aus der Sicht der Genfer Psychologen, in: Steiner, G. (Hg.), a. a. O., 1978, 242-259.

Bovet, M. C.: Cognitive Processes among Illiterate Children and Adults, in: Berry/Dasen 1974, a. a. O.

Bovet, M. C.: Etude interculturelle de processus de raisonnement. Notions de quantité et relations spatiotemporelles, Diss. Uni Genf 1975.

Boyd, D./Kohlberg, L.: The Is-Ought Problem: A Developmental Perspective, Zygon 1973, 8.

Böhm, Thomas: Die Verinnerlichung des Anderen – Der strukturelle Konnex von Moral, Identität und Herrschaft, Frankfurt am Main 1983.

Brainerd, Charles J.: Entwicklungsstufe, Struktur und Entwicklungstheorie, in: Steiner, G. (Hg.), a. a. O., 1978, 207-218.

Brainerd, Charles J.: Learning Research and Piagetian Theory, in: Siegel, Linda S./Brainerd, Ch. J. (Hg.), a. a. O., 1978, 69-110.

Brandt, Rüdiger: Die Rezeption von N. Elias in der Altgermanistik. Ein Theoriedefizit und sein Erfolg, in: Rehberg, K.-S. (Hg.), a. a. O., 1996, 172-193.

Breasted, J. H.: Die Geburt des Gewissens, Zürich 1950.

Brenner, Charles: Grundzüge der Psychoanalyse, Frankfurt am Main: Fischer Taschenbuch 1978.

Breuer, Stefan: Gesellschaft der Individuen, Gesellschaft der Organisationen. N. Elias und Max Weber im Vergleich, in: Rehberg, K.-S. (Hg.), a. a. O., 1996, 303-330.

Breuer, Stefan/Treiber, Hubert (Hg.): Entstehung und Strukturwandel des Staates. Opladen: Westdeutscher Verlag 1982.

Breuer, Stefan et al.: Entstehungsbedingungen des modernen Anstaltsstaates. Überlegungen im Anschluß an M. Weber, in: Breuer, S. et al., a. a. O., 1982, 75-153.

Breuer, Stefan: Über die Peripetien der Zivilisation. Eine Auseinandersetzung mit N. Elias, in: Leviathan, Sonderheft 9: Politische Psychologie heute. Opladen: Westdeutscher Verlag 1988, 411-432.

Breuer, Stefan: Der archaische Staat, Zur Soziologie charismatischer Herrschaft, Berlin: Reimer 1990.

Breuer, Stefan: Foucaults Theorie der Disziplinargesellschaft. Eine Zwischenbilanz, in: Leviathan, 3, 1987, 319 ff.

Breuer, Stefan: Magisches und religiöses Charisma: Entwicklungsgeschichtliche Perspektiven, in: KZfSS, 41, 1, 1989, 215 ff.

Breznitz, S./Kugelmass, S.: Intentionality in Moral Judgement: Developmental Stages, C. D. 1967, 38, 469-479.

Brislin/Bochner/Lonner (Hg.): Cross-Cultural Differences on Learning and Thinking, N. Y. 1973.

Brockmeyer, Jens: Der dialektische Ansatz und seine Bedeutung für die Psychologie, in: Jüttemann, Gerd (Hg.), a. a. O., 1988, 381-397.

Bronfenbrenner, Uri: Kinder zweier Welten, Berlin 1969.

Bronfenbrenner, Uri: Response to Pressure from Peers vs. Adults among Soviet and American School Children, Int. Journal of Psychology 1967, 2, 3.

Broughton, J.: Development of Concepts of Self, Mind, Reality and Knowledge, New Directions of Child Development 1978, 1.

Brown, Peter: Society and the Supernatural: A Medieval Change, Daedalus 1975, 104.

Bruner, J.: Über kognitive Entwicklung, in: Bruner, J./Greenfield, P. (Hg.), Studien zur kognitiven Entwicklung, (1966) Stuttgart 1981.

Bruner, Jerome S./Loson, D. R.: Symbole und Texte als Werkzeuge des Denkens, in: Steiner, G. (Hg.), a. a. O., 1978, 306-320.

Bruner, Jerome/Greenfield, Patricia (Hg.): Studien zur kognitiven Entwicklung (1966), Stuttgart 1981.

Bruner, Jerome/Greenfield, Patricia: Culture and Cognitive Growth, in: Goslin, D. 1973, a. a. O.

Bruner, Jerome: Über kognitive Entwicklung II, in: Bruner, J. et al. (Hg.), 1981.

Brunner, Heinrich: Erfolgshaftung, Sitzungsberichte der Berliner Akademie der Wissenschaften 1890.

Brunner, Otto: Land und Herrschaft, Darmstadt 1984.

Brunner, Otto: Neue Wege der Verfassungs- und Sozialgeschichte, Göttingen 1968.

Brunner, Otto: Sozialgeschichte Europas im Mittelalter, (1958) Göttingen 1978.

Brunner, Otto: Vom »ganzen Haus« zur Familie, in: Rosenbaum, Heidi (Hg.), a. a. O., 1980, 83-91.

Brunner-Traut, Emma: Frühformen des Erkennens. Aspektive im Alten Ägypten. Darmstadt: Wissenschaftliche Buchgesellschaft 1996.

Brücker, Eva: »Und ich bin heil da 'rausgekommen«. Gewalt und Sexualität in einer Berliner Arbeiternachbarschaft zwischen 1916/17 und 1958, in: Lindenberger, T./Lüdtke, A. (Hg.), a. a. O., 1995, 337-365.

Bryce-Boyer, L.: Kindheit und Mythos. Eine ethno-psychoanalytische Studie der Apachen. Stuttgart: Klett-Cotta 1982.

Bryce-Boyer, L. et al.: Der Erwerb der Schamanenwürde. Klinische Studie und Rorschach-Untersuchung eines besonderen Falles, in: Duerr, H. P. (Hg.), a. a. O., 1987, 220-273.

Buck-Morss, S.: Socio-Economic Bias in Piaget's Theory and Its Implications for Cross-Cultural Studies, Human Development 1975, 35-49.

Buggle, Franz: Die Entwicklungspsychologie Jean Piagets. Stuttgart: Kohlhammer 1993.

Bumke, Joachim: Höfische Kultur – Literatur und Gesellschaft im Hochmittelalter, München 1986.

Burckhardt, Jacob: Die Kultur der Renaissance in Italien. Essen: Athenaion 1995.

Burg, Blanka/Belmont, Ira: Mental Abilities of Children from Different Cultural Backgrounds in Israel, Journal of Cross-Cultural Psychology, 21, 1990, 90-108.

Burguière, André: Der Begriff der Mentalitäten bei Marc Bloch und Lucien Febvre: Zwei Auffassungen, zwei Wege, in: Raulff, U. (Hg.), a. a. O., 1987, 33-49.

Burke, Peter: Stärken und Schwächen der Mentalitätengeschichte, in: Raulff, U. (Hg.), a. a. O., 1987, 127-146.

Burkert, W.: Heimliche Verklemmtheit, in: Psychologie heute, Dez. 1991, 70 f.

Busino, Giovanni: Jean Piaget – ein Soziologe, den Soziologen zum Trotz, in: Kindler, N. (Hg.), a. a. O., 1976, 7-14.

Busse, Stefan: A. N. Leontjew und die historische Herangehensweise an das Psychische, in: Jüttemann, Gerd (Hg.), a. a. O., 1988.

Büssem/Nehr: Mittelalter-Repetitorium, Paderborn 1977.

Candill, William: Emotionale Grundstrukturen im modernen Japan, in: Kahle, Gerd (Hg.), a. a. O., 1981, 211-232.

Cardini, Franco: Der Krieger und der Ritter, in: LeGoff, Jacques (Hg.), a. a. O., 1989, 87-129.

Carey, Susan: Theory Change in Childhood, in: Inhelder, B. et al. (Hg.), a. a. O., 1987.

Carlson, Jerry S.: Kulturvergleichende Untersuchungen im Rahmen von Piagets Theorie, in: Steiner, G. (Hg.), a. a. O., 1978, 709-728.

Caruso, Igor H.: La notion de responsabilité et de justice immanente chez l'enfant, Archives de Psychologie 1948.

Cassirer, E.: Die Begriffsform im mythischen Denken, Berlin 1922.

Cassirer, E.: Mythus des Staates, Zürich 1949.

Cassirer, E.: Substanzbegriff und Funktionsbegriff, Darmstadt 1966, 1969.

Cassirer, Ernst: Die Philosophie der symbolischen Formen. Bd. 1: Die Sprache, Tübingen 1954. Bd. 2: Das mythische Denken, Berlin 1925. Bd. 3: Phänomenologie der Erkenntnis, Darmstadt 1982.

Cassirer, Ernst: Individuum und Kosmos in der Philosophie der Renaissance. Darmstadt: Wissenschaftliche Buchgesellschaft 1994.

Cassirer, Ernst: Sprache und Mythos, Berlin 1925 b.

Cassirer, Ernst: Was ist der Mensch?, Stuttgart 1960.

Cassirer, Ernst: Wesen und Wirkung des Symbolbegriffs, Darmstadt 1977.

Cassirer, Ernst: Zur Logik der Kulturwissenschaften, Darmstadt 1961.

Cellérier, Guy: Jean Piaget und die Philosophie, in: Kindler, N. (Hg.), a. a. O., 1976, 60-66.

Cellérier, Guy: Strukturen und Funktionen, in: Edelstein, W./Hoppe-Graff, S. (Hg.), a. a. O., 1993, 68-91.

Chagnon, Napoleon: Die Yanomamö. Leben und Sterben der Indianer am Orinoko. Berlin: Byblos Verlag 1994.

Chan, J. W. C./Vernon, P. E.: Individual Differences among the Peoples of China, in: Irvine, S./Berry, J. W. (Hg.), a. a. O., 1988, 340-357.

Chandler, Michael J.: Relativismus und das Problem der erkenntnistheoretischen Vereinzelung, in: Riegel, Klaus F. (Hg.), a. a. O., 1978, 293-
205.

Chapman, M.: Contextuality and Directionality of Cognitive Development, in: Human Development, 1988, 31, 92-106.

Chapman, Michael: Constructive Evolution: Origins and Development
of Piagets Thought, Cambridge University Press 1988.

Chartier, Roger: Intellektuelle Geschichte und Geschichte der Mentalitäten, in: Raulff, U. (Hg.), a. a. O., 1987, 69-96.

Chasiotis, A./Keller, H.: Kulturvergleichende Entwicklungspsychologie
und evolutionäre Sozialisationsforschung, in: Trommsdorff, G. (Hg.),
a. a. O., 1995, 21-42.

Cherubini, G.: Der Bauer, in: LeGoff, Jacques (Hg.), a. a. O., 1989, 130-
155.

Childers, P./Wimmer, M.: The Concepts of Death in Early Childhood,
Child Development 42, 1971.

Claessens, D.: Rezeptionsprobleme des Eliasschen Werkes in den 50er
und 60er Jahren, in: Rehberg, K.-S. (Hg.), a. a. O., 1996, 137-149.

Claessens, Dieter: Das Konkrete und das Abstrakte, Frankfurt am Main
1980.

Claessens, Dieter: Instinkt, Psyche, Geltung, Köln 1970.

Cole, M./Gay, J./Glick, J. A./Sharp, T.: The Cultural Context of
Learning and Thinking, N. Y. 1971.

Cole, M./Gay, J.: The New Mathematics and an Old Culture, N. Y. 1967.

Cole, M./Bruner, J. S.: Cultural Differences and Inferences about Psychological Processes, American Anthropologist 1971, 26.

Cole, M./Gay, J./Glick, J. A.: Some Experimental Studies of Kpelle
Quantitative Behavior (1968) in: Berry/Dasen (Hg.) 1974, a. a. O.

Cole, M./Scribner, S.: Culture and Thought, New York: John Whiley &
Sons 1974.

Cole, M.: Cross-Cultural Research in the Sociohistorical Tradition, in:
Human Development, 31, 1988, 137-157.

Cole, M.: Eine ethnographische Psychologie der Kognition, in: Schöfthaler, T. (Hg.), Soziale Struktur und Vernunft, Frankfurt am Main 1984.

Coleman, James et al.: Equality of Educational Opportunity, Washington
D. C., U. S. Office of Education 1966.

Costanzo, Philipp, R./Coie, J. D./Grumet, J. F./Farnill, D.: A Reexami-
nation of the Effects of Intent and Consequence on Children's Moral
Judgements, C. D. 1973, 44, 102-110.

Cottrell, L. S.: Interpersonal Interaction and the Development of the Self,
in: Goslin 1973, a. a. O.

Crew, David: Gewalt »auf dem Amt«, Wohlfahrtsbehörden und ihre
Klienten in der Weimarer Republik, in: Lindenberger, T./Lüdtke, A.
(Hg.), a. a. O., 1995, 213-237.

Crijns, A. G. J.: African Basis Personality Structure: A Critical Review, in: Gawein 1966, 14, 239-248.

Crijns, A.: African Intelligence, Journal of Social Psychology, 57, 1962.

Cuthbert, Adele W.: The Influence of Authoritarianism, Severity and Causality on Attribution of Responsibility, Dissertation, Berkeley 1960.

Czerwinski, Peter: Der Glanz der Abstraktion. Frühe Formen von Reflexivität im Mittelalter. Exempel einer Geschichte der Wahrnehmung. Frankfurt am Main: Campus 1989.

Damerow, Peter: Zum Verhältnis von Ontogenese und Historiogenese des Zahlbegriffs, in: Edelstein, W./Hoppe-Graff, S. (Hg.), a. a. O., 1993, 195-259.

Damon, W.: Zur Entwicklung der sozialen Kognition des Kindes, in: Edelstein, W./Keller, M. (Hg.): Perspektivität und Interpretation, Frankfurt am Main 1982.

Damon, William: Die soziale Welt des Kindes, (1977) Frankfurt am Main 1984.

Damon, William: Early Conceptions of Positive Justice as Related to the Development of Logical Operations, C. D. 1975, 46.

Damon, William: Social and Personality Development, New York: Norton & Company 1983.

Damon, William: Struktur, Veränderlichkeit und Prozeß in der sozial-kognitiven Entwicklung des Kindes (1984 b), in: Edelstein, W. (Hg.), 1984, a. a. O., 63-112.

Daniel, Ute: Der unaufhaltsame Aufstieg des sauberen Individuums, in: Behnken, Imbke (Hg.), a. a. O., 1990, 43-60.

Danker, Uwe: Räuberbanden im Alten Reich um 1700. Ein Beitrag zur Geschichte von Herrschaft und Kriminalität in der frühen Neuzeit. 2 Bde. Frankfurt am Main: Suhrkamp 1988.

Danzel, T. W.: Kultur und Religion des primitiven Menschen, Stuttgart 1924.

Darley, John/Klosson, Z.: Intentions and their Contexts in the Moral Judgements of Children and Adults, C. D. 1978, 49, 66-74.

Dasen, P./Berry, J./Witkin, H.: The Use of Developmental Theories Cross-Culturally, in: Eckensberger, L. et al., Cross-Cultural Contributions to Psychology, Amsterdam 1979.

Dasen, P./Berry, J. W. (Hg.): Culture and Cognition, Readings in Cross-Cultural Psychology, London 1974.

Dasen, P. R.: Concrete Operational Development in Three Cultures, Journal of Cross-Cultural Psychology, 6, 2, June 1975.

Dasen, P. R.: The Cross-Cultural Study of Intelligence: Piaget and the Baoulé, International Journal of Psychology, 49, 1984.

Dasen, P. R.: Are Cognitive Processes Universal? A Contribution to Cross-Cultural Piagetian Psychology, in: Warren, Neil (Hg.), Studies in Cross-Cultural Psychology, London: Academic Press 1977, Bd. 1.

Dasen, P. R.: Cross-Cultural Piagetian Research, in: Berry/Dasen (Hg.), Culture and Cognition, London 1974 a.

Dasen, P. R.: The Influence of Ecology, Culture and European Contact on Cognitive Development in Australian Aborigines, in: Berry/Dasen (Hg.), 1974 b, a. a. O., 381-408.

Dasen/Ngini/Lavallée: Cross-Cultural Training Studies of Concrete Operations, in: Eckensberger, L. et al. (Hg.) 1979 b, a. a. O.

De Lemos, M. M.: The Development of Spatial Concepts in Zulu Children, in: Berry/Dasen (Hg.) 1974, a. a. O., 367-380.

De Palma, D. J. (Hg.): Moral Development – Current Theory and Research, New Jersey, Hillsdale 1975.

DeLacey, P. R.: A Cross-Cultural Study of Classificatory Ability in Australia, JoCCP, 1, 1970.

Delumeau, Jean: Angst im Abendland – Die Geschichte kollektiver Ängste im Europa des 14. - 18. Jh.s, 2 Bde., (1978) Hamburg 1985.

DeMause, Lloyd (Hg.): Hört ihr die Kinder weinen? Eine psychogenetische Geschichte der Kindheit. Frankfurt am Main: Suhrkamp 1980.

DeMause, Lloyd: Evolution der Kindheit, in: ders. (Hg.), a. a. O., 1980, 12-111.

DeMause, Lloyd: Grundlagen der Psychohistorie. Frankfurt am Main: Suhrkamp 1989.

Dempf, Alois: Ethik des Mittelalters, München 1971.

Denney, N. D./Duffy, P.: Possible Environmental Causes of Stages in Moral Reasoning, The Journal of Genetic Psychology 1974, 25.

Dennis, W./Russel, R. W.: Piaget's Questions Applied to Zuni-Children, C. D., 1940, XI.

Dennis, W.: Animism and Related Tendencies in Hopi Children, Journal of Abnormal and Social Psychology, 1943, 38, 21-37.

Denzin, N. K.: Rationality and Society, N. Y. 1990.

Deries, Jean: Geißel und Rute. Körperstrafen und ihre Anwendung. München: Heyne (1975) 1977.

Descartes, René: Meditationes, (1641) Stuttgart 1980.

Devereux, Georges: Ethnopsychoanalyse, Frankfurt am Main 1978.

Décarie, T. G./Solomon, R.: Affektivität und kognitive Entwicklung, in: Steiner, G. (Hg.), a. a. O., 1978, 401-424.

Diamond, Stanley: Kritik der Zivilisation, Frankfurt am Main 1976.

Dieckmann, Hans: Die symbolische Sprache des Märchens, in: W. Laiblin (Hg.), a. a. O., 1995, S. 442-471.

Diemberger, H. et al. (Hg.): Von fremden Frauen. Frausein und Geschlechterbeziehungen in nichtindustriellen Gesellschaften. Frankfurt am Main: Suhrkamp 1989.

Dijksterhuis, E. J.: Die Mechanisierung des Weltbildes, Göttingen, Berlin, Heidelberg 1956.

Dinzelbacher, Peter (Hg.): Europäische Mentalitätsgeschichte. Stuttgart: Kröner 1993.

Dinzelbacher, Peter/Mück, H.-D. (Hg.): Volkskultur des europäischen Spätmittelalters. Stuttgart: Kröner 1978.

Dinzelbacher, Peter: Volkskultur und Hochkultur im Spätmittelalter, in: Dinzelbacher, Peter et al. (Hg.), a. a. O., 1978, 1-14.

Dittmann, F.: Kultur und Leistung, Saarbrücken 1973.

Dobb, L. W.: Eidetic Images among the Ibo, in: Berry, J. W./Dasen, P. R. (Hg.), a. a. O., 1974, 197-204.

Dodds, E. R.: Die Griechen und das Irrationale, Darmstadt 1970.

Doise, W./Mackie, D.: On the Social Nature of Cognition, in: Forgan, J. P. (Hg.), Social Cognition, London: Academic Press 1981.

Doise, W./Mugny, G./Perret-Clermont, A. N.: Social Interaction and Cognitive Development: Further Evidence, European Journal of Social Psychology, 1976, 6, 245 ff.

Doise, W.: Soziale Interaktion und kognitive Entwicklung, in: Steiner, G. (Hg.), a. a. O., 1978, 331-347.

Donzelot, Jacques: Die Ordnung der Familie. Frankfurt am Main 1979.

Douglas, Mary: Ritual, Tabu und Körpersymbolik, Frankfurt am Main 1981.

Döbert, Rainer: Systemtheorie und die Entwicklung religiöser Deutungssysteme, Frankfurt am Main 1973.

Döbler, Joachim: Blutige »Spuren von unzähligen Ruthenstreichen«, Kinderelend, Schulzucht und Strafgewalt im vormärzlichen Hamburg, in: Lindenberger, T./Lüdtke, A. (Hg.), a. a. O., 1995, 303-336.

Dörner, D.: Entwicklung des Denkens, in: Hetzer, H. et al. (Hg.), a. a. O., 1990, 104-121.

Duby, Georges: Die drei Ordnungen, Frankfurt am Main 1981.

Duby, Georges: Die Frau ohne Stimme. Liebe und Ehe im Mittelalter. Berlin: Wagenbach 1988.

Duby, Georges: Die Grundlegung eines neuen Humanismus 1280-1440, Genf 1966.

Duby, Georges: Europa im Mittelalter, Stuttgart 1985 b.

Duby, Georges: Krieger und Bauern – Die Entwicklung der mittelalterlichen Wirtschaft und Gesellschaft bis um 1200, (1973) Frankfurt am Main 1984.

Duby, Georges: Ritter, Frau und Priester – Die Ehe im feudalen Frankreich, Frankfurt am Main 1985 a.

Duby, Georges: Wirklichkeit und höfischer Traum – Zur Kultur des Mittelalters, Berlin: Wagenbach 1986.

Duby, Georges: Zeit der Kathedralen – Kunst und Gesellschaft 980-1420, Frankfurt am Main 1980.

Duerr, H.-P. (Hg.): Alcheringa oder die beginnende Zeit, Frankfurt am Main 1985.

Duerr, H.-P. (Hg.): Der Wissenschaftler und das Irrationale, 2 Bde., Frankfurt am Main 1981.

Duerr, Hans Peter (Hg.): Die wilde Seele. Zur Ethnopsychoanalyse von Georges Devereux. Frankfurt am Main: Suhrkamp 1987.

Duerr, Hans Peter: Der Mythos vom Zivilisationsprozeß. Bd. 1: Nacktheit und Scham. Frankfurt am Main: Suhrkamp 1988.

Duerr, Hans Peter: Der Mythos vom Zivilisationsprozeß. Bd. 2: Intimität. Frankfurt am Main: Suhrkamp 1990.

Duerr, Hans Peter: Der Mythos vom Zivilisationsprozeß. Bd. 3: Obszönität und Gewalt. Frankfurt am Main: Suhrkamp 1993.

Duerr, Hans Peter: Traumzeit. Über die Grenzen zwischen Wildnis und Zivilisation. Frankfurt am Main: Syndikat 1978.

Dulit, E.: Adolescent Thinking à la Piaget: The Formal Stage, in: Journal of Youth and Adolescence, 1972, 1, 4, 281-301.

Dunn, P. P.: »Der Feind ist das Kind«: Kindheit im zaristischen Rußland, in: DeMause, Lloyd (Hg.), a. a. O., 1980, 535-564.

Durant, Will: Das Zeitalter des Glaubens, München 1966.

Durkheim, Emile: Die elementaren Formen des religiösen Lebens, (1912) Frankfurt am Main: 1981.

Durkheim, Emile: Über die Teilung der sozialen Arbeit, Frankfurt am Main: 1977.

Dülmen, R. v./Schindler, N. (Hg.): Volkskultur. Zur Wiederentdeckung des vergessenen Alltags (16.-20. Jahrhundert). Frankfurt am Main: Fischer 1984.

Dülmen, R. v.: N. Elias und der Prozeß der Zivilisation. Die Zivilisationstheorie im Lichte der historischen Forschung, in: Rehberg, K.-S. (Hg.), a. a. O., 1996, 264-274.

Eckensberger, L. (Hg.): Entwicklung des moralischen Urteilens, Saarbrücken 1978.

Eckensberger, L./Conner, W./Poortinga, Y. H. (Hg.): Cross-Cultural Contributions to Psychology, Amsterdam: Swets & Zeitlinger 1979.

Eckensberger, L./Reinshagen, H.: Kohlbergs Stufentheorie der Entwicklung des Moralischen Urteils: Ein Versuch ihrer Reinterpretation im Bezugsrahmen handlungstheoretischer Konzepte, in: Eckensberger, 1980, a. a. O., 65-133.

Eckensberger, L./Silbereisen, R. K. (Hg.): Entwicklung sozialer Kognitionen, Stuttgart 1980.

Edelstein, W. (Hg.): Perspektivität und Interpretation, Frankfurt am Main: Suhrkamp 1982.

Edelstein, W./Hoppe-Graff, S. (Hg.): Die Konstruktion kognitiver Strukturen. Perspektiven einer konstruktivistischen Entwicklungspsychologie. Bern: Hans Huber 1993.

Edelstein, W./Nunner-Winkler, G. (Hg.): Zur Bestimmung der Moral, Frankfurt am Main 1986.

Edelstein, W.: Soziale Konstruktion und die Äquilibration kognitiver Strukturen: Zur Entstehung individueller Unterschiede in der Entwicklung, in: Edelstein, W./Hoppe-Graff, S. (Hg.), a. a. O., 1993, 92-106.

Edelstein/Keller/Wahlen: Entwicklung sozial-kognitiver Prozesse: Eine theoretische und empirische Konstruktion, in: Geulen, 1982 b, a. a. O., 181-205.

Eder, Klaus (Hg.): Die Entstehung von Klassengesellschaften, Frankfurt am Main 1973.

Eder, Klaus: Die Entstehung staatlich organisierter Gesellschaften, Frankfurt am Main 1976.

Eder, Klaus: Die Vergesellschaftung der Natur. Studien zur sozialen Evolution der praktischen Vernunft. Frankfurt am Main: Suhrkamp 1988.

Edwards, C. P.: Social Experience and Moral Judgements in Kenyan Young Adults, Journal of Genetic Psychology 1978, 33.

Edwards, C. P.: Societal Complexity and Moral Development, Ethos 1975, 3, 505-27.

Edwards, C. P.: The Comparative Study of the Development of Moral Judgement and Reasoning, in: Munroe et al. (Hg.), a. a. O., 1981.

Edwards, C. P.: The Effect of Experience on Moral Development: Results from Kenya, Harvard, Dissertation, 1974.

Ehalt, H. C.: Schwellen und Zwänge, in: Psychologie heute, Dez. 1991, 66 f.

Eibl-Eibesfeldt, Irenäus: Der Mensch – das riskierte Wesen. München: Piper 1990.

Eibl-Eibesfeldt, Irenäus: Der vorprogrammierte Mensch. Das Ererbte als bestimmender Faktor im menschlichen Verhalten. Wien: Molden 1973.

Eibl-Eibesfeldt, Irenäus: Die !Ko-Buschmann-Gesellschaft. Gruppenbildung und Aggressionskontrolle bei einem Jäger- und Sammlervolk. München: R. Piper & Co. Verlag 1972.

Eibl-Eibesfeldt, Irenäus: Krieg und Frieden aus der Sicht der Verhaltensforschung. München: Piper 1975.

Eibl-Eibesfeldt, Irenäus: Liebe und Hass. Zur Naturgeschichte elementarer Verhaltensweisen. München: R. Piper Verlag 1970.

Eichberg, H.: Nackte Dänen, in: Psychologie heute, Dez. 1991, 71.

Eicken, Heinrich von: Geschichte und System der mittelalterlichen Weltanschauung, Stuttgart 1923.

Eigner, Erich: Epochen im Wandel des Familienhaushalts, in: Rosenbaum, Heidi (Hg.), a. a. O., 1980.

Einstein, Albert/Infeld, Leopold, Die Evolution der Physik, München: Weltbild Verlag 1991.

Ekman, Paul: Universale emotionale Gesichtsausdrücke, in: Kahle, Gerd (Hg.), a. a. O., 1981, 177-186.

Eliade, Mircea: Kosmos und Geschichte, (1949) Frankfurt am Main 1984.

Elias, Norbert: Problems of Involvement and Detachment, in: British Journal of Sociology, 7, 1956, 226-252.

Elias, N.: Die höfische Gesellschaft, Neuwied: Luchterhand 1969.

Elias, N.: Über den Prozeß der Zivilisation, 2 Bde., (1939), Frankfurt am Main: Suhrkamp 1977. (im Text abgekürzt mit: PDZ 1, 2)

Elias, N.: Engagement und Distanzierung, Frankfurt am Main: Suhrkamp 1983.

Elias, N.: Über die Zeit, Frankfurt am Main: Suhrkamp 1984.

Elias, Norbert: Notizen zum Lebenslauf, in: Gleichmann, Peter et al. (Hg.), Macht und Zivilisation, 1984 b, 9-82.

Elias, Norbert/Dunning, Eric: Sport im Zivilisationsprozeß. Studien zur Figurationssoziologie. Münster: Lit-Verlag 1984 c.

Elias, N.: Wissenschaft oder Wissenschaften? Beitrag zu einer Diskussion mit wirklichkeitsblinden Philosophen, in: ZfS, 14, 1985, 268-281.

Elias, Norbert: Studien über die Deutschen. Machtkämpfe und Habitusentwicklung im 19. und 20. Jahrhundert. Frankfurt am Main: Suhrkamp 1992.

Elias, Norbert: Was ist Soziologie? Weinheim/München: Juventa 1993.

Elias, Norbert: Die Gesellschaft der Individuen. Frankfurt am Main: Suhrkamp 1994.

Elias, Norbert: Wandlungen der Machtbalance zwischen den Geschlechtern, in: Jürgen Friedrichs et al. (Hg.), Soziologische Theorie und Empirie, Opladen: Westdeutscher Verlag 1997, S. 125-149.

Elias, T. O.: The Nature of African Customary Law, Manchester 1972.

Elkind, D.: Childrens Discovery of the Conservation of Mass, Weight, and Volume, Journal of Genetic Psychology, 98, 1961.

Elkind, D.: Zwei entwicklungspsychologische Ansätze: Piaget und Montessori, in: Steiner, G. (Hg.), a. a. O., 1978, 584-594.

Ellwanger, Wolfram: Die Zauberwelt unserer Kinder. Freiburg: Herder 1980.

Elwert, H.: Die Elemente der traditionalen Solidarität – Fallstudie in Westafrika, KZfSS, 1980, 32, 681 ff.

Ember, Carol R.: Kulturvergleichende Kognitionsforschung, in: Schöfthaler, T., 1984, a. a. O., 112-140.

Erdheim, Mario: Die gesellschaftliche Produktion von Unbewußtheit, Frankfurt am Main: Suhrkamp 1985.

Erdheim, Mario: Unbewußtheit im Prozeß der Zivilisation, in: Rehberg, K.-S. (Hg.), a. a. O., 1996, 158-171.

Erikson, Erik H.: Kindheit und Gesellschaft, Stuttgart 1971.

Essau, C. A./Trommsdorff, G.: Kontrollorientierung von Jugendlichen in individualistischen und gruppenorientierten Kulturen, in: Trommsdorff, G. (Hg.), a. a. O., 1995, 211-224.

Esser, Hartmut: Figurationssoziologie und Methodologischer Individualismus. Zur Methodologie des Ansatzes von N. Elias, in: KZfSS 1984, 36, 641-666.

Esser, Hartmut: Logik oder Metaphysik der Forschung? Bemerkungen zur Popper-Interpretation von Elias, in: Zeitschrift für Soziologie, 1985, 4, 14, 257 ff.

Evans-Pritchard, E. E.: Hexerei, Orakel und Magie unter den Azande, Frankfurt am Main 1978.

Evans-Pritchard, E. E.: L. Lévy-Bruhl's Theory of Primitive Mentality, Bulletin of the Faculty of Arts, Cairo, Egypt, 1934.

Ewert, O.: Erziehungsstile in ihrer Abhängigkeit von soziokulturellen Normen, in: Theo Herrmann (Hg.), Psychologie der Erziehungsstile, Göttingen 1966.

Eysenck, H. J.: Sexualität und Persönlichkeit. Frankfurt am Main: Ullstein 1980.

Eysenck, H. J.: The Biological Basis of Intelligence, in: Irvine, S./Berry, J. W. (Hg.), a. a. O., 1988, 87-104.

Eysenck, Hans Jürgen/Eysenck, Michael W.: Persönlichkeit und Individualität. Ein naturwissenschaftliches ParadigMittelalter München/Weinheim: Psychologie Verlags Union 1987.

Fahrmeier, E. D.: The Decline of Egocentrism in Haussa Children, JoCCP, 9, 2, June 1978.

Fallers, L. A.: Law without Precedent, Chicago U. P. 1969.

Fauconnet, P.: La responsabilité, Paris: Alcan 1920.

Febvre, Lucien: Das Gewissen des Historikers. Berlin: Wagenbach 1988.

Fehr, Hans: Deutsche Rechtsgeschichte, 6. Auflage, Berlin 1962.

Feilzer, Heinrich: Jugend in der mittelalterlichen Ständegesellschaft, Wien 1971.

Feldman, Carol F. et al.: The Development of Adaptive Intelligence. A Cross-Cultural Study. San Francisco: Jossey-Bass Publishers 1974.

Fend, Helmut: Sozialisation: Die Entwicklung der Persönlichkeit im gesellschaftlichen Kontext, in: Steiner, G. (Hg.), a. a. O., 1978, 367-384.

Feshbach, S.: Die Funktionsweise der Aggression und die Regulierung des aggressiven Antriebs, in: Kornadt, H.-J. (Hg.), a. a. O., 1981, 246-276.

Fetz, R. L.: Ernst Cassirer und der strukturgenetische Ansatz, in: Braun, H.-J. et al. (Hg.), Über Ernst Cassirers Philosophie der symbolischen Formen, Frankfurt am Main: Suhrkamp 1988 b.

Fetz, R. L.: Piaget als philosophisches Ereignis, in: Steiner, G. (Hg.), a. a. O., 1978, 27-40.

Fetz, R. L.: Struktur und Genese. Die Transformation der Philosophie bei Jean Piaget, Bern/Stuttgart: Haupt 1988.

Fetz, R.L.: Die Entwicklung der Himmelssymbolik in Menschheitsgeschichte und individueller Entwicklung, in: Zweig, A. (Hg.), Schriften zur Symbolforschung, Bd. 2, Bern 1985, 111-150.

Fetz, R. L.: Naturdenken beim Kind und bei Aristoteles – Fragen einer genetischen Ontologie, Tijdschrift voor Filosofie 1982, 44, 473-512.

Feyerabend, Paul K.: Wider den Methodenzwang, Frankfurt am Main 1976.

Fichtenau, Heinrich: Lebensordnungen des 10. Jh.s – Studien über Denkart und Existenz im einstigen Karolingerreich, 2 Bde., Stuttgart 1984.

Fischer, Kurt W.: Relations between Brain and Cognitive Development, C. D., 1987, 58, 623-632.

Flammer, August: Entwicklungstheorien. Psychologische Theorien der menschlichen Entwicklung. Bern: Hans Huber 1988.

Flandrin, J. L.: Das Geschlechtsleben der Eheleute in der alten Gesellschaft. Von der kirchlichen Lehre zum realen Verhalten, in: Ariès, P./Bégin, A. (Hg.), a. a. O., 1986, 147-164.

Flavell, John et al.: Rollenübernahme und Kommunikation bei Kindern, Olten 1975.

Flavell, John: Kognitive Entwicklung, Stuttgart 1979.

Flavell, John: The Developmental Psychology of Jean Piaget, New York 1963.

Fleckenstein, Josef: Grundlagen und Beginn der deutschen Geschichte, Göttingen 1974.

Fortes, M.: Pietas bei der Verehrung der Ahnen, in: Kramer, F./Sigrist, C. (Hg.): Gesellschaften ohne Staat, Bd. 2, 1983.

Fortes, Meyer: Verwandtschaft und das Axiom der Amity (1983 a) in: Kramer, Fritz, Bd. 2, a. a. O., 120-165.

Foucault, M.: Die Ordnung der Dinge, Frankfurt am Main: Suhrkamp 1973, 1977.

Foucault, M.: Überwachen und Strafen. Die Geburt des Gefängnisses. Frankfurt am Main: Suhrkamp 1976.

Franke, Erich: Die geistige Entwicklung der Negerkinder, Leipzig 1915.

Frankfort, H. (Hg.): Frühlicht des Geistes, Stuttgart 1954.

Frazer, James George: Der goldene Zweig – Eine Studie über Magie und Religion, 2 Bde., (1910) Frankfurt am Main 1977.

Freeman, Derek: Liebe ohne Aggression. M. Meads Legende von der Friedfertigkeit der Naturvölker. München: Kindler Verlag 1983.

Freese, Hans-Ludwig: Kinder sind Philosophen. Weinheim: Quadriga 1990.

Freitag, Barbara: Der Aufbau kindlicher Bewußtseinsstrukturen im gesellschaftlichen Kontext, München 1983.

Freitag, Barbara: Theorie des kommunikativen Handelns und genetische Psychologie, in: KZfSS, 1983 b, 35, 555 ff.

Freud, Sigmund: Gesammelte Werke, Frankfurt: Fischer 1975.

Freund, W.: Unterentwicklung in strukturalistischer Sicht, in: René König (Hg.), Aspekte der Entwicklungssoziologie, Köln 1968.

Frevert, Ute: Ehrenmänner. Die Geschichte des Duells in der bürgerlichen Gesellschaft. München: C. H. Beck 1991.

Freyre, Gilberto: Das Land in der Stadt. Die Entwicklung der urbanen Gesellschaft Brasiliens. München: DTV/Klett-Cotta 1982.

Freyre, Gilberto: Herrenhaus und Sklavenhütte. Ein Bild der brasilianischen Gesellschaft. München: DTV/Klett-Cotta 1990.

Fricke, R.: Orientation towards the Future by Liberian School-Children, H. D. 1979, 22, 113-126.

Friedell, Egon: Kulturgeschichte der Neuzeit, (1927) München 1986.

Friedlemeier, W.: Subjektive Erziehungstheorien im Kulturvergleich, in: Trommsdorff, G. (Hg.), a. a. O., 1995, 43-64.

Fröhlich, Gerhard: »Inseln zuverlässigen Wissens im Ozean menschlichen Nichtwissens«. Zur Theorie der Wissenschaften bei N. Elias, in: Kuzmics, H./Mörth, I. (Hg.), a. a. O., 1991, 95-112.

Fuhrmann, Horst/Bosl, Karl/Nitschke, A./Patze, H.: Die Fälschungen im Mittelalter. Überlegungen zum mittelalterlichen Wahrheitsbegriff, HZ 197, 1963, 529-601.

Furby, L.: A Theoretical Analysis of Cross-Cultural Research, Journal of Cross-Cultural Psychology, 2, 1971.

Furth, H.: A Developmental Perspective on the Societal Theory of Habermas, in: Human Development, 26, 1983, 181-197.

Furth, Hans G.: Children's Societal Understanding and the Process of Equilibration, New Directions for Child Development 1978, 1.

Furth, Hans G.: Intelligenz und Erkennen – Die Grundlagen der genetischen Erkenntnistheorie Piagets, Frankfurt am Main 1972.

Furth, Hans G.: The World of Grown-Ups – Children's Conceptions of Society, New York: Elsevier 1980.

Furth, Hans G.: Wissen als Leidenschaft. Eine Untersuchung über Freud und Piaget. Frankfurt am Main 1990.

Fustel de Coulanges, Numa Denis: Der antike Staat – Kult, Recht und Institutionen Griechenlands und Roms, (1864) Stuttgart 1981.

Galotti, K. M./Konatsu, L. K.: Correlates of Syllogistic Reasoning Skills in Middle Childhood and Early Adolescence, in: Journal of Youth and Adolescence, 1989, 18, 1, 85-96.

Ganshof, François Louis: Was ist das Lehnswesen?, (1944) Darmstadt 1983.

Garbarino, J./Bronfenbrenner, U.: Die Sozialisation von moralischem Urteil und Verhalten aus interkultureller Sicht, in: Bertram, Hans (Hg.), a. a. O., 1986, 258-288.

Garcia, R.: Sociology of Science and Sociogenesis of Knowledge, in: Inhelder, B. et al. (Hg.), a. a. O., 1987.

Garcia-Esteve, Joel D./Shaw, Martin E.: Rural and Urban Patterns of

Responsibility Attribution in Puerto Rico, The Journal of Social Psychology 1968, 74.

Garin, Eugenio (Hg.): Der Mensch der Renaissance. Frankfurt am Main: Campus 1990.

Garz, Detlev: Strukturgenese und Moral, Opladen 1984.

Gehlen, Arnold: Urmensch und Spätkultur, Frankfurt am Main 1975.

Gellathy, A. R. H.: Acquisition of a Concept of Logical Necessity, in: Human Development, 1987, 30, 32-47.

Gerhards, Jürgen: Emile Durkheim. Die Seele als soziales Phänomen, in: Jüttemann, Gerd (Hg.), a. a. O., 1988, 97-103.

Geulen, D. (Hg.): Perspektivenübernahme und soziales Handeln – Texte zur sozial-kognitiven Entwicklung, Frankfurt am Main 1982.

Geulen, Dieter: Das vergesellschaftete Subjekt. Zur Grundlegung der Sozialisationstheorie. Frankfurt am Main: Suhrkamp 1977.

Gibbs, J. C.: Kohlberg's Moral Stage Theory – A Piagetian Revision, H. D. 1979, 89-112.

Gibbs, J. C.: Kohlberg's Stages of Moral Judgement: A Constructive Critique, Harvard Educational Review, 1977, 47, 43-61.

Ginsburg, H./Opper, S.: Piagets Theorie der geistigen Entwicklung, (1969) Stuttgart 1975.

Girtler, Roland: Höfische Lebenswelten heute, in: Kuzmics, H./Mörth, I. (Hg.), a. a. O., 1991, 127-140.

Girtler, Roland: Nacktheit und Scham. Rezension von H. P. Duerr, in: Soziologische Revue 1990, 338-40.

Gladwin, Thomas: Culture and Logical Process (1964), in: Berry/Dasen (Hg.), 1974, a. a. O.

Gladwin, Thomas: Logik auf Puluwat und in der Bronx, in: Schöfthaler, T. (Hg.), 1984, a. a. O.

Glasersfeld, E. v.: Piagets konstruktivistisches Modell: Wissen und Lernen, in: Rusch, G./Schmidt, S. (Hg.), a. a. O., 1994, 16-42.

Gleichmann, P. (Hg.): Macht und Zivilisation – Materialien zu Elias' Zivilisationstheorie, Frankfurt am Main 1984.

Gleichmann, Peter Reinhart: Zur Historisch-Soziologischen Psychologie von Norbert Elias, in: Jüttemann, Gerd (Hg.), a. a. O., 1988, 451-462.

Gloy, Karen: Das Verständnis der Natur. Bd. 1: Die Geschichte des wissenschaftlichen Denkens. München: C. H. Beck 1995.

Gluckman, Max (Hg.): The Allocation of Responsibility, Manchester University Press: 1972.

Gluckman, Max: (Hg.): Ideas and Procedures in African Customary Law, Oxford 1969.

Gluckman, Max: The Ideas in Barotse Jurisprudence, Yale Uni Press, New Haven 1965.

Gluckman, Max: The Judicial Process among the Barotse of Northern Rhodesia, Manchester 1955.

Godelier, Maurice: Mythos und Geschichte, in: Eder, Klaus (Hg.), Die Entstehung von Klassengesellschaften, Frankfurt am Main 1973.

Goldmann, Lucien: Jean Piaget und die Philosophie, in: Busino, G. 1976, a. a. O.

Goldschmidt, D./Schöfthaler, T.: Bildung als gleichzeitige Entwicklung von Vernunft und kultureller Identität, in: Schöfthaler, T. (Hg.) 1984, a. a. O.

Goldschmidt, M. L.: A Cross-Cultural Investigation of Conservation, JoCCP 4, 1, March 1973.

Goldstein, Kurt/Scheerer, Martin: Abstract and Concrete Behavior – An Experimental Study with Special Tests, Psychology Monography, 1941, Vol. 53, No. 2.

Goldstein, Kurt: Selected Papers, The Hague 1971.

Gombrich, E.: Kunst und Illusion, Köln 1963.

Goodnow, J./Bethon, G.: Piagets' Tasks: The Effects of Schooling and Intelligence, C. D. 1966, 37, 573 ff.

Goody, Jack/Watt, Ian u. a.(Hg.): Entstehung und Folgen der Schriftkultur, Frankfurt am Main 1986.

Goody, Jack/Watt, Ian: Konsequenzen der Literalität, in: Goody/Watt 1986, 63-123.

Goody, Jack: Die Entwicklung von Ehe und Familie in Europa. Frankfurt am Main: Suhrkamp 1989.

Goody, Jack: Evolution and Communication: The Domestication of the Savage Mind, British Journal of Sociology, 1973, 24.

Gorsuch, R. L./Barnes, M. L.: Stages of Ethical Reasoning and Moral Norms of Carib Youths, JoCCP 4, 1973.

Goslin, David A. (Hg.): Handbook of Socialisation Theory and Research, Chicago (1969) 1973.

Goudsblom, J.: Die Erforschung von Zivilisationsprozessen, in: Gleichmann, Peter (Hg.), a. a. O., 1984, 83 ff.

Goudsblom, J.: Zum Hintergrund der Zivilisationstheorie von N. Elias: Das Verhältnis zu Huizinga, Weber und Freud, in: Gleichmann, Peter (Hg.), a. a. O., 1984 b, 129 ff.

Goudsblom, Johan: Soziologie auf der Waagschale. Frankfurt am Main: Suhrkamp 1979.

Granet, Marcel: Die chinesische Zivilisation, Frankfurt am Main 1985.

Grant, Edward: Das physikalische Weltbild des Mittelalters, Zürich 1980.

Greenfield, P. M.: Strukturelle Parallelen zwischen Sprache und Handlung im Laufe der Entwicklung, in: Steiner, G. (Hg.), a. a. O., 1978, 1049-1073.

Greenfield, Patricia M.: Über Kultur und Invarianz, in: Bruner, J. et al. (Hg.) 1981, a. a. O.

Greenglass, Esther R.: A Cross-Cultural Comparison of Maternal Communication, C. D. 1971, 42, 685-92.

Grimm, Jacob: Deutsche Mythologie, Stuttgart 1972.

Grinder, Robert E.: Relations between Behavioral and Cognitive Dimensions of Conscience in Middle Childhood, C. D. 1964, 35.

Groebner, V.: Der verletzte Körper und die Stadt. Gewalttätigkeit und Gewalt in Nürnberg am Ende des 15. Jahrhunderts, in: Lindenberger, T./Lüdtke, A. (Hg.), a. a. O., 1995, 162-211.

Grönbech, Wilhelm: Kultur und Religion der Germanen, 2 Bde., Darmstadt: Wissenschaftliche Buchgesellschaft 1980.

Groethuysen, Bernhard: Die Entstehung der bürgerlichen Welt- und Lebensanschauung in Frankreich, 2 Bde., Frankfurt am Main 1978.

Grohs, Gerhard: Soziologische Aspekte der ökumenischen Gewaltdebatte in der BRD, in: Korte, Hermann et al. (Hg.), a. a. O., 1977, 271-283.

Gronemeyer, Reimer (Hg.): Der faule Neger. Vom weißen Kreuzzug gegen den schwarzen Müßiggang. Hamburg: rororo 1991.

Grossmann, Klaus E.: Die natürlichen Grundlagen zwischenmenschlicher Bindungen. Anthropologische und biologische Überlegungen, in: Niemitz, Carsten (Hg.), a. a. O., 1987.

Gruber, H. E./Vonèche, J. J. (Hg.): The Essential Piaget, London: Routledge & Kegan Paul 1977.

Gruner, R. et al.: Formale Präzision, in: Kluwe, R. H./Spada, H. (Hg.), a. a. O., 1981, 291-302.

Guilford, Joy P.: Kreativität: Dispositionen und Prozesse, in: Steiner, G. (Hg.), a. a. O., 1978, 466-487.

Gulliver, P. H.: Social Control in an African Society, London 1963.

Gurjewitsch, A.: Das Weltbild des mittelalterlichen Menschen, München 1980.

Gurjewitsch, Aaron J.: Das Individuum im europäischen Mittelalter. München: C. H. Beck 1994.

Gurjewitsch, Aaron J.: Stimmen des Mittelalters – Fragen von heute. Mentalitäten im Dialog. Frankfurt am Main: Campus 1993.

Haarmann, Harald: Die Gegenwart der Magie, Frankfurt am Main: Campus 1992.

Habermas, J. et al. (Hg.): Entwicklung des Ichs, Königstein 1980.

Habermas, J.: Moralbewußtsein und kommunikatives Handeln, Frankfurt am Main 1983.

Habermas, J.: Strukturwandel der Öffentlichkeit, Neuwied 1981 b.

Habermas, J.: Theorie des kommunikativen Handelns, 2 Bde., Frankfurt am Main 1981.

Habermas, J.: Zur Rekonstruktion des Historischen Materialismus, Frankfurt am Main 1976.

Habermas/Luhmann: Theorie der Gesellschaft oder Sozialtechnologie, Frankfurt am Main 1976.

Hagen, E. E.: On the Theory of Social Change, Homewood, Ill. 1958.

Hagen, E. E.: Traditionalismus, Statusverlust, Innovation, in: Zapf, W. (Hg.), Theorien des sozialen Wandels, Berlin 1971.

Hahn, Alois: Max Weber und die Historische Psychologie, in: Jüttemann, Gerd (Hg.), a. a. O., 1988, 115-124.

Hall, V. C./Kaye, D. B.: The Necessity of Logical Necessity in Piagets Theory, in: Siegel, Linda S./Brainerd, Ch. J. (Hg.), a. a. O., 1978, 153-168.

Hallowell, A. J.: Intelligence of Northeastern Indian, in: Hunt, R., a. a. O., 1967.

Hallpike, Christopher R.: Grundlagen primitiven Denkens, (1978) Stuttgart: DTV/Klett-Cotta 1994.

Hallpike, Christopher R.: Kognitive Entwicklung in Kultur und Individuum, in: U. Wenzel (Hg.), Der Prozeß der Geistesgeschichte, Frankfurt/Main: Suhrkamp 1994 b.

Hallpike, Christopher R.: Principles of Social Evolution, Oxford: U. P. 1990.

Hansen, Karin: Die Polarisierung der »Geschlechtscharaktere« – Eine Spiegelung der Dissoziation von Erwerbs- und Familienleben, in: Rosenbaum, Heidi (Hg.), a. a. O., 1980.

Harkness, Sara/Super, C. M./Edwards, C. P.: Social Roles and Moral Reasoning: A Case Study in a Rural African Community, D. P. 1981, Vol. 17, No. 5.

Harris, H.: Development of Moral Attitudes in White and Negro Boys, D. P. 1970, 3.

Harris, Marvin: Kulturanthropologie. Frankfurt am Main: Campus 1989.

Harris, Marvin: Menschen. Wie wir wurden, was wir sind, München: DTV 1997.

Harris, Marvin: Fauler Zauber. Wie der Mensch sich täuschen läßt, München: DTV 1997 b.

Hart, H. C.: Piaget's Test of Immanent Justice Responses, Journal of Genetic Psychology, 1962, 101, 333-341.

Harten, H. C.: Kognitive Sozialisation und politische Erkenntnis, Weinheim 1977.

Harten, H. C.: Der vernünftige Organismus – Zur Gesellschafts-Theorie Jean Piagets, 1977 b.

Haselbach, D.: Monopolmechanismus und Macht. Der Staat in N. Elias' Evolutionslehre, in: Rehberg, K.-S. (Hg.), a. a. O., 1996, 331-351.

Havighurst, R. J./Neugarten, B. L.: American Indian and White Children, The Uni of Chicago Press 1955.

Haymer, Armin: Die Pygmäen. Menschenforschung im afrikanischen Regenwald. München: List 1995.

Hebble, Peter W.: The Development of Elementary School Childrens Judgement of Intention, C. D. 1971, 42.

Hegel, G. W. F.: Phänomenologie des Geistes, Frankfurt 1973.

Hegel, G. W. F.: Philosophie der Religion, Hamburg 1974.

Heider, Fritz: Psychologie der interpersonellen Beziehungen, (N.Y. 1958) Stuttgart 1977.

Heidt, E. U.: Westliche Bildungssysteme in nichtwestlichen Gesellschaften, in: Trommsdorff, G. (Hg.), a. a. O., 1989, 240-271.

Heinrich, Johannes: Aggression und Streß. Entlastung und Entspannung durch Abbau massiver Aggressionsformen. Weinheim: DSV 1993.

Heron, A. et al.: Concrete Operational Development in Yugoslaw Immigrant and Australian Children, in: Poortinga, Ype et al. (Hg.) 1977, a. a. O.

Heron, A./Dowel, W.: Weight Conservation and Matrixsolving Ability in Papuan Children, in: JoCCP 1973, 4, 207-19.

Heron, A./Simousson, M.: Weight Conservation in Zambian Children. A Non-Verbal Approach, International Journal of Psychology 1969, 4, 218-292.

Heron, A.: Cultural Determinants of Concrete Operational Behavior, in: Dawson, J. L. M./Conner, W. J., Readings in Cross-Cultural Psychology, Hongkong: Uni Press 1974.

Herrmann, Theo (Hg.): Psychologie der Erziehungsstile. Göttingen: C. J. Hogrefe 1966.

Herrnstein, Richard J./Murray, Charles: The Bell Curve. Intelligence and Class Structure in American Life. New York: The Free Press 1994.

Herrnstein, Richard J.: Chancengleichheit – eine Utopie. Die IQ-bestimmte Klassengesellschaft. Stuttgart DVA 1974.

Heß, Werner: Forschungsansätze in der kulturvergleichenden Psychologie. Methodische Probleme und Perspektiven. Berlin 1987.

Hetzer, H./Todt, E. et al. (Hg.): Angewandte Entwicklungspsychologie des Kindes- und Jugendalters. Heidelberg: UTB 1990.

Hinnersmann, Herwig: Training des deduktiven Denkens, in: Klauer, K. J. (Hg.), a. a. O., 1993, 165-188.

Hirschman, Albert O.: Leidenschaften und Interessen, Frankfurt am Main 1984.

Hobhouse, L. T.: Morals in Evolution, London: Chapman & Hall 1906.

Hoffmann, Martin L.: Moral Development, in: Mussen, Paul H. (Hg.), Carmichael's Manual of Child Psychology, New York: John Wiley & Sons 1970.

Hofmann, Hanns Hubert (Hg.): Die Entstehung des modernen souveränen Staates. Köln: Kiepenheuer & Witsch 1967.

Hogbin, H.: Shame – A Study of Social Conformity in a New Guinea Village, Oceania 1947, 17.

Hollos, M./Cowan, Ph. A.: Social Isolation and Cognitive Development: Logical Operations and Role-Taking Abilities in Three Norwegian Social Settings, C. D. 1973, 44, 630-641.

Holtzmann, Wayne H.: Concepts and Methods in the Cross-Cultural Study of Personality Development, H. D. 1979, 22, 281-295.

Homans, George C.: Angst und Ritual, in: Kahle, Gerd (Hg.), a. a. O., 1981, 108-119.

Honneth, Axel (Hg): Theorien des Historischen Materialismus, Frankfurt am Main 1977.

Honneth, Axel (Hg.): Kommunikatives Handeln, Frankfurt am Main 1985.

Hooper, Frank H./Sheehan, Nancy W.: Piagets Entwicklungstheorie und der Lebenslauf-Analytische Ansatz, in: Steiner, G. (Hg.), a. a. O., 1978, 184-206.

Hoppe-Graff, S./Edelstein, W.: Einleitung, in: dies. (Hg.), a. a. O., 1993, 9-23.

Hoppe-Graff, S.: Epilog: Perspektiven des strukturgenetischen Konstruktivismus, in: Edelstein, W./Hoppe-Graff, S. (Hg.), a. a. O., 1993.

Hoppe-Graff, S.: Sind Konstruktionsprozesse beobachtbar?, in: Edelstein, W./Hoppe-Graff, S. (Hg.), a. a. O., 1993, 260-275.

Huber, Hugo: Sozial- und kulturanthropologische Theorien zur Sozialisationsforschung, in: Trommsdorff, G. (Hg.), a. a. O., 1989, 25-40.

Huizinga, Johan: Herbst des Mittelalters, (1919) Stuttgart 1975.

Huizinga, Johan: Homo Ludens – Vom Ursprung der Kultur im Spiel, (1938) Hamburg 1987.

Humboldt, Wilhelm von: Schriften zur Sprache, Stuttgart 1973.

Hurrelmann, Klaus: Einführung in die Sozialisationstheorie, Weinheim: Beltz 1986.

Husarek, B.: Prosoziale Entwicklung im kulturellen Kontext, in: Trommsdorff, G. (Hg.), a. a. O., 1995, 109-135.

Husserl, Edmund: Die Krisis der europäischen Wissenschaften und die transzendentale Phänomenologie, Haag 1962.

Hutton, Patrick H.: Die Psychohistorie Erik Eriksons aus der Sicht der Mentalitätengeschichte, in: Raulff, U. (Hg.), a. a. O., 1987, 146-162.

Hübner, Kurt: Die Wahrheit des Mythos, München 1985.

Illick, J. E.: Kindererziehung in England und Amerika im 17. Jahrhundert, in: DeMause, Lloyd (Hg.), a. a. O., 1980, 422-489.

Imamoglu, E. O.: Children's Awareness and Usage of Intention Cues, C. D. 1975, 46, 39-45.

Imhoff, Arthur E.: Die verlorenen Welten – Alltagsbewältigung durch unsere Vorfahren, München 1985.

Inhelder, B.: Vom epistemischen zum psychologischen Subjekt, in: Edelstein, W./Hoppe-Graff, S. (Hg.), a. a. O., 1993, 24-27.

Inhelder, B.: Zum gegenwärtigen Stand der Genfer Forschungen, in: Steiner, G. (Hg.), a. a. O., 1978, 1160-1169.

Inhelder, Bärbel et al. (Hg.): Piaget Today. London/Hillsdale: Lawrence Erlbaum Associates 1987.

Inkeles, A.: Explorations of Psychological Modernity, 1983.

Irvine, S./Berry, J. W.: The Abilities of Mankind: A Revaluation, in: Irvine, S./Berry, J. W. (Hg.), a. a. O., 1988, 3-59.

Irvine, S. M./Berry, J. W. (Hg.): Human Abilities in Cultural Context, Cambridge U. P. 1988.

Isaacs, Susan: Social Development in Young Children, London 1962.

Iwawaki, Saburo/Vernon, P. E.: Japanese Abilities and Achievements, in: Irvine, S./Berry, J. W. (Hg.), a. a. O., 1988, 358-384.

Jaeger, S.: Individuelle und historische Entwicklung – Zur Geschichte pädagogisch-psychologischer Parallelismusvorstellungen, in: Jüttemann, Gerd (Hg.), a. a. O., 1986, 167-184.

Jahoda, G./Lewis, J. M. (Hg.): Acquiring Culture: Cross-Cultural Studies in Child Development, N. Y. 1987.

Jahoda, G.: Immanent Justice among West-African Children, Journal of Social Psychology 1958, 47, 241-8.

Jahoda, G.: Supernatural Beliefs and Changing Cognitive Structures among Ghanaian University Students, in: Berry/Dasen (Hg.) 1974, a. a. O.

Japp, Klaus: Selbstverstärkungseffekte riskanter Entscheidungen, ZfS 1992, 1, 21, 16-30.

Jaynes, Julian: Der Ursprung des Bewußtseins. Reinbek: rororo 1994.

Jensen, A.: Speed of Information Processing and Population Differences, in: Irvine, S./Berry, J. 1988, a. a. O.

Jensen, A. E.: Mythos und Kult bei Naturvölkern. München 1992.

Joffe-Falmague, Rachel: Ein psycholinguistischer Ansatz zur Entwicklung logischer Kompetenz, in: Kluwe, R. H./Spada, H. (Hg.), a. a. O., 1981, 303-338.

Jones, Ernest: Die Theorie der Symbolik und andere Aufsätze, Frankfurt am Main 1978.

Jütte, Robert: Evolutionäre Verlockungen, in: Psychologie heute, Dez. 1991, 69.

Jüttemann, Gerd (Hg.): Die Geschichtlichkeit des Seelischen. Der historische Zugang zum Gegenstand der Psychologie. Weinheim: PVU-Beltz 1986.

Jüttemann, Gerd (Hg.): Wegbereiter der Historischen Psychologie. München: Beltz-PVU 1988.

Jüttemann, Gerd: Vorbemerkungen, in: Jüttemann, Gerd (Hg.), a. a. O., 1986.

Kafka, Gustav: Zum Begriff des »Psychischen«, Archiv für die gesamte Psychologie, Leipzig, 48, 1924.

Kagan, Jerome et al.: Memory and Meaning in Two Cultures, C. D. 1973, 221-223.

Kagitcibasi, C. et al.: Human Abilities in the Eastern Mediterranean, in: Irvine, S./Berry, J. (Hg.) 1988, a. a. O.

Kagitcibasi, Cigdem (Hg.): Growth and Progress in Cross-Cultural Psychology. Lisse: Swets & Zeitlinger 1987.

Kahle, Gerd (Hg.): Logik des Herzens. Die soziale Dimension der Gefühle. Frankfurt am Main: Suhrkamp 1981.

Kahle, Gerd: Affektuales Handeln bei Parsons, in: Kahle, Gerd (Hg.), a. a. O., 1981, 254-282.

Kakar, Sudhir: Kindheit und Gesellschaft in Indien. Eine psychoanalytische Studie. Frankfurt am Main: Nexus 1988.

Kamper, Dietmar/Guttandin, F. (Hg.): Selbstkontrolle. Dokumente zur Geschichte einer Obsession. Marburg 1982.

Kanjirathinkal, Mathew J.: A Sociological Critique of Theories of Cognitive Development. The Limitations of Piaget and Kohlberg. New York: The Edwin Mellen Press 1990.

Kant, I.: Kritik der reinen Vernunft, 2 Bde., Frankfurt am Main 1977.

Karniol, Rachel: Children's Use of Intention Cues in Evaluating Behavior, Psychology Bulletin 1978, 76.

Kaufmann, Ekkehard: Die Erfolgshaftung – Untersuchungen über die strafrechtliche Zurechnung im Rechtsdenken des frühen Mittelalters, Frankfurt am Main 1958.

Kay, William: Die moralische Entwicklung des Kindes, Düsseldorf 1975.

Kayser, E./Seiler, T. B.: Die Abhängigkeit des kognitiven Strukturierungsniveaus von elterlichen Beziehungspraktiken, in: Seiler, T. B. (Hg.), a. a. O., 1973, 176-187.

Keating, D. P.: Byrnes' Reformulation of Piagets Formal Operations, D. P. 8, 1988, 376-384.

Keats, Daphne M./Keats, John A.: Human Assessment in Australia, in: Irvine, S./Berry, J. W. (Hg.), a. a. O., 1988, 283-298.

Keats, Daphne M. et al. (Hg.): Hetereogeneity in Cross-Cultural Psychology. Amsterdam: Swets & Zeitlinger 1988.

Keller, M. et al.: Entwicklungslogik und gesellschaftliche Erfahrung in der Entwicklung soziomoralischen Denkens. Ergebnisse einer Untersuchung mit isländischen und chinesischen Kindern, in: Trommsdorff, G. (Hg.), a. a. O., 1995, 137-150.

Keller, Monika: Freundschaft und Moral: Zur Entwicklung der moralischen Sensibilität in Beziehungen, in: Bertram, Hans (Hg.), a. a. O., 1986, 195-223.

Keller, Monika: Kognitive Entwicklung und soziale Kompetenz, Stuttgart 1976.

Kern, Fritz: Gottesgnadentum und Widerstandsrecht im frühen Mittelalter – Zur Entwicklungsgeschichte der Monarchie, Darmstadt 1954.

Kern, Fritz: Recht und Verfassung im Mittelalter, Darmstadt 1952.

Kesselring, Thomas: Entwicklung und Widerspruch. Ein Vergleich zwischen Piagets genetischer Erkenntnistheorie und Hegels Dialektik. Frankfurt am Main: Suhrkamp 1981.

Kesselring, Thomas: Jean Piaget. München: C. H. Beck 1987.

Kessen, William (Hg.): Kindheit in China. München/Wien: Carl Hanser 1976.

Kieckhefer, Richard: Magie im Mittelalter. München: DTV 1995.

Kienbaum, Jutta: Sozialisation von Mitgefühl und prosozialem Verhalten. Ein Vergleich deutscher und sowjetischer Kindergartenkinder, in: Trommsdorff, G. (Hg.), a. a. O., 1995, 83-107.

Kilbride, P. L.: Sensorimotor Behavior of Baganda and Samia Infants, Journal of Cross-Cultural Psychology, 11, 2, June 1980.

Kilminster, R.: N. Elias und K. Mannheim - Nähe und Distanz, in: Rehberg, K.-S. (Hg.), a. a. O., 1996, 352-392.

Kindler, N. (Hg.): Jean Piaget – Werk und Wirkung, München: Kindler Verlag 1976.

King, Michael: The Development of Some Intention Concepts in Young Children, C. D. 1971, 42.

Kippenberg, Hans-Georg (Hg.): Magie, Frankfurt am Main 1978.

Kiss, Gabor: Einführung in die soziologischen Theorien, 2 Bde., Opladen: Westdeutscher Verlag 1980.

Kiss, Gabor: Systemtheorie oder Figurationssoziologie – was leistet die Figurationsforschung?, in: Kuzmics, H./Mörth, I. (Hg.), a. a. O., 1991, 79 -94.

Kittsteiner, Heinz D.: Die Entstehung des modernen Gewissens. Frankfurt am Main: Insel 1991.

Klahr, David: Informationsverarbeitungsmodelle der Denkentwicklung, in: Kluwe, R. H./Spada, H. (Hg.), a. a. O., 1981, 231-290.

Klauer, Karl Josef (Hg.): Kognitives Training. Göttingen: Hogrefe Verlag für Psychologie 1993.

Klich, L. Z.: Testing Bushmen in the Central Kalahari, in: Irvine, S./Berry, J. W. (Hg.), a. a. O., 1988, 453-486.

Klix, Friedhart: Erwachendes Denken. Geistige Leistungen aus evolutionspsychologischer Sicht. Heidelberg: Spektrum 1993.

Klotz, Reinhard: Die verdrängte Körperlichkeit im Rahmen des Zivilisationsprozesses und ihre pädagogischen und gesellschaftlichen Auswirkungen. Engen 1992.

Kluwe, Rainer H./Spada, Hans (Hg.): Studien zur Denkentwicklung. Bern: H. Huber 1981.

Kohlberg, L./Turiel, E.: Moralische Entwicklung und Erziehung, in: Portele, G. (Hg.), Sozialisation und Moral, Weinheim 1978.

Kohlberg, L./Bar-Yam, Miriam/Naame, Algiris: Moral Reasoning of Students in Different Cultural, Social and Educational Settings, American Journal of Education, May 1980, 345-352.

Kohlberg, L./Colby, A./Gibbs, J./Liebermann, M.: A Longitudinal

Study of Moral Judgement, Monographs of the Society for Research, in: C. D. 1983, 48.

Kohlberg, L./Colby, Ann: Das moralische Urteil: Der kognitionszentrierte entwicklungspsychologische Ansatz, in: Steiner (Hg.) 1978, a. a. O., 48 ff.

Kohlberg, L./Levine, C./Hewer, A.: Moral Stages: A Current Formulation and a Response to Critics, Basel 1983.

Kohlberg, L./Turiel, E./Edwards, C.: Moral Development in Turkish Children, Adolescents and Young Adults, JoCCP, 1978, Vol. 9, No. 1.

Kohlberg, L.: Eine Neuinterpretation der Zusammenhänge zwischen der Moralentwicklung in der Kindheit und im Erwachsenenalter, in: Habermas, J. (Hg.), 1980, a. a. O.

Kohlberg, L.: Moral Stages and Moralization, in: Lickona, T. (Hg.), 1976, a. a. O.

Kohlberg, L.: Studien zur kognitiven Entwicklung, Frankfurt am Main 1974.

Kohlberg, L./Gilligan, C.: The Adolescent as a Philosopher: The Discovery of the Self in a Postconventional World, Daedalus 1971, 100.

Kohlberg, Lawrence: From Is to Ought: How to Commit the Naturalistic Fallacy and get away with it in the Study of Moral Development, in: Mischel, T. (Hg.), 1971, a. a. O.

Kohlberg, Lawrence: Moral Development, Internat. Encyclop. of the Social Sciences, Collier-Macmillan 1968.

Kohlberg, Lawrence: The Child as a Moral Philosopher, Psychology Today Sept. 1968 b.

Kohlberg, Lawrence: The Development of Childrens Orientation Toward a Moral Order I, Sequence in Development of Moral Thought, Vita humana 1963, 6, 33.

Kohlberg/Elfenbein: The Development of Moral Judgements Concerning Capital Punishment, American Journal of Orthopsychiatry 1975, 45.

Kohlberg/Kauffmann/Scharf/Hickey: The Just Community Approach to Corrections, Harvard Uni 1974.

Kornadt, H.-J. (Hg.): Aggression und Frustration als psychologisches Problem. Bd. 1. Darmstadt: Wissenschaftliche Buchgesellschaft 1981.

Kornadt, H. J./Husarek, B.: Frühe Mutter-Kind-Beziehungen im Kulturvergleich, in: Trommsdorff, G. (Hg.), a. a. O., 1989, 65-96.

Kornadt, H.-J.: Die Entwicklung der Frustrations- und Aggressionsforschung, in: Kornadt, H.-J. (Hg.), a. a. O., 1981, 3-62.

Kornadt, Hans-Joachim: Aggressionsmotiv unnd Aggressionshemmung. 2 Bde. Bern: H. Huber 1982.

Korte, H.: N. Elias an der Universität Leicester, in: Rehberg, K.-S. (Hg.), a. a. O., 1996, 77-86.

Korte, Hermann et al. (Hg.): Human Figurations. Aufsätze für Norbert Elias. Amsterdam: Sociologisch Tijdschrift 1977.

Korte, Hermann: Über Norbert Elias. Das Werden eines Menschenwissenschaftlers. Frankfurt am Main: Suhrkamp 1988.

Korte, Hermann (Hg.): Gesellschaftliche Prozesse und individuelle Praxis, Frankfurt am Main: Suhrkamp 1990.

Koyré, A.: Von der geschlossenen Welt zum unendlichen Universum, Frankfurt am Main: Suhrkamp 1980.

Köhler, Wolfgang: Intelligenzprüfungen an Menschenaffen, Göttingen 1963.

König, Helmut: Imperialistische und militaristische Erziehung in den Hörsälen und Schulstuben Deutschlands 1870-1960. Berlin (Ost): Volk und Wissen 1962.

König, Helmut: N. Elias und S. Freud: Der Prozeß der Zivilisation, in: Leviathan, 2, 1993, 205-221.

König, O.: Verteidiger der Schamhaftigkeit, in: Psychologie heute, Dez. 1991, 68 f.

Kramer, Fritz/Sigrist, Christian (Hg.): Gesellschaften ohne Staat – Gleichheit und Gegenseitigkeit, 2 Bde., Frankfurt am Main 1983.

Krappmann, Lothar: Soziologische Dimensionen der Identität, 1973.

Krech, D. et al.: Lern- und Gedächtnispsychologie. Weinheim 1985.

Kremer-Marietti, A.: Michel Foucault. Der Archäologe des Wissens, Frankfurt am Main 1976.

Krieger, R.: Entwicklung von Werthaltungen, in: Hetzer, H. et al. (Hg.), a. a. O, 1990, 265-306.

Krumrey, V.: Entwicklungsstrukturen von Verhaltensstandarden, Frankfurt am Main 1984.

Krumrey, Volker: Strukturwandlungen und Funktionen von Verhaltensstandards, aus einer soziologischen Inhaltsanalyse deutscher Anstandsbücher der Jahre 1870 bis 1970, in: Korte, Hermann et al. (Hg.), a. a. O., 1977, 335-349.

Krüger, Lorenz: Der Streit um das angeborene Wissen, in: Niemitz, Carsten (Hg.), a. a. O., 1987, 10-29.

Krywalski, Diether: Die Welt des Mittelalters, Münster 1985.

Kuchenbuch, Ludolf (Hg.): Feudalismus – Materialien zur Theorie und Geschichte, Frankfurt am Main 1977.

Kuhn, Thomas: Die Struktur wissenschaftlicher Revolutionen, Frankfurt am Main: Suhrkamp 1977.

Kuhn/Langer/Kohlberg/Haan: The Development of Formal Operations in Logical and Moral Judgements, Genetic Psychology Monographs, 1977, 95.

Kurdek, Lawrence A.: Perspective-Taking as the Cognitive Basis of Children's Moral Development: A Review of the Literature, Merril-Palmer-Quarterly Vol. 24, No. 3.

Kutzner, H.: Der Mythos und der »innere Mythos der Neuzeit«. Eine geschichtsanalytische Skizze, in: Jüttemann, Gerd (Hg.), a. a. O., 1986, 315-330.

Kutzner, Marianne: Mentale Konstruktion von Begriffen. Eine Untersuchung auf der Grundlage der genetischen Erkenntnistheorie Jean Piagets. Frankfurt am Main: Peter Lang 1991.

Kuzmics, H./Mörth, I.: N. Elias und die Kultursoziologie der Moderne, in: dies. (Hg.), a. a. O., 1991, 7-32.

Kuzmics, H.: Das moderne Selbst und die Zivilisierung der Sexualität, in: Kuzmics, H./Mörth, I. (Hg.), a. a. O., 1991, 199-218.

Kuzmics, Helmut/Mörth, Ingo (Hg.): Der unendliche Prozeß der Zivilisation. Zur Kultursoziologie der Moderne nach Norbert Elias. Frankfurt am Main: Campus 1991.

Kuzmics, Helmut: Der Preis der Zivilisation. Die Zwänge der Moderne im theoretischen Vergleich. Frankfurt am Main: Campus 1989.

LaBarre, Weston: Die kulturelle Basis von Emotionen und Gesten, in: Kahle, Gerd (Hg.), a. a. O., 1981, 155-176.

Labouvie, E. W.: Experimental Sequential Strategies for the Exploration of Ontogenetic and Socio-Historical Changes, H. D. 1978, 161-9.

Ladd, John: The Structure of a Moral Code, Cambr., Mass.: Harvard University Press, 1957.

Laiblin, Wilhelm (Hg.): Märchenforschung und Tiefenpsychologie, Darmstadt: Wissenschaftliche Buchgesellschaft 1995.

Laiblin, Wilhelm: Einleitung, in: Laiblin, Wilhelm (Hg.), a. a. O., 1995, S. IX ff.

Lamprecht, Karl: Ausgewählte Schriften zur Wirtschafts- und Kulturgeschichte. Aalen: Scientia Verlag 1974.

Lamprecht, Karl: Einführung in das historische Denken. Aalen: Scientia Verlag 1971.

Langer, Jonas/Sugarman, Susan: Die Entwicklungstheorien von Heinz Werner und Jean Piaget, in: Steiner, G. (Hg.), a. a. O, 1978, 568-583.

Langer, S. K.: Philosophie auf neuem Wege, (1965) Frankfurt am Main 1984.

Langgulung, H./Torrance, P.: The Development of Causal Thinking of Children in Mexico and USA, Journal of Cross-Cultural Psychology, 3, 3, Sept. 1972.

Lawler, James: Dialektische Philosophie und Entwicklungspsychologie: Hegel und Piaget über Widerspruch, in: Riegel, Klaus F. (Hg.), a. a. O., 1978, 7-29.

Le Vine, Robert, A.: Cross-Cultural Study in Child Psychology, in: Mussen, Paul, 1970, a. a. O., 574 ff.

Lee, D.: Lineare und Nichtlineare Wirklichkeitscodierungen, in: Schöfthaler, T. (Hg.), Soziale Struktur und Vernunft, Frankfurt am Main 1984.

Lee, L. C.: The Concomitant Development of Cognitive and Moral Modes of Thought. A Test of Selected Deductions from Piaget's Theory, Genetic Psychology Monographs 1971, 83, 93-146.

LeGoff, J.: Kultur des europäischen Mittelalters, Zürich 1970.

LeGoff, Jacques (Hg.): Der Mensch des Mittelalters. Frankfurt am Main: Campus 1989.

LeGoff, Jacques: Eine mehrdeutige Geschichte, in: Raulff, Ulrich (Hg.), a. a. O., 1987, 18-32.

LeGoff, Jacques: Phantasie und Realität des Mittelalters. Stuttgart: Klett Cotta 1990.

Leibniz, G. W.: Allgemeine Historie der Reisen, Berlin 1750.

Leibniz, G. W.: Theodizee, Darmstadt: Wissenschaftliche Buchgemeinschaft 1985.

Leites, Edmund: Puritanisches Gewissen und moderne Sexualität. Frankfurt am Main: Suhrkamp 1988.

Lenk, Hans: Zwischen Sozialpsychologie und Sozialphilosophie, Frankfurt am Main: Suhrkamp 1986.

Lenk, Kurt (Hg.): Ideologie, Darmstadt 1978.

Lepenies, W. (Hg.): Orte des wilden Denkens, Frankfurt am Main 1970.

Lerner, D.: Die Modernisierung des Lebensstils, in: Zapf, W. (Hg.), Theorien des sozialen Wandels, Berlin 1971.

Lerner, Daniel: The Passing of Traditional Society, Glencoe, Ill. 1958.

Lerner, Eugen: Constraint Areas and the Moral Judgement of Children, Menasha, Wisconsin: G. Banta 1937.

Lévi-Strauss, Claude: Das Ende des Totemismus, Frankfurt am Main 1969.

Lévi-Strauss, Claude: Das wilde Denken, Frankfurt am Main: Suhrkamp 1979.

Lévi-Strauss, Claude: Die elementaren Strukturen der Verwandtschaft, Frankfurt am Main 1981.

Lévi-Strauss, Claude: Mythos und Bedeutung, Frankfurt am Main 1980.

Lévi-Strauss, Claude: Rasse und Geschichte, Frankfurt am Main 1972.

Lévi-Strauss, Claude: Strukturale Anthropologie, Frankfurt am Main 1967.

Lévi-Strauss, Claude: Traurige Tropen, Frankfurt am Main 1974.

LeVine, R.: Cross-Cultural Study in Child Psychology, in: Mussen, P. (Hg.) 1970, a. a. O.

Lewis, Ioan M.: Der Kochkessel der Kannibalen, in: Duerr, H. P. (Hg.), a. a. O., 1987, 370-382.

Lévy-Bruhl, L.: Die geistige Welt der Primitiven, Düsseldorf 1959.

Lévy-Bruhl, L.: Die Seele der Primitiven, Wien 1930.

Lévy-Bruhl, Lucien: Das Denken der Naturvölker, Leipzig 1921.

Leyen, Friedrich von der: Traum und Märchen, in: Laiblin, Wilhelm (Hg.), a. a. O., 1995, S. 1-12.

Lickona, T.: Moral Development and Behavior, N. Y.: Holt, Rinehard and Winston 1976.

Lickona, T.: Moral Development and Moral Education. Piaget, Kohlberg and Beyond, 1971.

Lickona, T.: Piaget Misunderstood: A Critique of the Criticism of His Theory of Moral Development, Merril-Palmer-Quarterly, 1969, 16.

Lickona, T.: Research on Piaget's Theory of Moral Development, in: Lickona, T., 1976, a. a. O.

Liebhart, E. H.: Dissonanz, Attribution und Zuschreibung von Verantwortlichkeit, 1970.

Lind, Georg (Hg.): Moralisches Urteilen und soziale Umwelt, Weinheim 1983.

Linde, Hans: Persönlichkeitsbildung in der Landfamilie, in: Rosenbaum, Heidi (Hg.), a. a. O., 1980, 215 ff.

Lindenberger, T.: »Die verdiente Tracht Prügel«, in: Lindenberger, T./Lüdtke, A. (Hg.), a. a. O., 1995.

Lindenberger, Thomas/Lüdtke, Alf (Hg.): Physische Gewalt. Studien zur Geschichte der Neuzeit. Frankfurt am Main: Suhrkamp 1995.

Lindenberger, T./Lüdtke, A.: Einleitung, in: dieselben, a. a. O., 1995.

Linser, Guido: Piaget und der Strukturalismus. Erklärungsmodelle zur Systematik der ontogenetischen Stufenabfolge und deren erkenntnistheoretischen Implikationen hinsichtlich der Dialektik von organischen Funktionen und kognitiven Strukturen. Frankfurt am Main: Haag + Herchen 1988.

Liu, Ching-Ho: The Influence of Cultural Background on the Moral Judgement of Children, Columbia-University 1950.

Lloyd, Barbara B.: Studies of Conservation with Yoruba Children of Different Ages and Experience, C. D. 1971, 42, 415-28.

Loevinger, Jane: Zur Bedeutung und Messung von Ich-Entwicklung, in: Habermas, J. (Hg.), 1980, a. a. O., 150 ff.

Loomba, R.: The Concept of God in Children of Six to Eleven, Psychological Researches, 1970, 5.

Lorenzer, A.: Zur Begründung einer materialistischen Sozialisationstheorie, Frankfurt am Main 1972.

Löhmer, Cornelia: Die Welt der Kinder im 15. Jahrhundert, Weinheim: DS Verlag 1989.

Löwith, Karl: Weltgeschichte und Heilsgeschehen, Stuttgart 1973.

Luhmann, Niklas: Legitimation durch Verfahren, Frankfurt am Main 1979.

Luhmann, Niklas: Rechtssoziologie, Opladen 1983.

Luhmann, Niklas: Liebe als Passion. Zur Codierung von Intimität, Frankfurt am Main: Suhrkamp 1984.

Luhmann, Niklas: Soziale Systeme, Frankfurt am Main: Suhrkamp 1985.

Luria, A. R./Subbotski, E. W.: Zur frühen Ontogenese der steuernden Funktion der Sprache, in: Steiner, G. (Hg.), a. a. O., 1978, 1032-1048.

Luria, A. R.: Cognitive Development. Its Cultural and Social Foundations, Harvard University Press, 1982.

Luria, A. R.: Die Funktion der Sprache in der geistigen Entwicklung des Kindes, Düsseldorf 1972.

Luria, Alexander R.: Die historische Bedingtheit individueller Erkenntnisprozesse. Weinheim: VCH Verlagsgesellschaft 1986.

Lühr, Gerd: Bemerkungen zu mathematischen und psychometrischen Modellen der kognitiven Entwicklung aus der Sicht von Theorien der Informationsverarbeitung, in: Kluwe, R. H./Spada, H. (Hg.), a. a. O., 1981, 79-92.

Lyman, Richard B.: Barbarei und Religion: Kindheit in spätrömischer und frühmittelalterlicher Zeit, in: DeMause, Lloyd (Hg.), a. a. O., 1980, 112-146.

Maccoby, Michael/Modiano, Nancy: Cognitive Style in Rural and Urban Mexico, H. D. 1969, 22-33.

Maccoby, Michael/Modiano, Nancy: Über Kultur und Invarianz, in: Bruner, J. et al. (Hg.) 1981, a. a. O.

Macho, T. H.: Akademische Peinlichkeit, in: Psychologie heute, Dez. 1991, 69 f.

Mackay, Charles K.: Vom voroperatorischen zum konkret-operatorischen Denken, in: Steiner, G. (Hg.), a. a. O., 1978, 121-154.

Mackenroth, G.: Bevölkerungslehre, Berlin 1953.

Magnis-Suseno, Franz: Javanische Weisheit und Ethik – Studien zu einer östlichen Moral, München 1981.

Maier, Henry W.: Drei Theorien der Kindheitsentwicklung. New York: UTB 1983.

Maistriaux, R.: La sous-évolution des noirs d'Afrique: Sa nature, ses causes, ses remèdes, Revue de la Psychologie des Peuples 1955, 10, 397-455.

Malinowski, B.: Das Geschlechtsleben der Wilden in Nordwest-Melanesien, (1929) Frankfurt am Main 1979.

Malinowski, B.: Der Vater in der Psychologie der Primitiven, in: Kramer, F./Sigrist, C. (Hg.), 1983, a. a. O.

Malinowski, B.: Eine wissenschaftliche Theorie der Kultur, Zürich 1949.

Malinowski, B.: Geschlecht und Verdrängung in primitiven Gesellschaften, (1927) Frankfurt am Main 1979 b.

Malinowski, B.: Magie, Wissenschaft und Religion, Frankfurt am Main 1983.

Malinowski, B.: Sitte und Verbrechen bei den Naturvölkern, Bern 1950.

Mandel, E.: Marxistische Wirtschaftstheorie, 2 Bde., Frankfurt am Main 1972.

Mandel, Heinz/Huber, Günter L. (Hg.): Emotion und Kognition. München: Urban & Schwarzenberg 1983.

Mandl, H./Huber, G.: Theoretische Grundpositionen zum Verhältnis von Emotion und Kognition, in: Mandl, Heinz/Huber, Günter L. (Hg.), a. a. O., 1983.

Mangan, James: Piaget's Theory and Cultural Differences, H. D. 1978, 170-189.

Mantell, D. M.: Familie und Aggression. Zur Einübung von Gewalt und Gewaltlosigkeit. Eine empirische Untersuchung. Frankfurt am Main: S. Fischer Verlag 1972.

Maqsud, M.: Moral Reasoning of Nigerian and Pakistani Muslim Adolescents, Journal of Moral Education, 1977, 7.

Maqsud, M.: Resolutions of Moral Dilemmas by Nigerian Secondary School Pupils, Journal of Moral Education, 1979, 9.

Maqsud, M.: The Influence of Social Heterogeneity on Moral Judgements of Nigerian Muslim Adolescents, JoCCP 1977, 7.

Maquet, Jacques: Herrschafts- und Gesellschaftsstrukturen in Afrika, München 1971.

Marquard, Odo: Schwierigkeiten mit der Geschichtsphilosophie, Frankfurt am Main: Suhrkamp 1973.

Marvick, E. W.: Natur und Kultur: Trends und Normen der Kindererziehung in Frankreich im 17. Jahrhundert, in: DeMause, Lloyd (Hg.), a. a. O., 1980, 364-421.

Marx, Karl: MEW, Berlin 1973.

Matthews, Gareth B.: Philosophische Gespräche mit Kindern. Berlin: Freese 1989.

Maurer, Michael: Der Prozeß der Zivilisation. Bemerkungen eines Historikers zur Kritik des Ethnologen H. P. Duerr an der Theorie des Soziologen N. Elias, in: Geschichte in Wissenschaft und Unterricht, 4, 1989, 225 ff.

Mayer, K. E.: Interne Impulse zu Aggression, in: Kornadt, H.-J. (Hg.), a. a. O., 1981, 383-402.

Mayer, Philip: Socialisation – The Approach from Social Anthropology, London 1970.

Mbiti, John S.: Afrikanische Religion und Weltanschauung, (1969) Berlin 1974.

McGurk, H./Jahoda, G.: Pictorial Depth Perception by Children in Scotland and Ghana, JCCP 1975, 6, 279-96.

McLaughlin, M. M.: Überlebende und Stellvertreter: Kinder und Eltern zwischen dem 9. und dem 13. Jahrhundert, in: DeMause, Lloyd (Hg.), a. a. O., 1980, 147-262.

McShane, D./Berry, J. W.: Native North Americans: Indian and Inuit Abilities, in: Irvine, S./Berry, J. W. (Hg.), a. a. O., 1988, 385-426.

Meacham, John A./Riegel, Klaus F.: Dialektische Perspektiven in Piagets Theorie, in: Steiner, G. (Hg.), a. a. O., 1978, 172-183.

Meacham, John A.: Eine dialektische Theorie des moralischen Urteils und des Selbstwertgefühls, in: Riegel, Klaus F. (Hg.), a. a. O., 1978, 177-192.

Mead, G. H.: Geist, Identität und Gesellschaft, Frankfurt am Main 1973.

Mead, M.: An Investigation of the Thought of Primitive Children, with Special Reference to Animism, in: R. Hunt (Hg.), a. a. O.

Mead, Margaret: Cultural Discontinuities and Personality Transformation, in: Journal of Social Issues, 39, 4, 1983, 161-177.

Mead, Margaret: Jugend und Sexualität in primitiven Gesellschaften. Bd. 2: Kindheit und Jugend in Neuguinea. München: DTV 1975.

Mead, Margaret: Leben in der Südsee. Jugend und Sexualität in primitiven Gesellschaften. München: Szczesny Verlag 1965.

Mead, Margaret: Mann und Weib. Das Verhältnis der Geschlechter in einer sich wandelnden Welt. Hamburg: Rowohlt 1979.

Medick, Hans: Haushalts- und Familienstruktur als Momente des Produktions- und Reproduktionsprozesses, in: Rosenbaum, Heidi (Hg.), a. a. O., 1980, 285-308.

Medinnus, Gene R.: An Investigation of Piaget's Concept of the Development of Moral Judgement in Six to Twelve-Year-Old Children from the Lower Socio-Economic Group, Diss. Minnesota 1957.

Medinnus, Gene R.: Objective Responsibility in Children: A Comparison with the Piaget Data, The Journal of Genetic Psychology, 1962, 101, 127-133.

Megargee, E. I.: Persönlichkeitstypen mangelnder und übermäßiger Selbstkontrolle bei extrem antisozialer Aggression, in: Kornadt, H.-J. (Hg.), a. a. O., 1981, 466-505.

Meier, Christian: Anthropologie im Kulturvergleich, in: Raulff, U. (Hg.), a. a. O., 1987.

Meili, R.: Gestaltpsychologie. Piagets Entwicklungstheorie und Intelligenzstruktur, in: Steiner, G. (Hg.), a. a. O., 1978, 530-546.

Meili-Dworetzki, G.: Piaget im Verhältnis zu seinen Lehrern Pierre Janet und Edouard Claparède, in: Steiner, G. (Hg.), a. a. O., 1978, 507-529.

Meinhold, Marianne: Probleme der Bereichsspezifität der kognitiven Strukturiertheit, in: Seiler, T. B. (Hg.), a. a. O., 1973, 84-94.

Mennell, Stephen: Über die Zivilisierung der Eßlust, in: Zeitschrift für Soziologie, 15, 6, 1986, 406-421.

Mentzos, Stavros: Neurotische Konfliktverarbeitung, Frankfurt am Main: Fischer Taschenbuch 1993.

Mertens, Wolfgang: Psychoanalyse, Stuttgart: Kohlhammer 1992.

Merz-Benz, P.-U.: Verstrickt in Geschichte. N. Elias in seiner Breslauer Zeit, in: Rehberg, K.-S. (Hg.), a. a. O., 1996, 40-57.

Métral, Marie O.: Die Ehe. Analyse einer Institution. Frankfurt am Main: Suhrkamp 1981.

Metz, K.: Desociocentering: A New Piagetian Model of the Process of Decentering in the Intergroup Context, H. D. 1980, 1-16.

Meyer, Carl: Der Aberglaube des Mittelalters und der nächstfolgenden Jahrhunderte, Stuttgart 1985.

Meyer, Peter: Evolution und Gewalt. Ansätze zu einer bio-soziologischen Synthese. Berlin/Hamburg: P. Parey 1981.

Michiels, M.-P./Vauchair-Visseur, A.-S.: Piaget und seine Zeit, in: Steiner, G. (Hg.), a. a. O., 1978, 8-26.

Mikat, Paul: Erfolgshaftung und Schuldgedanke im Strafrecht der Angelsachsen, in: FS für Hellmuth von Weber, Hermann Conrad (Hg.), Bonn 1963.

Miller, Patricia H./Kessel, F. S./Flavell, John H.: Denken über Leute, die über Leute denken, die über Leute denken ... – Eine Studie zur sozialkognitiven Entwicklung, in: Geulen, D. (Hg.) 1982, a. a. O., 153 ff.

Mischel, T. (Hg.): Cognitive Development and Epistemology, N. Y.: Academic Press 1971.

Mischel, T.: Das Äquilibrationsmodell von Piaget als Motivationstheorie, in: Steiner, G. (Hg.), a. a. O., 1978, 671-690.

Mitscherlich, A.: Zur Wesensbestimmung der Aggression, in: Kornadt, H.-J. (Hg.), a. a. O., 1981, 188-199.

Mitterauer, Michael: Der Mythos von der vorindustriellen Großfamilie, in: Rosenbaum, Heidi (Hg.), a. a. O., 1980, 128-151.

Mitterauer, Michael: Familie und Arbeitsteilung. Historisch vergleichende Studien. Wien: Böhlau V. 1992.

Mitterauer, Michael: Historisch-Anthropologische Familienforschung. Wien/Köln: Böhlau Verlag 1990.

Mitterauer, Michael: Zur Problematik des Begriffs »Familie« im 17. Jahrhundert, in: Rosenbaum, Heidi (Hg.), a. a. O., 1980.

Mogdil, C.: Piagetian Research, Vol. 1-7, Rochester, Kent 1976 c.

Mogdil, C.: Piagetian Research, Vol. 6: The Cognitive Development Approach to Morality, Rochester, Kent: Staples Printers Ltd. 1976 b.

Mogdil, S./Mogdil, C.: Piagetian Research, Bd. 8, Cross-Cultural Studies, New Jersey 1976 a.

Mogdil, S.: Jean Piaget: An Interdisciplinary Critique, London 1983.

Mongardini, C.: Wie ist Gesellschaft möglich? Georg Simmel, Norbert Elias und die Aufgaben einer soziologischen Neuorientierung, in: Rehberg, K.-S. (Hg.), a. a. O., 1996, 291-302.

Montada, Leo (Hg.): Brennpunkte der Entwicklungspsychologie, Stuttgart 1979.

Montada, Leo: Die geistige Entwicklung aus der Sicht Jean Piagets, in: Oerter, R./Montada, L. (Hg.), a. a. O., 1987, 413-462.

Montada, Leo: Die Lernpsychologie Jean Piagets, Stuttgart: Klett 1970.

Montada, Leo: Piaget und die empiristische Lernpsychologie, in: Steiner, G. (Hg.), a. a. O., 1978, 290-305.

Montada, Leo: Themen, Traditionen, Trends, in: Oerter, Rolf/Montada, Leo (Hg.), a. a. O., 1987, 1-86.

Montada, Leo: Voreingenommenheiten im Urteilen über Schuld und Verantwortlichkeit, in: Montada, Leo (Hg.), Kognition und Handeln, Stuttgart 1983.

Montgomery, R. L./Hinkle, S. W./Enzie, D.: Arbitrary Norms and Social Change in High- and Low-Authoritarian Societies, J. o. Pers. and Soc. Psych. 1976, 33, 6.

Moore, Sally F.: Legal Liability and Evolutionary Interpretation, in: Gluckman, Max (Hg.), 1972, a. a. O., 51-109.

Morel, Julius: Soziologische Theorie, München: Oldenbourg 1993.

Morris, Colin: The Discovery of the Individual 1050-1200, London 1972.

Morus, E.: Eine Weltgeschichte der Sexualität, Hamburg 1956.

Moscovici, Serge: Versuch über die menschliche Geschichte der Natur. Frankfurt am Main: Suhrkamp 1990.

Motzkau, Heidrun/Rudolf, Gerd: Biographie und Krankheit. Belastende Ereignisse und Faktoren pathogener Sozialisation bei psychisch und psychosomatisch Kranken, in: KZfSS, 4, 49, 1997, S. 674-701.

Mönkemeyer, K.: Schmutz und Sauberkeit. Figurationen eines Diskurses im Deutschen Kaiserreich, in: Behnken, Imbke (Hg.), a. a. O., 1990, 61-76.

Muchembled, R.: Elias und die neuere historische Forschung, in: Rehberg, K.-S. (Hg.), a. a. O., 1996, 275-290.

Muchembled, Robert: Die Erfindung des modernen Menschen. Gefühlsdifferenzierung und kollektive Verhaltensweisen im Zeitalter des Absolutismus. Reinbek: rororo 1990.

Muchembled, Robert: Die Jugend und die Volkskultur im 15. Jahrhundert in Flandern und Artois, in: Dinzelbacher, P. et al. (Hg.), a. a. O., 1978, 35-58.

Munroe, R. L./Munroe, R. H.: Cross-Cultural Human Development, Monterey, Calif. 1975.

Munroe, Ruth H./Munroe, R. L./Whiting, Beatrice B.: Handbook of Cross-Cultural Human Development, N. Y.: Garland STPM Press 1981.

Mussen, Paul H. (Hg.): Carmichael's Manual of Child Psychology, Vol. II, N. Y.: Wiley & Sons 1970.

Mussen, Paul H. (Hg.): Handbook of Child Psychology, Vol. III Cognitive Development, N. Y.: Wiley & Sons 1983.

Mussen, Paul: Einführung in die Entwicklungspsychologie, Weinheim: Juventa Verlag 1996.

Müller, Hans-Peter: Gesellschaft, Moral und Individualismus. E. Durkheims Moraltheorie, in: Bertram, Hans (Hg.), a. a. O., 1986, 71-105.

Müller, Erwin: Traum- und Märchenphantasie, in: Laiblin, Wilhelm (Hg.), a. a. O., 1995, S. 71-87.

Müller, Rudolf W.: Geld und Geist – Zur Entstehungsgeschichte von Identitätsbewußtsein und Rationalität, Frankfurt am Main 1977.

Müller, Ulrich: Die Entwicklung des Denkens. Entwicklungslogische Modelle in Psychologie und Soziologie, Darmstadt 1982.

Müller-Schwefe, Rudolf: Versuch einer anthropologischen Relativierung von Piagets Zeitbegriff, in: Schöfthaler, T. (Hg.), 1984, a. a. O.

Naegeler, G.: Zivilisationsbegriff und Sublimierungskonzept. Einige Bemerkungen zum Verhältnis von Biographie und Zivilisationstheorie bei N. Elias, in: Rehberg, K.-S. (Hg.), a. a. O., 1996, 123-136.

Najarian-Svajian, P. H.: The Idea of Immanent Justice among Libanese Children and Adults, The Journal of Genetic Psychology 1966, 109.

Nawratil, Georg/Rabaioli-Fischer, B.: Sozialpsychologie. Berlin: E. von Kleist 1994.

Needham, Joseph: Wissenschaftlicher Universalismus – Über Bedeutung und Besonderheit der chinesischen Wissenschaft, Frankfurt am Main 1977.

Needham, Joseph: Wissenschaft und Zivilisation in China, Frankfurt am Main: Suhrkamp 1988.

Neimark, Edith D.: Die Entwicklung des Denkens beim Heranwachsenden. Theoretische und empirische Aspekte der formalen Operationen, in: Steiner, G. (Hg.), a. a. O., 1978, 155-171.

Nelson, Benjamin: Ursprung der Moderne, Frankfurt am Main 1977.

Nestle, Wilhelm: Vom Mythos zum Logos. Die Selbstentfaltung des griechischen Denkens, Darmstadt: Wissenschaftliche Buchgesellschaft 1975.

Neumann, Erich: Ursprungsgeschichte des Bewußtseins, Frankfurt am Main 1984.

Nielsen, R. F.: Le développment de la sociabilité chez lénfant, Neuchatel 1951.

Niemitz, Carsten (Hg.): Erbe und Umwelt. Zur Natur von Anlage und Selbstbestimmung des Menschen. Frankfurt am Main: Suhrkamp 1987.

Niessen, Manfred/Seiler, Heinrich: Methodologische Konzeptionen in Forschungen zur Sozialgeschichte von Kindheit und Familie, in: Zeitschrift für Pädagogik, 26, 1, 1980.

Nisan, M./Kohlberg, L.: Universality and Variation in Moral Judgement: A Longitudinal and Cross-Sectional Study in Turkey, C. D. 1982, 53.

Nitschke, A.: Die Voraussetzungen für eine Historische Psychologie, in: Jüttemann, Gerd (Hg.), a. a. O., 1986, 31-45.

Nitschke, A.: Naturerkenntnis und politisches Handeln im Mittelalter, Stuttgart 1967.

Nitschke, August (Hg.): Verhaltenswandel in der Industriellen Revolution, Berlin 1975.

Nitschke, August: Historische Verhaltensforschung, Stuttgart 1981.

North, D./Thomas, S.: The Rise of the Western World, Cambridge U. P. 1973.

Nottarp, H.: Gottesurteilsstudien, München 1956.

Nyiti, Raphael M.: The Validity of »Cultural Differences Explanations« for Cross-Cultural Variation in the Rate of Piagetian Cognitive Development, in: International Journal of Psychology, 19, 1984.

Oerter, R./Oerter, R.: Zur Konzeption der autonomen Identität in östlichen und westlichen Kulturen, in: Trommsdorff, G. (Hg.), a. a. O., 1995, 153-173.

Oerter, Rolf: Der ökologische Ansatz, in: Oerter, R./Montada, L. (Hg.), a. a. O., 1987, 87-130.

Oerter, R./Montada, L. (Hg.): Entwicklungspsychologie, Stuttgart: Klett-Cotta 1988.

Oesterdiekhoff, Georg W. et al.: Modernization through Efficient Agriculture? Towards a Systematic and Comparative Analysis, Rome, International Review of Sociology, 3, 1991, 121-148.

Oesterdiekhoff, Georg W.: Traditionales Denken und Modernisierung. Jean Piaget und die Theorie der sozialen Evolution. Opladen: Westdeutscher Verlag 1992.

Oesterdiekhoff, Georg W.: Die Rolle des Bevölkerungswachstums in der sozialökonomischen Entwicklung. Die Theorie Ester Boserups als Erklärungsmodell der Agrarentwicklung in der tropischen und in der gemäßigten Klimazone, Kiel: Wissenschaftsverlag Vauk 1993 a.

Oesterdiekhoff, Georg W.: Unternehmerisches Handeln und gesellschaftliche Entwicklung. Eine Theorie unternehmerischer Institutionen und Handlungsstrukturen. Opladen: Westdeutscher Verlag 1993 b.

Oesterdiekhoff, Georg W.: Wissenschaftsgeschichtliche Entwicklung und empirisch angeleitete Rekonstruktion der soziologischen Rationalisierungsthese, Weber, Elias und Piaget im Vergleich, in: Sahner, H. (Hg.), Gesellschaften im Umbruch, Opladen: Westdeutscher Verlag 1995.

Oesterdiekhoff, Georg W.: Kulturelle Bedingungen kognitiver Entwicklung. Der strukturgenetische Ansatz in der Soziologie, Frankfurt am Main: Suhrkamp 1997.

Oestreich, Gerhard: Geist und Gestalt des frühmodernen Staates. Berlin: Duncker & Humblot 1969.

Olbrich, E.: Entwicklung der Persönlichkeit, in: Hetzer, H. et al. (Hg.), a. a. O., 1990, 397-427.

Olson, Mancur: Aufstieg und Niedergang von Nationen, Tübingen: J. C. B. Mohr 1985.

Onians, R. B.: The Origins of Modern European Thought about the

Body, the Mind, the Soul, the World, Time and Fate, Cambridge: University Press 1954.

Oppenheimer, Louis: Die Beziehung zwischen rekursivem Denken und sozialer Perspektivenübernahme, in: Eckensberger/Reinshagen, 1980, a. a. O., 211-229.

Oser, Fritz/Gmünder, P.: Der Mensch – Stufen seiner religiösen Entwicklung – Ein strukturgenetischer Ansatz, 1984.

Oser, Fritz: Die Theorie von Kohlberg im Kreuzfeuer der Kritik, »Bildungsforschung und Bildungspraxis«, 1981, 3, 51-64.

Oser, Fritz: Moralisches Urteil in Gruppen, Frankfurt am Main 1981 b.

Oser, Fritz: Transformation und Entwicklung – Grundlagen der Moralerziehung, Frankfurt am Main 1986.

Osterloh, K. H.: Die Entstehung der westlichen Industriegesellschaft und die Revolution der Interaktionsweisen, Archiv für Kulturgeschichte, 1976, 50.

Osterloh, K. H.: Sprachverhalten und Sozialisation. Die Dritte Welt, 1974, 3.

Osterloh, K. H.: Traditionelle Lernweisen und europäischer Bildungstransfer. Zur Begründung einer adaptierten Pädagogik in den Entwicklungsländern, in: Schöfthaler, T. (Hg.), a. a. O., 440 - 462.

Osterloh, K. H.: Vorindustrielle Verhaltensweisen aus historisch-psychoanalytischer Sicht, Die 3. Welt, 1972, 1, 255 ff.

Overton, W. F. et al.: Form and Content in the Development of Deductive Reasoning, D. P. 1987, 23, 1, 22-30.

Parikh, B. S.: Moral Judgement Development and Its Relation to Family Environmental Factors in Indian and American Urban Upper Middle Class Families, Boston Uni 1975.

Parin, P./Morgenthaler, F.: Die Weißen denken zuviel, Frankfurt am Main 1985.

Parin, Paul: Der Widerspruch im Subjekt – Ethnopsychoanalytische Studien, Frankfurt am Main 1983.

Parin, Paul: Fürchte Deinen Nächsten wie dich selbst. Psychoanalyse und Gesellschaft am Beispiel der Agni in Westafrika, Frankfurt am Main 1978.

Parsons, Anne: Is the Oedipus-Complex Universal? A South-Italian Nuclear Complex, in: R. Hunt (Hg.), Personalities and Cultures, Austin, University of Texas Press 1967.

Parsons, T.: Theories of Society, N. Y. 1961.

Parsons, Talcott: Gesellschaften. Frankfurt am Main: Suhrkamp Verlag 1975.

Pascual-Leone, Juan: Probleme und Theorien des konstruktiven Denkens. Die heutige Bedeutung Piagets und die Kritik der Simulationstheorie der Informationsverarbeitung, in: Kluwe, R. H./Spada, H. (Hg.), a. a. O., 1981, 443-510.

PDZ: Elias, Norbert: Über den Prozeß der Zivilisation, Sozio- und psychogenetische Untersuchungen, 2 Bde., Frankfurt am Main: Suhrkamp 1977.

Peabody, Dean: National Characteristics, Cambridge U. P. 1985.

Peluffo, N.: Culture and Cognitive Problems, Int. Journal of Psychology 1967, Vol. 2, No. 3.

Peluffo, N.: Les notions de conservation et de causalité chez les enfants provenant de différents milieux physiques et socioculturels, Archives de Psychologie 1962, 38, 275-91.

Peters, Richard S.: Die Beziehung zwischen Piagets und Freuds Entwicklungstheorien, in: Steiner, G. (Hg.), a. a. O., 1978, 385-400.

Petter, Guido: Die geistige Entwicklung des Kindes im Werk von Jean Piaget, Frankfurt am Main 1976.

Philp, H./Kelly, M.: Product and Process in Cognitive Development: Some Comparative Data on the Performance of School Age Children in Different Cultures, British Journal of Educational Psychology, 44, 1974.

Piaget, Jean: Les notions de mouvement et de vitesse chez l'enfant, Paris: Presses Universitaires de France 1946.

Piaget, Jean: Pensée egocentrique et pensée sociocentrique, Cahiers Internationaux de Sociologie 1951, Bd. 10/11, 34-49.

Piaget, Jean: Biologie und Erkenntnis, Stuttgart: Klett 1967.

Piaget, Jean: Études sociologiques, Genf 1967 b.

Piaget, Jean: Einführung in die genetische Epistemologie, Frankfurt am Main 1969.

Piaget, Jean: La causalité physique chez l'enfant, Paris (1927) 1969 b.

Piaget, Jean: Intellectual Evolution from Adolescence to Adulthood, H. D. 1972, 15, 1-12.

Piaget, Jean: Das moralische Urteil beim Kinde, (1932) Frankfurt am Main 1973.

Piaget, Jean: Der Strukturalismus, Olten 1973 b.

Piaget, Jean: Die Entwicklung der elementaren logischen Strukturen, 2 Bde., (1967) Düsseldorf 1973 c.

Piaget, Jean: Epistemologie und Psychologie der Funktion, Stuttgart 1973 d.

Piaget, Jean: Erkenntnistheorie der Wissenschaften vom Menschen, Frankfurt am Main: Ullstein 1973 e.

Piaget, Jean: Die Bildung des Zeitbegriffs beim Kinde, Frankfurt am Main 1974.

Piaget, Jean: Need and Significance of Cross-Cultural Studies in Genetic Psychology, (1966), in: Berry/Dasen 1974 b, a. a. O.

Piaget, Jean: Gesammelte Werke 1-10, (1950) Stuttgart 1975.

Piaget, Jean: Das Erwachen der Intelligenz beim Kinde, GW 1, Stuttgart 1975 b.

Piaget, Jean: Der Aufbau der Wirklichkeit beim Kinde, GW 2, Stuttgart 1975 c.

Piaget, Jean: Die Entwicklung des Zahlbegriffs beim Kinde, GW 3, Stuttgart 1975 d.

Piaget, Jean: Die Entwicklung der physikalischen Mengenbegriffe beim Kinde, GW 4, Stuttgart 1975 e.

Piaget, Jean: Nachahmung, Spiel und Traum, GW 5, Stuttgart 1975 f.

Piaget, Jean: Die Entwicklung des räumlichen Denkens beim Kinde, GW 6, Stuttgart 1975 g.

Piaget, Jean: Die natürliche Geometrie des Kindes, GW 7, Stuttgart 1975 h.

Piaget, Jean: Die Entwicklung des Erkennens I, Das mathematische Denken, GW 8, Stuttgart 1975 i.

Piaget, Jean: Die Entwicklung des Erkennens II, GW 9, Stuttgart 1975 j.

Piaget, Jean: Die Entwicklung des Erkennens III, GW 10, Stuttgart 1975 k.

Piaget, Jean: Autobiographie, in: Kindler, N. (Hg.), a. a. O., 1976, 15-59.

Piaget, Jean: Äquilibration der kognitiven Strukturen, Stuttgart 1976 b.

Piaget, Jean: Werk und Wirkung, München 1976 c.

Piaget, Jean: L'individualité en histoire, Revue européenne des sciences sociales, Genf 1976 d, 14.

Piaget, Jean: Die historische Entwicklung und die Psychogenese des Impetus-Begriffes, in: Steiner, G. (Hg.), Psychologie des 20. Jahrhunderts, 7, Piaget und die Folgen, Zürich 1978, 64-73.

Piaget, Jean: Success and Understanding, Harvard University Press 1978 b.

Piaget, Jean: Piaget über Piaget, (1970) München 1980.

Piaget, Jean: Das Weltbild des Kindes, (1926) Stuttgart 1981.

Piaget, Jean: Experiments in Contradiction, Chicago University Press 1981 b.

Piaget, Jean: Urteil und Denkprozeß des Kindes, (1923) Frankfurt am Main 1981 c.

Piaget, Jean: Meine Theorie der geistigen Entwicklung, (1970) Frankfurt am Main 1983.

Piaget, Jean: Sprechen und Denken des Kindes, (1923) Frankfurt am Main 1983 b.

Piaget, Jean: Psychologie der Intelligenz, (1947) Stuttgart 1984.

Piaget, Jean: Theorien und Methoden der modernen Erziehung, Frankfurt am Main: Fischer 1984 b.

Piaget, Jean: Die Entwicklung des inneren Bildes, Frankfurt am Main: Suhrkamp 1985.

Piaget, Jean: Die Entwicklung des Solidaritätsgeistes und des Gerechtigkeitsbegriffs beim Kind, in: Bertram, Hans (Hg.), a. a. O., 1986, 125-129.

Piaget, Jean: Die moralische Entwicklung von Jugendlichen in primitiven und modernen Gesellschaften, (1947) in: Bertram, Hans 1986 b, a. a. O., 118 ff.

Piaget, Jean: Die moralische Regel beim Kind, in: Bertram, Hans (Hg.), a. a. O., 1986 c, 106-117.

Piaget, Jean: Weisheit und Illusionen der Philosophie, Frankfurt am Main 1986 d.

Piaget, Jean: Drei frühe Schriften zur Psychoanalyse. Freiburg: Kore Verlag 1993.

Piaget, Jean: Probleme der Entwicklungspsychologie, Hamburg 1993 b.

Piaget, Jean: Intelligenz und Affektivität in der Entwicklung des Kindes. Frankfurt am Main: Suhrkamp 1995.

Piaget, J./Garcia, R.: Psychogenesis and the History of Sciences, New York Columbia University Press 1989.

Piaget, J./Inhelder, B.: Die Psychologie des Kindes, Stuttgart 1980.

Piaget, J./Inhelder, B.: Von der Logik des Kindes zur Logik des Heranwachsenden, Olten 1977.

Pinchbeck, Iny/Hewitt, M.: Kindheit und Familie im vorrestaurativen England, in: Rosenbaum, Heidi (Hg.), a. a. O., 1980.

Plack, A.: Die Gesellschaft und das Böse, Frankfurt am Main 1973.

Poortinga, Ype (Hg.): Basis Problems in Cross-Cultural Psychology, Amsterdam: Swets and Zeitlinger 1977.

Poortinga, Ype H./Flier, Henk van der: The Meaning of Item Bias in Ability Tests, in: Irvine, S./Berry, J. W. (Hg.), a. a. O., 1988, 166-186.

Poortinga, Ype: Explaining Cross-Cultural Differences, Journal of Cross-Cultural Psychology, 18, 3, Sept. 1987.

Popper, Karl R.: Das Elend des Historizismus, Tübingen 1974.

Popper, Karl: Die offene Gesellschaft und ihre Feinde, 2 Bde., Paderborn: UTB 1980.

Portele, G. (Hg.): Sozialisation und Moral. Neuere Ansätze zur moralischen Entwicklung und Erziehung, Weinheim 1978.

Porteus, S. D.: Primitive Intelligence, N. Y. 1937.

Price-Williams, D. et al.: Skill and Conservation: A Study of Pottery-Making Children, in: Berry, J./Dasen, P. 1974, a. a. O., 351 ff.

Price-Williams, D. R. (Hg.): Cross-Cultural Studies, N. Y. 1969.

Price-Williams, D. R.: A Study Concerning Concepts of Conservation of Quantities among Primitive Children, in: Price-Williams, D. R. (Hg.), 1969, a. a. O.

Price-Williams, D. R.: Concrete and Formal Operations, in: Munroe et al. (Hg.), Handbook of Cross-Cultural Human Development, a. a. O.

Price-Williams, D. R.: Explorations in Cross-Cultural Psychology, San Francisco 1975.

Prince, J. R.: The Effect of Western Education on Science Conceptualization in New Guinea, Brit. Journ. of Educational Psychology, 33, 1968.

Pulaski, Mary Ann: Piaget. Eine Einführung in seine Theorien und sein Werk. Ravensburg: Otto Maier Verlag 1975.

Raddings, Ch.: Evolution of Medieval Mentalities, American Historical Review, 1978, 83.

Rath, Norbert: Innere Natur als sedimentierte Geschichte? Freuds Stellung zum Gedanken einer Historizität des Psychischen, in: Jüttemann, Gerd (Hg.), a. a. O., 1988, 213-229.

Raub, Werner/Voss, Thomas: Individuelles Handeln und gesellschaftliche Folgen, Darmstadt 1981.

Raulff, U.: Die Geburt eines Begriffs. Reden von Mentalität zur Zeit der Affäre Dreyfus, in: Raulff, U. (Hg.), a. a. O., 1987, 50-68.

Raulff, Ulrich (Hg.): Mentalitäten-Geschichte, Berlin: Klaus Wagenbach 1987.

Raulff, Ulrich: Aby Warburg. Ikonische Prägung und Seelengeschichte, in: Jüttemann, Gerd (Hg.), a. a. O., 1988, 125-130.

Rawan, H. R.: The Effect of Age, Sex, Intelligence, and Social Class on Children's Moral Judgements, Columbia U. P. 1974.

Rehberg, K.-S.: Form und Prozeß. Zu den katalysatorischen Wirkungschancen einer Soziologie aus dem Exil, in: H. Korte (Hg.), a. a. O., 1977.

Rehberg, K.-S. (Hg.): Norbert Elias und die Menschenwissenschaften. Studien zur Entstehung und Wirkungsgeschichte seines Werkes. Frankfurt am Main: Suhrkamp 1996.

Rehberg, K.-S.: Einleitung, in: Rehberg, K.-S. (Hg.), a. a. O., 1996, 9-16.

Rehberg, K.-S.: Mythenjäger unter sich, in: Psychologie heute, Dez. 1991, 65 f.

Rehberg, K.-S.: N. Elias – ein etablierter Außenseiter, in: Rehberg, K.-S. (Hg.), a. a. O., 1996 b, 17-39.

Rehberg, K.-S.: Prozeßtheorie als »unendliche Geschichte«. Zur soziologischen Kulturtheorie von N. Elias, in: Kuzmics, H./Mörth, I. (Hg.), a. a. O., 1991, 59-78.

Reich, Wilhelm: Der Einbruch der sexuellen Zwangsmoral. Zur Geschichte der sexuellen Ökonomie. Köln: Kiepenheuer & Witsch 1972.

Rest, J.: Morality, in: Mussen, P. (Hg.), Handbook of Child Psychology, Vol. III, N. Y. 1983.

Retchitzki, Jean: Evidence of Formal Thinking in Baoulé Players, in: Keats, D. M. et al. (Hg.), a. a. O., 1988, 234-243.

Reulecke, J.: Die Politik der Hygienisierung, in: Behnken, Imbke (Hg.), a. a. O., 1990, 13-25.

Reyer, Jürgen: Sozialgeschichte der Erziehung als historische Sozialisationsforschung, in: Zeitschrift für Pädagogik, 26, 1, 1980.

Richter, H. E.: Der Gotteskomplex, Reinbek: Rowohlt 1979.

Riker, W./Ordeshook, P. C.: An Introduction to Positive Political Theory, Englewood Cliffs: Prentice Hall 1973.

Riegel, Klaus F. (Hg.): Zur Ontogense dialektischer Operationen. Frankfurt am Main: Suhrkamp 1978.

Riegel, Klaus F.: Ansätze zu einer dialektischen Theorie der Entwicklung, in: Riegel, Klaus F. (Hg.), a. a. O., 1978, 75-96.

Riegel, Klaus F.: Psychology of Development and History, New York 1976.

Riemann, Fritz: Grundformen der Angst. München: E. Reinhardt 1991.

Riklin, Franz: Wunscherfüllung und Symbolik im Märchen, in: Laiblin, Wilhelm (Hg.), a. a. O., 1995, S. 13-43.

Robertson, P.: Das Heim als Nest: Mittelschichten-Kindheit in Europa im 19. Jahrhundert, in: DeMause, Lloyd (Hg.), a. a. O., 1980, 565-602.

Roberts, Simon: Ordnung und Konflikt – Eine Einführung in die Rechtsethnologie, Stuttgart 1981.

Ros, Arno: Die genetische Epistemologie Jean Piagets. Resultate und offene Probleme. Tübingen: J. C. B. Mohr 1983.

Ros, Arno: Wirklichkeit und Konstruktion, in: Rusch, G./Schmidt, S. J. (Hg.), a. a. O., 1994, 139-213.

Rosen, B. C.: Race, Ethnicity, and the Achievement Syndrome, in: Rosen, B. C. et al. (Hg.), Achievement in American Society, Cambr., Mass., 1969, 55-84.

Rosenbaum, Heidi (Hg.): Familie und Gesellschaftsstruktur. Materialien zu den sozioökonomischen Bedingungen von Familienformen. Frankfurt am Main: Suhrkamp 1980.

Ross, B. M./Millsom, C.: Repeated Memory of Oral Prose in Ghana and New York, in: Berry, J. W./Dasen, P. R. (Hg.), a. a. O., 1974, 205-218.

Ross, Robert J.: The Empirical Status of the Formal Operations, in: Adolescence, 9, 1974, 413 ff.

Rothbaum, Fred: Comprehension of the Objectivity – Subjectivity Distinction in Childhood and Early Adolescence, C. D. 1979, 50.

Rousseau, Jean-Jacques: Gesellschaftsvertrag, (1762) Stuttgart 1983.

Royce, Joseph R.: The Factor Model as a Theoretical Basis for Individual Differences, in: Berry, J./Irvine, S. 1988, a. a. O., 147-165.

Rudolph, Wolfgang: Der kulturelle Relativismus. Berlin: Duncker & Humblot 1968.

Rusch, Gebhard/Schmidt, Siegfried J. (Hg.): Piaget und der Radikale Konstruktivismus. Frankfurt am Main: Suhrkamp 1994.

Russell, R. W.: Studies in Animism, The Journal of Genetic Psychology, 50, 1940.

Russell, Roger W.: Studies in Animism: II. The Development of Animism, The Journal of Genetic Psychology 1940, 50, 353-356.

Sahlins, Marshall: Kultur und praktische Vernunft, Frankfurt am Main 1981.

Salkind, Neil J. et al.: Cognitive Tempo in American, Japanese and Israeli Children, C. D. 1978, 49, 1024-1027.

Saller, Karl: Zivilisation und Sexualität, Stuttgart: F. Enke 1956.

Sambursky, S.: Das physikalische Weltbild der Antike, Zürich 1965.

Sameroff, Arnold: Austauschmodelle für frühe soziale Beziehungen, in: Riegel, Klaus F. (Hg.), a. a. O., 1978, 97-116.

Schadewaldt, Wolfgang: Die Anfänge der Philosophie bei den Griechen, (1978) Frankfurt am Main 1979.

Schäfers, Bernhard: Gesellschaftlicher Wandel in der Bundesrepublik Deutschland, Stuttgart: Enke 1990.

Schäfers, Bernhard (Hg.): Grundbegriffe der Soziologie, Paderborn, UTB 1995.

Scherer, Klaus R./Wallbott, H. G.: Entwicklung der Emotionen, in: Hetzer, H. et al. (Hg.), a. a. O., 1990, 307-351.

Schilcher, Florian von: Vererbung des Verhaltens. Stuttgart: Thieme 1988.

Schild, Wolfgang: Alte Gerichtsbarkeit, München 1980.

Schindler, N.: Spuren in die Geschichte der anderen Zivilisation, in: Dülmen, R. v./Schindler, N. (Hg.), a. a. O., 1984, 13-77.

Schluchter, Wolfgang: Die Entwicklung des okzidentalen Rationalismus, Tübingen 1979.

Schluchter, Wolfgang: Rationalismus der Weltbeherrschung, Frankfurt am Main 1980.

Schlumbohm, Jürgen: »Traditionale« Kollektivität und »moderne« Individualität – Über unterschiedliche Sozialisationsformen und Persönlichkeitsstrukturen beim kleinen und beim gehobenen Bürgertum in Deutschland um 1800, in: Jüttemann, Gerd (Hg.), a. a. O., 1986, 273-314.

Schmid-Hempel, Paul: Lebenslaufstrategien, Fortpflanzungsunterschiede und biologische Optimierung, in: E. Voland (Hg.), Fortpflanzung – Natur und Kultur im Wechselspiel, Frankfurt am Main: Suhrkamp 1992, S. 74-103.

Schmidt, Eberhard: Einführung in die Geschichte der deutschen Strafrechtspflege, Göttingen (1951) 1965.

Schmied, Gerhard: Evolution und Sozialisation. N. Elias' Zivilisationstheorie und ihre Bedeutung für die Pädagogische Soziologie. Archive europ. sociol. XXIX, 1988, 204-226.

Schmitz, C. A. (Hg.): Religions-Ethnologie, Frankfurt am Main 1962.

Schneider, Christian: Karl Mannheim. Die Krise der liberalen Demokratie und das Programm einer Historischen Psychologie, in: Jüttemann, Gerd (Hg.), a. a. O., 1988, 169-173.

Schneider, Lothar: Arbeits- und Familienverhältnisse in der Hausindustrie, in: Rosenbaum, Heidi (Hg.), a. a. O., 1980.

Schott, F.: Aktuelle Stufentheorien der kognitiven Entwicklung, in: Hetzer, H. et al. (Hg.), a. a. O., 1990, 122-135.

Schöfthaler, Traugott (Hg.): Soziale Struktur und Vernunft, Frankfurt am Main 1984.

Schöttker, D.: N. Elias und W. Benjamin. Ein Briefwechsel und sein Zusammenhang, in: Rehberg, K.-S. (Hg.), a. a. O., 1996, 58-76.

Schröder, E.: Zur Analyse von Entwicklungssequenzen: Hypothesenbildung, Methoden, statistische Verfahren und ein empirisches Beispiel, in: Edelstein, W./Hoppe-Graff, S. (Hg.), a. a. O., 1993, 276-296.

Schröder, Eberhard: Individuelle Konstruktion und kognitive Entwicklung: Eine Analyse der Veränderungen intraindividueller Unterschiede, in: Edelstein, W./Hoppe-Graff, S. (Hg.), a. a. O., 1993, 139-155.

Schröder, Eberhard: Vom konkreten zum formalen Denken. Individuelle Entwicklungsverläufe von der Kindheit zum Jugendalter. Bern: Hans Huber 1989.

Schröter, M.: Die harte Arbeit des kreativen Prozesses. Erfahrungen mit N. Elias, in: Rehberg, K.-S. (Hg.), a. a. O., 1996, 87-122.

Schröter, Michael: Erfahrungen mit N. Elias. Gesammelte Aufsätze, Frankfurt am Main: Suhrkamp 1997.

Schröter, Michael: »Wo zwei zusammenkommen in rechter Ehe«. Sozio- und psychogenetische Studien über Eheschließungsvorgänge vom 12. bis 15. Jahrhundert. Frankfurt am Main: Suhrkamp 1990.

Schröter, Michael: Scham im Zivilisationsprozeß, in: H. Korte (Hg.), a. a. O., 1990, S. 42 ff.

Schubert, Volker: Die Inszenierung der Harmonie. Erziehung und Gesellschaft in Japan. Darmstadt: Wissenschaftliche Buchgesellschaft 1992.

Schulze, H.: Grundstrukturen der Verfassung im Mittelalter, Stuttgart 1. Bd. 1985, 2. Bd. 1986.

Schülein, Joh. Aug.: Veränderungen der Konstitutions- und Reproduktionsbedingungen von Subjektivität, in: Leviathan, Sonderheft 9: Politische Psychologie heute. Opladen: Westdeutscher Verlag 1988, 387-410.

Schüßler, Rolf: Der homo oeconomicus als skeptische Fiktion, in: KZfSS 1988, 417-446.

Schwarzer, Ralf: Angst, in: Mandl, Heinz/Huber, Günter L. (Hg.), a. a. O., 1983, 123-147.

Scribner, Sylvia: Denkweisen und Sprechweisen. Neue Überlegungen zu Kultur und Logik, in: Schöfthaler, T. (Hg.), 1984, a. a. O.

Seagle, W.: Weltgeschichte des Rechts, Berlin (1951) 1967.

Segall, Marshall H.: Cross-Cultural Psychology. Human Behavior in Global Perspective. Monterey, Calif.: Brooks/Cole P. C. 1979.

Seiffge-Krenke, Inge: Entwicklung des sozialen Verhaltens, in: Hetzer, H. et al. (Hg.), a. a. O., 1990, 352-396.

Seiler, T. B./Claar, A.: Begriffsentwicklung aus strukturgenetisch-konstruktivistischer Perspektive, in: Edelstein, W./Hoppe-Graff, S. (Hg.), a. a. O., 1993, 107-126.

Seiler, T. B.: Bewußtsein und Begriff: Die Rolle des Bewußtseins und seine Entwicklung in der Begriffskonstruktion, in: Edelstein, W./Hoppe-Graff, S. (Hg.), a. a. O., 1993, 126-138.

Seiler, T. B.: Grundlegende Entwicklungstätigkeiten und ihre regulative, systemerzeugende Interaktion, in: Steiner, G. (Hg.), a. a. O., 1978, 628-645.

Seiler, T. B.: Ist Jean Piagets strukturgenetische Erklärung des Denkens eine konstruktivistische Theorie?, in: Rusch, G./Schmidt, S. (Hg.), a. a. O., 1994, 43-102.

Seiler, T. B.: Kognitive Strukturen und kognitive Persönlichkeitstheorien, in: Seiler, T. B. (Hg.), a. a. O., 1973, 9-26.

Seiler, Thomas Bernhard (Hg.): Kognitive Strukturiertheit. Stuttgart: W. Kohlhammer 1973.

Selg, Herbert et al.: Psychologie der Aggressivität. Göttingen: Verlag für Psychologie 1988.

Selg, Herbert: Diagnostik der Aggressivität. Göttingen: C. J. Hogrefe 1968.

Selman, R. L./Brion-Meisels/Lavin, D. R.: Entwicklung der Fähigkeit zur Selbstreflexion bei Kindern, in: Edelstein/Keller (Hg.), 1982, a. a. O.

Selman, R. L./Jaquette, D./Lavin, D. R.: Interpersonal Awareness in Children, American Journal of Orthopsychiatry, April 1977, 47, 2.

Selman, R. L.: Die Entwicklung des sozialen Verstehens – Entwicklungspsychologie und klinische Untersuchungen, Frankfurt am Main 1984.

Selman, R. L.: Interpersonale Verhandlungen. Eine entwicklungstheoretische Analyse, in: Edelstein (Hg.), 1984 b, a. a. O.

Selman, R. L.: Social-Cognitive Understanding, in: Lickona, T., 1976, a. a. O., 299-316.

Selman, R. L.: The Relation of Role-Taking to the Development of Moral Judgements in Children, C. D. 1971, 42.

Selman, Robert L./Byrne, Diane F.: Stufen der Rollenübernahme in der mittleren Kindheit – eine entwicklungslogische Analyse, (1974), in: Habermas, J. (Hg.) 1980, a. a. O., 109 ff.

Senghaas, D. (Hg.): Imperialismus und strukturelle Gewalt, Frankfurt am Main 1973.

Service, Elman R.: Ursprünge des Staates und der Zivilisation. Der Prozeß der kulturellen Evolution. Frankfurt am Main: Suhrkamp 1977.

Shantz, C. U.: Social Cognition, in: Mussen, P., Handbook of Child Psychology, Vol. III, 1983, a. a. O.

Shaw, M. E./Iwawaki, S.: Attribution of Responsibility by Japanese and

Americans as a Function of Age, Journal of Cross-Cultural Psychology, 3, 1, 1972.

Shaw, M. E./Schneider, Frank W./Briscoe, J./Garcia-Esteve, P.: A Cross-Cultural Study of Attribution of Responsibility, International Journal of Psychology, 3, 1, 1968.

Shaw, M. E./Schneider, Frank W.: Negro-White Differences in Attribution of Responsibility as a Function of Age, Psychonomic Science 16, 1969.

Shaw, M. E./Briscoe, M. E./Garcia-Esteve, J.: A Cross-Cultural Study of Attribution of Responsibility, Int. Journal of Psychology, Vol. 3, No. 1, 1968, 51-60.

Shaw, M. E./Costanzo, Philip R.: Conformity as a Function of Age Level, C. D. 1973.

Shaw, M. E./Sulzer, J. L.: An Empirical Test of Heider's Levels in Attribution of Responsibility, Journal of Abnormal & Social Psychology, 1964, 69, 39-46.

Shorter, E.: Der Wandel der Mutter-Kind-Beziehungen zu Beginn der Moderne, in: Geschichte und Gesellschaft, Bd. 1, 1975, 256-287.

Shorter, E.: Die Geburt der modernen Familie, Hamburg (1977) 1983.

Shu-Fang Dien, Dora: A Chinese Perspective on Kohlberg's Theory of Moral Development, Development Review, 2, 1982, 331-41.

Siegel, Linda S./Brainerd, Charles J. (Hg.): Alternatives to Piaget: Critical Essays on the Theory. New York: Academic Press 1978.

Sieglerschmidt, Jörn/Wirtz, Rainer: Karl Lamprecht. Psychische Gesetze als Basis der Kulturgeschichte?, in: Jüttemann, Gerd (Hg.), a. a. O., 1988, 104-114.

Sigrist, C. (Hg.): Gesellschaften ohne Staat – Gleichheit und Gegenseitigkeit, Bd. 1, Frankfurt am Main 1983.

Sigrist, C.: Gesellschaften ohne Staat, Bd. 2, Frankfurt am Main 1983.

Sigrist, C.: Regulierte Anarchie. Frankfurt am Main: Syndikat 1979.

Silbereisen, R. K. (Hg.): Bericht über die 4. Tagung Entwicklungspsychologie, Berlin 1980.

Simmel, Georg: Das individuelle Gesetz, Frankfurt am Main 1968.

Simmel, Georg: Schriften zur Soziologie, Frankfurt am Main 1985.

Simmel, Georg: Über soziale Differenzierung, Leipzig 1890.

Simpson, E. L.: Moral Development Research. A Case Study of Scientific Cultural Bias, H. D. 1974, 17, 81-106.

Sinha, Geeta: Exposure to Industrial and Urban Environments and Formal Schooling as Factors in Psychological Differentiation, in: International Journal of Psychology, 23, 1988, 707-719.

Smudits, Alfred: Öffentlichkeiten und der Prozeß der Zivilisation, in: Kuzmics, H./Mörth, I. (Hg.), a. a. O., 1991, 113-126.

Snell, Bruno: Die Entdeckung des Geistes, Göttingen 1975.

Snell, Bruno: Theorie und Praxis im Denken des Abendlandes, 1935.

Sohn-Rethel, A.: Denkform und Warenform, Frankfurt am Main: Suhrkamp 1980.

Solé, Jacques: Liebe in der westlichen Kultur. Frankfurt am Main: Ullstein 1979.

Solomon, Robert C.: Emotionen und Anthropologie: Die Logik emotionaler Weltbilder, in: Kahle, Gerd (Hg.), a. a. O., 1981, 233-253.

Sommer, Volker: Soziobiologie: Wissenschaftliche Innovation oder ideologischer Anachronismus?, in: Voland, Eckart (Hg.), a. a. O., 1992, 51-73.

Spada, H./Kluwe, R.: Zwei Modelle der Denkentwicklung und ihr Bezug zur Theorie von Piaget, in: Kluwe, R. H./Spada, H. (Hg.), a. a. O., 1981, 27-71.

Spinner, Helmut F.: Der ganze Rationalismus einer Welt von Gegensätzen, Fallstudien zur Doppelvernunft, Frankfurt am Main: Suhrkamp 1994.

Spinner, Helmut F.: Pluralismus als Erkenntnismodell, Frankurt am Main: Suhrkamp 1974.

Spinner, Helmut F.: Popper und die Politik. Geschlossenheitsprobleme, Berlin/Bonn: J. H. W. Dietz 1978.

Spittler, G.: Konfliktaustragung in akephalen Gesellschaften: Selbsthilfe und Verhandlung, Jahrbuch für Rechtssoziologie und Rechtstheorie, 6, 1980.

Spittler, Gerd: Streitregelung im Schatten des Leviathan, Zt. f. RS, Bd. 1, H. 1, 1980, 4-32.

Sprandel, Rolf: Erfahrungen mit der Mentalitätengschichte, in: Raulff, U. (Hg.), a. a. O., 1987, 97-113.

Sprandel, Rolf: Mentalitäten und Systeme, Stuttgart 1973.

Sprandel, Rolf: Verfassung und Gesellschaft im Mittelalter, Paderborn 1975.

Stapf, Kurt H. et al.: Psychologie des elterlichen Erziehungsstils. Komponenten der Bekräftigung in der Erziehung. Bern: Hans Huber 1972.

Stein, Gerd: Exoten durchschauen Europa, Stuttgart 1984.

Steiner, Gerhard (Hg.): Piaget und die Folgen. Bd. VII von »Die Psychologie des 20. Jahrhunderts«. Zürich 1978.

Steinmetz, Wolfgang: Ethnologische Studien zur ersten Entwicklung der Strafe, 2 Bde., Groningen 1929.

Stern, William: Psychologie der frühen Kindheit, Heidelberg 1952.

Sternberg, Robert J.: A Triarchic View of Intelligence in Cross-Cultural Perspective, in: Berry, J./Irvine, S. 1988, a. a. O.

Stone, Lawrence: Die Familie des englischen Adels, in: Rosenbaum, Heidi (Hg.), a. a. O., 1980, 437-443.

Stone, Lawrence: Heirat und Ehe im englischen Adel des 16. und 17. Jahrhunderts, in: Rosenbaum, Heidi (Hg.), a. a. O., 1980, 444-479.

Strauss, S. et al.: Schooling Effects on the Development of Proportional Reasoning, in: Poortinga, Ype H. (Hg.), a. a. O., 1977.

Strube, G.: Nachwort des Koordinators, in: Steiner, G. (Hg.), a. a. O., 1978, 1170-1174.

Stumpfe, Otto: Die Symbolsprache der Märchen, Frankfurt am Main 1965.

Suarez, Antonio: Formales Denken und Funktionsbegriff bei Jugendlichen. Funktionale Begriffsbildung und Strukturierung des Kontinuums als Alternative zum formallogischen Strukturalismus von Jean Piaget, Bern: Hans Huber 1977.

Sullivan, H. S.: Die interpersonale Theorie der Psychiatrie, Frankfurt am Main: Fischer 1984.

Suls, J./Kalle, R.: Intention, Damage and Age of Transgressor as Determinants of Child's Moral Judgements, C. D. 1978, 49.

Süssmuth, Rita: Zur Anthropologie des Kindes. München: Kösel Verlag 1968.

Swaan, Abram de: Vom Befehlsprinzip zum Verhandlungsprinzip. Über neuere Verschiebungen im Gefühlshaushalt der Menschen, in: Kuzmics, H./Mörth, I. (Hg.), a. a. O., 1991, 173-198.

Tannahill, Reay: Kulturgeschichte der Erotik. Frankfurt am Main: Ullstein 1983.

Tapp, June L./Kohlberg, L.: Developing Senses of Law and Legal Justice, Journal of Social Issues, Vol. 27, 2, 1971.

Tapp, June L./LeVine, F. J. (Hg.): Law, Justice, and the Individual in Society, N. Y.: Holt, Rinehart and Winston 1977.

Tapp, June L.: A Child's Garden of Law and Order, Psychology Today, Dec. 1970.

Taylor, G. R.: Sex in History, London 1953.

Tenbruck, Friedrich: Das Werk Max Webers, in: KZfSS, 1975, 27, 623 ff.

Thibault, J. W./Kelly, H. H.: The Social Psychology of Groups, New York: John Wiley 1959.

Thomae, Hans: Personality Development in Two Cultures, H. D. 1979, 296-319.

Thompson, Laura: Attitudes and Acculturation, American Anthropologist 1948, 50.

Thornhill, N. W.: Evolutionsbiologie und historische Wissenschaften, in: Voland, Eckart (Hg.), a. a. O., 1992, 216-238.

Thurnwald, R.: Werden, Wandel und Gestaltung des Rechts, Berlin 1934.

Thurnwald, Richard: Die Lüge in der primitiven Kultur, in: Lipmann, O. (Hg.), Die Lüge, Leipzig 1927.

Thurnwald, Richard: Psychologie des primitiven Menschen, in: Kafka, Gustav (Hg.), Handbuch der vergleichenden Psychologie, Bd. 1, München 1922.

Thurnwald, Richard: Werden, Wandel und Gestaltung von Familie, Verwandtschaft und Bünden im Lichte der Völkerforschung. Berlin/Leipzig: Walter de Gruyter & Co. 1932.

Tietjen, A./Walker, L. J.: Moral Reasoning and Leadership among Men in a Papua New-Guinea Society, D. P. 1985, Vol. 21, No. 6.

Tietzel, Manfred: Die Nebenwirkungen menschlichen Handelns in Wirtschaftstheorie und Wirtschaftspolitik, Duisburg 1985.

Tietzel, Manfred: Zur Theorie der Präferenzen, in: Jb f. NPÖ 1988, 7, 38-71.

Todt, E.: Entwicklung des Interesses, in: Hetzer, H. et al. (Hg.), a. a. O., 1990, 213-264.

Tomlinson-Keasy, C.: Formal Operations in Females from Eleven to Fifty-Four Years of Age, Developmental Psychology 6, 1972.

Topitsch, Ernst: Erkenntnis und Illusion, Hamburg 1979.

Topitsch, Ernst: Gottwerdung und Revolution, München 1973.

Topitsch, Ernst: Mythos, Philosophie, Politik, Freiburg 1969.

Topitsch, Ernst: Vom Ursprung und Ende der Metaphysik, Wien 1958.

Toulmin, Stephen/Goodfield, June: Die Entdeckung der Zeit, Frankfurt am Main 1985.

Tölle, R.: Psychiatrie. Berlin: Springer 1994.

Tönnies, F.: Gemeinschaft und Gesellschaft, Darmstadt 1972.

Treiber, Hubert/Steinert, Heinz: Die Fabrikation des zuverlässigen Menschen. Über die »Wahlverwandschaft« von Kloster- und Fabrikdisziplin. München: Heinz Moos Verlag 1980.

Trommsdorff, G.: Kulturvergleichende Sozialisationsforschung, in: Trommsdorff, G. (Hg.), a. a. O., 1989 b, 6-24.

Trommsdorff, G.: Sozialisation und Werthaltungen im Kulturvergleich, in: Trommsdorff, G. (Hg.), a. a. O., 1989 c, 97-121.

Trommsdorff, Gisela (Hg.): Kindheit und Jugend in verschiedenen Kulturen. Entwicklung und Sozialisation in kulturvergleichender Sicht. Weinheim: Juventa Verlag 1995.

Trommsdorff, Gisela (Hg.): Sozialisation im Kulturvergleich. Stuttgart: F. Enke Verlag 1989.

Tucker, M. J.: Das Kind als Anfang und Ende: Kindheit in England im 15. und 16. Jahrhundert, in: DeMause, Lloyd (Hg.), a. a. O., 1980, 326-363.

Tulviste, P.: On the Origins of Theoretic Syllogistic Reasoning in Culture and the Child, in: Quarterly Newsletter of the Laboratory of Comparative Human Cognition, 1979, 1, 73-80.

Turiel, E./Nucci, L. P.: Social Interactions and the Development of Social Concepts in Preschool Children, C. D. 1978, 49, 400-407.

Turiel, E.: Die Entwicklung sozial-konventioneller und moralischer Konzepte, in: Edelstein/Keller (Hg.) 1982, a. a. O.

Turiel, E.: Entwicklungsprozesse des moralischen Bewußtseins des Kindes, in: Habermas, J. (Hg.) 1980, a. a. O., 115-150.

Turiel, E.: The Development of Social Knowledge. Morality and Convention, Cambr., Mass. 1983.

Ugwuegbu, D.: An Attributional Analysis of Adult Nigerian's Perception of Moral Behavior, Journal of Cross-Cultural Psychology, 1976.

Ullmann, Walter: Individuum und Gesellschaft im Mittelalter, (1966) Göttingen 1974.

Valla, Jean-Pierre: Kulturelle und psychische Faktoren der Entstehung veränderter Bewußtseinszustände, in: Duerr, H. P. (Hg.), a. a. O., 1987, 316-330.

Vanberg, Viktor: Die zwei Soziologien, Tübingen: J. C. B. Mohr 1975.

Vernon, P. E.: Intelligence, Cognitive Styles, and Brain Lateralization, in: International Journal of Psychology, 19, 1984, 435-455.

Vernon, P. et al.: Cultural Influences on Patterns of Abilities in North America, in: Berry, J./Irvine, S. (Hg.), 1988, a. a. O., 208-231.

Vernon, P.: Intelligence and Cultural Environment, London 1969.

Vernon, P. E.: Ability Factors and Environmental Influences, American Psychologist, 20, 1965.

Veyne, Paul: Homosexualität im alten Rom, in: Ariès, P./Bégin, A. (Hg.), a. a. O., 1986, 40-50.

Vijver, Fons J. R. van de et al.: The Trainability of Formal Thinking: A Cross-Cultural Comparison, in: International Journal of Psychology, 21, 1986, 589-615.

Vivelo, Frank Robert: Handbuch der Kulturanthropologie. Stuttgart: Klett-Cotta 1981.

Vogel, C.: Die Rolle der Familie im biogenetischen Geschehen, in: Voland, Eckart (Hg.), a. a. O., 1992, 145-169.

Vogt, L. et al.: Ehre. Archaische Momente in der Moderne. Frankfurt am Main: Suhrkamp 1994.

Voland, Eckart (Hg.): Fortpflanzung. Natur und Kultur im Wechselspiel. Frankfurt am Main: Suhrkamp 1992.

Voss, A. J. H. van et al.: Norbert Elias über sich selbst. Frankfurt am Main: Suhrkamp 1990.

Vowinckel, G.: Bürgerliche Moralbegriffe: Rationalisierung durch Ausschaltung der Vernunft, in: Kuzmics, H./Mörth, I. (Hg.), a. a. O., 1991, 141-152.

Vowinkel, Gerhard: Von politischen Köpfen und schönen Seelen. Ein soziologischer Versuch über die Zivilisation der Affekte und ihres Ausdrucks, München 1983.

Voyat, Gilbert: Piaget Systematized, New Jersey, Hillsdale: Erlbaum 1982.

Vuyk, Rita: Overview and Critique of Piaget Genetic Epistemology 1965-1980, Vol I + II. London: Academic Press 1981.

Wagner, D. A./Heald, K.: »Carpentered World« Hypothesis vs. Piaget, in: Eckensberger et al. (Hg.) 1979, a. a. O.

Wagner/Stevenson (Hg.): Cultural Perspectives on Child Development, N. Y. 1981.

Waldhoff, Hans-Peter: Fremde und Zivilisierung. Wissenssoziologische Studien über das Verarbeiten von Gefühlen der Fremdheit. Probleme der modernen Peripherie-Zentrums-Migration am türkisch-deutschen Beispiel. Frankfurt am Main: Suhrkamp 1995.

Waldmann, Peter: Veralltäglichung von Gewalt: Das Beispiel Kolumbien, in: Trutz von Trotha (Hg.), Soziologie der Gewalt, Opladen: Westdeutscher Verlag 1997, S. 141-161.

Walter, Christian: Prozeß und Wahrheitsfindung in der Legenda Aurea, Diss. Kiel 1977.

Walzer, J. F.: Ein Zeitalter der Ambivalenz: Kindheit in Amerika im 18. Jahrhundert, in: DeMause, Lloyd (Hg.), a. a. O., 1980, 490-534.

Warren, Neil: Studies in Cross-Cultural Psychology, Vol. 1, London 1977.

Wassman, Jürg: Methodische Probleme kulturvergleichender Untersuchungen im Rahmen von Piagets Theorie der kognitiven Entwicklung – aus der Sicht eines Ethnologen, in: Zeitschrift für Ethnologie, 1988, 1, 113, 21-66.

Weber, Max: Die Familien- und Arbeitsgemeinschaften, in: Rosenbaum, Heidi (Hg.), a. a. O., 1980.

Weber, Max: Gesammelte Aufsätze zur Religionssoziologie, Tübingen 1966; 3 Bde. Paderborn: UTB 1988.

Weber, Max: Protestantische Ethik, (Hg. v. J. Winckelmann) 2 Bde., Gütersloh 1978, 1981.

Weber, Max: Schriften zur Wissenschaftslehre, Stuttgart: Reclam 1991.

Weber, Max: Universalgeschichtliche Studien – Politik – Soziologie, Stuttgart 1973.

Weber, Max: Wirtschaft und Gesellschaft, Tübingen 1980.

Weber-Kellermann, I.: Die deutsche Familie. Versuch einer Sozialgeschichte. Frankfurt am Main: Suhrkamp 1996.

Weingart, Peter: Politik und Vererbung: Von der Eugenik zur modernen Humangenetik, in: Voland, Eckart (Hg.), a. a. O., 1992, 28-50.

Weinreich, Helen: Kohlberg and Piaget: Aspects of Their Relationship in the Field of Moral Development, Journal of Moral Education, 1975, 4, 3.

Weiss, Wolfgang W.: Erziehung zur Selbständigkeit. Eine empirische Untersuchung von Familien besonders selbständiger bzw. besonders unselbständiger Kinder, in: Zeitschrift für Pädagogik 26, 1, 1980.

Wendorff, Rudolf: Zeit und Kultur, Opladen 1980.

Wenzel, Horst: Zur Deutung des höfischen Minnesangs, in: Rehberg, K.-S. (Hg.), a. a. O., 1996, 213-239.

Werbik, H.: Das Problem der Definition »aggressiver« Verhaltensweisen, in: Kornadt, H.-J. (Hg.), a. a. O., 1981, 158-184.

Werner, E. E.: Cross-Cultural Child Development, Belmont: Wadsworth 1979.

Werner, E. E.: Infants around the World: Cross-Cultural Studies of Psychomotor Development, Journal of Cross Cultural Psychology, 3, 2, June 1972.

Werner, H./Kaplan, D.: The Developmental Approach to Cognition, American Anthropologist 1956, 58.

Werner, Heinz: Entwicklungspsychologie, Leipzig 1933.

Wetzel, Fred G.: Kognitive Psychologie, Weinheim 1980.

Wetzel, Fred: Elemente des Rationalismus in der Erkenntnistheorie Jean Piagets, in: Steiner, G. (Hg.), a. a. O., 1978, 41-63.

White, C. B. et al.: Moral Development in Bahamian School Children, D. P. 1978, 14.

Whiting, B. B./Edwards, C. P.: Children of Different Worlds. The Formation of Social Behavior. Cambridge, Mass. Harvard UP 1988.

Whiting, B. B./Whiting, J. H.: Children of Six Cultures. A Psychocultural Analysis. Cambridge, Mass. Harvard UP 1975.

Whiting, John W. M./Child, Irvin L.: Child Training and Personality. New Haven/London: Yale UP (1953) 1973.

Whittaker, J. O.: The Country at the Centre of the Earth: A Cross-Cultural Study of Ethnocentrism, in: Dawson, J. L. M./Conner, W. J. (Hg.), Readings in Cross-Cultural Psychology, Hongkong: University Press 1974.

Wiedenmann, Rainer E.: Protestantische Sekten, höfische Gesellschaft und Tierschutz, in: KZfSS, 1996, S. 35 ff.

Wiesenthal, Helmut: Rational Choice, ZfS, 16, 6, 1987, 434-449.

Wilda, W. E.: Das Strafrecht der Germanen, 2 Bde., (1842) Aalen 1960.

Wilterdink, Nico: Die Zivilisationstheorie im Kreuzfeuer der Kritik, in: Gleichmann, Peter et al. (Hg.), Macht und Zivilisation, 1984, a. a. O.

Wimmer, H./Gruber, Silvia/Perner, J.: Young Children's Conception of Lying: Moral Intuition and the Denotation and Connotation of »to lie«, D. P., 6, 21, 1985.

Wimmer, Heinz: Zur Entwicklung des Verstehens von Erzählungen. Bern: Hans Huber 1982.

Winch, Peter: Die Idee der Sozialwissenschaft und ihr Verhältnis zur Philosophie, Frankfurt am Main: Suhrkamp 1979.

Winfield, Percy: The Myth of Absolute Liability, Law Quarterly Review, 42, 1926.

Winter, J. C.: Die deliktsrechtlichen Haftungstatbestände im Recht der Hehe, Köln 1971.

Wiswede, G.: Ökonomische Psychologie – Psychologische Ökonomie, Zt. Wiso., 1988, 108, 503-592.

Witkin, P.: Cognitive Styles across Cultures, (1969) in: Berry/Dasen (Hg.) 1974, a. a. O.

Wittfogel, Karl: Die orientalische Despotie, Köln 1958.

Wittkowski, J./Schnell, H.: Strukturen der Todesvorstellung bei 8-14jährigen, in: Zeitschrift f. Entwicklungspsychologie und Pädagogische Psychologie, 1981, 13, 4, 304-311.

Wober, Mallory: Zum Verständnis des Kiganda-Intelligenzbegriffs, in: Schöfthaler, T. (Hg.), 1984, a. a. O., 226-245.

Wolf, Hans-Jürgen: Hexenwahn. Bindlach: Gondrom 1994.

Wolfram, Sybil: Grundlegende Unterschiede des Denkens, in: Schöfthaler, T. (Hg.), 1984, a. a. O., 141-157.

Wouters, Cas: Informalisierung und der Prozeß der Zivilisation, in: Gleichmann, Peter (Hg.), 1977, a. a. O.

Wozniak, Robert H.: Ein dialektisches Paradigma für die psychologische Forschung: Implikationen der Geschichte der Psychologie in der Sowjetunion, in: Riegel, Klaus F. (Hg.), a. a. O., 1978, 30-52.

Wright, G. N. et al.: Cultural Differences in Probabilistic Thinking, JCCP 9, 3, Sept. 1978.

Wright, Jack M.: Attribution of Social Responsibility and Self Concept, Colorado University 1960.

Wulff, E. (Hg.): Ethnopsychiatrie, Wiesbaden 1978.

Wulff, Erich: Vom Wahn zur Methode, in: Duerr, H. P. (Hg.), a. a. O., 1987, 398-418.

Wunder, Heide (Hg.): Feudalismus, München 1974.

Wundt, Wilhelm: Völkerpsychologie, Bd. 9, Recht, Leipzig 1929.

Wygotski, L. S.: Denken und Sprechen, (1934) Frankfurt am Main 1973.

Youniss, James: Operational Development in Deaf Costa Rican Subjects, C. D. 1974, 212-216.

Youniss, James: Soziale Konstruktion und psychische Entwicklung. Frankfurt am Main: Suhrkamp 1994.

Za'rour, G.: The Conservation of Number and Liquid by Lebanese School Children in Beirut, in: JoCCP 2, 1971, 165-172.

Zapf, W. (Hg.): Theorien des sozialen Wandels, Köln 1971.

Zeil-Fahlbusch, Elisabeth: Perspektivität und Dezentrierung. Philosophische Überlegungen zur genetischen Erkenntnistheorie Jean Piagets, Würzburg 1983.

Zeininger, Karl: Magische Geisteshaltung im Kindesalter und ihre Bedeutung für die religiöse Entwicklung. Leipzig: J. A. Barth 1929.

Zwaan, Ton: Öffentliche Gewaltanwendung, gesellschaftliche Struktur und bürgerliche Zivilisation, in: Gleichmann, Peter (Hrsg.), 1984, a. a. O.

Zivilisationstheorie im
Suhrkamp Verlag
Eine Auswahl

Hans Peter Duerr

NF 121/1/8.00

Norbert Elias

Norbert Elias/John L. Scotson. Etablierte und Außenseiter. Übersetzt von Michael Schröter. st 1882 und Leinen. 315 Seiten

Zu Norbert Elias

Gesellschaftliche Prozesse und individuelle Praxis. Bochumer Vorlesungen zu Norbert Elias' Zivilisationstheorie. Herausgegeben von Hermann Korte. stw 894. 280 Seiten

Norbert Elias und die Menschenwissenschaften. Studien zur Entstehung und Wirkungsgeschichte seines Werkes. Herausgegeben von Karl-Siegbert Rehberg. stw 1149. 451 Seiten

Psychoanalyse, Sozialpsychologie und Psychologie
im Suhrkamp Verlag
Eine Auswahl

William Damon. Die soziale Welt des Kindes. Übersetzt von Uta S. Eckensberger. stw 884. 315 Seiten

Georges Devereux. Angst und Methode in den Verhaltenswissenschaften. Übersetzt von Caroline Neubaur und Karin Kersten. stw 461. 408 Seiten

Georges Devereux. Träume in der griechischen Tragödie. Eine ethnopsychoanalytische Untersuchung. Übersetzt von Klaus Staudt. stw 536. 551 Seiten

Hans G. Furth. Wissen als Leidenschaft. Eine Untersuchung über Freud und Piaget. Übersetzt von Rainer Döbert. 200 Seiten. Gebunden

Lawrence Kohlberg. Die Psychologie der Moralentwicklung. Herausgegeben von Wolfgang Althof. Beiträge zur Soziogenese der Handlungsfähigkeit. stw 1232. 564 Seiten

Jean Piaget. Einführung in die genetische Erkenntnistheorie. Übersetzt von Friedhelm Herborth. stw 6. 106 Seiten

Jean Piaget. Intelligenz und Affektivität in der Entwicklung des Kindes. Herausgegeben und übersetzt von Aloys Leber. Mit einem Beitrag des Herausgebers: »Ein Schlüssel zum Verständnis menschlichen Verhaltens«. 197 Seiten. Gebunden

Jean Piaget. Weisheit und Illusionen der Philosophie. Übersetzt von Friedhelm Herborth. stw 539. 286 Seiten

Jean Piaget/Bärbel Inhelder. Die Entwicklung des inneren Bildes beim Kind. Übersetzt von Annette Roellenbleck. Mit zahlreichen Abbildungen und Tabellen. stw 861. 518 Seiten

NF 122/2/8.00